史论与论史

第一卷

（1986—2005）

梁景和 著

中国社会科学出版社

图书在版编目(CIP)数据

史论与论史：全二卷/梁景和著.—北京：中国社会科学出版社，2016.7
ISBN 978 - 7 - 5161 - 7224 - 7

Ⅰ.①史… Ⅱ.①梁… Ⅲ.①史学—研究 Ⅳ.①K0

中国版本图书馆 CIP 数据核字(2015)第 291166 号

出 版 人	赵剑英
责任编辑	田　文
特约编辑	武　云
责任校对	董　昊　马君俊
责任印制	王　超

出　　版	中国社会科学出版社
社　　址	北京鼓楼西大街甲 158 号
邮　　编	100720
网　　址	http://www.csspw.cn
发 行 部	010 - 84083685
门 市 部	010 - 84029450
经　　销	新华书店及其他书店

印刷装订	北京君升印刷有限公司
版　　次	2016 年 7 月第 1 版
印　　次	2016 年 7 月第 1 次印刷

开　　本	710 × 1000　1/16
印　　张	40.75
字　　数	665 千字
定　　价	158.00 元(全二卷)

凡购买中国社会科学出版社图书，如有质量问题请与本社营销中心联系调换
电话:010 - 84083683

序

　　本书是我的文集，选取的论文基本上是公开发表过的文章，时段是在1986年至2005年的20年间。本书搜录的首篇文章是1986年9月24日在《光明日报》发表的《史学家不可忽视今天》一文，这篇文章是在当时"史学危机"和史学地位弱化的背景下成文的。

　　我自1980年9月入北京师范大学历史系读书，1984年7月获历史学学士学位，同年考入本系硕士研究生，1987年获历史学硕士学位。1980年可谓我入史学门的起点，从此我走上了学习史学专业知识的艰辛和漫长的路程。这让当初并不明显喜欢历史学的我开始系统地学习历史学的专业知识，并不断地认识和理解这门专业，以至逐渐把它与自己的终身职业和生活联系在一起。

　　长年与史学打交道，我开始慢慢试着思考些史学问题，也开始尝试着写点史学的文章。1986年在《光明日报》发表的这篇小文，当时给我以鼓励，以至让我有了新的向往，今天从某种意义上说，也可以把它视为自己觊觎史学学术的开端。自此之后的八九年间，我对中国近现代文化史、社会史、社会文化史有了关注，完成了我的硕士论文《20世纪初年中国社会习俗的变化》和博士论文《近代中国陋俗文化嬗变研究》，并发表论文20余篇。我大约是在1985年开始对中国近代社会风气和社会风俗产生兴趣的，也试着写些小文练笔，并在1986年确定了我硕士论文的选题，这是我在中国近代文化史研究方向内的一个选题，后来觉得这一选题与中国近代社会史也有一定的联系。硕士毕业后，我仍然按着研究社会习俗的思路搜集和阅读资料，书写、修改并发表若干文章，比如《近代习俗变化的启示》（《辽宁师范大学学报》1988年第3期）、《清末社会习俗变化的历史局限》（《史学月刊》1989年第2期）等。这一阶段，我还对史学理论的某一点有过细微的想法，曾发表《历史学三系统说》（《辽宁师范大学学报》1989 年第 5 期）一文，从"存在历史学"、"本体历史学"、"应用历史学"的角度叙述了历史学的三个系统，是想说明历史学的科学性、学理性以及历史学经世致用的价值等人们所关注的有关史学的几个问题，文章虽显浅见，却是自己思考所获。1991 年秋我开始攻读博士学位，当年我就基本确定了博士学位论文"近代中国陋俗文化嬗变研究"的选题，这是我1987 年硕士毕业到辽宁师范大学历史系工作四年间生长出来的一个研究题目。其实攻读博士学位前后的这几年，我的学业视点就开始荡漾在文化史与社会史之间，并自认为是在从事社会文化史的研究。1994 年，我在自己博士论文的提要中说明了自己博士论文的"社会文化史"的属性，认为我的博士论文《近代中国陋俗文化嬗变研究》是"社会文化史研究范畴的一个具体领域"①。这篇博士论文在探讨婚姻、家庭、女性、性伦等陋俗文化变迁的同时，还探讨了一些文化问题，并对"文化"、"文化精华"、"文化糟粕"、"陋俗文化"、"婚姻文化"、"性伦文化"等概念作了界定，还进一步探索了"人的精神进化"的问题。攻读博士学位期间，我先后发表了《二十世纪初年中国女性习俗的变化》（《松辽学刊》1991 年第 3 期）、《论五四时期的家庭改制观》（《辽宁师范大学学报》1991 年第 4 期）、《清末思想界对"国民性弱点"的批判》（《江汉论坛》1991 年第 3 期）、《清末社会习俗的变革》（《中州学刊》1992 年第 6 期）、《资产阶级上层集团与民初社会习俗的改造》（《史学月刊》1993 年第 1 期）、《近代中国女学演变的历史考察》（《辽宁师范大学学报》1993 年第 6 期）、《论清末的"家庭革命"》（《史学月刊》1994 年第 1 期）、《论中国传统婚姻陋俗的特征》（《辽宁师范大学学报》1994 年第 5 期）、《近代女性陋俗文化观的变革》（《江汉论坛》，1994 年第 9 期）等学业论文。

通过攻读硕士与博士学位期间的专业训练，我慢慢走上正规的学业道路，并开始形成自己从事研究工作的某些特点，走上一个学业新的台阶，其标志是我在中国社科院近代史研究所博士后流动站期间撰写的《论近代的"废婚主义"——兼论废婚过渡期的婚姻补充形态》一文。我带着这篇文章于 1995 年 10 月参加了在武汉举办的"社会转型与文化变迁国际学术研讨会"。这篇文章在论述近代"废婚主义"的同时，对未来世界废婚过渡期的婚姻补充形态进行了思考和阐述。这篇文章的问题意识和写作手法也可能会受到业内某些同仁的质疑，对此我表示接受和理解，学术本来就

---

① 《〈近代中国陋俗文化嬗变研究〉提要》，1994 年 5 月，未刊稿。

是在讨论和争鸣中发展的，学术观点的启迪价值有时甚或高于它的史实价值。所以这篇文章的价值不在写作手法和学术主张以及学术观点上，而在它的问题意识上，即在为未来社会建造生活模型方面，史学也应该参与其中并发挥自身的功效，史学同样可以为人类的生活方式进行长远的哲学思考和大胆的微观创造。

在 1995 年至 2005 年间，我出版了专著《近代中国陋俗文化嬗变研究》（首都师范大学出版社 1998 年 12 月版）、《清末国民意识与参政意识研究》（湖南教育出版社 1999 年 2 月版）、《中国近代史基本线索的论辩》（百花洲文艺出版社 2004 年 12 月版）、《中国陋俗批判》（合著）（团结出版社 1999 年 2 月版）等。其间发表论文 40 余篇，主要包括《文化类型说》（《传统文化与现代化》1995 年第 5 期）、《五四时期婚姻变化的变革》（《光明日报》1996 年 1 月 16 日）、《近代中国陋俗文化变革的局限及其规律》（《辽宁师范大学学报》1998 年第 2 期）、《五四时期伦理文化的论战与演变》（《人文杂志》1999 年第 2 期）、《五四时期的"废婚主义"》（香港《二十一世纪》1999 年 6 月）、《梁启超的社会主义观》（《武汉科技大学学报》1999 年第 2 期）、《重视研究五四时期的性伦文化》（《光明日报》1999 年 8 月 20 日）、《近代中国女性陋俗文化嬗变述论》（《中国文化研究》1999 年秋之卷）、《清末国民性批判》（《清史研究》1999 年第 3 期）、《论曾国藩的家教术》（《孔子研究》2000 年第 2 期）、《中国近代思想史研究对西方思想理论与方法的回应》（《新哲学》，第 1 辑，大象出版社 2003 年 10 月版）、《论梁启超的国民思想》，（《首都师范大学学报》2003 年第 6 期）、《论五四时期的"性伦"文化》（《文史哲》2005 年第 1 期）等等。

进入新世纪以来，我的学业旨趣又开始思考社会文化史的理论方法问题以及对口述史的关注，并于 2005 年尝试撰写并发表了《关于社会文化史的几个问题》① 和《关于口述史的思考》② 两篇文章，这标志着自己的学业经历又走向了一个新路程。

2015 年 2 月 22 日

---

① 本文首先收录在《首都师范大学史学研究》（北京燕山出版社 2005 年版）一书中，后经修改又被《近代中国社会与民间文化》（社会科学文献出版社 2007 年版）一书收录，以及在《山西师大学报》2010 年第 1 期发表。

② 本文首先收录在《中国口述史的理论与实践》（中国社会科学出版社 2005 年版）一书中，后经修改在《首都师范大学学报》2007 年第 5 期发表。

目　录 >>>

史论篇

论史篇

史评篇

史 论 篇

史学家不可忽视今天

近年来，史学的不景气，不仅在于研究领域的狭窄和研究方法的单一，更在于它在发展过程中出现了与社会实际脱节的现象——即忽视了今天与明天。史学家重视今天和明天，不仅在于史学要更好地为社会服务，同时具有史学方法论的意义。

注重今天，对史学发展的意义在于：

首先，透视今天，发现问题，引发新的史学课题，拓展史学研究的领域，发展多样化的历史科学。靠阅读古书，翻阅历史资料来发现问题、确定研究课题是我们治史的方法之一。而观察今天，留心现实，从中发现历史研究的课题，同样是治史的一种方法。现实社会如同一个万花筒，包罗着千姿百态的社会现象，它可以引起我们对历史问题的思考。

其次，认识今天有助于我们深入地认识历史。史学家生活在今天，对现实都有一定的感受，这种感受对治史大有益处。鸦片战争前，清朝闭关锁国，以天朝自居，几乎断送中华民族。今天实行开放政策后，有人鄙视自己的国家，这与近代社会形成的民族自卑感如出一辙。当然，历史与现实终究不是完全一致的，只是认识了今天，有助于我们更好地认识历史。

再次，注意索取今日世界在科学领域中提出的新的理论见解和新的研究方法，可作为史学研究的借鉴。当今社会，人类科学空前发展，新领域和新学科不断涌现，充分注意到这一点很有必要。史学充分利用今天自然科学和交叉科学发展的各种成果，丰富唯物史观的理论范畴，这将为史学方法提供新的更为丰富的内容。

最后，通过对今天的观察和思考，改变史学家的思维方式。过去史学界，由于教条地运用历史唯物论，在治史上形成了一个单向性的思维特点。研究历史用一个模式套。探求历史现象之原因，无论是何具体问题，往往热衷于用生产力决定生产关系、经济基础决定上层建筑、阶级斗争是社会发展的动力这些大范畴来囫囵概括，把丰富多彩生动具体的历史简单化、凝固化；治史上这种单向性思维又与线性思维相联系，一谈中国近代史，就是三次高潮、十件大事。如果我们认真剖析一下现实社会就会感到，历史并不是那么简单。历史没有单一的发展动力，一果多因、一因多果的历史现象非常普遍。我们要多视角地观察历史，寻求历史的多种可能性答案。用我们那种习惯的单向思维和线性思维很难说清历史问题。我们要锻炼自己的思维能力，改变自己的思维方式，从单向性思维变为多向性思维，从线性思维变为网络状思维，注重现实社会复杂问题的考察分析，有助于我们新思维方式的形成。

原载《光明日报》1986 年 9 月 24 日

历史学三系统说

一 "历史学三系统说" 的提出

以往我们研究历史，之所以出现很多不必要的争端，尤其在如何看待历史学的科学性（学术价值）与实用性（社会价值）上，争吵更是喋喋不休，原因之一就是我们忽视了从理论上对历史学不同系统的划分。在实践中由于我们不自觉地从不同系统的视角观察、思考、判断史学问题，对历史学的科学性和实用性就自然会产生不同的答案，也就自然公说公有理，婆说婆有理。因此我们有必要从理论上澄清历史学的不同系统：分辨不同系统各自不同的特征，掌握它们各自的研究方法，把握它们各自不同的价值所在。这对繁荣历史科学，提高历史学的学术价值和社会价值，都将大有益处。正是出于这样的思考，通过对以往史学的考察分析，我认为历史学可以划分为三个系统，这就是"存在历史学"、"本体历史学"和"应用历史学"。

中国作为一个历史悠久的文明古国，历史科学源远流长，从《尚书》、《春秋》、《左传》、《史记》开始至今，史学著作汗牛充栋。史学作为我国传统四大学术门类——"经"、"史"、"子"、"集"的其中一项，是中华民族文明史上的一块瑰宝。正是由于我国历史科学的发达，所以古代史学家也有人曾经从不同的角度对史学进行过分类，如从唐人刘知几到清人章学诚，从戊戌维新派梁启超到马克思主义者李大钊等都曾先后进行过史学的分类工作。但是，他们的分类有一个共同的特点，几乎都是着眼于史学的形式，按照史学形式的差别来划分不同的史学类别。如按照史学著作的源流分类，或按史学著作的体裁分类等。虽然历史上也有人把史学划分为"撰述"和"记注"两大类，或把史学分为"记述的历史"和"历史理论"两大类，但他们都没有注意从历史学的功能上进行分辨和思考，从而划分出不同的史学系统。所以他们所进行的分类还没有脱离形式上的表层形态，对如何驾驭史学，充分发挥史学的学术价值和社会价值建树不大。新中国成立后，史学界开始自觉地思考史学的社会功能，先后对研究历史的现实意义、历史科学的职能问题、古为今用问题、历史与现实的关系问题等进行了反复的讨论。经过这种不断的长期讨论，史学工作者的认识逐步深化，历史研究也开始与社会实践逐步靠拢，体现了史学的社会价值。但是在史学理论上却没有深入进行历史科学类别划分的探讨和研究，这自然影响了史学的长足发展。"文革"期间，历史学科遭到摧残，被人利用，成为篡党夺权的御用工具。正是由于这一点，改革开放初期，史学的威信大跌。人们认为史学无科学而言，不过是政治的附属品而已，历史学出现了空前的危机。为了摆脱这种危机，为了还历史学的科学面目，更为了使历史学能为今天的现实服务，20世纪80年代中期史学界开始重视史学理论的研究。随着史学理论研究的开发和深入，有人开始意识到，要使历史科学研究向纵深发展，便于澄清史学本身一些长期争论的问题，就有必要划分史学的不同类别，这是史学理论研究中的一项重要任务。在这种思想的驱使下，一些史学工作者开始探讨和研究这一问题，并取得了一定的研究成果。其中，中国社科院近代史研究所的蒋大椿根据史学与现实的不同关系，把历史学划分为"基础史学"和"应用史学"两大类。蒋大椿对历史学的类别划分引起了史学理论界的争论。我认为他的观点是对史学理论的一个贡献，其观点本身也具有相当的合理性。而我的"历史学三系统说"与之既有相似之处，又有不同之点。所谓相似之处，即我们都认为"应用史学"是史学中客观存在的一个门类，应当充分重视和大力发展；所谓不同之处，即我的"存在历史学"和"本体历史学"两大门类被蒋大椿的"基础历史学"涵盖为一，而我着意要把它们分开，认为只有分开，才能在形式上让人感到清晰明了，在本质上也合乎逻辑。从我下面的论述中可以看到，存在历史学和本体历史学是区别较大的两个系统，把两者分开更有利于我们认识历史和研究历史。下面就对"历史学三系统说"作梗概的阐述，以就教于同行专家学仁。

二 "历史学三系统说"之内涵、特征、功能

鉴于人们以往对历史学的理论系统划分的局限，基于这一理论的重建问题迫在眉睫，我以为从理论上应该对历史学进行这样三个系统的划分，即：

(一) 存在历史学

我们所讲的历史特指人类社会的现象、事实以及反映内在逻辑的人类社会的发展过程。所谓存在历史主要指历史现象和历史事实而言，就是以往社会的一切现象存在，一切事实存在。它是表象的、外在的、能够被人感知的。对它的考证和研究构成了存在历史学。比如秦始皇是秦统一中国后的第一个皇帝，1898年中国出现了维新变法运动，1978年12月中国共产党召开了十一届三中全会等，这些都是历史的现象和事实，是不以人们的意志为转移的客观存在。在以往的史学发展史上，典型的存在历史学是以钱大昕、王鸣盛、赵翼为代表的乾嘉史学，他们考证"典制之实，俾数千百年建置沿革，了如指掌"，以及"年经事纬，部居世次，记载之异同，见闻之离合"。这种不加任何褒贬，只是对历史现象和事实的考证被章学诚称之为"考索之功"，也就是我所说的"存在历史学"。李大钊在《史学要论》一书中指出："今日关于考证个个史实的研究，虽然有显著的进步，然就大体上看，犹有极重要的事实遗剩下来，未能充分的以为讨究者，尚不在少；人们所最欲确知而不得其证据者，尚不在少；以是知学者对此之努力，仍不可一日懈。"李大钊的论述对今天"存在历史学"的研究仍有重要的指导意义。总之，存在历史学就是要整理历史过程的事实，完成科学的史料学的任务，如史料的钩稽、搜集、整理和考订，以及历史实迹的探究等。存在历史学的特征要求是准确性和客观性，即对历史现象和事实要给予时间、地点、本身状况及发展过程的准确回答，不能附加任何主观成分的臆测或褒贬。对历史现象和事实产生的任何误差都要破坏存在历史学的科学性。考证是存在历史学的主要研究方法。存在历史学的价值主要体现在知识性、史料性以及它对后来社会各种不同程度的影响上。

（二）本体历史学

所谓本体历史主要指历史事物的本质，历史现象间的关系以及历史发展过程的内在逻辑和真理而言。对这类问题的探讨和研究构成了本体历史学。当代史学工作者所从事的许多史学研究，基本属于这一类。因为它一直是我们大多数史学工作者所认定的历史学本身的涵义所在，也是以往和今后史学各系统中的主体，所以称它为本体历史学。比如封建社会中国农民战争爆发的历史因由、社会影响及成功、失败的教训是什么，中国近代社会发展的内在逻辑是什么，如何评价毛泽东同志在中国社会发展中的历史作用等，这类史学问题都属于本体历史学研究的范畴。本体历史学的特征要求是历史性和阶级性：我们必须站在历史的角度进行价值判断，而不能用今天的价值标准去评估历史，苛求古人，否则就会陷入不切实际的玄想和空谈，此外由于史学工作者阶级立场的不同，将影响他们对历史作出不同的判断，从而反映出本体历史学的阶级性来。毋庸讳言，本体历史学是为阶级服务的，超阶级的本体历史学是不存在的。例如，"四人帮"把1976年的"四五"运动视为"反革命政治事件"，而我们的党和人民则称之为一场自发的反对"四人帮"的爱国运动。那么当代史学家只有站在党和人民的立场上，才能作出合乎本阶级利益的逻辑判断。本体历史学除了知识和史料的价值外，主要体现在它要说明社会历史的发展变化及内在规律，从而使人对历史有一个全面和深刻的认识，使人察古知今，鉴往知来。

（三）应用历史学

这是一个应当受到高度重视和亟待开发的新领域。所谓应用历史主要指的是历史对现实社会的直接需要，同时也特指存在历史、本体历史作用于今天的人和社会后发生的各种效能和联系。对它的探讨和研究构成了应用历史学。比如20世纪初年中国社会反迷信、反赌博、反封建婚姻等旧习俗与今天社会上的反迷信、反赌博、反买卖婚姻有什么可比性，给我们的启示是什么，再比如中国封建文化对今天人们观念的影响是什么，对中国社会的改革开放发生什么作用，这类问题应用历史学要给予回答。应用历史学的特征要求是时代性和应用性。要研究历史与现实相关以及历史直接作用于现实的问题，而不是纯历史的问题。历史作用于现实，不同的时代，其功效是不同的，所以应用历史学要根据不同的时代给予不同的回答和解释。今天的应用历史学对明天来讲，由于时间的推移和社会的变革，它从本质上就完全脱离了应用历史学的范畴，而转向本体历史学和存在历史学的领域。应用历史学的价值主要体现在寻求改造人、改造现实社会的方法。而运用这些方法所进行的改造社会的实践就体现了应用历史学的应用性。这里应当强调说明的是，应用历史学与御用史学是完全不同的两个概念：前者是实事求是地研究历史与现实的联系，后者是为所欲为地编造和歪曲历史；前者要求革命性与科学性的统一，后者全然不顾历史的科学真理性，两者切不可同日而语。今天要特别注重应用历史学的创建和发展，这对史学的发展，纠正史学脱离现实的弊端是一个极其有效的方法和途径。

为了卓有成效地开展应用历史学这个新领域的研究和探索，我们应当首先思考这样几个问题：（1）注意观察今天，留心现实，从中引发新的历史研究课题。现实社会如同一个万花筒，包罗着千姿百态的社会现象，它可以引起我们对历史问题的思考，从而选择与现实关系密切的史学课题。（2）注意研究当代史，即从历史的角度，运用历史的眼光来研究现实问题，这有益于学术和社会需要。当代史学工作者注重研究当代史的优越之处在于有感性体验和感性认识，了解其发展过程，甚至细节，可为将来深入探讨打下基础。不注重当代史的研究是当代史学发展在战略上的失误。（3）史学要注意与未来学合作，给未来学输入史学的根据。史学家应当成为高水平的园艺工程师，通过嫁接发明新品种，即通过对历史现象的取舍和综合，为人类提供未来社会具体领域的参考模型。这同未来学家不同，未来学家可从全社会的总体进行预测，史学家则在具体领域提供参考模型。注重以上三方面问题，有助于应用历史学的长足发展。

以上对历史学三个系统的基本内涵和特征等作了阐述，当然这方面问题还有待于纵深研究。下面对历史学三个系统之间的异同点再作简要的说明。本体历史学和应用历史学除了各自的特征外，两者还有其共同的地方，那就是与存在历史学相比，它们渗入史学家的主观成分要相对大一些。我们史学工作者事实上很难百分之百地从客观的角度来判断和评价历史，自觉不自觉地都要渗入主观的成分。强调史学家治史过程中渗入主观成分这一事实，并非说历史学就是没有客观标准的信口开河，恰恰相反，这正是强调史学工作者责任的重大。史学家必须下大功夫，在正确思想理论的指导下，运用有效的方法，通过潜心的努力和研究来还原历史的本来面目，从而最大限度地减少那些违反客观实际的主观臆测。在研究方法上，本体历史学和应用历史学也与存在历史学不同，随着时代的发展，前者的研究方法更灵活多变，尽可能注意索取今日世界在科学领域中提出的新的理论见解和新的研究方法来为史学服务。此外，允许本体历史学和应用历史学用各种正确的理论进行指导研究，允许不同观点的存在，各种观点可以平等对话，百家争鸣。就整个历史研究过程而言，争鸣必定是永恒的。争鸣的结果虽然有些观点可以趋同，出现江河归海的势头，但分歧的存在永远不会消失，就像几条平行线，各自只能按照自己的轨道而延伸。存在历史学则不同，就本质来讲，它不应存在派别之争，不同观点最终必将服从事实和真理，而统一到科学上来。历史学的三个系统都应当是科学性与社会价值的统一体。但从某种意义上说，应用历史学与本体历史学又是一种活的历史，它们更容易直接体现史学的社会价值。而存在历史学作为一种历史现象，就历史事实的存在而言倒可以说成是一种"死"的历史，它的准确性直接表现为它的科学性，比起本体历史学和应用历史学，其科学性更明显、更表面化、更易被人们所接受。

考察以往的历史学研究，史学工作者在史学研究的实践中，自觉不自觉地或从存在历史学，或从本体历史学，或从应用历史学的角度从事着学术活动，我正是在以往史学工作者这个实践的基础上，对它进行分析、归纳、概括和综合，并上升到理性认识，从而提出我的"历史学三系统说"。

原载《辽宁师范大学学报》1989 年第 5 期

文化类型说

　　人与动物的根本区别在于人有文化，动物没有。当我们浮光掠影地仅凭直觉而缺乏理性辨析和逻辑推理地面对文化的时候，它似乎是极为简单的常识，简单得往往使人不屑一顾。然而当我们拂开那种笼统的、似是而非的直观层面，就即刻发现文化蕴藏着无限的复杂。它的复杂在于这个社会科学家和人文主义学者经常使用又在民间得到广泛流行的词语是一个说明人类行为和人类历史的最广泛的概念。它所涉及的不是一种单项事实，而是在普通事物中不同层次上的不可计数的多种事项。它的复杂还在于文化的内容是描述人类在复杂和纷繁斑驳的发展过程中所取得的所有成就，它显示了人类在数十万年间获得的关于人类自己，关于世界和与人类共同享有这个世界的其他生物的一切知识。它的复杂更在于文化的运用极为广泛，而人们对它认识的视角又往往不同，这就导致文化内涵和外延的不确定性，从而造成"文化"的歧义。正因为文化是这样一个复杂现象，所以要研究文化，就必须首先界定文化；又因为文化的复杂，迄今为止，还没有一个能够被普遍认同的文化界定。事实上，并不存在一个包含绝对真理的绝对科学的文化概念。但又不能因而要求人们放弃对文化的探讨。人类是在特定历史环境和认识水平上来探索文化的。人类认识既有局限又有进化，因此对文化探索亦既有局限又有所进化。应当强调，虽然很难有一个永恒的文化概念，但这绝不妨碍我们去界定文化，其实对文化的每次界定，都是对人类认识文化本质的一次推动和促进。考察历史，不难发现，人类对文化的探索从未间歇过。从 1843 年德国学者 C. E. 克莱姆（1802—1867）所著的《普通文化史》一书算起，迄今文化科学已形成了一门包含文化人类学、社会学、文化学和文化史学等多个分支的交叉学科。一个半世纪里，人们围绕着"文化"著书立说，所界定的"文化"千姿百态。美国人类学家 A. L. 克罗伯和 C. 克拉克洪在《文化概念：一个重要概念的历史回顾》一文中统计了从 1871 年至 1951 年间提出的文化定义约 164 种。20 世纪 50 年代后，文化探讨在各国展开，文化定义已不可粗略统计了，已有几百种以至上千种之多。《文化概念：一个重要概念的历史回顾》① 一文中分析了 164 个文化定义，并据各自的侧重点将它们大致划分为描述性的、历史性的、规范性的、心理性的、结构性的、遗传性的六大类。最早给文化界定的是英国杰出人类学家、文化史和人类学进化论学派的奠基人泰勒（E. B. Tylor, 1832—1917）。他先后给文化下过多个定义。1865 年他在《人类早期历史与文化发展之研究》中曾对文化界定过。而 1871 年他在《原始文化》中所下的定义至今仍被学术界广泛引用，他说："所谓文化或文明乃是包括知识、信仰、艺术、道德、法律、习惯以及其他人类作为社会的成员而获得的种种的能力、习性在内的一种复合整体。"② 这个定义强调人类精神事象的复合体，还未能揭示文化的本质，只是个描述性定义。然而由于泰勒的文化定义阐发最早，影响较大，为世界不少学者所接受。

通过对往昔若干文化定义的考察，我以为以往的文化概念可概括为十大类型，即结构文化说、模式文化说、工具文化说、符号文化说、成果文化说、功能文化说、事象文化说、传播文化说、价值文化说、综合文化说。即界定者往往是自觉不自觉地以文化的结构、模式、工具、符号、成果、功能、事象、传播、价值等为着眼点来思考文化并为之界定的。通过对文比类型的考察，可以寻出国内外学者对文化探索的一般轨迹。下面我们分类加以介绍。

模式文化说。这一界定强调文化是人类行为的形式或模型，其代表人物为美国人类学家露丝·本尼迪克特（Ruth Benedict），1935 年她的代表作《文化模式》出版，书中说："一种文化就像是一个人，是思想和行动一个或多或少贯一的模式。"③ 克拉克洪和凯利（Kelly）·匪利普·巴格比·派克（R. E. Park）与柏杰士（E. W. Burgess）、爱尔伍德（C. A. El

---

① 哈佛大学：《小人物陈列馆论文集》，1951 年第 41 期。
② 庄锡昌等：《多维视野中的文化理论》，浙江人民出版社 1987 年版，第 98 页。
③ [美] 露丝·本尼迪克特：《文化模式》，王炜等译，生活·读书·新知三联书店 1988 年版，第 48 页。

Jwood）等人的文化界定也可归纳为这一类。这一类型说把文化视为人类思想和行为的一种规范、一种准则、一种范示，从而突出了文化的静态特征，却忽视了文化的动态特征。我国文化比较研究的开拓者梁漱溟说：文化"是人类生活的样法"①。当代学者沙莲香说："所谓文化，就是人们在长期的社会生活中凝聚起来的生活方式之总体。"② 他们的文化界定也可视为模式文化说。

结构文化说。文化是由多种具体的文化现象组成的。这种被组成的文化结构具有可缩和可扩的弹性特征。它随时可以接受具体的文化现象，灵活性极强，概括性亦极强。如陈独秀视文化运动的内容为"文学、美术、音乐、哲学、科学，这一类的事"③、张岱年认为"文化包含哲学、宗教、科学、技术、文学、艺术、教育等等"④。结构文化说注重具体文化现象的罗列，却未能揭示文化的任何特征。威士特（C. Wisster）和马凌诺斯基（B. Malinowski）也从文化结构入手给文化界定，这种界定只是一种感性的知觉，而缺乏一种理性的感悟。

价值文化说。梁启超说："文化者，人类心能所开积出来之有价值的共业也。"⑤ 美籍华人学者余英时说：文化是"成套的行为系统，其核心则是一套传统观念，尤其是价值系统构成的"⑥。应当指出的是，上述价值文化说无论是否全面而又透彻地阐释了文化，但它已力图从文化的本质来揭示文化的内涵了。

功能文化说，安诺德（M. Arnold）在《文化与纷乱》中认为，"文化不仅指学术而言，而是对于人生与性格发生作用与能够变动的最好的知识"。斯塔姆勒（R. Stammler）认为"文化不外是在正当的途径上发展的人类的能力"⑦。国内有的学者也把文化的本质视为"人类适应环境、主宰环境的一种群体的综合性行为能力"⑧。对文化进行功能研究就充分肯定了

---

① 梁漱溟：《东西文化及其哲学》，商务印书馆 1987 年版，第 53 页。
② 孙家正：《传统文化与现代化》，中国人民大学出版社 1987 年版，第 158—159 页。
③ 《文化运动与社会运动》，《独秀文存》卷 2，安徽人民出版社 1987 年版，第 608 页。
④ 《东西方文化研究》创刊号，第 19 页。
⑤ 《文化是什么》，《学灯》1922 年 12 月 1 日。
⑥ 《从价值系统看中国的传统文化》，《理论信息报》，1986 年 3 月 10 日。
⑦ 《中国文化研究集刊》第一辑，复旦大学出版社 1984 年版，第 450 页。
⑧ 同上书，第 449 页。

文化对于人生、对人本身的性格与能力的变化和发展、对人类控制自然而发生的重要影响和决定性作用。它突出强调了文化的功能特征。这一特征虽然非常重要，理当充分肯定，然而它的缺憾在于无视文化的其他特征，它的片面是显而易见的。

符号文化说。德国文化哲学家卡西尔（Ernst Cassirer，1874—1945）在探讨人的本质时，直接把人定义为"象征符号的动物"，认为人能运用符号创造文化。文化无非是人的外化、对象化，无非是符号活动的现实化、具体化。美国当代著名民族学家和社会学家莱斯利·怀特认为"文化是象征符号的总和"，而"象征符号是所有人类行为和文明的基本单位"，"所有人类行为都起源于象征符号的使用……只是由于使用了象征符号，所有的文明才被创造出来并得以保存。……人类行为是象征符号行为，象征符号行为是人类行为，象征符号是人类的宇宙"[①]。符号文化说已开始摆脱从单一方面揭示文化的个别属性，而力图逼近文化的本质，把象征符号能力视为要根据不同情境赋予事物以其本身不具有的某种意义的能力。国内当代一些青年学者也注重利用"符号"来界定文化。当代学者冯天瑜认为，卡西尔把人类的"符号活动"归结为"先验活动"，避而不谈包括物质生产在内的社会实践对文化创造的人的本质的实现的决定作用。这是符号—文化学派文化观的根本性缺陷[②]。

传播文化说。19世纪末叶，西方就产生了文化传播学派。这个学派注重考察文化的迁徙和分布现象，注意探讨文化从创造点散布到接受点的过程，认为文化都具备从一个地域传递到另一个地域，从一个社会播散到另一个社会这样的过程。传播文化说把文化看作是一个迁移和扩散的动态历程，是文化探索的一个进步。但若只强调文化只有一个中心而向四方单向播散显然是不符合文化的多元历史的。20世纪70年代以来，传播文化说更为西方学者所重视，并开始影响国内学者。有人正是从文化传播学角度来定义文化的，认为文化的本质"一言以蔽之：传播"，"没有传播，就没有文化，传播就是文化的实现"[③]。

---

① 转引自《论文化发展的未来趋势》，《社会科学》1987年第1期。

② 冯天瑜：《文化：向着广延度和深刻度进军的多种定义》，《湖北社会科学》1988年第11期。

③ 《关于文化传播学的几个问题》，《断裂与继承》，上海人民出版社1987年版，第180页。

　　成果文化说。华德（L. F. Ward）认为，"欲望是社会与文化的主要动力。由欲望产生的一切结果，是人类的成就。人类的成就，不外是文明。环境改变动物，而人类改变环境。所谓变迁，都是文化。工具补充爪牙，望远镜与显微镜补充目力，铁道代翼，轮船代鳍。人类生活的特点，就是人为改变天然。所谓人为，就是成就，就是文化。成就包括物质与非物质两方面，成就主要是非物质的，是永久的，包括语言、制度、文学、哲学、科学等"。① 成果文化说视文化为人类改变自然的成就，这成就既包括物质的诸如工具与机器的进步，亦包括精神的诸如各类文化学科的产生，还包括物质与精神的文化成果给人类生活带来的安闲与幸福。成果文化说着眼点在于文化发挥作用之后的成果，珍惜的是文化的成就，但它缺乏对文化本质的阐释。

　　事象文化说。霍布士（T. Hobbes）认为"文化就是教育"②。培娄（G. V. Below）认为"文化是民族精神的表现"③。事象文化说把文化仅仅等同于一种文化事象。它虽然具体、清晰，易于理解，但它无论如何也涵盖不了文化的丰富内容，它有简单化倾向，容易萎缩和扼杀文化的生命力，阻碍了人类的思维力，不利于文化科学向着广阔和深远的方向发展。

　　工具文化说。博洛尼斯留·马里诺乌斯基则作过这样的归纳：所谓"文化"是"一个在满足人的要求的过程中，为应付该环境中面临的具体、特殊的课题，而把自己置于一个更好的位置上的工具性装置"，"很明显，它是一个由工具、消费物，在制度上对各种社会集团的认定、观念、技术、信仰、习惯等构成的统一的总体"④。俄斯特华尔德（W. Ostwald）是一个化学物理学家，他认为"文化是指人类所有一切事物而言。文化演进的原理，本于能力的定律。从能力的观点来看，文化演进史，不过是工具与机器演进史"⑤。把文化视为"工具性装置"，强调了文化的实用性特征；把文化演进史视为"工具与机器演进史"，直接把文化与工具和机器等同，这就紧缩了文化丰厚的内涵，显然亦是片面的。

---

① 《中国文化研究集刊》第一辑，复旦大学出版社 1984 年版，第 450 页。
② 同上。
③ 同上。
④ 转引自庄锡昌等著《多维视野中的文化理论》，浙江人民出版社 1987 年版，第 371 页。
⑤ 转引自《中国文化研究集刊》第一辑，复旦大学出版社 1984 年版，第 449—450 页。

　　综合文化说。这是相对于上述文化说而言的，它不是从一个侧面而是从多方面多角度来揭示文化的特征或本质，也有些内容就是直接对上述几种文化说的合并和综合。综合文化说更能反映文化界定的深刻性和准确性。泰勒的文化定义可视为最早的综合文化说。它综合了结构文化说和功能文化说的特点，长期被看作是经典的定义，只是因它未能正面揭示文化的本质，所以还属于一个描述性定义。克罗伯和克拉克洪的文化定义是目前世界上获得较多学者确认的，他们认为，"文化包括各种外显或内隐的行为模式，它们借符号之使用而被学到或被传授，而且构成人类群体的出色成就，包括体现于人工制品中的成就；文化的基本核心包括传统观念，尤其是其价值观念；文化体系虽可被认为是人类活动之产物，但也可被视为限制人类作进一步活动之因素"①。这里突出强调了文化的模式、价值、符号、成果，把握到了"文化"某些方面的质的规定性或某几个重要特征。但这个定义仍可以从不同侧面无限制地添加罗列，所以又不能使人从整体上把握文化的内在本质。苏联学者契斯诺科夫认为："文化是受历史制约的人们的技能、知识、思想和感情的总和，同时也是其在生产技术和生活服务技术上、在人们的教育水平以及规定和组织社会生活的社会制度上，在科学技术成果和文学艺术作品中的固定化和物质化。"② 这里，文化作为一种固定化和物质化的存在，表现在物质生产和精神生产的历史发展过程中。这是苏联哲学界试图把文化概念纳入历史唯物主义理论体系以至建立独立的马克思主义文化理论的尝试。中国学者从综合文化说的角度来界定文化者并不少见。早年蔡元培的"文化是人生发展的状况"③，梁漱溟的"文化，就是吾人生活所依靠之一切"④，贺麟的"文化就是经过人类精神陶铸过的自然"等均属于那种笼统地描述性质的综合文化说。20 世纪80 年代，国内学者在"文化热"讨论中，试图严格地界定文化，力图准确把握文化的某些基本特征，这是文化研究得到深入发展的一个显著标志。张立文认为"文化乃是人类在实践中所建构的各种方式和成果的总体"⑤。

① 《美国考古学和人类文化学波包蒂博物馆论文集》，1952 年第 1 期，第 181 页。
② 《历史唯物主义》，莫斯科 1965 年版，第 346 页。
③ 《何为文化》，《蔡元培美学文选》，北京大学出版社 1983 年版，第 113 页。
④ 《漱溟最近文录》，中华正气出版社 1944 年版，第 9 页。
⑤ 《传统学导论》，《上海社科院学术季刊》1989 年第 1 期。

这里首先强调了文化是人类在实践中建构的，即文化是人类实践的产物，其次指出文化是人类建构过程中的各种方式和成果。此说涵容量较大，是对模式文化说、成果文化说和结构文化说的综合。王富仁认为，文化是"人类在自己存在和发展过程中所创造并作为一种信息反转过来作用于人类自身的存在和发展的物质和精神成果的总和"①。这一界定突出了文化是物质和精神成果的总和，这无疑是最全面的。但若不加任何定语的限制，这种全面就显得空而又空，使人最容易把握又最不易把握，使人最容易理解又最不易理解。王富仁为避免这一缺漏，力图揭示文化最基本的特征。他是从如下几方面来把握文化的基本特征的：其一，文化是人类自身在存在和发展过程中的创造；其二，文化是一种信息符号：其三，文化这一信息符号又能作用于人类自身的存在和发展。这一定义由于把握了文化的某些基本特征，较适当地界定了文化，它实际是融合了成果文化说、功能文化说、符号文化说、结构文化说的综合文化说。颐晓鸣认为，"文化，不管如何的恢宏，或者如何的具体，它只是自然无限发展过程中的一个创造，是自然创造人类之有意识、有心智、有目的的实践过程的体现——表现为人的存在和活动形式，表现为人的存在和活动的一切物质具象，表现为人的存在和活动的成果的遗迹"②。这里从更为广阔的视角，把由自然创造的主体的人以及再由人的实践而创造的文化紧密地联系起来，特别强调了文化的多维性，揭示了文化的若干本质，是文化界定进一步深化的体现。

上面我们对文化界定进行了归类和评说，事实上这种文化说之间并不存在绝对不可逾越的界限，它们之间互相渗透、相互包含、联系紧密。有些界定由于并不明显，所以在归类上不易确定，模糊于两者之间。人为地把文化界定划分为若干类型，仅仅是为了在文化分类过程中，通过对文化的辨析和考察，以求理解以往人们对文化认识的心迹，从而为我们进一步认识文化寻找历史的感悟和新的定位。

正是由于对以往文化界定的考察和分析，我们对文化的本质和特征应当有一个更进一步的认识。鉴于此，我个人认为：文化是人类智慧创造

---

① 《东西方文化研究》创刊号，第77页。

② 《多维视野中的"文化概念"——简论"文化"》，《社会科学战线》1987年第4期。

的，使人的身心在一定层次和维度上得到满足和发展，人际关系及人与自然关系得到方向性转换，社会形态得到实质性变革的一种功能性模式。在这个文化界定里反映了我对文化基本特征的看法。其一，肯定文化是人类智慧的创造物，而排除了非人类智慧的创造物。在人类还不能断定是否存在非人类智慧的创造物之前，文化只是人类自身创造的产物。其二，文化是一种模式，具有一种静态的特质。这种模式不仅仅是显形的。实际上它有显形的物化形态和非显形的非物化形态两种表现形式。显形的物化形态易于理解，每个具体事物都存在显形的物化形态的模式。而非显形的非物化形态的文化模式亦存在。诸如政治学上的社会制度，哲学上的学说体系，伦理学上的爱憎评价，文学上的人物褒贬，工艺学上的作品创作构思，机械学上的机器制造设计等，均属于非显形的非物化形态的文化模式。其三，文化模式具有功能性。这种文化功能可以产生一种动态的功效特质，这种功效主要体现在对人本身，对人际关系及人与自然关系，对社会形态的直接作用上。其中人的身心满足包含本能与审美，即灵与肉的满足，人的身心发展包含智能与体能的发展。而这种满足与发展又具备不同的层次和维度。所谓层次是现世的对衣食住行乐等各类要求的不同标准和不同感受。所谓维度是指对超时空及其非阳世的认同。文化对人际关系起着变换的作用，这种变换有着多路向的方向性特点，诸如和谐、冲突、融洽、对立、协调、敌视等。文化对社会形态起转化和变革的作用，使社会形态中的经济、政治及其制度的内容发生本质上变化。在此应再一次强调，每一种具体的文化界定，都具有相对的真理性和科学性，对各种文化界定的一定程度的认同，均能对我们更科学地理解文化有所启示。同时要承认，仅就人类思维能力和语言的局限而言，任何文化界定都不可能避免它自身存在的某些缺憾。

以往所有的文化界定虽然千差万别，但细究起来，它们明显有着两方面的共同之处。其一，文化是习得，即通过后天的学习而获得的，而不是通过生物性遗传而得到的。其二，文化是人的创造，是人类劳动的外化和对象化，即文化是主体从事创造的能力，是主体创造的客体。文化界定既有共同之处，又难以求得被普遍认同的统一界定。造成彼此相异的主要原因在于，人们各自运用的方法不同，观察的视角不同，把握的层面不同，研究的学科不同等，所以会出现诸如此类的不同，恰恰又是纷繁斑驳的文化本身造成的。鉴于这种客观实际，我们就必须用辩证的态度替代机械的和形而上学的态度去对待文化。我们应当认定，不存在一个无条件的绝对科学的文化界定。正如列宁所说："所有的定义都只有有条件的、相对的意义，永远也不能包括充分发展的现象的各方面联系。"① 任何事物都存在多方面多层面的联系，形成了多方面的质的规定性，何况是文化这样的一个繁杂的现象，所以要穷尽文化的质的规定性是困难的。我们不必为在纷然杂陈的文化概念中找不到一个永恒的文化界定而忧心忡忡和茫然失措。对事物的发展和科学本身来讲，定义是微不足道的。恩格斯说："定义对于科学来说是没有价值的，因为它们总是不充分的，唯一真实的定义是事物本身的发展……"② 可见，仅为定义而界定是徒劳和没有意义的。

然而我们又不能因此产生误解，认为可以取消对文化的界定。事实上，要进行规范的文化研究，每个研究者在具体的文化研究领域都要对自己所使用的文化概念有一个准确的界定，否则就谈不上科学研究，其他一系列概念和研究也就无法进行。对不同专业的研究来说，文化定义的多种含义是正常的，而且是有意义的。众多的文化定义都是一个观察分析问题的角度，他们之间有分歧、有争论，才有可能集思广益，有助于我们对文化本质的深入理解，从而达到大体一致的认识。文化界定的过程不单是文化本身的进化，亦是社会历史的进化和人类智慧的进化。

原载《传统文化与现代化》1995 年第 5 期

---

① 《帝国主义是资本主义的最高阶段》，《列宁选集》第 2 卷，人民出版社 1972 年版，第 808 页。

② 《马克思恩格斯全集》第 20 卷，人民出版社 1971 年版，第 667 页。

文化民族性的研究价值及
文化民族性的成因探略

纵观人类精神文化的瑰宝，它并非上帝的恩赐，并非一天工夫的成功创造。它是人类以往一切时代的劳作，是世界各民族人民集体智慧的光辉闪耀。

剖开文化遗产的积层，我们见到的是时代沉淀的痕迹，是奉献者创造的结晶。审视和观察这文化积层的宝藏，人们发现，全世界所有的民族不论形成早晚，不论生活条件如何迥异，各自走着怎样的道路，所有民族都或多或少地为全人类贡献了一份文化珍品，没有一个民族是完全站在这种创造过程之外的。

人类文化虽然是世界各族人民的集体创造，但由于世界各民族处于不同的自然环境、社会环境及生活环境之中，造成了各民族独特的生活领域。各民族的独自生活促使其沿着本民族的道路发展，创造着本民族的文化。正因为如此，各民族奉献给人类的文化遗产必然显示各自不同的民族特色。研究文化史，自然涉及一个重要理论问题——"文化的民族性"。本文拟就文化民族性的研究价值，产生的基础、条件及相关因素等问题作一概略探讨，以就教于方家。

一 "文化的民族性"界说及研究价值

探讨文化的民族性，先须搞清什么是"民族"。关于"民族"的概念，马克思主义理论作了正确的阐述。马克思、恩格斯、列宁都曾经从不同侧重点阐述过民族的一些基本特征。1913 年斯大林在《马克思主义和民族问题》中，较完整地提出了民族的定义。他说："民族是人们在历史上形成的一个有共同语言、共同地域、共同经济生活以及表现于共同文化上的共同心理素质的稳定的共同体。"1929 年斯大林在《民族问题与列宁主义》中又把"表现于共同文化上的共同心理素质"更确切地表述为"表现于共同的民族文化特点上的共同心理素质"。斯大林抓住民族最基本的四个特征，并把它作为区分不同民族的一个统一的综合标志。若全面研究和理解斯大林的论述，将体会到共同语言、共同地域和共同经济生活既是民族的基本特征，又是民族产生和形成的前提条件。它们分别为民族形成提供了思想工具、地理空间及物质基础。而民族心理素质正是在上面三个前提条件的基础上逐渐形成的，它是维系一个民族长期存在的纽带。所以事实上它是区分不同民族在本质上的突出特征。

若从文化学的角度来考察民族，我们认为，民族就是由不同语言、不同地域及不同经济生活和不同历史发展而逐步形成的在文化上具有自己独立特征的稳定共同体。实际上，民族本身就是反映不同共同体的不同文化特征。同时，只有从不同的文化特征上才能把握不同民族的本质所在。正如斯大林所说："各个民族之所以不同，不仅在于它们的生活条件不同，而且在于表现在民族文化特点上的精神形态不同。"这里主要强调各民族的突出区别在于民族文化特征的不同。这表明，只有把握了各民族的文化特征，才能真正把一个民族同别的民族区分开，要研究人类文化就不能不研究文化的民族性。

那么，到底什么是文化的民族性？我们认为，所谓文化的民族性就是一个民族的生活特色、风俗习惯、情感素质、审美方式、思想内容、语言思维等心理结构在文化中的综合体现。简言之，它是每一个民族的民族精神在本民族文化中的体现和反映，是"每个民族的文化都有着不同于其他民族文化的特点"。这种文化民族性中的优秀部分作为民族的精神财富是一个民族的灵魂，被代代继承、发扬光大，永葆其美妙之青春。

文化的民族性贯穿于古今中外的文化之中，探究它虽并非易事，但意义重大深远。第一，研究文化的民族特征，有利于弘扬民族优秀文化。分析文化的民族性，是要挖掘民族文化中的精华，筛选优秀、进步、符合时代精神、有生命力的部分，让人们去保持、扶植、继承和发扬。同时还可以明辨隐匿于民族文化中的有害的、不利于人类文明和社会进步的文化糟粕，让人们去批判、改造以致摒弃。让世界各族文化立足于本民族文化的基础上，并健康长足地向前发展。第二，研究文化的民族特征，有利于各国、各族的各种文化类型之间相互交流，取长补短。一个民族的文化只是封闭地自然发展，难免会有局限性。要克服局限性，就需要把内向型的文化发展变为外向型。相互间的借鉴、学习、吸收是民族文化得以扩展和丰富的必由之路。要扬长避短，学习、吸取本民族以外的文化精华，同时避免文化上的民族虚无主义，这就势必要研究本民族和其他民族的文化特征。第三，研究文化的民族特征，是世界文化向前发展的重要途径。世界文化的丰富和发展不能仅依靠一两个民族的文化，少数几个民族的文化再发达，也不能囊括世界文化宝库中的一切财富。世界文化是一个多样的统一体，只有研究文化的民族特征，才能发展多种多样不同特色的民族文化，才能进而融百川而为一，才能汇成奔腾不息的世界文化的长河。正是在这个长河中，各族人民把自己的文化贡献给了全人类。第四，对文化民族特征的研究，有利于振奋民族精神。马克思、恩格斯指出："古往今来每个民族都在某些方面优越于其他民族。"鲁迅说："有地方色彩的，倒容易成为世界的，即为别国所注意。"在世界文学史上占有独特或重要地位的作家，从中国的屈原到鲁迅，从莎士比亚、雨果、巴尔扎克、塞万提斯到歌德、果戈理、列夫·托尔斯泰、泰戈尔、马克·吐温，无一不是具有民族独创性的作家。中华民族的艺术亦然，京剧和国画之所以在国际艺坛产生过强烈的反响，那是由于这传统的艺术中凝聚了迥异西方的艺术观和美学观，具有中华民族的艺术特色，这是它的优胜之处，是它的真正价值所在。各民族都是平等的，虽然发展的程度不同，但每个民族都为人类奉献过自己的一份滋养，这从研究文化民族性中将会得到完全的证明。所以，对文化民族性的研究，可以显示本民族文化的优势和真正价值，可以增加各民族人民的自尊、自信和自豪感。

上述内容说明研究文化的民族性具有相当重要的价值，我们不可忽视对这一问题的研究。

二　产生文化民族性的缘由

世界各民族都具有反映本族文化本质的自身特点。为什么各民族在文化上存在自己的特殊性？是什么原因造成了世界各族人民如此斑驳陆离的文化特色？概括而言，促成文化民族特点的原因包括主观和客观两个方面。客观原因，即各族人民所处的地理环境、经济生活及独特的民族历史；主观原因，即各族人民内部或民族之间文化现象的渗透与影响。换言之，促成文化民族性是有其一定的基础、条件和相关因素的。这个基础就是地理环境，这个条件就是经济生活，这个因素就是独特的民族历史和各种文化现象之间的相互作用。

（一）促成文化民族性的基础——地理环境

地理环境是指地理位置、地势、气候、地产、土壤以及自然风光诸因素的总和。地理环境不仅是民族形成和发展的前提条件，而且也是民族文化形成的一个自然基础。我们不是地理环境决定论者，但也绝不否定地理环境对社会发展的影响，同时肯定，文化民族特征的形成同样离不开地理环境这个自然基础。

地理环境对民族文化具有直接的作用和影响，甚至有时可以使用一些不同地理环境的术语来表示不同的文化类型。如"海岸文化"、"平川文化"、"绿洲文化"、"高山文化"等。不同地理环境形成不同的文化特征表现于文化的诸方面。例如我国居住在高寒山区的傈僳族，高山地理、严寒气候培育了傈僳族人民刚强、倔强的性格。这种性格在傈僳族文化中得到了体现。傈僳族的民歌以高亢、豪放的风格著称。而居住在物产丰富、风景宜人的亚热带的傣族，其周围地理环境使这一民族的性格温顺、多情，这同傣族民歌的婉转、温柔形成呼应。就山歌而言，高原地区比较高亢、嘹亮、粗犷有力；平原地带则比较流畅、轻柔、细腻平静；草原的牧歌则显得开阔、热情而又奔放。总之，地理环境可以直接影响一个民族的心理素质，崇山峻岭可以使人刚毅，湖海平原可以使人温和。这些心理素质必然在民族文化中得到体现。我国东北纵横数千里的大小兴安岭，是个风景绮丽、物产富饶的好地方。那里山峦起伏，河流密布，郁郁葱葱的原始森林绵延不断，浩瀚的林海中，生长着多种耐寒乔木，密林深处栖息着多种野生动物。冬季，挺拔峻峭的兴安岭白雪皑皑，银装素裹；夏日，松柏苍翠，白桦婀娜。勤劳勇敢的鄂伦春族人就世世代代生活在这里，过着以狩猎为主的生活。他们的生活日用品除桦皮器皿外，几乎都用兽皮剥成。穿的是皮袍、皮靴，铺的是皮褥等。尤其是著名的装饰艺术，如果离开这样的大自然，想象不出会那样奇花异葩，绽放争芳。我们知道，澳大利亚人之所以没有自然崇拜和对自发力的崇拜，在很大程度上是由于澳大利亚当地自然环境的影响，那里很少发生天灾和暴戾现象，也无猛兽。澳大利亚人适应于这个环境，而感觉不到自然界及其自发力量的压力。希腊文化是西洋文化的基础。希腊艺术的最高表现是建筑与雕刻。庙堂是希腊文化生活的中心。这些建筑高雅庄肃，体现着一种和谐、宁静和整齐的形式美。这些形式特点无不与希腊人住在文明整洁的城市中，地中海日光朗雨、构象清晰有关。可见，一个民族的文化不能脱离其地理环境而存在，地理环境是直接影响和作用于民族文化的，它是形成民族文化特征的自然基础。

（二）促成文化民族性的条件——经济生活

经济生活作为社会赖以生存的一个条件，它决定着各族人民的政治、文化、社会历史发展等各方面的状况。就文化而言，由于经济生活的不同，就可以造成各自不同类型的文化，所以人们有时愿意按经济形态把文化分成农业文化、商业文化、牧业文化、航海文化等。经济生活不仅决定文化形态的性质，而且从它作为促成文化民族特征的一个条件来说，它又往往直接在文化的内容上得到体现，即在文化内容上反映了某个民族经济生活状况的特点，这本身就造成了文化的民族特征。我国各地发现很多岩画，这些岩画都是为了表现不同的经济生活、劳动、信仰、崇拜，而在岩石上刻画出各种标志、符号和图画，从东北地区算起，有牡丹江岩画，在黑龙江省海林县，大约是表现渔猎一类题材的；内蒙古阴山岩画的数量更多，或表现游牧、狩猎，或描绘穹庐、毡帐、车轮、车辆等器物；江苏连云港的岩画，刻的大都是神灵图像一类东西，有的是没有身体的头长在禾苗上，禾苗生长在泥土之中，这似乎反映了原始农业和人类生命的不可分割的联系和古代东方民族对土地、农业的崇拜和信赖。岩画内容反映了不同民族各自不同的社会经济生活。再如：蒙古族过游牧生活，马是他们生产、生活的重要工具，因此蒙古族对马有特殊的感情。这种经济生活的特点使他们的作品中经常写到马，把马描写得非常出色，总是把马写得通人情，马与主人同心同德，同生死、共患难，成了主人相依为命的"朋友"。其他民族不可能那样有千万首《马赞》。这里还可提及蒙古族的"索尔吉纳舞"，即公驼舞，是反映蒙古族畜牧业生产劳动的古老民间歌舞，主要在内蒙古东部地区流行。傍晚在绿草如茵的野外空地，男女老少携起手来，站成若干行。这里有两个主要人物，分扮为公驼、牝驼。当人们唱起《放牧歌》时，公驼便设法逮住牝驼，而牝驼则以队形为屏障，穿插奔跑，想方设法躲避公驼。这时人们遵照领舞者的指挥，击掌为号，不断变换队形的方向，从而产生激烈追逐的热烈场面。公驼若能在唱完《放牧歌》前捉住牝驼，即算赢家，否则归输。我们知道，对蒙古牧民来说，春季是牧业生产的重要季节。春天，业已发情的公驼奋力追逐牝驼，是草原上常见的现象。"索尔吉纳舞"正是通过反映畜牧业生产中的这种特定内容，表达出牧民们对繁殖驼群的关注。文化的民族特征正是在这里得到了反映。

经济生活同各民族的衣食住行有着更为紧密的联系。在衣食住行上更容易体现各民族的经济生活。澳大利亚的毛利人用贝壳梳理野生亚麻的茎皮，取白色纤维，并用它来缝制各种各样的衣服，有系在胸前的围裙，有围在腰间的腰带，体现其审美观念；蒙古族男女习惯穿蒙古袍和马靴；藏族群众爱穿藏袍；维吾尔族男女都爱戴四棱绣花小帽；朝鲜族妇女爱穿淡雅舒展的长裙。在饮食上，藏族人爱吃糌粑、青稞酒和酥油；维吾尔族人喜欢吃抓饭；蒙古族人爱喝奶茶；朝鲜族人爱吃打糕、冷面、泡菜和酱汤等。居住方面，我国北方民族建房多用砖土，南方建房多用木石。新疆、青海、甘肃、内蒙古等牧区民族多住毡房，即蒙古包，乃是游牧生产的需要；云南西双版纳的傣族多住两层竹楼，海南岛保亭的黎族则喜欢住一层或两层的船形屋，这是南方生产竹子和天气炎热的缘故。各民族因经济生活的差异必然在文化中得到不同的反映，这本身就为民族文化带来其独特性。

（三）促成文化民族性的一个重要因素——独特的民族历史

每个民族都有自己的历史，本民族的历史发展过程及历史上的重大事件一定程度反映到民族文化中，并从民族文化的内容上显示出民族特色。深入了解一个民族的历史，有利于认识民族文化在内容上的独到之处，以往的文化史反映了这样的情况。

通过民族调查人们发现，我国佤族的人家经常在房内和房前墙上挂上许多水牛头骨，而黎族和景颇族则在死人新起的坟上挂牛头。在考古发掘中也发现齐家文化、大汶口文化等墓葬，有用猪下颚骨，猪、牛头骨陪葬的现象。把这种习俗和其他现象放在一起进行综合研究，可知这种现象均出现于原始社会末期，是私有制出现后的产物，是阶级产生、贫富分化、富裕者显示财富的一种表示。这种习俗反映了这些民族在原始社会末期这一特定阶段的历史状况。……文献记载、考古发现和对解放前的现状调查表明，在古代和近代我国东南和西南的一些民族中，有拔齿的风俗。对于这种风俗，历史文献有各种不同的解释。然而从解放后的考古发现证明，拔齿皆施于成年人，可知这是与"成丁礼"密切相关的。而成丁礼是原始社会这一历史阶段的一种制度。可见，只有将这种风俗放在原始社会的历史阶段去考察，方能得到它应有的解释。

一个民族的历史发展，大到历史发展阶段，小到具体的历史事件，往往都可能反映到民族文化中，尤其可能反映到民间故事、神话故事中来，形成民族文化的特性。我国德昂族神话说：远古时的女子会飞，后来男的怕女的飞了，就用腰箍将她们套起来，从此妇女就不会飞了。而这腰箍一直到现在她们都还戴着。这样的神话故事恰恰是一种历史的反映。它反映了德昂族从母系社会转入父系社会的历史真实。广西田东一带的壮族，虽然男女婚前也有社交自由，但是婚姻缔结程序却要繁缛得多。特别是在地主阶级之间，结婚必须依"父母之命，媒妁之言"，而且要请道公"合八字"，付很重的聘金。妇女婚后有不落夫家的习惯。具体分析这样的婚姻习惯，就会发现男女青年婚前社交自由、"不落夫家"是原始社会母系氏族公社群婚制的遗风，而"父母之命，媒妁之言"、"合八字"等则是封建社会的婚姻制度。壮族的婚姻习惯反映了不同社会形态下的人们的婚姻生活，一种是原始社会的婚姻状况，一种是封建社会的婚姻习俗，反映的都是壮族历史的本来面目。

一个民族的重大历史事件，一般都要在民族文化中得到反映。藏族人民欢迎文成公主进藏的传说，蒙古族人民关于王昭君嫁给匈奴单于的传说，张秀眉领导的苗族农民起义，嘎达梅林领导的蒙古族人民起义，这一系列重大的历史事件都反映在这些民族的文化里面。红军长征经过少数民族地区的重大历史事件也明显地在少数民族地区的文化中得到反映。贵州北部大娄山南部有一大山叫九龙山，此山北面散落着一些仡佬族村寨，红军经过这里后，仡佬人唱道："山上苦竹根连根，世上穷人心连心，块块杜仲<u>丝</u>连<u>丝</u>，红军干人（穷人）亲又亲。"汉族多用藕丝来唱情丝不断，而仡佬族在九龙山这高寒山区，多杜仲，而杜仲之丝比藕多且不易断，所以仡佬族以杜仲之丝不断来喻红军与仡佬族人之情不断，是具有时代特色和民族特色的。可见，民族历史、历史上的重大事件是形成文化民族特征的一个重要因素。

（四）促成文化民族性的重要因素——文化现象间的相互渗透与影响

一个社会，一个民族，从它形成一直发展到今天，就精神文化而言，所包括的范围就极为广泛，无论哲学思想、宗教信仰、伦理道德、文学艺术、风俗习惯等都可被囊括其中。这些文化现象之间在长期的发展过程中互相渗透、互相影响，使其发展、融合和创新，为人类精神财富的宝库增添光彩。也正是因为民族之间文化现象的相互影响，所以无论在形式或内容上民族文化又逐渐呈现出新的特征，这也是研究文化民族性的一个重要方法。深入探讨这个问题，文化民族性理论中的很多问题能够得到合理的解释。中西方美学对艺术的本质看法往往是不同的。西方美学侧重再现论，认为艺术的本质是再现作为客体的现实对象；中国美学侧重表现论，认为艺术的本质是表现作为主体的人的精神、人的思想感情。这样就使得西方美学往往强调模仿和反映现实；中国美学则强调抒情和写意。之所以中西方美学形成了不同的特点，无不同各自哲学思想的渗透和影响有关。西方美学的哲学基础是古希腊的毕达哥拉斯学派，这个学派的代表人物大多是天文学家、数学家和物理学家，他们着眼于外在客观事物的比例、结构、秩序、运动节奏等，在这种哲学思想的支配下，提出了美在和谐的理论。而和谐的创造就在于对自然的模仿，因而形成了西方美学的特点。中国美学则受中国传统哲学的影响，把艺术同道德、人格理想联系起来，所以往往不要求把艺术同具体的客观实物相验证，而是"以意为主"，因而形成中国美学的特点，认为艺术创造贵在"立意"，可以"不求形似"。可见，因各自不同的哲学理论，影响到各自的美学，形成美学的各自不同特点。人们知道，印度的舞蹈是颇具民族特色的，它的形成和发展与印度的神话、宗教、雕刻的渗透有着密切的关系。印度舞蹈正是在神话、宗教、雕刻等艺术的影响下得到了完美的发展，显示出印度舞蹈那种优雅的舞姿，那种为宗教服务的天职，表现了自己的民族特色。中国道教与民间文学的结合是中国民间故事传说中的一个重要特点。儒家思想可以称为中华民族传统文化的主要代表，道家思想既是与儒家的对立又是对儒家的补充，两者共同构成了中国传统文化的主流。道家既吸收民间文学成果作为创造自己宗教文化的养分，在道教向民众播化时又对民间创作以巨大的反作用，从而使得中国民间文学在相互渗透中形成了自己鲜明的民族文化特色。

再看西洋绘画。西洋绘画受埃及、希腊雕刻和建筑艺术的影响极大，并以此为基础形成了它特殊的路线与意境。其画风特点是在一幅幻现立体空间的画境中描出圆雕式的物体。特别注重透视法、解剖学、光影凸凹的晕染，画境可以走进，似可手摸，这正是埃及、希腊的雕刻艺术和建筑空间直接作用的结果。所以西洋绘画以建筑空间为空架，以雕塑人体为对象，建筑、雕刻、油画融为一体。中国画与此不同。中国画的一个突出特点就是引书法入画，融诗心、诗境于景。十一世纪画家兼大文学家苏东坡首先提出"诗中有画，画中有诗"的原则，几乎成为历代山水画家无不信奉的箴言。中国画以书法为骨干，以诗境为灵魂，诗、书、画融为一体。在画幅上题诗写字，借书法以点醒画中的笔法，能增强提高绘画的笔墨表现力；借诗句以衬出画中意境可以使画更富有诗意，深化绘画的意境；画又使诗更形象生动，情景交融的意境于诗画之中。因此，诗、书、画三者互相渗透、互相补充，可以发挥相得益彰的作用，从而使中国画的表现形式更加完美。这是中国画的特色之一。以上种种文化史告诉我们，各种文化现象、文化形态间是有横向联系的，文化现象之间的相互渗透、相互补充和相互影响是构成民族文化特色的又一个重要因素。

正是上述原因，才形成了各民族自身在文化上的特殊性，才产生并构造了文化的民族性。

原载《吉林化工学院学报》1990 年第 6 期

论民族文化的方式

人类文化是世界各族人民在历史长河中的创造之总汇，世界的每个民族都有独自的生活地域，不同的地域促使各自沿着本民族的道路发展，创造着本民族的文化。故各民族奉献给人类的文化遗产势必显示其不同的民族特色，呈现出文化的民族性。要探索这一领域，自然要涉猎一些深层次的理论问题。在此，笔者拟就探索民族文化的方式，即民族文化的形式与内容问题，提出琐见。

一

在进入探讨之前，有必要先对"文化的民族性"予以界定。民族性"是指特定民族在生活实践中（包括物质生产和精神生产的活动），和他民族的差别"①。从内涵上看，文化的民族性"是相对于其他民族来说的，是该民族文化不同于其他民族文化的特征"。"每个民族的文化都有着不同于其他民族文化的特点，这就是文化的民族性"。② 从外延上看，所谓文化的民族性就是一个民族的生活特色、风俗习惯、情感素质、审美方式、思想内容、语言思维等心理结构在文化中的综合表现。这种文化民族性中的优秀部分作为民族的精神财富是一个民族的灵魂，被代代继承、发扬光大，永葆其美妙之青春。

形式与内容作为一对哲学范畴适用于世界的万事万物。文化的民族性直接与形式内容相关联。探求民族文化的特色，实质就是要从民族文化的

---

① 王朝闻：《旧话重提——民族性和民族文化琐见》，《光明日报》1983 年 3 月 3 日。
② 赵党材、林娅：《马克思主义文化学》，中国文化书院出版 1988 年版，第 37 页。

形式与内容方面找到它的独特之处，从形式和内容上研究此一民族与彼一民族文化的本质区别。所以我们要有文化民族性的内容与形式的统一观。任何只强调或者只承认其中一方面的观点均是片面的。尤其认为文化的民族性主要应从形式方面去追求或者文化的民族性主要表现在内容上，显然，这样思考问题必然会给研究问题带来极大的障碍。当然这并不是说，在具体研究中，必须整齐划一，同步进行，而是要根据民族文化发展的实际状况而有所侧重，或侧重形式或侧重内容。如果我们从总的方面着眼，从民族文化的总体观察，两者则是不可分割的统一体。一言概括之，文化的民族性就是不同民族文化在形式和内容上存在的本质的差别。这是不同民族在漫长的历史过程中逐渐形成的，是不同民族的历史生活、心理素质和文化传统采取不同方式的再现。

二

文化民族性的一个突出方面就在于民族文化形式上的迥异。所谓民族文化形式是民族文化的存在形态和表现方法。它表现在文化现象的各个方面：文学艺术的表现手法，民族感情的表达方式，民族的审美习惯，民族思维方式的特点等。了解文化形式对我们自觉把握民族文化个性，继承和发展民族文化有其重要意义。

首先，民族思维方式的不同体现着民族文化的不同形式。中国传统思维把直觉视为高于感性知觉和理性思辨的一种认识主体的主要方式。庄子的"道"，玄学家的"自然"（无），理学家的"太极"以及"理"、"气"、"性"等最普遍的范畴都须用直觉来把握。直觉思维不具有清晰的逻辑形式，而是以整体性、直接性和自发性为特征的，是凭借自身的内省和顿悟去意念和把握对象的。西方民族逻辑思维较发达，他们除对某种观点的确认以判断推理展开系统、严谨论证外，还表现在逻辑学的发展源远流长。亚里士多德开创了形式逻辑体系，培根、穆勒又发展了归纳逻辑。现代西方逻辑已向公理化、形式化发展，布尔创立了逻辑代数系统，弗雷格构造了最早的命题逻辑的公理系统，哥德尔证明了形式数论系统不完全性定理，塔斯基建立了逻辑语义学，图灵提出了理论通用计算机概念和判定问题。在认识定势上，中国传统思维是内向、收敛的。在中国古代思想家那里，主体自身就是宇宙中心、万物的尺度，认识了自身，也就达到对天道的认识。道家的"天地与我并生，而万物与我为一"①，儒家的"与天地参"、"万物皆备于我矣，反身而诚，乐莫大焉"②，心学家的"吾心便是宇宙，宇宙便是吾心"等都是以主体自身为认知对象，从主体出发，又达到对主体自身的领悟。西方民族思维则是外向的认知型思维。弗兰西斯·培根在其《新工具》一书中阐述了归纳法，论述了实验科学的意义，强调以大量事实为依据，将感性材料上升为一般性理论。在现代孔德创立了实证主义，又产生了马赫主义和逻辑实证主义，将这些流派的思想渗入了社会的各个领域，在一定程度上构成了人们活动所依据的观点、方法，这一思维方式也促进了西方民族的科学发展。

其次，民族情感的不同表达方式也体现着民族文化的形式问题。英国文艺复兴时期戏剧大师莎士比亚的《罗密欧与朱丽叶》与我国元代剧作家王实甫的《西厢记》，都是描写青年男女的爱情故事，在爱情题材的作品中，堪称双峰并峙、秋色平分。然而，因作品对主人公情感表达的描写不同，作品也就表现出不同的韵味，各具不同的特色。在《罗》剧中，莎翁以热烈明朗的笔调，描写了罗、朱坚贞不渝的爱情。在凯普莱特的家庭舞会上，罗、朱一见钟情，罗密欧立刻追随朱丽叶左右，要握她的手，要吻她的唇，表现罗对朱的爱恋之情是爆发式的。舞会后，罗密欧到后花园直率大胆地表达了对朱丽叶的爱情。朱丽叶对罗密欧同样也是热烈而坦率的。从见面到应婚还未超过一个晚上。在这个爱情王国里，一切都是那么明朗，那么直率。在王实甫的《西》剧中，对中国贵族青年男女的情感表达却有所不同。张生和崔莺莺也是一见钟情，然而在追求莺莺的过程中，张生的表达是谨慎含蓄的，甚至有机会可向莺莺直接表白时，他却只是含蓄地吟唱一首诗。内在的感情恰似一泓深潭，而外在的表现仅仅是一条回环曲折的小溪。莺莺对张生的情感表达则更隐晦、更曲折，仅仅眉目传情而已，采取一种隐匿曲折的方式。现实生活中，类似这种情感的例子很多。在传统社会，青年男女相爱，彼此间往往说的不多，却愿为对方做些具体事情。某些地域女方为表达对男方的爱慕之情，往往要亲手给男方做

---

① 曹础基：《庄子浅注》，中华书局1982年版，第30页。
②《孟子·尽心上》，《十三经注疏》下册，中华书局1980年版，第2764页。

一双鞋子或送一个礼品,似定情信物,又是爱情的一种表露。这与西方社会感情的外化往往形成鲜明的对照。

最后,各民族在审美习惯上也有自己本民族的特点。自唐代以后,我国公众的审美趣味逐渐形成了一个传统,由"镂金错彩"之美向"清水芙蓉"的方向发展。所谓"清水芙蓉"之美就是自然美。我国的文学艺术在表现手法上为了适应中国民众的审美习惯,往往追求一种贵在自然、戒矫饰的表现手法。如诗歌中的平淡,小说绘画中的白描,戏剧中的本色,这些都是在表现手法上追求"清水出芙蓉,天然去雕饰"的审美理想。中华民族对于松竹梅菊有不同于外国人的特殊感受,观松柏而感其刚毅长存,见竹菊而悟其正直高廉。这是中华民族历史和文化传统的产物,是中华民族思想感情的流露,表现了中华民族高尚的心灵与人格。

虽然民族文化的形式不是固定不变而是随着历史的发展而变化的,但它本身又有相对稳定性,并非轻易被其他民族形式所代替、所同化。这是因其自身发展较为完美并能显示其自身优势而决定的。为什么经历过长期殖民地社会的印度,其舞蹈却不受欧洲芭蕾的影响而显示其不朽的生命力呢?因为从形式上看,印度的古典舞蹈发展得相当完美与严谨,所以芭蕾进不去。就像在我国的古典戏曲上,芭蕾也进不去一样。总之,不论是印度的古典舞也好,中国的古典戏曲也好,各自都有自己悠久的历史,完整的形式,是世界古典舞蹈戏剧中独树一帜的派别,都有其存在的合理性与必然性,自有其难于摧毁的生命力。可见,民族文化在形式上的展示是不同的,不同的民族文化总要通过相异的形式展现出来。这是反映文化民族特征的一个重要方面。

三

文化民族性表现在另一个突出方面就是民族文化在内容上的迥异。文化内容反映出的文化民族特性是更深刻更本质的方面。所谓民族文化内容就是民族文化所反映的民族的心理素质、民族的历史生活、民族的风俗习惯、民族生存的自然条件以及民族灵魂等诸方面的总和。深入探讨民族文化在内容上的差异,不但能够拓宽人类精神生活的视野,更重要的是可为人类文化向更高级发展奠定雄厚的基础。

首先，道德这一文化现象的内容就反映着强烈的民族性。当我们考察道德现象时就会发现，不同的民族，在道德意识、道德心理、道德情感，进而在道德规范、道德风习与道德评价上，即在道德内容上有着许多的不同之处。在中世纪，欧洲人把宗教戒律看成是神圣不可侵犯的最高"道德命令"；而主宰中国人的却不是上帝，而是"君君"、"父父"等；在日本崇尚"武士道"精神；在印度又有根深蒂固的"种姓观念"。到了近代，西方人讲"自由""平等"，有些民族把不分性别的拥抱和亲吻视为常礼；而有些民族则讲究"男女有别"，不能有身体的接触。所以恩格斯说："善恶观念从一个民族到另一个民族……常常是互相直接矛盾的。"① 可见，不同民族，道德观念有差别，所以道德内容是不一致的。

其次，不同民族的文化往往按照本民族的生活风习、思想愿望、心理情趣、艺术传统等对某一主体进行改造和再创造，使其具有本民族的鲜明特色。如果将不同民族流传的某些同类故事作比较，就会看出这一点。像《梁山伯与祝英台》在一些少数民族中也有流传，但与汉族不同了，已经打上了民族的印记。汉族演的梁山伯、祝英台是一对相公和小姐；在云南洱源西山白族中流传的梁山伯、祝英台都非常泼辣大方，在爱情表达上也较爽朗大胆。《牛郎织女》、《蛇郎》等传说故事都因民族的不同，而在内容上发生了不同的变化。

再次，中外宗教所强调的内容有着差异。传入我国的印度佛经故事最动人的篇章是关于佛祖慈爱众生，不惜舍身济众的故事。然而佛家对邪恶势力的侵害采取逆来顺受的态度，主张感化恶人，使之"放下屠刀，立地成佛"；中国道家则不然，他们主张用坚决的手段镇压诛灭一切残害民众的邪恶势力，为民除害，积累功德，道家所崇奉的仙人、真人，有不少是具有英雄主义色彩的正面人物。显然两种宗教的核心内容是不同的。

最后，就作为精神文化核心的哲学思想而言，中西哲学所反映的具体内容同样是有差别的。哲学是理性精神的直接表现。西方哲学偏重于"纯粹理性"，偏重于追求知识；中国哲学偏重于"实践理性"，偏重于追求道德。前者多描述自然界的必然，后者多强调精神领域的自由。中国哲学是内省的智慧，它最重视的不是确立对于外部世界的认识，而是致力于一种

---

① 《反杜林论》，《马克思恩格斯选集》第3卷，人民出版社1972年版，第132页。

崇高思想境界的人格，所以相对于西方哲学，它一般不注重对于客观对象的分析、区别、解释、推想；不重视对于对象实体及其过程的精确陈述，而是把最高的真理理解为一种德性的自觉，始终不脱离人的社会关系，就要讲统一、讲秩序、讲仁爱、讲礼让、讲义务、讲亲和、讲道德。"天人合一"、"知行合一"，是以理论与现实的统一为其基本趋势的，而不是像西方哲学那样，更重视讲知识、讲方法、讲逻辑因果规律等。

即使采用外来的形式，若充实具有鲜明民族特色的内容，也能达到民族化的效果。老舍先生的话剧《茶馆》，是外来形式民族化的典范。全剧充满了浓郁的民族泥土气息，使其在国际戏剧舞台上令人倾倒，树起了一座中华民族戏剧艺术的丰碑。中国 20 世纪三四十年代的进步电影也是如此，由于融入了民族和时代的特点，所以为国外电影界所赞颂。这所有的成功，正是活生生的民族生活内容的艺术观照的结果。由此可见，从民族文化的内容入手进行深入的探讨，是研究文化民族特性最重要的途径。

总之，从整体上探索文化的民族性时，我们既不能忽视形式而偏重内容，更不应忽视内容而偏重形式。

原载《湖南师大学报》1993 年增刊

民族心理与民族文化探略

在研究民族文化的过程中，目前出现了一种新趋势，即注重对民族心理的新探索。笔者认为，这两者之间的联系不仅是内在的，甚至可以认为它们之间是以不同的形式反映着共同的民族本质，即反映同一民族的社会历史和社会生活。要研究民族文化的特色，就有必要加强研究民族心理的问题，有必要对民族心理与民族文化、民族心理与社会进步等问题进行深入的探讨。

一 民族心理概念之界定

在当今文化研究中，由于人们普遍关注民族心理问题，所以对于民族心理的含义很多文章有所涉猎，表述方式多种多样，诸如"民族文化心理"、"民族心理素质"、"民族文化心理结构"、"民族性格"、"民族心理状态"等。其实，这些概念所要表达的主题就是"民族心理"。那么，到底何为"民族心理"？是否可以作如下表述：民族心理属于较低层次的社会意识。相对于系统化、抽象化的社会意识形式来说，它是尚未分化、处于混沌状态且不够深刻的社会意识。它的外延是指民族共同的爱好、习惯、气质、情操、传统、民族自豪感、民族自我意识以及某民族共同的行为准则、价值观念、情感方式、自发倾向和信念等观念形态的综合体。作为具有综合特征的民族心理，是一个民族在漫长的历史过程中逐渐形成的，是同这个民族所处的自然环境、社会生活、历史发展及民族传统思想等因素密切联系着的。"不同民族历代因生存条件不同而形成了特殊的心趣素质。"① 这是说民族心理作为一种民族意识，它是民族社会生活的反映，是民族社会生活的精神现象，是民族历史的主观印证。我国各民族的民族心理素质就表明了这一点。比如彝族，由于长期受社会生活的影响，形成了一种感情纯朴、真挚和讲求实际、重信用的民族心理特征，从而使他们在与外族特别是与汉族的交往中，很重视从实际经验中认识人。一旦他们通过切身感受、认为是可以信赖的人，就会极为尊重和信任，甚至结为生死之交。汉族心理素质的形成也是这样。在漫长的古代社会，中国社会的经济发展是较先进的，科学和文化在世界上也处于领先地位。正是在这种民族经济生活和先进科学文化的基础上，逐渐形成了汉族的民族自信心、自尊心和自豪感。然而在自给自足经济的影响和儒家思想的熏陶下，又不自觉地形成了一种保守，故步自封的心理状态。这种心理一旦集中反映到统治阶级那里，就被笼罩上一层浓厚的虚骄色彩，并以天朝上国自居。到了中国封建社会的晚期，统治者这种自负心理达到了登峰造极的程度。18 世纪末，英国使臣入京要求通商特权时，乾隆皇帝 "天朝物产丰盈、无所不有"② 的一番谕称，便是这种虚骄心理的集中表现。鸦片战争以后，帝国主义的大炮打破了中国独尊天下的幻梦。中国的确落后了，开始被外国侵略者残酷地蹂躏践踏，欺压侮辱。历史的悲剧又使中华民族萌发了振兴中华、发展实业、开通民智的崛起意识。可见，民族心理是民族社会生活的反映。社会历史正是这样塑造着每一个民族的灵魂与性格。

二 民族心理与民族文化

民族心理与民族文化究竟存在什么样的联系，这是值得探究的。民族文化是民族的社会意识形态泛指。民族文化反映着民族心理的内容，民族心理正是通过民族文化得到了真正的表现。二者都是社会存在的反映，是以不同的形态涵盖着共同的内容。确切地说，民族心理是民族文化的潜在形态，而民族文化又是民族心理外化的具体形态。民族心理为一定的民族文化的形成和发展提供了根据、激情与丰富的精神素养。如果不了解民族

---

① 《马克思主义和民族问题》，《斯大林全集》第 2 卷，第 294 页。
② 《高宗纯皇帝实录》第 223 卷。

心理就不可能深刻地理解民族文化。正如普列汉诺夫指出："要了解某国家的科学思想史，只知道它的经济是不够的，必须知道如何从经济进而研究社会心理；对于社会心理若没有精细的研究与了解，思想体系的历史唯物主义解释根本就不可能。""甚至在法律和政治制度的历史中都必须估计到它；而在文学、艺术、哲学等学科的历史中，如果没有它，就一步也动不得。"① 同样，民族文化又给予民族心理的进化与发展以重大影响。不同的民族文化形式对于民族心理的影响，其时间、广度和深度是不同的。例如，文艺作品对民族心理的影响以速度和广度见长，甚至可以倾国倾城，妇孺皆晓，并能左右一时之风尚；相反，哲学思想对民族心理的作用则较为缓慢，但具有持久和深刻的特点，往往可以影响一代人或几代人的心理。

民族心理与民族文化是不可分割的统一的整体，但二者又并非是完全相同的。民族心理与民族文化二者是处于不同层次上的社会意识。民族心理是一种低水平的社会意识，它直接与日常生活相联系，是一种不定型的、自发的反映形式，它是以感觉、知觉、思维、情感、意志等形式出现的，是理性因素和感性因素交织在一起并以感性的东西为主的形态，它带有经验的性质，没有经过充分的理性加工，还不具有自觉的理性品质。而民族文化则可视为较高水平的社会意识，是对社会存在的比较间接的反映，是从社会生活中概括提炼出来的一种比较系统的、自觉的、抽象的反映形式，是经过加工制作的产物，它比民族心理稳定，并可被划分为各自不同的具体形式。显然，民族文化高于民族心理，因而它不能只是消极地反映民众的心理。民族文化又离不开民族心理，因而它不能漠视民众心理，不能不倾听民众的呼声，否则就不能打动民众的心弦，就不能在民众中引起共鸣，也就不能为民众所接受。要弄清民族文化和民族心理的关系，还应该从两者发展的轨迹进行考察，尤其要深刻理解民族心理与传统思想、民族心理与其他具体文化形态之间的相互联系。

毋庸置疑，民族心理的形成是一个长期的过程，它受自然环境、社会经济生活、历史发展过程等客观条件的直接影响，而且还和一个民族的传统思想发生联系。传统思想也是一种文化现象，它与众多的文化形态比

---

① 《普列汉诺夫哲学著作选集》第 2 卷，第 272 页。

照，具有更重要的作用和统帅的功能，处于文化现象中的核心地位，制约和支配着其他文化形态。我们认为，传统思想同样是民族心理转化了的具体文化形态。民族心理是粗糙的"普遍意识"，内容是庞杂的，它是传统思想的前身，有待于理顺为传统思想。传统思想是民族心理的历史积淀所造就的，是民族心理的发展和净化，是民族心理的概括和提炼。正是基于民族心理是社会生活的反映，传统思想是民族心理的升华，所以一般说来，民族心理往往是社会生活和传统思想的中介和桥梁。然而，传统思想一旦形成，便具有很大的反作用，直接作用于民族心理，甚至完全能够促使民族心理按照自己的意志形成一定的模式，朝着一定的方向发展，使之具有鲜明的民族特点，并得到相应的稳定和巩固。一个民族的心理特征如果不受一定的传统思想的感召就难以形成自己的特性，就不能构成具有民族特色的民族心理结构。可见，绝不能忽视传统思想的反作用。孔孟儒家学说作为我国封建社会的传统思想，从历史和现实看，对我国人民的心理素质的定向形成有极为普遍和深刻的影响。民族心理除了与传统思想有密切联系外，同其他文化现象也相互关联。我们可以在众多的文化现象中去感受民族心理的脉搏，也可以把我们所认识的民族心理状态再从各文化现象中去深入把握和进一步印证。中华民族的内向、沉稳、坦然，英国人的沉郁，德国人的幽默，法国公民的豪放，美国新生一代的豁达，俄罗斯民族的活泼和奔放，这些民族的心理状态和性格特点在世界文化之林中是可以领悟到的。由此而论，研究民族文化的特征就必须研究民族心理的特征，研究民族心理的特征才能更深入地研究民族文化的特征。既然可以从民族文化特征上去深入了解民族的心理，又可以从民族心理去深入地研究民族文化，那么，能否断言两者所反映的内容就绝对一致呢？不可否认有些民族文化现象并不反映本民族心理的本质，甚至两者有脱节或相悖的可能，但这样的文化现象不可能有长久的生命力。因为民族心理具有普遍的性质，所以只有反映普遍意义的文化现象才能为广大民众所认同和接受，否则即成为无源之水，无本之木。当然，各类文化现象也同传统思想一样具有反作用，它们可以促使民族心理的发展和进化。所以，在立足于本民族的心理基础上去创造人类的新文化，创造超越时代的新文化，这对民族心理的进化、社会的进步无不大有裨益。历史上进步的思想体系和学说就是在立足于人类全部历史的基础上，创造超越时代的新文化，从而成为社会历史向前发展的理论指南。

民族文化的特征之所以具有强大的生命力，并得以不断沿袭和继承，可以肯定地说，那就是民族心理稳定作用的结果。作为民族特征之一的民族心理，它不仅是某民族区别于另一民族的本质特征，而且它又不同于其他特征，要比其他特征更富有继承性和稳定性。但是，民族心理的稳定性并非恒定性，历史的发展会促使民族心理发生一定程度的衍变。这种变化在历史的长河中是一个潜移默化的过程，是一个量变的积累过程，一旦社会出现大变革，民族心理在某些方面往往容易发生较为明显的变化。在我国改革开放时代中所出现的一些观念的变革，就是长期沉积在人们内心的某些民族心理的拓展。所以，从根本上看，民族心理是通过社会的变革和进化而发生变化的。社会进步要求社会变革，社会变革敦促民族心理变化；民族心理变化又通过民族文化的各种形式影响社会变革，促进社会进步。

三　民族心理与社会进步

这里首先要回答这样一个问题，民族心理素质是否有优劣之别？民族心理素质所蕴含的内容是非常丰富的。就一个民族而言，其内部的民族心理素质有的适应社会发展，有其继续存在的必然性，有的不适应社会的进步，有被淘汰的可能性。所以，民族内部的心理素质是有优劣之分的。但是绝不能在民族之间按心理素质分成优劣不同的等级。比如华夏民族，崇尚勤劳、勇敢、宽厚、诚挚、坚韧、善良、讲道德、懂礼仪等，这些都是优秀心理素质的表现。但是由于长期受儒学中庸思想负面的影响，虽然华夏民族处事较为平和，讲求适应，但有时则表现出墨守成规，甚至显得缺乏开创精神。这种负面心理素质在从封建社会步入新的社会时往往呈现出一种惰性，与社会潮流相悖，直接阻碍社会的发展。西欧文艺复兴时期的人文主义，促使人们为自由和幸福而奋斗，进而形成竞争进取的心理素质。这种心理素质显然在资本主义上升时期起到一定的积极作用。但隐藏在这种心理素质背后还有一些可恶的东西，像狡诈、阴险、唯利是图等心理特征绝不足取。对于民族心理的优劣问题，应当放到社会的具体环境中去评价，适应社会发展趋势的是优质的，否则是劣质的。优质的民族心理折射出的民族文化就是进步的；劣质的民族心理折射出的民族文化就是落后的和反动的。

　　一个社会发展速度的快慢，同一个民族的心理状态有密切关系。因为全部社会生活，包括社会的物质生活和精神生活，本质上都是实践的。人们总是通过自己的实践活动改变或维持自己的社会存在。而社会实践总是在一定的心理状态支配下进行的。有不同的心理状态，就有不同的实践活动，也就有了对社会生活的不同作用。社会生活是社会心理的源泉，社会心理是为满足社会生活、满足社会实践的一定需要而产生的。对实践没有任何作用的社会心理是不可能产生的，要产生就要起作用，这是历史的必然。民族心理一方面直接影响社会实践；另一方面又通过民族文化形式，即各种社会意识形态影响社会发展。所以，民族心理影响社会发展速度，这是社会意识反作用于社会存在的必然结果。今天我们要使民族心理适应社会的发展，首先要分析、洞察社会各领域发展的必然趋势，观察摸索社会按什么样的方式、经过什么样的途径向前发展。只有全民族对此有所了解，有所觉醒，才能人为地自觉地改造民族心理素质。当然，这需要通过教育等多种手段综合进行。民族心理最终是要适应社会发展的，但人为地主动地改造民族心理，将会缩短民族心理与社会发展之间不吻合的距离，从而加快社会发展的速度。

　　恩格斯在谈到创造历史的问题时说过："我们是在十分确定的前提和条件下进行创造的。其中经济的前提和条件归根到底是决定性的。但是政治等的前提和条件，甚至那些存在于人们头脑中的传统，也起着一定的作用，虽然不是决定性的作用。"[①] 历史的发展归根结底是经济的杠杆在起作用，在通常的情况下，却是一个合力在起作用。这个合力里有经济的力量，也有政治、文化、个人意志等多方面的力量。那么，民族心理作为一种文化的力量，它对社会进步的作用绝不能低估，更不可忽略不计。目前，进一步探讨民族心理对社会进步影响的程度、途径等一系列带有规律性的问题是摆在理论工作者面前的一项重要任务。

　　　　　　　　　　　　　　原载《湖南师大学报》1992 年增刊

---

① 《恩格斯致约·布洛赫》，《马克思恩格斯选集》第 4 卷，第 477—478 页。

中国近代思想史研究对西方思想理论与方法的回应

　　50多年来，中国近代思想史研究取得了丰硕的成果，特别是新时期以后，取得了更为突出的成绩，这主要体现在对精英思想的研究上。几十年来，在中国近代思想史的研究过程中形成了自己的思想理论和研究方法，这些理论和方法对我们深入研究中国近代思想史仍然具有重要意义。但时至今日，我们不能回避中国近代思想史研究面临着来自多方面的碰撞和挑战，而其中的一个重要方面就是西方思想理论与方法的挑战。

　　后现代等西方理论传入中国后，首先在中国的建筑、美术界等领域得到回应，接着又在文学领域得到强烈反响，这可能与这些领域注重感性等学科特点有关。在社会学、人类学、文化学、心理学也有广泛的影响，这与这些学科本来就是从国外引进的有一定关系。而这些理论近些年来才开始影响哲学界和史学界，之所以很晚才影响到史学界，这恐怕与中国传统史学源远流长，学科发展比较成熟，不易被舶来品轻易摇撼有关。后现代理论对中国社会史和文化史领域的影响比较大，对政治史和思想史的影响相对小一些。然而，中国近代思想史的科学研究不能不对西方的理论与方法给予必要的回应。我想这种回应主要体现在如下几个方面：

　　其一，不可轻易的全面承受。20世纪90年代以后，后现代理论在中国的文化艺术与学术界引起了轩然大波，并把先锋文化与学术贴上后现代的标签，似乎形成了中国的"后学"，出现了"争后恐先"的局面。然而，对于这样一种文化潮流，有人审慎地认为，向着现代化目标前进的当代中国没有必要或者还没有条件吸纳和运用后现代理论。这样的思考，应当引起我们的关注。就中国的现实来说，实现现代化是我们的奋斗目标，现代化是我们今天的主流话语，甚至已经成为今天的意识形态。如果我们放弃现代化的目标，回避现代化的基本任务，而强求全面进入后现代，全盘后现代化，不但我们"善良的愿望"不能实现，我们的经济、我们的文化和我们的社会还将陷于瘫痪，现代化的地基还未夯实，就超然冒进，现代化的前途就将毁于一旦。在历史研究中，我们对后现代斑驳陆离的理论形态应当有一个基本认识，视而不见不可取，回避拒绝也不足取，在中国近代思想史的研究中也是这样。我们应当清楚地认识当今我们研究中国近代思想史的目的和任务：其目的应当是挖掘中国近代思想史的思想宝藏，为我们今天的社会现实或现代化建设服务；其任务应当是探究中国近代思想史的总体特征、发展脉络、进步意义及其精华之所在以及相对应的或相反的其他特征。既然如此，对后现代理论，我们就不可轻易地全面承受，特别是对后现代理论的历史观更要谨慎地对待。我们看到，后现代的历史观对历史的理性、历史的总体性、历史的主体性、历史的客观性、历史的进步性给予了反现代的颠覆性否定，我们如果运用这样的历史观来观察、理解和研究中国近代思想史，那么真理、正义、进步、规律就会被吞噬，一切都变成了虚无，我们研究的目的和任务就不能实现。

其二，要吸纳合理的思想因素。后现代理论如此警觉和火爆地被文化学术界所关注并拿来运用，使我们不能不对其内在的对我们现实社会有益的因素加以认真地思索。任何理论，它的主旨和因素之间都是紧密结合同时又是可以彼此分解的，是一种矛盾的统一。所以，我们对待任何理论都应当采取一种宽容的态度，善于发现其中的合理内核，采取拿来主义的立场。后现代理论虽然是一种很难概括和捋清的"主义"，并且问题成堆，但是，后现代理论有没有一些有益于我们当今文化和学术发展的思想因素呢？是有的。这主要体现在它的批判精神、怀疑精神、宽容精神和它主张的多元化、差异性、平等性以及重视当代人的切身感受的话语等。这些思想因素无疑是有益于我们的现代化建设的，也是有益于我们中国近代思想史的研究的。对于我们以往思想史所取得的成就，我们有进一步反思的必要，要用一种批判和怀疑的精神去反思，还要用一种宽容的态度去善待。批判和怀疑的既有他人也有自己，宽容和善待的既有自己也有他人。中国近代思想史的研究者是平等的，研究对象是平等的，在研究者和研究对象中，都没有霸权可言。中国近代思想史研究的难点在于它的差异性和多元化上。差异性和多元化又具有统一性，那就是差异体现了多元，多元包含着差异。这种差异和多元为我们研究中国近代思想史开辟了广阔的研究领域，同时也给我们带来相当的困难，这是我们面临的难题，也是我们开阔研究视域获得的课题，这就使中国近代思想史研究有了深入持久地开展下去的可能。

其三，应有开阔的研究视域。差异性和多元化为我们拓开了思考的空间和视野。新时期以来，文化史和社会史能以崭新的姿态立足于史学界，并得到学术界的青睐，一个重要的原因就是研究者能够眼睛向下，把民众作为对象纳入了史学的研究领域，使史学更贴近民众，与民众息息相关，史学获得了新的生机。那么，中国近代思想史的研究是否也有个开阔视野，眼睛向下的问题呢？这首先要解决什么是中国近代思想史的问题。从我们以往的研究看，我们在思想史中研究的对象主要是精英人物，而且都是非常典型的有历史影响和地位的精英人物。当然，这是思想史研究的重要对象，将永远如此。那么，思想史的研究能否纳入民众的思想意识呢？恐怕看法不一定一致，即便认为可以纳入民众的思想意识，也会提出一系列的问题：民众中有什么人能有思想家的思想呢？如果没有，那么，民众的思想是怎样的一个形态呢？民众的思想资料在哪里？我们又运用什么样的方法去研究呢？这的确是比较棘手的问题，解决起来比较困难。有一点我们首先应当确认，精英思想与民众思想不是分离的，应当有一种内在的本质的联系。具体说来，精英思想是从前人、从同时代人、从社会生活中获取思想资源的。从同时代人和从社会生活中获取思想资源也可能就是从民众中获取思想资源。民众思想可能构不成理论体系，但它仍是精英思想取之不尽的源泉。同时，我们还要注意到，精英思想又是如何扩散、渗透和影响广大民众的。精英思想与民众思想有一个互动的关系。正是因为有了这样的互动关系，把民众的思想意识纳入我们中国近代思想史的研究领域，是可以成立的。这也是我们开拓中国近代思想史研究的一个值得关注的重要领域。

其四，研究民众思想意识的方法。研究精英思想意识，可借助于比较完整的文献资料。研究民众的思想意识，即便借助多种文献资料，甚至包括小说、戏剧、诗歌等文本，我们还会感到有资料不足的问题。西方史学界由于受后现代理论的影响，注重差异和个体感受，所以对普通人的个体历史有所关注，并运用口述史学的方法，通过采访直接获取资料，以弥补文献资料的匮缺。研究中国近代思想史，可以借鉴这样的方法。它其实就是田野调查法，即实地调查法，是文化人类学最有特色的方法之一，也是收集资料的基本方法。现今文化史、社会史的一些学者开始运用这样的方法，在史学研究领域取得了可喜的成绩，这是难能可贵的。然而，运用这样的方法研究思想史，恐怕要比研究文化史和社会史艰难得多。陈述日常工作和日常生活显然容易些，陈述价值观念和思想意识显然困难些，不但对普通人如此，对精英人物也是如此。这就给我们研究中国近代思想史的学者如何运用田野调查法提出了又一个难题：即我们采取什么样的方法来运用田野调查的方法呢，这是需要解决的首要问题。解决这样的问题，要考虑到几个方面：第一，选择层次较高的民众。民众是非常广泛的多层次的群体，那么选择文化层次较高的民众要比低文化水平的民众更容易采访。在这个层次中选择善于表述、富有同情和理解、有是非观念、接近或喜欢历史专业的个体更为合适。第二，对采访的对象，采取长时段的接触、观察和随时交流沟通的方法，从而深刻地感悟他的精神世界，比生硬地直接采访效果要理想得多。第三，要选择非常具体的研究民众思想的一个主题，可以集中围绕这个主题进行采访，同时兼及关注其他相关问题，为下一步的工作作些铺垫。其实，要准备的工作很多，要做的事也很复杂，可见，这是一项非常艰辛的劳作，甚至比干坐冷板凳还要艰苦得多。

原载《新哲学》第一辑，大象出版社 2003 年版

重视研究五四时期的性伦文化

五四新文化广博丰厚，而其性伦文化的演变堪称一项重要内容，值得对它作深入的研究。

所谓性伦文化是反映两性间诸多关系的某种功能性模式。两性间诸多关系即以两性为核心，或者由两性引发的，或者涉及两性的一系列相关的问题；模式即关于两性关系在价值观、道德观、行为方式、心理趋向等方面于广大的人群中流行的标准或样式；功能性即这种标准或样式对社会和人生发挥着怎样的作用与效能。那么，发挥积极意义的性伦文化的模式当予肯定、坚持、弘扬之，相反则当予批判、摒弃、改造之。

两性关系是自然的存在，是人类社会存在的自然基础，研究两性关系是研究人与自然的关系以及人与社会的关系的最基本的内容之一。

不同历史阶段的性伦文化是有差异的，性伦文化是社会文明进化程度的标识与尺度。人类追求的性伦文化当以有益于两性之间的自由、平等、尊重、友谊、朝气、健康、消遣、欢娱、温馨、幸福为宗旨。性伦文化的不断升华是人类社会前进的一个基本目标，创造新的性伦文化亦是变革社会的重要任务之一。

性伦文化的焦点之一是"性"，非禁欲非纵欲是性伦文化的一个重要原则。性欲是人的天性的根本部分。锢蔽这种天性，实行禁欲，人类将遭到毁灭；放任这种天性，实行纵欲，人类将束手无策，同样将遭到毁灭。纵欲并非人道，视性的绝对自由为正途，是一种痴愚天真的幻想。

怎样实现非禁欲非纵欲，要靠适时适世的性伦文化来规范，适时适世的性伦文化不是要抛弃以往一切道德的束缚，而是要缜密谨饬地阐发一种更仁慈更人道的新道德。性伦文化具有一种特殊的功效，它不但能改变人的心理感觉，而且能改变人的生理感觉。

五四时期是中国性伦文化变革的一个高峰期。此前，中国性伦文化是工具的性伦文化、养生的性伦文化和罪恶的性伦文化的混合体。五四时期开始发生明显的变化，其特征在于：

其一，否定和鞭挞传统性伦文化。批判封建时代的婚姻观、社交观、贞操观、生育观；以"生物学的真理"重新认识人的生理的天性而否定性禁忌；从女子的生活习俗中抨击丑陋的性审美。

其二，主张文明进化的性伦文化。主张自由恋爱、自由结婚、自由离婚、自由再嫁；主张男女社交公开；倡导男女平等的贞操观和生育节制观；主张进行科学的性教育。上述主张直接导致民众生活方式的新变化。

其三，性伦文化变革的局限性。固守传统的性伦文化：新的性伦主张每每引起一次次性道德的大论战，反映了固守旧道德者的强大阵势；偏狭过激的性伦主张：如废婚主义、独身主义、性解放以及条件婚姻、多妻式恋爱、不离婚而恋爱、公妻、租妻等；戕贼女性：把女子重新推向"新鬼"和牺牲品的"死亡"境地。

研究五四性伦文化，不但要深深体会和认识五四进步思想文化界如何创造新道德，以讲究"人"的办法而避免"兽"的行为，而且直接为当今性伦文化的变革提供历史的借鉴。当今社会正处于性伦文化变革的又一高峰期，今天的性伦文化已经有了新的进步。但是，我们应当看到，当今社会或多或少还留有封建性伦文化的遗毒，我们应当认识和加速改造它；当今社会某些偏颇的性伦观以及行为方式并非进步的文化现象，亦可从五四性伦文化的变革中得到某种启示与思考。诚然，任何时代的性伦文化不可能完美无缺地彻底解决一切性伦关系。它的旨趣在于把非人道的性伦关系控制在最小范围，不容非人道的性伦关系的弊害成为公开的、堂而皇之的"神气"。重视研究五四时期的性伦文化是要引导人们开拓新视野、发展新观念、进入新境界，使性伦文化向着文明、健康、自然、平等、审美、科学的方向发展。

任何时代的性伦文化都存有负面性，我们只是要求适时适世的性伦文化更突现其正面性，发挥其积极的方面。从历史的长河看，性伦文化永远处于动态的运演之中，使其不断进化完善，去吻合社会的进步。因此，性伦文化在一定时期内有三时性特征，即过时性、现时性和前时性特征。过时性的性伦文化是与当时社会发展水平相悖的陈旧腐朽的性伦文化；现时性的性伦文化是与当时社会发展水平相适应的新生旺盛的性伦文化；前时性的性伦文化是与当时社会发展的必然趋势相吻合的性伦文化。显然，过时性性伦文化需要摒弃，它是一个时代性伦文化的糟粕，必将日趋泯灭；现时性性伦文化需要弘扬，它是一个时代性伦文化的主体，必将日臻完善；而前时性性伦文化则需要在社会进化的过程中适时地加以倡导，它是一个时代性伦文化的未来走向，必将日益发展。

原载《光明日报》1999 年 8 月 20 日

论 史 篇

近代习俗变化的启示

习俗的变化是一个长期的动态运演过程。近代习俗的变化也是如此，它作为一个整体，演变于近代社会的始终。下面我们先回顾一下近代习俗变化的大致情形。

首先看 19 世纪下半叶（大致从太平天国时期到戊戌变法时期）社会习俗变化的状况。太平天国时期，就在"天国"诏谕中出现了禁烟、禁酒、禁赌、禁缠足、禁纳妾、禁溺婴、禁买卖婚姻，反对不务正业、游手好闲，主张男女平等以及允许妇女参军、参加科举、分得土地等。这些主张在太平天国领袖人物中和整个太平军中都不可能真正做到，就更不能在社会上起到"移风易俗"、"弃旧立新"的作用了。不过从这么多方面对旧习俗提出批判并采取相应的政策，作为一种"创举"，还是中国历史上的第一次。这本身的进步意义应给予肯定。洋务运动时期，不少爱国志士痛恨社会上的陈腐习俗，对早婚、纳妾、蓄奴、吸毒、缠足、赌博、留长辫、迷信等也进行了程度不同的批判。戊戌变法时期，变革旧俗有了新进展，这与受维新变法的推动有关。反吸毒、反缠足，注重卫生体育、讲求科学等成为当时社会习俗变化的重点。这个时期在社会实践领域以开化风气为目的的学会组织纷纷成立，如戒缠足会、戒鸦片烟会，以及女学会、劝学会、延年会、算学会等；学校、医院等开化风气的新事物的出现，以及近代体育运动（如篮球、足球、棒球）的出现都反映了戊戌时期社会习俗变化的新面貌。

19 世纪下半叶习俗变化的突出特点体现在：

（1）少数先进分子刚刚觉醒，开始提出反对旧习俗的正面主张。这一时期，一些人对中国旧俗的弊害有了认识，并对它展开了批判，进而阐发自己的积极主张。像康有为、梁启超、谭嗣同等维新人士对妇女缠足、穿耳、守节、从一而终的传统习俗就公开表示反对，认为这是封建礼教对妇女人性的扼杀。他们从自然人性论出发，指出男女都是受生于天，受爱于父母，应该平等，并主张要赋予妇女应有的教育权利及参加生产劳动的权利，认为妇女的地位及文化素质的提高是整个国家兴盛的起点。正是在这些主张的影响下，戊戌变法时期，出现了兴办女学、创办女报、设立不缠足会等变革妇女生活习俗的新生事物。康有为、梁启超、谭嗣同、严复等人也极力主张学校要注重卫生、体育设备及环境布置；主张儿童要习体操，以"养体为主，而开智次之"①；主张尚武之风，反对早婚等。当时这些先进分子反旧俗的正面主张成为改造旧习俗的舆论先导。

（2）这一时期比较注重改造旧习俗的宣传工作，像《湘报》、《时务报》等一些重要的报刊都在这方面作了积极的贡献。

（3）19世纪下半叶社会习俗的变化极其微弱，变化主要集中在少数先进的知识分子、出洋留学生，以及个别官绅阶层里。由于当时中国社会政治的腐败，经济文化教育的落后，还不能使民众立刻从愚昧中惊醒和觉悟，使他们积极地行动起来，投入到改造旧习俗的行列中。变革旧俗，当时只能先在极少数有文化、有见识、有进步思想、有文明意识的人中逐步展开。哪怕是当时民众的学会组织，基本上也是面向士绅阶层的。这些士绅阶层由于历史条件的局限，他们还不能去面向百姓，去动员民众，而只是看重自己的阶层，看重自己的力量，认为只要他们能联合起来，就能够开通社会风气。士绅阶层生活习俗发生的这种微弱变化恰好反衬出民众阶层的无动于衷。中国的特定环境，使中国民众背上了旧习俗的沉重包袱，他们已经习惯按照传统的习俗原则生活，谁要冲破传统谁就会被人指责和谩骂。所以当容闳留美回国时，母亲无论怎么高兴，也让容闳必须把胡子剃掉，容闳也立刻照办，并脱下西装，换上中国服装，还戴上了一条假辫子。② 孙中山也是一样，在檀香山读书时，最苦恼之处，莫过于头上那条长辫子和一身长袍马褂。但家庭和中国习俗的压力，使他不能马上剪掉长辫脱下长袍。他哥哥孙眉就是坚守旧俗的，对孙中山思想上的日趋西化，他深感忧虑，竟责令孙中山辍学返国。孙中山回国在家乡抨击社会习俗，

---

① 舒新城编：《中国近代教育史资料》下册，第911页。
② 顾长声：《容闳》，第17—18页。

讲演、打菩萨，惊动了村里人，被人指责为大逆不道，并要将其驱逐出村①。这都表明中国下层社会还没有觉悟。当然士绅阶层的变化也是少数人的，多数人同下层百姓一样，也几乎没有变化。但是20世纪社会习俗的变化正是在这个基础上开始的。没有少数人的最先觉醒及宣传倡导，没有士绅阶层中少数先进分子的最先变化，也就不可能有后来的变化。

其次再看20世纪初年（特指1900年至1910年）社会习俗的变化情况。这一时期社会习俗的变化主要集中在兴女学、戒缠足、变婚姻、反迷信、禁吸毒、讲体育卫生等方面。在兴女学方面，不仅有了公办女学，还出现了不少私办女学和女子资助办女学的情况，而且出现了最早的中国女子留学生；在戒缠足方面，上海、广东、湖南、福建、湖北、浙江、天津等地都创办了一些不缠足会，并出现女子自己组织的放足会，尤其在知识阶层和城市居民中已经有一批女子不再继续缠足了；在婚俗方面，婚姻的礼节、服饰、婚龄以及在婚姻自主权利上都出现了某些变化，讲求学习西方的文明婚姻，反对早婚，提倡自由结婚等；在反迷信方面，出现了变寺庙为学会、学堂和分寺庙财产等现象，同时也有人开始轻视鬼神以及地方衙门对迷信习俗加以干涉限制；在戒鸦片方面，直隶、山东、陕西、福建、浙江、江苏等省普遍出现了禁烟热潮，戒烟之风盛行一时；在讲求体育卫生方面，这时出现了办体育学堂，演练体操，开设医院、医学院，注重市容卫生和预防瘟疫等新事物。

20世纪初年社会习俗变化的特点表现在：

（1）这一时期的习俗变化是19世纪下半叶习俗变化的继续和发展。同19世纪下半叶相比，这一时期习俗的变化已经不局限于士绅阶层，而开始向民众阶层渗透。但是这部分民众的范围还主要集中在一些市镇里，未能涵盖广大的农村乡民。所以这一时期的习俗变化主要是士绅阶层和城市居民中的一种局部变化。

（2）就全国地域而言，习俗的变化也不平衡。当时变化较为突出的主要集中在一些发达和开化的省份，像广东、湖南、湖北、上海等地比较突出；北京、直隶、福建、江苏、浙江、江西、天津等地也比较先进，但西南、西北及东北等地相对就比较落后了。

---

① 邵传烈：《孙中山》，第10—16页。

（3）"20世纪为女权发达之时代。"① 这是当时一些人确立的一种新观念。在这种观念的支配下，20世纪最初十年变革旧习俗仍然以变革妇女生活习俗为主要内容，而且变革妇女生活习俗呈现出一个突出的特点，就是妇女本身开始觉悟，并亲身投入到宣传和改造旧习俗的行列中。有的妇女亲自创办学校，创办妇女刊物；有的妇女积极组织戒缠足会、女学会等；也有的妇女积极出国留学，去寻求改造中国的道路。部分妇女的觉醒，并积极行动起来，成为这一时期习俗变化的一大特色。

最后再看近代社会最后一段时期（特指1911年至1919年）社会习俗的变化状况。1911年至1919年是近代习俗变化的一次高潮。无论其变化的范围、变化的程度以及所涉及的地区和人群都是以往所无法比拟的。在这次高潮中出现了两次高峰：一次是在民国初年，一次是在五四运动时期。这两次高峰所反映的特点是：

（1）习俗变化的领域又有所扩展，除了缠足、婚丧礼俗、迷信、卫生、烟赌、发服等方面，还涉及废除贱民身份，节制生育，反对同姓结婚，反对妾婢制度，革除前清官厅称号，以及交通工具的革新，礼节称谓的变化，使用公历纪年，白话文的普及等。特别是主张妇女经济独立，社交公开，男女同校，妇女参政的呼声更高。

（2）习俗变化的宣传声势更加浩大。当时"广大社会热心人士，也纷纷组织团体，积极配合。一时各种社会团体，如社会改良会、禁买奴婢会、神州女界参政同盟会、中国监狱改良协会、天足会、禁烟联合会、伶界联合会、女子进德会、服国救国会、体育会、尚武会等团体，争相设立。这些团体的倡导者，大都能信守宗旨，以身作则。这些团体或创办报纸，散发书画，或集会演说，歌唱排戏，努力宣传民众，转移社会风尚"②，把变革旧习俗推向更广泛的地域和人群。

（3）有些旧俗出现了根除的趋势，像剪辫易服，女子放足，运用白话文，使用公历纪年等。

（4）有人开始认识到，改造旧习俗必须同更广泛的社会变革联系起来，认为对于旧习俗须"要弄一个根本原因，从事根本改造"③。他们认

---

① 《大公报》1904年6月12日。
② 胡绳武、程为坤：《民初社会风尚的演变》，《近代史研究》1986年第4期。
③ 《为什么要从事根本改造》，《觉悟》1920年5月27日。

为，社会的经济组织一有变动，其余的一切组织都跟着变动。因而不能枝枝节节地要求解决教育问题，自由平等和恋爱家庭问题，而应当首先把资本主义私有财产制度根本推翻，这样才能根本解决问题。当时出现的这种近乎历史唯物主义的观点是难能可贵的，它是旧习俗最后发生根本性变化的理论先导。

1911 年至 1919 年社会习俗的变化，比起 20 世纪初年，在认识水平和变化程度上都有了新进展。

上面，我们对近代社会习俗变化的状况作了一个大致的考察。我们将如何认识近代习俗变化的规律，以及从中得到哪些启示呢？

（1）近代习俗的改造与变革是极其缓慢和艰难的。它伴随着近代社会的开始而逐渐展开，经历了一个长期演变的过程。一直到旧民主主义革命的终结，旧习俗的改造还没有结束，虽然前后人们的认识水平和变化程度不同，但基本上是在相同的领域进行改造和变革。近代习俗变化缓慢的原因在于：a. 中国近代社会的政治和经济还没有发生根本性变化，所以就不可能使习俗先于政治、经济的变化而发生质变。b. 习俗的变化必须随着文化的变化——即群体观念的变化而变化。观念不变，习俗不会变。但是群体观念作为一种稳定的群体心理机制，它本身就不容易变化，呈现出一种惰性力来，这就必然导致习俗变化的缓慢。问题还不仅如此，观念变了，习俗并不一定立刻随之变化，作为一种生活惯制，它可能在观念变化后继续保持不变的状态。所以习俗变化将落后于群体观念的变化。c. 中国教育的落后，大多数人没有文化，还生活在闭塞与愚昧之中。近代习俗的变化是从少数有思想、有文化、有开明精神、有先进意识的知识分子阶层和官绅阶层开始的。由于这个阶层人数的稀少和力量的不足，也导致习俗变化的缓慢。d. 习俗的变化只能通过新旧思想的交锋而向更广泛的领域渗透和扩张。变革旧习俗必须同顽固思想和势力作坚决的斗争，通过各种方式和手段去战胜顽固势力。这种斗争必须经过长期的较量才能最终在思想领域取得胜利。正是由于上述因素，所以中国近代习俗只能是在缓慢的旅途中一步步地变革。即便是今天，移风易俗也同样是一个长期而又艰巨的任务。

（2）整个近代社会是一个大变革的时代，习俗变化贯穿于近代社会的始终。但就各个时期而言，习俗的变化并不是均衡发展的，而是呈现出一种起伏的变化状态。这种变化的起伏和社会本身的运动有关。凡是国家处于严重危机的时刻，凡是思想解放的时刻，凡是社会发生大变革的时刻，往往就是习俗变化最显赫、最剧烈的关头。如20世纪初年，中国社会处于内忧外患的严重危机时刻，这时出现了以救国为目标的习俗变革热潮；像戊戌变法时期和五四运动时期，中国社会出现了思想解放运动，在这个时候，也出现了变革旧俗的热潮；再如辛亥革命刚刚结束，中华民国刚刚建立的时候，正是中国社会的大变革时代，这样的时代也要求在改造社会各方面的同时去改造和变革旧习俗。社会习俗受到强烈冲击，受到更多人的瞩目，往往是在社会大变革的时代里。梁启超在谈论变法的时候曾讲到，变革社会，极其复杂，它要求变革相互作用的社会诸方面，"非全体并举，合力齐作，则不能有功，而徒增其弊"[1]。所以在民国初年这个社会大变革的时代里，也出现了一股变革旧习俗的热潮。这个规律也同样适应于现实社会，在今天的改革和开放的年代里，移风易俗工作将会更深入开展。

（3）任何国家、任何人群的生活习俗都有好坏之别。由于生活条件的限制，由于文化的限制，由于社会历史的演进，习俗的好坏之别成为任何民族生活习俗的属性，它是不以人们的意志为转移的客观存在。这就向人们提出一个问题，必须坚持本民族好的习俗，并通过不断地移风易俗来改造变革旧有的弊习陋俗。我国是个文化悠久的古老国家，旧有的生活习俗丰富多彩，自然也有好有坏，有些需提倡，有些需改造。在改革开放的今天，正是变革旧俗的重要时期。在这个时期，人们的生活一方面出现了向健美、娱乐、审美、新颖的方向转变；另一方面，跟旧思想紧密相连的弊习陋俗又重新抬头。新中国成立以后几乎销声匿迹的一些旧习俗近几年又出现了，有些甚至愈演愈烈。像迷信、赌博、买卖婚姻、大办婚丧喜事、奢侈浪费之风有增无减。产生这种现象的缘由很多，但其中一点尤为重要，那就是人们不但需要丰富的物质生活，而且也需要多彩的精神生活。尤其在物质生活有了改善以后，人们就更加向往精神生活。但精神生活的提高并不能因物质生活的提高而自然而然地得到提高。如果没有文明的精神生活去充实人们，那么以往那些落后的、不健康的陋习就会乘虚而入，去占领人们精神生活的领域，从而成为愚顽、无聊者的精神寄托，并作为

---

① 《梁启超选集》，第83页。

一种娱乐方式弥补一部分人精神上的空白。有人认为习俗是"民间自我娱乐的形式"①，那么这种形式不是好的，就是坏的；不是文明的，就是野蛮的；不是进步的，就是落后的。这是一条规律。这就要求人们要永远用文明、进步的习俗去代替野蛮、落后的习俗。只有这样，社会习俗才能向着健康完美的方向发展，人类社会才能进步。今天进行移风易俗，关键要在坚持改革开放的前提下，发展经济，发展文化教育事业，让全民族从愚昧落后中解放出来，同时发展和创造适应现代化的社会主义精神文明。只有这样才能从根本上消除旧社会遗留下来的种种弊习陋俗。这同近代社会改造旧习俗不同，近代改造旧俗必须同改造政治，同政治革命结合起来，否则改造旧俗就是一句空话；而今天要移风易俗必须同发展经济、发展文化教育事业，同与旧思想、旧观念进行坚决的斗争，同建设社会主义精神文明结合起来，否则，几千年形成的封建陋习不但不能根除，反而会继续蔓延滋长。

原载《辽宁师范大学学报》1988 年第 3 期

---

① 张紫晨：《我看庙会》，《中国文化报》1987 年 2 月 18 日。

清末社会习俗的变革

一

中国进入近代以前，封建社会的"上古遗风"笼罩着中国并反映着中国社会的风貌。社会习俗中礼仪制度、婚丧嫁娶、宗教迷信的观念、程序方式都被认为是天经地义的，即便是奴婢娼妾、缠足阉割、盗赌殴嫖等恶习中包含着何等程度的残酷、迂腐和野蛮，也不能普遍受到国人的憎恨和诅咒，这些习俗一直沿袭在中国传统社会当中。中国步入近代以后，才有人开始认识这熟视无睹的弊习陋俗，有人开始去碰这凝滞、沉重而又年长的旧俗，它随之开始摆动，开始摇撼。

进入20世纪后，先进的中国人于民族危亡的阵痛中再次醒悟，他们认为"时势变迁，人情移易，古法虽精，恐不合于今世，况未必能垂之久远而无弊也"①。他们批判旧制，悖逆传统，在19世纪下半叶社会习俗变化的基础上，又一次向旧习俗挑战，主张兴女学、戒缠足、变婚姻、反迷信、禁吸毒、讲求体育卫生等。至于像赌博、厚葬、盛演淫戏以及官场陋俗等，也都不同程度有所变化。

妇女生活中的陋俗是当时社会习俗变化的一项重要内容。沿袭了两千多年的中国封建文化，一直具有强烈的男权色彩，中国妇女的总体形象只能是"以生孩为妇女的天职，以刺绣为妇女的本分，以装饰美丽为妇女的人格"。② 妇女们生活在人间地狱，欲拯救中国之妇女，"必须破此一定不

---

① 碧城：《敬告中国女同胞》，《大公报》1904年5月24日。
②《演说女学》，《大公报》1904年11月11日。

移之旧例"①，而兴女学、禁缠足、变革封建婚姻便成为改变妇女生活习俗的首要任务。

20世纪初的知识分子对女子无学给中国带来的弊害进行了深刻的批判。

在先进分子的宣传和努力下，20世纪初年，创办女学的风气相当活跃，不仅有公办女学，更值得注意的是出现了不少私办女学和资助办女学的情况。当时有的女子在本宅自办女学，有的女子纠合同志捐款办女学，有的女子将自己妆奁变价作为女学堂的经费，也有的女子为兴办女学而殉身，也有人联合同志将自己子女集在一起办起女学，他人愿入，概无阻止，不纳分文，教课者均由女学生父兄躬任。女学的兴起是中国两千年来教育史上的大变化，也是中国妇女生活习俗的大变革。

缠足的陋习大概有上千年的历史了，20世纪初，缠足风气发生了新变化。当时禁缠足之风主要局限在部分知识阶层和城市居民中。如一游学青年欲求天下有志女子为妻，他的第一个要求就是要女子天足。② 蔡元培也曾把女子不缠足作为征婚的第一个条件。③ 当时有见识的知识分子特别注重变革缠足陋习，这时的城市居民也成为戒除缠足的主体。以天津为例，1903年有报道说：天津近来"已经有了百余家，不再给女儿缠足的了"。④ 1905年又有报道说："天津妇女不缠足的风气开通多了。或有人天足会的，或有不入天足会也不缠足的，约略着算计，天津一处，总有三四百家。有这三四百家文明种子渐渐发生，不愁将来不都改过来，这也算是一件最可喜的事。"⑤ 同年又有一报道说： "须知天津不缠足的，已有三分之一了。"⑥ 这些报道的准确程度暂且不论，但这足以说明在城市居民中，已经有一批女子不再继续缠足了。

这一时期在婚姻习俗上也发生了变化，先进分子大力宣传和介绍西方的婚姻制度：诸如自己择偶、文明结婚、离婚自由等。这对中国的婚俗产生了影响，中国传统婚俗不再是铁板一块而开始发生了动摇。有人开始向

---

① 碧城：《敬告中国女同胞》，《大公报》1904年5月24日。
②《求偶》，《大公报》1902年6月26日。
③ 唐振常：《蔡元培传》，上海人民出版社1985年版，第23页。
④《力除恶习》，《大公报》1903年11月21日。
⑤《缠足的妇女请听》，《大公报》1905年3月31日。
⑥《庆云毕君绶珊劝诫缠足浅说》，《大公报》1905年4月17日。

西方的文明婚俗学习，开始追求自由结婚和文明结婚。报刊上出现以文明结婚为内容的歌曲，鼓吹"世事新，男女平等；文明国，自由结婚乐"。当时在婚俗的礼节上、服饰上、婚龄上以及主张婚姻自由等方面都出现了新变化。

反对封建迷信是这一时期改造旧习俗的一项重要内容。中国封建社会传承下来的迷信活动渗透到民众生活的各方面。这些封建迷信的恶习，引起有识者的忧患，他们直言批驳："越是愚蠢人民忌讳越多，越是野蛮国，信邪越盛。"① 认为"中国贫穷软弱，不足为忧，可忧的就是糊涂，没有真见识，专信那异端邪说。"② 所以迷信习俗"一日不除则中国一日不可救"。

当时反迷信宣传较为普遍，大量介绍科学知识也成为反迷信宣传的一个重要特色。由于反迷信的广泛宣传，一些地区的某些人开始觉悟，出现变革迷信习俗的现象。

首先，出现了变寺庙为学堂、学会和分寺庙财产等现象。广西梧州容县"破去神权陋俗，佛寺神祠多变为学会，阅书报公益之地"。③ 像江苏、天津等地也有将女庵、庙房改为学堂的。浙江"省城各官学均以寺院修改，尚觉宽敞，兹又议以各寺公产田亩，清查实数，抽提其半，藉作举办学堂经费"。④ 京师"庙产僧人为数甚多，应即劝其广设学堂，以补教育之不足，昨已约集佛教学堂总理觉先和尚，令其竭力联络，善为提倡，以禅学务。"⑤

其次，开始有人轻视鬼神。浙江青田县"俗敬事鬼神，专爱谶大廷，饰词不供者，今誓于神，则大惧；俗人远出，必请香火而后行，近亦渐革旧俗"。⑥

最后，有些地方衙门对迷信习俗加以干涉和限制。天津旧城南门内城台子有个叫邹文成的，家中设佛堂，供大仙疗灾治病，煽惑愚民，骗诈钱文，被探访局探悉，将邹文成及偶像三座、香炉五供等具一并解送审判

① 《再说邪说不可信》，《大公报》1902年1月3日。
② 《讲妄信风水无益有害》，《大公报》1902年7月1日。
③ 《各省教育汇志·广西》，《东方杂志》第一年第五期。
④ 《各省教育汇志·浙江》，《东方杂志》第一年第十期。
⑤ 《改良僧教学堂》，《大公报》1907年7月5日。
⑥ 《处州青田县调查稿》，《浙江潮》第六期。

厅，以凭究办。① 京都也有把信奉天神的人查获送交刑部的②。不过当时迷信习俗的变化刚刚开始，效果并不显著。

下面我们再看吸鸦片烟这一恶习的变化。自从道光年间，中国人就开始背上了一个沉重的包袱，鸦片毒害着国民的机体和灵魂。全国各地，士农工商各阶层，吸毒者比比皆是。20 世纪初，中国大地又一次掀起禁吸鸦片烟的热潮。

这段时间政府经常饬令各省要严禁吸烟，按照政务处奏定章程认真筹办，如有奉行不力，敷衍搪塞者，即行严惩，以儆效尤。当时对一些违禁暗自开灯者，或进行罚款，或查拿送巡警局究办。政府还经常咨催各督抚迅速于省城设立戒烟总会，并于各府县设立分会，并劝导乡绅设立禁烟会，以期实行禁绝。就是在朝廷内部也有禁烟的谕令。地方官绅和民间百姓中也出现了主动戒烟的情况。有的官绅不许吸烟者参加地方上一切体面的事，好让他们愧愤戒烟；③ 也有采取罢官的方式禁止官员吸烟；④ 有的巡警总办辞掉吸烟的警兵。⑤ 当时有人为了帮助吸烟者戒烟，设法制作戒烟药，所以出现了制药者，出现了传药方者，以及出现了吃药戒烟者。正是由于戒烟药的作用，"往戒烟者，日胜一日"⑥；"销毁烟具者，日见繁多。"⑦

讲求体育卫生是当时变革习俗的重要内容。当时出现一些体育学堂和体育讲习会，其课专门研究普通体操、兵式体操、游戏体操、器械体操，以及生理学、卫生学、体育概论等，以此造就体育教员和专门人才。学校也逐渐注重演练体操，添设体操课，开辟体育场。也有的地方和学校注重开展近代体育运动。1910 年第一届全国运动会在南京举行。⑧ 有些运动会规模盛大、场面热烈、来宾众多，以示对体育的重视。有时女学堂也都重视体育，认为这是一种文明的输入。这时还盛行开办医学院和医院，以为

① 《迷信送究》，《大公报》1907 年 12 月 10 日。
② 《禁止邪教》，《大公报》1903 年 3 月 20 日。
③ 《把吃烟的剔开》，《安徽白话报》，第三期《各省要闻·镇江》。
④ 《吸烟撤差》，《杭州白话报》第一年第二十一期。
⑤ 《革出吸烟的警兵》，《安徽白话报》第五期。
⑥ 《戒烟渐广》，《盛京时报》1906 年 12 月 12 日。
⑦ 《销毁烟具》，《大公报》1907 年 9 月 27 日。
⑧ 参考《中国近代体育史简编》，人民出版社 1981 年版。

这是"关性命、寄死生、调阴阳、祛疫疠"① 的大事。正因为这样，当时的贫寒士民前往就医者络绎不绝，这对改善卫生条件、保卫健康、革除迷信陋习意义重大，"询堪不朽也"!② 清理市容是当时改善卫生条件的一项内容，也是防止瘟疫流行的重要措施。这一时期还注重预防瘟疫和讲求个人卫生。如气候反常，为防瘟疫，要常常"配制各种丸散；专疗时疫，以救民命"，③ 或施种牛痘，以清内郁毒热，使之保全性命。有些大学堂还设立了浴堂，注意讲求个人卫生。重视体育卫生，虽然还未扩展到广泛的领域，但局部的变化证明人们已经开始自觉追求舒适文明和健康的社会生活。

20 世纪初年在揭露批判旧习俗的过程中，还涉及官场陋习、赌博、演淫戏、厚葬等诸多方面。

晚清时代，中国官场陋习登峰造极。官派衙门气充斥官场。多数王公大员都属骄奢、庸陋、怠惰之类。"我中国数千年来之民情风俗皆以上感下、下应上为习惯，国民之进化与否皆视在上者为转移……上有好者，下必有甚焉者，此可见欲民之同归于正者，必先由上之倡率以正也。"④ 从这种意义上讲，官场陋习又是社会恶风的根源。所以整治官场陋风就更为重要。⑤ 赌博之风蔓延中国大地，可以说从城市到乡村，自黎明到午夜，是"无地不赌，无时不赌"。⑥ 赌博就像洪水猛兽，吸竭精血，败坏风气。"富者因赌而失正业，贫者因赌而起盗心。"⑦ 因赌博造成的六亲不认，杀人自刎的比比皆是。当时有人提出严禁赌博必须奖罚分明，"设局抽头的什么罪，赌钱的什么罪，街邻不举报的什么罪，制造赌具的什么罪，首告赌博因而拿获者有何赏，巡捕境内无赌博的有何功。"⑧ 想以此窒息赌博之风。当时政府经常示谕禁赌，察拿赌犯，判罚赌徒，使赌风在一定程度上受到了限制。晚清演淫戏成风。一个戏馆子，一出戏，如果没有女角，就

---

① 《论中国宜开医学院》，《大公报》1904 年 11 月 19 日。
② 《开院施医》、《医院近闻》，《大公报》1902 年 6 月 24 日。
③ 《卫生宜慎》，《大公报》1904 年 11 月 19 日。
④ 清醒居士：《论中国民智闭塞之原因》，《大公报》1902 年 3 月 13 日。
⑤ 官场陋习的变革是个大问题，应专文论述。
⑥ 《赌亦果当禁否》，《新民丛报》1903 年 34 号。
⑦ 《南段巡警总局禁赌告示》，《大公报》1904 年 3 月 13 日。
⑧ 《叹津俗·戒赌》，《大公报》1902 年 11 月 2 日。

没人爱看，要是没有演淫戏的女角，座客就少。多邀些淫荡的女角，配搭男角，演唱极污秽的戏，在观众面前，活现一副淫态，就有人连连叫好。唱戏的不知羞，看戏的不知丑。有人说："戏馆子是众人的大学堂，戏子是众人的大教师。"① 这话有其一定的道理，因为戏可使人生英雄气概，动哀怨之心，起报仇的念头、淫俗等邪念。所以有人极力主张要改良戏剧，反对演淫戏。当时要求改良戏曲的主张有：（1）多排有益风化的戏；（2）采用西法，戏中夹演说，长人见识，或演声光电化各种戏法，练习格致的学问；（3）不唱神仙鬼怪之戏；（4）反对戏中富贵功名的俗套。这些主张都是非常有见识的。这时期出现了演新戏的戏班子，排演妇女天足之文明、缠足之弊害等新内容的戏②，受到观众的好评。厚葬也是陋俗之一。人死后要做道场，热闹非常，请和尚道士吹吹唱唱，"靡有用之财为无益之事"③。这些遭到了有识者的批判："不知其为无益而为之是谓糊涂愚谬，知其为无益而为之是谓丧心病狂"④，呼吁国人应从这"糊涂愚谬"和"丧心病狂"中惊醒！

二

上文我们把20世纪初年中国社会习俗变化的状况大致勾画出来。这种状况的展现与历史和现实都存在着一种内在的联系。从历史上看，即从纵向上讲，它与历史的发展有关；从现实上看，即从横向上讲，它又受当时社会诸因素的制约。纵观近代历史的全过程，旧习俗呈现出一种从发生微弱变化到变化范围的扩展，直到部分旧习俗接近根除这样一个变化趋势。这是按自身运动规律演化的统一过程。那么作为近代社会的一个时期——20世纪初年，它必然是19世纪下半叶习俗变化的延续时期，历史就是这样告诉我们的，所以本文也就无需赘述。但是这种纵向的逻辑演化过程却丝毫不能让我们忽视对问题的横向分析。之所以存在历史纵向的发展和运动，完全因为现实社会诸因素的横向制约。这种横向制约的社会诸因素主

① 三爱：《论戏曲》，《安徽俗话报》第11期。
②《排演新戏》，《大公报》1907年12月7日。
③《论天津殡仪之奢侈》，《大公报》1904年6月10日。
④ 同上。

要包括：落后挨打的基本国情，进化论学说的传播与吸收，开通民智的文化氛围，新的伦理道德观念的形成和影响等。这些因素之间并非彼此孤立，而是有着紧密的内在联系：其中落后挨打的基本国情是诸因素中的根本因素；要拯救这落后挨打的祖国，人们就要运用一种思想理论去寻找救国救民的出路，时人选择了进化论，而这种理论的传播与吸收则成为变革旧习俗的深层思想因素；在进化论指导下，人们打出"开通民智"的大旗，以"开通民智"为宗旨的广泛宣传则构成习俗变革的文化环境因素；而开通民智的直接后果是观念形态发生了变化，这些新观念正是习俗变化最直接的意识反映因素。下面我们对上述因素分别加以阐述。

1. 跨世纪前后，中国正处于一个剧变的时代里。我国缓慢发展起来的资本主义要求冲破封建专制的束缚，摆脱列强的压迫，从而得到充分和自由的发展。但是戊戌变法的失败，使中国资产阶级的这种愿望成为泡影。而后《辛丑条约》的签订，进一步加深了本已严重的民族危机和社会危机，灾难中的祖国走到了亡国亡种的边缘。当时"天下爱国之士，莫不焦心竭虑，忧国之将危将亡，思有以挽回补救之策"①。但是出路何在？爱国志士们站在不同的角度寻求各自不同的救国方案：纷纷提出教育救国、实业救国、科学救国，甚至提出文学救国、小说救国、音乐救国的主张。正是在这样一个救亡图存的社会背景下，一些以救国为目的的知识分子提出了改造旧习俗的救国主张，他们明确指出："欲救中国，必自改革习俗入手。"② 正是在这个救国动机的驱使下，先进分子在宣传改造旧习俗的时候，在很多具体的习俗领域都自觉地同救国联系起来。比如：认为兴办女学是"强国强种"、关系国家兴衰、民族存亡的大事，"试观五洲之国，女学昌其国昌，女学衰其国衰"③；认为提倡天足是"植国家富强之基础"；认为迷信习俗一日不除，"则中国一日不可救"；认为戒鸦片烟是为了"洗恶名而振国势"；认为是否讲求卫生，关系到"一国之休戚，一家之盛衰"。可见，20世纪初年，思想领域内这股以改造旧俗来拯救祖国的主张已经形成了一种思潮。这种思潮主张从一点一滴的改造旧俗入手来拯救国

① 芙峰：《日本宪法与国会之原动力在于日本国民》，"绪论"部分，《译书汇编》第二年第十二期。
② 壮者：《扫迷帚》第一回，《绣像小说》第四十二期。
③ 清扬女士：《书端中丞奏兴女学事》，《大公报》1905年11月30日。

家，当然还没有抓住救国的根本，也不能最终挽救祖国的危亡命运。但国家的衰弱同旧习俗并非没有丝毫关系，弊习陋俗是造成国家落后衰败的一个重要因素，所以变革旧习俗无疑是有益于国家的文明和进步的。从某种意义上说，改造旧俗是中国政治救国的一种文化意义上的补充。

2. 国家濒临危亡之际，有人提出从改革习俗入手来拯救中国，这实质是在国人选择了进化理论后受其影响而提出的一个救国主张。进化论学说当时之所以在世界范围内产生了广泛的影响，关键在于有人用进化论来解释社会现象，把人类社会和生物有机体相比拟，用生存竞争来解释人类的社会关系，形成社会达尔文主义。这种社会学理论也影响到中国。中国人向西方学习，从科学技术等物质文明到变法改制等制度文明，又走向文学、哲学、社会科学等精神文明。在这样一个向西方学习的逻辑中，结合中国的现状，戊戌变法时期就在中国传播的进化论学说，20 世纪初就更容易让人发生兴趣，更容易得到进一步的传播和吸收。这个时期出版的不少报纸杂志都比较注重介绍和宣传进化论学说，这不仅因为进化论是当时影响最大的一种理论体系，而且它可以激发人们从这个思想理论中去寻找救国救民的出路。当时的先进分子几乎没有不受进化论影响的。作为先进分子的一种理论信仰，进化论成了先进分子观察和变革社会的哲学基础与指导理论。受进化论影响的中国人认为：20 世纪是个"优胜劣败"的世界①，这个世界是"生存竞争之剧场，优胜劣败之舞台"②。而中国同列强相比正处于弱国弱种的地位。原因何在？一些先进分子开始从中华民族的自身去寻找原因，他们认为，不讲体育卫生、缠足、吸毒、早婚造成中华民族的种弱，无女学、迷信造成中华民族的愚昧，这一切都是中国败弱的病根所在。他们还认为，同西方民族相比，中华民族存在着某些自身的弱点，并开始用对比的方法对这些弱点进行了揭露和批判。如贬损中国人无公德，就称赞欧美诸国有公德，有严刑峻法；说中国人无冒险进取精神，就说西方人如何好进取，好冒险；说中国人好嫉妒，就说外国人如何好争胜；说中国人尚虚尚名、尚空谈，就说外国人如何尚实、尚功、尚力行；说中国人无远虑，就说欧美各国如何重将来；说中国人优柔寡断，就说泰西人如何当机立断等。这些对比认识有些实在缺乏科学的根据，也有些与

①《盛京时报发刊词》1906 年 10 月 18 日。
② 普澄：《卫生学概论》，《江苏》第 3 期。

事实背道而驰。但在一个民族落后于另一个民族时，落后民族要自强、要赶上先进民族，一般都会自觉地运用比较的方法来查找本民族的弱点和先进民族的优点，以此作为本民族自身进化的起点，这完全符合落后民族的自身认识规律。而进化论学说会使这种认识变得更为自觉。从以上的分析中我们可以看到，任何一种救国主张，一般都是在一定的理论指导下产生的，以改造旧习俗来拯救祖国的主张实际上就是在社会达尔文主义理论的影响下产生的。社会达尔文主义并不科学，甚至是反动的，它为帝国主义侵略弱小国家制造了舆论。但这种理论在当时中国却产生了积极的意义，既然弱肉强食是普遍规律，那么帝国主义列强侵略"弱种"民族也就势在必然，中国如果不变"弱种"为"强种"，就只有亡国亡种。这个结论不能不给关心国家命运的人们以极大的刺激。先进分子的震惊就使他们必须寻求"弱种"变"强种"、"衰败"变"强盛"的道路。既然如此，以变革旧俗来强种强国就成为当时一些人的一种认识。这是达尔文进化论影响中国人在当时具体历史条件下的一种反映。

3. 改造旧习俗同时也是在当时开通民智的文化氛围内展开的。面对中国国情，在进化论思想的影响下，针对中国人的贫穷和愚昧，有人提出中国可忧虑的不在贫穷、不在软弱，可忧虑的在于人人糊涂、人人愚昧，所以在"贫"与"愚"的问题上，治愚更重要。正是基于这样的认识，在跨世纪前后，中国思想文化领域内出现了以开通民智为标志的一场旗帜鲜明的思想启蒙运动。在这场思想启蒙运动中，深刻揭露了民智未开的缘由，以及为什么要开民智和如何开民智等问题。20 世纪初年，高喊开民智口号的志士们通过各种方式宣传他们的主张。很多报纸杂志就是以"开通民智"为宗旨的。"开通民智"就是要通过教育和宣传的手段启发全体国民的智慧，让其从混沌的愚昧中走向国富民强的新世界。所以当时有些仁人志士把开通民智看成是中国的当务之急。开民智是要解决中国人的愚昧，而旧习俗与国人愚昧之间存在着一种相互因果的关系。所以从某种意义上说，旧习俗是造成国人愚昧的一个缘由。中国人尤其是女子的不受教育，中国人的迷信，这些陋俗都必将造成民智的闭塞。所以当时有人把改造旧俗看成是开通民智的重要内容和重要途径，认为要开民智，非先将旧习俗剔尽不可①。正是在这样的文化氛围下，激发人们进一步批判、揭露和改

———————
① 清醒居士：《开民智法》，《大公报》1902 年 7 月 21 日。

造旧习俗。开民智是思想文化领域内的一个口号，是当时社会的一种文化气氛，而改造旧习俗恰是在这种气氛下进行开民智的具体实践之一。这种实践的成果正体现着开民智这面旗帜所遗留下来的某种历史意义。

4. 习俗的变化离不开观念的变化。20 世纪初，中国社会人伦观念的变化重点体现在争取女权，摒弃传统社会遗留下来的男尊女卑等传统道德观念，确立男女平等的新道德观念。人群之间是否平等反映一个国家的文明程度，"国家愈文明，其要求平等之心愈切，而野蛮之国反是"。① 当时有人认为，19 世纪是民权时代，而 20 世纪是"女权发达之时代也"。② 正是在这个世纪的初年，中国人用西方资产阶级的天赋人权思想和人道主义来论证男女应当平等，大声疾呼："天赋人权，男女平等，同是骨骸，同是知觉，乃必愚我，奴我，以至物我，剥丧其固有、矫揉其所无，残此界以供彼界之乐，居心惨酷，言之痛心。"③ 男女同是有血有肉的人，男女本来就应平等，男女平等的主张促使不少新观念的确立。这些新观念主要包括女子自重观、女子自主观、女子自立观和道德平等观。这些新观念的确立构成了社会陋俗发生变化的重要的文化因素。

上面我们通过对落后挨打的基本国情、进化论学说的传播吸收、开通民智的文化氛围以及道德观念的变化等方面的具体阐述，分析了 20 世纪初年中国社会习俗变化的缘由。通过以上分析我们可以看到，20 世纪初年变革旧习俗实质上是围绕着救国这个大目标展开的。在一个民族、一个国家衰败的时候，人们不甘心现状，为拯救那垂危的祖国而奋起。各种历史因素的作用，使这个社会呈现出一种大动荡的状况。在这个大动荡的时期，国家的政治、经济、思想文化必将发生不同程度的变化。那么，作为一个比较具体的社会领域——习俗，也将随着这样的时代而发生自身的变化，这是历史的必然。

原载《中州学刊》1992 年第 6 期

---

① 蒋观云：《平等说与中国旧理论之冲突》，《东方杂志》1906 年第 3 期。
② 陈竹湖：《痛女子穿耳缠足之害》，《女子世界》第 11 期。
③ 韦贞卿：《论过渡时代之女界》，《女报》，《女论》"特论"第 1 页。

清末社会习俗变化的历史局限

习俗作为特定人群的生活惯制，它具有极强的稳定性。即便是那些弊习陋俗，它一旦渗透到人们的生活当中，也很难在较短的时间内得到彻底地摒弃和剔除。这就是习俗本身惰性特征的反映。中国进入近代社会以前，人们在这个傲居强盛而几乎又无任何天敌威胁的国度中，按照圣人的观念，遵照祖宗安排好了的习俗原则生活着。这种习俗生活中无论包含着多少落后、野蛮的成分，也无论怎样"有损于世"、"无补于今"，"亦不肯抛弃"①。人们心甘情愿地过着这种麻木而又宁静的生活，似乎中国这个老大帝国自身存在的一切，理应都是天经地义的。

1840 年，西方的大炮炸开中国封闭的大门，酣睡的中国人被震醒。殖民者一次次的欺侮，中华民族一次次的惨败，深深打击和刺激了中国人。当时"天下爱国之士，莫不焦心竭虑，忧国之将危将亡，思有以挽回补救之策"②。但出路何在？有识之士从不同的角度寻求着各自不同的救国方案，他们纷纷提出教育救国、文学救国、实业救国、科学救国的主张。就是在这样一个救亡图存的社会背景下，一些以救国为目的的知识分子提出了变革旧习俗的救国主张，指出："欲救中国，必自改革习俗入手。"③ 正是出于这样的救国动机，在先进分子的宣传鼓动和示范下，传统习俗随着时代的变迁而渐次发生了变化。

习俗的变化是一个长期的动态运演过程。近代习俗的变化也是如此，它作为一个整体，演变于近代社会的始终。但是 20 世纪初年（特指

---

① 碧城：《敬告中国女同胞》，《大公报》1904 年 5 月 24 日。
② 芙峰：《日本宪法与国会之原动力在于日本国民》，"绪论"部分，《译书汇编》第二年第十二期。
③ 壮者：《扫迷帚》第一回，《绣像小说》第四十三期。

1900—1910 年）又是近代习俗变化的突出时期之一。这一时期社会习俗的变化主要集中在兴女学、戒缠足、变婚姻、反迷信、禁吸毒、讲体育卫生等方面。这时期在兴女学方面，不仅有了公办女学，还出现了不少私办女学和女子资助办女学的情况，而且出现了最早的中国女子留学生；在戒缠足方面，上海、广东、湖南、福建、湖北、浙江、天津等地都创办了一些不缠足会，并出现女子自己组织的放足会，尤其在知识阶层和城市居民中已经有一批女子不再继续缠足了；在婚俗方面，婚姻的礼节、服饰、婚龄以及在婚姻自主权力上都出现了某些新变化，讲求学习西方的文明婚姻，反对早婚，提倡自由结婚等；在反迷信方面，出现了变寺庙为学会、学堂和分寺庙财产等现象。同时也有人开始轻视鬼神以及地方衙门对迷信习俗加以干涉和限制；在戒鸦片方面，直隶、山东、陕西、福建、浙江、江苏等省普遍出现了禁烟热潮，戒烟之风盛行一时；在讲求体育卫生方面，这时出现了办体育学堂，演练体操，开设医院、医学院，注重市容卫生和预防瘟疫等新事物。此外还包括赌博、发服、官场陋习诸方面的某些变化。

20 世纪初社会习俗的变化是 19 世纪下半叶习俗变化的一个发展。同 19 世纪下半叶相比，这一时期习俗的变化已经不局限于士绅阶层，而开始向民众阶层渗透。但是这民众的范围还主要集中在一些市镇里的部分居民中，还极少涵盖广大的农村乡民，所以这一时期的习俗变化还主要是士绅阶层和城市居民的一种局部变化。就全国地域而言，习俗的变化也不平衡。东南沿海及内地各省与边疆省区不同，当时变化较为突出的省份主要集中在一些发达和开化的省份。像广东、湖南、湖北、上海比较突出，北京、直隶、福建、江苏、浙江、江西、天津也比较先进，但西南、西北及东北等地相对就比较落后了。

20 世纪初社会习俗的变化并不是旧习俗的全面变化，更不是旧习俗的全盘根除。事实上这一时期旧习俗的变化还只局限于某些方面，变化的程度也是极其有限的，对此我们必须有清楚的认识。

当时渗透在人们日常生产和生活中的陋习基本没有太大的变化。像迷信的习俗：各种生产的迷信，死丧的迷信，婚娶的迷信，贸易的迷信，疾病的迷信等，当时还继续保留在中国的社会生活中，变化极其微弱[1]。再

---

① 参考《中华全国风俗志》。

如各地不同的婚丧礼俗也大致继续保留着①。还有各种节日陋俗，特别是新年的旧俗也几乎没有变化，每当节日期间，旧习俗更显得格外的兴盛和猖獗：新年时的祭天、祭地、祭灶、祭祖、祭各种神明等；新年各地的赌博以及新年时以"男女有情之状"、"淫戏猥亵之词"② 为突出特点的娱乐游戏活动也到处可见。

就是当时已经发生变化的旧习俗，从宏观的角度来审视，在全国范围内其变化也有各自的限度。像女学在全国范围内刚刚兴办，创办的学校还很少，只有师范和中小学堂，高等学校还不招收女生。即使这样，当时情况也不尽如人意，甚至在北京这样的都市，也有的女学校却招不到一个女学生，可见习俗变化的有限程度。③ 像迷信习俗，当时在乡民和女子中还特别严重，"吾国乡民与女子，其迷信神鬼者，尤笃于市民与男子。故其结果也，乡民之进化，常后于市民，女子之开通，亦迟于男子。"④ 所以当时"依然保守"、"愚不可及"、"巫风大炽"等迷信陋俗，"终不能革"⑤。再如有人极力反对剪辫易服，如有剪辫易服者，"不妨从严惩办"⑥。事实上当时剪发易服者确是寥寥无几。其他如吸食鸦片、赌博偷盗、娼妓淫戏、淫书淫画等陋风也到处可见，一些报纸杂志经常有这方面的报道。

20 世纪初年，阻碍社会习俗变化的原因除了政治、经济的因素外，还有封建的传统观念当时仍然束缚着大多数上层士绅和下层百姓这个重要缘由；其他如人们的变态审美心理、恐惧心理及逆反心理也是阻碍习俗变化的几个重要因素。

在上层士绅阶层，当时还继续主张固守传统道德，认为"我国古圣垂教，首重道德，经传所载，皆纲常伦理精言；历史所详，悉忠孝节廉之美德"⑦。认为这些"纲常伦理"、"忠孝节廉"是世界上最好的道德，失去这样的道德，"则其贻害于人心世道，较洪水猛兽为尤烈，其危险实不可

---

① 参考《中华全国风俗志》。

② 《湖北荆宜新年风俗记》，《时报》1905 年 2 月 10 日。

③ ［日］实藤惠秀著，谭汝谦、林启彦译：《中国人留学日本史》，第 53 页。

④ 《正俗篇》，《时报》1905 年 2 月 12 日。

⑤ 《迷信难革》，《大公报》1904 年 1 月 4 日。

⑥ 《再请严禁剪辫易服》，《大公报》1907 年 5 月 21 日。

⑦ 《论学术与道德相离之危险》，《东方杂志》第五年第三期。

思议。"① 特别是对青年人缄口不言固有之道德，斥责三纲四德为谬谈，斥程朱为大愚，笑孔孟为不武，更是痛心疾首，大有"人心不古"之愤！他们认为"家庭革命秘密结婚之恶果"，都是不讲"君父之尊"、"男女之防"② 造成的。认为"天尊地卑"为"自然之序"；"阳动阴静"是"造化之机"；"男刚女顺"、"夫唱妇随"都是"终古长存之至理，万年不变之常规也"。③ 他们认为女子的伦理仍然是固有的"孝舅姑和妯娌、相夫教子数端"④ 而已，而不要"诩新奇、驰高远"，别出心裁。在他们看来，中国人必须在传统道德的框架内泰然生存，任何标新立异都该诅咒！

上层士绅阶层还有人公开反对变革旧习俗，认为"世界风俗之大概，则必由朴而至奢，由真而入伪，由敦厚而流于浇漓"⑤。"革其习惯，易其风俗"⑥，"足以贻害道德"、"实人类之蟊贼也"⑦。所以要求固守旧俗，只有这样，才能救国保种。有人甚至公开反对兴办女学，认为"再办女学，则将来办理不善，更足滋生流弊，女学一途必俟国人偏受普遍教育，始可再议兴办之"⑧。有人极力反对男女平等和婚姻自由，认为"急宜防禁者，男女无别，自由择配是也"⑨。许多老先生认为提倡婚姻自由就是"教人淫乱"，并说这些都是洋人的混账法，我中国圣贤传上从没有说过。当时一些士绅阶层，要求对"学生中有演述男女平权诸谬说及沾染恶习者，立即斥退"⑩。对于违背中国数千年礼教及有伤女教的课本新书，"应即分别禁止，以维风化"⑪。由于士绅阶层大都是些阔人，所以他们的话很有市场，影响也是相当大的。加之他们还善于通过宣传的手段来固守旧俗：例如有人通过报纸杂志宣传孝子烈女、封建迷信，以及荒淫色情的东西。这些宣传为旧习俗的变革设置了不可低估的障碍。

---

① 《论学术与道德相离之危险》，《东方杂志》第五年第三期。
② 同上。
③ 《请禁女学》，《大公报》1907 年 8 月 12 号。
④ 《论女学宜注重德育》，《东方杂志》第三年第六期。
⑤ 《论学术与道德相离之危险》，《东方杂志》第五年第三期。
⑥ 《论保存国粹宜自礼俗言文始》，《东方杂志》第五年第四期。
⑦ 《论学术与道德相离之危险》，《东方杂志》第五年第三期。
⑧ 《停办女学之风闻》，《大公报》1907 年 6 月 26 日。
⑨ 《工部主事刘桱呈学部代奏稿》，《四川学报》1906 年第 9 期。
⑩ 同上。
⑪ 《学部札饬各省提学司严演自由结婚文》，《四川学报》1907 年第 5 期。

下层人民的传统观念当时也几乎没有多大的变化，多数人还是按照旧观念来审视一切。比如，在一些人眼里，认为男女就是不同，对于女子来说，不要读书，不要去管什么世界大事，女子最好是趁青春年少的时候，修饰容颜，学些媚样，多奉承男子，好让男人养活自己的终身，达到这样的目的，女子也就是没有白活一生。① 再如，坚守贞节观念的妇女普遍存在，她们都认为丈夫死了，妇女要遵照"守节、体面、请旌、树节孝坊"的礼教而不能改嫁，甚至还有殉夫而死的年轻女子②。有些人坚决反对女子上学，"一闻现在女学生出外入学堂读书，他们耳中就大大地听不进了"③，觉得男女混杂，不成体统。特别"闻得女学堂教习是男先生，他就拿小人的心来测度君子人的腹"④，本来"男女授受不亲"，怎能如此妄为呢！

下层民众变态的审美观还普遍存在着。比如"缠足一事，残忍惨痛，本非人所愿动，徒以习俗相沿，非此不能称为上等完全女子"⑤。所以久而久之，形成了一种变态的审美观："中国的男子，多半爱妇女小脚。"⑥ 这缠成的脚又肥、又软、又秀、又嫩，好看！一听说戒缠足，男子就先大骂出口了。女子也一样，特别看重自己的小脚。有的地方还设有小脚会："风俗之恶，莫此为甚。盖元旦至初五，此数日间，凡大家小户之妇女，无不艳妆坐于门外，将双足露出，任人往观，评定甲乙。……若足小者尤有自矜之色。"⑦ 这种变态的审美观具有普遍的影响，阻碍了习俗的变革。

此外，恐惧心理也是阻碍习俗变化的一个因素。由于缠足成习，每逢议亲，不论女子品性如何，只论貌的丑俊和脚的大小。要是脚大，品行纯正，性情和蔼，公婆也不喜，丈夫也不爱。所以中国妇女不敢轻易禁止缠足，觉得"若从此不缠，轻则为乡里所羞，重则恐婚姻难定，有此一念横梗心中，虽百方化导，亦难以动之"⑧。所以即使自己觉得缠足不好，由于

---

① 傅君剑：《女子之责任》，《竞业旬报》第六期。

② 《贞姜殉夫》，《时报》1905 年 4 月 5 日。

③ 道迷：《女学的阻力》，《觉民》第七期。

④ 同上。

⑤ 君剑：《拒烟会与天足会》，《竞业旬报》第十期。

⑥ 《劝戒缠足》，《女子世界》第二期。

⑦ 《豫省新年风俗记》，《时报》1905 年 2 月 25 日。

⑧ 《呈请直督奖励天足禀稿》，《大公报》1904 年 9 月 17 日。

社会观念未变，因此个人也就不敢独自妄为，违抗众意。像留学生回国后安假辫子，也是一种不敢违抗民意的恐惧心理作祟造成的。

逆反心理也构成阻碍社会习俗变化的一个因素。近代习俗变革是在中国落后挨打的情况下展开的。由于殖民者的侵略，一些人开始觉醒，认识到中国的落后，决心迎头赶上去。但恰恰也是这样的原因，尤其是外国侵略者的野蛮、强横和暴戾，使一些人更加愤懑殖民者。这种愤懑的心情同民族自尊心以及传统意识相结合，便产生一种逆反心理，表现出一种不加分析的肯定自己和否定别人，在习俗问题上，便极力反对变革、顽固旧守，正像鲁迅所说："因为多年受着侵略，就和这'洋气'为仇；更进一步，则故意和这'洋气'反一调：他们活动，我偏静坐；他们讲科学，我偏扶乩；他们穿短衣，我偏着长衫；他们重卫生，我偏吃苍蝇；他们壮健，我偏生病……这才是保存中国固有文化，这才是爱国，这才不是奴隶性。"① 当时这种愚顽的逆反心理影响着不少人，它完全感情用事，既不理智，又不科学，成为阻碍习俗变革的一种守旧心态。

通过上面的论说我们可以看到，20世纪初年，由于传统势力的制约和固守观念的束缚，中国社会习俗虽然在庞大的社会阻力面前发生了某些变化，但这种变化却呈现出一种历史的局限性，它完全不是想象中的那样全面和彻底。然而这种现象恰恰符合文化发展的规律。任何文化现象的发展变化都要经过一条曲折而又漫长的道路，绝然不是一朝一夕的事情。不过，当时主张变革旧俗的先进分子能在顽固势力的反对和保守观念的束缚中，顽强地抗争，促进了社会习俗的一些变革，并显示出一种不可泯灭的勃发势态，为以后旧习俗的彻底变革奠定了思想、理论和实践的基础，这本身就是难能可贵的。

原载《史学月刊》1989年第2期

---

① 《鲁迅全集》第6卷，第82页。

资产阶级上层集团与民初
社会习俗的改造

一

"善不积，不足以成名，恶不积，不足以灭身；勿以小善为无益而弗为也，勿以小恶为无伤而为之。"这是蔡元培谈及改造社会恶习时引用《易经》上的一段话，认为不要以为生活恶习仅为区区小事，它会导致"祸及社会"的恶果，并以司马迁的"夏之亡也以妹喜，殷之亡也以妲己"作为佐证①。清末，社会弊习陋俗往往不受法律的约束，反倒以个人的志趣和势力而任意为之。民初，面对陋俗，"吾人不可以不自省"的资产阶级上层人物曾作过集体的反省，认为改造社会恶俗，"不以势力所能达而妄行"，是"共和思想之要素"，"而人人所当自勉"②。他们认为："我国素以道德为教义，故风俗之厚，轶于殊域，而数千年君权之影响，迄今未沫，其与共和思想抵触者颇多。"因此他们决意建立移风易俗的团体，身体力行，"以人道主义去君权之专制，以科学知识去神权之迷信，条举若干事，互相策励，期以保持共和国民之人格，而力求进步"③，擎起了民主与科学的大旗，锋芒指向专制与迷信的封建习俗。民国初年，移风易俗的社会团体争相设立。而以资产阶级上层代表为骨干的团体主要有"进德会"、"六不会"、"社会改良会"等。

民国元年，吴稚晖、李石曾、汪精卫等人在上海发起进德会。会员分

---

① 高平叔编：《蔡元培全集》第3卷，中华书局1984年版，第125页。
② 陈旭麓主编：《宋教仁集》下册，中华书局1981年版，第377页。
③ 同上。

为三等：持不赌、不嫖、不娶妾三戒者，为甲等会员；加以不作官吏、不吸烟、不饮酒三戒者，为乙等会员；又加以不作议员、不食肉二戒者，为丙等会员。想以此来促进社会风习的改造。

民国元年二月二十一日，唐绍仪、蔡元培、宋教仁被派为欢迎袁世凯南下就任总统职专使，自上海乘"新铭轮"北上，同舟者三十余人。行间，他们又议起"进德会"事。"进德会"成立时，"论者颇以会约中之不作官吏、不作议员为疑，所以题名入会为甲等会员者踵相接矣。"此次同行者，除李煜瀛、汪兆铭外，"率皆当时之官吏或议员，群以官吏、议员两戒为不便"。乃去此两戒，别组一会，即以同舟之三十余人为发起人，宋教仁提名为"六不会"，众赞成之。即：（1）不狎妓，（2）不赌博，（3）不纳妾，（4）不食肉，（5）不饮酒，（6）不吸烟。将"进德会"的范围缩小。"凡入会者，于前三项必当遵守，于后三项则可自由，同行诸人，一致署名入会，以增高我中华民国国民之人格。"①

与此同时，在"新铭轮"上，诸人又将改造社会习俗的范围推而广之，发起了"社会改良会"，其宗旨在以人道主义及科学知识为标准，改良社会上种种之恶习惯，列举改造条件三十六项，以此互相策励。唐绍仪、蔡元培、宋教仁、刘冠雄、黄恺元、李煜瀛、汪兆铭等 26 人署具体名单②。

谭人凤在民国元年发起的"社团改进会"，在"会员守则"中也包括革除陋习的内容，"嫖赌洋烟，实为首恶，如不决绝剪除，实属甘心堕落，丧失其会员资格矣。凡我会员，应有互相劝勉，发愤自强精神，旧染污俗，咸与维新，有厚望焉。"③

资产阶级上层人物自觉组织移风易俗的团体，目的在于：一可以绳己。对于弊习陋俗，"社会之制裁，有及有不及也。今以本会制裁之，庶不至于自放"。二可以谢人。国人对于恶俗不为畏途，反为荣光，"狎妓征优，文人以为韵事；看竹寻芳，公然著之柬帖；官吏商贾，且以是联络感情之一端。苟非画定范围，每苦无以谢人。今以本会为范围，则人有以是

① 陶英惠：《蔡元培年谱》（上），《中央研究院近代史研究所专刊》（36），第 248 页。
② 参照《宋教仁集》下册，中华书局 1981 年版，第 379 页。
③ 石芳勤编：《谭人凤集》，湖南人民出版社 1985 年版，第 90—91 页。

相龃者，径行拒绝，亦不致有伤感情"。① 正是通过"绳己"与"谢人"，从而达到改造和变革社会习俗的目的。

孙中山先生更是改造社会陋俗的积极倡导者，在他任临时大总统期间，仅于民国元年三月就以"临时政府公报"的形式发出了十三项关于改造旧俗的通令，内容包括：禁烟、革除前清官厅称呼、禁止买卖人口、禁止刑讯、剪辫、禁止体罚、禁缠足、疍户惰民一律享公权私权、禁绝贩卖"猪仔"、传染病预防法等。② 民国初年，资产阶级上层代表通过颁布政令和组织团体来进行改造社会习俗的宣传和变革活动，并把它视之为建设民主共和国家的刻不容缓的紧迫任务。

那么，当时他们所批判和要求改造社会旧俗到底包括哪些具体主张呢？概括而言，有下面几种：其一，反对有害身心健康的"享乐观"。它旨在反对为一时快感而寻求感官刺激的那种道德沦丧和缺乏节制的行为体验，包括："不狎妓"、"不赌博"、"不纳妾"③，"戒除伤生耗财之嗜好（如鸦片、吗啡及各种烟酒等）"、"戒除有碍风化之广告（如卖春药、打胎等）及各种印刷品（如卖春画、淫书等）"④。其二，反对封建的宗法、宗族和家族观。它旨在要求个人的自由独立与自主，家庭成员间的人人平等。包括："成年以后，有财产独立权"、"个人自立、不依赖亲朋"、"男女平等"、"自主结婚"、"承认离婚之自由"、"承认再嫁之自由"、"戒除拜门换帖认干儿女之习"、"戒除承继兼祧养子之习"⑤。其三，反对等级有差的奴役观。它旨在提倡资产阶级的人道主义。包括："禁止对于儿童之体罚"、"对于一切佣工，不得苛待（如仆役、车夫、轿夫之类）"、"不得歧视私生子"⑥、"禁止买卖人口"、"禁止刑讯"、"禁止体罚"、"疍户惰民等一律享有公权私权"、"禁绝贩卖'猪仔'"⑦。其四，反对封建的人生价值观。包括："废止早婚（男子十九岁以上，女子十七岁以上，始得

① 《蔡元培全集》第 3 卷，中华书局 1984 年版，第 127 页。
② 参阅《孙中山全集》第 2 卷，中华书局 1982 年版。
③ 《民立报》1912 年 3 月 2 日。
④ 《宋教仁集》下册，中华书局 1981 年版，第 379 页。
⑤ 陶英惠：《蔡元培年谱》（上），《中央研究院近代史研究所专刊》（36），第 248—249 页。
⑥ 《蔡元培全集》第 2 卷，中华书局 1984 年版，第 139 页。
⑦ 《孙中山全集》第 2 卷，中华书局 1982 年版，第 156、225、244、351 页。

嫁娶）及病时结婚之习"、"提倡少生儿女"、"废缠足、穿耳、敷脂粉之习"①。其五，反对封建礼节观。包括："废大人、老爷之称，以先生代之"、"废跪拜之礼，以鞠躬、拱手代之"、"一切应酬礼仪宜去繁文缛节（如宴会、迎送之类）"、"年节不送礼，吉、凶等事不为虚糜之馈赠"②。其六，反对封建迷信观。包括："婚丧祭等事，不作奢华迷信等举动"、"戒除迎神、建醮、拜经及诸迷信鬼神之习"、"戒除供奉偶像牌位"、"戒除风水及阴阳禁忌之迷信"③。其七，反对其他陋俗。包括："在官时不受馈赠"、"提倡心丧主义，废除居丧守制之形式"④、"剪辫"⑤、"掩埋城垣内外各处暴露尸棺"等⑥。其八，提倡文明新风尚。包括："提倡以私财或遗产补助公益善举"、"日常行动，不得妨碍公共卫生（如随处吐痰及随意抛掷污秽等事）"、"衣饰宜崇质素"、"养成清洁之习惯"、"不可有辱骂、喧闹、粗暴之行为"、"提倡公坟制度"、"提倡改良戏剧及诸演唱业"⑦及"传染病预防"⑧等。可见，资产阶级上层集团所要求变革社会习俗的内容是极为广泛的，从生到死、从婚姻到家庭、从衣饰装扮到娱乐嗜好、从礼节称谓到人际关系、从文明举止到社会环境无所不包，凡有利于改善人伦关系、有益于社会的文明和人的身心健康的都有所涉猎，这是资产阶级上层集团集体反省的结果，是他们把改造社会旧俗视为社会革命的一个重要历史任务的结果。

资产阶级上层集团改造社会旧俗的主张体现着两个方面的深刻意义。

第一，培植"自由"、"平等"、"人道"、"人权"的思想意识。中国封建社会的弊习陋俗作为民众生活的一种外化了的模式所反映的恰恰是内在的传统封建意识。这些封建意识的重要内容诸如专制、纲常、等级、贵贱，使国人之人性受到扭曲戕杀、人格受到奴役束缚、人品受到扼制而萎缩，国人无"人权"、"人道"和人的尊严可言，"吾民族生命，曾草菅之

---

① 《民立报》1912年3月29日。

② 《宋教仁集》下册，中华书局1981年版，第379页。

③ 陶英惠：《蔡元培年谱》（上），《中央研究院近代史研究所专刊》（36），第250页。

④ 《蔡元培全集》第2卷，中华书局1984年版，第139页。

⑤ 《临时政府公报》第29号。

⑥ 《临时政府公报》第31号。

⑦ 《民立报》1912年3月29日。

⑧ 《临时政府公报》第48号。

不若"①，国人精神之病态横流于天下。封建意识要求并铸成了弊习陋俗，反过来弊习陋俗又成为封建意识得以延喘生息的土壤与温床。所以改造社会传统旧俗，不仅仅是要打破以往的那些鄙陋的生活模式，更是要变革传统的封建意识，使之适应于民主共和的新国家。资产阶级上层集团的良苦用心易于明察。所以社会改良会在《宣言》中公然提出"尚公德，尊人权，贵贱平等"，"意志自由"的主题②。孙中山在批判社会陋俗的时候，提出了"自由"、"平等"、"人道"、"人权"的口号。于自由平等，他说"冀使自由博爱平等之义，实力推行"③、"民国开国之始，凡属国人咸属平等。背此大义，与众共弃"④；于人道，他说"提倡人道，注重民生"⑤、"以重人道而崇国体"⑥；于人权，他又说"人权神圣，岂容弁髦"⑦、"尊重人权，保全国体"⑧。资产阶级上层集团改造社会旧俗的用意就在于培植国人"自由"、"平等"、"人道"、"人权"的新意识，从而使之成为新国民。新国民由于心理素质和精神素养的提高而能够适应革命的新形势。而欲成新国民，则要从改造旧俗始，"明德新民，首涤污俗"⑨，"摒绝恶习，共作新民"⑩。民国的创立，为摒绝旧俗提供了难逢之良机，"方今民国成立，炫耀宇内，发愤为雄，斯正其时"⑪。

第二，为深入地反清斗争服务。辛亥革命，在形式上打倒了清王朝，建立了民国，反清斗争在客观上赢得了胜利。然而在思想领域的反清斗争并没有结束，进一步揭露清王朝的丑恶面目，让更多的民众从感情上厌恶它，从而倾向和支持新政权，这是新握政权的资产阶级上层集团自行进行政权建设的一项重要任务。他们在改造陋俗方面也渗透了这种意旨，像剪辫和废前清官厅称呼等就是锋芒指向清政府的。"满虏窃国"，"强行编发

① 《孙中山全集》第2卷，中华书局1982年版，第157页。
② 《宋教仁集》下册，中华书局1981年版，第377页。
③ 《孙中山全集》第2卷，中华书局1982年版，第252页。
④ 同上书，第150页。
⑤ 同上书，第157页。
⑥ 同上书，第252页。
⑦ 同上书，第157页。
⑧ 同上书，第251—252页。
⑨ 同上书，第155、183页。
⑩ 同上。
⑪ 同上。

之制"，因为蓄辫"易萃霉菌，足滋疾疬之媒，殊为伤生之具"，实属蒙昧的"腥膻之俗"，所以我同胞应"涤旧染之污"，"一律剪除净尽"，"以除陋俗而壮观瞻"①。至于"前清官厅，视官等之高下，有大人、老爷等名称"，若不加察，继续沿用，"殊为共和政治之玷"，所以要革除"前清官厅恶称"，"嗣后各官厅人员相称，咸以官职，民间普通称呼则曰先生、曰君"即可②。这里在陈述改造陋俗的同时，显然已经自觉注意了对清官厅丑陋嘴脸的着意勾画，这是思想领域反清斗争的一种需要，是为深入的反清斗争服务的。

<h1 style="text-align:center">二</h1>

社会习俗具有不易变性，尤其在相当一部分人认同的情况下，要改造旧俗困难更大，这就需要有人敢于经受极大的心理压力、敢于冲破重重阻力，去充当英勇无畏的改造社会旧俗的带头人。民初资产阶级上层集团组织团体创办报纸、散发书画、集会演说、歌唱排戏、宣传民众，成为名副其实的改造社会旧俗的带头人，被誉为"社会革命之负弩前驱者也"③。资产阶级上层集团倡导改造社会陋俗有他自身的优势：他们在长期的革命历程中，由于自身高尚的品格、聪颖的智慧、献身的精神，使他们在民众中逐渐获得了较高的威信；又由于他们自信能干，经验丰富，逐渐成为资产阶级革命队伍中的核心人物。革命成功后，这些核心人物赢得了较高的地位和威望，成为民众心目中的权威人物。"人贵言重"，按照社会心理学的理论，权威人物容易赢得民众的信赖，即人们往往乐意接受权威的指导，听从权威的意见和命令。所以，在新旧交替之际，资产阶级上层集团"登高一呼，确能使人耳目一新"④，产生一种"众从"现象，即多数人采取少数人的意见而改变原来的态度、立场和信念，采取与少数人一致的行为⑤。这是民初社会习俗发生明显变化的一个重要的社会心理因素。

① 《孙中山全集》第2卷，中华书局1982年版，第155页、177—178页。
② 同上。
③ 《民立报》1912年3月2日，第3页。
④ 陶英惠：《蔡元培年谱》（上），《中央研究院近代史研究所专刊》（36），第251页。
⑤ 时蓉华：《现代社会心理学》，华东师范大学出版社1989年版，第291页。

社会习俗的变革与任何社会的进步一样都有其自身的一般发展规律。在历史的进程中，社会系统始终经历着各种各样的变化，这种变化的动态轨迹固然遵循着自身内部的发展规律，但产生这种变化显而易见的直接动因，却是生活在社会群体中的某些人，及其积极的新异行为。很难设想，在个人或少数群体完全遵从多数人的信念和愿望的社会里，其文明程度能够达到多么高的地步。社会要产生强大的变化和发展，就需要改革者（按定义，改革者属少数）对多数人施加压力，即少数派提出一种新异的思想和观点，供多数派选择，用于评价自己原先的立场。从这个意义上讲，没有少数派，就不会出现社会的变革①。民初资产阶级上层集团在改造社会旧俗方面正是充当了这个少数派，他们改造社会弊习陋俗的主张，"于个人之精神，社会之风气，关系甚大"②，使许多人开始追随资产阶级上层集团的意志，投身于变革旧俗的"社会改良运动"之中③，使社会陋俗的变化渗透到民众生活的诸多领域。

资产阶级上层集团作为刚刚夺取政权而形成的新的执政者，他们自身要求相当严格，主要体现在廉政上，不搞特殊，不搞腐化，反对封建政权的积习，全力做人民的公仆，为改造弊习树立了典范。1911 年 12 月 30 日，孙中山赴南京就任临时大总统时，轻装简从，"全不采仪式，只一车足矣"④。"孙中山先生在南京任临时大总统时，扫除了中国旧官僚式的讲排场、摆架子的恶习，也减除了一些官僚式的繁文缛节，无论官阶大小都着同样制服，这种制服以后称为中山服，流行至今。孙中山的生活非常简单朴素，很平民化。他常书写'自由'、'平等'、'博爱'的横幅赠给同志。孙中山以亲身的行动，在南京开创了一种新时代的风气。"⑤ 新政权还革除了跪拜礼仪和"大人"、"老爷"之类的封建等级称呼，以示政府官员"乃人民之公仆，本非特殊之阶级"⑥，体现了资产阶级的平等思想。孙中山和所有政府职员一样，均月薪 30 元军用票，树立了新政权的良好形象。在他们的影响下，社会上也出现了改"大人"、"老爷"为"先生"或

---

① 时蓉华：《现代社会心理学》，华东师范大学出版社 1989 年版，第 296 页。
② 《民立报》1912 年 3 月 2 日，第 3 页。
③ 陶英惠：《蔡元培年谱》（上），《中央研究院近代史研究所专刊》（36），第 251 页。
④ 居正：《梅川日记》第 7 页。
⑤ 《辛亥革命回忆录》（一），第 199 页。
⑥ 《孙中山全集》第 2 卷，中华书局 1982 年版，第 155 页。

"君"，并用"脱帽、鞠躬、握手、鼓掌、洋式名片"① 等"文明仪式"代替了跪拜、相揖、请安、拱手等旧式礼节。民初社会陋俗的变革还反映在如下几个方面：

禁烟、禁赌。民初，以孙中山为首的革命派领导了一场轰轰烈烈的禁烟运动。孙中山颁布了禁烟令；黄兴要求各省"速定禁烟特别刑律，处分必严，期限必短"②；湖北黎元洪"迭饬各司处妥筹办法，种贩卖吸四者一律严加取缔"③；浙督蒋尊簋要求全省在民国元年 2 月 17 日为禁种禁贩禁吸的期限；上海《民立报》刊载沪军都督陈其美发布的《禁吸鸦片告示》；江西省规定"本年十二月底为吸烟断尽之期"；湖南限于 1912 年 5 月底一律戒尽；江西限于 12 月一律禁绝。在革命党人的努力下，民初很多省市地区设立了禁烟机构，制定了严峻的刑法，使民初禁烟运动取得了显著成绩。赌博是伤风败俗危及人民生活的恶习，资产阶级上层集团于民初在《时报》、《民立报》等刊物发表告示，广泛宣传，为禁赌作出了不懈的努力。

剪发、放足。剃发留辫是清朝入主中原的产物，是封建异族统治的象征。清末很多革命者主动剪掉了辫子，民初，社会出现了剪辫的热潮，把是否剪辫视为是否革命的标准，当时"无数的汉人，都兴高采烈地剪去这条奴隶标志的辫子"④，这不但是反清的坚决表示，也是革除封建陋规的行动。放足是民初改造社会陋俗的一项重要内容。这时放足的女子开始从城市扩散到一部分农村；很多人积极加入到"天足会"中；更多男子的择偶观念发生了重大的变化，有些男子公开声明不娶缠足的女子为妻。"女子裹脚从此解放了，已裹的放掉，已经裹小的也放大，社会上很自然地一致认定，民国纪元以后生下的女儿，一概不裹脚。"⑤ 这话虽有些绝对，但反映了民初已不同于以往任何时代，不缠足的女子到处可见了。

婚姻、服饰。民初婚姻习俗的变化，反映了人们对封建专制思想的否定和向往民主自由的思想意识。民初一批青年开始反对"父母之命，媒妁

---

① 《新北京》第 2 编，第 15 类，"风俗时尚"。
② 黄兴：《致各省报馆论禁烟事》，《黄留守书牍》卷下。
③ 《申报》1912 年 3 月 27 日。
④ 许金城：《民国野史》，第 16 页。
⑤ 《辛亥革命回忆录》（一），第 68 页。

之言"，主张婚姻自主。在婚姻生活上，"妇女不以再嫁为耻"，夫妻成怨，可以离异，离婚之案，自民国以来，屡见不鲜。在结婚仪式上的变化更是迅速、明显，破除封建的繁文缛节、效仿西方的文明婚礼极为风行。民初以来，受外界影响，服饰发生了显著变化。中国历代服饰均有为专制统治服务的功能，发挥着明等级、决尊卑的政治作用。民初服饰的变化摒除了服饰的政治作用，开始反映着人们的审美情趣。民初服饰，样式生动，色彩活泼，五光十色，千变万化。人们尽情地表达各自的审美追求，使社会生活更加丰富多彩。

反对迷信。民初以来，破除迷信神权之说，一倡百和。过去，每届清明节，一县之官员必"请城隍神像出门，祭于厉坛，民国不举行矣"[1]。"毁坏佛像，打碎城隍，占据寺院庵观，驱逐僧道女尼"[2] 的现象到处可见。"所有专祠淫祀已一律取消，改修忠烈祠"[3]。鬼神、圣贤、祖先等偶像权威受到了打击。丧礼也得到改良，以往丧礼"有延僧道唪经，糊纸张以表示尽人子之心者，自民国以来，风气开通，多半废止。"[4] 新式丧礼中不再搞请僧道超度、焚烧灵车马楼库等迷信活动了。

其他还有，如为了提倡人道，废除前清繁苛的刑讯，浙督蒋尊簋将焚毁刑具件数上报，对阳奉阴违者，一经查出，褫夺官职，治应得之罪。民初还在中国历法史上开创了新纪元，变阴历为阳历，结束了皇帝年号的纪年方式，这是对封建专制风习的否定，体现了新时代的民主共和精神。

三

的确，在资产阶级上层集团的努力下，在民初这个革命刚刚胜利的特定时期，曾出现了一个轰轰烈烈的改造社会旧俗的热潮，并取得了卓有成效的成果。这次热潮的高峰期是在民国成立的最初几个月里。然而不久，情况发生了骤变，旧俗变革并没有按照原来的速度均匀地向前发展，而是

---

[1]《昌黎县志·十二卷·民国二十二年铅印本》，《中国地方志民俗资料汇编·华北卷》，书目文献出版社 1989 年版，第 232 页。

[2]《大公报》1912 年 12 月 19 日，"杂录"。

[3] 湖南省社会科学院编：《黄兴集》，中华书局 1981 年版，第 159 页。

[4]《蓟州志·八卷·清康熙四十三年刻本》，《中国地方志民俗资料汇编·华北卷》，书目文献出版社 1989 年版，第 57 页。

给人以突然刹车的感觉，某些陋俗甚至出现僵而复苏、死灰复燃的情况。这是袁世凯当权期间出现的怪异现象，历史绕来绕去，似乎出现了回归的趋势。其实，改造陋俗发生的这种逆转恰是现实政治、经济和文化制约的结果。政治上，袁世凯篡权后复辟了专制制度。专制是要靠封建伦常、孔孟礼教来扶持的，本来就未被彻底清算的孔孟儒学此刻又走了红运，被大肆标榜和弘扬，在全国出现了尊孔、祀孔的逆潮。而封建旧俗很多是在孔孟儒学的卵翼下滋生出来的。要专制，就要别尊卑贵贱、君臣父子、主奴亲疏，那自然也就要"复行大人、老爷之名称，与满清时代无异"了①。经济上，封建的小农经济在民初还占有相当大的比重，很多封建陋俗就是这种经济形态的产物，所以，小农经济的存在构成封建陋俗赖以生存的温床和土壤。既然旧习俗的生存条件还在，那么旧习俗就有重新滋生的可能。当人们用强力把气球压进水里之后，一旦疏忽，它就会重新浮现，道理有些相似。社会经济的不平衡，贫富差距较大，民众生活得不到保障，这些都是一部分陋俗必然产生的经济因素。文化上，在习俗生活中，民众有一种不自觉地检讨和判断现实习俗生活的心理机制。一般说来，面对陋俗，相当一部分人能够察觉到它的弊害进而反对之，希望陋俗得到改造，这个过程基本符合民众的心态。然而问题并未就此完结，一旦陋俗真的发生变化，打乱了人们早已习惯了的行为模式和生活节奏，一旦长期积淀的稳定心态被打破，那么新造成的这种心灵上的不平衡，往往又使人们本能地去抵制习俗的变化，在检讨和判断新习俗中，人们很容易沿袭认识上的惯性，从而站到反对变革陋俗的立场上。当然，习俗的变革最终能在人们的心理上重建新的平衡，这种新的平衡心态能够产生变革社会的推动力。但这个过程的本身是曲折的，曲折的大小程度与变革旧俗的速度成反比。民初社会陋俗的改造之所以不能按照正常的速度向前发展，除了上述的政治、经济、文化因素的制约外，还可以从民初以后的资产阶级上层集团的自身状况进行一些研究和探讨。

首先，革命成功后，享乐主义的思想意识急剧增长。这些革命者经得起革命的考验，却经不起当权的考验。认为革命吃了苦，如今坐了天下，就要享受人生了。由于他们缺乏高尚文明的精神生活，不再追求精神的寄

---

① 湖南省社会科学院编：《黄兴集》，中华书局1981年版，第381页。

托，进而开始追求一种畸形的本能欲望，养尊处优，在理性不足的情况下，寻求一种感官刺激的生活方式，饮酒狎妓、骄奢淫逸、蓄婢纳妾、观剧豪赌，这些曾经被他们反对过的弊习陋俗，在民国新贵身上变本加厉，有加无已。"官僚也，议员也，政客也，元勋伟人也，以及办学务办公益之绅若董也，惟日孳孳，莫不以攫取金钱为首策，目的达，腰缠富，取精既多，用物斯宏，溺情于声色赌博者无论矣，既宫室车马服用筵宴之类，亦突过王侯而不以为泰，精神上无一事堪与欧美仿佛，惟用度之奢侈骎骎乎将凌欧而轶美。"① 可见革命成功后的一些革命者革命意志开始消退，不但不能将移风易俗进行到底，而且受某些旧俗的腐蚀，使一部分弊习陋俗又在他们身上得以再现。

其次，为政治斗争服务转向为自身利益服务。资产阶级所进行的改造旧俗工作是为推翻清政府的政治斗争服务的。由于政治斗争的目标明确，所以当初资产阶级能够代表更多阶层人们的利益，"进行革命的阶级，仅就它对抗另一个阶级这一点来说，从一开始就不是作为一个阶级，而是作为全社会的代表出现的；它俨然以社会全体群众的姿态反对唯一的统治阶级。它之所以能这样做，是因为它的利益在开始时的确同其余一切非统治阶级的共同利益还有更多的联系，在当时存在的那些关系的压力下还来不及发展为特殊阶级的特殊利益。"② 然而，夺取政权的政治斗争一结束，资产阶级即开始发展和维护自己作为特殊阶级的特殊利益。那么如何改造社会习俗也要以是否有利于他们的自身利益为转移。比如革命派虽然口头上主张男女平权，并为此而作过努力，但革命成功后妇女果真要与他们平等分权时，为维护自身的利益，他们对此绝不会容忍，并想方设法极力阻挠之。王宠惠公开宣扬"女子参政，男子进德，国家将亡，必有妖孽"③。胡汉民、居正对此皆"以诙谐语调出之"④。章太炎甚至向支持女子参政的孙中山施加压力，质问说"女子参政之说果合社会良习惯否？"⑤ 宋教仁斥责妇女参政要求是"无理取闹"，甚至在国民党政纲中删去了同盟会新纲领

① 《不生活之生活程度》，《大公报》1913 年 5 月 28 日。
② 《马克思恩格斯选集》第 1 卷，人民出版社 1972 年版，第 53—54 页。
③ 《近代史资料》1981 年第 2 期，第 65 页。
④ 《近代中国女权运动史料》，第 1466 页。
⑤ 《辛亥革命在上海史料选辑》，上海人民出版社 1981 年版，第 777 页。

中的"主张男女平权"一条。正是由于上层资产阶级从自身的利益考虑问题，使得当初改造妇女生活陋俗的运动半途而废，中途夭折。

再次，既反传统又被传统所束缚。资产阶级革命派作为新生阶级的代表人物在理性上是接受资产阶级的思想学说的，他们有自觉反传统的要求，所以在社会革命中充当了反抗封建陋俗的带头人。但是这些出生在封建文化氛围极强的中国近代社会中的资产阶级政治代表，他们大多受封建文化影响较大，甚至就是在封建文化教育下成长的。所以他们虽然容易背叛出身的阶级，但是要彻底背叛封建传统文化哺育的心理素质却要困难得多，所以在行为上往往呈现出既反传统又被传统所束缚的特有模式。爱因斯坦曾经说过："我们待人接物的态度，大部分取决于我们在童年时代无意识地从周围环境吸取来的见解和感情。换句话说，除了遗传的天赋和品质以外，是传统使我们成为现在这个样子的，但我们极少意识到。同传统的强有力的影响相比，我们自觉的思想对于我们行为和信念的影响竟是那么微弱。轻视传统是愚蠢的，但是我们要使人的关系不断地得到改善，那么，随着我们自觉性的提高和智力的增长，我们就应当开始控制传统，并且对传统采取批判态度。"① 这段话分析得比较透彻。资产阶级上层代表人物们的"自觉的思想"和传统赋予他们的"心理素质"形成了矛盾，这种矛盾同时反映到他们对改造社会旧俗的态度上。前后矛盾、情绪波动、摇摆不定便是这种态度的显著特征之一。所以在这种态度下，他们有时甚至成为改造社会旧俗的阻碍者。章太炎曾声称，"中国本因旧之国，非新辟之国，其良法美俗，应保存者，则存留之，不能事事更张也……婚姻制度宜仍旧……家族制度宜仍旧……在公共场所效外人接吻、跳舞者，男女杂沓，大坏风纪，应由警察废止。"② 主张光复封建道德伦理的资产阶级上层代表大有人在。像黄兴、伍廷芳、蔡元培、宋教仁等都为上海昌明礼教社的名誉会长。有些革命党甚至要求"禁止青年男女在途中偕行，非有年长者伴护不可"③，完全是一副封建卫道士的嘴脸。如果说资产阶级上层代表对那些与传统文化缺乏本质联系而又显而易见的弊习陋俗诸如吸鸦片、赌博、狎妓等表现出了彻底改造和取缔的态度，那么，他们对那些与传统文

---

① 《爱因斯坦文集》第 3 卷，商务印书馆 1979 年版，第 210—211 页。
② 《辛亥革命在上海史料选辑》，上海人民出版社 1981 年版，第 952 页。
③ 《大公报》1913 年 5 月 18 日。

化有着内在联系的社会旧俗诸如封建婚姻、奴役妇女等所采取的批判态度则表现出前后矛盾、左右摇摆的心绪来，这是导致民初社会陋俗尤其是传统社会遗留下来的封建旧俗变革出现逆转和反复的一个至关重要的因素。

革命是急剧地反对旧事物，所以在革命之时，社会陋俗也因之发生急剧的变化。民初资产阶级上层集团在这个过程中曾起了主导和推动作用，使民初改造社会陋俗出现了一次高潮，尽管它是短暂的。然而要通过革命这种强制的手段在短时期内较为彻底地改造社会陋俗又不符合习俗本身的演变规律，习俗作为一种文化现象，它的变化需要有一个长期过程，呈现出缓慢和渐进的特征。所以只有通过长期的文化建设，并在政治经济变化的前提下，才能逐步达到改造习俗的目的。但是由于资产阶级上层代表有他们自身的不可避免的弱点和历史局限，他们没有进行长期改造社会习俗的兴趣，再加之政治、经济、文化等多方面的因素，使民初改造社会习俗的工作未能持续下去，时间不久，反倒出现复归的现象。历史告诫人们，没有长期观点，只是暂时地用硬性的办法改造社会陋俗，只能解决一时的表层的问题，达不到根本解决问题的目的。这样，一旦社会环境发生变化，一旦出现社会陋俗赖以生存的气候和土壤，社会陋俗就必然死灰复燃。这是民初社会习俗演变留给后人的深刻教训。然而，资产阶级上层集团于民初为改造社会陋俗曾作过重要贡献，促进了社会风貌的进化，这是历史所不能遗忘的。

原载《史学月刊》1993 年第 1 期

近代中国陋俗文化嬗变论纲

一

陋俗文化是特定时期内体现于生活惯制上的并为传统人伦文化所认同的文化糟粕。陋俗文化是由陋俗所映衬的传统人伦文化中的负面价值和传统人伦文化所铸成的陋俗这不可分割的本质与现象所构成的统一体。陋俗文化与传统人伦文化不同，传统人伦文化不必非得具备陋俗事象不可，但陋俗文化必须具备陋俗事象；陋俗文化又与陋俗不同，陋俗不必非得被传统人伦文化认同，但陋俗文化必须得到某些传统人伦文化的认同。陋俗文化中的本质与现象绝不能分割，两者缺一不可。

近代中国陋俗文化是指在中国近代社会发挥着文化糟粕功能的，体现于生活惯制上的并为传统人伦文化所认同的习俗文化。近代中国陋俗文化的嬗变是近代社会特定历史条件决定的。对这些历史条件进行考察，主要包括如下方面：即落后受侮的基本国情；进化论学说的传播与吸收；开通民智的文化氛围；新文化价值观念的形成和影响等。这些因素并非彼此孤立，而是有着紧密的内在联系：其中落后受侮的基本国情是其根本原因；要拯救这落后受侮的祖国，人们就要运用一种思想理论去寻找救国救民的出路，时人选择了进化论，而这种理论的传播和吸收则成为变革陋俗文化的思想武器；在进化论指导下，人们打出"开通民智"的大旗，以"开通民智"为宗旨的广泛宣传则构成近代陋俗文化变革的文化环境；而"开通民智"的直接后果是观念形态发生了变化，这些新的文化价值观正是陋俗文化嬗变的至关重要的思想基础。近代中国陋俗文化变化的实质是围绕着救国这个既定目标展开的。在一个民族、一个国家衰败之时，人们不安于现状，为拯救那垂危的祖国而奋起。各种历史因素的相互作用，使这个社会呈现出大动荡的面貌。在这个大动荡时期，国家的政治、经济、思想文化发生了不同程度的变化。那么作为一个比较具体的社会文化领域——陋俗文化也将随着这样的时代而发生自身的变化，这是历史的必然。近代中国陋俗文化的变化主要体现在婚姻文化、家庭文化、妇女文化及其"性伦"文化上。

（一）关于婚姻文化

在几千年的中国传统婚姻生活中，中华民族形成了适合于自己生活状况的婚俗制，它包含着富有自己民族特色的婚姻观念、婚姻行为、婚姻礼仪等诸多的范畴和模式。站在近代时空的定位上对中国传统婚俗制进行考察，其陋俗特征表现在传统婚姻的无自主性、买卖性、抑女性、承嗣性、繁缛性上，近代婚姻文化的变革自然体现于对传统婚姻陋俗特征的否定上。

太平天国作为一种特殊的社会形态，为了军事生活和夺取国家政权的特殊需要，以及因中国传统文化及基督教文化影响的无序掺和，使其内部形成一套显为抵牾和不规则的婚姻状态，诸如拆散夫妻与恢复夫妻生活；多妻与一夫一妇；官媒婚与自由婚；与传统中国社会习俗相悖的婚姻礼仪形式等。太平天国婚姻状态表现出鲜明的前后迥异和上下迥异的特征。太平天国婚姻制度有创新但少批判，既合理又不合理。太平天国这种异于传统并具一定进步意义，又未对封建婚姻陋俗作过系统的理性批判和改造的婚姻状况并不代表近代中国封建婚姻陋俗的真正变革。

站在资产阶级的文化高度对中国传统婚姻陋俗进行自觉文化批判是从维新派开始的。其时中国的经济、政治变革是促使维新派产生新式婚姻观的根本原因；而赴欧美的国人对异域婚姻风情的直接见闻，外国传教士在中国介绍西方的婚姻观，西方婚姻文化的理论形态对国人价值观的影响均构成维新派婚姻观形成的一个值得探究的文化渊源。维新派批判了封建婚姻的无自主性以及夫妻不平等、守寡、早婚、童养媳等现象。维新派主张婚姻自主，离异自由，婚礼从简，聘礼简省等。维新时期极少数的先觉女性控诉了封建礼数对妇女的摧残，勇敢提出了婚姻自主的主张。维新派领袖康有为还设计了一套未来社会的婚姻法则。维新派以自主为原则，以情志为媒介，追求个人人生幸福的婚姻观达到了19世纪中国进步婚姻观的最高水平。

清末民初，婚俗变革与国家社会的变革紧密相连。如果说维新时期，对封建婚姻陋俗批判主要集中于维新变法的几位领袖这些"前识者"身上，那么到了清末民初，这支批判的队伍已经扩展到一大批知识分子的群体身上。如果说维新时期的"前识者"还不是改造婚姻陋俗的躬行者，那么清末民初，一些先进的仁人志士已经成为提倡婚俗改革并能以身作则的典范。如果说从整体的角度看，维新时期的"前识者"对传统婚姻陋俗文化还不能做到系统、全面和深刻的理性批判，那么清末民初的有识之士可谓做到了这一点。清末民初进步知识分子提出了与之批判内容完全对立的婚姻主张，诸如婚姻自由、晚婚、废除买卖婚、主张商定婚等。清末民初婚姻习俗发生了变化，出现了自由婚与同意婚；出现了离婚与再婚现象；开始注重婚姻法规和婚姻契约；婚姻礼仪和服饰发生了变化；婚俗删繁就简以求节俭；婚姻媒介方式有了增新。清末民初婚俗变化是不平衡的，它包括地域上、人的不同层次上以及婚俗新旧掺和的不平衡上。清末民初为近代中国婚姻陋俗发生变化的开端。

五四时期迎来了婚姻变革的新时代。造成这个新时代的因素有：近代以来婚俗变革的延续与深入；新文化运动的深刻影响；一些进步知识分子和先进青年的表率作用等。五四时期婚俗变革的特征为：婚姻观念变革的广泛性与深刻性；婚姻观念变革的冲突性；婚姻观念变革的偏激性等。婚俗变革具体表现为：废除封建婚俗的形式与解约；离家出走与以智抗争；自由结婚与自由离婚等。五四时期婚姻习俗虽然发生了明显的变化，但其中仍发生了一些重蹈残害女性覆辙的问题，反映了婚俗变革过程中的曲折、复杂和历史的局限。

（二）关于家庭文化

研究家庭文化离不开探讨传统家族文化。家族文化是相对于家族制度而言的，是家族制度的深层状态，并呈现表象与本质两方面的特征。表象特征体现于结构特征、族权特征、经济特征、教育特征、宗法特征等。这些表象特征之间并非彼此孤立，而是相互制约、互为条件、互为依存的。家族文化的本质特征又有优质与劣质之分。优质特征表现于端正风气、互助精神、敬老养老、和平共处上；而劣质特征则表现于依赖懒惰、封建保守、专制野蛮、亲疏有别、狭隘自私、等级严格、无独立自由上。

清末先进的中国人在投身政治革命的同时，喊出了"家庭革命"的口号，所谓家庭革命就是要摆脱旧家庭的束缚、禁锢、限制和奴役，从而走上政治革命的道路，获得作为人的自由、幸福、才智和权利。为了开展家庭革命，清末思想界作了大量的舆论鼓动，并集中力量对传统家庭的弊害进行了深刻的揭露和批判，认为中国由于家庭思想发达反倒缺乏国家思想，认为传统家族制度造成了国人愚蒙麻木畏服顺从和无自由。与此同时，清末思想界对如何进行家庭革命提出了"祖宗革命"和"纲常革命"的主张，并注重从思想观念上对国人加以引导，以获开启民智之功。清末极少数知识分子还公然提出"毁家"主张，虽失之偏颇，但其"冒天下之大不韪"的提法，确已震惊舆坛，令人不能等闲视之。

民初，知识界继承清末"家庭革命"的思想，继续主张改革传统的家族制度。到了五四时期，中国知识分子又开始对中国传统家庭制度进行再批判，欲把改造中国社会与改造家族制度联系起来，通过改造家族制度最终达到推翻专制主义的目的，显然这具备了文化革命的深刻意义。这一时期的家庭改制观可归纳为：改变传统家庭的生活方式；建立小家庭制；废除婚姻，毁灭家庭；在改造社会的过程中改造家庭等。除以上具有代表性的主张外，各类主张还有很多，如脱离家庭、组织新村、建立家庭俱乐部、组织家庭公共团体、夫妻分居等。这一时期的家庭改制除了是对清末"家庭革命"说的继承外，也是这一时期进步知识分子在西方文明的感召下，为了从旧家庭的桎梏中挣脱出来，结束那非人的生活，获得做人的资格，决意通过改造封建家庭制度去追求新的生活与新的人生。

在家庭生活上，近代国人曾提出"节制生育"思想。最早主张"节制生育"者为19世纪中叶的汪士铎。清末民初直至五四时期，"节制生育"思想再次为人们所提倡。近代"节制生育"思潮的高峰期是1922年英国桑格夫人来华引发的，并形成舆论上的一个热点。当时报刊发表文章所涉及的内容包括：生育节制的理论；西方节育运动的历史与现状；中国实行节育的必要性和可能性；节育与政治、经济、道德、生理的关系等。其中最令人关心的是"为什么要节育"和"怎样节育"的问题。"节制生育"思想在社会上引起了较大的反响，震撼了社会各界人士，一方面受到有识之士的赞誉；一方面也引起了一部分人的恐惧，上海、北京的报刊上出现了怀疑和诬蔑的言辞。双方的冲突直接引出了一场关于伦理文化的大论战。论战之后，"节制生育"观为更多的人所接受，并渐次从理论宣传走向了实践。"节制生育"思想作为改造近代社会生育陋俗文化的一个手段对消除社会上的某些丑陋习俗、对优生善种意义重大。然而在近代中国，把生育节制视为改造中国社会的重要方式，让它承担社会改造运动"主帅"、"先锋"的重任，却欠妥当。

近代家庭生活的变化还表现在丧葬礼俗的变化上。中国传统的丧葬习俗实质上是民间俗情与儒家士文化结合的产物，是两者长期交融的结果，丧葬礼俗有其表达情感的合理因素，但亦存在虚荣、伪饰和劳民伤财的舛错。太平天国时期就出现了具有社会进步意义的否定以往繁琐糜费的新式葬礼观。对丧葬习俗真正进行文化的批判是在新文化运动时期。批判内容包括守三年丧，土葬和风水，丧礼的糜费虚伪及繁杂等。新式葬礼观的内容包括丧葬务求节俭，不信风水，实行短丧，革去葬礼中的旧形式等。丧葬礼俗本身亦发生了变化，如摒弃传统的迷信活动，变革丧服，实行火葬，变革丧葬礼仪等。

（三）关于妇女文化

近代陋俗文化的变化亦带动了妇女生活的深层结构——妇女陋俗文化的变化。近代中国产生了包括形体观、自立观、女学观、参政观、社交观、自重观、自主观、道德平等观等在内的新式女性文化观。近代女性文化观变革的实质是要把中国妇女通过形体解放到教育解放，最后达到伦理解放这一由低级到高级的发展过程，使中国女性最终获得从形体直至心灵的最后解放。

缠足是中国妇女独有的生活陋俗，已有上千年的历史。其兴起的根本原因是中国封建社会的男权文化被普遍认同，直接原因是统治者荒淫无耻的生活恶习及民间"上行下效"的心态使然。其流传的原因又是多面的，主要有审美心理与传统相通；小脚成为诱发"性意识"的重要因素；小脚成为择偶的重要条件；小脚成为身份和福祉的象征；小脚成为独占女性贞操的一种手段。缠足陋俗虽曾遭到某些有识之士的反对和抨击，但作为不缠足运动却是中国步入近代社会后才出现的。近代禁缠足始于太平天国。

不缠足运动的萌生期是在洋务运动时期，这与西方传教士在中国的宣传和主张关系甚密；其发展期是从戊戌时代开始的；随着辛亥革命的兴起，迎来了不缠足运动的扩展期。这一时期从20世纪初年始，经历了民初才慢慢接近了尾声。经新文化运动的冲击，缠足陋俗基本消除。虽然20世纪三四十年代还有缠足的残渣遗留，但新中国诞生后，最终根除了这一陋俗。

在"女子无才便是德"这种妇德观的束缚下，中国女子不曾有过专门的学校教育。近代中国最早出现的女子学校是外国人在中国兴办的女子教会学校。中国人自办女学在近代的发展脉络为：戊戌年间为发端期，20世纪初为发展期，1907年至民初为制度上的确立期；新文化运动期间是通过新旧伦理观念的论战而使女学得到深入发展的新时期。

由于"内言不出，外言不入"的长久影响，中国社会从不鼓励妇女参与政事，中国妇女只能被关在闺门之内而熬尽人生。近代以后，在"自由平等"、"天赋人权"学说的启迪下，才有"前识者"为之鸣不平。从此女子参政的呼声日高，渐次形成近代中国妇女的参政运动，并于辛亥时期与五四时期出现了令人振聋发聩的两次高潮。近代女子参政运动最终失败了，但它启示人们，若不改造传统的人伦文化观，不树立新式妇女道德观，不让女子获得与男子同等的教育权，不形成社会上男女平等之心态，女子就不可能获得真正的参政权，取得了也要再度失去。这种饱尝中国女子参政运动失败的痛楚而产生的切身体验给后人留下了一个深刻的教训。

近代女性陋俗文化变化的特征突出体现于两个方面：其一，近代女性陋俗文化变革是整体运动与个体运动相互依存、相互映衬的过程；其二，在近代女性陋俗文化变革过程中，先进男子在理论阐述、认识深度及变革陋俗实践上往往站在时代前列，成为改造女性陋俗的主动倡导者和积极宣传者。女性中也有对陋俗文化无所畏惧的叛逆者，也有开启民智的鼓动家，甚至有敢于以死抗争的女斗士。

（四）关于"性伦"文化

近代中国"性伦"文化的变化主要体现于主张男女社交公开，批判封建的贞操观，主张进行必要的学校和家庭的"性教育"。

五四时期，在思想文化界出现了"男女社交公开"的思潮，这种思潮的辩争又与"性"意识的论辩紧密相连，构成传统伦理道德价值观深刻变化过程的一大特色。传统中国为了阻绝男女之间的交往，必须用适合于它的伦理道德观去契合，中国的封建礼教便成为人们行为举止的道德标准，并在民间得以弘扬。由于封建礼教的长期束缚，中国女子的社交权利被彻底剥夺。她们的生活方式及心灵被严重扭曲。戊戌至五四时期，女性陋俗文化逐渐发生了变化，已有女子开始走出家门，进入学校，走进工厂，参加政治和军事斗争以及其他社会工作，出现了男女社交公开的端倪。新文化运动以后，"男女有别"的礼教观受到有史以来最强烈的冲击，有人公开喊出"男女社交公开"的口号，随之引发思想文化界对这一问题展开的思想交锋。这次思想交锋主要体现在是维护还是背叛封建礼教的斗争上，而论战双方都以维护"性道德"作为攻击和谋求战胜对方的有力武器。五四时期的进步青年不仅在思想上认同男女公开社交，而且在行动上敢于背逆陈规陋习，勇敢迈出社交自由的第一步。

贞操观念是社会要求女子单方面实行性禁锢的一种道德观。贞操观念是伴随着一夫一妻制的确立而渐次产生的。近代社会对贞操观的批判是从维新运动开始的；五四时期，思想文化界展开了对封建贞操观最尖锐、最无情、最有力的批判。其批判内容包括：其一，男女道德评判上的不公允；其二，置女子于"苦"或"死"的境地；其三，扼杀人性；其四，男性的丑恶和卑劣；其五，女性沽名钓誉。而主张：其一，"节烈"绝不道德；其二，守节与否决定于个人的自由意志；其三，夫妻要持相待平等的态度；其四，提倡新式贞操观；其五，摒除封建"节烈"观。戊戌至五四时期，主要在知识分子阶层，传统的贞操观念日趋淡漠，并在生活习俗上有所反映，这就是寡妇再嫁和离婚改嫁风尚的出现。然而一般民众阶层还生活在贞操观念束缚下的陋俗生活中。从戊戌到五四，终究有人开始打破这"贞操"的迷信，成为中国社会贞操陋俗发生变化的起点。

性教育是不可缺少的人生教育。新文化运动时期，国内文化界开始积极地介绍欧美有关性教育的状况和性教育书籍，借以提高国人的认识和推动性教育的宣传与实施，进而出现中国历史上第一次令人瞩目的"性教育"思潮。这一思潮的显著特征是：其一，对传统性禁忌心态习俗的批判，肯定了"性"本能的圣洁；其二，探究性教育的方法；其三，宣传性教育的内容，包括性欲与情感的关系，性生活与优生的关系，性欲与民族进化的关系等。五四时期的性教育思想具有全盘否定传统性禁忌和人的自身认识以及人的自身解放的深刻意义。

近代中国陋俗文化正是在上述方面发生变化的。

二

近代陋俗文化发生了空前的令人瞩目的变化。如果我们仅仅把这一社会文化现象置于近代社会的框架之内加以考察，那就很难揭示其深刻而又真实的文化意义。若把这一社会文化现象置于人类精神进化的长河中加以考察，我们就会发现其真谛所在，即国人正欲摆脱传统人伦文化的束缚，进而达到人的新一层次的自身觉醒。

（一）人类精神的第一次解放

纵观人类历史的进程，人的自身觉悟，即人的精神进化或精神解放反映在三个层次上。第一，人类相对摆脱了自然（神）的束缚，开始看重和强调人类本身，确立了人类的优越和中心地位，人获得了整体的自由；第二，个人相对摆脱了传统人伦文化的束缚，开始看重和强调个体的价值，确立了个体的人身地位，从而获得了个体的相对平等和自由；第三，个人相对摆脱了本身的束缚，开始注重个体的异化，在不断否定自己的过程中，使自身的肉体和精神相对分离，个体获得了精神异化的相对自由。在茫茫大地上，自从有了人，便开始了人类精神的进化过程。人类最初的精神世界是极为自卑的。当人类刚刚脱离了动物界，刚刚睁开人类自身的眼睛，他所面对的是一个迷惑、朦胧、模糊而又难以理解的大自然，就如一个初生的婴儿面对一个大千世界。人类最初，由于智能的卑微，思维的低下，语言的贫乏，以及人类的社会实践活动缺乏深厚积累，他们无法抗拒大自然的神威，他们的内心深处，更多的是对自然的恐惧和畏怯，进而对这"伟大"而又"崇高"的自然（神）产生一种真诚的崇拜和敬畏。人类在自然（神）面前显得微不足道和渺小。在这种自卑心态下，人类心悦诚服地顺从着自然（神），任它去摆布。东西方的各类神话故事，自然崇拜及其对早期帝王的神化都表现了最初人类精神对自然（神）的服从。所以人类要觉悟，人类精神要进化，首先就要打破这种上下尊卑的人神关系，摒除自卑，确立人类的优越心态。当人类经过了漫长的社会实践活动，到了历史进化的"轴心时代"，终于迎来了人类自身的第一次觉醒，人类开拓了摆脱自然（神）的精神统治，重新确立了人类的优先地位，从而获得人类群体的相对自由的历史过程。

所谓"轴心时代"是指公元前 800 年到公元前 200 年间人类精神领域发生了无与伦比的成就并产生了深远影响的这一段历史时期。德国存在主义哲学大师卡尔·雅斯贝尔斯对这一问题作了精当的分析，他说："发生于公元前 800 至公元前 200 年间的这种精神的历程似乎成了这样一个轴心。正是在那个时代，才形成今天我们与之共同生活的这个'人'。我们就把这个时期称作'轴心时代'吧。非凡的事件都集中发生在这个时期。中国出现了孔夫子和老子，中国哲学中的全部流派都产生于此。接着是墨子、庄子以及诸子百家。在印度，是优婆沙德（Upanishad）和佛陀（Buddha）的时代……希腊产生了荷马，还有巴门尼德、赫拉克利特、柏拉图等哲学家，悲剧诗人，修昔底德以及阿基米德……"① 人类在"轴心时代"为人类社会本身作出了两方面的突出贡献。

首先，确立了人类整体的自我中心地位。人类的这一觉悟是人类整体以几十万年的实际经验为基础的，这并非今人所想的那么简单，它是人类自身觉悟的一个难以名状的伟大创举。从世界历史的角度观察，自从几十万年前人类出现之后，它经历了旧石器和新石器时期，并创造了母系氏族社会的精神文化，随着原始社会向奴隶社会的转变，人类征服自然的能力日益强大，在世界范围内出现了埃及、巴比伦、印度、中国和爱琴海地区等世界文明的摇篮。埃及创造了文字、宗教、文学、建筑、雕刻、绘画、科学等古代文化；巴比伦也创造了文字、宗教、文学、科学等辉煌的古代文化成就，并直接影响了后来的希腊和罗马；爱琴海地区创造了克里特文化；印度创造了哈拉帕文化；中国则出现了古老的黄河文明，创造了灿烂的东方文化。人类在求生存和发展的社会实践中逐渐认识自然和人类本身，逐渐增强改造自然的能力，并把人类的视线从自然界扩展到人类社会，开始了改造人类社会的实践活动。而这实践活动的突出成果，就是造就了国家。国家的产生是人类历史过程的巨大转变，是原始社会向奴隶社会的飞跃。国家的产生是人类能够治理、驾驭和摆布人类自身的突出标

① ［德］卡尔·雅斯贝尔斯：《智慧之路》，中国国际广播出版社 1988 年版，第 69—70 页。

志，是人类社会"秩序"的保证，这是人类自身非凡智能的体现，它反映了人类自身的突出标志，是人类社会"秩序"的保证，这是人类自身非凡智能的体现，这反映了人类自身的一种自信。埃及和巴比伦地区大约在公元前 40 世纪末出现了最初的奴隶制国家，印度的最古国家出现于公元前 30 世纪中期，中国的奴隶制国家大约出现于公元前 21 世纪。人类经过几十万年的努力，到了"轴心时代"，人类以往昔漫长的社会实践经验为基础，面对自身创造的辉煌灿烂的古代文化，开始认识了自身的价值和智能，人并非一无所能而要完全听命于神灵摆布的被动物，人是可以借助自身的能力而掌握自己一部分命运的。人有着高于其他生物的天赋和能力，《荀子·王制》对此作了深刻的揭示："水火有气而无生，草木有生而无知，禽兽有知而无义；人有气、有生、有知亦有义，故最为天下贵也。"人类作为有气、有生、有知、有义的生灵，乃天下最宝贵之生灵也，从此人类获得了高于一切动物、植物的优越感和自豪感，不仅如此，由于人类的文化创建以及对自身命运的主宰，人类在一定程度上开始摆脱自然神灵的束缚，从而多少动摇了神灵主宰宇宙万物的地位，人从依赖尊崇和敬慕神灵的虚幻中渐次走出，开始寻求人类优于神灵的一种精神自由。中国春秋时代，就有人对此有了深刻的领悟，子产说"天道远，人道迩"，① 孔子说"敬鬼神而远之"。② 这些先哲们的深切体悟是人类精神进化的集中反映，是自有人类社会以来人的自身觉悟的第一次飞跃，是人类精神的一次自我解放，是人类中心地位的自我确立。自此，人类开始从敬畏神灵转向注重人类自身，开始注重人群的内部关系、人际关系、人伦关系。这正是"轴心时代"人类作出的另一个突出贡献。

既然人类是高于其他动植物并能摆脱神灵而且能够主宰自身命运的生灵，那么就应当充分发挥人类整体的作用。而要发挥人类整体的作用，关心人类自身、关心人类自身生活、关心人类内部的人与人之间的相互关系就成为人类思考的最基本和最重要的问题。人可以摆脱神灵，人已经无可否认地优胜于其他生物，世界已经到了重新规定人的本质、重新规范人伦关系的时代。正确规定人的本质和调节好人伦关系有保障人类更好地生存

---

① 《左传·昭公十八年》。
② 《论语·雍也》。

和发展的重要意义。为其意义的实现，调节人类内部的人伦关系就成了要求解决的首要问题，人伦文化因此诞生了。人伦文化的诞生是人类文化史上的一座丰碑。它使人类从此沿着自己创建的人伦文化的范式向前迈进。这种人伦文化的突出特征是强调人与人之间的行为要遵循基本的规范和原则，即要注重人际关系的和谐、融洽，从而发挥个人的社会义务，达到社会的稳定，并在稳定的基础上求得发展和进化，最终达到人类更好地生存和向更高层次发展的终极目的。这种人伦文化在"轴心时代"的中国发展得尤为典型。这一时期诸子百家的出现、文化典籍的编纂是中国人伦文化诞生的标志。它既是对以往社会存在的某些总结，又是对未来人类社会行为的某种规范寄托与希望。在《易》、《诗》、《书》、《春秋》、《论语》、《墨子》、《孟子》、《老子》、《庄子》、《仪礼》、《周礼》、《礼记》等古籍中确定和规范了人伦文化的基本内容，其内容的核心——即人伦之大道体现为"亲亲、尊尊、长长、男女之有别，人道之大者也"，[1] "贵贱有等，长幼有差，贫富轻重皆有称"[2] 等。这种人伦文化的规定体现了人群整体的一种独立性，并排列了个体在整体人群中的各自位置，从而根据个人在整体人群中的位置去发挥各自的义务和自身的潜能，服务并贡献于社会。而要达到这样的目的，人伦文化又非常强调对于人的本质的规定以及个人自身的价值取向。在中国人伦文化中对于人的本质的规定尤其强调："仁"和"礼"。认为"仁者也，人也"，[3] "凡人之所以为人者，礼义也"，[4] "人之所以为人者，非特以其二足而无毛也，以其有辨也。夫禽兽有父子而无父子之亲，有牝牡而无男女之别。故人道莫不有辨，辨莫大于分，分莫大于礼"。[5] 这就把人的本质特征揭示出来。但与其说是揭示，毋宁说是对人的本质的一种规定，是人自觉地用人伦文化去规范人，去塑造人，从而通过外力的强化使"仁"与"礼"变为人的一种内在的属性，进而成为人的本质。文化是人创造的，反过来文化又可以创造人，创造具有一定文化性格的人。在中国人伦文化中尤为注重自我实现的价值取向，那就是典

---

① 《礼记·丧服小记》。
② 《荀子·礼论》。
③ 《孟子·尽心下》。
④ 《礼记·冠义》。
⑤ 《荀子·非相》。

型的为一般人所认同的"格物、致知、诚意、正心、修身、齐家、治国、平天下"。要求个人在既定的伦理框架内，虽不僭越本分，但却要做到"明明德"、"亲民"、"止于至善"，从而达到"为天地立志，为生民立道，为去圣继绝学，为万世开太平"①的目的。即便不能如此，一般人也要做到臣"道"、子"道"和妻"道"，即做臣的要忠于君，做子的要孝于父，做妻的要贞于夫，"臣事君，子事父，妻事夫，三者顺则天下治，三者逆则天下乱"，视此三项人伦关系为"天下之常道"，②并以"仁义礼智信"作为个人行为总的伦理范式。让全社会的人都能做到"父慈、子孝、兄良、弟悌、夫义、妇听、长惠、幼顺、君仁、臣忠"。③无疑在人类摆脱神灵束缚而首次觉醒的"轴心时代"，按照伦理定位去发挥个人在人群整体中的各自作用，这是人类文化的一次进化，其历史意义是巨大的，是丝毫不能抹杀的。当然，以人伦文化诞生为标志的人类精神的第一次自我解放，是以整体人群和社会为本位的，它忽视了个体的独立性，不能充分和全面地正视个体的价值，这种人伦文化在解放整体人类的同时却开始了对"独立自由"的个体人的束缚。

（二）传统人伦文化的衰替

从人类诞生始，经过漫长的岁月而于"轴心时代"迎来了人类精神的第一次自我觉醒。这次觉醒产生的人伦文化经过了漫长的历史过程，最终无可奈何地衰落了，从而导致人类精神的再次觉醒。这种以摆脱神灵而注重人类本身，并把个体作为整体的一分子，而以注重发挥人类整体潜能为特征的人伦文化为何经过了漫长的历史长河后又无可挽回地衰败了，这其中的奥秘是值得探究的。

首先，作为个体的人发生了从接受这种人伦文化到排斥这种人伦文化的转变。作为感性生命的人，本能地有着多方面的需求，这些需求并非都是先天既定的生性遗传和自然需要，其中包含因后天社会条件的转化而相应出现的社会需求。当人类刚刚摆脱神灵束缚，当社会刚刚注意人类自身的时候，当把个体的人放到人群的适当位置让其尽个人的义务的时候，这

---

① 章锡琛点校：《张载集·张子语录中》，中华书局 1978 年版，第 320 页。
②《韩非子》。
③《礼记·礼运》。

刚刚感受到人的优越和尊严的个体将会以怎样兴奋和激动的心情去接受和认同这最初的人伦文化呢？这是可以想见的。然而随着历史的变迁，随着社会的进化，新的社会条件和环境又使曾经满足了的个体重新产生新的欲求，他们不会再甘心于跟他人不平等的地位，他们不会再甘心于忍耐因人伦文化而使他们失去的多种人身自由。这种感觉，这种新欲望的感觉随着历史的进化而与日俱增，终究到达了极致，到达了视人伦文化为枷锁而不得不去砸碎这束缚自身枷锁的程度，那么，"轴心时代"产生的人伦文化的衰败也就指日可待了。

其次，文化存在着相悖的功能和特性。当一种文化所发挥的特性和功能恰能与社会相协调，可产生多方面的积极功效，并被人们所接受时，文化功效和特性自然为人们所肯定。然而就在对其肯定的同时，自觉不自觉地夸大了这种文化的特性和功效，或者人为地利用它，使其不知不觉地转换了方向，那么文化内部本质的特性和功效也就随其外力的作用而发生转移，这种转移的直接表现就是文化背律现象的出现，即产生了与当初完全相反、相悖的文化效能。人伦文化正是由于适应了这种文化特征而发生了历史性的变换。人伦文化产生之初，由于它以社会的本位，注重整体人群的和谐以及相互间的礼让，从而达到社会的稳定。这种文化的正面价值符合当时社会的需求，所以被广泛地认同。但随着时代的变革，这种人伦文化的正面价值为外力所利用，从而发生了背律性转变。当人类社会摆脱神灵并开始强调人际关系的时候，由于社会条件的变革使人与人之间的矛盾渐次突出与尖锐，产生了统治和被统治两大社会集团的矛盾，而统治集团为了自身的利益及统治的稳定和巩固，它们的手段之一，就是利用人伦文化的效能来为自己的统治服务。从此，人伦文化变成了一种统治术，变成了巩固统治的文化手段。后来由于外力的作用，即通过"罢黜百家，独尊儒术"以及宋代理学的弘扬，人伦文化发生了逆转，成为束缚个体生灵的绳索。从此，人伦文化开始发挥相反方向的功效，淹没了个体人的自由，剥夺了发展个人才智的机会。顺从一切"礼"的规范是人伦文化的一种潜机制，是人的一种基本行为模式。而"礼"主要表现为一种人际关系的不平等，它要求的是较低阶层的人对其高一层人的恭敬，"下所以事上"，①

---

① 《左传·昭公七年》。

而不是人际交往和人际互动中的相互尊重。"天有十日，人有十等"，即"王臣大夫，大夫臣士，士臣皂，皂臣舆，舆臣隶，隶臣僚，僚臣仆，仆臣台"。① 正如三纲所表现出来的等级差异的畸形心理。这无疑对个体的个性发展造成极大的限制和压抑。而被压抑的个体要挣脱束缚，获得个体的自由和平等，那么从当初接受人伦文化到反叛和诅咒它，也就成了历史的必然，这就为人的第二次自身觉悟培植了个体内在的心理素质。

在中国，反叛和诅咒传统人伦文化早在近代以前就已初见端倪。这是人伦文化在背律性转换过程中，个别先识者的最初醒悟，晚明李贽就阐发过与等级制说教相对立的观点。他认为人是天然平等的，"侯王不知致一之道与庶人同等，故不免以贵自高……人见其有贵有贱，有高有下，而不知其致之一也，曷尝有所谓高下贵贱者哉?"② 他非常强调一般人都具有所谓"圣人"的"德性"，"圣人"所能的，普通男女也能；普通男女所不能的，"圣人"亦必不能。他反对"高视"所谓"圣人"而"下视"人民大众，主张凡人即"圣人"，本无凡圣之分，彻底否定了人伦文化中圣凡之分的等级观。清初启蒙思想家黄宗羲在阐发其政治学说时，曾对人伦中的"君臣"之伦进行了尖锐的批判，认为臣不应当是君之臣，不能"私其一人一姓"。"臣"的出仕，不是为皇帝一姓而是为"万民"。"君臣"是共同担负万民利害的人员。"夫治天下犹曳大木然，前者唱邪，后者唱许。君与臣，共曳木之人也"。③ 这里倡导的显然是反对"君为臣纲"这一人伦文化中的等级观念。清初陈确深刻批判了"灭人欲"的理学思想，把被分割开的"天理"、"人欲"合二为一，认为"人欲即天理"，"富贵富泽之欲"乃"人之所欲"，庸人、圣人均不能例外。可见"天理"和"人欲"不能绝对地分割为纯洁和肮脏。陈确还提出小人与君子"渐变"的思想，张扬和肯定了人与人之间在政治上和伦理上的平等精神，提出"君子小人别辨太严"，"虽圣朝不能无小人"，④ 从而否定了君子的尊贵和小人的卑贱。晚明以来对个体情欲的肯定以及人人平等的主张，反映了少数先识者在人伦文化背律性转变过程中已率先觉醒，他们一系列的思想主张萌

---

① 《左传·昭公七年》。
② 《李氏丛书·老子解》下篇。
③ 黄宗羲:《明夷待访录·原臣》。
④ （清）陈确:《近言集》，《陈确集》下册，中华书局 1979 年版，第 425 页。

发了人类精神向更高层次进化的初芽，正是这株初芽的发育和成长，到了近代社会，国人才踏上了人的精神解放和自身觉悟的新台阶，即要求个人摆脱人伦文化的束缚，注重个体的价值，确立个体的地位，以求得个人的相对平等和自由。

（三）人类精神的再次解放

近代中国迎来了国人精神进化和解放的新时期，这种精神的进化包括对以往人伦文化的总结批判和全方位否定，同时也包括对新的人文精神的再创造。

中国历史发展到近代，社会的经济、生产、科学以及人们的生活都发生了很大的变化，正是由于社会生活的变革，它必然引起了人本身的变化，即人的需要的变化，直接体现为人的需要，即文化价值观念的变化。人的需要是多层面的，这些层面能根据社会条件的变化而得到反映。虽然人的需要，即人的需要是由社会条件引发的，但它的最终归宿是为了使人本身即人的文化精神能适应社会的进化，并促使社会向前发展。所以人的文化精神、文化价值观念的变化即是由变化了的社会的条件引发的，要求适应社会条件的变化，更是为了促进社会更快更有成效地向前进化。

社会经济、生产的发展，要求社会的每个人都能自觉积极地投入到社会进化的怀抱，并能充分发挥个人的潜能和才智，为社会进化贡献自己最充分的力量。而这必须靠一种自由、平等的文化精神，否则就无从谈起个体会毫无阻碍地奉献于人类。自由平等不但是一种进步的文化观念，它实际上是人类精神进化的需要，是人类精神迈向新层次的一个标志。虽然时代需要自由和平等，然而中国古代的人伦文化却不能使其自身内部随着社会的进化自然地产生自由平等的人文精神。事实上，这种人伦文化由于长时期的背律性转换，它已与自由平等的文化价值观格格不入，它本身潜藏着一个突出的文化功能，就是遏止自由平等文化观的产生。没有自由平等权利的人是不具有近代人格的。传统人伦文化戕杀独立的个体，使个体不能获取自身平等的权利，人被人伦文化扼杀了。鲁迅就看透了传统人伦文化具有的"吃人"本能，他说："我翻开历史一查，这历史没有年代，歪歪斜斜的每叶上都写着'仁义道德'几个字。我横竖睡不着，仔细看了半夜，才从字缝看出字来，满本都写着两个字是'吃人'。"① "他们会吃我，也会吃你，一伙里面，也会自吃。"② 所以要创建自由平等的人文精神，要使人再次觉醒，那么批判、否定、破坏传统的人伦文化就是近代人要做的头等大事。而戊戌、"五四"两代先进知识分子最先觉悟，向传统人伦文化发起了总抨击。他们首先把批判的矛头指向人伦文化的核心内容，即"贵贱有等"、"长幼有序"、"男女有别"的纲常名教。康有为把"三纲"的人伦规范视为非人道的东西，认为"君为臣纲"颠倒了本末，只能导致"其民枯槁屈束，绝无生气"；③ "父为子纲"使家庭成员"皆失人道独立之义而损天赋人权之理"；④ "夫为妻纲"同样违背了"男与女虽异形，其为天民而共受天权"⑤ 的公理。谭嗣同也深刻地揭露了"三纲"的危害，认为"三纲之慑人，足以破其胆，而杀其灵魂"。⑥ 章太炎认为人伦文化所鼓吹的愚忠愚孝是"无益于民德秋毫"⑦ 的"愚民之术"。⑧ 陈独秀视"三纲"为"教忠、教孝、教从"推行"片面之义务，不平等之道德，阶级尊卑之制度"⑨ 的殄灭个性、造成奴性的"奴隶之道德"。⑩ "君为臣纲，则民于君为附属品，而无独立自主之人格矣；父为子纲，则子于父为附属品，而无独立自主之人格矣；夫为妻纲，则妻于夫为附属品，而无独立自主之人格矣。率天下之男女，为臣、为子、为妻而不见有一独立自主之人格者，三纲之说为之也。"这是名副其实的"以己属人之奴隶道德也"。⑪ 李大钊也指出："看那二千余年来支配中国精神的孔门伦理，所谓纲常，所谓名教，所谓道德，所谓礼仪，哪一样不是损卑以奉尊长？哪一样不是牺牲被治者的个性以事治者？"尊奉封建道德教条，"不是使人完成他的个

---

① 鲁迅：《狂人日记》，《鲁迅全集》第1卷，人民文学出版社1981年版，第425页。
② 同上书，第430页。
③ 康有为：《大同书》，中华书局1956年版，第44页。
④ 康有为：《大同书》，第44页。
⑤ 同上书，第130页。
⑥ 谭嗣同：《仁学·卷下》。
⑦ 章太炎：《答梦庵》，《民报》第4册第21号。
⑧ 章太炎：《驳康有为论革命书》。
⑨ 陈独秀：《宪法与孔教》，《新青年》第2卷第3号。
⑩ 陈独秀：《敬告青年》，《新青年》第1卷第1号。
⑪ 陈独秀：《一九一六年》，《新青年》第1卷第5号。

性，乃是使人牺牲他的个性"。①

近代进步知识分子群体在对传统人伦文化进行彻底批判的同时，开始了新人文精神的重新创建。这种新的人文精神是人类自身第二次觉悟的标志，是人类精神进化的再次飞跃。它同以人群为本位而脱离自然神束缚，从而重视整体人群的价值不同，它是以个体为本位，求个体摆脱人伦文化的束缚，强调个体间的自由与平等，强调一种充分发挥个人价值的"个性主义"原则，这是近代人精神进化的本质及人类第二次自我觉醒的深刻内涵的体现。近代中国的进步知识分了阐发了这种近代人文精神。他们首先强调了作为个人自由平等的权利。康有为在 19 世纪八九十年代撰写的《实理公法全书》中，就阐述了他的自由平等思想，他认为"人有自主之权"合乎"公法"，而"天地生人，本来平等"又为"实理"所定。他认为："凡人皆天生，不论男女，人人皆有天与之体，即有自立之权，上隶于天，人尽平等，无形体之异也。"② 严复也提出"身贵自由"的非同小可，认为若个人失去了自由权利，则"民固有其生也不如死，其存也不如亡"。③ 谭嗣同针对"三纲"所反映的人伦关系的不平等，也阐发了自己的人伦平等观。他认为君主没有"绝乎臣民之上而独尊"的特权，君主若不能为民办事，人民就有权废除之而"易其人"④；父子间亦应平等，"父以名压子"是不平等的封建伦常之道，事实上，"子为天之子，父亦为天之子。父非人所得而袭取也，平等也"；⑤ 夫妻间也不存在天然的贵贱之别，"男女同为天地之菁英，同有无量之盛德大业，平等相均"。⑥ 梁启超也把个人的自由、平等和自治同国家自尊、团体自由和群治紧密联系起来，视为不可分割的整体。他说"欲求国之自尊，必先自国民人人自尊始"，⑦ 把"团体自由"视为"个人自由之积"。⑧ 他还指出："听民之自

① 李大钊：《由经济上释中国近代思想变动的原因》，《李大钊选集》，人民出版社 1959 年版，第296 页。
② 康有为：《大同书》，中华书局 1956 年版，第 134 页。
③ 严复：《原强》，《严复集》第 1 册，中华书局 1986 年版，第 23 页。
④《谭嗣同全集》，中华书局 1981 年版，第 339 页。
⑤ 同上书，第 348 页。
⑥ 谭嗣同：《仁学·卷上》。
⑦ 梁启超：《新民说·论自尊》。
⑧ 梁启超：《新民说·论自由》。

由焉，自治焉，则群治必蒸蒸日上。有桎梏，戕贼之者，始焉窒其生机，继焉失其本性，而人道或几乎息焉。"① 这种个人自由与否可以影响群治和人道自然的思想是深刻的，这种思想在"五四"知识分子中有了进一步的发展，蔡元培曾强调个性自由与独立人格的重要，指出："自由、平等、亲爱、道德之要旨，尽于是矣。"② 胡适更是自由与民主的倡导者，他认为自由就是由着自己而没有外力束缚的状态，所以他特别注重铸造"独立自由的人格"，③ 同时认为一个人的自由要以不侵犯他人的自由权利为界限。近代中国的进步知识分子在阐述个人自由平等权利的近代人文精神的同时，还特别强调要树立"个性主义"的人生观。"个性主义"是近代思想解放时期知识分子的普遍意识，它是对传统"克己制欲"观的反叛。康有为就曾提出了"以人为主"的思想，认为"人道者，依人以为道"。④ 他以"人"为判断是非善恶的标准，指出"凡有害于人者则为非，无害于人者则为是。"⑤ 陈独秀特别注重个人的意义及其个性的价值，他说："天下无论何人，未有不爱己为目的者。其有倡言不爱己而爱他人者，欺人之谈耳。"⑥ 陈独秀否定了绝对利他主义的人生观，认为"吾人若是专门牺牲自己，利益他人，乃是为他而生，不是为自己而生，决非个人生存的根本理由"。⑦ 然而我们要清楚地认识到，近代进步知识分子主张的"个性主义"绝不是一般人认为的那种庸俗化了的"个人主义"，更不是当代人所理解的"自私自利"，事实上，它是人类自身的一次觉悟，是人类精神的一次进化，所以近代知识分子是把"个性主义"与社会和国家的利益紧紧联系起来的，把它们视为一种具有内部逻辑联系的相伴物。他们首先反对绝对的利己主义，陈独秀说："持极端之自利主义者，不达群己相维之理，往往只知有己不知有人，极其至将破坏社会之组织……故言自利主义，而限于个人，不图扩而充之，至于国家自利，社会自利，人类自利，则人类思

① 梁启超：《新民说·论进步》。
②《蔡元培选集》，中华书局 1991 年版，第 331 页。
③ 胡适：《易卜生主义》，《新青年》第 4 卷第 6 号。
④ 康有为：《大同书》，中华书局 1956 年版，第 5 页。
⑤ 同上书，第 282 页。
⑥ 陈独秀：《道德之概念及其学说派别》，《新青年》第 3 卷第 3 号。
⑦ 陈独秀：《人生意义》，《新青年》第 4 卷第 2 号。

想生活之冲突无有已时。"① 所以"独标为我主义，与群居之理性不相容"。② 基于这样的认识，近代知识分子特别揭示了"个性主义"与社会国家的利益关系，认为"人得尊重一己，发挥小己之才猷，以图人生之归宿，而其社会国家之价值，即合此小己价值为要素，所积而成"。③ 胡适对"个性主义"与社会国家的内部逻辑联系论述得更为精当。他说："把自己铸造成器，方才可以希望有益于社会，真实的为我，便是最有益的为人。把自己铸造了独立自由的人格，你自然会不知足，不满意于现状，敢说老实话，敢攻击社会上的腐败情形。"④ "社会是个人组成的，多救出一个人，便是多备下一个再造新社会的分子……这便是易卜生所说'救出自己'的意思。这种'为我主义'，其实是最有价值的利人主义。"⑤ "社会国家没有自己独立的人格，如同酒里少了酒曲，面包里少了酵，人身上少了脑筋，那种社会国家决没有改良进步的希望。"⑥ 可见，"个性主义"虽然争的是个人的自由和独立的人格，其实质是"为国家争自由"、"为国家争人格"，这就把"个性主义"深刻的历史价值提示了出来。自由平等观及"个性主义"是近代国人自身觉悟的精神界标及自身精神进化所追求的目标，而近代陋俗文化的变化正与这种精神进化的目标紧密相连。

（四）陋俗文化的变革与人的精神进化

生活习俗与人的价值观念是互为表里、相互依存、相互渗透、相互作用、相互促进的。价值观念很多时候是要通过人们的生活方式得以表现的，价值观念的变化也必然引起生活习俗的变化。生活习俗是人的价值观念的外在表现与形式，一方面，它随着价值观念的变化而变化；另一方面，它的变化反过来亦能促进和强化新价值观念的确立和巩固。陋俗文化的变革与人的精神进化也是如此：一方面，精神进化的程度往往是以陋俗文化变革的程度作为标尺的；另一方面，陋俗文化的变化亦能加强和稳固新的人文精神，使精神进化的内容成为较稳定的意识形式。两者相辅相成

---

① 陈独秀：《道德之概念及其学说派别》，《新青年》第 3 卷第 3 号。
② 李亦民：《人生唯一之目的》，《新青年》第 1 卷第 2 号。
③ 高一涵：《共和国与青年之自觉》，《青年杂志》第 1 卷第 2 号。
④ 胡适：《易卜生主义》，《新青年》第 4 卷第 6 号。
⑤ 同上。
⑥ 同上。

互为原因，互为结果，互为目的。可见，近代中国陋俗文化的演变并非特定时期内孤立的文化现象，实际上，它既是人类精神进化过程中一个阶段性的主旨，又是再次实现人的自身觉悟和精神解放的重要途径。

人类的觉醒和精神的进化最终要归结为人群的自我觉悟，如果不能体现为人群的普遍觉醒，也就达不到我们所理解的人类精神的进化。近代中国的进步知识分子已经觉醒，他们开始追求人类精神解放的新的目标和层次，即开始追求个人的自由平等和"个性主义"，以求得个体人生的幸福美满和社会的向前发展。但若仅仅是极少数先进知识分子的特殊追求，而不能把它变为群体的普遍追求，那么作为整体人的精神进化是不可能实现的。而人的群体的觉醒才具备人类精神进化的意义。恰恰从这个意义上，我们认为：改变人群的生活陋俗是实现这一愿望的根本途径和方法。生活习俗是群体生活方式的一种反映，习俗的变革意味着给予影响的对象是绝大多数人而不是个别人或少数人。习俗的变革是人群观念变革后在行为方式上的一种反映。没有精神即没有价值观念的变化，绝不会有真实的习俗即人的行为方式的变化。习俗变化不但以观念变化为基础，而且比观念变化更有难度。因为它不仅是思想上的认同，还需要行动上的有所作为。实践比之于观念带有滞后的特点。因此，观念变了，习俗未必变，但习俗变了，却要求群体观念必须变，否则习俗变化是虚假的。从其而论，习俗变革是人类观念变革的途径和方法。近代中国进步知识分子要把他们所追求的人的自由平等和"个性主义"这种精神进化的目标变为群体的普遍意识，那么变革陋俗文化就成了历史的必然。近代中国人追求人的精神进化和陋俗文化的变革几乎同时起步，这正是两者内部逻辑联系的必然反映。"要风化好，是在解放人性。"① 反之，解放人性，要靠风化好，两者紧密相关，不可分割。事实上，我们从全文所阐述的近代中国陋俗文化演变的内容来看，人们的婚姻生活、家庭生活、妇女生活、"性伦"生活变化的实际就是要人们摆脱传统人伦文化的束缚，从而追求个体的自由平等和"个性主义"，进而获得幸福美满的人生。所以说，近代中国陋俗文化变革并非孤立的阶段性的文化变革现象，它是人类精神进化长河中的一环，其历史的真谛就在于要实现人的自身的再次觉醒与人的精神的再次进化。

---

① 鲁迅：《坚壁清野主义》，《鲁迅全集》第 1 卷，人民文学出版社 1981 年版，第 258 页。

三

　　近代陋俗文化的变革是一个长期的动态演变过程，它贯穿于近代社会的始终。当我们对近代陋俗文化的变化过程作了全面考察之后，可以从中认识到几条最基本的规律以及对我们的某些启示。

　　首先，陋俗文化的改造与变革是极其缓慢和艰难的，它随着近代社会的发展而逐渐展开，至五四时期仍未结束，呈现出长期的渐进状态。实际上，这恰恰符合文化发展的规律，任何文化的发展变化都要经过一条曲折而又漫长的道路，而绝不是一朝一夕的事情。陋俗文化的变化亦是如此。其根本原因就在于陋俗文化的变革受政治、经济和文化等诸多因素的制约。近代中国依然是封建的政治制度占统治地位，封建的小农经济占主导地位，群体的守旧观念还普遍存在。陋俗文化在这庞大的社会阻力面前要想全面彻底地变革是不可想象和不可思议的。它启示人们，改造陋俗文化的目的，尤其要充分利用社会政治、经济、文化给社会带来的有利条件，抓住时机进行陋俗文化的改造。近代陋俗文化变革已经向我们昭示，就近代而言，陋俗文化虽处于不停顿的演进过程中，但并非均衡地发展，呈现一种起伏的波浪式状态。这种状态恰与社会本身政治、经济、文化的运动有关。凡是国家处于严重的危机时期，凡是思想解放的时期，凡是社会大变革的时期，往往就是陋俗文化变革最显赫、最剧烈的关头。中国社会大变革时代，要求在改造社会各方面的同时去改造和变革传统陋俗。梁启超在谈论变法的时候曾讲到，变革社会极其复杂，它要求变革相互作用的社会诸方面，"非全体并举，合力齐作，则必不能有功，而徒增其弊"。[①] 正是在大变革的时期，才促进和启发人们去深刻思考，才容易使人们产生变革的激情和大无畏精神，正是这样的时期，才易迎来陋俗文化的深刻变革。

　　其次，少数的文化领袖是陋俗文化变革的最初倡导者和最初的主体力量。社会心理学提供的理论依据，完全可以证明这一点。陋俗文化的变革

---

　　① 梁启超：《戊戌政变记（节录）》，李华兴、吴嘉勋编：《梁启超选集》，上海人民出版社1984年版，第83页。

是少数文化领袖率先作用的结果。"风俗既起源于一二人之人格或心向，故风俗必有其范成者。范成风俗的少数人即一时一地的真实领袖。"① 改造陋俗文化必须有少数文化领袖敢于经受极大的心理压力去冲破重重阻力，充当英勇无畏的带头人。他们的率先行为成为陋俗文化变革的起点。社会陋俗文化的动态轨迹固然遵循自身内部的发展规律，但产生这种变化显而易见的直接动因，却是生活在社会群体中的某些人及其他们积极的新异行为。很难设想，在个人或少数人完全遵从多数人的信念和愿望的社会里，其文明程度会发展或能够达到多么高的地步。社会要产生强大的变化和发展，尤其是观念形态的进化，就需要改革者（按定义，改革者属少数）对多数人施加压力，即少数人提出一种新异的思想和观点，供多数人选择，用于评价自己原先的立场及行为模式。从这个意义上讲，没有少数派，就不会出现社会的变革。② 同理，没有近代最先觉醒的少数文化领袖的表率作用，也就不会出现近代陋俗文化的真正变革。戊戌时期的康有为、梁启超、严复、谭嗣同、王韬、宋恕、陈虬、黄遵宪、何启、胡礼垣、经元善、唐才常、汪康年、麦孟华；辛亥革命时期的孙中山、黄兴、秋瑾、宋教仁、蔡元培、金天翮、唐绍仪、谭人凤、吴稚晖、李石曾、汪精卫、廖仲恺；"五四"新文化运动时期的陈独秀、胡适、鲁迅、李大钊、蔡元培、吴虞、毛泽东、沈雁冰、陈望道、周作人、李汉俊、张闻天、恽代英等就充当了改造陋俗文化的领袖人物。他们改造陋俗文化的主张，"于个人之精神，社会之风气，关系甚大"③，直接影响了民众生活，使社会陋俗的变化渗透到民众生活的诸多领域。少数文化领袖的文化取向之所以能对民众文化起着某种示范和导向作用，并能影响整个社会文化价值观念，是因为"众从"现象所引起的。少数文化领袖在长期的社会实践中，由于自身高尚的品格、聪颖的智慧、献身的精神，使他们在民众中逐渐获得了较高的威信，并赢得较高的地位和威望，成为民众心目中的偶像。"人贵言重"，按照社会心理学的理论，权威人物容易取得民众的信赖，即人们乐意接受权威人物的指导，听从权威人物的意见和劝诱，从而产生一种"众从"现

---

① 贺麟：《文化与人生》，商务印书馆 1988 年版，第 236 页。此条在该页中未能找到，因篇名不详，未知其出处，故存疑。

② 时蓉华主编：《现代社会心理学》，华东师范大学出版社 1989 年版，第 296 页。

③《民立报》1912 年 3 月 2 日。

象，即多数人采取少数人的意见而改变原来的态度、立场、观点和信念，采取与少数权威人物一致的价值观念和行为方式。① 近代中国社会，由于教育的落后，大多数人没有文化，生活在闭塞与愚昧之中，在这样的社会背景下，少数文化领袖的开蒙作用的确是至关重要的，甚至可以说，没有少数文化领袖的最初倡导与率先作用，也就没有近代陋俗文化的变革。即便在今天，人们也不能忽视少数先觉者对社会生活的推动和创建的历史作用。

最后，近代陋俗文化的变革是通过采取多种方法和渠道展开的，表现了内容与形式的有机结合。陋俗文化渗透于民众的日常生活及思想意识中，是极为繁杂的超稳定的社会心理表现，难以改变。这就要求人们从各个角度、各种渠道、各种方式想方设法地开展工作，坚持内容与形式的辩证统一。近代主张变革陋俗文化的先进分子正是通过多方面的有效方式来展开变革陋俗的工作的，其主要表现于组织团体、集会学说、创办报纸、发行书刊、散发书画、开设学校、创立报馆、开展教育、编演新戏、宣传民众。利用这一系列的有效方式，因势利导，以求达到改造陋俗文化的目的。这一切充分表明，通过宣传教育等手段促使人们摆脱陋俗，进而追求新的道德风尚与文明生活，其功不可没。细析之，也可以看到，近代陋俗文化变革是内容与形式有机结合的范例，它启示人们在进行社会风气改造的过程中，必须坚持内容与形式相结合的方法，既要反对片面的追求形式、不注重内容和实效的形式主义倾向，又要反对不采取任何有效方式的空谈。

我们再次强调：近代中国的时代主题是救亡图存。为完成这一时代的使命，国人付出了巨大的代价，苦苦探索，寻求一个又一个救国方案。当有人发现陋俗文化是构成中国败弱的一个重要原因时，就决心通过批判和改造陋俗文化来达到救国的目的。这种"欲谋社会之进步，不能不改良风俗"② 的习俗救国论是近代诸多文化救国论中的一种。事实上，文化救国不能成为排斥其他救国方案而独树一帜并能最终达到目的的最佳路径，但这绝不是说文化救国论没有丝毫的实践意义。文化救国论的核心意义是要

---

① 时蓉华主编：《现代社会心理学》，华东师范大学出版社1989年版，第291页。
② 柳隅：《留日女学会杂志·题辞》，《留日女学会杂志》第1期。

改造国民的心理素质，即戊戌时代的"开民智"，20世纪初年的"新民说"，新文化运动时期的"改造国民性"。严复曾特别突出"开民智"的重要地位，他说"民智者富强之源"；① 梁启超说"吾国言新法数十年，而效不睹者何也？则于新民之道未有留意焉者也"，② "苟有新民，何患无新制度，无新政府，无新国家"；③ 鲁迅说："说到'为什么'做小说罢，我仍抱着十多年前的'启蒙主义'，以为必须是'为人生'，而且要改良这人生……所以我的取材，多采自病态社会的不幸的人们中。意思是在揭出病苦，引起疗效的注意。"④ 这"引起疗救的注意"，不但是救人，而且是救国，国家与国民素质并非没有关系，一个是否具有近代国家观念、民族观念、救亡观念的群体对一个国家和民族的未来命运关系重大。从这个意义上讲，文化救国论对近代中国救亡图存可起到一个催化剂的作用，因此，文化救国实际是政治救国的一个不可缺少的必要补充，这个补充有利于救国大目标的完成。正因为如此，我以为，近代改造陋俗文化在近代救国过程中产生的进步意义是绝对不可抹杀的。

原载《人文论丛》2000卷，武汉大学出版社2000年版

① 严复：《原强》。
② 梁启超：《新民说》，李华兴、吴嘉勋编：《梁启超选集》，第207页。
③ 同上。
④ 鲁迅：《我怎样做起小说》，《鲁迅全集》第4卷，人民文学出版社1981年版，第512页。

近代中国陋俗文化变革的
局限及其规律

陋俗文化是特定时期内体现于生活惯制上的并为传统人伦文化所认同的文化糟粕。陋俗文化是由陋俗所映衬的人伦文化中的负面价值和人伦文化所铸成的陋俗这不可分割的本质与现象所构成的统一体。陋俗文化中的本质和现象绝不能分割，两者缺一不可。否则任何单独一方均不能构成陋俗文化。所以陋俗文化与人伦文化不同，人伦文化不必非得具备习俗事象不可，但陋俗文化却必须具备；陋俗文化又与陋俗不同，陋俗不必非得被人伦文化认同，但陋俗文化却必须被其认同。这就是陋俗文化与传统人伦文化及陋俗之间的差异所在。中国近代陋俗文化是指在中国近代社会发挥着文化糟粕功能的体现于生活惯制上的并为传统人伦文化所认同的习俗文化。近代中国由于救亡图存和人的精神进化的需要，陋俗文化发生渐次地演变，它集中反映在婚姻文化、家庭文化、妇女文化、"性伦"文化等多方面的嬗变上。

近代婚姻陋俗的变化旨在否定传统婚姻文化的无自主性、买卖性、抑女性、承嗣性和繁缛性。近代出现的自由结婚、自由离婚、商定婚、寡妇再嫁、自行解约、离家出走、独身主义、废除婚制等新潮以及关于订婚、征婚、恋爱、早婚的争论，显示了近代婚姻文化变革的广泛冲突和偏激的特征。

清末至五四时期，思想界掀起的"家庭革命"思潮旨在通过摆脱封建家庭的束缚、禁锢、限制和奴役，从而达到改变传统家族文化依赖懒惰、封闭保守、专制野蛮、亲疏有别、狭隘自私、等级严格、无独立自由的劣制特征和推翻政治上的文化专制主义的目的。近代提出的"节制生育"思想作为改造近代中国生育陋俗的一种手段，对摒除某些丑陋习俗和优生善种意义重大。近代丧礼的改革亦是家庭陋俗文化变革的一项重要内容。

近代妇女文化观念的变革，首先表现在近代女性形体观、自立观、女学观、参政观、社交观、自重观、自主观、道德平等观、反"贤妻良母"观、反"虚荣"观的产生。解放缠足、兴办女学、女子参政等追求女性新生活方式的实践表明：欲治女性群体身上的知识贫乏、目光短浅、体虚、软弱、猜疑、嫉恨等"病态"人格的关键不在先天肉体遗传的生理上，而在后天心理遗传的文化上。

近代"性伦"文化观的变化旨在倡导"男女社交公开"，反对单方面的"贞操"论，主张积极的"性教育"等。①

近代中国陋俗文化正是在上述诸方面发生变化的。

近代陋俗文化发生了深刻的变化，但这种变化绝不是翻天覆地、轰轰烈烈的一日之功，其历史局限勿毋庸讳言。民俗学理论认为，习俗作为一种反映民众内心价值认同的行为方式一旦形成，就具备了传承性和惰性，即不易变性的特征。即便是弊习陋俗也依然如此。习俗是一种生活"惯制"，这个"惯制"概念所揭示的内涵表明，它既不完全等同于"习惯"，也不完全吻合于"制度"，而具有一种更为清晰明确的意义。它向人们揭示，这种"制度"是"习惯"的长期潜移默化而逐步形成的，并非硬性的规定。同时认定，这种"习惯"已成为人们日常生活的言行所要遵守的准则，具有一种"制度"的束缚力。习俗既不是一般意义上的习惯，也不是通常所谓的制度，而恰恰是两者的结合，是两者相互渗透而成的"惯制"。因为"惯制"有极强的稳定性，所以习俗，包括陋俗，尤其是陋俗文化要发生彻底的变化并非易事，它需要有一个曲折渐进、步履艰难的过程。细究其原因，是阻碍陋俗文化变革的政治、文化和经济等逆动因素的作用。

近代陋俗文化变革受逆动的政治因素影响而使其变化进程受到干扰，这在近代有两个突出的时期：一是在戊戌政变前后；二是在袁世凯称帝前后。本来受戊戌变法和辛亥革命这种政治革新运动的影响，这两个时期是近代陋俗文化变革的重要阶段，然而与作用力越大，反作用力亦越大的道理相同，这两个时期的政治反作用力又极大地限制了陋俗文化的长足变革。政治上的守旧势力往往是从政治得失的角度来思考问题，并为了自身

① 关于近代中国陋俗文化变革的具体状态，作者均有专文阐述，此为要略。

的政治利益进而反对变革陋俗文化。戊戌时期政治守旧势力清楚地认识到，维新前识者主张变革陋俗文化的目的是要改变"天不变，道亦不变"的圣教，只要动摇了这个封建专制的理论基础，就能变君主专制为君主立宪，从而达到维新变法的目的。守旧势力为维护以"三纲五常"为核心的封建人伦文化，为维护君主专制下的封建等级制度，就不可能对陋俗文化的改造视而不见，听而不闻。正像张之洞露骨地表白一样，"知君臣之纲，则民权之说不可行也；知父子之纲，则父子同罪，免丧废祀之说不可行也；知夫妇之纲，则男女平权之说不可行也。"① 他还强调，"五伦之要，百行之原，相传数千年"，故"亲亲"、"尊尊"、"长长"、"男女有别"，这些人伦原则就不能变，"此其不可得与民变革者也"。② 从"男女有别"不能变，到纲常伦理不能变，最后推论封建君主专制的政体不能变，这就是守旧派推演的逻辑，这就是他们政治立场和政治态度的理论表白。袁世凯称帝前后，以袁为首包括保皇派的清末遗老遗少兴风作浪，在全国掀起了一场尊孔复古的逆潮。一时间孔子为"万世师表"，孔学如"日月之无伤，江河之不废"③ 的逢迎甚嚣尘上，并演出了一幕幕祭孔祭天的丑剧。这是借以恢复人民屈从之心理，瓦解人民民主之信念，从而达到加强独裁、复辟帝制之目的。袁世凯篡权后复辟了帝制。专制是要靠纲常名教来扶持的。要专制，就要别尊卑贵贱，就要别君臣父子，就要别亲奴亲疏。故本来就未被彻底清算的封建文化此刻又走了红运，被大肆标榜和弘扬。这种政治上的险恶用心和惯用伎俩无疑极大地阻碍了近代陋俗文化的变革。

列宁指出："千百万人的习惯势力是最可怕的势力。"④ 如果说阻碍陋俗文化变革的政治势力主要来自守旧官僚阶层的话，那么守旧的文化势力不但来自上层的统治势力，而且更多的则来自上层士绅和下层民众。由于人们很难摆脱封建人伦文化的束缚，也就不自觉地阻碍了陋俗文化的变革。近代中国上层士绅阶层的很多人还继续主张坚守传统的伦理道德，认为"我国古圣垂教，首重道德，经传所载，皆纲常伦理之精言；历史所

---

① 张之洞：《劝学篇内篇·明纲第三》；叶德辉编：《翼教丛编》，《近代中国史料丛刊》（正编），第 65 辑，第 647 册，文海出版社，第 117 页。

② 同上。

③《临时大总统令》，《政府公报》第 14 册，1913 年 6 月 23 日，第 406 号，文海出版社，第 147 页。

④《列宁全集》第 31 卷，第 25 页。

详，悉忠孝节廉之美德"。① 认为这些"纲常伦理"、"忠孝节廉"是世界上最好的道德，失去之，"则其贻害于人心世道，较洪水猛兽为尤烈，其危险实不可思议"。② 他们对后生缄口不言固有之道德，斥责三纲四德为谬谈，斥程朱为大愚，笑孔孟为不武，更是痛心疾首。大有"人心不古"之愤！他们认为，"家庭革命秘密结婚之恶果"，都是不讲"君父之尊"，"男女之防"造成的。③ 认为"天尊地卑"为"自然之序"；"阳动阴静"是"造化之机"；"男刚女顺"、"夫唱妇随"都是"终古长存之至理，万年不变之常经也"。④他们认为女性伦理仍然是固有的"孝舅姑和妯娌、相夫教子数端"⑤ 而已，而不要"诩新奇、驰高远"，别出心裁、悖逆天伦。在他们看来，中国人必须在传统人伦文化的框架内泰然生存，任何标新立异都该诅咒！上层士绅阶层还有人公开反对变革陋俗文化，认为"世界风俗之大概，则必由朴而至奢，由真而入伪，由敦厚而流于浇漓"。⑥ "革其习惯，易其风俗"，"足以贻害道德"，"实人类之蟊贼也"。⑦ 所以要固守陋俗，只有这样，才能救国保种。如有人反对兴办女学，认为"再兴办女学，则将来办理不善，更足滋生流弊，女学一途必俟国人遍受普通教育，始可再议兴办之"。⑧ 有人极力反对男女平等和婚姻自由，认为"急宜防禁者，男女无别，自由择配是也"。⑨ 许多老顽固认为提倡婚姻自由就是"教人淫乱"，并说这些都是洋人的混账法；还有人认为："误认自由，谬平等，以恋爱通婚为文明，以绝情离异为正轨，反道败德，乱伦悖理，而谬种流传，人禽莫辨，实胎亡灭种之祸，岂不大可惧哉。"⑩ 当时一些士绅阶层还要求对"学生中有演述男女平权诸谬说及沾染恶习者，立即斥退"。⑪

---

① 《论学识与道德相离之危险》，《东方杂志》第 5 卷，第 3 期。

② 同上。

③ 同上。

④ 《请禁女学》，《大公报》1907 年 8 月 12 日。

⑤ 《论女学宜注意德育》，《东方杂志》第 3 卷，第 6 期。

⑥ 《论学识与道德相离之危险》，《东方杂志》第 5 卷，第 3 期。

⑦ 同上。

⑧ 《停办女学之风闻》，《大公报》1907 年 6 月 26 日。

⑨ 《工部主事刘呈学部代奏稿》，《四川学报》1907 年第 5 期。

⑩ 游桂芬：《论女子教育当注重德育》，《妇女杂志》第 1 卷第 6 号。

⑪ 《工部主事刘柯呈学部代奏稿》，《四川学报》1907 年第 5 期。

对于违背中国数千年礼教及有伤女教的课本新书,"应即分别禁止,以维风化"。① 甚至在一些学校里,由于几千年来的旧思想、旧习惯仍然根深蒂固,乌烟瘴气的旧礼教到处弥漫,"每逢孔子诞辰,学校还照例举行纪念会,向孔像顶礼,然后由校方训话,一些墨守成规的'冬烘先生',在课堂上训斥学生,要大家'安分守己',不准过问社会政治"。② 由于士绅阶层大都是阔人、文人及有一定社会地位的人,易被一般人所敬仰,所以他们的话很有市场,影响很大。加之他们善于通过宣传的手段来固守陋俗,为近代陋俗文化的变革设置了不可低估的障碍。近代中国民众阶层的矛盾心态、守旧心态及逆反心态也是影响陋俗文化变革的重要因素。矛盾心态体现在既反传统陋俗又适应陋俗生活的内心不平衡。在理性上他们可能有自觉反传统的要求,但要彻底背叛传统文化哺育的既定心理却又困难很多。那么在行为方式上往往呈现出既反传统又被传统所束缚的特有模式。爱因斯坦曾经说过:"我们待人接物的态度,大部分取决于我们在童年时代无意识地从周围环境吸取来的见解和感情。换句话说,除了遗传的天赋和品质以外,是传统使我们成为现在这个样子的。但我们极少意识到,同传统的强有力的影响相比,我们的自觉思想对于我们行为和信念的影响竟是那么微弱。轻视传统是愚蠢的,但是如果要使人的关系不断地得到改善,那么,随着我们的自觉性的提高和智力的增长,我们就应当开始控制传统,并且对传统采取批判态度。我们应当努力去认识,在我们所接受的传统中,哪些是损害我们的命运和尊严的从而相应地塑造我们的生活。"③ 这段话分析得比较透彻,民众阶层理性上的"自觉的思想"和传统赋予的"心理素质"形成了矛盾。这种矛盾反映到他们对改造陋俗文化的态度上,而前后龃龉、情绪波动、摇摆不定便是这种态度的显著特征。由于这种态度,民众存有检讨和判断现实陋俗生活的心理机能。一般来说,面对陋俗,有人能察觉到它的弊害;有人或能进而反对之,希望陋俗得到改造,这个过程基本符合一部分人的心态。然而问题并未就此完结,一旦陋俗真的发生变化,并打乱了人们早已习惯了的行为模式和生活节奏,一旦长时期积淀的稳定心态被打破,那么新造成的这种心灵上的不平衡往往又使人

① 《学部札饬各省提学司严演自由结婚文》,《四川学报》1907 年第 5 期。
② 戴绪恭:《向警予传》,人民出版社 1981 年版,第 12—13 页。
③ 《爱因斯坦文集》第 3 卷,商务印书馆 1979 年版,第 210—211 页。

们本能地去抵制陋俗的变革，在检讨和判断新习俗中，人们容易沿袭认识上的惯性，从而站到反对变革陋俗的立场上。当然，陋俗的变革最终能在人们的心里重建平衡，但这个过程本身是迂回曲折的，迂回曲折的程度与变革陋俗的速度成反比。守旧心态在民众阶层也普遍存在，很多人还是按照旧观念来审视一切。比如，在一些人眼里，认为男女就是不应平等；对于女子来说，不要读书，不要去管什么国家大事，女子最好是"趁着青春年少的时候，修饰容颜，学些媚样，把男子奉承奉承，要他上了钩，养活我的终身，就算不枉为人一世。"① 再如，坚守贞节观念的妇女普遍存在，她们认为丈夫死了，妇女要遵照"守节、体面、请旌、树节孝坊"的礼教而不能改嫁，甚至还有年轻女子甘愿殉夫而死。② 要求人们死抱传统节欲观，认为"身之有欲，如树之有蝎。树抱蝎则自凿，身抱欲则自戕。故蝎盛木折，欲炽身亡"。③ 有人坚决反对女子上学，"一闻现在女学生出外入学堂读书，他们耳中就大大的听不进了"，④ 觉得男女混杂，不成体统。特别"闻得女学堂教习是男先生，他就拿小人的心来测度君子人的腹"，⑤ 本来"男女授受不亲"，怎么能如此状态呢！此外，逆反心理也构成阻碍陋俗文化变化的一个因素。近代陋俗文化的变革是在中国落后挨打的情况下展开的。由于殖民者的侵略，一些人开始觉醒认识到中国的落后，决心迎头赶上去。但恰恰也是这样的原因，使一些人更加愤懑殖民者。这种愤懑的心情同民族自尊心以及传统意识相结合，便产生了一种逆反心理，表现出一种不加分析的肯定自己和否定别人。在习俗问题上，便极力反对变革，顽固守旧。正像鲁迅所说："因为多年受着侵略，就和这'洋气'为仇；更进一步，则故意和这'洋气'反一调：他们活动，我偏静坐；他们讲科学，我偏扶乩；他们穿短衣，我偏着长衫；他们重卫生，我偏吃苍蝇；他们壮健，我偏生病……这才是保存中国固有文化，这才是爱国，这才不是奴隶性。"⑥ 这种愚蒙顽钝的逆反心理的影响，使一些人完全感情用事，既不理智，又不科学，成为阻碍陋俗文化变革的一种守旧心态。

---

① 君剑：《女子之责任》，《竞业旬报》，第 6 期。

②《贞姜殉夫》，《时报》1905 年 4 月 5 日。

③ 游桂芬：《论女子教育当注重道德》，《妇女杂志》第 1 卷第 6 号。

④ 道迷：《女学的阻力》，《觉民》第 7 期。

⑤ 同上。

⑥《鲁迅全集》第 6 卷，人民文学出版社 1981 年版，第 82 页。

与此同时，经济因素也制约着近代陋俗文化的变革。近代社会，封建的小农经济还占有相当大的比重，很多陋俗文化既与这种经济形态相适应，又是这种经济形态的产物。所以，小农经济的存在构成陋俗文化赖以生存的温床和土壤。既然陋俗文化生存的条件还在，那么它就有生存或重新滋生的可能。当人们用力把气球压进水里之后，一旦松手，它就会重新浮起，道理有些相似。诸如："结婚的充分自由，只有在消灭了资本主义生产和它所造成的财产关系，从而把今日对选择配偶还有巨大影响的一切派生的经济考虑消除以后，才能普遍实现。到那时候，除了相互的爱慕以外，就再也不会有别的动机了。"① 社会经济的不平衡，贫富差距较大，民众生活得不到保障，这些都是一部分陋俗得不到根本改造的经济因素。

近代陋俗文化的变革是一个长期的动态运演过程，它贯穿于近代社会的始终。它的变化有其自身的几条基本规律，并给我们带来某些启示。

首先，陋俗文化的改造与变革是极其缓慢和艰难的。它随着近代社会的开始而逐渐展开，一直到旧民主主义革命的终结，其改造仍未结束，它呈现出长期的渐进状态。实际上，这也恰恰符合文化发展的规律。其根本原因就在于陋俗文化的变革受制于政治经济文化等多项社会历史条件的影响，陋俗文化要依靠政治经济文化的变化而变化，它一般不会超越政治经济文化的现存条件而发生超前的变化。它启示人们，改造陋俗文化是一种长期的文化建设，要依靠政治经济文化变化的社会条件而逐步达到改造陋俗文化的目的。尤其要充分利用社会政治经济文化给社会带来的有利条件，抓住时机进行陋俗文化的改造。

其次，少数的文化领袖是陋俗文化变革的最初倡导者和最初的主体力量。社会心理学提供的理论完全可以证明这一点。陋俗文化的变革是少数文化领袖率先作用的结果。"风俗既起源于一二人之人格或心向，故风俗必有其范成者。范成风俗的少数人即一时一地的真实领袖。"② 改造陋俗文化必须有少数文化领袖敢于经受极大的心理压力去冲破重重阻力，充当英勇无畏的带头人。他们的率先行为成为陋俗文化变革的起点。社会陋俗变化的动态轨迹固然遵循着自身内部的发展规律，但产生这种变化显而易见

---

① 《马克思恩格斯全集》第 21 卷，人民出版社 1971 年版，第 95 页。
② 贺麟：《文化与人生》，商务印书馆 1988 年版，第 236 页。

的直接动因，却是生活在社会群体中的某些人及其他们积极的新异行为。很难设想，在个人或少数人完全遵从多数人的信念和愿望的社会里，其文明程度会发展或能够达到多么高的地步。社会要产生强大的变化和发展，尤其是观念形态的变化，就需要改革者（按定义，改革者属少数）对多数人施加压力，即少数人提出一种新异的思想和观点，供多数人选择，用于评价自己原先的立场及行为模式。从这个意义上讲，没有少数派，就不会出现社会的变革。① 同理，没有近代最先觉醒的少数文化领袖的表率作用，也就不会出现近代陋俗文化的真正变革。

最后，近代陋俗文化的变革是通过采取多种方法和渠道展开的，表现了内容与形式的有机结合。陋俗文化渗透于民众的日常生活及思想意识中，是极为繁杂的超稳定的社会心理表现，难于改变。这就要求人们从各个角度、各种渠道、各种方式想方设法地开展工作，坚持内容与形式的辩证统一。近代主张变革陋俗文化的先进分子正是通过多方面的有效方式来展开变革陋俗的工作的。其主张表现于组织团体、集会演说、创办报纸、发行书刊、散发书画、开设学校、创立报馆、开展教育、编演新戏、宣传民众。利用这一系列的有效方式，因势利导，以求达到改造陋俗文化的目的。这一切充分表明，通过宣传教育等手段促使人们摆脱陋俗，进而追求新的道德风尚与文明生活，其功不可泯灭。细析之，也可看到，近代陋俗文化变革是内容与形式有机结合的范例。它启示人们，在进行社会风气改造的过程中，必须坚持内容与形式相结合的方法，既要反对片面追求形式、不注重内容和实效的形式主义倾向，又要反对不采取任何有效方式的空谈。

原载《辽宁师范大学学报》1998 年第 2 期

---

① 时蓉华：《现代社会心理学》，华东师范大学出版社 1989 年版，第 296 页。

五四时期伦理文化的论战与演变

五四时期，伴随着新文化运动的开展，伦理文化作为关系人们社会生活和个人自由幸福的大事，引起思想界的广泛关注与讨论，进而引发了伦理文化的论战与变革。

（一）伦理文化面面观

五四时期伦理文化观的变化主要体现在婚姻自由的伦理观、男女平等的伦理观和性伦进化的伦理观上。

婚姻自由的伦理观提倡：（1）自由恋爱。主张结婚要以恋爱为基础，认为爱情与婚姻之间如"光色之于绘画，节奏之于音乐，"① 必须同时存在，失去一方，双方皆亡。（2）自由结婚。婚姻要"完全凭着男女两人自由的意志，互相结合"②，反对他人从中干涉，废弃"父母之命，媒妁之言"。（3）自由离婚。"在现社会内，自由结婚与自由离婚一样的很重要"③，"既然要自由结婚，就该要求自由离婚！不然岂不是未结婚时要自由，结婚了便不要自由了吗？这样，还可以说是一个爱自由者吗？"④ 要"救济中国现行'吃人的婚制'下无爱情的夫妇……'离婚'就是挽回你们性命，幸福的神"。⑤ （4）自由再嫁。认为寡妇再嫁问题，完全是"一个个人问题"，要按本人的意愿去办，万不能"为了褒奖条例，为了贞节牌坊"⑥，而断了再嫁的念头。

---

① 《陈望道文集》第 1 卷，上海人民出版社 1979 年版，第 157 页。
② 汉胄：《对于一个男女结合宣布式的谈话》，《觉悟》1921 年 6 月 7 日。
③ 《陈望道文集》第 1 卷，上海人民出版社 1979 年版，第 73 页。
④ 同上书，第 28 页。
⑤ 崔溥：《救济无爱情的夫妇唯一的方法：离婚》，《共进》1920 年 4 月 15 日。
⑥ 陆秋心：《婚姻问题的三个时期》，《新妇女》第 2 卷第 2 号，1920 年 4 月 15 日。

男女平等伦理观提倡：（1）教育平等。戊戌时期和民初就有人提出女子应有受教育的权利。在此基础上，五四时期又有人提出了"大学开放女禁"和"中学男女同校"的主张。蔡元培说，欧美大学无不男女并收，北京大学招生时，"倘有程度相合之女学生，尽可投考。如程度及格，亦可录取也"[1]。为使女子中学毕业后能直接报考大学，有人主张要中学男女同校。[2]（2）参政平等。五四时期进步人士在寻求救国救民真理的过程中，接受了西方的女权学说，认为妇女参政是解决妇女问题的先导，并向女界呼吁："我国二万万女同胞聪明不比男人弱，已醒的，别要再睡，未曾醒的，快快醒起来，共同研究自身切己的问题吧！怎样组织？怎样进行？必定要达到女子参政的目的才止。"[3]

"性伦"进化的伦理观提倡：（1）男女社交公开。"社交公开是使女子取得社会上地位的第一步"。[4] 胡适说，男女社交公开，可以"渐渐的把男女的界限都消灭了，把男女的形迹也都忘记了。这种'忘形'的男女交际，是增进青年男女自治能力的唯一方法"[5] 这种"忘形"的男女交际，是相互视为"人"的平等交际，是对"男女有别"的封建道德的否定。（2）反对封建贞操观。主张"1. 女子为强暴所污，不必自杀。……2. 失身的女子的贞操并没有损失。平心而论，她损失了什么？不过是生理上，肢体上一点变态罢了！正如我们无意中砍伤了一只手，或是被毒蛇咬了一口，或是被汽车碰伤了一根骨头。社会上的人应该怜惜她，不应该轻视她。娶一个被污了的女子，与娶一个'处女'，究竟有什么分别？若有人敢打破这种'处女迷信'，我们应当敬重他"。[6]（3）主张"生育节制"。为了母子的身体健康，为了孩子的教育，为了不使生活水平下降，有人提出了"生育节制"的主张，认为生育不加节制，小则损害个人的身心健康，大则危及种族的存亡。（4）主张"性教育"。张竞生博士在其《美的社会组织法》一书中曾有一段精辟的文字，他写道："性教育一问题关系于人生，比什么科学与艺术更大。性与情感直接关系，面对于理智也有莫

①《中华新报》1920 年 1 月 1 日。
② 徐植仁：《我对于中学男女同校的主张》，《觉悟》1921 年 12 月 29 日。
③《我国女子参政问题》，《新中国》第 2 卷第 6 号，1920 年 6 月 15 日。
④《妇女问题杂评》，《解放与改造》第 1 卷第 8 号，1919 年 12 月 15 日。
⑤《胡适文存》第 1 集卷 4，（台北）远东图书公司 1983 年版，第 650 页。
⑥ 同上。

大的交往。饮食是生命的起始，性欲是生命的发展。……凡'愚才是罪'，生殖器乃人生最扼要的机关，岂可毫无讲究，以致此间变为生番的野地，一任秽芜不理遂至恶毒丛生……况且性教育不止在肉体与病形上的讲求，它的最重要的任务乃在考求由性所生的情感与文化的主动力在何处。所以性教育是一种必要的教育，又是极严重的教育……性教育的公开研究岂不胜于道学先生的一味不说与压抑为能事，以致少年于暗中愚昧无知地一味去乱为吗！性譬如水，你怕人沉溺么，你就告诉他水的道理与教他会游泳，则人们当暑气炎热满身焦燥时才肯入浴，断不会在严冬寒冷投水受病，又断不会自己不识水性，就挽颈引领，闭目伸头，一直去跳水死。故要使青年不至于跳水寻死，最好就把性教育传给他，我想这个性教育的运动极关紧要。"① 这里用水喻性，用学游泳喻性教育，深入浅出地表达了性教育的重要意义。

五四时期，在西方文明的影响下，国人为了摆脱封建文化的压抑和束缚，开始全面深刻地反省萦绕自身的伦理文化，并提出了反叛传统的伦理文化观。然而，站在时代进步潮流中的先进分子还是少数人，缠绵于传统文化的人还很多，而且有些人习惯于以往的思维定式，习惯于在既定的伦理框架中生活，所以，他们对新的伦理文化观不但不能接受，反而极力反对，这就避免不了出现一场关于新旧伦理文化的大论战。

（二）伦理文化大论战

五四时期关于伦理文化的大论战，与东西方文化论战、科学与玄学论战、马克思主义与无政府主义论战不同，它是以多角度、多层面、多热点和广泛而不集中为特点的一场大论战。这场论战涉及形式与内容的论战、动机与效果的论战、审美与功利的论战以及个人利害与民族存亡的论战。然而，这场论战无论涉及多少方面和领域，有一点却是共同的，那就是双方都以维护传统"性道德"为武器，并希望以此最终实现战胜对方的目的。由于双方都以"性道德"的辩护士自居，所以五四时期伦理文化论战的方方面面在这一点上表现得淋漓尽致。

固守传统伦理文化的保守派反对婚姻自由、反对男女平等、反对"性

---

① 张竞生：《美的社会组织法》，北新书局 1926 年版，第 129—131 页。

伦"进化的重要论据也在于此。他们在论战的各个方面都有如此表白。他们视自由恋爱和自由结婚为洪水猛兽而深恶痛绝,说这是满足兽欲冲动的手段,是奸淫,"是乱交",是"变相的强奸"。① 他们反对节制生育,反对用科学的方法进行避孕,"试放眼观看四周环境,伊们现今须得冒险'打胎',尚且要结不正的男女关系,如更有了节制生育之科学的方法,得在无痕迹无危难中过去,那将更无忌避,风化凌夷而人道的光明也几乎熄灭了"。② 他们反对男女同校,认为一旦男女同校就会发生越轨行为,生出不道德的暧昧事情。特别反对中学男女同校,"中等学生适当春性发动时期,生理上心理上均起激烈之变化,最容易发生性欲冲动"。③ 他们反对男女社交公开,"一听见人提倡男女社交,就疑惑人是提倡开放节操"④,"是发挥肉欲"。⑤

而主张改变封建伦理文化的变革派面对保守派的观点进行了驳难,他们针锋相对,认为改变封建伦理文化正是为了维护"性道德",这与保守派的观念完全相左。他们不同意把自由恋爱和自由结婚视为"乱交"和"强奸",认为把对方只当作一种泄欲的器具或生殖的器具的便是奸淫,故被常人视为正当行为的纳妾、宿娼以及专为继嗣的婚姻均为奸淫。而自由恋爱则不同,其尊重对方的人格而不认作泄欲的器具,并总会趋向到一个伴侣而不愿乱交。对此陈望道先生有一段精辟的论述,"恋爱是道德感底融合,所以必须有伟大的人格者才有伟大的恋爱,不然,只是轧姘头底别名。恋爱之神最厌恶的,便是这等肉臭的俗人俗事"⑥;他们认为生育节制无碍于道德,因为即使没有生育节制,也未必完全不出现道德沦丧之事,生育节制与道德问题,"可说一点没有关系"⑦;他们认为"如果男女同学,男女时时有相见的机会,性的刺激一定因习惯而减少"⑧;他们认为发生"不道德的事情"绝不是男女社交所致,只要有"人格观念立着",视

---

① 刘巧凤:《我的婚制解放谈——自由恋爱》,《解放画报》第 6 期。
② 《生育节制问题》,《陈望道文集》第 1 卷,第 148 页。
③ 《北京附中实行男女同校后一年来经过之概述》,《平民教育》1922 年 5 月 10 日。
④ 汉俊:《男女社交应该怎样解决》,《妇女评论》第 7 期,1921 年 9 月 14 日。
⑤ 冰:《再论男女社交问题》,《妇女评论》第 9 期,1921 年 9 月 28 日。
⑥ 《陈望道文集》第 1 卷,第 66 页。
⑦ 《产儿制限与中国》,《妇女杂志》第 8 卷第 6 号。
⑧ 仲九:《男女同学与性欲》,《觉悟》1920 年 7 月 5 日。

女子是人而不是工具，就不怕会出现不道德的事情，靠"男女之大防"的封建礼教束缚也绝不会杜绝"男女私合"之事的。

从上述文字可以看到，五四时期伦理文化的论辩最后集中于"性道德"上，在中国社会，这往往是伦理文化论战的最后一仗。一般说来，这也是保守派的最后一道防线。新旧伦理观交锋，旧伦理观在失利情况下，往往拿出最后的"王牌"，即拿出封建伦理文化的"男女之大防"这把"利剑"，以维护"性道德"为挡箭牌，这较之其他的旧道德更具抵抗力。所以新伦理观要取得最后的胜利，必须冲破保守派的这道防线。事实上，前文已经论及，变革派也是以这样的宗旨——即改变旧伦理才能维护"性道德"来参加论战的。显然，他们的观念代表社会的进步潮流，适合当时的社会与人生。因此，通过这场大论战，新的伦理观得到了传播，接受者也渐次增多。有些人在认同新伦理文化的同时，还开始追求新的生存方式，使得五四时期的社会生活也发生了新变化。

（三）伦理文化的演变

伦理文化的变化，不仅体现在观念上，也体现在生存方式和社会生活上，五四时期伦理文化在社会生活上的变化主要反映在如下几个方面：

一是婚姻。一些青年男女不满于封建包办婚姻及陋俗形式，一改以往逆来顺受的态度而主动自觉地去"抗婚、逃婚，以实际行动反抗旧礼教，争得妇女婚姻自由"。① 他们认为"俗例结婚，前后手续，形同买卖，蔑视人格，非革除不可"②。有人呼吁解除父母包办的婚约，"已有婚约的，解除婚约；没有婚约的，实行不要婚约"。③ 有些不满包办婚姻的青年往往采取一些有效的斗争方式，或离家出走，或以智抗争，以脱离封建婚姻的羁绊。这种追求自由婚姻的青年逐渐增多，并以"向蔡同盟"和"五四夫妻"最为典型。④ 此时还形成了近代史上少见的离婚高潮，主动离婚者既包括男子，也包括觉悟了的女性。这时期"离婚增加，就是向着新社会那

---

① 王一知：《五四时代的一个女中》，《熔炉》1959 年第 5 期。
② 蒯希圣、莫一飞：《一个结婚的通告》，《觉悟》1922 年 11 月 20 日。
③《毛泽东早期文稿》，湖南人民出版社 1990 年版，第 567 页。
④ "向蔡同盟"，指向警予和蔡和森经自由恋爱而缔结的婚姻关系；"五四夫妻"，指上海几对青年男女在学生运动中自由结为夫妻。

条路上快跑"①。这条新社会的路就是破坏封建婚姻，迈向自主婚姻的那条路。

二是女学。五四时期出现了"大学开放女禁"和"中学男女同校"这一女学发展史上的新事物。1920年在蔡元培等人的支持下，江苏无锡女学生王兰进北京大学哲学系听课，成为我国近代第一个女大学生。随后又有一些女生进入北大各系听课，成为我国第一批进国立大学读书的女大学生。②此例一开，上海、南京、广州、山西、天津、福建公私立大学陆续招收女生。1921年暑假后，北京高等师范附属中学首开风气，招收一班女生。长沙岳云中学、广州执信学校也先后开放女禁。在主张男女同校的声浪中，也出现了"男女同教"、"男进女校"的情况。

三是社交。五四进步青年不仅在思想上认同男女交际的公开，而且在行动上也敢悖逆陈规陋俗，勇敢地迈出社交自由的第一步。五四时期的爱国救亡运动恰为先进青年男女社交的公开提供了实现的契机。当时的男女学生组织配合五四运动中的游行请愿等爱国运动，相互沟通串联，联合行动，共同罢课或举行示威游行。进步女青年敢于"冒天下之大不韪"，前往监狱慰问因街头讲演而被当局逮捕的男学生。后来，一些进步团体打破男女界限，吸收女青年参加，形成组织上的男女大联合，长沙的新民学会和天津的觉悟社在当时最具典型意义。新民学会在五四时期吸收了19名女会员；觉悟社也按男女1:1的原则接收新会员。五四时期男女青年交往增多，"甚至还有的公开与男同学通信，交朋友，打破了学校一贯坚持的男女授受不亲的律条，开始与封建旧道德决裂"③。

四是节育。1922年5月在苏州成立了我国历史上第一个研究节育的学术团体"中华节育研究社"，该社通过刊物《现代妇女》发表文章，宣传生育节制知识，并回答要求节育者提出的问题，给予方法上的指导，帮助代购药品和用具等；同时还从事节育理论的研究，编辑和翻译有关节育问题的文章。1930年5月上海成立的"节育研究社"，也是一个很重要的节育研究团体。1930年以后，节育活动由理论宣传逐渐走向实践，其标志是原北平妇婴保健会的成立。妇婴保健会自1930年至1934年，共施行节育

---

① 易家钺编译：《家庭问题》，商务印书馆1920年版，第110页。
② 徐彦之：《北京大学男女共校记》，《少年世界》第7期，4月15日。
③ 隋灵璧等：《五四时期济南女师学生运动片断》，《五四运动回忆录》（下），第690页。

547 例。① 节育者大多属于知识分子阶层。节育者受过高等教育的高达 50% 以上，受过中等教育的占 20% 左右，未受教育者仅占 3%。与此相联，节育者的职业也以教育、学术界人员为多，其次为行政公务人员，一般民众的比例极小。②

五是性教育。五四前后还出现了性教育的实践活动。1909 年 8 月，鲁迅从日本回国，应聘在杭州两级师范学校教生理卫生课。当时到处充塞着旧思想、旧习惯，鲁迅却毫不畏惧地在讲台上进行性知识的传播。③ 同学们都非常敬佩先生的卓见。另外，1926 年，北大哲学系张竞生博士主编了一本《性史第一集》，收有听他讲课的七名北京大学男女学生所写的关于性知识体验的七篇文章，反映了张竞生博士在性教育的实践中作的一些工作。性教育在当时"已经占有极有兴趣的位"，它必然对以后的两性关系产生影响，"必有改善和矫正的希望"。④

五四时期的伦理文化发生了变化，它开创了现代文明生活的先河，从这个视角看，它具有从传统向近代转型的重要意义。

（四）社会意义与历史局限

五四时期伦理文化的演变，在社会转型时期，它有着社会政治解放与人的精神解放的双重意义。

政治影响伦理，伦理又影响政治，两者有着互动的联系。专制政治用封建伦理来维护，封建伦理要为专制政治服务并受其制约。在中国传统社会，纲常名教与专制政治就是这样一对孪生兄弟。正如陈独秀所言："儒者三纲之说，为吾伦理政治之大原，共贯同条，莫可偏废。三纲之根本义，阶级制度是也。所谓名教，所谓礼教，皆以拥护此别尊卑、明贵贱制度者也。"⑤ 民国初建，成立了共和制度，然而，由于没有与其相适应的新的伦理文化，所以，民国只不过空打共和的招牌，仍不免实行专制政治。"吾人果欲于政治上采用共和立宪制，复欲于伦理上保守纲常阶级制，以收新旧调和之效，自家冲撞，此绝对不可能之事。"⑥可见，旧伦理文化不

---

① 《中国经济年鉴》（续编），1935 年版。
② 同上。
③ 《鲁迅翁杂忆》，《夏丐尊文集》第 1 卷，浙江人民出版社 1983 年版，第 241—242 页。
④ 王统照：《两性的教育观》，《曙光》第 1 卷第 5 号。
⑤ 《吾人最后之觉悟》，《新青年》第 1 卷第 6 号。
⑥ 同上。

可能适应新政治,旧伦理文化不变,新政治不能一花独放。新文化运动的产生,其实质就是要变革封建的伦理文化,建立新的伦理文化,以适应政治革新的需要。"盖共和立宪制,以独立、平等、自由为原则,与纲常阶级制为绝对不可相容之物,存其一必废其一。"① 社会政治解放离不开伦理文化的变革,有了适应于社会政治解放的伦理文化,政治解放才会真正实现。

人类在漫长历史的长河中,经历着从必然王国走向自由王国的过程。人在不断地战胜自然的过程中获得解放,人还在不断地改造社会的过程中获得解放。社会的改造包括政治的、经济的、文化的等等。而伦理文化的变革是文化变革的重要内容,也是社会变革的重要内容。因此,伦理文化的变革蕴涵着人的解放的深刻意义。五四时期婚姻自由、男女平等、性伦进化等伦理文化的演变无不同人的精神解放紧密相连,它是人类精神进化的重要一环。

五四时期伦理文化的变革又无不带有其难以克服的历史局限性。五四时期虽处于社会转型的重要时期,但当时的中国,传统封建社会并没有根本改变,笼罩社会的仍然是封建伦理文化。多数人的思想、情感、理想、观念未能摆脱传统观念和生活方式的桎梏,还在封建社会的生活轨道上蹒跚而行。比如在婚姻生活中,"纯粹恋爱的结合,总还只是少数人敢去尝试。男女双方即使互相了解,有了结婚的意愿,他们总还得要求家庭同意,另外转托人来做媒,行那请庚定亲的各种手续,至于那纯粹由家庭解决的,更不用说了"。② 女子教育这时也只是少数女子的事。当时有人指出,1915 年在二万万妇女中受教育的不过 20 万,只有 1%。后来求学女子不断增多,可是到了 1922 年估计也不会达到 2%。③ 年龄较大的妇女,结婚有子的妇女,家境贫困的妇女,受家族制度压迫的妇女几乎都无法读书,失去了受教育的权利。④ 男女正常的交往也受到怀疑,"见一封信,疑心是情书了;闻一声笑,以为是怀春了;只要男人来访,就是情夫;为什么上公园呢,总该是赴密约"。⑤ 有些女子学校的清规戒律非常严格,稍有

① 《吾人最后之觉悟》,《新青年》第 1 卷第 6 号。
② 陈东原:《中国妇女生活史》,上海:上海商务印书馆 1928 年版,第 400 页。
③ 唐公宪:《我国女生底失学及其救济》,《妇女评论》1922 年 3 月 29 日。
④ 纯静:《一个不能求学的女子》,《觉悟》1922 年 5 月 25 日。
⑤ 《寡妇主义》,《鲁迅全集》第 1 卷,第 264 页。

违禁，即被惩办。有些女学生就因同男朋友通信或同不相知的男子谈话而被嘲笑、诋毁甚至开除。① 性教育实践在当时社会也是极少见的，很多学校，"讲生理卫生时，所谓那些有碍部分，都得删去"。② 周建人也讲过，当时中学生理教科书一般是不讲生殖系统的生理卫生的。所以"纵使受过很高的教育的人，他纵然学过生理学；消化系统知道得很详细，但他对于生殖系的构造与功能却不知道，卫生学也多不知道，所以他虽然生活上的技能受过教育，但关于性的本能的作用却全任其自然"。③ 从上述内容我们不难看出，五四时期伦理文化变革的历史局限。

五四时期伦理文化在观念上的变革还存在一种偏激性的缺陷。这在婚姻方面反映得尤为突出。由于当时人们对婚姻问题执着而又热烈地探讨，也由于国人受封建婚姻家庭肆虐的感受和体验最深、最具体、最直接、最强烈，所以易产生一种极端的否定意识和与现存彻底决裂的偏激情绪。这在五四时期婚姻观念变革中得到了反映。其中，"独身主义"和"废除婚制"的偏激主张最为突出和典型。持"独身主义"的人包括不同类型，其中有一种是走极端者。这类人的观念带有一种情绪化色彩，认定抱独身主义是最符合人伦道德的。他们认为人本身的性欲、性交，结婚都是不道德的，是极肮脏污秽的，是令人厌恶的。故要求作出独身的选择，这是最反常态、最背人伦道德的，应唾而弃之。五四时期，还有一些激进分子把任何婚姻制度均视为束缚人类自由的锁链，主张要寻真正的人类之爱和"自由结合"，必当废除婚制。"废除婚制"作为一种对未来两性关系的探究，它是具有理论意义的，可在当时却是轻率和不足取的。此外，五四时期有人提出的"不离婚而恋爱"、"多妻制而恋爱"等主张，虽然目的也是为了与传统婚姻相抗争，但需要指出的是，采用这种不恰当的方式抵抗传统不会引导婚姻生活向着文明健康的方向发展，故应舍弃之。

五四时期伦理文化的演变尽管是那样的微弱，但是它是开启现代文明伦理生活的先导，在历史转型时期显示出的重要意义，应予肯定。

原载《人文杂志》1999 年第 2 期

---

① 大白：《请看开除女学生的罪名》，《觉悟》1922 年 5 月 25 日。
② 隋灵壁等：《五四运动回忆录》（下），第 690 页。
③《教育与性教育》，《周建人文选》，第 70 页。

论近代的"废婚主义"

——兼论废婚过渡期的婚姻补充形态

一

婚姻由其形式与内容组成。所谓形式是指婚姻制度、婚姻礼仪、夫妻名目等外在的现象；所谓内容是指两性间的情爱生活与性生活。近代"废婚主义"旨在废除婚姻形式，而更为注重两性间的情爱与性生活，主张不受约束压抑的自由恋爱与自由性交。

1920 年春夏之际，上海《民国日报》副刊《觉悟》开辟了"废除婚制讨论栏"，引起一场大辩论。存统、哲民、李绰、翠英等人坚决主张废除婚制，可称他们为"五四废婚派"。在此之前，亦有主张废婚者，其重要人物有维新派康有为，无政府主义者刘师复等。

康有为虽未直呼废除婚制，似与"五四废婚派"有别，但他的主张否定了既定的婚姻形式，其思想实质已步入"废婚"之列。康有为认为，男女两人"情志相合，乃立合约，名曰交好之约，不得有夫妇旧名"①；"男女合约当有期限，不得为终身之约"②；"婚姻限期，久者不许过一年，短者必满一月，欢好者许其续约"。③ 在此，康有为废除了传统的婚姻制度和夫妇名目，只承认"必满一月"，"不许过一年"的"情志相合"的两性关系；"欢好者"通过"续约"的方式可延长这种关系。但他尤为强调，在一般情况下，"不得为终身之约"。康有为为其立论找到了所谓的"公

---

① 康有为：《大同书》，古籍出版社 1956 年版，第 164 页。
② 同上。
③ 同上书，第 167 页。

理", 即人的 "性格相异" 和 "情欲好移" 所至。他说: "凡名曰人, 性必不同, 金刚水柔, 阴阳异毗, 仁贪各具, 甘辛殊好, 智愚殊等, 进退异科, 即极欢好者断无有全同之理, 一有不合, 便生乖睽。故无论何人, 但可暂合, 断难久持, 若必强之, 势必反目。"① 他又说, "凡人之情, 见异思迁, 历久生厌, 惟新是图, 惟美是好。如昔时合约, 已得佳人, 既而见有才学尤高, 色相尤美, 性情尤和, 资业尤富者, 则必生爱慕, 必思改交。已而又有所见, 岁月不同, 所好之人更为殊尤, 则必徇其情志, 舍旧谋新"。② 故康有为得出结论, "凡魂之与魂最难久合, 相处既久, 则相爱之性多变"③, "虽禀资贤圣, 断无久处能相合相乐之理者也"。④

无政府主义者刘师复公然宣告: "欲社会之美善, 必自废绝婚姻制度实行自由恋爱始。"⑤ 他的论据包括: 其一, 婚姻制度是男子欺压女子, 强者欺压弱者的工具, 从而造成性关系的不公平, "女子以生育之痛苦, 影响及于生理, 且累及于经济, 此为女子被欺之原因。男子乃乘其弱而凌之, 制为婚姻制度, 设种种恶礼法以束缚之, 种种伪道德以迷惑之, 视女子为一己之玩物。男子别有所爱, 可以娶妾宿娼, 女子则不能。男子妻死再娶为合礼, 女子夫死再嫁即为社会所不齿", 可见, 婚姻制度 "背情逆理, 无复人道, 莫有甚于此者矣!"⑥ 即使是狯者创设的 "补苴调停" 的一夫一妻制, 亦 "终不出乎男子所制定, 故必于无形之中, 设为种种不平等之事, 以遂欺侮女子之私。表面上复得免多妻之恶名, 其心视倡言多妻者为尤狯。而女子遂永堕奴隶之黑狱中矣"。⑦ 再则, 用自由离婚弥补婚姻制度的缺憾, 但离婚律的 "种种限制, 仍无丝毫之自由", 若排除限制, "可随时自由离异", 那么这与废除婚制 "相去无几", "又何必为此无谓之举动邪"。⑧ 其二, 婚姻制度对男女二人的情感维系, 并无意义: "两人之爱情, 苟其互相胶漆, 永无二心, 则虽无夫妇之名, 而恋爱自由, 亦可

---

① 康有为:《大同书》, 古籍出版社 1956 年版, 第 164 页。
② 同上书, 第 164—165 页。
③《实理公法全书》,《康有为全集》, 上海古籍出版社 1987 年版, 第 1 集第 281 页。
④ 康有为:《大同书》, 古籍出版社 1956 年版, 第 164 页。
⑤《废婚姻主义》1921 年 5 月,《师复文存》, 革新书局 1927 年版, 第 110 页。
⑥ 同上书, 第 107 页。
⑦ 同上书, 第 107—108 页。
⑧ 同上书, 第 109—110 页。

相共白首，此岂非男女间之美谈，又何必藉婚姻以相牵制。如其不然，则其心已外向，虽有夫妇之名，亦何能为。此时复以法律之势力，强制之命名不能遂其自由，则横决藩篱，任情以逞，其害乃更不堪言。"① 其三，男女情欲出于自然，理当自由，即使有变，亦为正当，"二人相配之事，纯为二人之自由。苟其两个相爱，体力年岁相适，因而相与配合，此实中于公道，必不容第三人干涉，亦无事设为程式。此自由恋爱之真理也"。② 人情有变，爱恋有移，皆为正当，"男女二人之配合，必体力年龄性智识等，两两相适然后可。而人之体力智识无永久不变之理（即或有之，亦极鲜矣）。及其既变之后两人之情意，必有不适，自当随时离异。……若此既离之后，或别与情意相适者合，此亦合理之自由。盖当其与甲恋爱之时，出于两人之合意，为正当之配合，及既离之后，又与乙恋爱，亦出于两人之合意，亦为正当之配合。即前后两者皆为正当"。③

"五四废婚派"对旧式婚姻（专制婚姻）和新式婚姻（自由婚姻）均表厌恶。他们的根据似亦充分：其一，婚姻制度与娼妓制度无异，"婚姻制度，是个娼妓制度变相罢了。……婚姻制度，无论是文明结婚、自由结婚、新式结婚，或旧式结婚等，在理论好像是天经地义的，其实都是做买卖的变相。犹如嫖客把钱送给妓女，妓女把身体卖给嫖客。……婚姻制度是短期的买卖，都是买卖为基础的"。④ 其二，是自然进化的必然，"照进化论说起来……那婚姻制度，也是由杂婚主义，进而为夫妻主义，再进而为自由恋爱主义。这样的推敲，也就是科学自然界进化的结果。"⑤ 其三，情感不是一成不变的，"恋爱是复杂的感情，随时随地可以变的，"⑥ 或曰，"爱情原与天气是差不多一样的自然现象，天气不能天天一样，爱情自然也难免有时要有转变"。⑦ "一个人的恋爱，倘若一经转移到第三者"，那

---

① 《废婚姻主义》1921 年 5 月，《师复文存》，革新书局 1927 年版，第 108—109 页。
② 同上书，第 110—111 页。
③ 《废婚姻主义》1921 年 5 月，《师复文存》，革新书局 1927 年版，第 111—112 页。
④ 哲民：《废除婚制问题底讨论（二）》，上海《民国日报》副刊，《觉悟》1920 年 5 月 20 日。
⑤ 同上。
⑥ 翠英：《结婚到底是什么》，上海《民国日报》副刊，《觉悟》1920 年 5 月 16 日。
⑦ 张松年：《男女问题》，《新青年》第 6 卷第 3 号。

么无论怎样的婚姻制度，也不能"强逼他转来的"。① 其四，满足性欲，无碍道德，"有了婚姻制度，性欲就不能满足了！因为真正的结婚（假定是一夫一妻主义），男女的性欲，是不能和第三者发生的。一和第三者发生，人家就说不道德"。② 其实，"性欲和食欲一样，是动物的一种自然的欲望，就是所谓兽性。我们要想得幸福，总要满足这两种欲望。如果因为性欲是一种兽性，是卑鄙的，是龌龊的，便去抱独身主义，那便叫做忘本。要晓得人是动物进化来的，我们自己就是性欲满足的结果，是神圣不到那里去的。如果有人说，满足性欲，是和道德有妨碍的，那么满足食欲，为什么就和道德没有妨碍呢？"③ 其五，人的性欲无爱情和理性可言，当许其冲动，放纵，"我们认为人类没有理性，只有冲动，感情上冲动，尤其剧烈"。④"我对于男女关系的意见，只承认满足性欲这一条，什么精神的结合，我都反对。所以我想叫做自由交媾，……我以为精神的结合，不止是男女间的事情，男子和男子，女子和女子，何尝没有精神的结合？所以我们只能够说，精神的结合，是人和人之间的一般关系，不是男女两性间的特殊关系。男女两性间的特殊关系，除了交媾外，一概都不应当有。交媾是一种无意识的冲动，不必定要讲什么爱情不爱情。"⑤ 其六，主张"自由的人格"，打破性的专利。真正的自由和恋爱，"只有打破男女生殖器的专利主义，满足个性的性欲目的"。⑥"自由恋爱的根本原理，是在去束缚而取自由。男女的性欲，由于生理作用不得不然，自然应当纯正自由，不该有什么限制和管理。好像有男女两人，互相爱悦，拿纯粹的爱情自由结合。……不必问他俩的恋爱是不是专一，是不是暂久，爱情既出于自由，还有什么限制强迫。"⑦"'自由的人格'底意义，就是主张个人绝对自由，不受一切政治、威权、宗教、形式……的束缚；除出自然律以外，不受一

① 翠英：《结婚到底是什么》，上海《民国日报》副刊，《觉悟》1920 年 5 月 16 日。
② 存统：《废除婚姻问题》，上海《民国日报》副刊，《觉悟》1920 年 5 月 25 日。
③ 存统：《废除婚姻问题的讨论（五）》，上海《民国日报》副刊，《觉悟》1920 年 5 月 23 日。
④ 可九：《废除婚姻问题的辩论（二）》，上海《民国日报》副刊，《觉悟》1920 年 5 月 22 日。存统：《辩论的态度和废除婚制》，上海《民国日报》副刊，《觉悟》1920 年 5 月 21 日。
⑤ 哲民：《废除婚制问题底讨论（二）》，上海《民国日报》，副刊，《觉悟》1920 年 5 月 20 日。
⑥ 孙祖基：《自由恋爱是什么?》，上海《民国日报》副刊，《觉悟》1920 年 5 月 26 日。
⑦ 存统：《废除婚姻问题》，上海《民国日报》副刊，《觉悟》1920 年 5 月 25 日。张竞生：《美的社会组织法》，北新书局 1926 年版，第 17 页。

点限制。我们理想的社会就是使社会各组成员，都适合于'自由的人格'
底社会。婚姻制度，是不适合于'自由的人格'的，所以我要反对
它。……我们一个人自己是要有一个'自由的人格'，不应当属于谁某所
有的。我的爱情……为人家所专利，就是表示我没有'自由的人格'；人
家的爱情……为我所专利，就是侮弄人家底'自由的人格'，总之，我专
利人，人专利我，都是很不应该的，于'自由的人格'有损的。自由结
婚，是一种彼此相互专利的结婚，是不合于'自由的人格'的，所以我们
要反对它。"①

此外，1922 年从法国里昂大学回国任北京大学哲学系教授的张竞生博
士在他 1926 年出版的《美的社会组织法》一书中，从人性、爱情以及男
女性交乐趣的角度，提出以"情人制"代替婚姻制的观点。他说："男女
的交合本为乐趣，而爱情的范围不仅限于家庭之内，故就是时势的推移与
人性的要求，一切婚姻制度必定逐渐消灭，而代为'情人制'。"② 张竞生
对"情人制"的本身作了极为精辟的辩证分析。他说："顾名思义，情人
制当然以情爱为男女结合的根本条件。他或许男女日日得到一个伴侣而终
身不能得到一个固定的爱人；他或许男女终身不尝得到一个固定伴侣，但
时时反能领略真正的情爱；他或许男女自始至终仅仅有一个情人，对于他
人不过为朋友的结合。他也准有些花虱木蠹从中取利终身以欺骗情爱为
能事。"③

上述是近代中国"废婚主义"的主要代表人物及其主张废除婚制的理
论根据，对这些论据进行严肃辨析，可帮助我们更深刻地认识婚姻制度与
社会及人性之间内在的逻辑联系。

二

近代"废婚主义"的论据是多方面的。这些论据可集中概括为三方
面：其一，婚姻制度本身的罪恶；其二，婚姻制度自身发展的必然；其
三，人性的需要。此三方面，又以"人性需要"为重点，近代"废婚主

---

① 张竞生：《美的社会组织法》，北新书局 1926 年版，第 17 页。

② 同上。

③ 同上。

义"者对此议论最多，关心最切，认为由于"情移"和"性欲"的人性所至，所以必须废除婚姻制度。

　　"情移"即康有为所谓"凡人之情，见异思迁"①、存统所谓"爱情随时变动"② 之意。情欲是人复杂的思想情感，把握其规律及特征极为困难，而欲发现其变化是"情移"本身的变更征象更为不易。从人的心理特征看，"情移"现象当属存在，人作为有思维、情感、欲望的动物，在心理上有"向力"与"图新"的特征。人之心理与客观事物相互作用时，一方面由于大千世界的千奇百怪和斑驳陆离，能给人心理造成新刺激而产生"发现感"。这发现感予人快意，进而产生一种内心向力（亦可称趋向力、倾向力，是客体吸引力促成），这"向力"的作用绝不可低估，它可直接影响甚至改变人的行为方式和价值观念。再则，人对平淡无奇、毫无生机的客观环境及对象必久而生厌，由于人"图新"心理的驱使，人将主动自觉地去改造与创新，"创造感"同样能给人以快慰。鉴于这种心理特征的客观存在，在性爱生活中，由于新发现而产生的"向力"，驱人"性爱"移位，在所难免；有人或者将自觉放弃已变得枯燥单调的性爱生活，而勇敢追求和创造新的性爱生活，"情移"现象亦必产生。经典作家对"情移"现象也有论述。恩格斯在《家庭、私有制和国家的起源》一书中说："个人性爱的持久性在各个不同的个人中间，尤其在男子中间，是很不相同的。"③ 恩格斯的论述给我们如下启示：第一，承认性爱变化是客观存在；第二，不同人性爱持久性的程度不同；第三，未否定始终"钟情于一"的人存在。当我们作了上述表述并读了恩格斯的论断后，切莫误解，认为一切人的性爱都是变化莫测，难于始终的，从而放弃对持久性爱的追求。其实，恩格斯的论断留我们的第三个启示已经昭示：有人是能持久保持对一个人的性爱的。在现实中，"情移"的人存在，不承认这一事实，实际是麻痹他人和自己心灵的一种脆弱的心理表现；"钟情于一"的人也存在，不过这种皓首至死亦专注于自己性爱对象的人是不多见的。一般说来，"钟情于一"的情侣双方在炽烈性爱的情感作用下，各自对对方能多方面

　　① 康有为：《大同书》，古籍出版社 1956 年版，第 164 页。
　　② 存统：《废除婚姻问题》，上海《民国日报》副刊，《觉悟》1920 年 5 月 25 日。
　　③ 恩格斯：《家庭、私有制和国家的起源》，《马克思恩格斯全集》第 21 卷，人民出版社 1965 年版，第 96 页。

认同，并在生命的岁月里共同经历着幸福、痛苦、成功、失败、顺畅、磨难、欢合、悲离，且在平凡的家庭生活中，能妥善处理多种矛盾，把炽烈的性爱与现实义务感结合起来，从而使双方如胶似漆的情愫聚集、沉淀、浓缩，再聚集、再沉淀、再浓缩，最终出现"性爱凝华"现象①。"凝华"的性爱蕴藏并可释放巨大的爱的能量，它可抗拒"情移"之力，抵制"向力"和"图新"之力，使双方之性爱永葆美妙之青春！因然这"凝华"之爱与赤裸裸的性欲相比减弱了肉感的冲动和刺激，但却增强了性爱的深层体验和享受。情感心理极其复杂，人之性爱或许因情恋者的一方或双方的性情容貌变化，财力权势变化，才学观念变化而变化；或许因客观某种"时髦"观念的诱导而变化；或许因双方性爱的彻底交融而地久天长。而近代"废婚主义"者只注重人本身的体性而忽视了人的社会性，只注意到人心理的"情移"现象，而忽视人之性爱的稳定和持久性，因此，其所持论据是片面的。

"性欲"指与异性性交的强烈欲望。性交给人以震颤身魂的快感。性欲是人的一种自然属性，古语所谓"食、色、性也"②"饮食男女，人之大欲存焉"，③即指此意。一般地说，性欲满足需要道德规范，性交要求在夫妻间进行。但社会现实中，性交与性爱既统一又分离，其对象也有超出夫妻范围的，其方式亦呈现多样化：其一，夫妻间情与性的融合，这是一种身与心的结合，灵与肉的交融，是人类理想的情与性的统一，令人憧憬、向往。没有性的交合，情爱不能升华；缺乏爱恋的性交，享受不到那具有持久性的情恋的快乐！这是一切真正体味过性爱的夫妻所具有的共识。其二，毫无情感可言的肉欲冲动和泄欲，它常常被诅咒为兽性。无爱情可言的夫妻性交、强奸、嫖娼均属此类。这是人性的野蛮、残暴，是对人类美好两性关系的亵渎、践踏。其三，夫妻间性爱犹存，但内心情感亦有外求，这是一种非常复杂的人类情感现象。夫妻间的爱河没有枯竭，仍首肯自己的配偶为理想伴侣，只是彼此间炽烈的情感淡漠了，并时而出现某一方位的缺乏情感互补的感觉，因此产生一种情感外求愿望。在这样的

---

① "性爱凝华"指夫妻间深厚的性爱升华至纯然而又高尚的境界，并凝结为不因客观条件变化而轻易变化的炽烈和永恒的状态。

② 《孟子·告子上》，《十三经注疏》下册，中华书局1980年版，第2748页。

③ 《礼记·礼运》，《十三经注疏》下册，中华书局1980年版，第1422页。

心态下，出现两种现象：其一，在诸多因素驱使下，控制着自己的情感外求，为了维持既定的爱情、婚姻和夫妻关系，他们情愿在行为活动上把性爱"专注在一个目的，情愿自己制裁性欲的自由，情愿永久和他所专注的目的共同生活"，① 这里通过自我压抑达到了性与爱的统一。但因它并不符合"情感调适"规律，往往以精神的茫然直至痛楚为代价，以毫无活力的精神麻木为始终，终有不可言尽的人生缺憾！所谓"情感调适"指夫妻性爱处于缺少活力和激情时，用暂时"情移"方式重新刺激，这种刺激能使夫妻性爱得到新的调剂，并重新有所发现，重新有所感悟，从而使夫妻性爱进入更新层次的适然状态。利用"情感调适"手段，就出现了第二种现象，即自觉不自觉地与第三者发生情感瓜葛和情感往来。应当指出，情感是一种与行为并非必须吻合的意识活动，就性爱而言，人能否只注重外在的行为活动而漠视内在的意识活动呢？回答是否定的。在现实道德的规范下，一些人为逃避舆论的谴责，可能要默默承受心灵上的痛苦而在行为上有所收敛。这在形式上保持了夫妻性爱的"纯洁"，控制了社会两性关系的自由度。然而真正的性爱作为人的内在的意识活动是心底深处的体悟和享受。道德束缚对真正的性爱是没有意义的。况且，人的性爱热烈到不惜拿生命作赌注时，道德防线也就彻底崩溃了！道德束缚的是行为而不是心灵。正是由于它束缚了行为而无法约束情感世界，问题便由此产生。由于夫妻情感的渐次淡漠茫昧，内在的情感失调因不能得到适当调适而最终外现，并很容易导致婚姻的解体。这给夫妻双方、子女和亲人以及社会带来的不幸将是沉重的。若在事前能用"情感调适"手段，经过"再发现"过程，重新找到夫妻新的情感层面和美的心灵层面，进而弥合夫妻心灵中的情恋世界，那么为夫妻情恋的深入发展所付出的"情移"代价或许是值得的。有人担心，如果这样，兽欲横流的世界到了，其实不然。"情感调适"导致的"情移"与单纯肉欲导致的乱交不同，前者需要得到的是一种"情感满足"。而双方情感满足是以尊重对方人格为前提的，因为双方互相尊重对方的人格，自然不会导致乱交。至于某些人的兽欲冲动，那是任何时代、任何婚姻形式下、任何道德氛围中都无法避免的，应另当别论。近代"废婚主义"者认为废除婚制就是为了充分满足性欲，这种任性的自由交

---

① 《胡适答蓝志先书》，《新青年》第 6 卷第 4 号。

媾与人的情感满足相抵牾。他们的理论误区在于对"人"认识上的错误。作为具有社会性的人被他们视为仅仅是毫无理性的性欲动物。这种"没有理性"、"只有冲动"的人已经成了"禽兽",那么用婚姻制度束缚"禽兽"的冲动,自然不合情理,故应废除婚制,给性爱"没有持续性"的人们以最大的自由。按此推理,我们所见到的将是一个龌龊、卑劣的禽兽世界!只见"没有理性"、"只有冲动"的人们,今天甲向乙冲动,明天乙向丙冲动,那么就"完全成了乱交的状态,使兽性的冲动逐渐增加"①。若此,兽欲横流的社会必将给人类带来灭顶之灾!然而人是有理性、有情感的。人的理性与情感可以为婚姻增色,婚姻又可以增进和加深人们的情感。那种认为人只有性欲冲动,没有情感交融和理性规约的观点是错误的。在两性关系中,人们是用情感和理性对自己的行为进行控制和调节的,人之所以不同于动物,就在于此。

三

我们发现近代"废婚主义"者的废婚观是为未来设计的,并非主张在当时社会即刻实行,而是在根本改造社会后再来实践的。康有为的观点阐发于《大同书》上。《大同书》描绘的大同世界是康有为"三世"理论中理想社会的"太平世"。刘师复废婚主张与"从国家主义进入到无政府主义"的理论相对应,"由部落主义,进而为国家主义,再进而为无政府主义,那婚姻制度,也是由杂婚主义,进而为夫妻主义,再进而为自由恋爱主义"②。这里把部落主义与杂婚主义相对应,把国家主义与夫妻主义相对应,把无政府主义与自由恋爱主义相对应③,恰好是对刘师复观点的最好注解。"五四废婚派"更是屡屡提到婚姻制度"不是现在一时所能废除的"④,而是社会得到根本改造之后的事情,"我以为社会底经济组织,没有根本改变以前,什么婚姻问题、家庭问题、男女平等问题、教育普及问

---

① 葆华:《废除婚姻问题的讨论(二)》,上海《民国日报》副刊,《觉悟》1920 年 5 月 11 日。
② 哲民:《废除婚制问题讨论(二)》,上海《民国日报》副刊,《觉悟》1920 年 5 月 20 日。
③ 当时的"自由恋爱主义"特指废婚主义。
④ 存统:《废除婚制问题底讨论(一)》,上海《民国日报》副刊,《觉悟》1920 年 5 月 20 日。

题……统统都不能解决的。我们要解决这些问题，还须从事根本改造去！"① 张竞生也说："情人制"是在"婚姻制必定逐渐消灭"② 之后再实行的。"逐渐消灭"既表明婚姻制度不是现在而是要经过一段时期后才消灭的，又提醒人们注意婚姻制度消亡是个逐渐的过程。而"逐渐"是渐变，这种渐变意味着什么？下文我们将深入探索。

综上所述，近代"废婚主义"者的理论是针对未来社会的，这个未来社会到底是一个什么样的社会，"废婚主义"者大多语焉不详，或仅作些理论幻构而已。如何能达到这样一个社会，他们均未给予理论上的解决。但他们的废婚主张作为一种哲学思考，作为一种人的解放学说，却具有理论上的深意和某种合理性及启示性，对此我们绝不能不加分析地给予全盘否定。婚姻制度是随着社会经济关系的发展而变化的，"社会的经济基础和社会结构的改变，必然导致缔结婚姻的动机、婚姻家庭的形式和性质的改变，也必然导致婚姻家庭生活的物质方面同精神方面之间的相互关系的改变"。③ 正如群婚制与蒙昧时代相对应，对偶婚制与野蛮时代相对应，一夫一妻制与文明时代相对应一样，不同的婚姻制度是适应于相应的社会经济基础和社会结构的。而到了人类的理想社会（即共产党人为之奋斗的共产主义社会），婚姻制度的消亡在所难免。所谓婚姻制度的消亡指文明时代的一夫一妻制的消失。恩格斯在回答"共产主义制度对家庭将产生什么影响"时说，到了那个时代，"两性间的关系将成为仅仅和当事人有关而社会勿需干涉的私事"。④ 既然是"社会勿需干涉"，那么社会就没有必要再像以往为两性关系制定什么所谓的婚姻制度或其他形式并形成法律条文来制约和要求人们；既然是"仅仅和当事人有关"，那么当事人采取什么形式来处理两性关系也就成了当事人的自由。有了这样的自由，还怎么会再有既定的统一众人的婚姻制度呢？马克思说过，婚姻"确实是一种排他性的私有财产的形式"⑤，私有财产的形式与私有制本身相对应，那么婚姻

---

① 存统：《废除婚制问题底讨论（一）》，上海《民国日报》副刊，《觉悟》1920 年 5 月 20 日。

② 张竞生：《美的社会组织法》，北新书局 1926 年版，第 17 页。

③ 罗国杰：《伦理学》，人民出版社 1989 年版，第 298 页。

④ 恩格斯：《共产主义原理》，《马克思恩格斯全集》第 4 卷，人民出版社 1958 年版，第 371 页。

⑤ 马克思：《1844 年经济学哲学手稿》，《马克思恩格斯全集》第 42 卷，人民出版社 1979 年版，第 118 页。

这种私有财产的形式将随着私有制的消失而消失。为此恩格斯还进行了论证，他认为婚姻制度消亡"这一点之所以能实现，是由于废除私有制和社会负责教养儿童的结果，因此，由私有制所产生的现代婚姻的两种基础，即妻子依赖丈夫，孩子依赖父母，也会消灭"①，进而最终导致婚姻制度的消亡。

前文张竞生提出"婚姻制必定逐渐消灭"，这种"逐渐"的渐变意味着量变。任何事物质的变化都是量变发展到一定程度后的结果，没有量变不能导致质变，婚姻制度也是如此。不同时代的不同婚姻制度间的连接是多样婚姻形式掺杂的混合状态——即一种量的转化状态。人类婚姻制度不能今天还处于群婚制，明天就立时转变成对偶婚制，也不能今天还是一夫一妻制，明天婚姻制度就消亡了。婚姻制度没有量变过程就臻于质变是不可思议的。就如"在野蛮时代高级阶段，在对偶婚制和一夫一妻制之间，插入了男子对女奴隶的统治和多妻制"② 一样，没有一个作为婚姻的补充形态充当中间转化的量变因素，也就不可能发生婚姻制度的质变。婚姻制度在其量变过程中，婚姻形式不可能纯然为一，否则也就无法显示其渐变的特征。那么，婚姻制度从文明时代的一夫一妻制走向其消亡之漫长的岁月中，作为婚姻量变因素的补充形态是什么？这是摆在我们面前的一个严峻课题，应当进行学理探究。而那种缺乏深刻论述的，认为今天是一夫一妻制，未来将废除婚姻制度的极为空洞的理论，因为未能揭示过渡时期的婚姻补充形态，所以对社会婚姻生活没有具体指导意义。近代"废婚主义"者正是如此，他们对婚姻消亡前这一过渡时期的婚姻补充形态没有作出明确的回答，暴露出他们理论的局限和缺略，是他们废婚理论缺少魅力和实践意义的原因所在。

恩格斯说："随着生产资料转归社会所有"，一夫一妻制"不仅不会消失，而且相反地，只有那时它才能十足地实现"。③ 读这段话，我们不要误以为在婚姻制度消亡之前只存在单一的一夫一妻制，恩格斯阐述的主旨是

---

① 恩格斯：《共产主义原理》，《马克思恩格斯全集》第 4 卷，人民出版社 1958 年版，第 371 页。

② 恩格斯：《家庭、私有制和国家的起源》，《马克思恩格斯全集》第 21 卷，人民出版社 1965 年版，第 88 页。

③ 同上书，第 89 页。

指一夫一妻制是婚姻制度消亡前的主要婚姻形式，是应当被人们肯定并愿
接受的婚姻形式，但绝不是排除任何补充形态的唯一形式。否则，又显露
出理论上的缺漏，又否认了婚姻制度变化过程中量变因素的存在。我们现
在可以认为，从一夫一妻制到婚姻消亡的过程中，存在一个作为量变因素
的婚姻补充形态，那么这个婚姻补充形态是什么呢？

文明时代的一夫一妻制，它既是一种美的理想，又是一种生活实践。
作为生活实践，对多数人来说，由于诸多条件所限，它本身的色彩显然比
之理想的光环要逊色得多。就如有时看到一幅艺术风景照给人的感觉与亲
自置身此地给人的感受有着相当的差距一样。夫妻间达到"性爱凝华"的
境地所要求的条件较高。毋庸讳言，真正达此境界者，只有少数人，而多
数夫妻因多种条件的不具备而与之少缘。因此，真正以性爱为基础而建立
起来并得以永恒的一夫一妻制是人类的理想，在理论上成立，在实践中却
不多见。

我们既是理想主义者，又是现实主义者。我们不能不顾现实一味地幻
求理想，那是空想；我们也不能完全陷于实际而不再有理想的追求，那是
堕落。由于主客观条件的限制，多数人的夫妻关系在实际生活中只能处于
适合又不适合，满足又不满足，幸福又不幸福的状态中。在婚姻生活的实
践上，"不是每个人都能从周围选定最好的情侣，人们心灵上的特征不会
完全同理性上的特征相协调"[1]，这就加剧了夫妻生活的"不适合"、"不
满足"和"不幸福"。然而人的本性是否定"不适合"、"不满足"和"不
幸福"，而去追求"适合"、"满足"和"幸福"的。社会越是发展进化，
人类这种追求就越强烈、越执着。人的情爱随着社会和人的文明程度的提
高而被净化，变得更加圣洁和崇高；人的情感需要随着社会和人的进化而
同"食"、"色"一样将成为人的本能需要。文化造就人，使人进化，它反
映在人的文化性格上。这种文化性格甚至能够变为人的自然属性。"情感
满足"是异性间达到的那种强烈的精神向往、调和及吸引，是人生幸福的
重要组成部分。当肉体满足已不能满足比人们强烈的性欲更高的要求时，
往往要出现两性间的精神调和与吸引，这时"情感满足"的需要产生了。
"情感满足"是两性心灵间快感和美感的统一物，是人在文明进化过程中

---

[1] 罗国杰：《伦理学》，人民出版社 1989 年版，第 292 页。

产生的本能需要和自然属性。"情感满足"作为"人的需要"的新概念与"食欲满足"、"性欲满足"的概念是平等的。"人具有的需要在何种程度上成了人的需要，也就是说，别人作为人在何种程度上对他来说成了需要"①，那么，所谓"情感满足"需要是人具有的需要在"情感满足"程度上成了人的需要，别人作为人在"情感满足"程度上对他来说成了需要。可见"情感满足"作为"人的需要"所具备的人生重要价值。个人情感类型有较为固定的模式，这种难得变化的模式不间断地、长时间地刺激，就会在一部分夫妻那里产生情感上"不适合"、"不满足"、"不幸福"的危机信号，进而导致夫妻情感生活的枯燥和乏味。根据情感调适理论，此时易出现"情移"现象，这种现象恰恰成了"情感满足"的一种方式。随着闲暇的增多、娱乐方式和交往方式以及信息流通渠道的多样化，就给人们带来"情感满足"的诸多机会。"情感满足"并非无限量的，它与"食"、"色"相同，有着量的限度。因此，在现实的两性生活中将产生的事实是，在一部分人当中，除了自己的夫或妻外，个人又多了一个或几个"情感伙伴"，用以满足个人的情感需要。然而需要说明的是，"情感伙伴"的出现并非夫妻感情破裂造成，而是夫妻感情降温而达不到"情感满足"所至，是"情感调适"理论的现实折射。这与夫妻感情破裂，需要离婚再重新恋爱的性质截然不同。"情感伙伴"的出现，在婚姻形式上将出现一个令人瞩目甚或惊异的新现象：即在一夫一妻婚姻制度下，事实上将出现一种"一夫一妻多情制"的婚姻形态。这种婚姻形态刚刚出现，绝不被社会认同，与现今道德和法律相抵触，在一定时期内，"在口头上是受到非难的，"② 甚至要遭至多方的抵御和诬蔑。犹如一夫一妻制的产生，起因于私有制及其私有财产的继承。在其形成之初，夫妻的性关系并不平等，但它最终成为文明时代的标志，成为夫妻平等的婚姻方式。"一夫一妻多情制"也是一样，在它的产生之初，往往要以伤害夫或妻的情感为代价。而任何婚姻形式的产生，都与原来既定的某些婚姻模式有所抵牾，甚至有某

---

① 马克思：《1844 年经济学哲学手稿》，《马克思恩格斯全集》第 42 卷，人民出版社 1979 年版，第 119 页。

② 恩格斯：《家庭、私有制和国家的起源》，《马克思恩格斯全集》第 21 卷，人民出版社 1965 年版，第 79 页。

些给人以玷污他人情感的自私的道德倒退的印象。的确如此，恩格斯在谈到一夫一妻制是一个伟大的历史进步时强调，"任何进步同时也是相对的退步，一些人的幸福和发展是通过另一些人的痛苦和受压抑而实现的。"[①]面对这种客观实际，社会若不顾事实地去严惩和禁止它，也不会得到预想的效果，"就像对付死亡一样，是没有任何药物可治的"[②]。"一夫一妻多情制"必将逐渐和一夫一妻制并行而成为其不可避免的相伴者。性爱是个非常复杂的情感世界，人们在这个世界里品尝了真正的人生快乐和幸福，也剪不断那些随时袭来的痛苦和悲辛。人们在品味着这情爱世界给自己带来的感受时，让人领悟到，快乐与痛苦是多么紧密的联系着，两者的得失似乎成了正比，即获得多大的欢愉往往以背负多大的痛苦为代价，失掉多大的幸福同时也以消解同等的悲郁相伴随。然而面对事实，人们"自己将知道他们应该怎样行动，他们自己将造成他们的与此相适应的关于个人行为的社会舆论"[③]，用这种新造成的社会舆论（即新道德观念）去导拨人们的思想情感与行为方式，使人们从心灵的痛楚中欣然地走出来。新道德的产生就如很多人刚刚品尝"咖啡"和"可口可乐"以及观看"牛仔服"时很不习惯一样，后来却非常地喜爱和欣赏了。到了此时，开始那种对夫或对妻的情感伤害就将随着新道德观念的确立而渐次减弱，直至消失。随着人类文明的进步，每个人是可以养成这种情感超越的心理素质的。为私有财产继承的需要而出现了一夫一妻制，为"情感满足"的需要又出现了"一夫一妻多情制"。在当今社会不断进化，传统观念不断动摇的时刻，"一夫一妻多情制"的必将产生是当给予理论论证和分析的。

我们继续强调，"一夫一妻多情制"绝不是以夫妻感情破裂为条件而出现的，而是因夫妻间不能充分满足个人的情感需要作为一种补充形态出现的。如果说卖淫是为了满足一夫一妻制度下男人的肉欲的话，那么"一夫一妻多情制"是为了满足一夫一妻制度下男女双方的情感需要。"一夫

---

① 恩格斯：《家庭、私有制和国家的起源》，《马克思恩格斯全集》第21卷，人民出版社1965年版，第78页。

② 同上书，第83页。

③ 恩格斯：《家庭、私有制和国家的起源》，《马克思恩格斯全集》第21卷，人民出版社1965年版，第96页。

一妻多情制"最终能被人们认同,不仅因为有新的道德来解释它,同时也因为它受"情感调适"规律支配,在人们情感生活中能够真实地发生作用。就情感已降温的夫妻而言,它或许在不同程度上能重新激活夫妻间的情感并使夫妻情感再度趋于融洽,热烈和长久。它可使完整的家庭不因缺乏"情感调适"而破裂,而因得到"情感调适"而稳定,它同时也给社会带来更多的稳定因素。而"情感伙伴"与自己的夫或妻不同,它的稳定性比之于自己的夫或妻较差,容易变化,会出现新"情感伙伴"替代旧"情感伙伴"的现象。至此,人们有了新疑惑,认为人类圣洁的爱情被玷污了,在人类性爱关系中还有什么"专一"而言,还有什么"排他"、"占有"、"给予"而言呢?恩格斯说过:"性爱按其本性来说就是排他的。"①被普遍接受的一般爱情观也讲情恋者之间的"给予"和"占有"。但是我们只要谨慎地审视这些概念,会意识到,在未来历史进化的新时代,这些爱情特征与"一夫一妻多情制"并不矛盾。爱情属人类情感意识活动的一部分,属精神活动的范畴。情感活动与行为活动有时并非完全统一。现实生活中,有多少夫妻间,虽保持既定的婚姻关系,虽在行为活动或肉体上从未他属,但爱情移位,使他们在性爱活动的精神世界中占有别人或被别人所占有,我们还能视此为专一和排他吗?被性爱抛弃的一方还能心安理得地占有着对方吗?在精神活动发生移位的时候,再用外在的行为活动去作衡量判断的圭臬,这对人类的性爱生活,还有什么实际意义呢?人们在性爱生活中更应注重的是精神活动,行为活动应当为精神活动所支配并服务于精神活动。鉴于此,我们应更缜密地重新诠释性爱观念中的"排他"、"占有"和"给予"等一直被情恋者所青睐的字眼儿。我们认为,所谓"排他"是向目标全身心释放情愫那一时刻的情感特征之一。它只意味着在释放情愫那特定时刻,情感世界所具备的特征。忽视"排他"的特定时间,而视其为久远的不间断的情感现象,并不科学。试想,有谁能长久甚或终身一刻不停地向目标释放情愫呢,谁也做不到。实际上那种虽具间歇性,但却无数次向一个目标释放情愫已是难能可贵的永久性排他了!现实

① 恩格斯:《家庭、私有制和国家的起源》,《马克思恩格斯全集》第21卷,人民出版社1965年版,第95页。

的某些人所认同的情感"排他",完全是一种自私心态的表现,他只要求对方在性爱活动中严于"排他",却宽容和排除自己本人,这是情恋世界中的不诚实与不公平。所谓"占有"指当对方向本人释放情愫的那一时刻,本人全身心地接受了对方的情感,这种时间的吻合,才使你实现了"占有"。而那种肉体的占据比起这种精神的融合,实属微不足道。所谓"给予"是指向对方释放情愫并得到对方的接受,此刻的释放堪称"给予"。"占有"和"给予"有时是统一的。如果双方同时向对方释放情愫又同时接受对方向本人释放的情愫,这就是"占有"和"给予"的统一,这是情恋者之间全身魂的融合,是人生最完美、最幸福、最崇高、最圣洁的情感交融与享受。我们应当注重的就是这种精神上的有实际意义的"排他"、"占有"和"给予",而不要忽视这种精神上的高尚情感,反却偏偏看重那稍逊一等的外在行为的异性往来。

"一夫一妻多情制"将成为一个事实而存在,它是由一夫一妻制臻于婚姻制度消亡之间的起过渡作用的一种婚姻的补充形态。恩格斯在谈及"一夫一妻制十足地实现"后儿童的抚养和教育时说:"社会同等地关怀一切儿童,无论是婚生的还是非婚生的。"① 这里给我们透露了一个非常有价值的信息,即"非婚生的"儿童的存在。所谓"非婚生的"有几种情况,或婚前所生,或离异后所生,或逼奸所生,或"情感伙伴"所生。总之,除逼奸所生外,其他形式都是两相情愿的。这里无疑暗示了在一夫一妻制"十足地实现"的时候,有"情感伙伴"的存在,并有"情感伙伴"所生的孩子存在。道德和法律等上层建筑是为经济关系服务的,它随着社会经济的变化而渐次变化。因此,在未来的相当长的一段时期后,由于经济关系的变化,"一夫一妻多情制"必将与社会的道德和法律最终统一起来。这是一个漫长的过程,在这个过程中,"一夫一妻多情制"形成过程的特征是:从内在情感到外在行为;从隐匿状态到公开状态;从个别少数人到普遍多数人。"一夫一妻多情制"就是沿着这样的轨迹逐渐发展着。它将与一夫一妻制同时存在,它们是对立物,但却是不可分离的对立物,就像

---

① 恩格斯:《家庭、私有制和国家的起源》,《马克思恩格斯全集》第 21 卷,人民出版社 1965 年版,第 89 页。

资本主义时代一夫一妻制与卖淫是"不可分离的对立物"① 一样。

在经过一个相当的历史阶段之后，随着"一夫一妻多情制"的发展、扩大、膨胀，最后不但使对立物的"一夫一妻制"开始缩小，渐渐地，直至被消融，而且最终连它自身也被冲破，与一夫一妻制同时解体，同归于尽。正如恩格斯所反问的一样，在资本主义时代，"能叫卖淫消失而不叫一夫一妻制与它同归于尽吗?"② 当然不能。一夫一妻制与"一夫一妻多情制"的不复存在标志着婚姻制度的质变，标志着废婚时代的到来。如果没有"一夫一妻多情制"作为一个量变因素在其中发生作用，一夫一妻制就不会骤然在第二天立时消失。这个矛盾运行轨迹将日趋明朗。在"一夫一妻制"和"一夫一妻多情制"并存的时代，两性关系是多元的。这时还将夹杂着其他非主要形式，如独身（有两种：其一是有情感伙伴而不结婚者；其二是自恋者）、同性恋等。因其不是主要形式，其影响力是有限的。婚姻制度的变革虽说是一个漫长的过程，但人们不应以忽视其变化的态度对待它，而当尽力促使那微弱之渐变。

在废婚时代，两性关系是自由的，而自由的不同程度成为性爱质量高低的条件。到了那个时代，"爱情将成为两性关系的唯一可能的主要调节者"。③ 与一人恋爱的时间长短根据与其爱情的长短而定；一生与多少人恋爱根据发生过多少次爱情而定。它与原始社会群交以至公妻制绝不相同，正如恩格斯所言："在实行财产公有时，不会同时宣布公妻制吗？答：绝不会。"④ "公妻制完全是资产阶级社会特有的现象，现在的卖淫就是这种公妻制的充分表现。卖淫是以私有制为基础的，它将随着私有制的消失而消失。因此共产主义组织并不实行公妻制，正好相反，它要消灭公妻制。"⑤ 废婚时代是个高度文明的时代，是情感和理性高度统一的时代。绝不是当今一些人那种鄙陋龌龊的心灵所能领悟的，而再一次把废婚时代的

---

① 恩格斯：《家庭、私有制和国家的起源》，《马克思恩格斯全集》第 21 卷，人民出版社 1965 年版，第 89 页。

② 同上。

③ 罗国杰：《伦理学》，人民出版社 1989 年版，第 312 页。

④ 恩格斯：《共产主义信条草案》，《马克思恩格斯全集》第 42 卷，人民出版社 1979 年版，第 379 页。

⑤ 恩格斯：《共产主义原理》，《马克思恩格斯全集》第 4 卷，人民出版社 1958 年版，第 371 页。

两性关系又狭鄙地解释为——仅仅是为了满足兽欲！从这点看，近代"废婚主义"者，认为废婚仅仅是为了满足性欲的自由交媾之说，是当给予批判的。

到了废婚时代，我们不否认还有因"性爱凝化"而终身相爱的情侣存在。那个时代，自然还会出现达不到"情感满足"的新矛盾，但那将是那个时代的人们去自己解决的课题了。

"社会转型与文化变迁国际学术研讨会"

提交论文，1995 年 10 月，武汉

五四时期的"废婚主义"

1920 年春夏之际，上海《民国日报》副刊《觉悟》开辟了"废除婚姻制度"的讨论专栏，进而掀起了一场史无前例的"废婚"大论战。论战双方以"讲演"、"通信"、"评论"方式撰文，畅快淋漓地表达了各自的感想、观念与主张，通过双方的反复论争，人们对于"废婚"问题有了更为清晰的认识和深远的理解。

一 关于"废婚"的论辩

五四时期主张废婚的代表人物可称其为"废婚派"，他们对旧式婚姻（专制婚姻）和新式婚姻（自由婚姻）均表厌恶，极力主张废婚，并从两方面论述了自己的废婚主张：其一，阐明了废婚的意义。废婚派认为废除婚制"是为世界人类（男女）谋幸福"①。人类最大的幸福是每个个体的"自由人格"，而"婚姻制度，是不适合于'自由的人格'的"，故当废弃之。即便是"自由婚姻"，也是"一种专利的结婚。甚么专利？就是爱情专利和性交专利。我们一个人自己是要有一个'自由的人格'，不应当属于谁某所有的。我的爱情……为人家所专利，就是表示我没有'自由的人格'，人家的爱情……为我所专利，就是侮弄人家的'自由的人格'。总之，我专利人，人专利我，都是很不应该的。于'自由的人格'有损的"②。他们认为废婚的意义就在于"去束缚而取自由"③。由于对"自由的人格"的追求，废婚派还肯定了"移情"现象，认为"恋爱是复杂的感

---

① 哲民：《废除婚姻问题的讨论（一）》，《觉悟》1920 年 5 月 11 日。
② 存统：《废除婚制问题》，《觉悟》1920 年 5 月 25 日。
③ 孙祖基：《自由恋爱是什么？》，《觉悟》1920 年 5 月 26 日。

情，随时随地可以变的"①；也肯定了婚外性关系，认为"满足性欲，是人
类（不止人类）正当的要求，谁也不能阻止他"②。废婚派把废婚后的社
会视为太平的理想社会："那时候，无父子，无夫妇，无家庭，无名分的
种种无谓的束缚，所谓不独亲其亲，不独子其子，岂不是一个很太平的世
界，大同的社会吗?"③ 其二，批判了婚制的危害。废婚派认为，"婚姻制
度，是个娼妓制度的变相罢了，比较起来，是一点没有分别的，现在把我
的意见说出来。婚姻制度，无论是文明结婚，自由结婚，新式结婚，或旧
式结婚等，在理论好像是天经地义的，其实都是做买卖的变相。……婚姻
制度，是长期的卖买，娼妓制度，是短期的卖买，都是卖买为基础的，不
是真正的自由和恋爱为基础的"④。新旧婚姻均是一种买卖关系："我看见
结婚不过是'生殖器的买卖'；婚证是买卖的契约，婚礼是买卖的手续，
买卖的媒介是金钱和恋爱。没有恋爱，单靠金钱，由第三者做买卖的掮
客，把生殖器卖给人，这就是旧的结婚；有了恋爱，靠着证婚书和约指，
强使大家永远结合，恋爱不能移到第三者，生殖器彼此专利，这就是新的
结婚。"⑤ 废婚派正是通过对上述两方面的阐述来提出自己的废婚主张的。

　　五四时期反对废婚的代表人物可称其为"反废婚派"，他们认为提出
一种婚姻主张，"必要求普遍的效果，实行去做才好。不是囫囵吞枣、空
谈妄想可以解决的"⑥。他们认为一旦废了婚制，社会将陷于极悲惨的状
态，所以不赞成废婚，并认定一夫一妻是"绝对的信条"⑦。反废婚派的一
海曾向废婚派的翠英提出质问，以表达自己反对废婚的态度，他对翠英
说："你现在已经活了二十岁，你有没有自立的能力么? 你既主张自由恋
爱，遇着情场危变的时候，你有没有自镇自持的果断否? 你起初发生一个
恋爱，同时又发生别个恋爱，你怎样处置呢? 你是主张自由恋爱的女子，
别个男子也主张自由恋爱，他的恋爱，有时绝灭，你自然也绝灭了他，但
是后来所遇着的恋爱的男子，都这样，你将何以自安呢? 别个男子同时和

---

① 翠英：《结婚到底是什么?》，《觉悟》1920 年 5 月 16 日。
② 存统：《废除婚制问题》，《觉悟》1920 年 5 月 25 日。
③ 哲民：《废除婚姻制度的讨论》，《觉悟》1920 年 5 月 8 日。
④ 哲民：《废除婚制问题的讨论（二）》，《觉悟》1920 年 5 月 20 日。
⑤ 翠英：《结婚到底是什么?》，《觉悟》1920 年 5 月 16 日。
⑥ 葆华：《废除婚制问题的讨论（二）》，《觉悟》1920 年 5 月 11 日。
⑦ 葆华：《废除婚制问题的讨论（二）》，《觉悟》1920 年 5 月 11 日。

两个女子发生恋爱,你也是其中之一个,你亦愿意么?"① 反废婚派认为爱情的不专一,将使人类情感遭至灭顶之灾。

废婚派与反废婚派之间的思想主张差异很大,双方就废婚问题展开了激烈的论辩。论辩内容较为广泛,而重要的问题集中于如下几点:其一,关于"自由结婚"的论辩。废婚派认为自由结婚并不自由,"既然有了结婚的束缚,怎么还可以叫做绝对的自由"②。自由结婚与专制结婚是五十步笑百步③。反废婚派认为"自由婚姻是绝对自由的","凡一对男女,要结婚必定是先有交际,由交际生好感,由好感生爱情,由爱生恋,由恋才有结婚的要求。要双方同意,方才可以结婚"。在当时的社会状态下,"比自由婚姻更好的结婚法"是没有的④。其二,关于"节制性欲"的论辩。反废婚派认为,"如果废除婚姻制度,那么,今天甲和乙恋爱,明天乙向丙恋爱,完全成了乱交的状态,使兽性冲动逐渐增加"⑤。"性欲虽是人类正当的要求,但也要有一定的节制,倘没有节制,生理上就非常危险了。……所以一定要有婚姻制度,来节制这性欲过度的要求"⑥。废婚派认为反废婚派的这种见解是没有"了解'自由恋爱'的真理,所以就要误解到什么乱交、兽性上面去,把那种神圣的'自由恋爱'沾了污点"⑦。废婚派认为:"婚姻制度,非但不能限制性欲,而且有时还要纵欲,因为他不必要双方同意","限制性欲,只要从生理上自己去限制,用不着婚姻制度"⑧。其三,关于如何对待理想的论辩。反废婚派认为:"自由恋爱,废除婚制,都是理想的话。"⑨ 他们引杜威(John Dewey)的话说:"若是先从理想做起,恐怕终究不能达到目的了。"⑩ 废婚派则认为,正因为是理想,我们才去追求它,"如果已经成为事实,那么何必要我们提倡","我们惟其因为他还是一种理想,所以拼命地去鼓吹、拼命地去提倡,希望他

① 一海:《废除婚制问题的讨论(四)》,《觉悟》1920年5月23日。
② 存统:《废除婚制问题的讨论(五)》,《觉悟》1920年5月23日。
③ 可九:《废除婚制问题的辩论(三)》,《觉悟》1920年5月22日。
④ 笑佛:《废除婚制问题的辩论(一)》,《觉悟》1920年5月22日。
⑤ 葆华:《废除婚制问题的讨论(二)》,《觉悟》1920年5月11日。
⑥ 赞平:《废除婚制问题的讨论》,《觉悟》1920年5月28日。
⑦ 哲民:《主张废除婚制的说明》,《觉悟》1920年5月13日。
⑧ 存统:《废除婚制问题的讨论(一)》,《觉悟》1920年5月29日。
⑨ 存统:《辩论的态度和废除婚制》,《觉悟》1920年5月21日。
⑩ 葆华:《废除婚制问题的讨论(二)》,《觉悟》1920年5月11日。

变成事实!"① 五四时期,关于"废除婚制",双方明确地表白了自己的态度,并对一些具体问题展开了针锋相对的论辩,这场论战的历史意义是不能忽视的。

二　废除婚制与社会的根本改造

五四时期,伴随着新文化运动的开展,在怀疑、批判和否定传统文学、文字、艺术、思想、伦理、国民性格、社会习俗这样一种文化气氛中,婚姻问题也作为关系着个人生活的幸福与自由的大事,又一次引起人们的普遍关注:"婚姻问题,几乎成了今日社会上一个中心问题了。许多有志的青年男女,有的为此牺牲了性命,有的因此苦恼了终生。一般学者也都很注意这个问题,作学理的研究,就事实上讨论,以求正当解决的方法。于此更可知这个问题在社会上的影响与重要了。"②

五四时期的"废婚主义",是这个时期婚姻文化变革中的一项重要内容。当时参加辩论的人们,无论各持什么观点,绝不是一时心血来潮而宣泄自己的情绪。相反,他们的态度是严肃认真的。废婚派的一些主张超越了传统的社会伦理,甚或还有令人惊疑之语,然而他们绝非哗众取宠、标新立异,而是以理性的态度对待"废婚"问题,所以在论辩过程中,他们全身心地投入,并欢迎论辩对手的诚恳批评。他们公开表示,不怕他人反对自己的观点,"反对的人越来越多,我们尤其应该欢迎!"③ "我们要有批评人家的勇气,我们尤其要有承受批评的勇气。"④ 这里反映了废婚派追求真理的一腔热忱,事实正是如此,废婚派说过:"我们和人家辩论,原不是一定要得着胜利,失败了,也算不得什么一回事。我相信,我们失败了,真理是不会失败的。我们要是被真理征服了,我们便当投降于真理旗帜之下,做他一个效劳小卒,再去征服别人"⑤,绝不计较个人的毁誉。看来,废婚派绝不是"想借自由恋爱之名以行其罪恶"⑥ 的。由于双方抱着

① 存统:《辩论的态度和废除婚制》,《觉悟》1920 年 5 月 21 日。
② 泳村:《两个女子的婚姻问题》,《共进》第 23 期,1922 年 10 月。
③ 哲民:《废除婚制问题底讨论(二)》,《觉悟》1920 年 5 月 20 日。
④ 存统:《辩论的态度和废除婚制》,《觉悟》1920 年 5 月 21 日。
⑤ 同上。
⑥ 力子:《废除婚制讨论中的感想》,《觉悟》1920 年 5 月 21 日。

追求真理的态度，所以在论辩中，双方对婚姻问题的某些认识就比较客观和深刻。比如废婚派认为"恋爱无他，自由而已矣"，恋爱是"男女间相互爱悦"、"最真挚、最高尚的感情"①；废婚派中的有些人还对"爱情"与"肉欲"在自由恋爱中的不同归属作了分析，认为"自由恋爱的原则，仍属于爱情的，不属于肉欲的"，承认"爱情是自由恋爱的主要条件"，"男女间要发生真正的爱情，断不是一见面就可以发生的，一旦爱情纯挚了，就像心坎里不能够洒脱的样子，肉欲的冲动，不过一附带条件"，"肉欲不是人类真正快乐的一件事，爱情纯挚，才是真正快乐"②。这一论点是对废婚派一方中某些人的"把性交当作恋爱的主要条件"③ 的观点的一种否定和批判。一个派别内部出现了观点差异的现象，是人们理性面对客观现实的反映。再比如反废婚派对婚姻自由的理解是相对和辩证的，赞平说过："怎样算自由，怎样算不自由呢？自由结婚，我赞成的，自由离婚，我也赞成。倘说这些都要双方同意，算不得自由，那么，性交也须要双方同意，哪里能任你个人自由呢？如果说可任个人的自由，我怕除了强奸是没法的。……我相信人类没有绝对的自由，不能以我的自由侵人的自由。"④ 反废婚派还认为人类应当节制性欲："随便满足性欲，那么，一定人人耽于色欲，像那浪子一样了。"⑤ 这里反映了他们反对放纵性欲的鲜明而又坚定的态度。

五四时期，通过"废婚"大论战，有些论者还开始修正自己先前的观点，使自己的主张更加具有合理性。甚至论辩双方在一些宏观问题上竟能趋于一致，达成共识。比如，参加论战的绝大多数人都认为社会只有经过"遗产公有"、"儿童公育"的根本改造之后，才能最终解决"婚姻"问题；即便是废婚派，也把社会经济组织的根本改造视为废婚的主要路径："我们要解决社会各种问题，惟有找他的根本所在，根本问题解决了，枝节问题当然是迎刃而解。社会问题的根本问题是什么？就是经济问题。社会的经济组织一有了变动，其余的一切组织都跟着变动。我们要改变其余

① 翠英：《废除婚制问题的讨论（一）》，《觉悟》1920 年 6 月 1 日。
② 以太：《废除婚制问题的讨论（二）》，《觉悟》1920 年 5 月 29 日。
③ 同上。
④ 赞平：《废除婚制问题的讨论》，《觉悟》1920 年 5 月 28 日。
⑤ 同上。

的组织，必须先改变经济的组织，经济的组织一改变，其余的组织不变而自变。"① 改变经济组织是改变其他组织的根本，所以废婚派开始修正先前主张立即废婚的观点，认识到婚制并非立即就能废除的："我也晓得婚姻制度，不是单独能够存在的，不是现在一时所能废除的，但我总要借这个问题，引起大家的觉悟，同向根本改造的路上跑去，我以为社会的经济组织，没有根本改变以前，什么婚姻问题，家庭问题，男女平等问题，教育普及问题……统统都不能解决的。我们要解决这些问题，还须从事根本改造去。"② 这是废婚派洞察社会历史发展原动力后所达到的深刻认识。反废婚派也认为："婚姻问题，是跟着经济组织而存在，而变迁的；照现在的经济组织，无论怎样鼓吹废婚，'废婚'总不能实现的。第一个难题，就是儿童养育问题。你想：儿童公育制度没有实行以前，假使青年男女，因自由交媾而怀妊生子，这个儿子将怎样处置？如果有一天社会根本改造，私有财产制的经济组织完全推翻，儿童公育和公共养老院都已实行，那时候，或者婚制不必鼓吹废除，也没有存在的必要了。"③

论战双方能达到如此共识，说明论辩者能从更深远的方向来审视"废婚"问题，"可见这一次的辩论，只能促进对于未来的觉悟，绝不会引起眼前的流弊"，这次论辩的意义正在于此，因此应当承认"这一次的辩论的现象是很好的"④。

三 "废婚主义" 与无政府主义思潮

五四"废婚主义"的产生，与当时流行的无政府主义思潮有着密切的联系。无政府主义于清末传入中国，李石曾、吴稚晖、刘师培等人在巴黎与东京创办《新世纪》和《天义报》，形成了中国人传播无政府主义的两个中心。刘师复在民初成立"心社"和"晦鸣学舍"，成为中国内地传播无政府主义的重要团体，从而扩大了无政府主义在中国的影响。五四时期，无政府主义在中国形成了一股前所未有的热流，大有在当时活跃的思

① 存统：《为什么要从事根本改造?》，《觉悟》1920 年 5 月 27 日。
② 存统：《废除婚制问题底讨论（一）》，《觉悟》1920 年 5 月 20 日。
③ 力子：《废除婚制问题底讨论（二）》，《觉悟》1920 年 5 月 20 日。
④ 力子：《废除婚制讨论中的感想》，《觉悟》1920 年 5 月 21 日。

想界中"独霸一枝"的势头。五四时期的无政府主义团体有 70 余个，而宣传无政府主义的刊物也竞相问世，总数约有 70 种。刘少奇曾回忆说："在起初各派社会主义的思潮中，无政府主义是占着优势的。"[1] 张国焘在《我的回忆》中谈到，五四时期北大学生中信仰无政府主义的青年比信仰马克思主义的人要多些。无政府主义在各种流行的思潮中的醒目地位，与时人视其为"反抗专制、憧憬光明"的精神支柱有关。所以尽管无政府主义的宣传浅显而杂乱，但在青年知识分子中的影响是其他思想主张所不及的。青年毛泽东"读了一些关于无政府主义的小册子，很受影响"，并常与无政府主义者朱谦之讨论无政府主义的问题，他"赞同许多无政府主义的主张"[2]。恽代英、彭湃、周恩来等具有初步共产主义觉悟的知识分子都曾不同程度地受到无政府主义的影响。可见，五四"废婚派"在当时特定的历史时期内，也就不可避免地要受到无政府主义思潮的直接诱导。在《觉悟》"投稿或通信的青年，最初很少不受无政府主义思想影响的"，很多作者都相信无政府主义。而五四"废婚派"的主要倡导者，正是这些在《觉悟》投稿或通信的青年。

五四"废婚派"受无政府主义思潮的影响，主要表现于两个方面：其一，直接从无政府主义思想中汲取某些重要的理论主张。比如，前文谈及，废婚派把废婚后的社会视为无父子、夫妇、家庭、名分的太平社会，这完全是对无政府主义的所谓"无父子，无夫妇，无家庭之束缚，无名分之拘牵，所谓不独亲其亲，不独子其子者，斯不亦大同社会之权与欤"[3]的思想理论的直接引证。再如，废婚派的"由部落主义，进而为国家主义，再进而为无政府主义，那婚姻制度，也是由杂婚主义，进而为夫妻主义，再进而为自由恋爱主义"[4] 的思想，是把部落主义与杂婚主义相对应，把国家主义与夫妻主义相对应，把无政府主义与自由恋爱主义[5]相对应。这恰恰说明，废婚派中的某些人把废婚后的社会直接理解为无政府主义的信仰与追求。此外，废婚派极力主张的"自由人格"，显然与无政府主义

[1] 1939 年 5 月出版的《中国青年》第 3 卷第 5 期上刘少奇撰写的纪念文章。
[2] [美]埃德加·斯诺著：《西行漫记》，董乐山译，生活·读书·新知三联书店 1979 年版，第189 页。
[3] 《心社意趣书》，《社会世界》第 5 期。
[4] 哲民：《废除婚制问题底讨论（二）》，《觉悟》1920 年 5 月 20 日。
[5] "自由恋爱主义"即"废婚主义"。

的 "复天然自由，去人为束缚"① 的自由主义精神如出一辙。其二，直接承继了无政府主义的 "废婚" 主张。无政府主义者一直主张废除婚姻制度、男女自由结合，如无政府主义者刘师复公然宣告："欲社会之美善，必自废绝婚姻制度实行自由恋爱始。"② 刘师复废婚主张的论据包括：其一，婚姻制度是男子欺压女子、强者欺压弱者的工具，从而造成性关系的不公平；其二，婚姻制度对男女二人的感情维系并无意义；其三，男女情欲出于自然，理当自由，即使有变，亦为正当③。在五四时期，也有无政府主义者发表文章，全力鼓吹废婚主义，如朱谦之的《自由恋爱主义》④，陈顾远的《理想方面的废除夫妻制度》⑤，梦良的《实行自由恋爱的机会》⑥，卢慧根的《我对于自由恋爱与自由结婚的意见》⑦ 等，都是较为重要的文章。无政府主义者与五四废婚派的废婚主张，论证大多相同，后者从前者中汲取的思想成分，不言而喻。正是两者密切的渊源关系，所以他们在理论上的弱点也体现出一定的相似性：即双方要求绝对的自由与平等，不受一切政治、威权、宗教、形式的束缚和压制，追求实现无强权、无服从、随心所欲的太平世界，这不但暴露出他们在理论上的贫乏和不切实际，也反映出他们思想的幼稚和异想天开。因此，在他们凭借一时的热情、尽兴摄入时髦的思想主张之时，几近于痴人说梦。

无政府主义的思想理论与废婚派的思想主张关系密切，但还不能视两者为完全吻合的志同道合的同路人。双方部分人的思想与追求是不同的，甚或有相互抵牾之处。如废婚派的其中一名代表存统，就曾与无政府主义者进行严肃的辩论，并发表《奋斗与互助》⑧、《经济组织与自由平等》⑨、《无产阶级专政和首领变节》⑩ 等文章，直接批评了无政府主义的某些思想观点。可见，五四时期各种思想学说影响人们的思想，从而引发许多极其

---

① 马叙伦：《二十世纪之新主义》，《政艺通报》第 14—16 期。
②《废婚姻主义》，《师复文存》，革新书局 1927 年版，第 107 页。
③ 同上。
④ 见《奋斗》，第 3 号，1920 年 3 月 10 日。
⑤ 同上。
⑥ 同上。
⑦ 同上。
⑧《觉悟》1920 年 10 月 1 日。
⑨《觉悟》1920 年 5 月 10 日。
⑩《觉悟》1920 年 6 月 9 日。

复杂的思想联系。

　　五四时期是中国近代婚姻文化变革的重要时期，当时自由结婚和自由
离婚的呼声甚高，形成了中国近代自由结婚和自由离婚的一次高潮。废除
婚制虽也是五四婚姻文化变革的一项内容，但与前者相比，废婚主义的影
响范围还不广泛。当时直接参加废婚论辩的人数只有二十余人，公开发表
讲演稿、通信和评论的虽有五六十篇，但大多只限于《民国日报》的副刊
《觉悟》上，从时间看，也只集中于 1920 年 5 月至 6 月间。当时其他报刊
反映婚姻文化变革的内容很多，但直接回应《觉悟》废婚讨论专栏的文章
却不多见，可见影响之局限。

原载（香港）《二十一世纪》1999 年 6 月号

近代中国的婚姻法规与契约婚姻

清末民初，中国传统封建婚姻开始发生变化，不但传统的婚姻陋俗受到系统的批判，出现了自由离婚与再嫁的婚姻现象，而且开始注重婚姻法规和婚姻契约。

1916 年，司法部附设的法律编查会先后制定民法草案。关于婚姻制度方面，《民律亲属篇草案》第三章有详细规定，其中有诸如"早婚"、"重婚"、"离婚"等改革婚姻陋俗的内容，如"男子未满十六岁，女子未满十五岁，不得成婚"；"有配偶的，不得重婚"；"夫妻不相和谐，而两愿离婚的，得离婚"等。这一草案虽未成为正式法典，但具有法律效力，受到一定程度的重视。民初有些地区还专门制定了婚礼草案和法规，作为人们婚姻生活中所应遵守的依据。如河南信阳县《民国礼制草案》中的《婚礼草案》就有关于"订婚"、"通告"、"结婚"、"谒见"等具体规定，要求人们遵守。另外，有些社团组织制定一些规章来约束自己的会员，如民初成立并得到孙中山、蔡元培、袁世凯、章炳麟等 44 人赞成和支持的"中华民国家庭革良会"在其《暂行草章》第一章"关于实行改革之条件"的九项内容里，就有四项涉及婚姻陋俗的改造，即"婚姻自由，但非达法定年龄不得结婚"；"厉行一夫一妻制"；"守义、守节、守贞听其自由，父母翁姑等不得强迫行之"；"衣食住及其他需要者若婚丧宴会，崇尚节俭"。这无疑对婚姻陋俗的变革起到了推进作用。

应当特别提出的是，这时有人开始注重履行一种契约婚姻，这是婚姻生活文明化和现代化的体现。当时孙中山和宋庆龄的契约婚姻最具典型意义。1915 年 10 月 25 日，孙中山和宋庆龄在东京律师和田瑞家举行了婚礼。他们委托律师和田瑞到东京市政厅办理了结婚登记，并由这位律师主持签订婚姻誓约书。誓约书一式三份，分别由孙中山、宋庆龄和律师和田瑞各保存一份。中国历史博物馆于 1962 年从私人手中征集到这份誓约书。它纵 11.25 厘米，横 17.25 厘米；朱丝栏，全叶 24 行，墨书日文 22 行；中缝有上鱼尾；栏外左下角印有篆体字"东京榛原制"，作腰圆戳记状。原件已装裱成卷，卷尾状有余纸，以备题记。誓约书译文全文如下：

此次孙文与宋庆龄之间缔结婚姻，并订立以下诸誓约：

一、尽速办理符合中国法律的正式婚姻手续。

二、将来永远保持夫妇关系，共同努力增进相互间之幸福。

三、万一发生违反本誓约之行为，即使受到法律上、社会上的任何制裁，亦不得有任何异议；而且为了保持各自之名声，即使任何一方之亲属采取何等措施，亦不得有任何怨言。

上述诸条誓约，均系在见证人和田瑞面前各自的誓言，誓约之履行亦系和田瑞从中之协助督促。

本誓约书制成三份；誓约者各持一份，另一份存于见证人手中。

誓约人孙文（章）

同上宋庆龄

见证人和田瑞（章）

千九百十五年十月二十六日

这种契约婚姻在当时还是极为个别的现象，但它却是中国婚姻史上婚姻缔结方式走向文明的开端。

原载《光明日报》2000 年 9 月 7 日

二十世纪初年中国女性习俗的变化

一

中国社会进入近代以后，西方近代文明的曙光照亮了中国先进分子的眼睛。从此，他们在正视中国败弱现实的同时，开始重新评估中西，判别夷夏，进而求得救亡图存的最佳方案。在当时宏观救国的蓝图中，有人把中国长期沿袭的旧习俗看成是国家衰败的一大病症，从而提出变革旧俗的积极主张。中国社会这凝滞、沉重而又年长的旧俗随之开始摆动，开始摇撼。19 世纪下半叶已经能够看到它微弱的变化了。20 世纪初年，先进分子于民族危亡的阵痛中再次觉醒，他们不顾旧制，悖逆传统，又一次向旧习俗挑战，其中妇女生活陋俗成为当时被批判和改造的一项最重要的内容。

沿袭了两千多年的中国封建文化，一直具有强烈的男权色彩。"三纲五常"、"三从四德"、"阳刚阴柔"、"男尊女卑"、"唯女子与小人为难养也"、"女子无才便是德"等传统观念成为中国社会纲常伦理的重要内容。在这样的文化传统中，中国妇女的总体形象只能是"以生孩为妇女的天职，以刺绣为妇女的本分，以装饰美丽为妇女的人格"。① 妇女们生活在人间地狱。要拯救中国之妇女，必须改变传统之观念，必须破除妇女之旧俗，而兴女学、禁缠足、变革封建婚姻等便成为改变妇女生活习俗的首要任务。

20 世纪初的知识分子对女子无学给中国带来的弊害进行了深刻的批

---

① 《演说女学》，《大公报》1904 年 11 月 11 日。

判。在中国家庭生活中，由于女子无学无知，"眼光小如豆"、"脑质竭于泥"。从大局着眼，国家不昌，"实由于人才太少，人才太少实由于母教未立，母教未立，实由于女学不兴"。① 这种认识不一定全面，但它从某个侧面揭示了中国落后的一个因素。男女智慧、才能并没有高下优劣之分，只要大兴女学，就可以恢复女子"灵敏、坚忍、勤劳、慈爱诸美德"。妇女读书明理，"吾国民文明之进化必有勃发而不可遏者矣。"②

在先进分子的宣传和努力下，20 世纪初年，"女学校立矣，女学会开矣，女报馆设矣，女子游学之风行矣"。③ 当时的报纸杂志经常有报道创办女学的消息。像《东方杂志》这种刊物，内设《各省教育汇志》栏，栏内几乎每期都有关于女学方面的报道：第一年《东方杂志》中就报道了北京、直隶、广东、广西、湖北、湖南、江苏、浙江、江西、四川、山东等省 40 处左右兴办女学的消息；第四年《东方杂志》中又报道了京师、直隶、江苏、江西、浙江、广东、湖北、湖南、山西、河南、蒙古、奉天、四川、安徽、福建等地 60 处左右兴办女学的消息，反映了女学的发展趋势。另外，这一时期还出现了女子游学，这是中国历史上的第一次。当时主要游学日本，最早出现在东京的女留学生是 1901 年的事。1902 年，有10 多名女留学生去日本。1905 年，湖南省派 20 名女学生去日本读速成师范科。1907 年，奉天女子师范学堂派出 21 名学生到日本实践女学校读师范科。江西省亦派出 10 名官费女留学生。所以到了 1907 年，仅在东京一地，便有近百名中国女留学生。这时也出现了留学西洋的女子。女学的兴起是中国两千年来教育史上的大变化，也是中国妇女习俗的大变革。

缠足的陋习大概有上千年的历史了。它是荒淫的产物，是套在妇女身上最沉重的锁链，它给中国社会和中国妇女带来了难以名状的苦楚和灾难。当时有人把缠足看成是各国从未见过的"最不仁之行为"，较其刖刑，"直相等耳"。缠足持久，周身血气，不能流通，必生疾病，此时为病女，将来为病妇，病体遗传，又生病子孙，中国二万万妇女沦于此境，"彼东方病夫之徽号，诚哉其有自来矣。"④ 而提倡天足"以保女子天然之状态，

---

① 企新子：《论进化宜兴女学》，《大公报》1904 年 6 月 19 日。
② 吕碧城：《兴女权贵有坚忍之志》，《大公报》1904 年 6 月 13 日。
③ 炼石：《女界与国家之关系》，《中国新女界杂志》第 2 期。
④ 贾之膺：《劝戒缠足说》，《大公报》1903 年 12 月 15 日。

以植国家富强之基础，则吾国之女儿幸甚，吾国幸甚"。① 20 世纪初，缠足风气发生了新变化。

这时期办了不少妇女刊物和白话刊物，这些刊物在宣传天足的同时，不断报道各地纷纷成立的"天足会"或"不缠足会"。像上海、广东、湖南、福建、湖北、浙江、天津等地都创办了不缠足会，倡导女子天足。杭州天足会 1903 年在西湖开会提倡天足，演说达 3 小时，会后合影留念。到会的 80 余人，其中已放足的 10 余人；当场表示愿意放足的 30 余人；将来不愿儿女缠足的 20—30 人。山东曁属有一天足会，入会者有 1300 多人，这个数字是相当可观的。江苏省江宁地区在有识之士的宣传下，"除夕缠足之颓风，从此庶几少息"。有些天足会同时又是天足女子的婚姻介绍所，其中设主婚人来管理天足女子的婚姻问题。《竞业旬报》在介绍天足会的办法时说："天足会内的会友，互通婚姻，使彼此毫无嫌怨，人皆乐从。凡入会后所生女子，不得缠足，已缠足的一律解放。会友的不缠足女子，可嫁会外的人，会外的缠足女子，不得嫁会中的人。故凡入会的人，及所生的男子，不得娶缠足的女子。"② 《直隶白话报》4 期《直隶天足会创办章程》中也规定："在会的女儿，未入会以前已经缠足的一切订婚的事情主婚人一概不管，男家已经入会的，不准再和缠足的人订亲。"这些措施促进了缠足风气的变化。

女学与缠足关系密切。不去缠足之俗，就无法兴办女学。所以兴办女学又为缠足之风的变革带来了促进作用。当时一般女学校在其章程中都有一条规定：不得缠足，已缠足者入校后必须解放。把不缠足作为办学的一项宗旨。

这一时期在婚姻习俗上也发生了变化。中国封建社会婚姻习俗的明显特征是它的无自主性、繁缛性和奢靡性。

旧时婚姻几乎没有爱情可言：丈夫待妻子，不过是要儿子；妻子待丈夫，不过是要吃饭。这是一种落后的婚制，这种婚俗在 20 世纪初受到了深刻的批判。批判的重点集中在"父母专婚之弊"、"男女不相见之弊"、"媒约之弊"、"聘仪奁赠之弊"、"早聘早婚之弊"、"繁文缛节之弊"、"迷

---

① 君剑：《拒烟会与天足会》，《竞业旬报》第 10 期。
② 《英法德哲学大家思想之变迁》，《新世界学报》壬寅第二期总第 2 号。

信术数之弊”等等。

在批判传统婚俗的同时，先进分子注意到了世界上的文明婚姻。他们大力宣传和介绍西方的婚姻制度，诸如自己择偶，文明结婚，离婚自由等。这对中国的婚俗产生了影响，中国传统婚俗不再是铁板一块而开始发生了动摇。有人开始向西方的文明婚俗学习，开始追求自由结婚和文明结婚。报刊上出现以文明结婚为内容的歌曲，鼓吹“世界新，男女平等，文明国，自由结婚乐”。当时在婚俗的礼节上、服饰上以及婚龄和婚姻自由的主张上都出现了新变化。

当时虽然还很少有自由恋爱和自由结婚的，但有人已在观念上发生了变化。认为个人婚姻不一定要取决于父母之命，媒妁之言；认为自由结婚并不是乱伦，而是一种文明的体现。无锡一男聘结一女，已择日迎娶。女方书信告诉男方，这门婚事是家兄一人之意，本人死不顺从。男方明晓真相后，退还庚帖。可见当时已经有人树立了婚姻自主的新观念。这件事被人喻为“女权发达之嚆矢，婚嫁文明之滥觞”。当时有些“因奸毙命之案”不少是因为“童年完娶，女长于男”，女子秉性稍有偏转，往往走入邪路，便会出现与奸夫合谋杀夫之事。这种现象也被一些人看成是“无自由结婚所致为多也”。可见自由结婚的意识已经深入到一些人的心目中。当然也有为自由结婚而付诸行动的，有双双离开家门逃往外地的，有不再守贞而另行择夫的，也有因婚姻不如意而自刎身亡的等等。

上面我们谈了女学、缠足、婚姻等妇女生活习俗的变化。当时还涉及对其他妇女生活习俗的批判，如当时反对女子为娼、为婢、为妾，呼声很高，认为这些都是妇女失去人性的表现，也是中国的一大耻辱。所以这一时期经常有捉拿暗娼、驱逐娼寮的情况出现。当时有位叫张雄西的女士提议成立女界自立会，恢复女权，发表《创立女界自立会之规则》一文，主张设立专门的工艺厂及半日学堂，收养贫苦女子。学三年毕业后回家自立为生，反对鬻女为娼，遇有鬻女者，由会中出钱给其父兄，代为收养，培养其自立于社会的能力。同时规定，凡入会者，要劝其家庭不蓄娼、不纳妾，犯者罚以巨款等等。此外，同妇女生活有关的陋俗，如演淫戏、出售淫书、淫画、淫药、打胎淫具等在当时也都受到了批判和程度不同的改造。

二

　　19世纪后半叶就萌发变化的中国女俗到了20世纪初又荡起一次新的浪潮。中国自从跨入近代，殖民者一次次欺侮，中华民族一次次惨败，深深打击和刺激了中国人。他们当中的先进分子由震惊到静思，通过痛苦的思索，被迫走上向西方寻求真理的艰难旅程。甲午战争的失败，尤其是后来《辛丑条约》的签订，使败弱的中国濒临亡种亡国的境地。在强国交侵、祖国不能御侮的情况下，爱国志士"扼腕殷忧"，痛苦的现实让他们深深地感到：中国文化的落后，中西文化的极不平衡，才造成今天中国的民族危机和社会危机。他们通过深入分析、考察和辨认西方文化进而认为，先进的西方文化并不单单是过去所认定的船坚炮利等应用科学和声光电化等自然科学，它包括更高层次上的文化形态，即法学、政学、哲学和文学。"泰西数百年来哲学大兴，派别纷繁，更非中文之比……对镜相窥，能无愧恨？"① 中国受侮，缘于中国文化的落后，而且是高层次的文化形态的落后，这是这个时代赋予先进分子的新的启示。据此先进分子开始重新移动学习西方文化的着眼点，把输入西方政法哲学看成是他们救亡图存的迫切需要和历史重任。所以20世纪初中国社会又一次出现了留学热潮，并把明治维新取得成功，甲午战争中战败中国的日本作为这次留学的主要国家。大批中国人拥向日本，在那里通过办报、译书的形式介绍和引进大量的西方资本主义国家的史志、法政、哲理、小说等文化形态。20世纪初这股学习西方的热潮席卷国内，开始了中西文化的新的撞击和交融，中国社会的政治、经济、文化在这新的撞击和交融中发生着新的变化。作为一个具体领域的中国妇女习俗的变化同样受到了这次西方文化输入和吸收的深刻影响。

　　戊戌时期就已介绍到中国的进化论学说，20世纪初在国内得到了更为广泛的传播。这个时期出版的报纸杂志都比较注重介绍和宣传进化论学说，使它成为当时输入的西方哲学思想的主流。一时间形成了"进化之语，几成常言"的局面。当时的先进分子几乎没有不受进化论思想影响

---

① 《英法德哲学大家思想之变迁》，《新世界学报》壬寅第二期总第2号。

的。20 世纪是一个"优胜劣败"的世界，这个世界是"生存竞争之剧场，优胜劣败之舞台。"人们以这样的世界观来看中国和世界，认为中国与他国相比正处于弱国弱种的地位，所以必须奋起直追，强种强国。当时提出的各种救国方案，如教育救国、文学救国、实业救国、科学救国等，都是程度不同受到进化论学说影响和启发而提出来的。而"欲救中国，必自改革习俗入手"也是当时提出的各种救国主张当中的一种。跨世纪前后，国内外有人为争取女权而奔走呼号，在"20 世纪为女权发达之时代"的呼声不断高涨的时候，国内变革妇女习俗与变革其他习俗交融在一起，并成为当时变革旧俗的最重要的内容。当时主张变革女俗的志士们自觉运用"优胜劣败"的进化论学说，确认中国妇女生活中的缠足、早婚是造成中华民族种弱的根源，而女子无学又是造成中华愚昧的缘由。这就把中国妇女生活陋俗看成是中国衰败的直接原因。所以主张要救国就要改造女俗，提出天足是"植国家富强之基础"，以及"女学昌其国昌，女学衰其国衰"等论断。基于上述认识，20 世纪初中国大地上出现了以改造女俗为标志的要求男女平等，妇女解放的一股不可阻碍的时代洪流。当时一些先进分子在国内外先后创办了一批专门宣传男女平等、提倡妇女解放的报刊，其种类与数量之多，在中国近代史上实属罕见。这些报刊对中国妇女传统陋俗进行了无情地揭露和批判，对女俗变化起到了推动作用。

以改造女俗来拯救中国的主张是由西方进化论学说引发而来，然而它的实践本身又从西方文化中找到了新的、最有力的理论武器，那就是对天赋人权学说和自由、平等、博爱口号的借鉴和运用。

习俗的变化离不开观念的变化。而中国抑制女权的文化传统根深蒂固，形成了一系列男尊女卑的封建文化观念，它严重阻碍着妇女习俗的改变和新观念的产生。中国要改变传统的压制妇女的人伦观念，很难从固有的传统文化中寻找武器。这正是卢梭天赋人权、自由平等学说在中国得以传播的文化缘由之一。20 世纪初年，先进分子自觉运用卢梭的思想武器来证明人人应当平等，男女也应当平等。大声疾呼："天赋人权，男女平等。同是官骸，同是知觉，乃必愚我，奴我，以至物我，剥丧其固有，矫揉其所无，残此界以供彼界之乐，居心惨酷，言之痛心。"在西方平等观念与国内男尊女卑传统观念的强烈撞击和冲突中，促使不少新观念的确立。

（一）女子自重观

中国传统社会一直鄙视女子，认为女子不能同男子同论，她们不过比狗、猫强点罢了。不仅男子看不起女子，就连女子本人也同样轻视自己。20世纪初年，女子的自重观念开始确立。有些女子不甘心接受"男贵女贱"的说教，认为男女生来平等，女人跟男人一样能打仗，能劳动；认为丈夫二字无尊贵可言，不过和农夫、樵夫、舆夫、纤夫、挑夫等一样，是一种普通的称谓罢了。男女不分轻重，女子要看重自己，抛弃那种"自轻自贱"、"妄自菲薄"的自轻态度。正像有的女子所说："不要自己太看得轻了，我们这些大女子、大英雄，倒实实在在有干出大事、造出世界的资格"①。在这个竞争的时代里，"缺了有才的男子不行，缺了有才女子也不行"。② 可见，当时已经开始确立女子自重观。

（二）女子自立观

中国社会，妇女历来缺乏自立精神。20世纪初，有人提倡女子自立、自治的精神。号召女子要自谋生活，不依赖他人，认为妇女经济上的自立是十分重要的：一方面，可以摆脱对男子的依赖，从低贱的地位中解放出来。这是实现男女平等的第一步。因为"依人者，奴隶也，非平等之人所宜为也"；另一方面，女子直接参加生产和劳动，可以促进社会生产的发展，增加社会财富，有利于富国强种，因为妇女不从事生产，"不能自食，必食于人；不能自衣，必衣于人，一女所耗，一男所生常不足供"，这种状况如不改变，"非特女界终古沉埋，男界亦蒙其恶果。华族虽众，生趣索然，淹淹待毙，况于是东西民族竞争剧烈时代，将以何图存耶。"③ 可见这一时期，开始确立了女子自立观。

（三）女子自主观

中国女界在传统的三从四德观念的束缚下，没有丝毫的自主权利，一切受制于父母、兄弟、丈夫、儿子。一生必须承受缠足、穿耳之痛苦，蒙

---

① 傅君剑：《女子之责任》，《竞业旬报》第6期。
② 赵之耀：《女子无才便是德驳》，《中国新女界杂志》第3期。
③ 蔡湘：《论中国今日亟宜普设手工学校及传习所》，《女报》第2号。

受无学无智之愚昧，忍受婚配姻缘之苦衷，接受奴婢妾娟之使役。20 世纪初，有人提出，作为一个女子，应当有独立的人格，应当挣脱旧家庭的束缚，应当有自主的权力。特别是要消除包办婚姻，"不用父母强逼，媒妁说谎，一任本人作主"，形成了女子自主的新观念。

（四）道德平等观

在传统道德上，中国是用"妇道"来约束妇女，却没有"夫道"来约束男子，造成道德上的男女不平等。传统的"妇道"内容相当广泛，它要求妇女"嫁鸡随鸡、嫁狗随狗"，要从一而终。男子妻死可以再娶，女子夫死不能再嫁，讲求所谓的"烈女不嫁二郎"；还讲求妇女的贞节观，以及"女子无才便是德"等。这些传统道德不过是要女子成为男子的奴隶和玩物而已，使妇女永远套在被使役、被买卖、被生杀、被禁锢的枷锁中。20 世纪初，人们开始逐步打破这些传统的道德观念，喊出了女子不是男子的"玩物"和"奴隶"的口号，妇女要冲破传统道德的束缚，提出自由结婚、自由离婚主义；主张实行一夫一妻制，认为"一男配无量之女"，"实男界之娼妓"；同时认为女子的才与德是紧密相连的，"有才然后有德，无才却有什么德呢"。① 要求实行道德上的男女平等。以上诸观念的产生，是妇女习俗变化的思想基础，也是中国人在新世纪初吸收西方先进文化所取得的思想硕果之一。

习俗作为一种稳定的生活惯制，有极强的惰性特征。除非在政治、经济、文化大变革的时代里，一般很难发生较为显著的变化。因此 20 世纪初中国妇女习俗发生的某些变化，恰恰是由于当时政治与文化等因素的强烈刺激而引起的。两大因素成为当时中国社会妇女生活陋俗变化的契机。

原载《松辽学刊》1991 年第 3 期

---

① 赵之耀：《女子无才便是德驳》，《中国新女界杂志》第 3 期。

近代中国女性陋俗文化嬗变述论

近代文化志士"忧国之将危将亡，思有以挽回之策"，在他们探求救亡方案的过程中，深切感到中国女性生活中潜藏着某些导致国家衰败的因子。他们发现，中国女性群体身上反映着相当程度的病态人格，知识贫乏、目光短浅、体虚、性情软弱、猜疑、嫉恨就是这种病态人格的集中体现。然而女子这种病态人格不是她们的天然禀性，也并非是与生俱来的生理遗传，更不是"上帝的造化"。事实上这是中国传统陋俗文化在妇女心灵中潜移默化的结果，是陋俗文化渗透积淀蔓延的结果。因此，医治女性病态人格的关键不在改变生理遗传上，而在改造文化遗传上。本文所指的"陋俗文化"包含两种意义：一是陋俗所反映的传统文化观念中的糟粕；一是传统文化观念糟粕所铸成的陋俗。两者既统一又不同，前者是内在的起支配作用的观念形态，后者是外在的被观念形态所支配的行为方式，两者是统一体中本质和现象的反映。近代女性陋俗文化的嬗变正包括这两种内容即传统女性文化观念糟粕和女性生活陋俗本身的变化。

一

封建的女性文化观在近代遭到了前所未有的批判和否定，以资产阶级民主自由平等为核心的近代女性文化观在社会上广为传播，逐渐地为更多人所认同和接受。主要包括：

形体观。封建时代的中国女子在政治经济上没有任何地位，为了生存，她们只能依附于男子。为取悦男子和满足男子以及女子本人变态和畸形的审美心理，她们在自己的身体和妆饰上付出了痛苦的代价。如缠足、束胸、穿耳、蓄发以及戴手镯戒指、涂脂抹粉、穿奇装异服等。在维新变法前后，已有人开始批判缠足陋习，认为这是对妇女的"最不仁之行为"，"较之刖刑，直相等耳"。20 世纪初年，更多的人在批判缠足陋习的同时，又集中批判女子的蓄发、穿耳以及戴手镯戒指、涂脂抹粉、穿奇装异服等陋习。五四时期，有人坚决反对女子束胸，呼吁"开通文明的妇女啊！这种有害无益的束胸，请你们快快解放了罢！"① 在上述一系列批判封建女性"妇容"观的过程中，进步人士由坚决主张禁缠足、除束胸、废穿耳、剪发易服，进而倡导一种文明的具有近代审美意识的女子形体观，即"美观要天然生成，不能用强力制造"，"以保女子天然之状态……则吾国之女儿幸甚，吾国幸甚"②。这是富有近代气息、崇尚女子自由权利的新观念。

自立观。中国封建社会的女子把"妇以夫贵"、"妻为内助"作为信条，一生一世依附于男子，在经济上不能独立。"不能自食，必食于人"，从戊戌至五四时期，一些先进分子强调要谋求女子解放，增加社会财富，就要使女子有相当的职业，在经济上获得独立。由于进步人士的宣传鼓动，女子自立观得以广泛的传播。

女学观。"女子无才便是德"是封建伦理道德的重要内容。在这种"妇德"思想的束缚下，中国历史上不曾有过专门的女子学校教育，女子接受教育的权利被完全剥夺，致使女子"眼光小如豆"、"脑质竭于泥"。从大局着眼，国家不昌，"实由母教未立，母教未立，实由女学不兴"。③只要大兴女学，就可以恢复女子"灵敏、坚忍、勤劳、慈爱诸美德"。妇女读书明理，"吾国民文明之进化必有勃发而不可遏者矣"④。

参政观。传统文化历来强调，"内言不出于阃，外言不入于阃"，剥夺了女子参政的权利。进步人士在寻求救国救民真理过程中，提出"国家兴亡匹夫有责，妇女岂能无责"的口号，认为妇女参政是解决妇女问题的先导，"欲求社会之平等，必先求男女之平权；欲求男女之平权，非先与女子以参政权不可"⑤。

伦理观。近代在批判封建女性伦理观的基础上产生了进步的反封建的

① 《为什么要束胸》，《解放画报》第 1 期，1920 年 5 月 4 日。
② 《大公报》1903 年 12 月 15 日。
③ 《演说女学》，《大公报》1904 年 11 月 11 日。
④ 企新子：《论进化宜兴女学》，《大公报》1904 年 6 月 19 日。
⑤ 陈东原：《中国妇女生活史》，上海书店 1937 年版，第 360 页。

女性伦理观。新式伦理观的内容有：（1）男女社交公开。中国女性在人格上与男子有很大差异。她们被禁锢在父权和夫权之下，过着与世隔绝的生活。五四时期，先进分子主张"男女社交公开"，"社交公开是使女子取得社会上地位的第一步"①，是实现男女平等的实践基础。（2）反"贞节"观。封建伦理倡导女性"嫁鸡随鸡、嫁狗随狗"，"从一而终"，"饿死事极小，失节事极大"的贞操观，立贞节牌坊成为封建卫道士倡导的妇女终身的价值追求。欲做节妇烈女，妇女婚前婚后要"贞"，夫死要"节"，即守寡，甚或以身相殉做到"烈"。康有为认为寡妇守节"害人"、"逆天"、"损公"、"伤和"，是"万不可行的"。（3）婚姻自由观。中国青年男女的婚姻遵从"父母之命、媒妁之言"。近代进步人士主张禁止包办婚姻，"不用父母强逼，媒妁说谎，一任本人作主"。新式婚姻观包括"自由恋爱"、"自由订婚"、"自由结婚"、"自由离婚"以及"寡妇再嫁自由"、"同姓结婚自由"等。4. 对"贤妻良母"的批判。五四时期，有人指斥它是一条束缚女子成长的枷锁。只提倡"贤妻良母"，不讲究"贤夫良父"，这是极不公平的。所以"良妻贤母说乃是欺骗女子、束缚女子的话，使她在社会上的事业永远没有发达的希望"②。

近代出现的新的女性文化观在社会上产生了强烈的反响和社会效应，促使女性生活方式发生了显著的变化。主要表现于：

禁缠足。太平天国曾明令禁止缠足。19世纪70年代，教会女校要求入学的女子天足或立刻放足。康有为是倡导不缠足运动的先驱，1883年他在家乡发起"不缠足会"。1901年清政府发布劝戒缠足的上谕，从而减少了不缠足运动的阻力。到了清末民初，不缠足女子已到处可见，尤其城市中已有一批女子不再缠足。五四时期，"除掉穷乡僻壤，风气闭塞的地方，还不免有缠足的妇女，都市省会，差不多全是天足，再也看不到小脚伶仃的了"。③

兴女学。中国最早的女子学校是外国人办的教会学校。中国人自己创办女校始于戊戌时期。1898年元月，经正女学在上海开办，成为近代女学的发端。20世纪初，女学进一步发展，全国各省都办起女学，以民间自办

---

① 《妇女问题杂评》，《解放与改造》第一卷第8号，1919年12月15日。
② 《今后吾陕女子之觉悟》，《秦钟》第4期，1920年4月20日。
③ 《解放画报》第3期。

为主要形式。1907 年，女子小学及师范教育在学制上取得合法地位，成为具有划时代意义的大事。民初学制改革，制定了"壬子癸丑学制"，从学制上对男女教育一视同仁。规定初等小学男女同校，这是中国历史上男女合校的开始，是对旧伦理的一次冲击。五四时期，上海复旦大学组织"今日中国大学应否男女同校"的辩论；北京《晨报》开辟了"大学开放女禁"的讨论专栏。通过激烈的思想交锋，为女子教育的改革扫除了一定的障碍。因此，五四时期出现了"大学开放女禁"和"中学男女同校"这一女学发展史上的新事物，这是对几千年"男尊女卑"、"男女有别"等腐朽观念的有力冲击，从而使近代女学跨入了一个新阶段。

女子参政。20 世纪初，妇女解放形成热潮。妇女开始直接参加武装斗争，运送军火，联络情报，募捐助饷，救护伤员的工作，经受了政治和军事上的磨炼。民国成立后，神州女界参政同盟会等组织纷纷成立，这些以妇女参政为宗旨的妇女团体的出现汇成一股中国女子要求参政的时代潮流。1912 年 2 月，南京参议院着手制定约法时，唐群英等 20 人上书请愿，要求将男女平等写进约法，进而掀起了一场长达两年之久的女子参政运动。这次运动虽然失败，但到了五四时期，男女平权思想再度广泛传播，带动了女子参政运动走向了新高潮。

废娼运动与解放尼姑。辛亥及五四时期，废娼成为文化界的热点话题之一。在废娼舆论的感召下，各大城市出现了程度不同的废娼运动。与废娼运动相关，有人把解放尼姑也视为解放妇女的一项重要内容。主张解放尼姑的人们在舆论和实践上身体力行，创办尼姑学堂，教她们读书，引导她们自由婚配。

婚俗的变革。近代婚俗的变化主要表现在文明的婚俗逐渐替代封建的婚俗。婚姻的形式和内容都发生了变化。婚姻形式的变化指婚礼仪式、礼节及服饰的变化；婚姻内容的变化指人们在婚姻方面的"门第"观念和"迷信"观念逐渐淡化，追求自由结婚和两性之爱已渐次成为新式知识分子婚姻的基本原则。

二

近代女性陋俗文化的变革是整体运动与个体运动相互依存相互映衬的

过程，这一过程构成了近代女性陋俗文化嬗变的一个重要特征。

近代女性陋俗文化的变革首先是个整体运动。如果从近代社会的始终来把握女性陋俗文化的变革，就不难发现这一整体运动的确切意义。所谓整体运动即女性陋俗文化的变革涉及范围之广已遍及女性陋俗生活中的各个领域。

近代女性陋俗文化变革作为整体运动的形式出现是与近代文化人从整体上批判和否定封建妇女文化相因果。中国封建文化一个突出的文化特征就是具有"男尊女卑"的男权色彩。那些以解放妇女为己任的近代文化人是站在把握和评判中国封建文化的高度来揭露和抨击中国封建妇女文化的。陈虬曾说："中国人口约五万万，今无故自弃其半于无用，欲求争雄于泰西，其可得乎？"① 严复指出："中国妇人，每不及男子者，非其天不及，人不及也。"② 五四时期有人认为中国社会男尊女卑的实质在于"视女子如物资，不认其人格。视女子如附属品，不认其完全资格，于是三从之说兴，七出之义生"。③ 上述为中国女性鸣不平的言论实质是对中国封建女性文化的整体否定。近代文化人在进行文化批判的同时，又在努力建构以妇女解放为中心内容的新式女性文化观。早期维新派就提出了"男女并重"的思想。到了戊戌时期，谭嗣同指出："男女同为天地之菁英，同有无量之盛德大业"，理应"平等相均"④。资产阶级革命派接受了西方资产阶级的天赋人权学说，孙中山指出："我汉人同为轩辕之子孙，国人相视，皆伯叔兄弟诸姑姊妹，一切平等，无有贵贱之差、贫富之别。"⑤ 五四时期要求男女平等的呼声更高，有人说过："男女者，同人类也，人格相同。"⑥ 从早期维新派到五四新文化派都极力主张男女平等，要求妇女解放，这对于从整体上推动女性陋俗文化的变革的确产生了积极的效用。早在鸦片战争后，女性陋俗的变革就已渐露端倪。然而近代女性陋俗文化变革作为社会改革运动的一部分还是从戊戌时期开始的。从宏观看，这些具体陋俗文

① 《治平通义·救时要义》，中国近代史资料丛刊《戊戌变法》（一），第228页。
② 《论沪上创兴女学堂事》，《国闻报》1898年1月10日。
③ 高素素：《女子问题之大解决》，《新青年》第3卷第3号。
④ 《谭嗣同全集》（增订本）下册，中华书局1981年版，第304页。
⑤ 《中国同盟会革命方略》，《孙中山全集》第10卷，中华书局1981年版，第298页。
⑥ 高素素：《女子问题之大解决》，《新青年》第3卷第3号。

化变革的整体运动，又在各自不同的变革轨道上反映着它们各自的变化过程。从近代女性陋俗文化观的变革看，戊戌时期与20世纪初年，思想文化界有人受进化论影响，在亡国灭种的危机面前，以"弱肉强食"、"优胜劣败"为价值取向，认为女子缠足造成的国人种弱，女子无学带来种族的蒙昧愚钝，这些是国家衰败落后的原因。维新派指出："足疾易作，上传身体，或流传子孙。"① 对女学，维新派认为与国家强弱有重大关系，"女学最盛者，其国最强"。② 正是由于"国将亡"、"种将灭"这样的历史背景，维新派把形体观和女学观作为变革女性陋俗文化观的重点。辛亥时期，民国的建立以及民权思想的广为传播，女子的参政意识大为增强，有人主张"二十世纪之世界，女权昌明之世界"，"欲强中国，必复女权"。五四时期，进步人士开始从伦理的层面对封建文化进行深刻的反思，随之而来的是新式妇女伦理观的产生和确立。近代女性文化观的变革是与社会政治和经济的发展相联系，它反映了近代不同时期社会变革对女性文化观的要求。女子缠足、女子无学造成的危害较为明显，它的弊端呈现于表面层次，易被人们感受到，所以它最先受到批判和改造。女子参政观则要在人们对"天赋人权"学说和民主思想认同后才会产生。民国初年，人们具备了这样的认同，因此要求女子参政的大旗被高高擎起。而对深层次的伦理观的认识只有在对传统文化有了相当深刻的反思后才能有本质上的飞跃。而对传统文化进行深刻的反思需要一种活跃的文化气氛，新文化运动中形成了这种气氛，使近代女性伦理观产生新的变革。由此可见，近代女性陋俗文化观变革的内容在近代不同时期并非齐头并进，而是随着社会变革及人们认识的深化呈现出一种递进的状态。这种递进状态说明了女子解放由低级向高级的发展过程。

综上所述，近代女性陋俗文化的变革是整体运动和个体运动相互依存和相互映衬的过程。每项具体陋俗变革之总和构成近代女性陋俗文化的整体运动并反映其变化的全貌；而从这个整体运动中我们又看到了每一项具体陋俗的变化在其整体运动中的不同位置及各自不同的变化状态。同时，

---

① 《清禁妇女缠足析》，中国近代史资料丛刊《戊戌变法》（二），第243页。
② 梁启超：《变法通义·论女学》，《饮冰室合集》第1册第43页。

每一具体陋俗变化的时间先后，速度快慢和范围大小的不同使其整体运动的重心及内容不断地发生移位和改变；这种整体运动的状态反过来又映衬着近代女性陋俗文化从简单到复杂，从表面层次到深层次的变化过程。

在近代女性陋俗文化变革过程中，先进男子在理论阐述、认识深度及在变革陋俗实践上往往站在时代的前列，成为改造女性陋俗的主动倡导者和积极宣传者。女性中有对陋俗文化的勇敢批判者和以死抗争的女斗士，但两者相比，前者更自觉，在理论和实践上的影响更大，而后者往往是受前者影响，是前者的追随者。这是构成近代女性陋俗文化嬗变的另一重要特征。

我们在肯定男子主导作用的同时，丝毫无意贬低女子作出的贡献。事实上，在近代男子的宣传鼓动下，有的女性从蒙昧中觉悟过来，投身于女性陋俗文化变革的运动，虽然人数少、力量弱，但其历史功绩不能抹杀。戊戌时期觉悟的女子大都是生活在维新志士身边的人，她们受维新思想的直接影响而率先觉醒。康有为顶住同族父老和乡亲们的讥笑和讽刺，不给女儿缠足。女儿们在父亲的影响下，于 1895 年创立的"粤中不缠足会"中，"参加主持，现身说法"。谭嗣同夫人李闰曾毅然为不缠足会捐款，并出任中国女学会倡导董事。梁启超夫人李惠仙等都是戊戌时期倡导改造女性陋俗的活跃分子。近代还有一些个性鲜明的女子不为习惯势力所屈服，敢于为自身解放而抗争。如秋瑾性格刚直，为人豪爽，舍弃没有爱情的家庭，只身东渡扶桑，走上革命和妇女解放的道路。宋庆龄早年受到西方文化的教育，为了真正的爱情，不顾全家反对和亲友劝阻，毅然同大自己 27 岁的孙中山先生结婚。一些觉悟的女性把自己的自由权利视如生命，为摆脱女性陋俗文化的束缚和制约，争取女性的权利，不惜牺牲生命。如清末杭州贞文女学校校长惠兴女士为兴办女学，以身殉学，而使"世人震惊"。1919 年长沙市赵五贞不满父母包办的婚事，多次反抗无效，在花轿中割颈自杀。这些为女权而殉身的悲壮行动表现了女性对封建礼教的抗争。在改造封建陋俗文化的宣传鼓动中，一些女子作出了突出的贡献。秋瑾高唱起"责任上肩头，国民女杰期无负"[①] 的战歌，她先后撰写了很多文章来宣扬

① 《勉女权歌》，《秋瑾集》，上海古籍出版社 1979 年版，第 117 页。

改造陋俗文化的主张。清末才女吕碧城任《大公报》编辑，在早期《大公报》中发表了许多宣传改造女性陋俗文化的文章，声名大著于京津一带。

在变革女性陋俗文化中起主导作用的是男子，然而，女性的解放是社会的运动，更是女性自身解放和与社会抗争的运动。孙中山曾说："切勿依赖男子所利用也。"① 廖仲恺也说："无论要造哪一个解放，总要靠自己自觉、自己要求、自己奋斗。从道德上知识上体育上准备过自己解放的手段，一面自己去解放，一面自己去准备，这解放才有点光明。"②

近代女性陋俗文化的变革是一个步履艰难，长期曲折的动态运演过程，这是近代女性陋俗文化嬗变的又一重要特征。

进步人士能够冲破封建传统的藩篱，敢于在道学家制定的金科玉律上凿开一个缺口，使女性生活陋俗发生一定的变化，但这种变化绝不是短时间可以毕其功的。除了缠足陋俗，通过几十年的改造，到了五四时期，只有缠足陋俗出现一种根除的趋势，而其他女性陋俗的变化都是极其有限的。民俗学理论认为，习俗作为一种反映民众内心价值的行为方式一旦形成，就具有一种传承性和惰性，即不易变性，即便是弊习陋俗也依然如此。这是习俗本身固有的重要特征。习俗是一种生活"惯制"，这个"惯制"概念所揭示的内涵表明，它既不完全等同于"习惯"，也不完全吻合于"制度"，而具有一种双重渗透的意义，是两者的整合。它向人们揭示，这种"制度"是"习惯"的潜移默化而逐渐形成的，并非硬性的规定；同时这种"习惯"已成为人们言行所要遵守的准则，具有一种"制度"的约束力。正因为"惯制"有极强的稳定性，所以习俗要发生变化并非易事，它需要一个曲折渐进、步履艰难的过程。之所以如此，是因为落后的政治、文化和经济等因素无时不在起着反动的作用。

近代女性陋俗变革受政治因素的干扰，在近代有两个突出时期，一是在戊戌政变前后，一是在袁世凯称帝前后。本来受戊戌变法和辛亥革命这种政治革新的影响，这两个时期是近代女性陋俗变革的重要阶段，然而，正如作用力越大，反作用力亦越大的道理，这两个时期的政治反作用力又

①《孙中山全集》第 2 卷，中华书局 1982 年版，第 438 页。
②《廖仲恺集》（增订本），中华书局 1983 年版，第 14 页。

极大地限制了女性陋俗的长足变革。张之洞视男女平权为水火，声称"此其不可得与民变革者也"。① 袁世凯称帝前后，以袁世凯为首的封建复辟势力掀起了一股尊孔复古的逆流，政府规定女子，"不得加入政治结社"，"不得加入政坛集会"②；在校的女学生也受到严格控制，男女交往被监视，出入信件要检查，不准剪发，不准自由结婚。袁世凯还公布了《褒扬条例》，规定"妇女节烈贞操可以风世者"，"得受本条例褒扬"。一时间，各种报纸纷纷刊登守贞、殉夫的"烈女传"，使近代女性陋俗变革的大潮出现了明显的回流。

阻碍女性陋俗变革的政治因素主要来自官僚阶层，阻碍其变革的文化因素更多的是来自于士绅和下层民众。他们被传统观念和旧习惯所束缚，与新生事物格格不入。列宁指出："千百万人的习惯势力是最可怕的势力。"③ 近代的士绅阶层依然固守传统道德，把"纲常伦理"看成是世界上最好的道德，认为失去这样的道德，"则其贻害于人心世道，较洪水猛兽为尤烈，其危险实不可思议"④。他们固守传统女性道德观，认为"家庭革命秘密结婚之恶果"，都是不讲"君父之尊"、"男女之防"造成的，甚至公开反对兴办女学，认为再办女学，"更足滋生流弊"⑤，并极力反对男女平等和婚姻自由，把提倡婚姻自由看作"教人淫乱"，说这些都是男洋人的混账法。由于士绅阶层在官场和财富上拥有实力，所以他们千方百计地对女性陋俗加以维护。下层民众历代相传的封建观念牢固禁锢着人们的思想和行为，由于他们身居社会下层的地位不曾改变，以及文化落后远高于社会变革中心地区等因素，在较彻底的大规模的社会变革前，他们的旧观念都难有大的改变。因此，不仅在偏僻的农村，就是在城镇，传统的女子道德伦理观和行为规范以及生活方式对女性都有极大的影响，使她们不能越雷池一步，新的文明习俗和争取女权的努力都被扼杀了。

经济的因素也制约着近代女性陋俗的变革。1921年4月1日，广州各

① 《翼教丛编》，第117页。
② 《政府公报》1914年3月3日。
③ 《列宁全集》第39卷，人民出版社1986年版，第24页。
④ 《论学术道德相离之危险》，《东方杂志》第5年第3期。
⑤ 《停办女学之风闻》，《大公报》1907年6月26日。

界民众有计划、有组织地举行了废娼大游行。然而，政府征收花筵捐每年可收入六七十万元，为市府总收入的四分之一；全市公娼两千多人，私娼数百人，要安置原来的娼妓需费 30 万元，另建楼房费 20 万元。因此，当局并未答应民众的请求。① 这反映了经济因素制约着陋俗的变化。清末杭州贞文女学校校长惠兴女士为办女学，不辞劳苦，到处募集银两，但终因经费匮乏，多次停课。惠兴女士最后也以身殉学，以达到"动当道、请拨款、兴女学、图自强"。②

三

中国近代女性陋俗文化发生了令人瞩目的变革，虽然它还带有历史局限性，但为女性陋俗文化的根本变革奠定了基础。尤其要强调的是，它所带来的社会历史意义是巨大的。

首先，近代新式女性文化观的内容蕴藏着"人的解放"的深刻主题。近代新式女性观旨在使中国女性从形体解放、经济解放、教育解放、政治解放到伦理解放，最终获得人的全面解放。只有达到这样的解放，中国女性才能真正摆脱非人的奴隶地位而实现与男子的真正平等。当我们理解近代新式妇女文化观是拯救中国女子的理论的同时，还要深刻认识到，它也是拯救中国男子的观念体系。很难想象，生活在占人口一半的目光短浅、知识贫乏的妇女中间的中国男子，能够摆脱中国妇女的影响，远离愚钝蒙昧的文化环境，而养成一种超越鄙陋、独善其身的近代人格。恰恰相反，男子独立之前，在家中受母亲影响很大，在某种意义上母亲是孩子的第一位启蒙老师；独立之后，男子又要和妻子相伴终身。男女之间是一个相辅相成，相互依存的统一体，女子对男子的影响无时不见，无处不有。廖仲恺说："女子解放这个问题，就是国家、社会、男子解放的问题。"③ 这句话相当深刻。事实上，近代女性思想中所持有的封建文化观也恰是男子灵魂深处所蕴藏的全部价值观念中的重要部分。受其束缚和支配，男子不仅

① 《广州废娼运动》，《妇女声》第 8 期，1922 年 4 月 5 日。
② 《惠兴女学殉学记》，《近代中国女权运动史料》，第 1090 页。
③ 《女子解放从哪里做起》，《廖仲恺集》（增订本），第 13 页。

成了奴役扼杀女性的屠夫，同时也成为陋俗文化的牺牲品，在无意中为自己设下自埋的陷阱，在摧毁了女性的同时也葬送了男子自身；那么通过批判女性陋俗文化而形成的新式妇女文化观重新塑造了包括男子在内的国人新灵魂。笔者以为，近代新式女性文化观中蕴藏着"人的解放"的深刻主题。正是在这种"人的解放"学说的驱动下，传统观念被改造，国人开始重新塑造自己能够适应社会历史发展的近代人格，而这种近代人格正是社会进步和完成救国大业所必需的人的近代化素质。

其次，近代批判女性陋俗文化已涉及相当广泛的领域，包含"三从四德"、"妇以夫贵"、"妻为内助"、"女子无才便是德"、"妇人主中馈"、"女不主外"、"男女授受不亲"、"嫁鸡随鸡、嫁狗随狗"、"从一而终"、"饿死事小，失节事大"、"父母之命，媒妁之言"、"贤妻良母"等陋俗文化观。它的深刻意义在于全面批判和否定中国封建文化中关于女性文化观的糟粕，并毫无保留地抛弃它。当我们总结这段历史现象时，对此应有所领悟。不管当时人是否意识到要对封建女性文化糟粕作全面的总结和批判，但客观事实却是如此。这是近代思想文化界对中国传统文化反思的一个成果，是对中国文化糟粕认识的一个突破，是对中国文化负面研究的一个贡献。这使时人和今人对传统文化糟粕的认识在某些方面有了具体的把握，从而避免那些空泛而又毫无意义的说教了。从这个角度讲，研究中国女性陋俗文化实际就是在研究中国传统文化的糟粕，这是文化研究中的必要工作，同时，这对创造中国新文化意义重大。

最后，近代中国的时代主题是救国。当有人发现中国女性生活陋俗是构成中国衰败的一个重要原因时，就立志要通过批判和改造传统女性陋俗文化来达到救国的目的。这种主张属近代"习俗救国论"的范畴。"习俗救国"是近代诸多文化救国论中的一种。事实上，文化救国不能成为排斥其他救国方案而独树一帜并能最终达到救国目的的最佳路径。但是这绝不是说文化救国论没有丝毫的实践意义。文化救国理论的核心意义之一是要改造国民素质，即戊戌时代的"开民智"，20 世纪初年的"新民说"，新文化运动时期的"改造国民性"。国家兴亡与国民素质并非没有关系，一个是否有近代国家观念、民族观念、救亡观念的群体对一个国家和民族的命运关系重大。从这个意义上讲，文化救国论对救亡图存可起到一个催化剂的作用。一般说来，在救国过程中，要变革相互作用的社会诸方面，"非全体并举，合力齐作，则必不能有功，而徒增其弊。"① 文化救国是"全体并举"中的一项内容。因此，文化救国实际是政治救国的一个不可缺少的必要补充，这个补充有利于救国大目标的完成。正因为如此，近代批判和改造女性陋俗文化在救国过程中所产生的积极进步意义当给予充分的肯定。

原载《中国文化研究》1999 年秋之卷

---

① 《梁启超选集》，上海人民出版社 1984 年版，第 83 页。

小脚"审美"与性意识

缠足习俗起源何时，虽有一些人进行了考证，但在正史上都找不到确切的证据。在众多的"起源"说中，有认为始于南北朝齐朝东昏侯时代的，有认为始于隋炀帝时代的，有认为始于唐太宗时代的，众说纷纭，莫衷一是。一般认为是五代十国南唐后主李煜让其妃子窅娘缠足始，"李后主宫嫔窅娘，纤丽善舞，后主作金莲……令窅娘以帛绕脚，令纤小，曲上作新月状，素袜舞云中，回旋有凌云之态。……由是人皆效之，以纤弓为妙，以此知札脚自五代以来方为之"①。大致到了南宋时期，缠足习俗在民间相沿成俗，蔚然成风。

缠足陋习之所以能够得以兴起，根本原因在于中国封建社会的男权文化被普遍认同。中国自古已有抑女贬女思想，孔子时代就有"唯女子与小人为难养也"的论调，"三纲五常"、"三从四德"中也无不体现着男权文化的特色。到了宋代程朱理学一统天下，"男尊女卑"的男权文化就成了支配人们思想并被人们普遍接受和认同的公理。从此，男人成为至尊，女人成为男人的玩物、奴隶、工具、私有品。所以一切摧残、压抑、歧视女子的现象都是天经地义、不容置疑的。缠足习俗兴起的直接原因又体现在两个方面：一方面是统治阶级的荒淫无耻而要求对身边的女性的凌辱，以及嫔妃们为迎合统治阶层糜烂的生活需要而不惜戕害自己的身体，以博他人一笑。另一方面是民间"上行下效"的心态使然。"先是倡伎尖，后是摩登女郎尖，再后是大家闺秀尖，最后才是'小家碧玉'一齐尖。待到这些'碧玉'们成了祖母时，就入于利雇制度统一脚坛的时代了。"② 鲁迅

① ［元］陶宗仪：《南村辍耕录》卷10，中华书局1959年版，第127页。
② 鲁迅：《鲁迅全集》第4卷，人民文学出版社1981年版，第505页。

这段话是对民间在缠足问题上，"上行下效"心态的最形象的注释，这种心态确是缠足风习兴起的直接原因之一。

缠足陋习兴起，并"日播月盛"，"流为积习"，其谬种流传的原因是多方面的。其一，审美心理与传统相通。在"男尊女卑"、"男强女弱"的文化环境中，男子是主动者、强者、尊者，女子是被动者、弱者、卑者。所以审美的总标准为"阳刚阴柔"，即对女子的审美要求为轻声柔气，娇弱纤细、举止舒缓、步履轻盈、胆怯怕羞、温柔驯服。女子只有处处显示出谦卑、驯服、娴静、迟缓、柔弱，才具备"贞静幽闭、端庄成一"的气质，才能称上是男人心目中"沉鱼落雁"、"闭月羞花"的美女。《诗经》的"窈窕淑女、君子好逑"，《南都赋》的"罗袜蹑蹀而容舆"，《孔雀东南飞》的"足下蹑丝履"，"纤纤作细步"等，都是对女子幽雅娴静、温柔舒缓的赞美。这种审美意识又必然要求在形体上对女子加以束缚，六朝乐府诗《双行缠》诗中有"新罗绣行缠，足趺如春妍，他人言不好，我独知可怜"，这是时人有以小脚为美的例证。之所以认为小脚美观，正是因为小脚女人的行为举止与传统的审美观有相通之处。不仅如此，男人一系列的情感变化也能产生欣赏小脚的心理感受。男子面对女子"瘦欲无形"的小脚，而产生"越看越生怜惜"之情感，由怜惜而生疼、而生爱、而生美感。虽然是一种变态和畸形的"审美感受"，但却是符合人们情感心理变化的一般规律的。对小脚的审美心理一旦形成，便助长缠足陋习的流行。"香艳丛书"所收《香莲品藻》一书，对小脚的欣赏和评价，的确到了无以复加的"艺术"境地，乃国人对小脚"艺术"和"审美"的全面总结，读来令人瞠目结舌，震撼不已。其二，小脚转变成诱发"性意识"的一个重要因素。人创造文化，文化又造就人，这可视为两者关系的一个注脚。人所创造的价值观念体系产生了对小脚的审美意识，反过来这种小脚文化又对人的心理、感觉和意识产生一种诱导和规范作用。小脚对人的"性意识"诱发便是如此。文化的此种功能，的确令人不可思议。"由于缠足后，足的形状成了畸形，当足接触地面时，全身的重力集中于踵部，也就是变成了用踵部走路，因此，跟着发生变化的是妇女的腰部也会变得发达，对骨盆也会有重要影响，涉及性的方面也会产生极其微妙的作用。"①

① ［日］山川丽：《中国女性史》，三秦出版社1987年版，第60页。

这是日本女性史专家山川丽谈缠足流行原因时的一个说法。这还只是一种直觉的性刺激，并非文化功能引起的结果。而小脚审美一旦转化为诱发"性意识"的因素，情况就尤为显著了。从对"柔弱无骨"的小脚"愈亲愈耐抚摩"①，到以妓女弓鞋"载盏以行酒"；从男子视弓足为"性"标志，认为女子最性感处并非胸前和胯间，而是"金莲"，抚之即可撩拨情欲，产生快感，到女子视"金莲"为"性感带"，只要它被异性一握一捏，立刻春情荡漾，不克自持。可见文化不但能改变人的观念和行为，而且能够造作人的新的感受和体验。文明的先进文化如此，野蛮的陋俗文化亦如此。所以可以明白为什么《金瓶梅词话》中的西门庆与潘金莲调情时，《刁刘氏演义》中的王文与刘氏调情时，无不从"三寸金莲"下手的道理了。其三，小脚成为择偶的重要条件。小脚既成"审美"，天足即为"丑陋"，女子天足，"母以为耻，夫以为辱，甚至亲串里党，传为笑谈，女子低颜，自觉形秽"②，择偶随即成为困难。"出嫁是女人的唯一出路，做媒的人先要问一下脚大小，没有小脚嫁不到富贵风流的丈夫，甚至没有人要娶。"③ 河南安阳的一首歌谣也说，"裹小脚，嫁秀才，吃馍馍，就肉菜；裹大脚，嫁瞎子，吃糠菜，就辣子。"小脚成为择偶的条件是缠足陋俗广为流传中的一个极其重要的因素。其四，缠足是身份和福气的象征，是家道富有的标志。康有为的女儿康同璧说："我们家庭是所谓书香门第，像这样人家的'小姐'，是必须用小脚来表示身份的；三寸金莲，一切行动都是依靠丫头，那才是'福气'。"④ 元人伊士珍《嫏嬛记》里说，本寿问于母曰："富贵家女子必缠足何也？"其母曰："吾闻之圣人重女而使之不轻举也，是以裹其足，故所居不过闺阈之中，欲出则有帷车之载，是无事于足也。"⑤ 清人鼓儿词中也有"小姐下楼格登登，丫头下楼扑通通，同是一般裙钗女，为何脚步两样声？"可见缠足是女性尊贵的标志。其五，有利于妇女的贞操要求，"裹上脚，裹上脚，大门以外不许你走一匝"，弓足女子行动不便，足不出户，"深锁闺中"，既能防止放荡行为，又能保持女

① 陈东原：《中国妇女生活史》，商务印书馆 1937 年版，第 225 页。

② （清）福格：《听雨丛谈》，中华书局 1959 年版，第 139 页。

③ 汤志钧：《戊戌时期的学会和报刊》，（台北）商务印书馆 1993 年版，第 410 页。

④ 康同璧：《清末的"不缠足会"》，《中国妇女》1957 年第 5 期。

⑤ 陈东原：《中国妇女生活史》，商务印书馆 1937 年版，第 240 页。

性贞操。缠足为男人提倡，是要独占女子贞操的一种手段。正是基于上述
五方面的原因，所以，缠足陋习不但在中国社会兴起，并能趋之若鹜，不
断流传，上千年绵延不断。

原载《历史大观园》1993 年第 12 期

论五四时期的"性伦"文化

五四时期新生文化广博丰厚，其性伦文化堪为一项重要内容。所谓"性伦"文化是指反映两性间诸多关系的某种功能性模式。"两性间诸多关系"即以"性"为核心，或涉及"性"的一系列相关问题；"模式"即两性关系在价值观、道德观、行为方式、本能趋向等方面在相应范围内被认同的标准或样式；"功能性"即这种标准或样式对社会与人发生的作用与效能。发挥积极进步意义的性伦文化模式当予肯定、坚持、弘扬之，相反则当予批判、摒弃、改造之。人类两性关系的一个基本的理想是两性间的相互平等、和谐、善待和尊重，然而这个理想需要在历史的进化过程中，通过男女双方艰辛的努力和孜孜不倦的追求，才能实现。随着中国近代社会的形成和近代文明意识的产生，反衬出中国性伦文化的糟粕，诸如"男女授受不亲"——男女间没有平等的交往沟通，甚或完全处于隔绝状态；片面的贞操要求——对女子性禁锢和对男子性放纵的认同和纵容；"性"禁忌的民俗心态——对人类"性"生理的忌讳达到了一种宗教狂的程度；专制婚姻——使个人失去了真正的幸福和自由。这些性伦文化的糟粕是走向近代的国人还未完全脱离野蛮愚昧的象征。五四时期性伦文化的变革正是近代国人为摆脱这种野蛮愚昧而努力进取的体现。

（一）性伦文化建设的思想内涵

五四知识分子否定和批判封建性伦文化的主要指向是传统性伦文化观念中的思想观念误区。这些误区包括性伦偏向误区、性伦本能误区、性伦禁忌误区以及性伦杀人误区。

性伦偏向误区是指对男女性伦评判上的不公平，利益倾斜向男性，苦难强加给女性；性伦偏向误区还指男女性伦价值观念的差异，暴露了男性的丑恶和女性的愚昧。五四思想文化界对封建贞操观批判时就重点指出了男女道德评判上的不公平，把贞操的道德名声"完全负担在女子的身上，至于男子，毫无所谓贞操"①。其实"失节一事，岂不知道必须男女两性，才能实现。他却专责女性；至于破人节操的男子以及造成不烈的暴徒，便都含糊过去。"② 这显然是男权社会对男人肆意纵容、对女人任意摧残的病态社会的不公正现象。在性伦文化观念趋向上，五四思想界进一步揭露了男性的丑恶卑鄙和女性的虚荣愚昧。在女子遇到强暴时，男性"只得救了自己，请别人都做烈女"③，"久而久之，父兄丈夫邻舍，夹着文人学士以及道德家，便渐渐聚集，既不羞自己怯弱无能，也不提暴徒如何惩办，只是七口八嘴，议论他死了没有？受污没有？死了如何好？活着如何不好"。④ 对于死者，称赞几句，"好在男子再娶，又是天经地义，别讨女人，便都完事"。男性的丑恶卑鄙暴露无遗。而有的女子由于轻信了那荒谬的贞操迷信，"要借此博一个'青史留名'"，所以绝食寻死，想做烈女，于是"造成许多沽名钓誉，不诚实，无意识的贞操举动"⑤。女性的虚荣愚昧也可见一斑。

性伦本能误区是指对性本能采取的非理性态度，包括视人为性工具以及对性事的讳莫如深这样两个方面。在中国封建社会，"男女授受不亲"是男女两性关系的基本状态之一，男女间没有平等的交往沟通，甚或完全处于隔绝状态。由于男女隔绝太甚，偶然相见，没有鉴别的眼光和自制的能力，"最容易陷入烦恼的境地，最容易发生不道德的行为"⑥，堕入了视人为性工具的误区。另外，国人心态怪不堪言，对于性事"不知何故，却被人们不约而同地把它投入缄秘的雾罩里"⑦，"性交是常事，却以为不净；……人人对于婚姻，大抵先夹带着不净的思想。亲戚朋友有许多戏谑，自己也有许多羞涩，直到生了孩子，还是躲躲闪闪，怕敢声明。"⑧ 国

---

① 瑟庐：《产儿制限与中国》，《妇女杂志》第8卷第6号。
② 《我之节烈观》，《鲁迅全集》第1卷，人民文学出版社1981年版，第122页。
③ 同上。
④ 《我之节烈观》，《鲁迅全集》第1卷，人民文学出版社1981年版，第122页。
⑤ 胡适：《贞操问题》，《新青年》第5卷第1号。
⑥ 《美国的妇人》，《胡适文存》第1集卷4，黄山书社1996年版，第470页。
⑦ 章璞：《性欲教育谈》，《平民教育》第70期。
⑧ 《我们现在怎样做父亲》，《鲁迅全集》第1卷，人民文学出版社1981年版，第131页。

人一方面要做，一方面又讳莫如深，正如鲁迅所讽刺的那样，"理学先生总不免有儿女，在证明着他并非日日夜夜，道貌永远的俨然"①。视人为性工具，对性事又讳莫如深，这在本质上是性伦本能误区的表现。

性伦禁忌误区是指中国传统的性禁忌心态习俗，它的直接表现就是回避性教育。由于性禁忌心态习俗的影响，国人对于性教育，"大都还是不很了解，不知道性教育是性的卫生及性的道德的基础，往往容易误认实行这种教育，是导于恶习的起点"。②"对于一般青年施以性教育，或足以破坏他们的纯洁，玷污他们的清白。"③ 五四知识分子还深刻揭示了因无性教育而酿成的恶果：其一，性无知导致的性神秘及逆反心态。对性的愚昧无知，易产生性神秘感，使本来很自然的性问题被笼罩一层迷雾和灰垢。性神秘又导致性逆反。对"性"的一味压抑，其结果是"压力愈大，反抗力也愈强，一经爆发，正似决江之水，横冲直撞，莫之能御。"④ 其二，对儿童与青年的毒害。人在儿童期间，由于好奇心的驱使，对自身的由来不免发生疑问而询问父母。父母受性禁忌心态习俗与礼教的深毒，视"性"为卑鄙污秽之事，往往用呵斥禁止、支吾诳骗、嬉笑含糊的态度去敷衍搪塞，但是不论用哪一种方法去应付，都足以使儿童莫名其妙、眩惑不定，疑团愈加不能消释。其三，导致社会病。由于缺乏性的知识和道德教育，社会罪恶如性病、卖淫等随即流播炽盛。

性伦杀人误区是指传统性伦文化直接导致杀人的恶果。贞操文化就直接导致女子于"苦"和"死"的境地。烈妇必死，自不必说，节妇活着，"精神上的惨苦"姑且不论，生活的痛楚就难以开脱。"假使女子生计已能独立，社会也知道互助，一人还可勉强生存。不幸中国情形，却正相反，所以有钱尚可，贫人便只能饿死。"节烈很难很苦，既不利人，又不利己。"说是本人愿意，实在不合人性。"多数守节女子均属"礼不可逾"、"义不可免"，而强行克制自己的性情。故"无论何人，都怕这节烈。怕他竟钉到自己和亲骨肉的身上"。⑤ 守节难，勉强行之，便是对人性的扼杀。

① 《一思而行》，《鲁迅全集》第 5 卷，人民文学出版社 1981 年版，第 473 页。
② 周建人：《性教育与家庭关系的重要》，《中国妇女问题讨论集》第 5 册，"民国丛书"第 1 编第 18 册，上海书店 1989 年版，第 179 页。
③ 陈并谦：《性教育概论》（上），上海《时事新报》副刊，《学灯》第 6 卷第 8 册第 27 号。
④ 甘南引：《两性间应有之知识》，《平民教育》第 55 号。
⑤ 《我之节烈观》，《鲁迅全集》第 1 卷，人民文学出版社 1981 年版，第 124 页。

"中国的贞操主义就是吃人的主义。"①

　　五四知识分子提倡和主张新式性伦文化的主要内容包括：高尚合理的两性状态；新式道德观和贞操观；进行性教育和生育节制教育。

　　五四知识分子主张高尚合理的两性状态，重点体现在积极提倡"男女社交公开"上。当时主张者是从三个方面思考男女社交公开的积极意义的：其一，男女交往，可以相互砥砺和影响，使双方养成优良的品格和高尚的情操。胡适曾经谈及男女社交的意义："女子因为常同男子在一起做事，自然脱去许多柔弱的习惯。男子因为常与女子在一堂，自然也脱去许多野蛮无礼的行为（如秽口骂人之类）。"② 其二，男女正常交往，就会觉得男女之间"都是同学，都是朋友，都是'人'，所以渐渐地把男女的界限都消灭了，把男女的形迹也都忘记了"。③ 这种"忘形"的男女交际，是相互视为"人"的平等交际，是增进青年男女自制能力的唯一方法，是对"男女有别"封建道德观念的反动。其三，男女公开交际，是人的解放和妇女解放的需要，是为了恢复正常的人际状态。沈雁冰说："我们为什么要男女社交公开呢？我以为无非是想把反常的状态回到合理的状态罢了！"④ 人际关系从反常状态回到合理状态，才能真正地解放人和解放妇女。否则，要养成健康的心灵，培植文明的道德，树立高尚的人格，一句话，要解放人，是困难的。

　　五四思想界在批判封建贞操观的同时，提出了新式道德观和贞操观。他们尖锐地指出，节烈这事"极难，极苦，不愿身受，然而不利自他，无益社会国家，于人生将来又毫无意义的行为，现在已经失了存在的生命和价值"。⑤ 因此要摒弃封建贞操观，建立新式道德。五四知识分子提出的新主张是：其一，"节烈"绝不道德。"节烈"并非天经地义，"决不能认为道德，当作法式"。其二，守节与否决定于个人的自由意志。守节一事完全是个人问题，由于个人境遇、体质、恩情、家计的不同，或能守或不能守，全凭个人的自由意志而定。其三，夫妻要持平等相待的态度。"这

① 佩韦：《恋爱与贞操的关系》，《中国妇女问题讨论集》第 5 册，"民国丛书"第 1 编第 18 册，上海书店 1989 年版。

② 《美国的妇人》，《胡适文存》第 1 集卷 4，黄山书社 1996 年版，第 470 页。

③ 同上。

④ 雁冰：《男女社交公开问题管见》，《妇女杂志》第 6 卷第 2 号。

⑤ 《我之节烈观》，《鲁迅全集》第 1 卷，人民文学出版社 1981 年版，第 124—125 页。

维持贞操的责任，不该专由女子负担，应该由男女两方面共同负担的。"①
所以应该做到，"（一）男子对女子，丈夫对妻子，也应有贞操的态度；
（二）男子做不贞操的行为，如嫖妓娶妾之类，社会上应该用对待不贞妇
女的态度对待他；（三）妇女对于无贞操的丈夫，没有守贞操的责任；
（四）社会法律既不认嫖妓纳妾为不道德，便不该褒扬女子的'节烈贞
操'。故既不奖励男子的贞操，又不惩男子的不贞操，便不该单独提倡女
子的贞操。"② 其四，提倡新式贞操观："（1）女子为强暴所污，不必自
杀。……（2）失身的女子的贞操并没有损失。……社会上的人应该怜惜
她，不应该轻视她……（3）娶一个被污了的女子，与娶一个'处女'，究
竟有什么分别？若有人敢打破这种'处女迷信'，我们应该敬重他。"③ 其
五，彻底摒弃封建"节烈"观。既然"节烈"这事已失去了存在的生命和
价值，就要"除去于人生毫无意义的苦痛。要除去制造并赏玩别人苦痛的
昏迷和强暴"，"要人类都受正当的幸福"④。五四知识分子以尊重人性、
男女平等、让女子摆脱苦难为出发点，提出了新式道德观和贞操观。

　　五四知识分子还提出了"性教育"和生育节制的主张，认为"普及教
育，尤其是性教育，这正是教育者所当为之事"⑤。性教育包括科学的、伦
理的、社会的、审美的教育，通过这样的教育使人对人类生活的两性问题
持一种文明的、严正的、科学的、尊重的态度。五四知识分子视性教育的
宗旨，在于设法增长人们的性知识，"明白误用性的官能的损害，而从事
健康上的摄卫。并且打破从来的秽亵观念，以改善两性间的行为和态
度"⑥。这种性教育的结果可产生三项功效，"一是保持健康，一是改善性
道德，最后一种功效便是改良未来的人种"⑦。对于性教育的重要意义，
1922年从法国里昂大学回国任北京大学哲学教授的张竞生博士在其《美的

　　① 瑟庐：《产儿制限与中国》，《妇女杂志》第8卷第6号。
　　② 胡适：《贞操问题》，《新青年》第5卷第1号。
　　③ 《论女子为强暴所污》，《胡适文存》第1集卷4，黄山书社1996年版，第495—496页。
　　④ 《我之节烈观》，《鲁迅全集》第1卷，人民文学出版社1981年版，第125页。
　　⑤ 《坚壁清野主义》，《鲁迅全集》第1卷，人民文学出版社1981年版，第258页。
　　⑥ 周建人：《性教育的理论与实际》，《中国妇女问题讨论集》第5册，"民国丛书"第1编
第18册，上海书店1989年版，第179页。
　　⑦ 周建人：《性教育的理论与实际》，《中国妇女问题讨论集》第5册，"民国丛书"第1编
第18册，上海书店1989年版，第179页。

社会组织法》一书中曾有一段精辟的论述："性譬如水，你怕人沉溺么，你就告诉他水的道理与教他会游泳，则人们当暑热满身焦躁时才肯入浴，断不会在严冬寒冷投水受病，又断不会自己不识水性，就挽颈引领，闭目伸头，一直去跳水死。故要使青年不至于跳水寻死，最好就把性教育传给他。"① 这里用"水"喻性，用"学游泳"喻性教育，深入浅出地表达了性教育的重要意义。另外，还有知识分子提出生育节制教育的主张，认为生育不加节制，小则损害个人的身心健康，大则危及民族的存亡。当时还有人提出组织"生育节制会"和"节育研究会"，使生育节制尽早地实施并进一步加深学理研究，实行普遍的教育。人们对组织团体的理由、宗旨及组织办法、人员数目、地点、事务、任务等都曾作了具体的构思和设想。②

五四时期性伦文化的新价值观是对传统封建道德观的否定，是社会进步和时代文明在伦理文化观念上的反映。时至今日，它仍具有积极的启示意义。

（二）性伦文化变革的基本特征

五四时期性伦文化在形成过程中，新旧思想展开了激烈的交锋，思想交锋的重点也主要围绕在"性道德"上，这反映了新生文化观念诞生的必经历程。

在围绕"男女社交公开"展开的思想斗争中，主要体现在是维护还是背叛封建礼教的斗争上，双方都是以维护"性道德"作为攻击对方的思想武器。反对男女社交公开者认为"男女社交公开，是使国民道德堕落。现在礼防尚严的时候，尚且有许多不道德的事情发生，将来男女社交自由，便接触的机会愈多，不道德的事情自然易发生"③。他们仍然站在"男尊女卑"的立场上，不视女子为平等的同类、平等的人，而只视为藏匿于闺门之内的传宗接代的工具，视为"淫具"。"淫具"自然不能公开。公开"淫具"，撩拨"肉欲"，那么"淫风"大起，就成了自然，这就是固守封建礼教者的逻辑。这种逻辑被主张男女社交自由者所质疑，认为发生"不

---

① 张竞生：《美的社会组织法》，北新书局1926年版，第129—131页。
② 陈德征：《一个临时的动议》，《妇女评论》第41期。
③ 雁冰：《男女社交公开问题管见》，《妇女杂志》第6卷第2号。

道德的事情","是否仅仅因为男女多见面、多交际的缘故呢?还是尚有其他的原因呢?"鲁迅曾讽刺说:"闺秀不出门,小家女也逛庙会,看祭赛,谁能说'有伤风化'情事,比高门大族为多呢?"① 主张社交公开者以维护"性道德"的姿态批判了男女社交不能公开造成的危害,认为社交不能公开的最大弊害就是容易导致"乱伦"和不规则的"性自由"。他们认为中国"自从有了这'礼教'两个字,那么男女有起界域来了!有起礼防来了!男女的交际秘密起来了!男女的情感,变成不可以对人说的了!因了这种种的缘故,就生出什么'奸淫'、'贞操'、'节操'等等的问题。"② 隔绝愈严,愈易对异性产生好奇心和神秘感,男女一旦相遇,就易产生性的冲动,而"人心机诈既生,便不是空空洞洞的礼教可以束缚"。③ "苟合"、"外遇"、"穴隙相窥"的事就易出现。男女交往一旦公开和自由,男女间"一样的对待,一样的交际,就不觉得有什么欲念"④,也就不易发生"'乱交'的情形"⑤。以维护"性道德"作为攻击对方的武器,不但可以赢得更多的支持者,还可以维护自己的道德形象,也就更便于其个人思想主张的传播和实施。

在如何对待"婚姻制度"上,主张废婚和反对废婚两派也产生过激烈的思想论战。双方论战的内容很多,其中重要一点就是在如何看待"节制性欲"的性伦文化上。反废婚派认为:"如果废除婚姻制度,那么,今天甲和乙恋爱,明天乙和丙恋爱,完全成了乱交的状态,使兽性冲动逐渐增加。"⑥ "性欲虽是人类正常的要求,但也要有一定的节制,倘没有节制,生理上就非常危险了。……所以一定要有婚姻制度,来节制这性欲过度的要求。"⑦ 废婚派认为反废婚派的这种见解是没有"了解'自由恋爱'的真理,所以就要误解到什么乱交……兽性……上面去,把那种神圣的'自

---

① 《坚壁清野主义》,《鲁迅全集》第 1 卷,人民文学出版社 1981 年版,第 258 页。

② 杨潮声:《男女社交公开》,《新青年》第 6 卷第 4 号。

③ 佩韦:《恋爱与贞操的关系》,《中国妇女问题讨论集》第 5 册,"民国丛书"第 1 编第 18 册,上海书店 1989 年版。

④ 杨潮声:《男女社交公开》,《新青年》第 6 卷第 4 号。

⑤ 冰:《再论男女社交问题》,《妇女评论》第 9 期。

⑥ 葆华:《废除婚制问题的讨论(二)》,《觉悟》1920 年 5 月 11 日。

⑦ 赞平:《废除婚制问题的讨论》,《觉悟》1920 年 5 月 28 日。

由恋爱'沾了污点。"① 废婚派认为："婚姻制度，非但不能限制性欲，而且有时还要纵欲，因为他不必要双方同意。""限制性欲，只要从生理上自己去限制，用不着婚姻制度。"② "节制性欲"与婚姻制度的关系如何，虽然两派观点不同，但通过大论战，有益于双方对问题的进一步思考。

五四时期，在性伦文化的变革中，有些知识分子通过掌握新的理论方法和接受新的学术观点，从一些新的视角层面来认识和解释性伦文化，对问题的理解更具深刻性和独特性。

1918 年 5 月 15 日《新青年》第 4 卷第 5 号上发表了周作人翻译的日本诗人与谢野晶子所著《贞操论》一文。《贞操论》认为，我们生活的总原则是："脱去所有虚伪，所有压制，所有不正，所有不幸；实现出最真实，最自由，最正确而且最幸福的生活。"那么包括"贞操"在内的道德观符合其原则取之，否则舍之。《贞操论》认为人的精神上的贞操是很难达到的。如果贞操是属于精神的，那么"照意淫的论法，见别家妇女动了情，便已犯了奸淫，凡男人见了女人，或女人见了男人，动了爱情，那精神的贞操，便算破了。无论单相思，无论失恋，或只是对于异性的一种淡淡爱情，便都是不贞——照这样说，有什么人在结婚前，绝对的不曾犯过这'心的不贞'呢？"所以有必要重新认识和重新估价贞操问题。《贞操论》认为无爱情的夫妻生活是不贞的。"世间的夫妇，多有性交虽然接续，精神上十分冷淡；又或肉体上也无关系——只要表面上是夫妇，终身在一处过活，便反把他当作贞妇看待。"③ 这种行尸走肉般的夫妻关系，被贞操道德所束缚，迷惑于是否贞操之中，却自视或被视为守住了节操的道德人。《贞操论》认为不能将贞操仅视为肉体关系，如果这样，"男女当然是绝对不能再婚，不但如此，如或女子因强暴失身，男子容纳了奔女，便都已破了贞操，一生不能结婚了。又如为了父母兄弟或一身一家的事情，不得已做了妓女的人，便永被人当作败德者看待；——反过来说，倘若肉体只守着一人，即便爱情移到别人身上，也是无妨。这样矛盾的事，也就不免出现了"。贞操到底是什么，是道德的话，怎样的贞操才算道德，该有怎样的贞操道德，这是极为矛盾不易解决的棘手问题，所以与谢野晶子得

---

① 哲民：《主张废除婚制的说明》，《觉悟》1920 年 5 月 13 日。
② 存统：《废除婚制问题的讨论（一）》，《觉悟》1920 年 5 月 29 日。
③ ［日］与谢野晶子：《贞操论》，周作人译，《新青年》第 4 卷第 5 号。

出结论，"我对于贞操，不当他是道德；只是一种趣味、一种信仰、一种洁癖。既然是趣味、信仰、洁癖，所以没有强迫他们的性质。"① 《贞操论》中提到的一些问题是值得人们深思的。把贞操从道德范围剥离出来，把它视为"一种趣味"、"一种信仰"、"一种洁癖"，这是解决贞操问题一个值得借鉴和参照的思路。《贞操论》对中国思想文化界颇有影响，受其启发，胡适与鲁迅先后发表了有关"贞操问题"的文章。五四时期某些知识分子在思想上是倾向《贞操论》中的某些观点的。

五四时期，李大钊从物质变动的角度阐述了有关贞操产生及其变动的内在根据，他明确指出："女子贞操问题也是随着物质变动而变动。在男子狩猎女子耕作的时期，女子的地位高于男子，女子生理上性欲的要求强于男子，所以贞操问题绝不发生，而且有一妻多夫的风俗。到了牧畜、农业为男子独占职业的时期，女子的地位低降下去，女子靠着男子生活，男子就由弱者地位转到强者地位，女子的贞操问题从而发生，且是绝对的、强制的、片面的。又因农业经济需要人口，一夫多妻风盛行。"到了工业社会，"贫困迫人日益加甚，女子非出来工作不可。男子若不解放女子，使他们出来在社会上和男子一样工作，就不能养赡他们。女子的贞操，就由绝对的变为相对的，由片面的变为双方的，由强制的变为自由的。从前'从一而终'，现在可以离婚了；从前重守节殉死，现在夫死可以再嫁了。将来资本主义必然崩坏。崩坏之后，经济上产生大变动。生产的方法由私据的变为公有的，分配的方法由独占的变为公平的，男女的关系也必日趋于自由平等的境界。只有人的关系，没有男女的界限。贞操的内容也必大有变动了"。② 李大钊用马克思主义的唯物史观宏观阐述了贞操问题的产生及其变化，并对未来的贞操观作了简约的概括。但李大钊的观点还未作具体缜密的论述，同与谢野晶子的观点相比，他的观点更具宏观的理论概括性。他们都是从新的视角来认识与解释贞操问题的，其思想观点也是非常新颖和有见地的，显示出五四时期性伦文化变革的又一特征。

五四时期，性伦文化不仅在思想观念上有了新的变革，而且在男女社交、生育节制、性教育等方面还有了初步的实践活动。

① ［日］与谢野晶子：《贞操论》，周作人译，《新青年》第4卷第5号。
② 《物质变动与道德变动》，《李大钊选集》，人民出版社1959年版，第125页。

五四进步青年不仅在思想上认同男女交际的公开，而且在行动上也敢背弃陈规陋俗，勇敢地迈出社交自由的第一步。五四时期的爱国救亡运动恰为先进青年男女社交的公开提供了实践的契机。当时的男女学生组织配合五四运动中游行请愿等爱国活动，相互沟通串联，联合行动，共同罢课或举行示威游行。进步女青年敢于"冒天下之大不韪"，前往监狱慰问因在街头讲演而被当局逮捕的男同学。一些进步团体也能打破男女界限，吸收女青年参加，形成组织上的男女大联合，长沙的新民学会和天津的觉悟社在当时最具典型意义。新民学会在五四时期吸收了 19 名女会员，觉悟社也按男女 1:1 的原则接收新会员。五四时期男女青年交往增多，"甚至还有的公开与男同学通信，交朋友，打破了学校一贯坚持的男女授受不亲的律条，开始与封建旧道德决裂"。①

在生育节制方面也是如此。1922 年 5 月在苏州成立了我国历史上第一个研究节育的学术团体"中华节育研究社"。该社通过其所发行的《现代妇女》发表文章，宣传生育节制的知识，回答要求节育者提出的问题，并给予方法上的指导，帮助代购药品和用具等，同时还从事节育理论的研究，编著和翻译有关节育问题的文章。1930 年 5 月，上海成立的"节育研究社"也是一个很重要的节育研究团体。1930 年以后，节育活动由理论宣传逐渐走向实践，其标志是原北平妇婴保健会的成立。妇婴保健会自 1930 年至 1934 年，共施行节育 547 例。② 节育者大多属于知识分子阶层，受到高等教育的高达 50% 以上，受过中等教育的占 20% 左右。与此相关联，节育者的职业也以教育、学术界人员为多，其次为行政公务人员，一般民众的比例极小。③

五四时期，开始了初步的性教育实践。鲁迅是中国现代性教育的先驱者。1909 年 8 月，他从日本回国，应聘在杭州的师范学校教生理卫生课。当时全国到处充塞着旧思想、旧习惯，鲁迅却毫不畏惧地在讲台上进行性知识的传播。④ 同学们都非常敬佩鲁迅先生的博学和卓见。1926 年，北京大学哲学系张竞生博士主编了一本《性史第一集》，收有听他讲课的 7 名

① 隋灵璧：《五四时期济南女师学生运动片断》，《五四运动回忆录》（下），中国社会科学出版社 1979 年版。
② 《中国经济年鉴：续编》，商务印书馆 1935 年版。
③ 德证：《生育节制》，《妇女评论》第 42 期。
④ 《鲁迅翁杂忆》，《夏丏尊文集》第 1 卷，浙江人民出版社 1983 年版。

北京大学男女学生所写的关于性知识体验的七篇文章,反映了张竞生博士在性教育实践上所做的工作。这些性教育的实践在当时社会还是极少见的。但性教育既已出现端倪,并在当时 "已经占有极有兴趣的地位",它必然对以后文明的两性关系产生影响,"必有改善和矫正的希望"①。

五四时期性伦文化的初步实践活动,开启了现代文明生活的先河,从这个角度看,它具有从传统向近代转型的重要意义。

(三) 性伦文化演变的局限及历史意义

五四时期性伦文化发生了重要的变化,但其变化带有明显的历史局限性。五四时期虽处于社会文化转型的重要时期,但当时的中国,封建社会形态还没有发生根本改变,笼罩于社会的仍然是封建伦理文化。多数人的思想、情感、理想、观念未能摆脱传统思想和生活理念的桎梏,还在封建社会的生活轨道上蹒跚而行。男女正常交往大多还受到怀疑,"见一封信,疑心是情书了;闻一声笑,以为是怀春了;只要男人来访,就是情夫;为什么上公园呢,总该是赴密约"②。有些女子学校的清规戒律非常严格,稍有违禁即被惩办。有些女学生就因同男朋友通信或同不相识的男子谈话而被嘲笑、诋毁甚至开除。③ 性教育实践在当时社会也是极少见的,很多学校 "讲生理卫生时,所谓那些有碍部分,都得删去"④。周建人讲过,当时中学生教科书里一般是不讲生殖系统的生理卫生的,所以 "纵使受过很高的教育的人,他纵然学过生理学,消化系统知道得很详细,但他对于生殖系统的构造与功用却不知道,发生学也多不知道,所以他虽然生活上的技能受过教育,但对于性的本能的作用却全任其自然"⑤。可见五四时期性伦文化变革的历史局限性。

五四时期性伦文化在观念上的变革还存在曲折和偏激的问题,这在婚俗变革方面反映得尤为突出。在婚俗变革中,仍旧发生了一些重蹈戕害女性覆辙的问题,反映了婚俗变革过程的曲折性与复杂性。在 "自由婚姻"的口号下,有人由于误解了 "自由"的真谛,或心怀叵测,一些 "浮荡少

---

① 王统照:《两性的教育观》,《曙光》第 1 卷第 5 号。
②《寡妇主义》,《鲁迅全集》第 1 卷,人民文学出版社 1981 年版,第 265 页。
③ 大白:《请看开除女学生的罪名》,《觉悟》1922 年 5 月 25 日。
④ 隋灵璧等:《五四运动回忆录》(下),中国社会科学出版社 1979 年版,第 690 页。
⑤ 佛突:《妇女解放和浮荡少年》,《觉悟》1920 年 8 月 17 日。

年"和一些道学先生一样，视"妇女解放"、"自由恋爱"为"公妻"，为"性解放"。于是有些男性"在路上看见女少年，就满口'妇女解放'、'自由恋爱'；接着就是些侮辱女性的蛮话，甚至马上加以侮辱女子的举动或状态。顶狡猾的，还用些上海拆白党的办法，在人丛中，装作很交好的两个人一时反目了的样子去玩弄，使女少年找不到摆脱侮辱的机会。还有从各处探得女少年名姓，胡乱写情信，信中全作很有情交的话，往往引起女少年学校斥退、家庭禁锢的阴惨。"① 这种鱼目混珠的浮荡举动玷污了"婚姻自由"的圣洁，又给女性的心灵涂上了一层阴影，造成新的怆痛！此外，由于当时人们对婚姻问题执着而又热烈的讨论，也由于国人受封建婚姻家庭肆虐的感受和体验最深、最具体、最直接、最强烈，所以易产生一种极端的否定意识和与现实彻底决裂的偏激情绪。这在婚姻观念变革中有所反映，其中"独身主义"和"废除婚制"的偏激主张最为突出和典型。五四时期还有人提出"不离婚而恋爱"、"多妻制而恋爱"等主张，虽然目的也是为了与传统婚姻抗争，但需要指出的是，运用这种不恰当的方式抵抗传统不会引导婚姻生活向着文明健康的方向发展，故应舍弃之。

五四时期性伦文化的演变尽管是那样的微弱，且带有局限性，但它仍是开启现代文明性伦生活的先导，它在历史变革时期具有的社会政治解放、人的精神解放以及社会文化转型等重要意义，应当予以肯定。

政治影响伦理，伦理又影响政治，两者有着互动的关系。专制政治需用封建伦理来维护，封建伦理要为专制政治服务并受其制约。在中国传统社会，纲常名教与专制政治可谓一对孪生兄弟。正如陈独秀所言："儒者三纲之说，为吾伦理政治之大原，共贯同条，莫可偏废。三纲之根本义，阶级制度是也。所谓名教，所谓礼教，皆以拥护此别尊卑、明贵贱制度者也。"民国初期，建立了共和制度，然而，由于没有与其相适应的新的伦理文化，所以民国只不过空打共和的招牌，仍不免实行专制政治。"吾人果欲于政治上采用共和立宪制，复欲于伦理上保守纲常阶级制，以收新旧调和之效，自家冲撞，此绝对不可能之事。"可见，旧伦理文化不可能适应新政治；旧伦理文化不变，新政治不能一花独放。五四新文化运动的产生，其实质就是要变革封建的伦理文化，建立新的伦理文化，以适应政治革新的需要。"盖共和立宪制，以独立、平等、自由为原则，与纲常阶级

---

① 佛突：《妇女解放和浮荡少年》，《觉悟》1920 年 8 月 17 日。

制为绝对不可相容之物，存其一必废其一。"① 社会政治解放离不开伦理文化的变革，有了适应于社会政治解放的伦理文化，政治解放才会真正实现。而性伦文化的变革正是伦理文化变革的一项重要内容，所以性伦文化变革具有政治解放的深刻意义。

人类在漫长的历史长河中，经历着从必然王国走向自由王国的过程。人在不断地战胜自然的过程中获得解放，人还在不断地改造社会的过程中获得解放。社会的改造包括政治、经济、文化等方面的变革。而伦理文化的变革不仅是文化改造的重要内容，也是社会变革的重要内容。因此，伦理文化的变革蕴涵着人的解放的深刻意义。五四时期性伦文化等伦理文化的演变无不同人的精神解放紧密相连，它的突出表现就是要求个体摆脱封建性伦文化的束缚，以个体为本位，强调个体的自由与平等，强调一种充分发挥个人价值的 "个性主义" 原则，这是近代社会人的精神进化的本质。因此，五四性伦文化的变革也是人类精神进化的重要一环，它有着人的精神解放的重要意义。

每当社会发生根本性变革，社会文化也将随之发生重要的转型。所谓转型是指文化的基本价值趋向发生了位移，对以往的基本文化价值观念进行批判、否定和改造，以建立新的文化价值观念和文化观念系统来适应新的社会现实。五四时期是我国非常重要的社会变革时期，并产生了震撼历史的新文化运动；伴随着新文化运动的展开而酝酿了新的历史文化转型。文化转型是文化整体的变革，单一的文化变革不能称为文化转型，而在文化整体的变革中，每一单项的文化变革在文化转型中都将起到积极的历史进步意义。在 "五四" 这一文化转型时期，在怀疑、批判和否定传统文学、文字、艺术、思想、国民性格这样一种特殊的文化整体的变革气氛中，性伦文化作为伦理文化的一部分，直接关系到人们的社会生活和个人生活，因此引起了思想界的广泛关注和探讨，所以性伦文化无疑已参与到文化的转型当中，并成为转型期社会文化的一项重要内容。

原载《文史哲》2005 年第 1 期

---

① 陈独秀：《吾人最后之觉悟》，《新青年》第 1 卷第 6 号。

清末国民性批判

"国民性"一词并非一个清晰和严谨的概念。在清末，叫法很多，诸如国魂、国民精神、国民品格、国民性质、国人德性、国人特点、民族性、民族魂等也都是泛指国民性而言的。国民性虽然没有一个准确的界定，但于模糊之中却有着一个大致的涵盖范围，所以可掌握其所指示的一般内容。总之，清末思想界所谓的国民性主要是指国人的心理素质、价值观念、思维方法、行为方式之类，有时也把风俗习惯、文明程度、知识水平纳入其中。

进入近代社会，中国先觉者便开始逐步认识中国衰败、落后及其被侵略、被欺侮的现状，从而走向救亡图存的救国之路。这是一条向西方学习的道路，经历一个学习西方坚船利炮、声光化电、西艺西政的过程。然而一次次探索却一次次失败。两次鸦片战争的失败，粉碎了国人"师夷长技以制夷"的迷梦；中日甲午战争的失败，宣告洋务运动的破产；戊戌政变及"戊戌六君子"喋血菜市口，导致维新变法的失败。中国的有识之士在戊戌变法失败后又开始了新的探索，并开始转换认识国情的视角，从国人本身的弱点来思考中国屡遭失败的原因所在，"今使中国之民一如西国之民，则见国势倾危若此，方且相率自危，不必惊扰仓皇，而次第设施，自将有以救正"，但"顾中国之民，有所不能者，数千年道国明民之事，其处世操术，与西人绝异故也"①。变法未竟，就在于国民性上，"中国民气散而不聚，民心独而不群，此其所以百事而不一效者也"②；中国人"责人不责己，望人不望己之恶习，即中国所以不能维新之大原"③；"中国之不

---

① 《上今上皇帝万言书》，《戊戌变法》第 2 册，上海人民出版社 1957 年版，第 319 页。
② 麦孟华：《总论·名议第一》，《时务报》，第 28 册。
③ 梁启超：《论新民为今日中国第一总务》，《新民说》，中州古籍出版社 1998 年版，第 2 节。

变……吾民之过也";① "夫吾国言新法数十年，而效不睹者何也？则于新民之道，未有留意焉者也"②；变法失败的原因在于"新其政不新其民，新其法不新其学"③。可见，要引进西方的科学技术和政治制度，需要有一个具备文明健康心态和素质的国民群体，"盖政如草木焉，置之其地而发生滋大者，必其地肥硗燥湿寒暑，与其种族最宜者而后可。否则，萎矬而已，再甚则僵槁而已"。④ 基于这样的认识，引发了国人对国民性改造的思考。

戊戌变法失败后，国内一部分先进分子流亡到日本，后来又有大批青年学生也先后到日本留学，他们带着的改造国民性的最初认识，到日本后又得到了深化。这种深化既与因异族对国人的轻侮而给国人造成的情感刺激有关，也与国外学术思想对国人的深刻影响有关，而后者则是更重要的方面。

清末，一些青年学生赴日本等地，由于其发辫和服装的奇异，常常遭到异族的侮辱和轻蔑，国人的民族自尊心受到了巨大伤害，进而从反面激起国人改善民族体貌和形象的强烈愿望。在国外，"凡吾人所至之地，有半边和尚之称，有拖尾奴才之号，或侮之，或辱之，甚或以枪轰毙之，含冤茹苦，无可告诉"⑤，留日学生茶余饭后"在附近散步，亦往往听见妇孺之辈'豚尾奴，豚尾奴'的叫骂声"。⑥ 这些嘲弄和讥侮给国人带来的怆痛，激励国人要进行自身的改造，剪辫易服，革除陋俗。国人"各去其辫，闻者快之"，"盖数年来吾人之恶此辱国物而从而去之者，已大有日增月盛之势矣"。⑦ 改变"辱国物"，还只是改造国民表面的鄙俗，而改造国人心灵深层的国民性则更为重要也更为艰难。

清末有识之士对国民性改造的执着追求，与受外国学术思想中的改造

---

① 区桟甲：《论大地各国变法皆由民起》，《戊戌变法》第 3 册，第 155 页。
② 梁启超：《论新民为今日中国第一总务》，《新民说》，中州古籍出版社 1998 年版，第 2 节。
③ 湖南省哲学社会科学研究所编：《尊新》，《唐才常集》，中华书局 1980 年版，第 32 页。
④ 王栻：《厚强》，《严复集》第 1 卷，中华书局 1986 年版，第 26 页。
⑤《黄帝魂》，《辛亥革命前十年间时论选集》第 1 卷下册，生活·读书·新知三联书店 1960 年版，第 745 页。
⑥ 实藤惠秀：《中国人留学日本史》，生活·读书·新知三联书店 1983 年版，第 425 页。
⑦《黄帝魂》，《辛亥革命前十年间时论选集》第 1 卷下册，生活·读书·新知三联书店 1960 年版，第 745 页。

国民性思想的影响有密切的关系。"现世优胜民族之思想，足为吾人刺激物"，"有心人所当精心研究，撷其精华，抽其神髓，以输入传布之"。①当时国人在日本受的影响最为突出，他们从日本启蒙思想家的学术思想中获得启示，进一步加强了对国民劣根性的批判及其对国民精神的倡导。日本于明治维新初期就开始对国民性进行了探索，启蒙思想家福泽渝吉、中村正直、森有礼等人探究了国家兴亡与国民素质之间的关系，认为国民的"德"与"智"等方面素质的提高是国家强盛与进步的条件，如福泽渝吉说："日本的文明，还远不及西洋各国……是因为人民的智德不足，为了达到这个目的，必须追求智慧和道德。这就是目前我国的两个要求。"②只有这样才能培养国民的独立精神与文明意识，也才能抵御外侮，强国兴邦。正是由于受到日本启蒙思想的影响，国人一方面大量宣传外国人有关改造国民性的学术思想，一方面开始撰文发表自己的国民性改造思想。20世纪初，在国人创办的革命杂志上，翻译发表了有关解释西方文化成功原因的著作，包括福泽渝吉的《文明论概略》，高山林次郎的《世界文明史》，家永丰吉的《文明史》，福本诚的《当代欧洲》等书，为国人研究西方文化及其进行国民性研究提供了方便。与此同时，国人在日本创办的《清议报》、《新民丛报》、《江苏》、《湖北学生界》、《浙江潮》等杂志上，开始发表国人自己的有关国民性改造思想的较有分量的诸多论著。受外国学术思想影响的另一个重要内容是西方的进化论思想。严复在《原强》一文中介绍了达尔文和斯宾塞的进化论学说。严复认为"弱肉强食"、"优胜劣败"、"适者生存"不但是生物界的规律，也是人类社会发展的普遍规律。人群之间的激烈争斗中，只有那些适应生存竞争的智者强者才能生存和发展。所以提高人群的竞争能力，即提高其自身素质则是非常重要的。个人作为国家的一个细胞在国家兴亡盛衰的过程中起着重要作用，因此鼓民力、开民智、新民德就成为国家强弱存亡的一件大事，"盖生民之大要三，而强弱存亡莫不视此：一曰血气体力之强，二曰聪明智虑之强，三曰德行仁义之强。是以西洋观化言治之家，莫不以民力、民智、民德三者断民种之高下，未有三者备而民生不忧，亦未有三者备而国威不奋者也，反

---

① 历史研究所第三所编辑：《云南杂志选辑》，科学出版社 1958 年版，第 3 页。
② 福泽渝吉：《文明论概略》，商务印书馆 1982 年版。

是而观，夫苟其民契需恂愍，各奋其私，则其群将涣。以将涣之群，而与鸷悍多智、爱国保种之民遇，小则虏辱，大则灭亡"。① 严复"三民"说的提出，实质就是在西方进化论学说的影响下，从中汲取的国民性改造的具体方案、措施与途径。梁启超也深受斯宾塞进化论影响，曾经指出："故西儒云：国家之政事，譬之则寒暑表也；民间之风气，譬之则犹空气也，空气之烟湿冷热，而表之升降随之，丝毫不容假借。故民智、民力、民德不进者虽有英仁之君相，行一时之善政，移时而扫地以尽矣……故善治国者，必先进化其民。"② 1903 年梁启超在《记斯宾塞论日本宪法语》中所转述的"政治之进路，由初阶渐次以达绝顶，其进步程度，一依其国民智德力之程度以为定"一语，表达了同样的意思。可见斯宾塞的进化论学说是构成梁启超等清末有识之士国民性改造思想的理论来源之一。

在探讨清末思想界的国民性改造思潮时，我们还要注意，外国人研究中国国民性的有关论述对国人提供的借鉴亦构成清末国民性改造思想产生的一个重要原因。鸦片战争后，来到中国的外国人逐渐增多，其中包括商人、官员、传教士和学者等，由于他们在中国的长期生活，面对中国渐次衰弱的情势，开始发现中国国民性中的某些缺陷，认为中国人"好古恶新，谓政治以尧舜之时为最，外国人考察内外不同之事，惟以此件为独奇"。③ 他们还以中西民族在古今观念上的不同来解释中国贫弱的原因，指出："外国视古昔如孩提，视今时如成人；中国以古初为无加，以今时为不及。故西国有盛而无衰，中国每每颓而不振；西国万事争先不敢落后，中国墨守成规而不知善变，此弱与病所由来也。"④ 美国传教士斯密斯1890 年集其在华二十多年的所见所闻写成《中国人气质》一书，在上海《中国北方每日新闻》上连续发表。后于 1894 年与 1896 年先后在美国日本出版，书中批判了中国人麻木不仁、知足常乐、缺乏公心、保守好古等民族性格，成为国内外轰动一时的著作。1894 年，林乐知还进一步研究了中西民族在主静与主动上存在着不同，认为"动静相交之际，则所干碍者

---

① 严复：《原强修订稿》，《严复集》，中华书局 1986 年版，第 18 页。
② 梁启超：《自由书·文野三界之别》，1899 年。
③ 威妥玛：《新议略论》，1866 年。
④ 林乐知：《中西关系略论》，1875 年。

大矣"。① 显然，外国人对中国国民性的研究和批判不能不吸引当时有识之士的关注，从中受到启示和反思是很可能的。虽然中国人对此曾表示不满，痛斥外人"讪我、诟我、病夫我，曰顽钝无耻，曰痿痹不仁，曰无教之国，何其悍然不顾平等之义至斯极也?"② 但他们又对此引以为戒，反躬自警，从而引发了他们自己对改造国民性的探究。

20世纪初年改造国民性思潮的出现，同时也是对19世纪下半叶中国人对国民性弱点认识的一个继承。19世纪下半叶，国人中已有人开始对比中西，评判中西民族文化及民族性格的不同，并有褒西贬中的倾向。19世纪80年代，钟天纬比较了中西民族的不同性格，进而提出"西人之性好动"、"华人之性好静"③ 的观点。19世纪90年代，谭嗣同与严复也都有言论来揭示国民性问题。谭嗣同指出："西人以在外之机械制造货物，中国以在内之机械制造劫运"，中国人有"固将杀尽含生之类而无不足"的好静、主俭两大致命弱点。他甚至认为中国人在体貌上亦有劫象，"拟诸西人，则见其萎靡，见其猥鄙，见其粗俗，见其野悍，或瘠而黄，或肥而驰，或萎而佝偻，其光明秀伟有威仪者，千万不得一二"④。这些激烈言辞，旨在刺激国人，促其猛醒，从而重视体育，增强民族的体质与素质。较为全面系统深刻地比较中西民族间的不同的，是维新志士严复。1895年，严复在《论世变之亟》一文中，以其对中西文化的深入研究，对中西民族的价值观念及行为方式的差异作了全方位的比较，他说："中国最重三纲，而西人首明平等；中国亲亲，而西人尚贤；中国以孝治天下，而西人以公治天下；中国尊主，而西人隆民；中国贵一道而同风，而西人喜党居而州处；中国多忌讳，而西人众讥评；其于财用也，中国重节流，而西人重开源；中国追淳朴，而西人求欢虞。其接物也，中国美廉屈，而西人务发舒；中国尚节文，而西人乐简易。其于为学也，中国夸多识，而西人尊新知。其于祸灾也，中国委天数，而西人恃人力。""尝谓中西事理，其最不同而断乎不可合者，莫大于中之人好古而忽今，西之人力今以胜古；中之人以一治一乱、一盛一衰为天行人事之自然，西之人以日进无疆、既

① 林乐知：《中美关系续论》，1894年。
② 湖南省哲学社会科学研究所编：《论势力》，《唐才常集》，中华书局1980年版，第140页。
③ 转自庞朴《文化结构与近代中国》，《中国社会科学》1986年第5期。
④ 《谭嗣同全集》（增订本），中华书局1981年版，第356页。

盛不可复衰、既治不可复乱，为学术政化之极则"，"若斯之论，举有与中国之理相抗，以并存于两间，而吾实未敢遽分其优绌也。"① 严复虽说"未敢遽分其优绌"，但辨别优劣的倾向性则是不难领会，亦是不言而喻的。

清末思想界想通过改造国民性来达到救亡图存的目的，即欲从国民精神面貌的塑造及从个人道德修养上来寻求解决救亡图存的问题，这与传统儒家思维模式一脉相承，是传统思维惯性的体现。中国传统文化注重"心力"及道德的修炼，倡导以"修身为本"，从此构筑理想的人格，《礼记·儒行篇》设计出刚毅、自立、忧思、宽裕、特立独行、尊让等一系列人格模式，用意在于整肃人心、巩固统治。清末思想家继承了这一传统思维模式，亦看重"心力"的决定作用，认为"心之力量，虽天地不能比拟，虽天地之大可以由心成之、毁之、改造之，无不如意"。② 改造国民性思想与封建社会的整肃人心本质不同，清末进步思想家与封建儒生士大夫亦不尽相同，但用构造理想人格来改造社会的思维模式却是惊人的相似。所以梁启超称他的"新民"是直接取于儒家经典《大学》中的"作新民"，"《大学》曰作新民，能去其旧染之污者谓之自新，能去社会旧染之污者谓之新民，若是者非悔未由，悔也者，进步之原动力也。故真能得力于悔字诀者，常如以一新造之人立于世界，大学所谓日日新者耶。一人如是，则一身进步。国民如是，则一国进步"。③ 梁启超后来创办《新民丛报》，也是受《大学》的影响，"本报取大学新民之义，以为欲新吾国，当先维吾民。"④ 虽然这里的"新民"与《大学》中的"大学之道，在明明德，在亲民，在止于至善"的"新民"在内容上已有了根本区别，但其思维模式却是相通的。

按着这种思维模式，清末思想界在探索国民性过程中，进行了无情的自我解剖，对中国国民劣根性进行了广泛揭露，认为国人"有私家思想，无公家思想；有甘退思想，无勉进思想；有激烈思想，无温和思想；有依人思想，无独立思想；有侥幸思想，无必成思想；有苟且思想，无着实思想；有浅近思想，无深远思想；有敷衍思想，无精毅思想；有虚假思想，

---

① 严复：《论事变之亟》。
② 《谭嗣同全集》（增订本），中华书局1981年版，第460页。
③ 梁启超：《自由书·说悔》，吉林出版集团2012年版，第135页。
④ 《新民丛报》创刊号《本报告白》。

无淳朴思想"①。概括起来,对国民性的批判主要集中在如下方面:中国人的奴性、麻木、虚伪、自私、嫉妒、空谈、旁观、好古、保守、愚钝、无公德、无是非感、无国家思想、无独立性、无自治力、无冒险精神、无尚武精神、拖拉迟缓、不果断、不求效率等。

清末思想界这种国民性改造思潮还有一个突出的特征,即经常对中外国民性进行对应比较,而这种对比是以褒扬西方国民性和批判中国国民性为特征的,从而反衬出中国国民性的不足。诸如他们贬损中国人无公德,就大力称赞欧美诸国有公德,有严刑峻法;批驳中国人的奴性,就歌颂西方既不奴役别人,也不被人奴役;说到中国人的不知合群,就赏赏西方人如何"相捍相卫,如手足之于头背,如子弟之于父兄",可谓同心同德也;谈中国人无诚意,就说欧美人言必诚,行必信;讲中国人无毅力,就说泰西诸国如何有坚忍之心,不成功不罢休;说中国人无冒险进取精神,就说西方人如何好进取,好冒险;说中国人好嫉妒,就说外国人如何好争胜;说中国人尚虚尚名尚空谈,就说外国人如何尚实尚力行;说中国人优柔寡断,就说泰西人如何当机立断等等。梁启超对中外国民性优劣不同的论述更为具体,他说:"诚以中西人之日用起居相比较,其一理一乱相去何如矣!毋曰薄物细故,夫岂知今日之泰西,其能整然秩然举立宪之美政者,皆自此来也。孟德斯鸠云:'法律者无终食之间而可离者也。凡人类文野之别,以其有法律无法律为差,于一国亦然,于一身亦然'。今吾中国四万万人,皆无法律之人也;群四万万无法律之人而能立国,吾未之前闻。然则岂待与西人相遇于硝云弹雨之中,然后知其胜败之数也?"②"欧洲诸国,靡不汲汲从事于体育。体操而外,凡击剑、驰马、鞠蹴、角牴、习射、击枪、游泳、竞渡诸戏,无不加意奖励,务使举国之人,皆具军国民之资格,昔仅一斯巴达者,今且举欧洲而为新斯巴达矣。中国不讲卫生,婚期太早,以是传种,种已孱弱,及其就傅之后,终日伏案,闭置一室,绝无运动,耗目力而昏眊,未黄垢而驼背。"③"日本当四十年前美国一军舰始到,不过一测量其海岸耳,而举国无论为官为士为农为工为商为僧为俗,莫且瞋目切齿,攘臂扼腕,风起云涌,遂以奏尊攘之功,成维新之

①《大公报》第 4 册,第 57 页。

② 梁启超:《论自治》,《新民说》,中州古籍出版社 1998 年版,第十节。

③ 梁启超:《论尚武》,《新民说》,中州古籍出版社 1998 年版,第十七节。

业，而我中国其时燔圆明园，定南京条约，割香港，开五口，试问：我国民之感情如何也？当八年前俄德法三国逼日本还辽，不过以其所夺人者归原主耳，而举国无论为官为士为农为工为商为僧为俗，莫不瞋目切齿，攘臂扼腕，风起云涌，汲汲焉扩张军备，卧薪尝胆，至今不忘。而我中国以其时割胶州、旅顺等六七军港，定各国势力范围，浸假而联军入京，燕蓟涂炭，试问：我国民之感情何如也？"① "英人恒自夸于世曰：五洲之内，无论何地，苟有一二英人之足迹，则其地即形成第二之英国。斯固非夸诞之大言也。盎格鲁撒逊人种，最富于自治之力，故其移殖他地，即布其自治之制度，而规律井然，虽寥落数人，其势已隐若敌国，是以英国殖民之地，遍于日所出入之区，中国人之出洋者亦众矣，然毫无自治之能力，漫然绝无纪律，故虽有数百万人，但供他人之牛马，备他人之奴隶。"② 显而易见，这种对比认识大多缺乏科学的根据和严密的论证，也充斥了一些过激的言词，表现了一种情绪化的断然倾向，甚至具有一种民族虚无主义的态度，这种民族虚无主义是我们一贯反对的，这种偏激的对比方法是不足取的。对于这种比较方法的直观性、伪科学性暂且在此不作过多考究。重要的是应当看到：在一个民族落后于另一个民族时，落后民族要自强和赶上先进民族，一般都要通过双方对比的模糊逻辑，来查找本民族的"弱点"和先进民族的"优点"，以此作为本民族自身进步的起点，这从某种意义而言是符合落后民族的自身认识规律的。

清末思想界在进行国民性批判的过程中，不但着眼于对国民性弱点的批判和揭露，而且在进行国民性批判的同时，还着重从理论上探究产生国人国民性格的根源是什么，反映了清末有识之士要进行国民性改造的真诚愿望。清末思想家们当时主要从政治、文化、经济的因素研讨了国民劣根性产生的历史原因。中国人"感受三千年奴隶之历史，熏染数千载奴隶之风俗，祗领无数辈奴隶之教育，揣摩若干种奴隶之学派，子复生子，孙复生孙，缪种流传，演成根性。"③

从政治上看，造成国民劣根性的原因是封建专制制度，在封建专制制度下，封建君主为维护至高无上的君权，对官僚"牵掣之，使不得行其

① 梁启超：《论权利思想》，《新民说》，中州古籍出版社 1998 年版，第八节。
② 梁启超：《论中国国民之品格》，《饮冰室合集》第 2 册，中华书局 1989 年版。
③ 国民日日报编：《箴奴隶》，《国民日日报汇编》第一集，东大陆图书译印局刊。

志，锢蔽之，使不得极其聪明，以天命休之，以鬼神催之"，对民众"但以压制欺吓为事，无复有诚意以相孚"①。在封建君主压迫下，使百姓向无权利，无自由，久而久之，便成为"放弃义务，弃髦权利，不识国家为何物，不知自治为何事"的"旁观者"② 了。对此梁启超的分析较透彻，他说："造成今日之国民者，则昔日之政术是也。数千年民贼，既以国家为彼一姓之私产，于是凡百经营，凡百措施，皆为保护己之私产而设，此实中国数千年来政术之总根源也……考得其要领之所在，尽其治理之成绩有三：曰愚其民、柔其民、涣其民是也。而所以能收此成绩者，其技术有四：曰训之之术、曰话之之术、曰役之之术、曰监之之术是也。"③ 在这种制术下，国民性格日趋卑下，形成"拘私"、"恶直"、"崇虚"、"耽逸"④ 之品性。梁启超在分析国民性堕落的原因时还指出："孟德斯鸠曰：'凡专制之国，间或有贤明之主，而臣民之有德者则甚希，试征诸历史，乃君主之国，其号称大臣近臣者，大事皆庸劣卑屈嫉妒阴险之人，此威信东西之所同也。不宁惟是，苟在上者多行不义，而居下者守正不阿，贵族专尚诈虞，而平民独崇廉耻，则下民将益为官长所欺诈所鱼肉矣，故专制之国，无论上下贵贱，一皆以变诈倾巧相遇，盖有迫之使不得不然者矣。若是乎专制政体之下，固无所用其德义，昭昭明甚也。'夫既竞天择之公例，惟适者乃能生存。吾民族数千年生息于专制空气之下，苟欲进取，必以诈伪，苟欲自全，必以卑屈。既竞天择之公例，惟适者乃能生存。其最富于此两种性质之人，即其在社会上占最优胜之位置也，而其稍缺乏者，则以劣败而撕灭，不复能传其种于来裔者也。是故先天之遗传，盘踞于社会中而为其公共性，种子相熏，日盛一日，虽有豪杰，几难自拔，盖此之由。不宁惟是，彼踟蹰于专制之下，而全躯希宠以自满足者不必道，即有一二达识热诚之士，苟欲攘臂为生民请命，则时或不得不用诡秘之道，时或不得不为偏激之行。夫其人而果至诚也，犹可以不因此而磷缁也，然习用之，则德性之漓，固已多矣；若根性稍薄弱者，几何不随流而沉泪也。夫所谓达识热诚欲为生民请命者，岂非一国中不可多得之彦哉？使其在自由

---

① 汪康年：《中国自强策》，《时务报》第 4 册。
② 觉民：《论立宪与教育之关系》，《东方杂志》第 2 卷，第 12 期。
③ 梁启超：《中国积弱溯源论》（节录），《梁启超文集》上卷，北京燕山出版社 2009 年版。
④ 汪康年：《中国自强策》，《时务报》第 4 册。

国，则大政治家、大教育家、大慈善家以纯全之德性、温和之手段，以利其群者也，而今乃迫使不得不出于此途，而因是堕落者十八九焉。嘻！是殆不足尽以斯人咎也。"① "今吾历史，一握于独夫民贼之手，设立若干种奴隶规律，划成若干套奴隶圈限，以供一己之操纵，其绝无民义可知。卢梭曰：'契约云者，相互之词。既为奴隶，则不得论列是非，惟供人驱策而已。'是故独夫民贼，视天下人皆草芥牛马也，乃专务抹煞一切奴隶之权利，而惟以保其私产之是图，用悬一一丝不溢之奴隶格式，号召天下，入此格式者为忠为良，出此格式者为戮为辱。胎孕既久，而奴隶二字，遂制成吾国人一般之公脑，驯伏数千年来专制政体之下，相率而不敢动。"② 在封建专制制度下，"今日之中，报馆有禁，出版有禁，立会演说又有禁，倡公理则目为邪说，开民智则诬为惑人。坐是种种，而中国国民之种子绝，即中国人求为国民之心死。"③

从文化上看，造成国民劣根性的原因是封建纲常伦理及旧风俗、旧教育和旧学说所致。封建礼教对国民性危害极大，是封建统治者培塑中国人奴性的重要手段，"吾痛吾中国之礼仪三百威仪三千也，胥一国之人以沦陷于卑屈，而卒无一人少知其非，且自夸谓有礼之邦，真可谓大惑不解者矣。礼者非人固有之物也，此野蛮时代圣人作之以权一时，后而大奸巨恶，欲夺天下之公权而私为己有，又恐人之不我从也，于是借圣人制礼之名而推波助澜，妄立种种网罗，以范天下之人。"④ 封建礼教，"定上下贵贱之分，言杀言等，委曲繁重，虽父子夫妇之亲，亦被其间离。"⑤ "重礼则养成卑屈之风、服从之性，仆仆而惟上命是听，任如何非礼，如何非法，而下不得不屈从之。君可不敬，臣不可不忠，父可不慈，子不可不孝，是重礼者之代表也，卑屈服从之奴性，呜呼，极矣！"⑥ 以儒学为核心的纲常伦理学说亦是塑造国民奴性的重要文化原因，"吾国之学说，虽有贵民轻君之大义，而数千年服儒服冠儒冠者，莫敢承用，但知元后作民父

① 梁启超：《论私德》，《新民说》，中州古籍出版社1998年版，第十八节。
② 国民日日报编，《箴奴隶》，《国民日日报汇编》第一集，东大陆图书译印局刊。
③ 《说国民》，《国民报》第2期。
④ 《权利篇》，《直说》第2期。
⑤ 同上。
⑥ 同上。

母而已，但知尊君卑臣、辨天泽高堂陛而已。"① "数千年来，名公臣卿，老师大儒，所以垂教万世之二大义，曰忠、曰孝，更释之曰忠于君，孝于亲"，囿于忠孝，"为一姓一家之家奴走狗所得冒其名以相传习也"，这正是"中国人之所以为奴隶也。"② 旧风俗亦影响着国民性格的健康发展，"盖为君主者，必立种种之制度，严密其仪式，以固其权力。社会之人，渐相习而重仪式，成为风尚"，"中国之风俗，一酿造奴隶之风俗也。三千年来，亦岂无一二公民之种子，间略传播，而外间万种之恶湖，随时熏染，则不啻芟夷蕴崇，绝其本性矣。" "世界之所以有奴隶，不外强弱之相逼也。强者凌制弱者以为天则，弱者服从强者亦以为天则，圣经载之，儒者习之，令典行之，官场演之。衍之千百年，而强弱之真形转不见，弱者蒙强者之虎皮且可以凌制强者，强者居弱者之豕牢，亦必自甘服从弱者，颠倒迷乱，莫折其衷。而神圣不可侵犯之纲常主义，牢固益牢固，为之语曰：'君要臣死，不得不死；父要子亡，不得不亡。'由是以君权之无限，虽日日杀人不为过；父之权固逊于君，而杀子之罪必减等。" "叩头也，请安也，长跪也，匍匐也，唱诺也，恳恩也，极人世可怜之状，不可告人之事，而吾各级社会中，居然行之大廷，视同典礼。"③ 中国社会的泥古与上行下效之风俗，亦是民智混沌、民性落后的重要原因。"凡政教之隆污，财赋之盈绌，地方之利弊，生计之厚薄，民俗之治乱，兵械之利钝，农桑之丰欠，积诸史册，郎若列眉，乃能广益，垂鉴取法，考欧西记载，绘图帖说，志之惟恐不详，言之惟恐不明，复加注释。故读一书收一书之效，阅一事增一事之识。今之寒士竭尽帛力，得廿四史一部。破其薄产，购置大书，亦云豪矣，穷昼夜钻研，只觉得帝皇国号，盛衰兴亡而已。"④ 这种重古轻今，厚古薄今之习，使民智民性迂腐闭塞。中国几千年来还有上行下效之习尚，"民情风俗皆以上威下，下应上为习惯，国民之进化与否，皆视在上者为转移。"⑤ 正如孔子云："上有好者，下必有甚焉者。"而中国的统治集团、官僚阶层这些所谓"上者"，却是一群糊涂愚顽奴性十足之

① 杨笃生：《新湖南》第四篇，1903 年版。
② 邹容：《革命军》第五章，上海大同书局 1903 年版。
③ 国民日日报编，《箴奴隶》，《国民日日报汇编》第一集，东大陆图书译印局刊。
④《开民智法》，《大公报》1907 年 8 月 3 日。
⑤《论中国民智闭塞之原因》《大公报》1902 年 9 月 14 日。

辈，被效者如此，效仿者可知矣。中国的教育亦为奴隶之教育。中国训蒙旧法，"始入塾，先念百家姓、三字经、弟子规等书，次大学、次中庸、次论孟、次诗经、次书经、次易经、次礼记、次左传，四书五经读毕，问其如何讲解，茫然不知也。其学习诗文以求科第者，则参读左诗、律诗、试帖诗、小题文、大题文及一切精深之论文等，集诗精矣，文佳矣。间以中外之大势、家国之情形，则懵然不晓也；间以天文地理之事，亚欧非澳之名，漠然莫知所对也。如此教法又何怪民智之不开乎。"① 民智不开自然也就无法改造自身的国民劣根性，无法造就新时代的国民性格，而且教育内容的本质大多摆脱不了奴隶教育，所谓"奴隶乎，其殆吾全国教育界精神之所注射，机体之所结集也乎"②。中国人注重传统学派的学说，以传统学派学说的内容为社会是非评判的价值标准，而传统学派，"无不可谓奴隶之学派也"③。如老子学派，讲求"静也，虚也，柔也，无为也，无动也，老派之玄妙也，即奴隶之教授法也"④。儒家学派为中国历朝历代所尊崇，"因为孔子专门叫人忠君服从"⑤ 之故耳。

从经济上看，造成国民劣根性的原因是落后的封建经济，"吾中国国民固非智识之必不能开，教育之必不能立也。其可以开而终尚不可，可以立而犹若不立者何也？以生业之不坚而站足之不稳也"⑥。民为邦本，食为民天，无论何等人品，作为何等事业必先预有衣食之备，使其内顾无冻馁之虞而后按部就班专心精进，可以终达目的，不至废弃于半途焉。⑦ 从社会经济生活考察国民性格的特征，可以把问题分析得更透彻更切实。马克思就曾以印度为例分析过东方民族的社会经济对民族性格的深刻影响："这些田园风味的农村公社不管初看起来怎样无害于人，却始终是东方专制制度的牢固基础；它们使人的头脑局限在极小的范围内，成为迷信的驯服工具，成为传统规则的奴隶，表现不出任何伟大和任何历史首创精神。我们不应该忘记那种不开化的人的利己性。他们把自己的全部注意力集中

---

① 《开民智法》，《大公报》1907 年 7 月 21 日。

② 国民日日报编，《箴奴隶》，《国民日日报汇编》第一集，东大陆图书译印局刊。

③ 国民日日报编：《箴奴隶》，《国民日日报汇编》第一集，东大陆图书译印局刊。

④ 同上。

⑤ 君衍：《法古》，《童子世界》第 31 期。

⑥ 《兴教育以养民为基说》，《大公报》1904 年 4 月 19 日。

⑦ 同上。

在一块小得可怜的土地上，静静地看着整个帝国的崩溃，各种难以形容的残暴行为和大城市居民的被屠杀，就像观看自然现象那样无动于衷；至于他们自己，只要某个侵略者肯来照顾他们一下，他们就成为这个侵略者的无可奈何的俘虏。"他们过着一种"失掉尊严的、停滞的、苟安的生活。"① 这就是"东方人的愚昧、急躁、偏见"。② 清末梁启超对此也有论述："管子曰：'仓廪实而知礼节，衣食足而知荣辱。'孟子曰：'民无恒产，斯无恒心，苟无恒心，放辟邪侈，救死不赡，奚暇礼义？'鸣乎，岂不然哉！……西人群学家言，谓文明人与野蛮人之别，在公共思想之有无与未来观念之丰缺，而此两者所以差异之由，则生计之舒遭，其尤著者也。故贪鄙之性、褊狭之性、凉薄之性、虚伪之性、谄阿之性、暴弃之性、偷苟之性，强半皆由生计憔悴造之。生计之关系于民德，如是其切密也。我国民数千年来，困于徭役，困于灾疠，困于兵燹，其得安其居乐其业者，既已间代不一觏，所谓虚伪、褊狭、贪鄙、凉薄、谄阿、暴弃、偷苟之恶德，既已经数十世纪，受之于祖若宗社会之教育。降及现世，国之母财，岁不增殖，而宫廷土木之费，官吏苞苴之费，恒数倍于政府之岁入，国民富力之统计，每人平均额不过七角一分有奇，而外债所负，已将十万万两，以至有限之物力，而率变为不可复之母财，若之何民之可以聊其生也？而况乎世界生计竞争之风潮席卷而来，而今乃始发轫也！国民之腐败堕落，每下愈况，鸣呼，吾未知其终极矣！"③

　　清末思想界从政治、文化、经济的角度探索了国民性格形成的原因，实际上，这为改造国民性提供了有益的启示。清末批判国民性的思想家们主要是革命派和立宪派两大阵营中的骁将，由于两派政治主张不同，他们批判和改造国民性的态度往往受各自政治主张的制约，所以两派之间在批判和改造国民性的过程中，各自在前后不同时期，观念并非始终未变，两派之间在前后不同时期对这一问题既存在相同的认识，也有相互抵牾的意见，反映了清末改造国民性思潮的复杂性。在清末国民性改造过程中，两派对此有何异同，下面只作一个大致的探讨。

---

　　① 马克思：《不列颠在印度的统治》，载于《马克思恩格斯全集》第9卷，人民出版社2008年版。

　　② 恩格斯：《波斯和中国》，载于《马克思恩格斯全集》第12卷，人民出版社2008年版。

　　③ 梁启超：《论私德》，《新民说》，中州古籍出版社1998年版，第十八节。

1905 年前，是清末国民思潮形成时期，清末思想界探索国民思想的气氛很热烈，此时两派的观点基本相同，这些相同点主要体现于如下方面：其一，认为国民的文明进化程度直接影响国家政治的善恶。革命派认为，"政治之善恶，常视国民进化之程度为正比例，其民为自主独立之民，其国即为自主独立之国。"① 立宪派也提出："国民之文明程度低者，虽得明主贤相以代治之，及其人亡，则其政息焉……国民之文明程度高者，虽偶有暴君污吏，虔刘一时，而其民力自能补救之而整顿之。"② 因而造就"民德、民智、民力"兼优的新国民是当时有识之士在舆论上积极倡导的一项重要内容。其二，不遗余力地揭露和批判国民劣根性，要建设新国家就要有"新民"，要培养"新民"，就要改造国民性，而要改造国民性，首先要揭露和批判国民劣根性。20 世纪初年，革命派与立宪派由于在这个基本点上有一致的认识所以都能全力投入到揭露和批判国民劣根性的思想斗争之中，两派刊物在宣传的力度上，在批判的视角上，在揭露国民性格的内容上，几乎都是一致的。其三，宣传国民意识与批判国民性同步进行，清末倡导的国民意识是适应新国家的新国民的新品格。批判的国民性是不适应新国家的旧国人的恶品格。两者既是一个问题，都指的是国人的品格而言，两者又是两个方面，即是完全对立的不同品格，有着善恶的区分。革命派与立宪派在宣传倡导国民意识的同时深刻批判了国民劣根性，在批判国民劣根性的同时，积极宣传和倡导国民意识，两者相辅相成，同步进行。

1905 年以后，随着两派大论战的展开，在国民性改造问题上也随之出现了各自的差异，其主要表现于：其一，是先造新国家，还是先造新国民，在两者先后关系上，两派的认识不一样。立宪派认为，民智未开，国民程度不足，无法言共和及建立新政府。只有进行国民教育，待有了新国民，才可建新制度和新政府。而革命派却强调通过政治革命建立起新国家的根本作用，认为"人心之智慧，不必恃他事开之，但恃革命之"③，"自理论上言，则有新民何患无新政府？而自事实上言，则必有新政府而后有

---

① 《论中国之前途及国民应尽之责任》，《湖北学生界》第 3 期。
② 梁启超：《新民说》，中州古籍出版社 1998 年版。
③ 章炳麟：《驳康有为论革命书》。

新民。"① 其二，对国民程度的估价不同。1905 年前，两派对国民程度的估计大体相同，1905 年后认识上却发生了变化，革命派不再如以前热衷谈论国民劣根性，相反却强调国人程度并不低劣，已经具备了建立民主政体的国民品格。② 如 1903 年陈天华还说国人"不讲公德，只图私利"，"照现在的人心风俗，恐怕是万事俱休的景况"；而时过仅仅两年，他反倒强调"吾民之聪与明，无所赋与也，于各民族中不见其多逊；且当鸿昧初起、文明未开之际，吾民族已能崭然见头角。"③ 立宪派则坚持前论，认为国民程度落后低下，不适宜建立民主共和政体，仅适合进行开明专制。④ 其三，对塑造新国民途径的认识不同。立宪派因为视国人为"泯泯昏昏，蠢如鹿东，知书识字者千不得一，明理达时者万不得一"的群氓，所以主张先用宣传教育的手段来提高国民的素质，而不能急于革命，做到循序渐进，以免"台高三丈，不假梯级而欲登之；河广十寻，不假舟筏而欲跳渡之，其必不成而堕溺"⑤ 的恶果出现。革命派却开始主张通过政治革命，"去其沮遏"，正如章太炎所言："公理之未明，即以革命明之，旧俗之具在，即以革命去之"，从而迅速养成新国民。

显然，两派的观点各有其合理的一面，诸如立宪派强调通过宣传教育来提高国民程度及国民程度低下会影响新政府的建立等；革命派强调通过"阅历磨练"⑥ 而养成国民能力等观点，无疑都是有其合理性的。然而两派的观点又都各有其偏颇之处。立宪派在是先造新国家还是先造新国民的问题上强调国民素质对国家、社会和政府的制约作用，却忽视了国民性的提高也与一个国家、政府所采取的政策和措施有关这一重要方面，在实践上，将会减低国民性改造的速度。而革命派由于只注重"革命明之"、"革命去之"、"革命开之"的国民性改造途径，也就疏忽了宣传教育等文化手段对国民性改造所起的巨大作用，这显然亦是明显的失误。这种失误随着辛亥革命的失败越发显露出来，不做具体切实艰巨的宣传教育工作，

① 飞生：《近时二大学说之评论》，《浙江潮》第 8、9 期。
② 陈天华：《论中国宜改创民主政体》，汪兆铭：《驳〈新民丛报〉最近之非革命论》、《再驳'新民丛报'之政治革命议》。
③《陈天华集》，湖南人民出版社 1982 年版，第 48 页。
④ 梁启超：《开明专制论》。
⑤《康有为政论选集》上册，中华书局 1981 年版，第 475 页。
⑥ 白话道人：《国民意见书·说种界》。

仅凭革命本身是完成不了国民性改造任务的。两派之所以在改造国民性方面出现了偏颇之处，大概又与两派的政治主张相联系，使改造国民性思想带上明显的功利主义色彩。立宪派强调国民素质低下，有反对革命的意味，而革命派一改前论，开始抬高国民程度，也是为了证明中国人已"能享有完全权利"，中国已"宜改创民主政体"了。为了迎合各自的政治主张，就违反实际来对待文化问题，最终是要受到历史惩罚的，这是个历史的教训。进行国民性改造，最终是要同社会经济改造结合起来，虽然梁启超曾详细阐述过国民劣根性的形成与社会经济生活关系密切，但如何通过改造社会经济来进行国民性的改造，两派对此都没有足够的认识。以至到了后来，接受马克思主义的李大钊才有了深刻的领悟："我们主张以人道主义改造人类精神，同时以社会主义改造经济组织。不改造经济组织，单求改造人类精神，必致没有效果。不改造人类精神，单求改造经济组织，也怕不能成功，我们主张物心两面的改造，灵肉一致的改造。"[1] 这里可谓找到了改造国民性的基本途径。

1905 年，同盟会成立，革命派与立宪派展开大论战，两派对国民性改造的认识有了分歧。由于政治的介入，两派对某些国民性问题采取了回避的态度。加之两派的注意力开始转向革命运动与立宪运动，所以 1905 年以后尤其是 1907 年以后的国民性改造思潮与 20 世纪初年相较，已显得淡化，进入了低谷。国民性改造思潮最活跃的时期是 20 世纪最初几年，这几年，立宪派与革命派由于从救亡图存的视角来进行国民性探索，所以两派间的国民性改造思想大抵相同。

清末国民性改造思潮的历史意义是应当给予充分肯定的。第一，批判国民性是在救亡图存的动机驱使下，从国民性格的深层结构来寻求国家积弱的内在原因，这是一种积极强烈的爱国主义的思想表现。一个真正热爱自己国家并希望自己国家强盛的民族，在崇敬捍卫自己国家和民族的同时，还要善于认识自己，发现其不足，并力图不断地改造她，清末思想界对国民性的批判就是出于这种深沉的爱国之心，对国民劣根性的这种批判和揭露同时也是对本民族的一种鞭策和激励，它是爱国爱己的一种形式。爱国首先应当是对国家的负责。对本民族的盲目陶醉并不是真正的爱国，

---

① 《李大钊选集》，人民出版社 1959 年版，第 194 页。

不过是一种变态的"爱国"罢了，这种变态的爱国被鲁迅先生称为"爱国的自大"，在"爱国的自大"驱使下，对国人不能谈不足和病状，若此就是媚外，就是不爱国。列宁曾对俄罗斯民族的奴性进行过批判；他说："特别痛恨我们自己的奴隶式的过去……和我们自己的奴隶式的现在"，那种"为自己的奴隶地位辩护掩饰"的奴隶精神即奴性，"就是理应受到忿恨、鄙视和憎恶的东西"。① 这种批判是真正爱国的表现。清末思想界对中国国民性的批判也是真正的爱国表现。第二，清末批判国民性思潮是追求人的近代化的进步思潮，"一代有一代之国民"②，一时代的国民都有着不同的时代标准。清末改造国民性的实质是要将中国封建专制制度下的臣民，改造成为近代的资产阶级国民，是要以资产阶级的国民精神和国民心理取代封建时代的旧国民精神和国民的心理，这是与中国资产阶级以资本主义制度取代封建制度的时代使命相适应的，是时代的需要和呼唤。改造国民性，从某种意义上说，是一场人的近代化的改造运动。这种人的近代化运动是整个中国近代化运动的一个组成部分，它弥补了仅从经济、军事、政治的落后去认识中国国情的片面，而从考察社会主体人的落后及其改造的角度去理解中国近代国情，从而从更深的层次揭示了中国落后的原因。第三，国民性批判思潮表明了中华民族是善于反躬自省的民族。在长期的自然经济和闭关锁国的状态下，使曾经处于强国地位的中国人历来深谙夷夏之辨，酣睡在天朝的"十字架"上，然而世界的西方走出中世纪后，便以突飞猛进的速度跨进了资本主义新时代；生产的发展，人伦的演变，世风的进化，心灵的再生，整个文化形态按照传统与反传统的双线轨迹向前演化，最终在世界文化结构中独占鳌头，一领风骚。这一切使昔日挺立于东方的巨龙，在西方人面前败弱下来，它深深地刺激了中国人，使其放下了昔日老大的架子，提出重新认识自己、改造自己的新课题。在这种鲜明的民族反思意识的驱使下，中国人开始投入到批判以汉族为主体的中华民族这一特殊社会共同体在封建社会和半殖民地半封建社会中所表现出来的民族性中的恶劣一面，这对于在历史上一向以灿烂文明同化外来民族的古老中国来说，确乎是石破天惊、前无古人的壮举，它标志着中华民

---

① 列宁：《论大俄罗斯人的民族自傲心》，《列宁论民族问题》，中央民族学院研究生部 1955 年版，第 242—243 页。

② 云窝：《教育通论》，《江苏》第 4 期。

族的觉醒，表明中华民族是一个善于自我反思的民族。

然而我们还应当看到，清末国民性批判思潮还存在着自身的不足和局限性。它突出体现在如下诸方面：第一，在揭露和批判国民劣根性的过程中，就揭示的具体情况而言，存在着不科学、不准确或危言耸听和言过其实的地方，由于缺乏具体的分析和量的定性，所以容易给人造成一种错觉，只见中华民族满目疮痍，似乎到了不可救药的程度。设想一下，若整个中华民族都处于奴性、麻木、虚伪、为我、嫉妒、空谈、无公德、无是非感、无国家思想、无自尊、无独立性、无自治力、不合群、愚昧、旁观、保守、无冒险精神，无尚武精神，迟缓、不果断、不求效率之中，这个民族还有救吗？别说长久生存，就是一天也难以维持。别说有外国列强的觊觎侵略，就是本身内耗就逃不脱亡国灭种的命运。章太炎曾说："近来有一种欧化主义的人，总说中国人比西洋人所差甚远，所以自甘暴弃，说中国必定灭亡，黄种必定剿绝。因为他不晓得中国的长处……就把爱国爱种的心，一日衰薄一日。"[1] 用这种态度对待自己，只会产生民族自卑感和民族虚无主义，其害无穷。第二，改造国民性思潮与政治革命之间的关系，未能得到妥善的解决。国民性的改造与政治革命是并行不悖的，是互相促进的。然而清末思想界对两者关系的处理却缺乏整体的设计，带有一种功利主义的色彩。立宪派在批判国民性的过程中，始终掩饰不了他们抵制革命的政治态度。由于反对革命，所以在批判国民性时，极力夸大国民程度的低下，以此为其政治目的服务，以达到抵制革命的最终目的。革命派在处理两者关系的问题上，亦以能否有利于政治革命为前提。他们一方面认为，革命一起，国民性随之可得以改造，国民劣根性，便可自除；而另一方面，为了强调革命可行，革命派不顾事实，任意抬高国民程度，从而忽视了对国人进行必要的宣传教育工作。"人们的觉悟是不容易的，要去掉人民脑子中的错误思想，需要我们做很多切切实实的工作。"[2] 而革命派却忽视了这一点。立宪派为抵制革命而极力贬损国民性，革命派为推行政治革命而任意抬高国民程度，两派在处理改造国民性与政治革命的关系上不能统筹兼顾，留下了深刻的历史教训。第三，缺乏政治、文化和经济

---

① 《章太炎政论选集》上册，中华书局 1977 年版，第 276 页。
② 《毛泽东选集》第 4 卷，第 1077 页。

的综合改造意识。改造国民性不是仅仅在口头上或文字上对国民劣根性进行一番疾风暴雨式的口诛笔伐就能达到目的。改造国民性是一个长期而又艰苦的文化建设，在这个建设中，应当有整体改造的意识。要通过政治革命、文化革命和经济革命的手段最终完成国民性的改造即完成人的近代化的历史任务。清末思想家在探索国民劣根性产生的历史原因时，比较准确地找到了政治制度、文化教育及经济生活是国民劣根性形成的重要原因。遗憾的是，清末思想家却没有从政治、经济和文化三方面的综合视角，来提出一个改造国民性的可行方案，这是历史遗留的缺憾！

原载《清史研究》1999 年第 3 期

清末思想界对"国民性弱点"的批判

清末①思想界对"国民性弱点"的批判与开民智是中国近代的一次文化改革潮流，是改造中国近代社会所不可缺少的补充形式，虽然这一潮流有其时代的局限，但对中国社会发展起到的促进作用是不应忽视的，是应给予肯定的。

一

清末思想界经历维新变法后，在救亡图存历史重任的感召下，摆脱了原来一池死水似的状态，开始从"国民性弱点"的角度来寻找国家贫弱的症结所在。当时在思想认识上虽然还很混沌、模糊，甚至是妄谈，但这却反映了当时思想界一些有识之士的爱国之心和救国之志。当时对"国民性弱点"的批判所涉及的领域相当广泛，认为国人"有私家思想，无公家思想；有甘退思想，无勉进思想；有激烈思想，无温和思想；有依人思想，无独立思想；有侥幸思想，无必成思想；有苟且思想，无着实思想；有浅近思想，无深远思想；有敷衍思想，无精髓思想；有虚假思想，无淳朴思想"②。概括起来，对国民性弱点的批判主要集中在如下方面：

奴性。"奴隶云者，受佣于主人，而遂委身于主人，以听其指挥，以任其驱遣申饬之，而顺受鞭挞之，而亦顺受俯首帖耳，天然有一种服从性质之谓也。"③。当时有人指出，中国人奴性最强，尤其是官场，那些居高官、食厚禄、盘踞要津的，全是秉受奴性最深的人。一般人又特别善于效

---

① "清末"在本文指 1900 年至 1911 年。
② 《大公报》（影印本）第四册，第 57 页。
③ 《中国人奴隶性之平淡》、《中国风俗之坏》，《大公报》1903 年 7 月 20 日。

仿有权势者，有权势者如此，通国之人也就以学作奴隶为大事。这就在中国社会呈现出一副民怕官、小官怕大官、大官怕皇帝的奴才相。国人的奴性表现于两方面，即"以下奴隶待之，以上自居奴隶"①，全国没有不受种种耻辱而为奴隶的，也没有不侮辱他人而以他人为奴隶的。当时的一幅漫画，可以形象地表现奴性之丑态：这幅漫画画了一个梯子，上有无数层级，每一层级有一个人，层级无数，人也无数，每个人都向上一层的人磕头行礼，各自都用脚踹下一层的人。人人都磕头行礼，人人都受人的脚踹，人人也都用脚踹人。这幅漫画是对"奴性"本质的图解，是对等级观念、"势利眼"的深刻揭露。

麻木。国人的麻木体现在无志向、混日子、怕多事、图清闲诸多方面，对于詈我、击我之事"不知羞，不知痛"，反而"淡然漠然"。尤其有人奉行"今朝不知明朝事，过一日算一日"的生活态度，无论什么事，都是"得过且过"，只管眼前，不顾以后，结果虽是"偷一日之安"，却"忘百年大计"，始终处于因小失大的麻木状态。

虚伪。封建的伦理纲常在上下级、老少辈、男女等关系上造成国人极为明显的虚伪性格——下对上的俯首帖耳；少对老那种违心的"毕恭毕敬"；男女之间的授受不亲都是缺乏坦白的虚伪表现。虚伪所致，故对事"不考其实理，不求其真"②；对人只重功名，不重才干。人际之间不讲信用，不讲诚意，反而以"说谎为独一无二之本领"。

为我。有句俗谚叫做"各人自扫门前雪，不管他人瓦上霜"，这是国人自私心态的生动写照。具体表现则是"顾一己而不顾他人，图私利而不图公益"③，"苟可以自私，将不顾一切而为之，苟可以自利，将不惜多方以致之"④。

嫉妒。国人少争胜心，却不少嫉妒心。自己不成又不愿人成，便生嫉妒心，嫉妒养退缩，成弱败，嫉妒之极，便采取毁坏名誉、谋财害命的手段。手法之毒，有伤人道。国人的嫉妒又可分为三类，即同室之嫉妒，同僚之嫉妒，同行之嫉妒。同室之嫉妒"妻妾争宠是也"，争宠之嫉妒，"嫉

① 《中国人奴隶性之平淡》、《中国风俗之坏》，《大公报》1903 年 8 月 15 日。
② 《忧俗篇》，《大公报》1902 年 8 月 4 日。
③ 《国耻篇》，《东方杂志》第一年（1904）第十期。
④ 同上。

妒则设计中伤之";同僚之嫉妒, "此官与彼官争权是也", 争权之嫉妒, "嫉妒则乘机倾轧之";同行之嫉妒, "谚则所谓同行是冤家是也"①。

空谈。国人的空谈直接体现在知识分子的言而无行上。中国文人的通病在于爱好功名,不求实干。一生即使著作等身,毕生却毫无建树。受"人过留名,雁过留声"思想的毒害极深, "几乎印入人人之脑中,最足阻国民之进步",所以 "中国人者为地球上一种极能空言之人也,有虚名之思想,无实事之思想,著书立说为名也,上书言事亦为名。将平生之所撰述裒集成册,付梓流传,则名誉由此而立,此世庶不虚生,至其于国家社会有实济与否,非所计议,陋习相沿,贻害非浅。故中国所有之书籍,汗牛充栋,大半皆空言议理,而卒无一种科学专书,直谓中国之所谓名儒多属废材可也"②。

无公德。人立于群在于公共思想的维持,而国人却缺乏公德, "不遇公共之事物则已,如其遇之,于钱财则随意挥霍,于什物则必任情毁坏,盖以为此事之物,其保存与否,绝无与于吾一身一家之事,吾何为而代之,护持也哉,夫以举国人皆存如是之思想……则国民恐永不能有道德心矣"。③

缺少是非感。国人缺乏是非观念, "本是奸猾人,倒说是有才干;本是迂腐人,倒说是正直;本是无血性人,倒说是有涵养;本是旁观派人,倒说是安分。只认得宠荣和势力,不认得公理关系与是非"。④ 中国上上下下 "无是非,即有之,亦是非外之是非,而非真是非;即有之,亦其心之假是非,而非其事之真是非"。而没有是非, "人类可灭而天地可息矣"⑤。

无国家思想。没有国家思想,可谓是国家积弱的极大根源。中国人往往分不清国家与天下的关系:分不清国家与朝廷的关系,分不清国家与国民的关系,所以国家思想非常淡漠。正因为分不清这些关系,往往把国家当成皇帝的产业,国家有了什么事,认为皇帝管就是了,与我们个人无关。弄到最后,国家被外国霸占了,中国人却不以为然,还躺在鼓里睡大

---

① 《大公报》(影印本) 第四册, 第 737 页。
② 《论中国人之好空谈》, 《大公报》1903 年 6 月 21 日。
③ 《大公报》(影印本) 第四册, 第 16 页。
④ 同上书, 第 289 页。
⑤ 《论中国之大病在于无是非》, 《东方杂志》1904 年第十期。

觉，悠闲自得①。

无冒险精神。冒险就是要硬着头皮，大着胆子去做有危险的事。中国人性质怯弱，遇事畏难，"以惫为宁静，以敢为为妄作"，大都胆量不足，不敢冒险，对冒险藏有一种恐惧心理，赞赏"退一步天空地阔"的退缩精神，而冒险精神却遭反对。

无尚武精神。中国人缺乏尚武精神，"好汉不当兵，好铁不打钉"为一般人的价值观念。平时轻视体育，不注重健身，弄得中国人拱肩驼背，弯腰折膝，摇头摆尾。不是臃肿不灵，就是垂头丧气，完全是一个病夫的形象。

拖拉迟缓、不果断、不求效率。"天下之事惟断乃成，未有优柔不决而能成大事者也。""中国人办事拖拉迟缓，无时间观念，一件事到面前，先想它是否能做，再想它是否成功。瞻前顾后，结果是一事无成。"②

上面所述是清末思想界对国民性弱点的集中批判。在国家危亡之际，仁人志士们从国民性的弱点方面来探求国家危弱的原因，这在当时不能不说是一个探索问题的新角度。不可否认，就揭示的具体现象而言，尚存一些不准确、危言耸听和言过其实的地方。但就拯救国家的动机而言，它从国魂的深层结构来寻求国家积弱的内在原因，这本身是应当给予充分肯定的。在外敌加紧侵略中国的严峻时刻，在社会达尔文主义的广泛影响之下，"弱肉强食"、"优胜劣败"、"适者生存"的观念影响了整个清末思想界。他们认为国家的强弱在于人种品格的优劣——外国人品格优秀，则强；中国人满身劣性，则弱。他们贬损中国人无公德，就大力称赞欧美诸国有公德，有严刑峻法；批驳中国人的奴性，就歌颂西方既不奴役别人，也不被别人奴役；说到中国人的不知合群，就赞赏西方人如何"相捍相卫，如手足之于头背，如子弟之于父兄"，可谓同心同德也；谈中国人无诚意，就说欧美人言必诚，行必信；讲中国人无毅力，就说泰西诸国如何有坚忍之心，不成功不罢休；说中国人无冒险进取精神，就说西方人如何好进取，好冒险；说中国人好嫉妒，就说外国人如何好争胜；说中国人尚虚尚名尚空谈，就说外国人如何尚实尚力行；说中国人优柔寡断，就说泰西

① 《做百姓的思想及精神》，《中国白话报》第四期。
② 《论激烈的好处》，《中国白话报》第六期。

人如何当机立断等等。显而易见,清末思想界在批判国民性弱点的同时,几乎用了大量的比较来称颂外国人的优秀品格。这种对比认识大多缺乏科学的根据和严密的论证,也充斥了一些过激的言词,表现了情绪化的断然倾向,甚至具有一种民族虚无主义的倾向。这种民族虚无主义是我们一贯反对的,这种偏激的对比方法是不足取的。对于这种比较方法的直观性、伪科学性暂且在此不作过多考究。重要的是应该看到:在一个民族落后于另一个民族时,落后民族要自强和赶上先进民族,一般都是要通过双方的对比的模糊逻辑,来查找本民族的 "弱点" 和先进民族的 "优点",以此作为本民族自身进化的起点,这从某种意义而言是符合落后民族的自身认识规律的。

那么,清末国民性弱点的本质特征是什么呢? 对此,我们可否用一句话涵盖之,那就是除个别有识之士外,存在着社会性的 "愚昧"。本来,我国是世界上四个文明古国之一,我国的学校教育有悠久的历史。然而,到了清末,教育仍未发展普及起来。当时中国女子无教育,男子大多也不受教育,一小部分人所受的教育是空疏腐朽的以儒家思想为中心的封建文化教育。崇尚经术是当时教育的一个特点,即教育内容上仍然要求学生以读经为主,以封建伦理道德束缚学生的思想,使他们永远忠君,为封建统治服务。基于这种办学目的及科学制度的机制作用,所以那时的读书人大抵上不是为了创造一番新事业,无非是为了 "学而优则仕"。因当官就可以扬名声,显父母,光宗耀祖,自己本人也因之可以荣华富贵。由于只受这样的教育,因此就本质而言,相当数目的读书人除了善于空谈,毫无其他本事。他们风水务求吉地,婚嫁必择良辰;不知天地为何物,寻常道理也知之甚少,不以为耻,自以为是,夜郎自大,自视文明,顽固之性,坚如铁石。可见,愚昧确实是当时全国上下的最集中的民族弱点。因此清末知识分子把愚昧视为其他民族劣根性产生以至延续的根源,并对此进行了深刻的批判。他们认为人除了有眼耳鼻舌手足脏腑血脉,还有脑筋,没有脑筋的愚昧之人不能算人;国家也是一样,要有 "国脑" ——民族的智慧,国家才能强盛。而清末中国之衰弱,就在于没有 "国脑" ——没有全体国民的智慧之和!

积弱在于愚昧，"要救贫穷，必得先救昏愚"①，正是基于这样的思想指导，清末中国出现了以"开通民智"为口号的思想启蒙运动。

二

清末，在思想文化领域里展开了以开民智为标志的一场旗帜鲜明的思想启蒙运动。教育救国是这场运动的思想核心。这一运动是对"国民性弱点"批判的继续。高喊"开民智"的先贤们通过各种方式在意识形态领域宣传他们的主张，很多报纸杂志就是以"开通民智"为宗旨的。"中国之患不在一人而在全体，于是汲汲言教育"②，言教育就是要开民智。所以当时所谓开通民智就是要通过教育和宣传的手段启发全体国民的智慧，让其从昏暗的愚昧中走向国富民强的新世界。当时的思想界认为中国民智未开完全是由于中国的教育和文化本身造成的。这体现在：

文字之弊。中国文字笔画繁杂，声音不一，讲解不同，字义难懂。写出的文章精深古奥，越是叫人看不懂就越是好文章。平常人念了二三年书，却不能写信看报，何况中国义塾太少，贫民无法走进书斋受正常教育，反要普遍受到世俗的恶劣影响。如听些奸盗、邪淫、鬼神、福祸的鼓词或稗史。从小记在心上的不是才子佳人，就是上山学道，呼风唤雨，撒豆成兵，坐山为王等。久而久之，代代相袭，"人之智慧尽为此等之事所锢蔽，而不克自发其灵机"③。

教法之弊。中国训蒙旧法，"始入塾，先念百家姓、三字经、弟子规等书，次大学、次中庸、次论孟、次诗经、次书经、次易经、次礼记、次左传，四书五经读毕，问其如何讲解，茫然不知也。其学习诗文以求科第者，则参读左诗、律诗、试贴诗，小题文、大题文及一切精深之论文等。集诗精矣，文佳矣。问以中外之大势，家国之情形，则懵然不晓也；问以天文地理之事，亚欧非澳之名，漠然莫知所对也，如此教法又何怪民智之不开乎？"④

---

① 《贫富智愚的原故》，《大公报》1904 年 7 月 29 日。
② 《国魂篇》，《浙江潮》第一期。
③ 《开民智法》，《大公报》1907 年 7 月 21 日。
④ 同上。

泥古之弊。外国谓古不如今,中国谓今不如古。中国人重古人、古事、古书,反被古书所误。"凡政教之隆污,财赋之盈细,地方之利弊,生计之厚薄,民俗之治乱,兵械之利钝,农桑之丰欠,积诸史册,郎若列眉,乃能广益,垂鉴取法。考欧西记载,绘图贴说,志之惟恐不详,言之惟恐不明,复加注释。故读一书收一书之效,阅一事增一事之识。今之寒士竭尽绵力,得廿四史一部。破其薄产,购置大书,亦云豪矣。穷昼夜钻研,只晓得帝皇国号,盛衰兴亡而已。"① 这种重古轻今,厚古薄今之习,使民智迂腐、闭塞。

上行下效之弊。中国几千年来的传统是"民情风俗皆以上感下,下应上为习惯,国民之进化与否,皆视在上者为转移"②。正像孔子所云:"上有好者,下必有甚焉者。"而中国的统治集团、官僚阶层这些所谓的"上者",却是一群糊涂愚顽之辈。被效仿者如此,效仿者可知矣。

清末思想界从上述诸方面对中国民智未开的原因进行了探讨,当然分析得未必全面,但就分析的具体内容而论,确有一定的深度和力度,表现出了对"国民性弱点"的危机意识。

当时,之所以把开通民智作为极其重要的问题来阐述,关键是把它同救亡图存联系起来。不少人认为中国可忧虑的不在于贫穷和软弱,而在于国人的糊涂和愚陋。因此在"贫"与"愚"的问题上,治愚更重要。"今中国有至大之患二,一曰贫,一曰愚。此二者有其一焉,则是以亡国灭种。贫可生愚,愚可生贫。必定谁为先生,殆恐各社会未必一律。若以中国目前之现状言之,已至国家极贫极愚之限,若再过此,是非国家矣。其原理如何,虽一时不能论定,而欲定救济之方,则本报之意,以为宜先救愚,而后救贫,非智则贫不可救也。故曰,救中国之贫,宜先开中国之智。"③ 并把外国强盛富足的根子归于教育,归于人人明白,上下通情,通国一心。基于这样的认识,有人大力提倡发展教育事业,通过教育养成"国民之资格,发达御侮之能力"。正如有人所说:"至今日而不设会研究教育,是犹人已臻于绝顶,我犹居夫邱垤,天演淘汰之数在所难逃。至今日而始设学研究教育,是犹渴而掘井,饥而种粟,情状之急,一刻千金,

① 《开民智法》,《大公报》1907 年 8 月 3 日。
② 《论中国民智闭塞之原因》,《大公报》1902 年 9 月 14 日。
③ 《论贫与愚之因果》,《东方杂志》1904 年第 2 期。

关系之重，千钧一发。虽然亡羊补牢，见兔而顾犬，及金力图，犹堪挽救，果使群策群力，万众一心，则星火可以燎原，壤土可以泰山，涓滴可以江湖……国际之竞争不在于军备而在于教育。故一国最上之资本，莫大于发达国民之脑力。"① 而今天的中国，"不可不急起直追，破昔日之积习，而求可以适于天演生存之理，此教育之事业所以为今日救中国之至切至紧，不可稍缓之要图也"②。当时很多刊物都有这样的论述，反映了主张教育救国者的基本观点和迫切心情。

20 世纪是"教育的时代"，是"智争学战的时代"，要使内忧外患的中国有一线希望，就要普及教育、强迫教育以及改革训蒙旧法。这是教育救国论者的更为具体的主张。普及教育就是要使人人读书识字，有文化，明白事理。不论男女，不论贫富，乃至跛聋哑盲在内，都要受教育。所有郡府州县、市镇村落都要办学校，不仅官办，还要民办。抓普及教育关键要抓好女子教育、家庭教育和儿童教育。强迫教育就是国家仿照外国的方法，各家子弟到了十岁，就要入蒙学堂读书。不入学堂罚其父兄。强迫教育实际是实行普及教育的一个必要措施。改革训蒙旧法就是要废除过去那种只是背诵百家姓、三字经、"四书五经"的迂腐方法，代之以识字、讲解为主。要学习新的科学知识，包括算学、地理、历史及泰西新书等，"如此教法万不致仍如从前之迂谬矣"。当然要做到普及教育和彻底改革封建时代的教育方法并非易事。根据中国当时的政治和经济现状也不可能做到，它带有某种意义上的空想成分。发展教育当然是国家强盛的重要手段之一，但在半殖民地半封建的旧中国却不能只靠教育来拯救中国。根据当时的中国国情，教育只能在政治救国的旗帜下，充当政治救国的一种补充形式。教育救国论者没有深刻认识这一点，这是他们思想认识上的历史局限性。当然无可否认，在教育救国论者的思想影响下，国内教育有了空前的发展。兴办各种学校成为不可阻挡的时代潮流。由于数、理、化和外语、文学、历史等自然、人文学科的开设，实学的提倡，打破了两千多年来以儒家思想为中心教育内容的独尊局面，尤其是女子求学成为一种时尚，这些无疑对民智的开发大有裨益，为政治救国培养了一批具有较高思

---

① 《研究教育私议》，《大公报》1906 年 12 月 5 日。
② 《研究教育私议》，《大公报》1906 年 12 月 6 日。

想文化素质的人才。

除了兴学办教育，清末思想界还主张利用宣传手段来开发民智。所谓宣传就是利用人们所喜闻乐见的形式，如戏曲、音乐、图画、小说等最感人，最易让人接受，让人喜爱的宣传形式来开通民智。其中办白话报是当时最重要的宣传方式之一。当时办起了不少白话报馆。建立白话报馆是因为中国文字难懂，不易普及。要解决它首先要通行白话。故主张凡是蒙小学堂教科书，全用白话，不用文言，就是中学堂大学堂的文理教材也要力求明白易懂，不必远学周秦；官府的告示应采用白话，不必编成四言六言，应当让人看了就懂。当时这种利用白话报进行宣传教育的方式对开通民智所起的作用是不能低估的。

更需注意的是，在主张开民智的同时，一些更为深刻的有识之士并没有忽略开民智的经济基础——当时所谓的 "养民之法"，而把开民智变成一种毫无根基的空论。当时一些人已经认识到开民智要以养民为基础，认为 "吾中国国民固非智识之必不能开，教育之必不能立也。其可以开而终尚不可，可以而犹若不立者何也，以生业之不坚而站足之不稳也"①。指出 "民为邦本，食为民天，无论何等人品，作为何等事业，必先预有衣食之备，使其内顾无冻馁之虞而后按部就班专心精进，可以终达目的，不至废弃于半途焉"②。因此把发展农工商业看作是百姓衣食住行的基础，这种把经济视为教育的基础的理论观点还是相当深刻的。但如何正确看待中国当时 "愚" 与 "贫" 的关系，如何正确解决这一对矛盾，清末思想界还不能给予正确的回答，这是在救国主张上的严重缺憾。

还有难能可贵的是，在主张开民智的先贤中，有人已经不满足单靠办教育来启发民智、拯救中国，而是进一步提出了一些新的主张，这些新主张体现了改造中国政治的思想萌芽。他们认为不单单要开民智，还要开官智；不但要发展教育，而且要设议院、伸民权。他们以为译书兴学是 "知其一而不知其二，拘其末而不持其本，益在士大夫而不及乎小民，利在一二人而难周乎全国"。主张 "务开民智，除非设议院以伸民权，兴社会以倡民志，更无善法矣"③。只有这样才算用绝大之动力转绝大之机器，极烈

---

① 《兴教育以养民为基说》，《大公报》1904 年 4 月 19 日。

② 同上。

③ 《开民智法》，《大公报》1907 年 8 月 6 日。

之药石救垂死之病夫，否则"政体不改，根本不坚，教育实业虽兴，其如上下之隔阂如故，官场沓泄如故"①。不难看出，这些思想把开民智又向前推进了一步，把开民智与改造中国政治的距离拉得更近了。这并非是革命派提出的观点，而是开通民智者在进一步探索中得出的新结论。固然，由于认识上的局限性，这些观点又没有最终发展到主张政治救国的新高度，也就不能最终解决救亡图存问题。这些观点虽然还存在缺欠，但比之单纯的教育救国论，就显得成熟得多，更接近中国社会的实际，更有利于中国社会的实际改造。可见，中国知识分子只要真正是以救国为己任，在认真探究救国的方案时，他们一定会由浅入深，一步步地探索下去，一定会为中国社会的发展作出新的贡献。

总而言之，清末思想文化界对国民性弱点的剖析批判与开明智，向我们昭示了：此举是继戊戌新文化运动后文化反思的一项重要内容。文化变革旨在救亡图存。虽然文化改革不是近代改造中国社会的根本途径，但却是一种必不可缺少的补充形式。民国成立，文化反思遭到中截；五四时期文化变革运动再次崛起，但新文化运动后又一次中落。这三起三落无疑会使中国社会向前发展受到一定程度的阻碍，这是近代中国救亡图存运动中的一个历史教训！

原载《江汉论坛》1991 年第 3 期

---

① 《大公报》（影印本）第四册，第 318 页。

《绣像小说》与民间迷信习俗批判

　　20世纪初年是近代小说杂志竞相出现的时期,《绣像小说》是其中重要一种。这部小说杂志所刊作品涉及广泛的社会内容,揭露了清末社会的黑暗;宣传救亡图存的真理;传播西方资产阶级新文化;提倡社会风气的改造等。这一切都在社会上引起了广泛的反响。《绣像小说》还针对当时社会迷信、拜佛、算命等社会陋俗进行了批判。《绣像小说》发表了一系列反迷信小说,如《扫迷帚》、《玉佛缘》、《瞎骗奇闻》、《醒世缘》、《测字先生》等。这些反迷信小说对社会迷信盛行的一般状况和缘由,对迷信本质的揭露和批判都是较为深刻的,为人们通晓事理、摆脱愚昧、挣脱迷信的羁绊起了启蒙教育作用。

　　黑生的《玉佛缘》叙述了这样的故事:有一个叫钱子玉的官员与其妻室终生信命信相,结果被大和尚利用。了凡和尚编造钱某是玉佛出世,今生如能迎佛建庙,就能"玉佛"附体。了凡和尚的欺骗使钱子玉上当,骗了钱家的钱财,建造寺庙,作为了凡和尚自己淫欲的场所。茧叟的《瞎骗奇闻》是一篇揭露瞎子算命的作品。作品讲一个财主赵泽长五十多岁膝下无子,由于求子心切,听信了周瞎子的愚弄,果真"得子"。周瞎子又说其子日后必有大富大贵,使赵泽长对子娇生惯养,其子真成了个"败家子"。《瞎骗奇闻》还描写了一个寒士叫洪士仁,他听信了周瞎子的胡说,结果弄得家破人亡。壮者的《扫迷帚》是一篇具有代表性的反迷信作品。作品通过表兄弟资生和心斋的争辩和游历揭露了社会上各式各类的迷信活动,触及了天命、鬼神、星相、妖怪、卜巫、僧道、仙佛等领域,就像一把铁扫帚扫荡着各种迷信陋俗,促人觉醒。《绣像小说》发表了许多反迷信小说,上述几篇是其中的优秀之作。

一

20 世纪初，正是维新派呐喊"小说革命"的时期。虽然当时的小说结构还不完整，体裁也不完善，但它能直接反映社会的现实，成为我们观察和了解当时社会的一面镜子。通过翻阅反迷信小说，可以窥视当时社会信奉迷信的一般状况。由于国人的愚昧和传统习俗的束缚，迷信陋风渗透到民间生活的诸多领域。迷信活动场面之大，气氛之热烈可以从小说中看到。《扫迷帚》第四回说道："中国民俗，每逢七月下浣，大都敛钱做那盂兰盆会。日则扎就灯彩鬼像，沿街跳舞；夜则延请僧道，拜忏嗉经，搭台施食。各处大同小异。"这一回还说：表兄弟资生和心斋两人去苏州观看盂兰会，只觉"鬼气"满城。当时的场面是"前导有金鼓，有灯牌，有十景旗伞，有茶担、玉器担、香亭锣鼓、十番棚等项。次则扮出各种鬼相，如大头鬼、小头鬼、摸壁鬼、无常鬼、两面鬼、独脚鬼、长子鬼、矮子鬼、胖子鬼、瘦子鬼、胀死鬼、饿死鬼以及刻薄鬼、势利鬼、强横鬼、懦弱鬼、说谎鬼、骄傲鬼、色鬼、酒鬼、背肩诮笑鬼、招摇撞骗鬼，末后有焦面大王鬼，摆来踱去，全是官样。是鬼是官，令人莫辨。又有小孩数十，身穿号衣，手持各样军器，装作鬼兵。另有一童，翎顶翘然，骑马按辔，装作鬼将。押解鬼饷，冥镪纸帛，高积如山。更有一巨鬼，匍匐作求乞，演出借债鬼的模样。以上诸鬼，却都兴高采烈，鬼混鬼闹，鬼笑鬼跳，一路人看鬼，鬼看人，应接不暇。"这是一幅"百鬼图画"，是对信奉鬼神的一种场面描写，这些足以反映出当时中国社会迷信鬼神的疯狂程度了。

中国迷信形式多种多样。算命、相面、测字等手段极多。《扫迷帚》第十八回述说中国盛行"厌胜"之说，这实质是通过比附的手段而进行的迷信活动。书中说中国人"无论造屋作坟，苟薄待匠人，则必暗弄蹊跷，不利主家。或阴选小棺木，或幻捏人形。种种幻法，匿诸屋脊圹穴之中，使其子孙世世不吉。而民间凡值未婚夫死，男家之恶作剧者，多以妻庚帖纳入棺中，谓生不能同室，死必使同穴。故娶望门寡者，每有戒心。若遇不解之冤家，则又以黄纸书其人姓名，私纳神像足底，使人拜之而速其死；或扎草就人，日日鞭挞，设一切恶毒方法制之以苦其身。病人当沉疴莫挽时，亦必扎一假人，被以本人衣服，书明本人年庚而送之，名曰替身。失去巨物，弊由内起，而又无术以确知其人，每请术士作法，坏其眼目，使成残废，名曰圆光。虑隔壁算之肆毒，多有取易经及官印之纸张，赤体之春宫，纳入筒中，谓法可破而物可保。他如治疟之有捉法；却疫之挂黄袋；煎汤药之必盖铁器；补贼壁之多纳头发；门上之贴符贴卦，床前之悬悬钱；褪褓之子，出行必悬宪书；婚娶之时，新人每匿暗具；焚冥帛之撒米麦绿豆，使野鬼抢不动；保婴儿之用项键索锁，使幼时少关煞，以及出姓期小孩之长成；反锁防生人之触犯；大病置寿具，称曰充喜；出棺碎窑器，义取碰住；童子拜师之日，先生必握坚拳；小徒上学之时，枕上必结绣袱；与夫建醮安座净宅接箐"。其他如"耳朵热则谓有人说他；眼睛跳则谓是非将到；鼻打嚏则谓报信不爽"等都是日常生活的迷信说教。运"厌胜"之说的盛行，又从另一个方面反映了当时中国社会迷信的一般状况。此外，中国传统思想是重男轻女，女子不受教育，因而更加愚昧无知，这也被蒙上一层迷信的面纱，使中国妇女备受欺凌，甚至把妇女的某些言行也视为不祥之物，如"新嫁娘忌在母家过冬至，谓母家过一冬，夫家死一公。已出阁之女，必在夫家度岁，谓非此则不利母家"① 云云，这些都是歧视妇女的迷信俗语。

《绣像小说》在描述社会迷信状况的同时，也对迷信盛行的缘由进行了剖析，其中涉及国人的心理因素，国人的愚蠢昏昧，僧道及算命、相面、测字先生们的贪婪欲望，迷信之"灵验"等诸多方面。

二

《绣像小说》认为，中国人迷信的心理因素包括普通人所具备的欲望心理和疑惧心理两个方面。

中国有句"穷算命、富烧香"的俗语。这实际就是"欲望心理"的一种表现。富人为何烧香呢？"那些富的人，亦晓得自己的命是比别人的好，终日里养尊处优，似乎没有别的想头，然而还怕的是美中不足。有的怕寿元不永的，有的怕子嗣空虚的，有的怕疾病纠缠的。有了这些心，心上亦

---

① 《扫迷帚》第五回。

是不十二分满意。所以终日除掉了饱食暖衣而外，没有别事，无非是东庙里烧香，西庙里许愿。总想神道得了他的香火，就像阳间里官府得了打官司的使费一样，必定要偏袒他，保佑得他事事如意。"① 还有一种富人，"他已经得过好处，只是人的志愿哪有足的。做了府道便想做藩臬又想做督抚；有了十万银子就想积到百万，有了百万又想千万。只是皇帝不敢盼望做罢了，余下的体面事都要轮到自己，才觉快活。"② 这种永不满足和忧心生老病死的"欲望"正是富人迷信的一种心理因素。然而在穷人身上就反映出"穷算命"来。这些穷人，"图谋的是'衣食'两字，每遇到极不堪的时候，便诿之于命。说人家是前世修来的，我的命运不如人罢了。然而，否极思泰，穷极思通的意思也是人人有的。他又没有别的法子，不过把他生的年、月、日、时，找一个瞎子，金、木、水、火、土推演一番，几时交好运，几时交出歹运。"③ 以此来安慰自己，达到一种心理上的平衡，满足了一时的欲望。即便是那些贫穷的读书人，"心上只想怎样功名发达，做官做府，弄些昧心的钱回去享福。这个念头一动，就有多少金玉锦绣，高厅大厦，粉白黛绿的美妾娇婢，应了他这念头，一套一套的演出来。搁不住一场一场的落第，依旧过他那穷酸日子。愈不得意，愈不指望。殊不知指望是空的，就没法知道将来的事，只得去请教算命先生、相面先生，听他几句恭维话，纵然是假的，也博个眼下痛快。"④ "穷算命"、"富烧香"是"欲望"的驱使，它构成"迷信"泛滥的一个重要心理因素。而疑惧心理构成另一种重要的心理因素。这也反映在那些缺乏见识的人身上。这些人由于不懂科学知识，觉得地球上的"风雪雷雨、日食月食"，都非常可怕，甚至一人夜行，也觉得背后有鬼。其实这是他脑子里先印入了鬼的形象，夜深寂静，蟋蟀有声，即觉有鬼，不过是"八公山上，草木皆兵"而已。"疑惧"生暗鬼，"鬼神"二字乃疑惧心理造出来的。正是由于上述心理因素，加之好事之人有意编造，说得凿凿有据，迷信习俗也就在社会上渐次盛行起来。

国人的愚蠢昏昧也是迷信习俗泛滥的一个缘由。中国自古就敬天祭

---

① 《瞎骗奇闻》一回。

② 《玉佛缘》二回。

③ 《瞎骗奇闻》一回。

④ 《玉佛缘》二回。

鬼、祀神尊祖。到汉代创五行之说，从而灾祥之说大炽。后世由于辗转附会，捏造妄言，迷信陋风变本加厉，从此人们"弃明求幽、舍人媚鬼"，使中国社会"淫祀风靡、妖祠鹊起"。这种陋俗一直流传，牢不可破。到了近代"地球大通、科学发达"，而亿万国人"依然灵魂薄弱，罗网重重，造魔自迷，作茧自缚"。"虽学士大夫，往往与愚夫愚妇同一见识。最可笑者，极狡黠之人而信命，极奸恶之人而信佛，不信鬼神之人而讨论风水，极讲钻营之人而又信前定。"① 由于这种恶俗的影响，国人很少讲科学，而以迷信取代之。在国人眼里，没有本事的人做官，是由于命好、相好，并非政治的弊端；好端端的一个人是什么星宿、精怪、玉佛、蟒蛇投胎并非父母精卵化合而成；不讲医学，污秽成习，大疫流行，乃神灵使然，并非不讲卫生之故；地球上的风雪雷电，都是神在作怪，并非自然现象等等。迷信使人愚昧，愚昧又加深了人们的迷信程度，恶性循环，往复至深。

迷信习俗盛行的另一原因是僧道、算命先生们为满足自己的贪婪欲望而行骗。这在《绣像小说》中描述得很多。不论是《瞎骗奇闻》中的周瞎子，还是《玉佛缘》里的老尼姑，他们没有一个不是以骗钱为目的的。尤其是《玉佛缘》中灵隐寺的大和尚了凡，虽以和尚自居，却以吃喝淫荡为他生活的唯一追求，他利用"玉佛"这种迷信手段打主意，获巨款，建寺庙，作为他喝酒、吃肉、猥亵、淫欲的罪恶场所。正是这群利欲熏心的寄生虫的招摇撞骗，才使迷信陋风日益炽盛。

迷信固然有"灵验"之时，所以才诱人信奉。迷信果真"灵验"吗？其实这不过是"碰中"和某些骗术造成的。"世俗上的事都跳不出一个碰字，要说阴阳没凭据。有时算命、相面、起课的人说的话也很灵验，不过碰巧应了他的话罢咧。"② 言多或中，本没有什么稀奇。像《玉佛缘》中的钱贡生得子，并非算命算得准，不过是因为钱妻吃了补药，治好了病而已。有些人得了疾病，相信巫觋僧道胡言，百般祈祷，幸而获安，其实并非巫术神通，"乃病本可不死而已"。骗术是"灵验"的重要手段。《玉佛缘》中的算命先生鲁半仙"仗着心思活变、口才伶俐，能探得出人家的心事，所以话多奇中，传扬开了，生意极好。"鲁半仙"收了许多徒弟，那

---

① 《扫迷帚》一回。
② 《玉佛缘》八回。

徒弟是不叫他学相法的。只要他四路八方打听哪里来了阔老官，他是怎样出身，将要营干甚事；哪里来了个读书人，他是一榜或劳榜，是否来觅官的，或是打抽丰的；官场里有些升迁、调降、委缺委差的消息，都要探听详细来报。"① 以保证算命"灵验"。《瞎骗奇闻》中的王先生高谈命理，戳穿了瞎子算命的骗术，他说："我听说凡是人家去算命，他本有一个挽他的人，他虽是瞎子，那个人不瞎，早就见了这个人家的样子，就随时递个暗号来。"② 这些足以说明"灵验"的"奥秘"所在了。

<h2 style="text-align:center">三</h2>

《绣像小说》中反迷信作品的一个突出的表现手法就是在小说中直接塑造了批判封建迷信的斗士。这些勇士既是作者心中的理想人物，又是当时中国社会有识之士们的群体画像。《扫迷帚》中的主人公资生就具有代表性。他"生平讲实践，最恨鬼神仙怪星相卜筮诸说，谓此实陷害人群进化的蟊贼。"（《扫迷帚》一回）像资生这样的有识之士或者通过直接地辩论来否定鬼神，或者通过批判风水、神佛和算命相面等来阐述作者的反迷信思想。

小说中的正面主人公直言不讳地否定了鬼神的存在，指出没有人见过鬼神，谁也不知鬼神的样子，哪里有什么鬼神。人死了"譬诸灯灭，形影俱息，安得有鬼"。③

他们还批判了佛道和风水，认为佛道最不足信。正像资生议论说："自吾观之，那风水、神佛二说，均不可信，无形无迹之神佛，果能为人治疾病，则天下可以无医生，其荒唐概可想象。至风水二字，本率起于古之葬者，盖谓墓地不为风所侵，水所入尔。后人缘饰附会，致有种种不经之说。使其说而言，何以郭璞为千古葬师之祖，而不能保其身。后世擅青乌术者，其子孙亦不闻致身富贵。虚延伪妄，不辨自明。即如日本不讲风水，而国盛民安；欧洲不讲风水，而富强甲五洲，然则风水断断不足

① 《玉佛缘》二回。
② 《瞎骗奇闻》七回。
③ 《扫迷帚》二回。

凭信。"①

　　相面算命更不足信。人的"富贵是自己挣得来的，与算命相面什么相干；寿数在乎自己保养身体。譬如一件器具，屡用便坏。自己把身体糟踏坏了，与神明有什么相干。"② 小说通过这些正常主人公的言论直接表达了反迷信的思想内容。

　　反迷信小说的另一个表现手法就是通过作品的直接描述来揭露批判封建迷信。例如描写迷信的不灵验，受害者的觉醒以及信奉迷信造成的危害等等。迷信不灵在小说中有详细的描述。如许愿不灵，算命不准，重病到处求仙求佛，不但不愈，反而丧命。就连《瞎骗奇闻》中的周瞎子的仆人也说，这算命的事"相信的就灵，不相信的就不灵，我却是不大相信"③。小说中还有很多地方描写了一些受害者最后觉醒的情节。《玉佛缘》里的钱子玉，《瞎骗奇闻》中的洪士仁、赵泽长以及赵奶奶无不如此。对算命深信不疑的赵奶奶，临终弄得家破人亡。她懊悔地说："关于这瞎子的话是一个字不可相信，人家要相信了瞎子的话，就看我做个榜样。"④ 正像《瞎骗奇闻》最后的结尾所说："听了瞎子的话，就如奉了牛皮书一样，弄到临事，却是一场空梦，没有一句靠得住的，徒然自己耽误自己。处到头来，百事无成。就如洪士仁下街苦状，满腔饮恨；就如赵奶奶之临终遗言，却也是懊悔嫌迟了。"小说严肃指出迷信陋习所造成的危害，告诫人们迷信不仅会使人志气削弱，浑身懒惰，一切听任命运的支配而且最终受骗上当，落了人财两空的下场。从国家全局的利益着眼，相信迷信，"君必轻其国，臣必怠其职，农不事耕稼，妇不事织补，士不事学业。天下衣食之源，富强之机，必至立窒"。⑤ 作品认为，中国人只有不被迷信所眩惑颠倒，识破迷信的本质，才能使迷信绝迹人间。要达此目的，必须通过宣传教育的手段。首先要办学堂，尤其要教育子女，由于妇女没有文化，思想愚顽，更易迷信。所以要多开女学堂。通过学堂进行"启迷"教育，用"醒迷文"来教育学生，使学生触目惊心，从迷信中摆脱出来。其实在那

---

① 《扫迷帚》八回。
② 《玉佛缘》二回。
③ 《瞎骗奇闻》三回。
④ 《瞎骗奇闻》八回。
⑤ 《扫迷帚》二回。

个时代，小说作者们之所以在《绣像小说》等报纸杂志中发表了大量的反迷信作品，其目的就是要通过这样的方式达到"启迷"的目的，让国人从迷信的浊雾中觉悟过来。小说作者甚至把它视为救国的一条出路。

20世纪初年，是社会大变革的时期。一切有志之士为了拯救祖国，寻求着救国救民的道路，反迷信小说的作者同样也是探求救国道路的一批仁人志士。但是由于历史的局限，他们没有找中国的病根所在，却误认为阻碍中国进化的大害，莫若迷信，靠改造迷信习俗来救中国是达不到目的的。但我们应当看到，封建迷信也是中国人不讲科学以致落后的一个因素。这些优秀的反迷信作品在当时引导人们面向现实，面向科学，启迪智慧方面都具有十分重要的意义。

原载辽宁师范大学《历史函授通讯》1991年6月第七期

论曾国藩的家教术

曾国藩终身注重家庭教育。他把教育子弟的着眼点放在修"心"、修"身"、修"行"上，并格外强调修身养性的重要手段——"耕"与"读"，也特别重视"三修"必成的首要条件——"志"、"恒"、"勤"、"劳"四个字。

大凡人要致贤成才，首先要从必成的第一步——"志"、"恒"、"勤"、"劳"做起。若无志向、恒心，不养成勤劳的生活习性，绝不能致达贤才。曾国藩重视这必成的条件，反复告诫子女："盖士人读书，第一要有志，第二要有识，第三要有恒。有志则断不甘为下流；有识则知学问无尽，不敢以一得自足，如河伯之观海，如井蛙之窥天，皆无识者也；有恒则断无不成之事。此三者缺一不可。"① 他把"立志"视为变换气质和骨相的金丹，"古称金丹换骨，余谓立志即丹也。"② 只要立志，"何事不可成？何人不可作？"③ "将相无种，圣贤豪杰亦无种，只要人肯立志，都可做得到的。"④ 所以他要纪泽纪鸿等首先要立"坚卓之志"。"有恒"与"立志"同样重要，曾国藩认为，"欲稍有成就，须从有恒二字下手。"⑤ 希望纪泽"习勤有恒，则诸弟七八人皆学样矣"。⑥ 并为纪泽读书有恒而"欢慰之至"。"勤"是曾国藩反复字谕子弟的一个重要内容，把它看作家国兴盛的关键，"无论大家小家，士农工商，勤苦俭约，未有不兴，骄奢

---

① 《曾国藩全集·家书一》，第 48 页，岳麓书社 1985 年版。

② 《曾国藩全集·家书二》，第 827 页。

③ 同上书，第 1067 页。

④ 同上书，第 1067 页。

⑤ 《曾国藩全集·家书一》，第 506 页。

⑥ 《曾国藩全集·家书二》，第 1272 页。

倦怠，未有不败"。① 并视其为"三致祥"之一。曾国藩还把"勤"视为良好的生活习惯，他说："勤字工夫。第一贵早起"②，他经常反对和批评的"惰"，亦是"以不晏起为首"。③"早起"不但是"勤"的集中体现，在曾国藩看来，更是"治家之本"。欲"勤"必应"习劳习苦"。曾国藩有一段精辟的文字议论劳苦，认为好逸恶劳、贪逸惮劳虽为人之常情，但成大器者，成大业者，必习于劳苦。他说："凡人之情，莫不好逸而恶劳。无论贵贱智愚老少，皆贪于逸而惮于劳，古今之所同也。……古今圣君贤相若汤之昧旦丕显，文王日昃不遑，周公夜以继日，坐以待旦，盖无时不以勤劳自励。《无逸》一篇，推之于勤寿考，逸则夭亡，历历不爽，为一身计，则必操习技艺，磨炼筋骨，困知勉行，操心危虑，而后可以增智慧而长才识。为天下计，则必己饥己溺，一夫不获，引为余辜。大禹之周乘四载，过门不入。墨子之摩顶放踵，以利天下，皆极俭以奉身，而极勤以救民。故旬子好称大禹墨翟之行，以其勤劳也。军兴以来，每见人有一材一技，能耐艰苦者，无不见用，不惯劳作者，皆唾弃于时，饥冻就毙。故勤则寿，逸则夭。勤则有材而见用，逸则无能而见弃。勤则博济斯民而神钦仰，逸则无补于人而鬼神不歆。是以君子欲为人神所凭依，莫大于习劳也。"④"劳则善心生，佚则淫心生"，"生于忧患，死于安乐"。故曾国藩教育子女要习劳习苦，并视其为安身之法。⑤

人只有做到"志"、"恒"、"勤"、"劳"四字，才有可能趋向贤良。曾国藩希望自己的子女通过"三修"的功夫而成为他所理想的贤才。他对子女在修"心"、修"身"、修"行"上的教诲可谓尽心尽职，不遗余力。

修"心"是人心智心力的砥砺和磨炼，是人道德品质的培养与修炼，通过修"心"可综合反映人的品性、心态、价值观念和思想境界。曾国藩提倡修"心"是要其子女真正做到："慎独"、"不忮不求"、"孝友"、"仁"、"敬"、"谦"、"恕"等。

"慎独"。是通过自我反省和自我批评，以求自知之明，达到心底无私

① 《曾国藩全集·家书一》，第 324 页。
② 《曾国藩全集·家书二》，第 1066 页。
③ 同上书，第 1319 页。
④ 《曾文正公家训》，上海世界书局 1930 年版，第 26 页。
⑤ 《曾国藩全集·家书一》，第 662 页。

和 "善" 的增值境界。"自修之道，莫难于养心。心既知有善，知有恶，而不能实用其力，以为善去恶，则谓之自欺。方寸之欺与否，盖他人所不及知，而已独知之，故《大学》之《诚意》章，两言慎独。果能好善能好好色，恶恶如恶恶臭，力去人欲，以存天理。则《大学》之所谓'自慊'，《中庸》之所谓'戒慎恐惧'，皆能切实行之，即曾子之所谓'自反而缩'，孟子所谓'仰不愧，俯不怍'，所谓'养心莫善于寡欲'。皆不外乎是。故能慎独，则内省不疚，可以对天地，质鬼神。断无行有不慊于心，则馁之时。人无一内愧之事，则天君泰然。此心常快足宽平，是人生第一自强之道，第一寻乐之方，安身之先务也。"[1] 这里强调通过自我修养来"为善击恶"、"寡欲去私"，把道德方面的要求大大强化了。

"不忮不求"。圣贤修心之道要求远离嫉贤妒能和贪图名利。只有变妒为"祝人善"，变求为"少所求"，才能"家家获吉祥"、"俯仰有余快"。曾国藩说："余生平略涉儒先之书，见圣贤教人修身，千言万语，而要以不忮不求为重。忮者，嫉贤害能，妒功争宠，所谓怠者不能修，忌者畏人修之类也。求者，贪利贪名，怀土怀惠，所谓未得患得，既得患失之类也。忮不常见，每发露于名业相侔、势位相埒之人；求不常见，每发露于财货相接、仕进相妨之际。将欲造福，先去忮心，所谓人能充无欲害人之心，而仁不可胜用也。将欲立品，先去求心。所谓人能充无穿窬之心，而义不可胜用也。忮不去，满怀皆是荆棘；求不去，满腔日即卑污。余于此二者常加克治，恨尚未能扫除净尽。尔等欲心地干净，宜于此二者痛下工夫，并愿子孙世世戒之。"[2] 表达了曾国藩规劝子弟"不忮不求"的迫切心愿。

"孝友"。父慈子孝，兄友弟恭是处理好家庭内部关系的基础，是家庭和睦祥瑞的体现。曾国藩说："孝友为家庭之祥瑞。凡所称因果报应，他事或不尽验，独孝友则立获吉庆，反是则立获殃祸，无不验者。"[3] 曾国藩对"孝友"之家极为赞赏，在他眼里，官宦之家只能延续一二代，商贾之家不过三四代，耕读之家可延五六代，而孝友之家能绵延十代八代，所以家庭成员必须做到"孝友"二字。他以自身的经历现身说法，劝子弟一定

---

① 《曾文正公家训》，第 26 页。
② 《曾国藩全集·家书二》，第 1370 页。
③ 同上书，第 1371 页。

要做到孝友，以弥补他本人的缺憾："吾早岁久宦京师，于孝养之道多疏，后来辗转兵间，多获诸弟之助，而吾豪无裨益于诸弟。余兄弟姊妹各家，均有田宅之安，大抵皆九弟扶助之力。我身殁之后，尔等事两叔如父，事叔母如母，视堂兄弟如手足。凡事皆从省啬，独持诸叔之家则处处从厚，待堂兄弟以德业相劝，过失相规，期于彼此有成，为第一要义。其次则亲之欲其贵，爱之欲其富，常常以吉祥善事代诸昆季默为祷祝，自当神人共钦。温甫、季洪两弟之死，余内省觉有惭德。澄侯、沅甫两弟渐老，余此生不审能否相见。尔辈若能从'孝友'二字切实讲求，亦足为找弥缝缺憾耳。"① 于孝还应诚修祭祀，"凡器皿第一等好者留作祭祀之用，饮食第一等好者亦备祭祀之需。凡人家不讲究祭祀，纵然兴旺，亦不长久，至要至要"。②

"仁"。曾国藩视"仁"为"仁民爱物"，是个人对社会的责任，即所谓"有拯民溺救民饥之责"，"有觉后知觉后觉之责"。他说："凡人之生，皆得天地之理以成性，得天地之气以成形。我与民物，其大本乃同出一源，若但知私己而不知仁民爱物，是于大本一源之道，已悖而失之矣。至于尊官厚禄，高居人上，则有拯民溺救民饥之责。读书学古，粗知大义，即有'觉后知觉后觉'之责，若但知自了，而不知教养庶汇，是于天之所以厚我者，辜负甚大矣。孔门教人，莫大于求仁，而其最初者，莫要于'欲立立人，欲达达人'数语。立者，自立不惧，如富人百物有余，不假外求。达者，四达不悖，如贵人登高一呼，群山四应。人孰不欲己立己达，若能推以立人达人，则与物同春矣！后世论求仁者，莫精于张子之《西铭》，彼其视民胞物，与宏济群论，皆事天者性分当然之事，必如此乃可谓之人，尽达天下之人，而曾无善劳之足言，人有不悦而归之者乎。"③

"敬"。曾国藩视"敬"为"作人之道"和"立德之基"，故"不可不谨"。他说："敬之一字，孔孟持以教人，春秋士大夫亦常言之，至程朱则千言万语，不离此者。内而专静纯一，外而整齐严肃，敬之工夫也。出门如见大宾，使民如承大祭，敬之气象也。修己以安百姓，笃恭而天下平，敬之效验也。程子谓：'上下一于恭敬，则天地自位，万物自育，气无不

① 《曾国藩全集·家书二》，第1371页。
② 《曾国藩全集·家书一》，第532页。
③ 《曾文正公家训》，第26页。

和，四灵毕至，聪明睿智皆由此出，以此事天飨帝，盖谓敬则无美不备也.'"曾国藩在此着重强调了内心和外貌的统一，要求达到"内而专静纯一，外而整齐严肃"，而且应当"人无众寡，事无大小，一一恭敬，不敢懈慢"①，就可以无处而不敬，无事而不敬了。

"谦"。曾国藩非常强调子弟处世"须有一种谦谨气象，勿恃其清介而生傲堕"。② 他把"谦"视为"八德"之一，认为"天地间惟谦谨是载福之道"，而要做到谦谨，必须戒除骄傲之气，"见乡人则嗤其朴陋，见雇工则颐指气使，此即日习于傲矣"。③ "凡动口动笔，厌人之俗，嫌人之鄙，议人之短，发人之覆，皆骄也。骄则满，满则倾矣。"所以曾国藩视"子弟骄怠"为居家四败之一，必欲戒之。而他认为戒傲要以"不大声骂仆从为首"，去骄要以"不轻非笑人为第一义"④。

"恕"。"作人之道，圣贤千言万语，大抵不外敬恕二字"，故曾国藩视"恕"为"八德"之一，"三致祥"之一。欲"恕"，要"以仁存心，以礼存心"，只有如此，虽"有终身之忧"，而"无一朝之患"⑤。

曾国藩教子修"心"，意在"慎独"、"不忮不求"、"孝友"、"仁"、"敬"、"谦"、"恕"上下功夫。实际上，他既把它们视为修"心"的方法、内容和标准，又把它们视为修"心"后所要达到的理想人格与精神境界。而真正要达到这修"心"的目的，不仅要靠贤人教诲，名师指点，朋友砥砺，更要靠个人的读书自悟。曾国藩之所以在家书家训中反复强调读书的内容和方法，其道理就在读书乃修"心"的重要手段。读书堪修"心"，读书堪再塑灵魂，曾国藩深晓其理，指出："人之气质，由于天生，本难改变，惟读书则可变化气质。"⑥ 他要子弟读书要悉求"涵泳体察"二语，在"虚心涵泳"、"切己体察"上多用功夫，以再造心灵。读书既有如此之功效，故曾国藩多次告诫子弟于读书要"刻刻留心"，"多读书"，"看群书"，"不可间断"。在曾国藩看来，读书既是修"心"的手段，也是人生的目的，两者相辅相成，与他所向往的理想人格紧密相联。曾国藩

---

① 《曾文正公家训》，第 26 页。
② 《曾国藩全集·家书二》，第 1247 页。
③ 《曾国藩全集·家书一》，第 332 页。
④ 同上书，第 628 页。
⑤ 同上书，第 407 页。
⑥ 《曾国藩全集·家书二》，第 827 页。

说："凡人多望子孙为大官，余不愿为大官，但愿为读书明理之君子。"①
这既是曾国藩对人生的一种体悟，亦是体悟后对人生理想境界的一种追
求。他曾告诫诸弟及儿辈，"但愿其为耕读孝友之家，不愿其为仕宦之
家"，并要求家人"尔曹惟当一意读书，不可从军，亦不必作官"②。"读
书不可不多，用功不可不勤，切不可时时为科第仕宦起见。若不能看透此
层道理，则虽巍科显宦，终算不得祖父之贤肖，我家之功臣。若能看透此
理，则我钦佩之至。"③ 曾国藩看透了此理，可谓远见卓识，不怪他视修
"心"与读书为长久之计："居官不过偶然之事，居家乃是长久之计，能从
勤俭耕读上做出好规模，虽一日罢官，尚不失为兴旺气象。若贪图衙门之
热闹，不立家乡之基业，则罢官之后，便觉气象萧索。凡有盛必有衰，不
可不预为之计。"④ 他要家人常作无官之想，"久居乡间，将一切规模立定，
以耕读二字为本，乃是长久之计。"⑤

修"心"与修"身"，两者缺一不可。修"身"，即通过保养和修炼
以获健康之体魄。曾国藩认为这是言"孝"之根本，"古之言孝者，专以
保身为重"⑥。对此，曾国藩反复教诲自家子弟要真正做到如下几个方面：
其一，劳逸适度，"惩忿窒欲"。他针对纪泽纪鸿两儿身体欠佳的状况，要
求他们不要"用心太过"，致使"元气不足，诸病易生"。应注意劳逸适度
之法，"在家则莳养花竹，出门则饱看山水，环金陵百里内外，可以遍游
也"⑦。养生要以"惩忿窒欲"为要诀："惩忿"即"养生以少愤怒为本"，
"胸中不宜太苦，须活泼泼地，养得一段生机"；"窒欲"即"知节啬"，
"读书用心，亦宜检约，不使太过"⑧。其二，饭后散步，素食养生，"每
日饭后走数千步，是养生家第一秘诀"。他要子弟"每餐食毕，可至唐家
铺一行，或至澄叔家一行，归来大约可三千余步。三个月后，必有大效

① 《曾国藩全集·家书一》，第 324 页。
② 同上书，第 662 页。
③ 同上书，第 187 页。
④ 《曾国藩全集·家书二》，第 1338 页。
⑤ 同上书，第 1337 页。
⑥ 同上书，第 945 页。
⑦ 同上书，第 1221 页。
⑧ 同上书，第 1214 页。

矣"。① 另外，他亦讲素食养生，"吾近夜饭不用荤菜，以肉汤炖蔬菜一二种，令其烂如黌，味美无比，必可以资培养……后辈则夜饭不荤，专食蔬而不用肉汤，亦养生之宜，且崇俭之道也。"② 其三，顺其自然，戒用药物。"尽其在我，听其在天"，养生之道亦然。"寿之长短，病之有无，一概听其在天，不必多生妄想去计较他。"③ 于病"只宜清静调养，不宜妄施攻治……若服药而日更数方，无故而终年峻补，疾轻而妄施攻伐强求发汗，则如商君治秦、荆公治宋，全失自然之妙。"④ 曾国藩认为，"药虽有利，害亦随之，不可轻服"，他告诉纪泽，"药能活人，亦能害人。良医则活人者十之七，害人者十之三；庸医则害人者十之七，活人者十之三。余在乡在外，凡目所见者，皆庸医也。余深恐其害人，故近三年来，决计不服医生所开之药方，亦不令尔服乡医所开之药方。见理极明，故言之极切，尔其敬听而遵行之。"⑤ "不轻服药，自然日就壮健矣。"⑥ 这也是他对包括"不信医药"在内的"三不信"家风的继承。其四，"主敬则身强"。这是通过修"心"的方式来达到修"身"的目的。他说："吾谓敬字切近之效，尤在能固人肌肤之会，筋骸之束。庄敬日强，安肆日偷，皆自然之征应。虽有衰年病躯，一遇坛庙祭献之时，战阵危急之际，亦不觉神为之悚，气为之振，斯足知敬能使人身强矣。若人无众寡，事无大小，一一恭敬，不敢懈慢，则身体之强健，又何疑乎。"⑦ 此外，他也一直视"眠食有恒"、"临睡洗脚"为养生之法。曾国藩在家书家训中反复强调"耕作"的重要，他始终把"耕作"与"读书"相提并论，认为它们是"世家长久"的保证。故于莳蔬，"断不可忽"，视此为懿美家风，"吾祖光禄大夫星冈公尝有言曰：'吾子孙虽至大官，家中不可废农圃旧业。'懿哉至训，可为万世法已。"⑧ 实际上，耕作也是修"身"的重要手段。所以他让子

---

① 《曾国藩全集·家书一》，第 624 页。
② 《曾国藩全集·家书二》，第 1196 页。
③ 同上书，第 1214 页。
④ 同上书，第 1243 页。
⑤ 《曾国藩全集·家书一》，第 624 页。
⑥ 《曾国藩全集·家书二》，第 1244 页。
⑦ 《曾文正公家训》，第 26 页。
⑧ 《曾国藩全集·诗文》，第 360 页。

弟于"插田莳禾等事，亦时时学之"，"刻刻留心"。①

　　曾国藩注重修"心"、修"身"，也注重修"行"。望自家子弟在言谈举止上讲求"浑厚庄重"，"不妄言"，在生活处事的态度上讲求"俭"与"宝"。

　　"浑"指言谈举止要朴实，不骄饰。曾国藩视"浑"为"八德"之一。他字谕纪泽曰："泽儿天质聪颖，但嫌过于玲珑剔透，宜从浑字上用些功夫。"②　"厚"指为人不能清高，更"不宜妄生意气"。待人要诚恳、宽容、不刻薄。他告诫纪泽："尔禀气太清。清则易柔，惟志趣高坚，则可变柔为刚；清则易刻，惟襟怀闲远，则可化刻为厚。"③　"重"指"举止端庄"，为"人德之基"，即养成良好品德的基础。他要自家子弟终身牢记"举止要重"一语，"无一刻可忽也"。④　"宜时时留心，无论行坐，均须重厚"⑤；做到老成练达。"不妄言"指"说话宜迟"，"发言要韧"，不信口开河、夸夸其谈、锋芒毕露。"立身以不妄语为本"⑥　"须缄默寡言，循循规矩"⑦。然而这并不是要其子弟畏缩不前，愚拙迟钝，碌碌无为。只是要在言谈举止上表现出一种庄重与谨慎，而在内心深处却要立宏愿大志，并要有一种"狂气"在胸，不怕出丑，不怕失败，勇于进取。他对纪泽说："少年不可怕丑，须有狂者进取之趣，过时不试为之，则后此弥不肯为矣。"⑧

　　"俭"。在曾国藩看来，能够俭约自持者，才可谓君子。他把"俭"视为"八德"之一。所谓"俭"的意义："第一莫着华丽衣服，第二莫多用仆婢雇工。"⑨　"凡仕宦之家，由俭入奢易，由奢反俭难"，"由俭入奢易于下水，由奢反俭难于登天。"⑩　要持俭，必须去奢侈之风，而"世家子弟最易犯一奢字，傲字。不必锦衣玉食而谓之奢也，但使皮袍呢褂俯拾即是，

---

① 《曾国藩全集·家书一》，第 532 页。
② 《曾国藩全集·家书二》，第 1247 页。
③ 同上书，第 1333 页。
④ 《曾国藩全集·家书一》，第 606 页。
⑤ 同上书，第 506 页。
⑥ 同上书，第 662 页。
⑦ 同上书，第 318 页。
⑧ 同上书，第 406 页。
⑨ 《曾国藩全集·家书二》，第 1067 页。
⑩ 同上书，第 1370 页。

舆马仆从习惯为常，此即日趋于奢矣"，"京师子弟之坏，未有不由于骄、奢二字者"。① 他告诫家人，生活要"以俭字为主。情意宜厚，用度宜俭，此居家居乡之要诀也"。② 对此他还曾作过自我批评，"生平亦好以俭字教人，而自问实不能俭。"③ 他要求子弟居家"须学陆梭山之法，每月用银若干两，限一成数，另封称出。本月用毕，只准赢馀，不准亏欠。"④ 希望"切不可贪爱奢华，不可惯于懒惰"，而要"力崇俭德，善持其后而已。"⑤

"宝"。"宝者，亲族邻里，时时周旋，贺喜吊丧，问疾济急，星冈公常曰人待人无价之宝也。"⑥ 曾国藩在另一封家书中也同样讲述了这种善待亲族邻里的家风："凡亲族邻里来家，无不恭敬款接，有急必周济之，有讼必排解之，有喜必庆贺之，有疾必问，有丧必吊。"⑦ 曾国藩还对纪泽讲："李申夫之母尝有二语云'有钱有酒款远亲，火烧盗抢喊四邻'，戒富贵之家不可不敬远亲而慢近邻也。我家初富圮，不可轻慢近邻，酒饭宜松，礼貌宜恭……或另请一人款待宾客亦可。除不管闲事，不帮官司外，有可行方便之初，亦无吝也。"⑧

曾国藩还注重对家庭女子的教育，认为家庭内政之整饬，非常重要，"余在家深以妇女之奢逸为虑，尔二人立志撑持门户，亦宜自端内教始也。"⑨ 他要求嫁女不应恋母家富贵而忘其翁姑，"余每见嫁女贪恋母家富贵而忘其翁姑者，其后必无好处。余家诸女当教之孝顺翁姑，敬事丈夫，慎无重母家而轻夫家，效浇俗小家之陋习也。"⑩ 曾国藩主张"教妇初来"，新妇初至时，要施以教训。"新妇始至吾家，教以勤俭，纺绩以事缝纫，下厨以议酒食。此二者，妇道之最要者也。孝敬以奉长上，温和以待同辈。此二者，妇道之最要者也。但须教之以渐。"⑪ 曾国藩对家庭女子的

---

① 《曾国藩全集·家书一》，第332页。
② 同上书，第546页。
③ 《曾国藩全集·家书二》，第1370页。
④ 同上书，第1370页。
⑤ 同居上书，第1371页。
⑥ 《曾国藩全集·家书一》，第536页。
⑦ 同上书，第532页。
⑧ 《曾国藩全集·家书二》，第1303页。
⑨ 同上书，第1194页。
⑩ 同上书，第1022页。
⑪ 《曾国藩全集·家书一》，第318页。

教育，于"酒食纺绩"、"衣食粗细"、"家庭和睦"等方面最为用心。他说："妇女须讲求纺绩酒食二事。《斯干》之诗，言帝王居室之事，而女子重在酒食是议。《家人》卦，以二爻为主，重在中馈。《内则》一篇，言酒食者居半。故吾屡教儿妇诸女亲主中馈，后辈视之若不要紧。此后还乡居家，妇女纵不能精于烹调，必须常至厨房，必须讲求作酒醯醢小菜换茶之类。"① 他还说："妇女于'衣食粗细'四字缺一不可。吾已教训多年，总未做出一定规矩。自后每日立定功课，吾亲自验功。食事则每日验一次，衣事则三日验一次，纺者验线了，绩者验鹅蛋。细工则五日验一次，粗工则每月验一次。每月须做成男鞋一双，女鞋不验。"曾国藩很注重子弟和睦，要"兄弟妯娌总不可有半点不和之气"②。

综合上述，我们基本可以了解到曾国藩的教子观。这些家教思想大多是通过家书和家训的方式反映出来的。曾国藩很善于把一些重要的教子思想通过警句隽语的形式加以概括，以引起子弟的重视并达到理想的效果。诸如："八德"（勤、俭、刚、明、忠、恕、谦、浑）；"八本"（读古书以训诂为本，作诗文以声调为本，养亲以得欢心为本，养生以少恼怒为本，立身以不妄语为本，治家以不晏起为本，居官以不要钱为本，行军以不扰民为本）；"三致祥"（孝致祥，勤致祥，恕致祥）；"八字"（考、宝、早、扫、书、蔬、鱼、猪）；"三不信"（不信僧巫，不信地仙，不信医药）；"四条"（一曰慎独则心安，二曰主敬则身强，三曰求仁则人悦，四曰习劳则神钦）；"三要"（早起、有恒、重）；"四法"（看、读、写、作）；"四败"（妇女奢淫者败，子弟骄怠者败，兄弟不和者败，侮师慢客者败）；"三端之泽"（诗书之泽，礼让之泽，稼穑之泽），等等。这些高度凝练的概括包含了曾国藩家教的基本思想。而为了灌输这些思想，真正使曾家子弟能按着曾国藩本人的意志成长，他采用了"训诫"、"绍祖"、"省察"、"批评"等主要的教子方法。

"训诫"。这是曾国藩最重要和基本的教子方法。通过教导、训诲和告诫来讲述事理，直截了当地要求子弟或为或不为，毫无遮掩，开诚布公。前文所述的"三修"内容及其必成的首要条件，以及修身养性的重要手段

---

① 《曾国藩全集·家书二》，第 1268 页。
② 《曾国藩全集·家书一》，第 275 页。

等主要是采用这种"训诫"的教育方法。这种方法可使子弟得以明教，心曲澈达，晓知自己的行为趋向。

"绍祖"。这是通过对祖宗嘉言懿行的赞誉，令其子弟远绍祖德，以达教子的目的。此以曾国藩家书为例，如所云："我家高曾祖考相传早起，吾得见竟希公、星冈公皆未明即起，冬寒起坐约一个时辰，始见天亮。吾父竹亭公亦甫黎明即起，有事则不待黎明，每夜必起看一二次不等，此而所及见者也。"① 曾国藩还说："吾家累世以来，孝弟勤俭"，"竟希公少时在陈氏宗祠读书，正月上学，辅臣公给钱一百，为零用之需。五月归时，仅用去一文，尚馀九十八（此处数字前后不符，当有一错——作者注）文还其父。其俭如此。星冈公当孙入翰林之后，犹亲自种菜收粪。吾父竹亭公之勤俭，则尔等所及见也。今家中境地虽渐宽裕，侄与诸昆弟切不可忘却生世之艰难，有福不可享尽，有势不可使尽。"② "吾祖星冈公在时，不信医药，不信僧巫，不信地仙。此三者，弟必能一一记忆。今我辈兄弟亦宜略法此意，以绍家风。"③ 通过对事实的阐述，可使子弟受到直接的感悟，随之产生钦慕之情，并易以祖宗为楷模，效法祖宗的言行去做，可达教子的最佳效果。

"省察"。这是曾国藩对自己言行的剖析，把自己行为的对错告诉自己的家人，以作为曾门子弟的借镜。他尝言："余自十月初一立志自新以来，虽懒惰如故，而每日楷书写日记，每日读史十页，每日记茶馀偶谈一则，此三事未尝一日间断。十月二十一日立誓永戒吃水烟，至今已两月不吃烟，已习惯成自然矣。予自立课程甚多，惟记茶馀偶谈，读史十叶，写日记楷本，此三事者誓终身不间断也。诸弟每人自立课程，必须有日日不断之功，虽行船走路，俱须带在身边。予除此三事外，他课程不必能有成；而此三事者，将终身以之。"④ 曾国藩给儿子写信，曾省察自己的不足，他说："余生平坐无恒之弊，万事无成。德无成，业无成，尤无恒之大者，用为内耻。"⑤ 他还说，"一家能勤能敬，虽乱世亦有兴旺气象；一身能勤

---

① 《曾国藩全集·家书一》，第506页。
② 《曾国藩全集·家书二》，第1066页。
③ 《曾国藩全集·家书一》，第623页。
④ 同上书，第46—47页。
⑤ 同上书，第506页。

能敬，虽愚人亦有贤智气味。吾生平于此二字少功夫，今谆谆以训吾昆弟子侄，务宜刻刻遵守。至要至要。"① 这种"省察"的方法，可以使家人反观自鉴，取长补短，从中吸取教训。

"批评"。这是对家人缺点错误的直接批评。使受批评者因遭到指责而感到羞愧，从而达到教育目的。他批评澄弟说："吾家子弟满腔骄傲之气，开口便道人短长，笑人鄙陋，均非好气象。贤弟欲戒子侄之骄，先须将自己好议人短、好发人覆之习气痛改一番，然后令后辈事事警改。"② 他还批评诸弟说："诸弟不好收拾洁净，比我尤甚，此是败家气象。嗣后务宜细心收拾，即一纸一缕、竹头木屑，皆宜捡拾伶俐，以为儿侄之榜样。一代疏懒，二代淫，则必有昼睡夜坐，吸食鸦片之渐矣。四弟、九弟较勤，六弟、季弟较懒。以后勤者愈勤，懒者痛改，莫使子侄学得怠惰样子，至要至要。"③ 于治学，他批评纪泽说："尔写字笔力太弱"；"作诗文是尔之所短"④；"尔阅看书籍颇多，然成诵者太少，亦是一短。"⑤ 于性情，他批评纪泽说："尔禀气太清"，"清则易柔"，"清则易刻"⑥；"尔之容止甚轻，是一大弊病，以后宜时时留心。无论行坐，均须重厚。"⑦ 批评之后，曾国藩往往又指出改正的方向，态度严肃中肯而又平和，令家人信服并易接受。

曾国藩一生如此注重家庭教育，把教育子弟视为自己的重要义务和职责，这与他的人生态度和宗法观念及他对现实社会和对人的认识是有着紧密联系的。曾国藩作为近代鸿儒硕学和朝廷重臣，他的人生态度是入世的。这种入世的人生态度看重自身的社会作用，追求"立德"、"立言"、"立功"的人生价值。他是按儒家"修身、齐家、治国、平天下"的人生目标来规范自己和家人的，所以他对自己和家人有一番理想的设计则是非常自然的。在曾国藩的家书家训中，诸如"兴旺气象"、"家道长久"、"家中兴旺"、"家世久长"、"一种生气"、"一种旺气"、"日进之气象"等

---

① 《曾国藩全集·家书一》，第 267 页。
② 同上书，第 628 页。
③ 同上书，第 276 页。
④ 同上书，第 634 页。
⑤ 《曾国藩全集·家书二》，第 948 页。
⑥ 同上书，第 1333 页。
⑦ 《曾国藩全集·家书一》，第 506 页。

言及家族兴旺的文字比比皆是，反映出曾国藩对家族兴旺并长久不衰的渴望。"凡家道所以可久者，不恃一时之官爵，而恃长远之家规；不恃一二人之骤发，而恃大众之维持。"① 而家庭贤人的出现，在曾国藩看来，不仅仅取决于天性，也在于后天的教育。他说："家中要得兴旺，全靠出贤子弟。若子弟不贤不才，虽多积银积钱积谷积产积衣积书，总是枉然。子弟之贤否，六分本于天生，四分由于家教。"② 这里道明了曾国藩注重家教的全部动机。他是按"家族兴旺"、"子弟贤才"、"四分家教"这样的推理把家族兴旺的目的与家教的手段逻辑地联系起来。利用家教的手段，实际是要通过具体的教育内容使其子弟成为"贤人"的。"贤人"的标准不尽相同，而曾国藩眼中的"贤人"是指"自树立"之人，"所贵乎世家者，不在多置良田美宅，亦不在多蓄书籍字画，在乎能自树立子孙。"③ 而这种"自树立"之人，是具有能够维持家风、兴旺家族、使家道长久不衰能力的子弟。通过对曾国藩教子内容的分析，这种"贤人"便是曾国藩理想中的具有鲜明自身品格的人，具有妥善处理人际关系能力的人。那么曾国藩的理想品格是什么呢？在前文中我们已经体味到，即那种有志向、有恒心、勤劳、俭约的品性。这种品性是"贤人"的内在品格。具有这种品格的人才有条件、有能力担当"齐家"的重任，以维持家道的兴旺发达。但要真正维持家风长久，光靠"贤人"的内在品格仍然不够，还要"贤人"必须具有妥善处理人际关系的能力即"启善"、"顺妒"之能力。所谓"启善"是指通过主观的行为来刺激他人的"善性"，从而建立与他人良好的关系。为此曾国藩要求自家子弟要做到"慎独"、"孝友"、"仁"、"敬"、"恕"、"宝"等。做到这些，亦做到了以"善"待人。人心俱存"善"性，待彼如此，往往换回彼对己的同样态度。而得到他人的善待，无疑是得到了有助于自己发展和家族兴旺的一种外力。所谓"顺妒"是指通过主动迎合人之"妒"性，以求达到彼此和谐的关系。为此，曾国藩要求子弟做到"不伐不求"、"谦"、"深厚庄重"、"不妄言"等。显然这是曾国藩要家人作出一种谦逊恭谨之态，用以掩饰自己的锋芒，灵活机智，迎合他人，以求得到他人对自己的宽宥与厚待，从而达到发展自己、兴旺

---

① 《曾国藩全集·家书二》，第 1264 页。
② 同上书，第 1307 页。
③ 《曾国藩全集·日记一》，第 313 页。

家族之目的。曾国藩久历宦途，戎马一生，饱经世故，满腹经纶，对社会与人的认识入木三分，他的教子之术可谓对症下药，为曾门子弟的成长及家族的兴盛创造了主观条件。

然而，人性是趋安逸而避劳苦，图幸福而倦力争，乐于随心所欲而苦于克己私欲的。这种人性与曾国藩修"心"、修"身"、修"行"的功夫似乎是矛盾的。但这个矛盾只是浅近的表层现象，事实上，这个矛盾本身有着深层的辩证统一。人生在世，谁也不愿仅贪图暂短的安逸舒适而放弃长久的幸福追求。真正长久的幸福不能靠眼前的游手好闲和一时的舒适安逸而获取，它要靠长久的自身奋斗和进取，即靠"三修"的功夫才能得到。因此从长远利益的角度思考问题，苦练"三修"和放弃一时的逍遥，其目的动机完全一致，体现了对长久幸福人生的追求。这种辩证思考至今对我们体悟人生大有裨益。

曾国藩为家族长久的兴旺创造了主观条件，但它还要同客观条件结合才能发生效用。在封建社会末期，这种维持大家族的客观条件渐次失去，可悲曾国藩的一片苦心！曾国藩这种带有浓厚封建宗法意识的家教思想在今天已不完全适用，但其精神实质仍具有强大之生命力，当为今人所借鉴。

原载《孔子研究》2000 年第 2 期

论梁启超的国民思想

戊戌变法失败后，梁启超在痛苦的经历中吸取了深刻的教训，并思索寻求新的出路。进入新的世纪，他的思想异常活跃，深入思考中外政治和学术问题，并开始意识到塑造新国民的重要性。1902 年梁启超创办《新民丛报》，以"中国之新民"为笔名，发表了力著《新民说》，全面阐发了他的近代国民思想，这一思想的主要内容包括如下几个方面：

（一）权利、义务

生活在近代社会的国人，当有天然之权利，父母不能夺，鬼神不能窃。梁启超说，"有权利思想者，一遇侵压，则其苦痛之感情，直刺焉激焉，动机一拨而不能自制，嘔嘔焉谋抵抗之以复其本来"，表达了用竞争获取权利的道理。而放弃竞争，等于放弃权利，放弃权利的人是麻木不仁者，"肢脏受侵害而不觉苦痛者，必其麻木不仁者也；权利受侵害而不觉苦痛，则又奚择焉？故无权利思想者，虽谓之麻木不仁，可也。"应当强调的是，争个人之权利与国家权利思想并非抵触，它们是局部与整体的关系，两者是统一的，"一部分之权利，合之即为全体之权利。一私人之权利思想，积之即为一国之权利思想，故欲养成此思想，必自个人始。人人皆不肯损一毫，则亦谁复敢撄他人之锋而损其一毫者？故曰天下治矣，非虚言也"。①

义务是对权利而言的，义务和权利是不可分割的。"义务与权利对待者也，人人生而有应得之权利，即人人生而有应尽之义务，二者其量适相均"。"断无无权利之义务，亦断无无义务之权利。"这种权利与义务的相

---

① 梁启超：《新民说·第八节·论权利思想》。

待之义，梁启超曾作过形象的描述，他说："父母之于子也，早年有养子之义务，故晚年有受养于子之权利；夫之于妻也，有保护之之义务，故有使妻从我之权利；佣之于主也，有尽瘁执事之义务，故有要求薪俸之权利，此其最浅者也。"① 由此可见，人人都奉献出自己的义务，才可能有权利的要求，人人之所以有权利，是因为尽了自己的一份义务。

（二）自由、独立

自由是国民思想的要素之一。"自由者，天下之公理，人生之要具，无往而不适用者也。"② 十八九世纪，欧美国民视"不自由毋宁死"一语为立国之本源，它为中国近代知识分子所推崇。有人认为，"不待人言，不待法治，不待畏逼，不待文饰者，谓之自，居仁由义者谓之由。不待人言，不待法治，不待畏逼，不待文饰，而自能居仁由义者，谓之自由。自由者，希圣希贤之功夫，自修自治之结果也。"③ 这是从精神境界的高度来界定的超凡脱俗的"自由"精神，它已摆脱俗世的"人言"、"法治"、"畏逼"、"文饰"的约束，而进入为仁行义的崇高状态，的确是圣贤的功夫，是修炼自律的上品感悟。然而作为"自由"的一般意义，作为有助于团体和个人双重利益的"自由观"，梁启超作了更为切实和系统的阐述：其一，自由是个人摆脱奴隶的个体精神生命。"凡人所以为人者有二大要件：一曰生命，二曰权利。二者缺一，时乃非人，故自由者亦精神界之生命也。文明国民每不惜掷多少形质界之生命，以易此精神界之生命，为其重也。"这种精神生命反映六个方面内容。第一，国民平等，这是平民对于贵族所争得的自由；第二，一国中的公民可参与一国政事，这是国民全体对于政府所争得的自由；第三，自殖于他土的人民，有自建政府，与在本国时所享受的相等的自治权利，这是殖民地对于母国所争得的自由；第四，人民信教自由，政府不能用国教束缚干涉之，这是教徒对于教会所争得的自由；第五，一国之人聚族而居，自立自治，不许他国他族握其主权，侵夺其土地，这是国人对于外国所争得的自由；第六，劳力者自食其力，地主资本家不能以奴隶畜之，这是贫民对于素封者所争得的自由。这

---

① 梁启超：《新民说·第十六节·论义务思想》。
② 梁启超：《新民说·第九节·论自由》。
③ 《自由解》，《东方杂志》第 2 卷第 5 期。

些都是在追求自由的精神生命。其二，自由是相对的，它与制裁和服从相统一。自由分为文明人的自由与野蛮人的自由，两者的根本区别就在于是否有制裁与服从的约束。无制裁之自由，为"群之贼"，有制裁之自由为"君之宝"。"人人自由，而以不侵人之自由为界"，这是自由之公例。制裁者即制此界，服从者即服此界。真正自由的国民，为了不侵他人之自由，必须服从如下之三点："一曰服从公理，二曰服从本群所自定之法律，三曰服从多数之决议。"这种保护自己自由又要箍束自己自由的真谛，梁启超曾给予最透彻的诠释："文明程度愈高者，其法律常愈繁密，而其服从法律之义务亦常愈严整，几于见有制裁不见有自由。而不知其一群之中，无一能侵他人自由之人，即无一被人侵我自由之人，是乃所谓真自由也。不然者，妄窃一二口头禅语，暴戾恣睢，不服公律，不顾公益，而漫然号于众曰吾自由也，则自由之祸，将烈于洪水猛兽矣。"① "譬之一身，任口之自由也，不择物而食焉，大病浸起，而口所固有之自由亦失矣；任手之自由也，持梃而杀人焉，大罚浸至，而手所固有之自由亦失矣。故夫一饮一食一举一动，而皆若节制之师者，正百体所以各永保其自由之道也，此犹其与他人他体相交涉者。"在文明时代，受到制裁和束缚的个人自由乃为"自由之极则者"。其三，人欲求得精神上之自由。"自由者，奴隶之对待也。"人获自由，先欲摆脱身心之奴隶性。作为个人，最怕自己奴隶自己，这是精神上甘心情愿的自我麻醉，造成一种不知不觉的"心奴"状态。"辱莫大于心奴，而身奴斯为末也。"所以欲求精神上的真自由，"其必自除心中之奴隶始"。而欲除心中之奴隶，要"勿为古人之奴隶"，"勿为世俗之奴隶"，"勿为境遇之奴隶"，"勿为情欲之奴隶"，② 从而才能真正获得精神上之自由。

国民的"独立"品格也是区分文明人与野蛮人的一个重要标志。梁启超认为所谓"独立"为"不依赖他力"，而"常昂然独往独来于世界者也"。有"独立"品格之人不受他人对自己的毁誉、褒贬而随其所动，有"独立"品格之人也不因社会客观环境的变化而随波逐流，仍要坚持自己正确的主见，有"独立"品格之人还具有坚持正义、坚持真理的"独立"

① 梁启超：《十种德性相反相成义》，《饮冰室文集之五》。
② 梁启超：《新民说·第九节·论自由》。

品格，有"独立"品格之人有时不免要忍受着心灵深处的莫大孤寂，然而，国人能有如此之性格，才能掘除败国灭种之腐根。正是从这个意义上说，"不患中国不为独立之国，特患中国今无独立之民。故今日欲言独立，当先言个人之独立，乃能言全体之独立，先言道德上之独立，乃能言形势上之独立。"① 故今日救治之策，提倡独立当属其一。

（三）自尊、自信、自治

梁启超曾引用外国人说的一句话，谓"士生今日，欲为蒲柳，斯蒲柳矣；欲为松柏，斯松柏矣"。在梁启超看来，"欲为松柏者果能为松柏与否，吾不敢言；若夫欲为蒲柳者而能进于松柏，吾未之闻也。"一个无自信无自尊的人是达不到他所要求以外的高度的。梁启超还举孟子的话说，"有是四端（指仁、义、礼、智），而自谓不能者，自贱者也"，"自暴者不可与有言也；自弃者不可以有为也"。认为自己做不到仁义礼智的人，是自贱之人，而自暴自弃者不可与之交谈，这种人也不可能有所作为，可见自贱自暴自弃者是难以扶立的。梁启超得出结论说："夫自贱、自暴、自弃之反面，则自尊是也。是以君子贵自尊。"所谓自尊与自贱自暴自弃者恰好相反。自尊与不自尊也是分辨国民与奴隶的圭臬之一。一国之国民，亦闻天下之危急，亦知国民之义务，但"口中有万言之沸腾，肩上无半铢之负荷"，认为天下大矣，贤者多矣，我不如人，他人"德慧术知，无一不优于我，其聪明才干，无一不强于我，我之一人，岂足轻重云耳"。若一个民族，人人如是想，人人如是做，最后无一人因自尊而报国，国家大局终难定矣。可见"为国民者而不自尊其一人之资格，则断未能自尊其一国之资格焉者也。一国不自尊，而国未有能自立焉者也。"因此可得出"自尊乃致强之原"、"自贬乃取灭之道"的结论。②

"自信"与"自尊"在逆于"自贱"、"自暴"、"自弃"上是相通的，可谓"成就大业之原也"。自信还有坚持始终、不为干扰而动摇之义，即所谓："初时持一宗旨，任一事业，及为外界毁誉之所刺激，或半途变更废止，不能达其目的地者，必其自信力不足者也。"能否保国权，能否兴

---

① 梁启超：《十种德性相反相成义》。
② 梁启超：《新民说·第十二节·论自尊》。

民权，取决于自信力，国人要人人具有自信力，敢于冲破顽谬之学理、鏖战群盲之习俗、对抗猛烈之侵略，树立"舍我其谁"的雄心与信念，"居今日之中国，上之不可不冲破二千年顽谬之学理，内之不可不鏖战四百兆群盲之习俗，外之不可不对抗五洲万国猛烈侵略，温柔笼络之方策，非有绝大之气魄，绝大之胆量，何能于此四面楚歌中，打开一条血路，以导我国民于新世界者乎？孟子曰：'夫天未欲平治天下也，如欲平治天下，当今之世，舍我其谁也？'抑何其言之大而夸欤，自信则然耳！"①

"自治"的关键在于"治"，"治"与"乱"相对应。"治者何？不乱之谓。乱者何？不治之谓。"在驳杂不齐的人群中间，每个人只有规矩绳墨于一定的法律，才能确保自己和他人的自由，从而达到人群的自治。而自治能力的大小强弱又关系到享有民权、自由、平等之福的不同程度以乃能否实行立宪、议会、分治之制度，所以既要注重个人与小群之自治，也要注重大群之自治。绝不能把个人自治视为迂腐琐碎之事，"吾民将来能享民权、自由、平等之福与否，能行立宪、议会、分治之制与否，一视其自治力之大小强弱定不定以为差。吾民乎！吾民乎！勿以此为细碎，勿以此为迂腐，勿徒以之责望诸团体，而先以之责望诸个人。吾试先举吾身而自治焉。试合身与身为一小群而自治焉，更合群与群为一大群而自治焉，更合大群与大群为一更大之群而自治焉；则一完全高尚之自由国、平等国、独立国、自主国出焉矣。"强调自治是要反衬出不自治则自乱的恶果，所以前文有"乱者何？不治之谓"的说法。不治则乱，乱又不可久，便出现"已不能治，则必有他力焉起而代治之者。不自治则治于人，势所不可逃也"。②

（四）尚武、进取冒险

梁启超说："尚武者，国民之元气，国家所恃以成立，而文明所赖以维持者也。""立国者苟无尚武之国民、铁血之主义，则虽有文明，虽有智识，虽有众民，虽有广土，必无以自立于竞争剧烈之舞台。"缺乏尚武精神对一个民族说来，是一大耻辱，中华民族乃"神明华胄，开化最先，然

---

① 梁启超：《十种德性相反相成义》。
② 梁启超：《新民说·第十节·论自治》。

二千年来，出而与他族相遇，无不挫折败北"而蒙受耻辱。尚武既要讲究尚武形式，更要讲究尚武精神，欲养尚武精神，则不可不备具"三力"，即"心力"、"胆力"和"体力"。所谓"心力"是在特殊条件刺激下而产生的一种身体强力，即"虎逐于后，则懦夫可蓦绝涧，火发于室，则弱女可越重檐"是也。心力散涣，勇者亦怯，心力专凝，弱者亦强。所谓"胆力"是无所畏惧的行为力量。"胆力"由自信力所产生。大凡人间的一切境界，无非人心所自造，"我自以为难，以为畏，则其心先馁，其气先慑，斯外境得乘其虚怯而窘之。若悍然不顾，其气足以相胜，则置之死地而能生，置之亡地而能存"。自古立奇功、成伟业之英雄豪杰都是凭自己的"胆力"而有所作为的。所谓"体力"指健康的体魄。体魄与人的精神有密切的关系，"有健康强固之体魄，然后有坚忍不屈之精神"。为了健康的体魄，国人要"靡不汲汲从事于体育。体操而外，凡击剑、驰马、鞠踢、角抵、习射、击枪、游泳、竞渡诸戏，无不加意奖励，务使举国之人皆具军国民之资格。"为此，我同胞要"练其筋骨，习于勇力，无奄然颓惫以坐废也！"①

　　是否具有进取冒险精神也是一个民族强弱的重要因素。所谓进取冒险乃"浩然之气"，"其精神有江河湖海不到不止之形，其气魄有破釜沉舟、一瞑不视之概，其徇其主义也，有天上地下，惟我独尊之观，其向其前途也，有鞠躬尽瘁，死而后已之志。"这种"浩然之气"，"人有之则生，无之则死；国有之则存，无之则亡"。那么如何才能生成进取冒险之精神，梁启超认为"推其所原，有四端焉"：第一，生于希望。大凡人生处于两个世界之中，一为实际界，一为理想界，实际界属于行为，理想界属于希望，"现在所行之实迹，即为前此所怀理想之发表，而现在所怀之理想，又为将来所行实迹之券符……故人类所以胜于禽兽，文明人所以胜于野蛮，惟其有希望故，有理想故，有未来故。希望越大，则其进取冒险之心愈雄。"实际上，进取冒险精神是实现未来希望的一种行为冲动。所以没有希望与理想，保守今日，进取观念必消，偷安今日，冒险观念必亡。第二，生于热诚。"人生之能力，无一定界限，无一定程度，而惟以其热诚之界限程度为比例差。"热诚由爱之极、哀之极、怒之极、危之极使然，

---

　　① 梁启超：《新民说·第十七节·论尚武》。

它易驱迫人们步于进取冒险之途。第三，生于智慧。大凡人不明事理，行为必有所畏缩，而"进取冒险之精神，又常以其见地之浅深为比例差"，越有智慧、越明事理，也就越勇于去做被常人视为"冒险之途"的事情。第四，生于胆力。无畏困难，胆力过人，这也是敢于进取冒险的四端之一。

（五）爱他、合群、公德

"爱他"与"爱己"是互动或辩证的，正如梁启超所说："人类皆有两种爱己心：一本来之爱己心，二变相之爱己心。变相之爱己心者，即爱他心是也。凡人不能以一身而独立于世界也，于是乎有群；其处于一群之中，而与侪侣共营生存也，势不能独享利益，而不顾侪侣之有害与否，苟或尔尔，则己之利未见而害先睹矣。故善能利己者，必先利其群，而后己之利亦从而进焉。以一家论，则我之家兴我必蒙其福，我之家替我必受其祸；以一国论，则国之强也生长于其国者罔不强，国之亡也生长于其国罔不亡。故真能爱己者，不得不推此心以爱家、爱国，不得不推此心以爱家人、爱国人，于是乎爱他之义生焉。凡所以爱他者，亦为我而已。故苟深明二者之异名同源，固不必侈谈兼爱以为名高，亦不必讳言为我以自欺蔽。但使举例己之实，自然成为爱他之行；充爱他之量，自然能收利己之效。"

"合群"观念也被视为国民意识的一项重要内容。"合群云者，合多数之独而成群也。以物竞天择之公理衡之，则其合群之力愈坚而大者，愈能占优胜权于世界上，此稍学哲理者所曳能知也。……合群得，以一身对于一群，常肯绌身而就群；以小群对于大群，常肯绌小群而就大群。夫然后能合内部固有之群，以敌外部来侵之群。"① 能否合群成为优劣强弱的一个因素。而要合群，关键要讲求公共观念，"凡人之所以不得不合群者，以一身之所需求所欲望，非独力所能给也；以一峰之所苦痛所急难，非独力所能捍也，于是乎必相引相倚，然后可以自存。若此者谓之公共观念。……真有公共观念者，常不惜牺牲其私益之一部分，以拥护公益。其甚者或乃牺牲其现在私益之全部分，以拥护未来公益，非指性也，盖深知夫处

---

① 梁启超：《十种德性相反相成义》。

此物竞天择界，欲以人治胜天行，舍此术未由也，昧者不察，反其道以行之，知私利之可歆，而不知公害之可惧。"① 合群可免公害，从而更利私益。

上文所谓的"公共观念"，也可表述为"公德"，它是国人能够合群的前提条件。"公德者何？人群之所以为群，国家之所以为国，赖此德焉以成立者也。"公德的标准乃是能否"固其群、善其群、进其群"，有益于群者为公德，无益于群者为无公德。若无公德，导致无群无国，"则吾性命财产无所托，智慧能力无所附，而此身将不可以一日立于天地。"公德与私德既相辅相成，又不能完全吻合，私德所谓人人独善其身，公德所谓人相善其群，两者对于人生都是不能缺少的。

（六）国家思想

国家思想应为国民所不能缺少的，没有国家思想就称不上国民，没有国民也就没有国家。所谓国家思想，"一曰对于一身而知有国家，二曰对于朝廷而知有国家，三曰对于外族而知有国家，四曰对于世界而知有国家。"对于一人来说，孑然孤立于大地，飞不如禽，走不如兽，一身不能兼备百业，在急难之际，更不能捍城御侮，于是才有国家产生，"国家之立，由于不得已也。即人人自知仅恃一身之不可，而别求彼我相团结、相补助、相捍救、相利益之道也，而欲使其团结永不散，补助永不亏，捍救永不误，利益永不穷，则必人人焉知吾一身之上，更有大而要者存，每发一虑、出一言、治一事，必常注意于其所谓一身之上者。"这"一身之上"的"大而要者"就是国家，没有国家，"则团体终不可得成，而人道或几乎息矣"。对于朝廷来说，"国家如一公司，朝廷则公司之事务所，而握朝廷之权者，则事务所之总办也。国家如一村市，朝廷则村市之会馆，而握朝廷之权者，则会馆之值理也。……夫国之不可以无朝廷，固也。故常推爱国之心以爱及朝廷，是亦爱人及屋、爱屋及乌之意云尔。……故有国家思想者，亦常爱朝廷，而爱朝廷者，未必皆有国家思想。朝廷由正式而成立者，则朝廷为国家之代表；爱朝廷即所以爱国家也。朝廷不以正式而成立者，则朝廷为国家之蟊贼。"对于外族来说，国家是对外之名词，"人类

---

① 梁启超：《新民说·第十三节·论合群》。

自千万年以前，分孳各地，各自发达，自言语风俗，以至思想法制，形质异，精神异。而有不得不自国其国者焉。循物竞天择之公例，则人与人不能不冲突，国与国不能不冲突，国家之名，立之以应他群者也。故真爱国者，虽有外国之神圣大哲，而必不愿服从于其主权之下，宁使全国之人流血粉身，靡有孑遗，而必不肯以丝毫之权利让于他族。盖非是则其所以为国之具先亡也。譬之一家，虽复室如悬磬，亦未有愿他人入此室处者。"对于世界来说，"一国者，团体之最大圈，而竞争之最高潮也。"① 人群有竞争之本性，竞争又是文明进化之手段。作为人群最大圈的国家不能破，破则竞争绝，文明亦同时与之绝。

以上从六个方面阐述了梁启超近代国民思想的内涵。在论述中，我们实际是从权利、义务、自由、独立、自尊、自信、自治、尚武、进取、冒险、爱他、合群、公德、国家思想等 14 个既相互联系又各具独特内容的方面进行了阐述。这些方面构成近代国民思想的重要内容，反映了近代国民思想的主要精神。上文通过对国民思想的阐述，我们可以深切认识到，梁启超等近代先觉者倡导的所谓国民思想实际是在倡导不同于封建文化观念的新的人与人、人与社会、人与国家的道德观念。这种新道德观念反映了梁启超等近代先觉者对人与人、人与社会、人与国家之间关系的理解有着自己独特的认识视角和方法，即把它们视为相互关联、统一融合的互动关系。之所以如此看待这种关系，是它们之间的"互利"原则促成的，并可以真正达到"互利"之目的。也就是说，为了个人、为了社会、为了国家的各自利益，需要三者之间形成统一融合的关系。只有在个人、社会和国家间建立这种和谐统一关系的情况下，才能使三者最终真正获得各自的利益。那么为了促成三者间这种圆融的关系，国人就应当从封建文化观念中挣脱出来，树立新型的文化观念，即树立国民思想，诸如义务、责任、自治、爱他、合群、公德、国家思想等新观念。国人有了这样的新意识，才能建立人、社会、国家三者之间统一协调的新关系，使三者之间不再分离，不再疏远，并最终达到"互利"的目的。建立个人、社会、国家三者间的新型统一关系，需要个人的付出与贡献，这似乎是以消损个人的利益为代价，但梁启超等近代先觉者在倡导国民思想过程中又力图最大限度地

① 梁启超：《新民说·第六节·论国家思想》。

避免这种现象的泛化，因此极力强调国人个体本身的独立性，决不否定个人，决不湮没个人，突出提倡国民思想中的权利、自由、自尊、自信、尚武、进取、冒险等价值观念，从而构成近代国民思想的整体内涵。有了个体的权利及自由等观念，才能最充分地发挥个人的主观能动性，从而才能更完美地建立个人、社会、国家间的新型关系，亦能更快更好更有效地达到"互利"之目的。可见，近代国民思想实际是一种新型的人、社会与国家间的新的文化道德观念，这是近代国民思想产生的重要意义的体现。

近代国民思想产生的原因，既包括救亡图存的基本国情构成国民思想产生的客观因由，也包括近代有识之士对人、社会、国家三者关系的认识和理解，进而构成国民思想产生的主观因由。此外，还有一个重要的原因，即西方文化形态对中国有识之士的影响。这是另一种客观因素（西方近代文化形态）与主观因素（近代先觉者对西方近代文化形态的认同）的结合，从而构成近代国民思想产生的另一缘由。中国进入近代以后，西方文化形态就开始不同程度地影响着中国人，中国人也在不同层面上接受和认同着西方文化。从接受西方的"长技"等先进的物质文化，从接受西方的自然科学到社会科学，一步步走向深入。19 世纪末与 20 世纪初，中国人开始大量介绍西方社会科学的文化形态，并把重点放在西方政治文化与思想文化领域，这无疑对中国有识之士更好地接受西方文化创造了良好的条件。我们从当时一些期刊目录可以窥见中国人主动自觉介绍西方政治文化与思想文化的一般状况。如《译书汇编》1900 年 12 月 6 日到 1901 年 12 月 15 日这一年期间，共出版了 9 期，除个别"杂报"、"杂录"等栏目，基本都是翻译美国、德国、法国、日本、英国等国的一些著名思想家的政治理论与文化理论的重要文章。其中包括法国卢梭的《民约论》、美国伯盖司的《政治学》、德国伯伦知理的《国法泛论》、日本鸟谷部铣太郎的《政治学提纲》、法国孟德斯鸠的《万法精理》、日本酒井雄三郎的《十九世纪欧洲政治史论》、德国伊耶陵的《权利竞争论》、英国斯宾塞的《政治哲学》、日本加藤弘之的《物竞论》、日本樋山广业的《现行法制大意》等。这对在中国传播西方政治文化与思想文化理论所起到的启蒙作用是不可忽视的。再如《译林》杂志 1901 年 3 月于杭州创刊，在短短一年里出版了 13 期，以翻译日本人的作品为主，包括有清浦奎吾的《明治法制史》、织田一的《国债论》、镰田荣吉的《欧美漫游记》等重要著作。上海出版的《翻译世界》杂志也是一样，从 1902 年 12 月 1 日起，在仅仅 3 个月的时间里，刊出了 4 期，译有关于哲学、政治、经济、法律、教育、宗教等各方面专著，多译自日本及欧美大学教本，其中译自日本的尤多。如日本蟹江义丸的《哲学史》、德国楷尔黑猛的《哲学泛论》、英国斯宾塞的《宗教进化论》、日本永井惟直的《政治论》、日本熊谷直太的《法律泛论》、日本中野礼四郎的《教育史》等。以翻译为主的期刊大量翻译了西方的政治和思想方面的著作，就其他刊物而言，也程度不同地注意到对西方近代思想文化理论的评价。这为中国人接受西方近代社会科学理论提供了方便。近代不少知识分子就是通过在国外留学或在国内大量接触西方文化的过程中，对西方近代思想文化理论有了认同，并有所吸收和消化，从而变成自己的思想文化观念的一部分。近代国民思想的很多内容就是对西方近代文化的直接吸收。西方近代文化对中国有识之士的影响，从他们自己的著述中能够得到真切的反映。近代很多思想家在西方近代思想文化的影响下，成为西方近代思想文化的传播者，成为西方近代思想文化的宣传鼓动家。梁启超的表现尤显突出。他在阐发国民思想的过程中，充分表现出西方近代思想文化对他的影响。《新民说》留存的这种痕迹可谓比比皆是。《新民说》中，要么直接引用西方圣哲的话来阐发自己的观点；要么用自己的语言来阐述西方近代的思想观点；要么以西方诸国为例，作为自己某些观点的论据。诸如阐述"利己"与"民权"的观点时，曾提到过我国古代思想家杨朱"人人不拔一毫，人人不利天下，天下治矣"的一句话。而梁启超对这句话的前后不同认识，完全是受到英德等国哲学家们直接影响而发生变化的。他说："昔中国杨朱以为我立教，曰：'人人不拔一毫，人人不利天下，天下治矣。'吾昔甚疑其言，甚恶其言，及观英、德诸国哲学大家之书，其所标名义与杨朱吻合者，不一而足，而其理论之完备，实有足以助人群之发达，进国民之文明者。盖西国政治之基础在于民权，而民权之巩固由于国民竞争权利寸步不肯稍让，即以人人不拔一毫之心，以自利者利天下。"① 梁启超对杨朱"自利"观点前后认识上的变化，反映出西方近代文化对中国有识之士的影响力。梁启超在谈国民自治时，认为法律对自治有着不可回避的重要意义，这时他引用了孟德斯鸠的话作

---

① 梁启超：《十种德生相反相成义》。

为自己观点的论据。他说："孟德斯鸠云：'法律者无终食之间而可离者也。凡人类文野之别，以其有法律无法律为差，于一国亦然，以一身亦然。'今吾中国四万万人，皆无法律之人也；群四万万无法律之人而能立国，吾未之前闻。"① 这是孟德斯鸠的法律思想启迪了梁启超。梁启超阐述国民义务思想时，把"纳租税"、"服兵役"视为国民义务的两大要件，而中国与泰西诸国对待这两项义务的态度迥然相反，梁启超对此进行了比较，从而否定了中国人无义务的思想，肯定了泰西诸国有义务的观念。他说对于纳税和服役，"吾国民最畏此二事，若以得免之为大幸者，此最忌行薄弱之征也。昔之颂君德者，皆以免征减赋为第一仁政，若宋之改征兵为佣兵，本朝康熙间下永不加赋之谕，皆民间所最讴歌而最感戴者也。而岂知兵由于佣者，则爱国心必不可得发现，而永不加赋者，苟欲为民事新有所兴作，费无所出，而善举亦不得不废也。泰西诸国则异是。凡成年者皆须服二三年之兵役，而民莫或避；租税名目如鲫，其岁纳之额，四五倍于我国，而民莫或怨，彼宁不自宝其血肉、自惜其脂膏也？顾若此者，彼自认此义务，而知有与义务相对待之权利以为之偿也。"② 由于梁启超看到泰西诸国之人尽了义务，而能换回权利，所以反观中国人不尽义务，最终导致国人失去爱国心，同时也废弃了利民的各项善举。两者相较，当取前者而舍后者。梁启超在此吸取了西方人的价值观念，并把它灌输给国人，也让它成为国人新价值观念中的一部分。关于国民的"自尊"，梁启超也格外欣赏和称赞欧美各国的自尊品格，他说："为国民者而不自尊其一人之资格，则断未能自尊其一国之资格焉者也。一国不自尊，而国未有能自立焉者也。我闻英国人自尊之言曰：'太阳曾无不照我英国国旗之时。'（英人属地遍于五大洲，此地日方没，彼地日已出，故曰太阳常照英国旗也。）曰：'无论何地，凡我英人有一人足迹踏于其土者，则其土必为吾英之势力范围也。'吾闻俄人自尊之言曰：'俄罗斯者，东罗马之相续人也。'（相续者，继袭之义）曰：'我俄人必成先帝彼得之志，为东方之主人翁也。'吾闻法国人自尊之言曰：'法兰西者，欧洲文明之中心点也，全世界进步之原动力也。'吾闻德国人自尊之言曰：'自由主义者，日耳曼森林中

---

① 梁启超：《新民说·第十节·论自治》。
② 梁启超：《新民说·第十六节·论义务思想》。

之产物也；日耳曼人者，条顿民族之宗子，欧洲中原之主帅也.' 吾闻美国人自尊之言曰：'旧世界者，腐败陈积之世界也，其有清新和淑之气者，惟我新世界（旧世界指东半球，新世界指西半球）。今日之天下，由政治界之竞争，而移于生计界之竞争，他日战胜于生计界者，舍我美人莫属也!' 吾闻日本人自尊之言曰：'日本者，东方之英国也，万世一系天下无双也，亚洲之先进国也，东西两文明之总汇流也.' 自余各国，苟其能保一国之名誉于世界上者，则皆莫不各有其所以自尊之具。"① 由于西方近代思想文化对梁启超的影响，由于梁启超赞赏和称誉西方近代思想文化，所以在近代思想文化的变革时代，他着力把西方近代思想文化移植到中国，使其成为中国近代文化的重要因素。

近代国民思想是在救亡图存的历史条件下生发成长，是近代有识之士深入思考中国未来出路的思想结晶。显然这是对中国文化传统的深刻反省，是改造中国社会隐形结构的关键所在。它是近代思想者寻求摆脱封建专制文化束缚、追求近代民主政治文化的反映，是封建专制社会向近代民主社会演进的体现。它不但是近代社会也是当代社会思想观念变革的重要任务。

《首都师范大学学报》2003 年第 6 期

---

① 梁启超：《新民说·第十二节·论自尊》。

梁启超的社会主义观

梁启超一贯赞赏社会主义学说，但他又反对中国立即实行社会主义，主张当时的中国要发展生产力，充分发展资本主义，在此基础上，最终才能实行社会主义。

一 赞誉社会主义学说

19 世纪末 20 世纪初，社会主义学说与西方诸多文化思潮一起涌进中国。梁启超以赞誉和称颂的态度开始介绍社会主义，他是我国社会主义学说最早的启蒙思想家。

戊戌变法前后，梁启超不但开始在《时务报》上介绍英国工人罢工、西班牙社会主义者和德国社会党的有关情况，而且在 1899 年 10 月 25 日出版的《清议报》中《论强权》一文里运用马克思主义的阶级斗争的学说重新解释了康有为的"三世说"。虽然这是一种生吞活剥的机械运用，但反映了梁启超对社会主义学说异常关注的态度。

20 世纪初，梁启超阅读了更多的有关社会主义的理论著作，并开始了进一步的宣传与介绍。在 1902 年 10 月 16 日出版的《新民丛报》第 18 号上梁启超发表了《进化论革命者颉德之学说》一文，文中称马克思主义为社会主义的泰斗、鼻祖，文中介绍说："今之德国，有最占势力之二大思想，一曰麦喀士（马克思）之社会主义，二曰尼志埃（尼采）之个人主义。麦喀士谓：今日社会之弊，在多数之弱者为少数之强者所压伏。"并预言人类社会必然进入社会主义。1904 年 2 月，梁启超在《中国之社会主义》一文中介绍说："社会主义者，近百年来世界之特产物也，概括其最要主义，不过曰：土地归公、资本归公，专以劳力为百物价值之源泉，麦喀士曰：现今之经济社会，实少数人掠夺多数人土地而组成之者也。"可见，19 世纪末 20 世纪初，梁启超就开始关注和研究社会主义学说，并在中国进行介绍与传播。当然，此时的梁启超对社会主义学说的认识还不系统，也不深刻，尤其对马克思主义科学社会主义本质的认识的差距就更大。可是从一开始直至 20 世纪 20 年代，梁启超对社会主义学说一直是抱着称颂和赞誉态度的。他后来还曾断言："社会革命，恐怕是 20 世纪史唯一的特色，没有一国能免，不过争早晚罢了。"① 由于梁启超对社会主义学说的偏爱，所以当十月革命和新生的苏维埃政权被资本主义国家围攻与诋毁的时候，梁启超却表示，无论新生的苏维埃政府的结局怎样，"假定万一推翻，他那精神毕竟不能磨灭。从前多数人嘲笑的空想，却已结结实实成为一种制度，将来历史价值，最少也不在法国大革命之下，影响自然是及于别国"②。梁启超的推论，在相当程度上已被历史证明。

从戊戌至"五四"的 20 多年里，梁启超一直赞颂和称誉社会主义学说。究其原因，在于如下诸多方面：其一，认为社会主义学说与康有为《大同书》的理想相契合。1890 年秋，梁启超拜康有为为师，随即从康有为那里接受了《大同书》的空想社会主义学说。梁启超视《大同书》的理想论为社会主义理论。1901 年梁启超在《南海康先生传》中说："先生之哲学，社会主义派哲学也。泰西社会主义，原于希腊之柏拉图，有共产之论。及 18 世纪，桑士蒙康德之徒大倡之，其组织渐完备，隐然为政治上一潜势力。先生未尝读诸氏之书，而其理想与之暗合者甚多，其论据之本，在《戴记·礼运篇》孔子告子游之语。"③ 梁启超当年接受康有为的大同思想，成为他日后接受西方社会主义学说的思想基础。梁启超接受大同思想时，还不足 20 岁，这个年纪所接受的思想对一生都有重要的影响。另外，梁启超在作《南海康先生传》时，对西方社会主义学说了解得还不够透彻，所以他就主观地把康有为的大同思想视为西方的社会主义思想，这就容易使梁启超对西方社会主义学说情有独钟。其二，从理论上认定，社会主义的实现将是历史发展的必然。1902 年，梁启超发表《干涉与放任》一文，从理论上阐述了社会主义代替资本主义的历史必然。他说，资本主

① 梁启超：《饮冰室合集·专集》第 23 卷，中华书局 1989 年版，第 8 页。
② 同上书，第 20 页。
③ 梁启超：《饮冰室合集·文集》第 6 卷，中华书局 1989 年版，第 73 页。

义造成"富者愈富，贫者愈贫，于是近世所谓社会主义者出而代之。社会主义者，其外形若纯主放任，其内质则实主干涉者也。将合人群使如一机器然，有总机以纽结而旋掣之，而于不平等中求平等。社会主义，其必将磅礴于20世纪也明矣。故曰：20世纪为干涉主义全胜时代也。"其三，1903年赴美洲大陆访问后，更深切地同情社会主义。1903年夏秋之间，梁启超访问考察加拿大、美国等各大城市，与美洲的社会主义者进行了接触，这对梁启超有关社会主义的认识，产生了重大影响。特别是美洲社会主义者给他留下了深深的好感，"吾所见社会主义党员，其热诚苦心，真有令人起敬者，墨子所谓强聒不舍，庶乎近之矣"①。他在美国，看到贫富之间存在着巨大悬殊，全美1%的"富族阶级"占有70%的全美财产，99%的贫民却只占30%的财产。这使梁启超更为赞赏和同情社会主义革命，他感慨地说："吾观于纽约之贫民窟，而深叹社会主义之万不可以已也"②，认为社会主义革命不应避免。其四，十月革命胜利的鼓舞。1917年11月7日，俄国十月革命胜利，标志着社会主义的理论成为改造社会主义的实践，世界为之震动。梁启超与许多进步知识分子一样，受到了鼓舞，并以极大的热情关注着社会主义运动的发展。后来他还在《欧游心影录》中指出："俄国过激派政府，居然成立，居然过了两年，不管将来结局如何，假定万一推翻，他那精神毕竟不能磨灭。"③ 反映他坚信社会主义最终必然成功的信念。其五，1919年，梁启超到欧游游历，深入了解了资本主义制度给人类带来了灾难和痛苦。旅欧期间，梁启超深入考察了欧洲各国的社会矛盾状况，进一步认识到社会主义对于改造资本主义制度的重要意义，他说："社会主义是要将现在经济组织不公平之点根本改造。改造方法虽然种种不同，或主共产，或主集产，或主生产事业全部由能生产的人管理，或主参加一部分，或用极端急进手段，或用和平渐进手段，要之，对于现在的经济组织，认为不合人道，要重新组织一番，这就是社会主义。"④ 这里，进一步表达了梁启超对社会主义的景仰与赞誉之情。也正是由于上述诸多原因，所以，梁启超对社会主义学说持赞美的态度。

① 梁启超：《饮冰室合集·专集》第22卷，中华书局1989年版，第42页。
② 同上书，第39页。
③ 梁启超：《饮冰室合集·专集》第23卷，中华书局1989年版，第20页。
④ 同上书，第151页。

梁启超不但赞誉社会主义学说，而且主张欧美国家实行社会主义，可使"气象自然一新"，以致"赢得意外发达"①。为什么实行社会主义是欧美国家发展的历史必然呢？也就是说为什么欧美国家要实行社会主义呢？梁启超就此进行了分析和判断，他认为："是由工业革命孕育出来。因为工业组织发达得偏畸，愈发达愈生毒害，社会主义家想种种办法来矫正他，说得都是对症下药。"② 梁启超这里强调的是"愈发达愈生毒害"，而"毒害"包含的一个重要方面便是造成有产阶级与无产阶级的贫富差别与对立。梁启超指出，"欧美社会确截然分为有产无产两阶级"③，而无产阶级处于被剥削被压迫而又极度贫困的社会地位，"欧美目前最迫切之问题，在如何而能使多数之劳动者地位得以改善"。④ 而要改善无产阶级的社会地位，就要进行阶级的抗争，争取无产阶级应有的权利。而这又是社会主义学说的根本内容之一，因此，在欧美国家实行社会主义是"适合于多数人地位上之要求"⑤ 的。正是出于梁启超对社会主义的认识，出于他对欧美国家应实行社会主义的认识，所以他特别赞誉俄国的十月革命，并把十月革命视为人类历史的大转折，他说："谁又敢说各国时髦政治家公认为无法无天的过激派列宁政府，报纸上日日咒他夭折，他却成了个不倒翁，支持了两年，到今天依然存在，还有许多好奇探险的游客，歌颂他明圣哩。"⑥ 梁启超通过称颂十月革命进一步表达了他对欧美国家社会主义运动的赞赏态度。

二　反对中国实行社会主义

梁启超虽然赞誉欧美国家进行社会主义运动，但他却不赞成中国立即实行社会主义。他认为，是否实行社会主义，要根据各国的国情而定，"要顺应本国现实社会的情况"。⑦ 而中国的现实社会情况还不具备实行社

---

① 梁启超：《饮冰室合集·专集》第23卷，中华书局1989年版，第19页。
② 同上书，第32页。
③ 梁启超：《饮冰室合集·文集》第42卷，中华书局1989年版，第1页。
④ 梁启超：《饮冰室合集·文集》第36卷，中华书局1989年版，第1页。
⑤ 同上书，第2页。
⑥ 梁启超：《饮冰室合集·专集》第23卷，中华书局1989年版，第3页。
⑦ 同上书，第32页。

会主义的条件，所以，1903 年，梁启超访问美洲大陆时，美国社会主义丛报总编辑及社会党头目曾四次造访梁启超，并向他提出建议，"中国若行改革，必须从社会主义着手云云"①，而梁启超通过分析中国社会的落后情况后回答说："进步有等级，不能一蹴而就"，当时的中国若实行社会主义，"其流弊将不可胜言"②。那么，梁启超为什么始终反对中国立即实行社会主义呢？他是从以下几个方面进行论证的：

其一，中国实施社会主义的经济条件并不成熟，这个经济条件是指中国没有工业。在没有工业的中国，生搬硬套地把社会主义全部搬来运用，"我头一个就反对"③。梁启超说："在没有工业的中国，想要把它悉数搬来应用，流弊有无，且不必管，却最苦的是搔不着痒处。"④

其二，因为中国没有工业，就不存在西方意义上的产业工人，亦"无极贫富之两阶级存"⑤，更不会产生有产阶级和无产阶级的冲突。梁启超说："吾以为社会主义所以不能实现于今日之中国者，其总原因在于无劳动阶级。"⑥ 他认为，"劳动阶级"有广义狭义之分，只有在新式工业组织下的狭义的劳动阶级才是社会主义运动的主体。而这样的劳动阶级在"国内现在区区百数十家工业矿业所收容工人多则千数，少则数十"，总数不过百余万人。这百余万人与千亿人口相比，力量微弱，无力进行社会主义运动。梁启超认为，当时的中国主要存在着有业阶级与无业阶级的区别。而无业阶级占大多数。"全国人民十中八九，欲求一职业以维持生命，且不可得。"⑦ 人民关心的不是"有产无产"，而是"有业无业"，这才是"我国今日之大患"⑧，所以当时中国的重要问题"当以使多数人取得劳动者地位为第一义"⑨，而不是其他的社会运动。梁启超对中国阶级的分析并非科学。五四前夕，中国二百万产业工人已经成为一支重要的社会力量，

① 梁启超：《饮冰室合集·专集》第 22 卷，中华书局 1989 年版，第 41 页。
② 同上书，第 42 页。
③ 梁启超：《饮冰室合集·专集》第 23 卷，中华书局 1989 年版，第 33 页。
④ 同上。
⑤ 李华兴等编：《梁启超选集》上海人民出版社 1984 年版，第 503 页。
⑥ 梁启超：《饮冰室合集·文集》第 36 卷，中华书局 1989 年版，第 6 页。
⑦ 同上书，第 2 页。
⑧ 同上。
⑨ 同上。

这是历史事实，而梁启超用欧美工业的标准来看中国当时的工业，缺乏具体分析的态度，故不能进行正确的阶级划分。

其三，中国缺乏实行社会主义的政治条件和社会条件。梁启超认为，实行社会主义，要靠政府民主化，"当先以政治上有完善可信任之组织为前提"①，这是一个重要的政治条件。而当时中国在缺乏政治民主的状态下去实行社会主义，必然导致腐败，"为蠹国之徒资利用"②，从而破坏社会经济的发展。梁启超认为，当时中国还缺乏实行社会主义的社会条件，即中国人的道德水平还未达到一定的高度。认为当前"经济之最大动机，实起于人类之利己心"，要当时"使人人为正义而劳动，或仅为满足直接消费之欲望而劳动"，必然"消减其勤勉赴功之心"③，也无助于社会经济的发展。因此，梁启超认为实行社会主义不能急于求成，要创造政治与社会条件，即所谓"待国中谙练技术之人渐多，政府得选拔之，使当经营之任，而比较的少失败之忧"；"待国中教育渐高，人民公德心渐发，则其为官吏以代国家执行此等营利事务者，舞弊不至太甚"；"待各种法律大备，且官吏与人民，咸习于法律之运用，则虽有欲舞弊者，而制裁消遏之也较易。"④。梁启超这段话，对建设社会主义是有重要启示意义的。

其四，中国要保护资本家，发展生产力。梁启超认为当时中国不应实行社会主义而去革资本家的命，这样做"必妨害本国生产，徒使外国资本家得意而匿笑，且因此阻碍劳动阶级之发生"。⑤ 当时中国要保护资本家，奖励资本家，使其有力量与觊觎中国的外国资本家相对抗，使中国的生产力有所发展，如此，"则国富可以骤进，十年以往，天下莫御也"。⑥ 不如此，"我中国若无大资本家出现，则将有他国之大资本家入而代之，而彼大资本家既占优势以后，则凡无资本者或有资本而不大者，只能宛转痪死于其脚下，而永无复苏生之一日"。⑦ 若要避免此种危殆现实，"惟有奖励资本家"，"使其事业可以发达以与外抗"，"从各方面以抵挡外竞之潮流，

---

① 梁启超：《饮冰室合集·文集》第36卷，中华书局1989年版，第4页。
② 同上。
③ 梁启超：《饮冰室合集·文集》第18卷，中华书局1989年版，第22—23页。
④ 同上书，第10页。
⑤ 梁启超：《饮冰室合集·文集》第36卷，中华书局1989年版，第8页。
⑥ 李华兴等编：《梁启超选集》，上海人民出版社1984年版，第506页。
⑦ 同上书，第506—507页。

庶或有济"。① 显然，梁启超的这一认识是符合当时实际情况的。在中华民族与外国帝国主义矛盾空前尖锐的时候，发展本国的民族资本，有利于抑制外国资本对中国的压迫。后来中国共产党人在新民主主义革命中一直把民族资产阶级视为革命的朋友，与梁启超的认识可谓不谋而合。毛泽东指出："有些人不了解共产党人为什么不但不怕资本主义，反而在一定的条件下提倡它的发展。我们的回答是这样简单：拿资本主义的某种发展去代替外国帝国主义和本国封建主义压迫，不但是一个进步，而且是一个不可避免的过程。"② 这与梁启超的认识大同小异。

综上所述，我们看到，梁启超的很多思想在今天看来，都具有相当的合理性。梁启超虽然反对中国立即实行社会主义，但他认为中国将来是必须要实行社会主义的。但是梁启超没有认真思考如何把当时的社会改造与未来的社会主义运动有机地结合起来，没有像共产党人那样找到一条真正通往社会主义革命的大道，只是把社会主义的实现推至未来，而不了了之，这是梁启超本人一直坚持改良主义立场所造成的历史局限。

三 主张中国发展资本主义

为了最终实现社会主义，梁启超认为当时的中国必须发展资本主义，发展生产，使多数之人民得以变为劳动者。梁启超主张中国发展资本主义的一个重要理由在于：他认为当时中国社会最根本的矛盾是中国四万万人民与外国资本家之间的矛盾。所以中国必须发展资本主义以与外国资本家竞争。梁启超认为中国人失掉劳动的机会不仅在于国内政治混乱，根本原因则是外国资本家的压迫和剥削。在外国资本家面前，全中国人民均成为被压迫之阶级，"压制阶级掠夺阶级之大本营，在伦敦纽约巴黎大阪诸地，而凡居于禹域二十一行省之人，皆被压制被掠夺之阶级也。"③ 梁启超进一步指出："我国国内，虽然不配说有资本家，却是外国资本家早已高踞上游，制了我们的死命。别国资劳两阶级是把国内的人民横截成两部分，一部分是压制者，一部分是被压制者。我国现在和将来的形势却不是这样，

---

① 李华兴等编：《梁启超选集》，上海人民出版社 1984 年版，第 507 页。
② 《毛泽东选集》第 3 卷，人民出版社 1953 年版，第 1083 页。
③ 梁启超：《饮冰室合集·文集》第 36 卷，中华书局 1989 年版，第 3 页。

全国人都属于被压制的阶级，那压制的阶级是谁，却是外国资本家。我们全国人所处的境遇，正是外国劳工阶级所处的境遇。质而言之，我们四万万人，都是劳工阶级里头的可怜虫罢了。"① 处于如此地位的中国人，若不发展本国生产，就必然处于极为被动的局面。正如梁启超所言，"今日乃经济上国际竞争你死我活一大关头"，"各国制造品之输入我国者，滔滔若注巨壑"，"我若无大资本家起，则他国之资本家将相率蚕食我市场，而使我无以自存"②，最终必导致亡国的境地。这里梁启超对国内阶级的划分，显然缺乏科学的依据，也不符合历史事实。但认为不发展生产，不增强与外国资本主义的竞争能力，中国就有灭国亡种之危，还是正中要害的。

梁启超虽然主张当时的中国要发展资本主义，但他又一直把资本主义视为中国未来实行社会主义的过渡形式，他曾明确指出："资本主义必非国家终局之目的明矣，不过借以为过渡。"③ 在这个资本主义过渡时期，要造就未来社会主义运动的主体阶级，即劳动阶级，而劳动阶级的产生总是以资产阶级的产生为前提。梁启超说："然则今后中国若有资本阶级出现，就令其掠夺行为与欧美资本家相等，或且更甚。然最少总有一部分，得丐其余沥以免死，其可欢迎者一矣。不特此也，以社会主义运动之立场而论，欲此主义之传播与实现，不能不以劳动阶级为运动之主体。劳动阶级不存在之国家，欲社会主义之实现，其道无由。而劳动阶级之发生，恒必与资本阶级相缘。故必有资本阶级，然后有劳动阶级，有劳动阶级，然后社会主义运动有所凭藉，此其可欢迎者二矣。"④ 在他看来，资本主义这个过渡形式是十分必要的。正是因为资本主义只是一个过渡形式，所以它并不是梁启超心目中的理想社会，从社会发展的远景看，梁启超对资本主义是持反对态度的。梁启超在《中国公学演说》中曾说："西方经济之发展，全由于资本主义，乃系一种不自然之状态，并非合理之组织，现在虽十分发达，然已将趋末路，且其积重难返。不能挽救，势必破裂。"⑤ 正是出于对资本主义本质的认识，所以后来他在给子女的信中再次表示："你们别

① 梁启超：《饮冰室合集·专集》第 23 卷，中华书局 1989 年版，第 162 页。
② 梁启超：《社会革命果为今日中国所必要乎》，《辛亥革命前十年间时论选集》第 2 卷上册，生活·读书·新知三联书店 1963 年版，第 345 页。
③ 梁启超：《饮冰室合集·文集》第 36 卷，中华书局 1989 年版，第 9 页。
④ 同上书，第 6 页。
⑤ 丁文江、赵丰田：《梁启超年谱长编》，上海人民出版社 1983 年版，第 901 页。

要以为我反对共产，便是赞成资本主义。我反对资本主义比共产党还利害。我所论断现代的经济病态和共产同一的'脉论'，但我确信这个病非共产那剂药所能医的。"① 这里反映出梁启梁最终反对资本主义的鲜明立场和态度。梁启超的先发展资本主义，最后再向社会主义过渡的思想主张，与共产党人的革命发展阶段论的新民主主义的思想有一定的相通性。

梁启超主张当时的中国要发展资本主义，但是他对伴随资本主义的发展而必然产生的种种弊病是有清醒认识的。梁启超在考察了欧洲之后更加深了这种认识。但他又认为，不能因为实行资本主义而带来的罪恶，就抗阻资本主义的发展。同时他也认定，应采取有效措施，尽量减少资本主义的弊端。梁启超主张采取"矫正"和"疏泄"的办法加以解决。"所谓矫正态度者，将来勃兴之资本家，若果能完其'为本国增加生产力'之一大职务，能使多数游民得有职业，吾辈愿承认其在社会上有一部分功德，虽取偿较优，亦可容许。惟当设法使彼辈有深切著明之觉悟，知剩余利益，断不容全部掠夺。掠夺太过，必生反动。殊非彼辈之福，对于劳力者生计之培养，体力之爱惜，智识之给与，皆须十分注意。质言之，则务取劳资协调主义，使两阶级之距离不至太甚也。"② 梁启超的"矫正"态度，是幻想让资本家对劳动阶级大发慈悲而调和劳资之间的矛盾，这是不符合资本家的贪婪本性的，所以梁启超的这种"矫正"之法也是行不通的。"所谓疏泄态度者，现在为振兴此垂毙之生产力起见，不能不属望于资本家，原属不得已之办法，却不能恃资本家为国中唯一之生产者。致生产与消费绝不相谋，酿成极端畸形之弊。故必同时有非资本主义的生产，以与资本主义的生产，相为骈进。一面政治上若稍有转机，则国家公营、地方公营之事业，便当划出范围，在人民严密监督下，渐图举办，一面各种协社，须极力提倡，以传教的精神策进之。但使能得数处办有成效，将来自可联合扩充，倘能令生产的中坚力，渐渐由公司之手以移于协社之手，则健实之经济社会，亦可以成立矣。"③ 梁启超想利用建立协社的办法抵制资本家，然后使生产事业移入公众之手。然而协社的性质如何，怎样组织，怎样生产，怎样与资本家竞争，怎样使生产事业最后移入公众之手，梁启超

---

① 丁文江，赵丰田：《梁启超年谱长编》，上海人民出版社 1983 年版，第 1130—1131 页。
② 梁启超：《饮冰室合集·文集》第 36 卷，中华书局 1989 年版，第 9 页。
③ 同上。

并没有给予详细明确地指明，所以"疏泄"的办法就很难具有实践意义。但是，无论如何，梁启超力图改造资本主义弊病的用心是应当肯定的。

梁启超主张在当时的中国发展资本主义，并力图采取有效措施来克服资本主义的弊端，想利用资本主义这个过渡形式，最终在中国实行社会主义，这一宏观的思维路向是符合中国未来发展方向的，因此绝不能轻易地否定。至于梁启超的一些具体主张和设想是否正确，可另当别论。

原载《武汉科技大学学报》（社会科学版）1999 年第 2 期

评清政府在第二次鸦片战争中的对外政策

自《南京条约》签订，鸦片战争结束不过十几年，英法等殖民主义者为了扩大对中国的侵略权益，于 1856 年又一次发动了对中国的侵略战争，这就是中国近代史上的第二次鸦片战争。同第一次鸦片战争一样，由于清政府奉行了屈服于外国侵略者的政策，所以战争不可避免地以中国的失败而告终。

早在 1854 年，英法美等殖民国家曾向清政府提出修改条约的要求。所谓"修约"，是要扩大他们在中国的特权，对中国主权进一步践踏。对此清政府认为修约要求"均属荒谬已极，必须逐层指驳，以杜其无厌之求。"① 虽然中国作出了拒绝修约的表示，却不能从根本上采取措施制止侵略者的贪欲。殖民主义者很清楚要达到目的所应采取的行动，这就是英国公使包令当时所说的："没有一支堂皇兵力助其声威，欲求从中国人方面取得任何重要让步，是毫无希望的。"② 侵略者要用武力迫使清政府让步，第二次鸦片战争便是无法避免的了。

那么，面对着外夷的侵略，清朝政府采取了什么政策呢？我们看清朝政府的对外政策，并不是看他们心理上的愿望，而是看他们采取的是什么样的措施和实际行动。

翻开历史，很容易发现一个让人啼笑皆非的历史现象，这就是清朝政府的"怀柔远人"、"以示羁縻"的迂腐滥调。所谓"羁縻"和"怀柔"，说穿了就是面对列强的入侵，要设法"开导"和"理谕"，要向列强讲清

---

① 《筹办夷务始末》（咸丰朝）第一册，第 342 页。
② 《中华帝国对外关系史》第一卷，第 787 页。

道理，从而达到双方"永息干戈、共敦和好、彼此相安以信"① 的目的。第二次鸦片战争的整个过程中，清朝政府基本是采取这种方式同外国列强交往的。咸丰六年，当英法美等国又一次提出修约要求时，皇帝致钦差大臣叶名琛的上谕说："叶名琛惟当据理开导，绝其觊觎之心……如此剀切晓谕，庶可杜其妄念。"② 咸丰八年，面对即将入津的侵略者，皇帝致钦差大臣谭廷襄的上谕又讲："委派妥员，与之理谕，令其驶回广东，听候查办。"③ 同年，当列强从上海赴天津时，上谕又说："已派仓场侍郎崇纶等前赴海口，察看该夷情形，以理晓谕矣。"④ 咸丰十年，当法国兵船占据烟台，上谕又指示钦差大臣薛焕应该如何"向布酋开导"，并认为"如此剀切开导，或可使就范围"⑤。统治阶级的上层督抚大员们，也并非不是如此意见，"抚尚可以有为"⑥ 代表着督抚们的一般思想。可见，面对列强的侵略，清朝政府忧心忡忡，不敢迎战，在他们看来"战则祸且无崖"⑦，还是应当通过笼络来制止列强的入侵。这既可以表示我大清皇帝并非"好武用兵之主"，又可以显示大清皇帝用"宽大之仁"来"抚驭寰海"的天朝大国的气度。然而事实恰恰相反，清朝政府的"抚"策并没有使侵略者"善心顿悟"和"就范"，对此清朝政府又有一个相辅的政策与之相成。

咸丰六年九月，英国有预谋地制造了"亚罗"事件，并以此借口在广州发动了武装进攻；法国殖民者同样以"马神甫"事件为借口参加了对中国的进攻。英国方面这次进攻虽然没有取得什么战果，但已经给清朝政府以当头一棒，清朝政府在敌人的进攻面前，进退维谷。这时皇帝说了一段话，道出了清朝统治集团的畏惧心理，并确定了第二次鸦片战争中清朝政府对外政策的基调。"此次已开兵衅，不胜固属可忧，亦伤国体；胜则该夷必来报复。……当此中原未靖，岂可沿海再起风波。"⑧ 败可忧，胜也忧，也就只有求和了。

---

① 中国近代史资料丛刊：《第二次鸦片战争》第五册，第 226 页。
② 中国近代史资料丛刊：《第二次鸦片战争》第三册，第 82 页。
③ 中国近代史资料丛刊：《第二次鸦片战争》第三册，第 187 页。
④ 同上书，第 239 页。
⑤ 中国近代史资料丛刊：《第二次鸦片战争》第四册，第 391 页。
⑥ 中国近代史资料丛刊：《第二次鸦片战争》第三册，第 440 页。
⑦ 同上。
⑧ 《筹办夷务始末》（咸丰朝）第二册，第 499 页。

　　咸丰七年英法又一次向广州进攻，十一月初一英法兵船驶进了省河，没几天就占领了广州，这次连两广总督叶名琛都没有逃脱而成了俘虏。紧接着咸丰八年三月，英法美俄又凶神般地来到了大沽口，清朝政府顿时慌了手脚，赶紧派出直隶总督谭廷襄等到了大沽口外，想以退让求得和解。清朝政府打算减税，甚至"必不得已，于闽省、粤省附近通商海口之地，酌加小口各一处"①。这样的退让根本不能满足敌人的贪婪欲望，英法乘势于四月初八又一次进攻大沽炮台。这回皇帝又立即派大学士桂良和吏部尚书花沙纳到天津，同英法美俄四国签订了丧权辱国的《天津条约》。列强威逼一步，清朝政府就只好退让一步，其"相辅"之策难道还不清楚吗？

　　不仅在敌人猖狂进攻的情况下，清朝政府一味地退让，就是双方交战后，在敌人失败的情况下，清朝政府也是力主妥协求和的。这种令人感到不可思议的情况却完全符合统治者一贯的对外政策。咸丰九年五月二十五日，英法兵船闯进大沽口，开炮并强行登陆。由于中国方面的反击，使得侵略者遭受惨败。然而战后上谕却说："驭夷之法，究须剿抚兼施。若专事攻击，恐兵连祸结，终无了期。不如趁此获胜之后，设法抚驭，仍令就我范围，方为妥善。"② 那仅有的反击，少见的"胜利"，也被皇帝看作是兵祸的根源，一再表示担心，"惟恐各官兵因此次获胜，总以攻剿为是，致误大局"③。由于清朝政府的软弱可欺，咸丰十年二月十六日英法公使要求清朝政府接受本年一月提出的四项条件，还包括对大沽炮台的行为道歉，以及完全实行天津条约和追加新的赔款等等；并恐吓清朝政府，英法诸国不仅要带兵北上，而且还要"抗漕订税"。咸丰十年四月里，英法的军队分别在浙江的定海和山东的烟台登陆，并且占领山东的成山角，这是南北漕运必经的海道咽喉。在列强的要挟下，何桂清、薛焕等人向皇帝提出作更大的让步。何桂清讲："仰乞皇上天恩，逾格从权，可否准将英法二国原定天津条约及续请各四款俯与照办？庶几南北两衅，可期立时消释。"④ 薛焕也讲："驭夷之法，全在顺其性而训之。"又说："兹值我国家

①《筹办夷务始末》（咸丰朝）第三册，第 763 页。
②《筹办夷务始末》（咸丰朝）第四册，第 1459 页。
③ 同上书，第 1459 页。
④《筹办夷务始末》（咸丰朝）第六册，第 1948 页。

多事之秋，人人皆知以和为贵，而和若稍不审慎，则后患无穷。"① 皇帝最终当然只能同意他们的主张。等到敌人重新占领大沽炮台和天津后，皇帝就马上派了大学士桂良到天津与英法求和。桂良正是根据皇帝一贯的议和方针，不但接受了本年一月对方在上海提出的四条，而且对敌人的增加赔款、增开天津为通商口岸等新要求也满口答应。最后当敌人攻进了北京，清朝政府只好彻底地投降，向侵略者奉上了卖国的《北京条约》。

现在回头重新看一下，可以大致把握清朝政府在第二次鸦片战争中是采取怎样的对外政策了。清朝政府面对列强的贪婪与淫威，恐惧充斥了整个心窍。为了不动摇自己的统治地位，保住摇摇欲坠的大清江山，清朝政府根本不想也不敢同侵略者真正地打一仗。正是由于有这样的指导思想和基本方针，反过来说，正是由于侵略者看穿了清朝政府这一点，"此时夷人窥破中国虚实，凡我国家艰难困苦情状，了如指掌，因敢大肆猖獗，毫无顾忌"。② 所以就更加肆无忌惮地向中国发起武装进攻。而清朝政府由于惧战，所以一旦在侵略者武力的步步威逼下，就只好无可奈何地屈服于敌人。清朝政府在第二次鸦片战争中打着"羁縻"、"怀柔"的抚夷招牌，实际上在奉行着一种容忍、退让，直到最终跪倒在敌人脚下的投降卖国的对外政策。

当然我们这样评述清朝政府的对外政策，却丝毫不否认历史上有着一种似乎相反的现象存在着。这种现象也几乎贯穿在第二次鸦片战争的始终。这就是清朝政府对待侵略者的所谓"防范"和"备战"。咸丰四年八月，英法美刚刚提出修约的要求，并赴天津相要挟，对此清朝政府是有防范准备的。"密为防范……扼守海口，毋令夷船闯入。"③ 当时清朝政府还摸不清列强的底细，对于敌人的鬼蜮伎俩还有所顾忌，所以要进行防范。但是这时的防范更确切的意思是要防太平天国。在清朝政府看来，中国正处"多事之秋"，"畿辅未靖之时"，要防止外夷"与贼匪勾结"④，即防止外夷同太平天国合作。所以我们看到的是一面"防范"，一面还要"剀切开导"，"不可轻与接仗"，以免"致生事端"。这样的"防范"并不违背清朝政府容忍退让的对外政策。

---

① 《筹办夷务始末》（咸丰朝）第六册，第 2013 页。
② 中国近代史资料丛刊：《第二次鸦片战争》第三册，第 437 页。
③ 同上书，第 22 页。
④ 同上。

咸丰八年五月十四日皇帝在一篇给钦差大臣僧格林沁的上谕中讲："如该夷坚执不允，抚局自必决裂，势须与之用武。著僧格林沁速即妥筹准备。"① 同时给直隶总督谭廷襄的上谕中讲："若竟难以口舌理论，必须用武，天津兵勇尚多，民团亦甚可用。著谭廷襄饬令带兵将弁，严密布置天津迤北，毋令该夷窜逸。一面激励绅民，急筹攻战之策，方不致临事仓皇。"② 此时正值《天津条约》签订之前，皇帝这次之所以又有了"用武"决心，是因为外夷触痛了皇帝的要害：在外夷要求的各项中，包括外国公使驻京一条，这是最使清朝政府恼火的。一旦外国公使进驻北京，大清皇帝就将在外夷的指挥棒下去充当一个傀儡。所以皇帝认为公使驻京"最难允准"③。尽管如此，皇帝并没有忘记"剀切晓谕"、"与为开导"，并着重强调"不可先行举动，当静以待之"④。可见，"用武"名不副实，外国公使还是进驻了北京。

人们感到奇怪的是，随着外夷的进一步要挟，随着清朝政府的步步退让，清朝政府要与敌人"决战"的调门反而高昂起来。咸丰十年七月二十日的朱谕简直就像一份宣战书："朕今亲统六师，直抵通州，以伸天讨，而张挞伐。"⑤ 等到咸丰十年八月初四，这个"决战"的调门拨到了最高。这一天连发了几个上谕都讲决战一事，这似乎让我们又看到清朝政府坚决与列强抵抗的"气魄"来了。事实上，为了天朝大国的面子，皇帝说几句"硬气话"也是情理之内的事。可就在高喊"决战"后仅仅三天，当列强攻占了八里桥，皇帝便从京城逃之夭夭了。

清朝政府在第二次鸦片战争中，唱着"怀柔远人"、"以示羁縻"的迂腐滥调，显示着自己"宽仁之主"的气度；同时又不得不虚晃两枪，作出个"备战"的架势，来装潢着天朝大国的"尊严"。可在这可怜的"尊严"下，我们看到的只是清朝政府的妥协与退让，心虚与胆怯，最终不得不跪倒在外国侵略者的脚下卖国求安。

原载《通化师院学报》1989 年第 3 期

① 中国近代史资料丛刊：《第二次鸦片战争》第三册，第432页。
② 同上书，第433页。
③ 同上。
④ 同上。
⑤ 中国近代史资料丛刊：《第二次鸦片战争》第五册，第37页。

俄国与甲午中日战争

　　日本早有觊觎朝鲜和中国领土的野心，于 1894 年终于出兵朝鲜进而挑起了掠夺中国的侵略战争。面对日本的挑衅，以西太后为首的后党集团和掌握清政府外交大权的直隶总督李鸿章主张"避战自保"。李鸿章深知，中国的经济和军事力量已落后于日木，战必败。所以无奈又拿出他那惯用的以夷制夷政策，想依靠第三国的力量迫使日本停止军事行动。慈禧太后积极支持李鸿章的意见，让他讨好列强。李鸿章首先请求俄国政府出面充当中日双方的调停者。俄国政府也以"调停"者自居，声称"对中国持有最友好的态度，并将竭尽一切以支持中国的和平愿望"。① 尽管俄国政府如此表白，事实上，俄国政府对中日双方的态度一直是以本国的切身利益为转移，正如俄国外交大臣吉尔斯所说，我们要随时"保护我们自身的利益"。② 俄国政府在甲午中日战争期间正是以此为行动的宗旨，密切注视着中日关系的发展和远东局势的变化，"苟发现谋自己利益之机会，决不懈怠"。③

　　甲午战争即将爆发之际，俄国政府中有些高级官员曾经主张过"调停"，希望中日两国同时从朝鲜撤兵。这种主张直接影响了俄国政府，致使俄国政府严厉警告日本政府，"若日本政府拒绝与中国政府同时撤退其军队，则日本政府自负此重大责任"④。俄国驻北京公使喀西尼更好像是一个主张中日停战的"热心者"，建议俄国政府出面"调停"，避免中日双方的武装冲突。尽管热心的喀西尼如此积极地主张"调停"，但他并非和平

---

① 中国近代史资料丛刊：《中日战争》第七册，第 245 页。
② 同上书，第 280 页。
③ 同上书，第 148 页。
④ 同上书，第 146 页。

的使者，他不过认为这无妨俄国的实际利益罢了。喀西尼曾说："我国决不能错过目前中国要求我们担任调停者的机会，况且此事对于我方无任何牺牲，又能大大增强我国在朝鲜以及整个远东的势力。"① 喀西尼获悉，如果俄国积极调停，中国保证"俄国具有与中日两国共同解决朝鲜内部组织问题的权利"②。喀西尼认为："中国这种让步，给予我国莫大利益。"③ 同时"它将保证朝鲜秩序今后得以维持，将摒除中国在朝鲜的优越势力，并成为防止任何列强企图重新侵犯王国完整的唯一有力保证"④。喀西尼的态度非常清楚，既然中国以俄国参加朝鲜的内政改革为条件要求俄国出面调停，俄国何乐而不为呢？俄国政府也断定如果中日发生战争，是对俄国不利的。这是因为中日两国交战，无论何方取胜都要控制朝鲜，这对俄国在远东的利益及政策都是无益的。正像俄国外交大臣所说，朝鲜一旦"被交战国之一方统治，可能成为敌视我国的工具"⑤。所以在中日两国关系紧张，并可能导致战争之时，俄国政府确曾主张过调停。另外，俄国出面"调停"还有一层意思，就是诱迫清政府投靠俄国进而有利于它在远东与其他劲敌的竞争。但我们还须看到，俄国的"调停"以及对日本的某些"强硬"措辞，并不是要与日本公开为敌，不外乎是表示一下"与自己利害有关之事项，抱有决不放弃的决心"⑥，以取得日本不损害俄国侵略利益的默契。

俄国似乎进行过"调停"，实际上却是在等待时局的发展，以保证俄国"将来行动的自由"，以坐收渔人之利。李鸿章对俄国政府的虚情假意信以为真，就像得到了护身符，可是一切都无济于事，中日战争不可避免地爆发了。此时，在形势发生了重大变化之后，俄国政府又调整了自己的政策，从"调停"一变而"立旁观之地位矣"⑦。俄国政府此时认为，"不必干涉已经发生的战争，或用任何方式袒护交战国的任何一方"⑧，这是俄

① 中国近代史资料丛刊：《中日战争》第七册，第230页。
② 同上书，第242页。
③ 同上书，第237页。
④ 中国近代史资料丛刊：《中日战争》第七册，第242页。
⑤ 同上书，第298页。
⑥ 陆奥宗光：《蹇蹇录》，第146页。
⑦ 中国近代史资料丛刊：《中日战争》第七册，第248页。
⑧ 同上书，第298页。

国政府远东政策的必然所致。日本虽然拒绝了俄国的"调停"劝告，但却向俄国保证，日本出兵朝鲜"无意"占有朝鲜，而且愿意尊重俄国在朝鲜的利益。俄国对日本愿意尊重自己在朝鲜的利益感到满意。俄国政府认定，如果日本不要求对朝鲜建立正式的宗主权，不把战事扩大到俄国边境附近的朝鲜北方各省，那么俄国则将坚守中立。从此，俄国政府便撕去了与清政府"同心力持"的面纱。俄国政府于中日战争爆发后的八月二十一日召开特别会议，决定保持"中立"，并通知李鸿章，俄国不能"用兵力强勒日本"。开始从"旁观"者立场来观望形势，一面继续促使中日两国政府注意尊重俄国的所谓"利益"，一面盘算着如何趁火打劫。在战争胜败难测的情况下，俄国政府不再轻易偏袒中国，还有讨好日本的味道，使自己在远东的竞争中不致变得孤立。俄国驻东京公使希特罗渥说："一旦我国以任何方式表示援助中国时，英国很可能站在日本一边。"① 俄国在远东与英国是一对劲敌。俄国十分畏惧日英联盟，果真如此，俄国在远东将陷入困境。俄国采取"中立"立场，一方面纵容日本以缓和日俄关系，一方面审慎地静观事态的发展，等待去走最有利自己未来的每一步棋。俄国政府这种见风使舵，坐山观虎斗的做法还可以从俄国外交大臣吉尔斯致驻北京公使的信函中得到证实。吉尔斯说："无论如何，帝国政府遵循的目标是不为远东敌对双方任何一国的一面之辞所乘，也不被他们牵累，而对此局势有偏袒的看法。类似的行动方式，不仅有失我们的尊严，甚至可以限制我们将来行动的自由。"② 甲午中日战争爆发，俄国虽立"旁观"之地位，但他并非真正要袖手旁观了。俄国政府的所谓"旁观"只是希望在远东保持一个平衡状态，即他国之间互相牵制，而不使一国控制远东的局面。可是这种平衡状态一旦将被打破，一旦某国势力有所增强，俄国政府就绝不会继续保持沉默，就绝不会容忍局势的继续发展。对俄国来说，沉默与容忍是有限度的，"旁观"也只不过是一种权宜之计。而对中日双方进行某种戒备和压制在俄国政府看来是十分必要的。其实，早在甲午战争之前，俄国政府就在窥视着中国。俄国对中国的防备主要在于制止中国"把朝鲜的内政抓在手里，从而使此国成为中国的一省"③。俄国政府深知，

① 中国近代史资料丛刊：《中日战争》第七册，第232页。
② 同上书，第281页。
③ 同上书，第211页。

如果清朝政府控制了朝鲜，那么俄国"在南乌苏里边区的地位将非常危险"①，这对俄国是极为不利的。所以俄国政府为此而嫉恨中国。尽管它表面上怎样好言相慰，以示对中国的友好态度，但这丝毫不妨碍它对中国的多方压制。在对待中国政府的具体方针上，俄国政府在其容忍的程度之内可以宽容，但一旦超越了这种程度，它就绝不默认。俄国政府曾指出："在我们与中国的广大边界上可以随便地找到此类压迫方式，尤其是在中国西部，因为中国在那里的统治还不稳固。"② 在这里可以看到俄国政府要对中国采取的军事行动和政治攻势。另外，为了压制中国，俄国在某种程度上也设法利用日本的力量牵制中国，甚至竭力支持日本与中国的武装较量，从而助桀为虐，事实上成为日本侵略中国的纵容者。

对中国如此，对日本也是如此。俄国政府虽然不敢与日本政府公开为敌，但是看到日本政府的进逼态度，也曾向日本政府发出忠告："日本现今对于朝鲜所要求之让与果系何种？且不论其让与如何，苟违犯朝鲜国以独立政府与列国所缔结之条约时，俄国政府决不能认为有效。"③ 显然这是在压制日本的行动，不愿让日本控制朝鲜。甲午战争爆发，日本在军事上取得优势后，俄国政府感到这对自己是个威胁，故从"旁观"之立场一转，又开始活动来促使双方的和谈，以阻止日本在战争中取得全胜。后来战争局势超越了俄国政府的希望，俄国政府于是决定，除了加强其太平洋舰队以威胁日本之外，还拉拢法国等共同压迫日本，要求日本在未来的中日谈判中不得"侵犯"俄国的"重要利益"。俄国驻东京公使被授权通知日本政府说："现在日本向中国要求割地是当然之问题，而俄国欲在太平洋沿岸获得自由通路亦非一日"，因此，如果"日本要求割让台湾，俄国对此毫无异议。若日本放弃岛国之地位向大陆扩张版图，则决非上策"。俄国公使还强调说：日本若"割取大陆土地，在欧洲各国中会有提出异议的"④。这就明确告诉日本，俄国政府愿意用牺牲中国领土台湾的办法与日本达成交易，以确保俄国在朝鲜和包括渤海湾的旅顺、大连在内的中国东北地区的利益。中日双方在马关议和期间，俄国政府反复向日本暗示，中

---

① 中国近代史资料丛刊：《中日战争》第七册，第 211 页。
② 同上书，第 214 页。
③ 同上书，第 148 页。
④ 陆奥宗光：《蹇蹇录》，第 172 页。

国东北和朝鲜是沙俄的势力范围，警告日本不得染指。当俄国政府正式得悉日本提出的议和条件，包括要中国割让辽东半岛时，当即作出两项重要决策：一是所谓"劝告"日本放弃割占辽东半岛，"决不可让日本渗透到中国的心脏而在辽东半岛攫得立足点"①。如果遭到日本拒绝，俄国就有"行动的自由"，即采取任何必要的行动——包括轰击日方港口——以取得日本同意；二是照会其他列强和中国，俄国为了"保卫"自己的"利益"，坚决要求日本退出辽东半岛。这样俄国和日本之间的矛盾斗争就趋于白热化。中日甲午战争结束，日本战胜中国，签订了《马关条约》，割辽东半岛给日本。俄国见此情形，便亲自诱引法、德两国进行干涉，劝告日本退还辽东半岛，如不应允，即"对日本在海上采取共同军事行动。"② 在俄、法、德三国的共同压迫下，日本被迫向中国索取了三千万两"赎辽费"，退还了辽东半岛。辽东半岛从纸面上看是"赎"回来了，但是没过多久，俄国政府就以"租界"为名霸占了辽东半岛的主要港口旅顺和大连。可见，俄国政府插手干预，根本不是它对中国的什么"友谊"，而是要把辽东这块肥肉留下自己享用。

俄国在甲午中日战争中不是也不可能是一个公允的调停者。它的所有对华对日政策都是以自己攫取最大利益为转移的。为此俄国政府在甲午中日战争中一直玩弄惯用的阴谋诡计，进行外交上的投机。这就是所有帝国主义列强对外政策的实质所在。

原载《辽宁师范大学学报》1990 年第 5 期

---

① 亚尔莫林斯基编：《维特伯爵回忆录》，第 65 页。
② 孙瑞芹译：《德国外交文件有关中国交涉史料选择》第一卷，第 29 页。

反帝反封与排满革命

20 世纪初年，资产阶级革命派在寻求拯救祖国、振兴中华的道路上，吹响了"排满革命"的战斗号角。"排满革命"的口号作为资产阶级革命思想形成的标志之一，同半殖民地半封建中国的资产阶级民主革命的双重任务——反帝、反封建，有着密不可分的内在联系。

一 "排满革命"口号是资产阶级革命思想形成的重要标志

何为"排满革命"？一言以蔽之，就是要用暴力革命的手段彻底推翻反动腐朽的封建清王朝，在中国建立资产阶级的民主共和国。"排满革命"的口号是资产阶级革命派提出来的，这一口号的提出是资产阶级革命思想形成的重要标志之一。

"排满革命"思想的形成有着一个发展过程，我们大致可以把它分成三个阶段。孙中山先生曾经说："余自乙酉中法战败之年，始决倾覆清廷、创建民国之志。"① 这说明到了中法战争期间，孙中山先生有了推翻满清王朝的思想。正是由于中法战争的结果，中国方面的"不败而败"，才对孙中山这位年轻的爱国志士产生了深刻的影响。对他认识清王朝的反动本质起了重要作用，这就使孙中山有了"倾覆清廷"的决心。不难看出，孙中山此时已经开始萌发出"排满革命"的初步想法。但是由于对清政府反动本质认识肤浅，甚至对其还抱有幻想，当时的思想具有一定的局限性，所以这一时期并没有革命的实践活动。我们可以把这个时期看作是"排满革命"思想的发生阶段。到了 1894 年至 1895 年，孙中山上书李鸿章遭到冷

---

① 《孙中山选集》上卷，第 168 页。

落,同时中日甲午战争爆发。日本侵略者的猖狂进攻,清朝军队的节节败退,中国被瓜分的危机迫在眉睫,这一切使孙中山更加认清了清王朝的腐朽本质,促进了"排满革命"思想的向前发展。这时孙中山领导成立了兴中会,提出了"驱逐鞑虏,恢复中华,创立合众政府"的纲领。这一纲领清楚地包含着"排满革命"的思想内容。"排满革命"思想体现在革命团体的纲领里,无疑是这一思想向前发展的重要标志。兴中会纲领的提出,使"排满革命"思想进入了发展阶段。这一阶段"排满革命"的思想又同革命的实践结合起来,出现了1895年的广州起义。当然这一时期"排满革命"思想的影响很小,还不能被更多的人所接受,还没有公开提出"排满革命"的口号。到了20世纪初年,形势发生了新变化。戊戌变法的失败,义和团的被镇压,《辛丑条约》的签订,这一切都给爱国者以沉痛的教育。面对着国家的灾难,更多的人觉醒起来。孙中山先生说:"清廷之威信已扫地无余,而人民之生计从此日蹙,国势危急,岌岌不可终日,有志之士,多起救国之思,而革命风潮自此萌芽矣。"① 民族危机的日益严重,国家危亡迫在眉睫,这时具有爱国之心的有志之士为祖国前途担忧,他们继续寻求着拯救祖国的道路。此时尤为突出的是出现了小资产阶级知识分子群。在这些知识分子中,普遍而又强烈地表现出反侵略、反卖国、反封建的爱国主义思想。他们不仅具有很高的爱国热情,而且大多数人走上了革命的道路。他们留学海外,想通过学习外国,探索救国的新途径。他们在国内外办了很多革命的刊物来大力宣传革命的思想。他们"明白揭示以民族主义为宗旨,以破坏主义为目的"②。这里的"民族主义"和"破坏主义"正是指"排满革命"。正是在小资产阶级知识分子群的这种思想基础上,到了1903年,资产阶级革命派公开提出了"排满革命"的响亮口号,从而"排满革命"思想发展到成熟阶段,并成为革命思想形成的一个重要标志。

之所以当时革命派公开提出了"排满革命"的口号,只要认真阅读一下当时革命者所写的文章,就不难断定,其主要原因就是由于帝国主义的疯狂侵略和清王朝的反动腐朽。

---

① 《孙中山选集》上卷,第174—175页。
② 冯自由:《革命逸史》初集,第102页。

《辛丑条约》签订以后，帝国主义侵略中国的步伐不是缓慢了，而是进一步加快了，其手法也更加阴险了。列强已经不十分热衷于采取军事侵略的方式，而是改用"保全主义"、"以华治华"这样狡诈、毒辣的手段。他们想利用清政府作为瓜分和主宰中国的工具，从而使自己获得更多的利益。正像《警世钟》上说："各国就是瓜分了中国之后，必定仍旧留着满洲政府压制汉人。"① 清政府这时完全堕落为洋人的朝廷。他们为了保全自己的统治，不惜出卖国家和民族利益，甘愿充当帝国主义奴役中国的忠实走狗，他们奉行"量中华之物力，结与国之欢心"、"宁赠友邦，不与家奴"这一彻底投降帝国主义的大政方针。清政府只图苟全一己，"件件依了洋人，你道可恨不可恨！"② 面对国内外的两个大敌，革命派认为："外人不过间接以亡我，而政府乃直接以亡我。"③ 所以要"欲御外侮，先清内患"④，应该采取"欲思排外，不得不先排满，欲先排满，则不得不先以革命"的革命方略，也就是要高举起"排满革命"的大旗。当时有很多文章都大力宣传和鼓吹"排满革命"，用不同的语言表达了这一思想。有的说："暴动而后能有所创立，有所成就"⑤；有的说"外拒白种，内覆满洲"⑥。资产阶级革命派面对现实，走向"排满革命"的道路，就当时来讲，能做到这一点是难能可贵的。

"排满革命"口号此时之所以成为革命思想形成的标志之一，我们可以从两个方面来说明。首先，1903年"排满革命"口号公开提出后，它为更多的人所接受。"排满革命"在其发生和发展的阶段里，只有像孙中山这样的高明之士才具有这样的思想，更多的爱国者还没有主张革命的要求，更欣赏走改良主义的道路。到了20世纪，客观形势的变化，中国危亡的加深，才促使更多的人接受了"排满革命"思想。孙中山先生回忆这一段时，就谈到过前后的变化。他认为1900年前传播革命的思想非常艰难，

① 《陈天华集》，第76页。
② 同上书，第31页。
③ 《论中国之前途及国民应尽之责任》，载于《辛亥革命前十年间时论选集》第一卷上册，第461页。
④ 《革命军》，载于《辛亥革命前十年间时论选集》第一卷下册，第665页。
⑤ 同上书，第641页。
⑥ 《为外人之奴隶与为满洲政府之奴隶无别》，载于《辛亥革命前十年间时论选集》第一卷下册，第527页。

在国内外都没有多少赞成革命的人。革命派主张革命、宣传革命、搞武装起义被看作是乱臣贼子，大逆不道，到处是诅咒和谩骂，把革命派看成是毒蛇、猛兽。《辛丑条约》签订后，情况发生变化，开始有更多的人赞同和同情革命，知识分子队伍显得特别突出。有识之士对革命没有发动起来表示叹息，"前后相较，差若天渊"①。正是因为有更多的人接受了革命思想，此时才真正形成了浩浩荡荡的革命大军。其次，"排满革命"口号中，包含了进行资产阶级民主革命的两项重大任务——反帝反封建的任务。关于这一点，我们将在下面两个问题中进一步阐述。

二 "排满革命"与反帝的关系

对于"排满"的口号，有人一直认为它不过是明末清初以来"反清复明"口号的继续罢了，它反映的不过是满汉两个民族之间的矛盾，反映的内容不过是地主阶级反满派的夷夏之防而已。所以认为"排满革命"的口号并不具有反对帝国主义的性质。

事实上"排满"确是一个古老的口号，它经历了从清初的"反清复明"，到清朝中叶农民阶级的反封建斗争，一直到革命时期资产阶级革命派提出的"排满革命"。但是我们必须认识到由于社会矛盾的变化，"排满"口号内容的实质并不是固定不变的。尤其对于辛亥革命时期的这一口号，不能只按传统的观念去附会，更不能仅就字面来理解。作为革命的口号，它同革命的纲领是不同的。它不能像纲领那样把革命的任务、对象、动力、目标统统包括进去。口号本身做不到这一点，它只能是根据不同的历史条件，根据社会的主要矛盾，反映其中的一个主要方面，或者某一方面的一个侧重点。因而只对社会主要矛盾进行具体分析，然后找出口号与它的内在联系，这样才能掌握口号本身所反映的全部内容。

历史进入20世纪，我国的主要矛盾无疑是帝国主义同中华民族的矛盾。但是这个矛盾的表现形式变化了，它不再表现公开的军事冲突，而是采取"以本国治本国，而彼但总挈其要辖"②的新手法。这样一来，清政

---

① 《孙中山选集》上卷，第174页。
② 《四客政论》，载于《辛亥革命前十年间时论选集》第一卷下册，第506页。

府作为帝国主义的代理人充当了帝国主义奴役中国的工具。可见，清政府同人民大众的矛盾不仅仅是人民大众与封建主义的矛盾，更体现着这一时期的主要矛盾——帝国主义与中华民族的矛盾。而资产阶级革命派正是抓住了这一时期主要矛盾的特殊表现形式，从而提出了"排满革命"的口号。可见这一口号所包含的全部内容同传统的"反满"口号绝非相同。

我们纵观中国近代史，正如毛泽东同志所说，这一历史过程是"帝国主义和中国封建主义相结合，把中国变为半殖民地和殖民地的过程，也就是中国人民反抗帝国主义及其走狗的过程"[1]。自从鸦片战争之后，由于帝国主义的侵略，中国就开始一步步地走向了半殖民地和殖民地深渊。也正是从这时起，凡是爱国志士，他们要拯救祖国，就无不具有反抗外国侵略者的思想。从地主阶级经世派的"制夷"思想，到早期改良派的"反侵略思想"，一直到资产阶级维新派以"救亡图存"为目的的改革主张，这一切完全表明了在近代中国要挽救处于灾难中的祖国，不可能不去反对外国侵略者，因为中国之所以走向了苦难的深渊，这完全是帝国主义侵略造成的。

19 世纪末时，资本主义进入了帝国主义阶段，开始了更疯狂的对外扩张。进入 20 世纪，中国资产阶级革命派开始成为中国显赫而又独立的政治力量。这支革命劲旅中的一些重要革命家面对帝国主义对外掠夺的罪行，进行了前所未有的揭露和批判。

中国在帝国主义的铁蹄蹂躏下，其悲惨之状是目不忍睹的："呜呼，今日之中国，其世界列强竞争角逐焦点哉。英也、俄也、法也、德也，咸眈眈焉孜孜焉，蓄神出鬼没之阴谋，施巧取豪夺之手段，思逞其大欲于我者，无时而或已也。反而自镜，则如庞然一巨像，横卧于亚东广漠之野。有悍鹫焉，来而攫其首吸其髓；有强狮焉，来而裂其腹抓其脏；有饿狼焉，伺其旁而啗其足；又有猛虎焉，乘其窘而唉其肩。彼庞然巨物者方奄奄一息，仅余残喘，以待命于噬者之果腹焉。"[2] 像陈天华那样反帝勇猛的革命志士看来，这帝国主义的践踏"不但是亡国罢了，一定还要灭种"[3]。帝国主义一来，中国人就都成了"那洋人畜圈里的牛羊，锅子里的鱼肉，

① 《中国革命和中国共产党》，载于《毛泽东选集》第二卷，第 595 页。

② 《中国之改造》，载于《辛亥革命前十年间时论选集》第一卷上册，第 416 页。

③ 《陈天华集》，第 73 页。

由他要杀就杀，要煮就煮，不能走动半分。唉！这是我们大家的死日到了！"① 面对这些血惨惨的现实，陈天华向全国人民大声疾呼要反抗、要斗争，"读书的放了笔，耕田的放了犁耙，做生意的放了职事，做手艺的放了器具，齐把刀子磨快，子药上足，同饮一杯血酒，呼的呼，喊的喊，万众直前，杀那洋鬼子"②，并激励人民不要把洋人看得太重，"其实洋人也不过是一个人，非有三头六臂，怎么说不能敌他！"③ "只要我们全国皆兵，他就四面受敌，即有枪炮，也是寡不敌众。"④ 并决心以死来保卫自己的国家，"须知这排外事业，无有了时。各国若想瓜分我国，二十岁以上的人不死尽，断不任他瓜分。"⑤

但是资产阶级革命派为什么不直接提出反帝口号，却用"排满革命"来代替它呢？这除了资产阶级革命派的软弱之外，还有一个重要方面就是我们前面已经提到过的，那就是清王朝完全代替了帝国主义来奴役、欺压和剥削中国人民。大多数革命者虽然对帝国主义认识的程度是有限的，但是大多认为清王朝已经成了货真价实的"洋人的朝廷"了。"你道今日中国还是满洲政府吗？早已是各国的了。那些财政权、铁路权、用人权一概拱手送与洋人，洋人全不要费力，要怎么样，只要下一个号令，满洲政府遂立刻奉行。"⑥ 孙中山先生讲："倘无满清之政府为之助桀为虐，吾民犹得便宜行事，可以拼一死殉吾之桑梓。彼外国知吾民之不易与，不能垂手而得吾尺寸之地，则彼虽贪欲无厌，犹有戒心也。今有满清政府为之鹰犬，则彼外国者欲取我土地，有予取予携之便矣。故欲免瓜分，非先倒满洲政府，别无挽救之法也。"⑦ 这里说得极为清楚明白，革命就首先要推翻清政府，也只有推翻它，才能免遭列强的瓜分。这里间接地蕴涵了反对帝国主义侵略的意义。毛主席对此作了科学的论述："辛亥革命是革帝国主义的命。中国人民所以要革清朝的命，是因为清朝是帝国主义的走狗。"⑧

① 《陈天华集》，第60页。
② 同上书，第71页。
③ 同上书，第49页。
④ 同上书，第71页。
⑤ 同上书，第86页。
⑥ 同上书，第76页。
⑦ 《驳保皇报书》，载于《孙中山全集》第一卷，第234页。
⑧ 《唯心历史观的破产》，载于《毛泽东选集》第四卷，第1402页。

正为如此，我们说，"排满革命"的口号包含着反对帝国主义的思想内容，两者不仅不是毫不相干，反而是密不可分的。这就是结论。

资产阶级革命派能够认识到清王朝同帝国主义狼狈为奸，勾结在一起奴役中国人民，并把推翻清王朝作为斗争的直接目标，这一认识和以前的爱国志士相比，无疑是达到了一个新的高度。"排满革命"思想对辛亥革命能够推翻清王朝、赶跑皇帝给予了正面指导，它在革命实践中的历史作用是丝毫不能忽略的。正因为要给予它科学的评价，我们对其另一个侧面——其历史的局限性就不能不加以必要的阐述。

资产阶级革命派作为资产阶级中下层的政治代表，它有着一个致命的弱点，那就是它的软弱性。资产阶级中下层既同帝国主义有矛盾，又在某种程度上不得不依靠帝国主义；他们既感到人民群众是一股革命力量，又不敢放手发动群众，瞧不起群众。这样在它与帝国主义斗争的时候，就不可能有充分的力量。自感实力不足，就不可能进行彻底的反帝斗争。所以资产阶级革命派不敢直接提出反帝的口号，不敢直接排外，而是绕着圈子来排外，这样怎么能给帝国主义以沉重而又有力的打击呢？

不仅如此，由于资产阶级中下层在某些时候还要依靠帝国主义，所以他们的政治代表资产阶级革命派对帝国主义无时不是存在着幻想的，甚至认为帝国主义是可以帮助和同情自己的。孙中山对帝国主义的幻想始终没有消除过。同盟会竟然打着"世界和平"的旗号，希望外国赞成中国的革新事业。可见资产阶级革命派对帝国主义的本性显然缺乏理性的认识，更没有把它作为中国进步的第一大敌，反而认为中国之所以招致列强的侵略，根本原因在于清王朝的腐败，使中国失去自立于世界的能力，于是就把民族仇恨集中在清政府身上，认为推翻清政府既可以强国，又可以得到帝国主义的敬佩。孙中山就说："若人心日醒，发奋为雄，大举革命，一起而倒此残腐将死之满清政府，则列国方欲敬我之不暇，尚可有窥伺瓜分之事哉？"[1]

总之，资产阶级革命派提出的"排满革命"口号，是包含着反对帝国主义的内容的。但这种反帝是不彻底的，带有幻想性，是以不直接打击帝国主义而要达到反帝目的的，这也许就是资产阶级革命派所讲的"文明排

---

[1] 《驳保皇报书》，载于《孙中山全集》第一卷，第 234 页。

外"吧。但事实上，用文明排外来反对帝国主义，完全是儿戏。辛亥革命没有最终达到反帝的目的，不能说与不直接反帝的口号——"排满革命"无关。资产阶级革命派对革命只能认识到如此程度，革命斗争只能进行到如此程度，这既是客观的实在，又是历史的必然。想让资产阶级革命派来领导中国资产阶级民主革命取得最终胜利，无论如何是办不到的。在反帝上如此，在反封建上同样存在着这样的两重性。

三 "排满革命"与反封建的关系

我们前面谈到，不能脱离当时社会的主要矛盾去谈"排满革命"这一口号，尤其不能把它同明末清初的反满思想混为一谈。在明清之交，反满斗争是地主阶级内部争权夺利的斗争，这种斗争不是要推翻封建统治，却是要由哪个民族的地主阶级来掌握政权从而维护和巩固封建的国家机器。这与资产阶级革命派有着本质的不同。资产阶级革命派用"反满"这一口号的外部形式，却赋予它以新的内容。虽然在资产阶级革命派的队伍里不乏有反满不反封建的人存在，但以孙中山为首的资产阶级革命派代表其主流，他们公开鼓吹"天赋人权"、自由、平等、博爱，蔑视上下尊卑等封建伦理纲常。他们憎恨封建统治黑暗，诅咒和鞭挞封建专制制度的罪恶。革命派在中国开始进行一场伟大的革命，这场革命就是资产阶级民主革命，而资产阶级民主革命又是以推翻封建制度、建立民国为奋斗目标的。

清王朝不仅是一个媚外的朝廷，它同时又是一个封建的朝廷。民族压迫，归根结底就是阶级压迫；满汉两族的矛盾归根结底就是阶级矛盾。"排满革命"是由于满汉封建统治者联合起来统治广大汉族人民而引起的。由于最高统治者是清王朝，而且这个反动王朝又确实进行着残酷的异族统治，这样就很容易用民族矛盾掩盖实质性的矛盾——阶级矛盾。然而资产阶级革命派对此是比较清楚的。他们反对清王朝，在其根本上是反对反动的封建专制制度。可见，我们绝不能忽略"排满革命"口号中的另一个实质问题——反对封建专制主义的问题。

资产阶级革命派高举着资产阶级民主革命的大旗，把反封建作为自己的一项革命任务，这是不容置疑的。

蔡元培先生曾经说，满人这个名词，是代表特权的记号。这个特权包括世袭君主、驻防各省和剥削他人。所以反满就是为了反对这些特权，"故近日纷纷仇满之论，皆政略之争，而非种族之争也"。① 这里把问题说得很清楚，"反满"实质是反对封建特权。蔡元培又说："自欧化输入，群知人为动物进化之一境，而初无贵种之别，不过进化程度有差池耳，昔日种族之见，宜若为之消释。而仇满之论，反炽于前日者，以近日政治思想之发达，而为政略上反动之助力也。盖世界进化，已及多数压制少数之时期，风潮所趋，决不使少数特权独留于亚东之社会，此其于政略上所以有仇满之论也。"② 随着西方文明的输入，种族之见不但没有消释，反而仇满比先前更为强烈，这不过是因为要消灭少数人的特权——封建制度罢了。

同盟会成立以后，资产阶级革命派更加重视政治革命，也就是更加明确了资产阶级民主革命所要完成的反封建任务，这时在权衡"民族革命"和"政治革命"的时候，革命派提出应"重政治而轻民族"③。不难看出，资产阶级革命派此时对资产阶级民主革命的反封建任务认识的更加清楚了。

尤其是孙中山先生在这方面的认识是比较高明的。他在《在东京〈民报〉创刊周年庆祝大会的演说》一文中系统地阐述了这一问题。他说："将来民族革命实行以后，现在的恶劣政治固然可以一扫而尽，却是还有那恶劣政治的根本，不可不去。中国数千年来都是君主专制政体，这种政体，不是平等自由的国民所堪受的。要去这政体，不是专靠民族革命可以成功。试想明太祖驱除蒙古，恢复中国，民族革命已经做成，他的政治却不过依然同汉、唐、宋相近。故此300年后，复被外人侵入，这有政体不好的原故，不是做政治革命是断断不行的。研究政治革命的功夫，熬费经营。至于着手的时候，却是同民族革命并行。我们推倒满洲政府，从驱除满人那一面说是民族革命，从颠覆君主政体那一面说是政治革命，并不是把来分作两次去做。讲到那政治革命的结果，是建立民主立宪政体。照现在这次的政治论起来，就算汉人为君主，也不能不革命。"④ 这段话孙中山先生把"民族革命"和"政治革命"结合起来，其实质就是在进行民族革

---

① 《释仇满》，载于《辛亥革命前十年间时论选集》第一卷下册，第678页。
② 同上书，第679页。
③ 《绝命书》，载于《辛亥革命前十年间时论选集》第二卷上册，第155页。
④ 《孙中山全集》第一卷，第325页。

命的同时，完成政治革命的任务。而政治革命的任务是主要的，是本质的东西。所以"排满"并非等于历史上的民族革命，它是以推翻封建制度，砸碎旧的封建国家机器这个政治革命为核心的。如果忽略了这个核心，革命的根本问题就得不到解决，那么"排满"即使取得"胜利"，也不过像明太祖驱除蒙古一样，其君主政体依然存在。以孙中山为首的资产阶级革命派丝毫不需要这种虚伪的、毫无意义的"胜利"。

后来章太炎在《排满平议》一文里也系统地阐述了这一思想。他说："是故排满洲者，排其皇室也，排其官吏也，排其士卒也。若夫列为编氓，相从耕牧，是满人者，则岂欲剚刃其腹哉？或曰：若是，则言排政府足矣，言排满何为者？应之曰：吾侪所执守者，非排一切政府，非排一切满人，所欲排者，为满人在汉之政府。而今之政府，为满洲所窃据，人所共知，不烦别为标目，故简略言之，则曰排满云尔。……满人之与政府相系者，为汉族所当排；若汉族为彼政府用，身为汉奸，则排之亦与满人等。近世革命军兴，所诛将校，什九是汉人尔。游侠刺客之所为，复不以满人、汉人为别。徐锡麟以间谍官于安庆，适安徽巡抚为恩铭，故弹丸注于满人之腹。令汉人巡抚，可得曲为赦宥邪？吴樾所刺，满人、汉人则相半。谁谓汉官之暴横者，吾侪当曲以相容乎？"[1] 照章太炎的解释，"排满"并不是反对一切满洲人，而是要推翻包括满汉封建官吏在内的清政府和封建制度。因为满族皇帝是中国最大的封建地主，清王朝是封建地主阶级的国家机器，代表最落后、最腐朽、最反动的生产关系，所以从这个意义上讲，"排满"就是反封建。在当时的历史条件下，正如不"排满"就不足以言反帝一样，不"排满"就不足以反封建。

资产阶级革命派把清王朝作为封建朝廷看待，并决心推翻它，这同资产阶级改良派相比是一个巨大的飞跃。资产阶级改良派虽然对清王朝，对君主专制也曾有过批判，但是最终还是投靠到清王朝的怀抱。改良派认为中国应该走君主立宪的道路，要靠清王朝，要靠皇帝来挽救中国。改良派迷信20世纪初清王朝搞的所谓"新政"，认为清王朝会给中国带来希望。这种改良主义的道路遭到了彻底的失败。但资产阶级革命派对此的看法是完全相反的，他们认为清政府是不可能放弃自己的利益搞什么"新政"。

———————————

① 《辛亥革命前十年间时论选集》第三卷，第51页。

搞"新政"不过是要掩盖着人们的耳目，缓和国内的阶级矛盾，为了更好地维护其统治罢了。漫说是统治者不会作任何让步，即便真是有个统治者要这样做，事实上也办不到，因为这不是一个人的利益问题，而是整个统治阶级的利益所在。正像宋教仁所说："西太后纵发大慈悲，其能舍己从人，而行此上背祖宗成法，下削子孙权利之非常举动耶。且西太后纵能行之，而此二百万之通古斯人，其皆能降心相从以让人耶。"① 可见，革命派断定，改良派赞赏的"新政"也好，"预备立宪"也好，只能是形式上的鬼把戏，根本不会有什么好结果。要想改造中国，只有靠革命的手段。

"排满革命"的口号，是一个反封建的口号。但是历史是在矛盾中发展的，一个具体的事物也无不存在着自身的矛盾，否则就将是不可思议的了。"排满革命"口号的本身同样存在着它自身的历史局限性。我们说"排满"口号本身是正确的，但这并不意味着当时所有关于"排满"的文字宣传都是正确无误的。在这些形形色色的"排满"宣传品中，确实充塞着大量的封建性极为浓厚的大汉族主义，大量的关于我国民族关系的歪曲陈述，以及许多轻视以至污辱兄弟民族的言词。邹容曾经讲："驱除居住中国之满洲人，或杀以报仇"，"不许异种人沾染我中国丝毫权利"。"中国为中国之中国，我同胞皆须自认为自己的汉种中国人之中国"②。从中可以看出革命党人的大汉族主义是何等严重，革命者这种把少数民族看成是异邦的大汉族主义思想是应当给予批判的。

由于过去强调反满以及大汉族主义的宣传，就使得"排满革命"的口号造成一个极大的消极因素，这个因素给资产阶级民主革命带来了严重的恶果，那就是使得很多人还不能真正从理论上认清资产阶级民主革命的任务，还看不清革命的敌人。由于只把满族作为攻击的主要目标，所以放走了帝国主义和汉族统治阶级这两个重要的敌人。这样在辛亥革命赶走了皇帝之后，革命派就不得不向帝国主义和汉族统治者妥协投降。此外，由于着眼点放在"排满"，也就陷入了狭隘的种族主义中去。有的资产阶级革命派却说："满人为我同胞之公敌，为我同胞之公仇。"③ 可见，由于他们在事实上没有区别满洲统治者和满洲人民，所以只能对五百万满洲种族的

① 《清太后之宪政谈》，载于《辛亥革命前十年间时论选集》第二卷上册，第70页。
② 《革命军》，载于《辛亥革命前十年间时论选集》第一卷下册，第675页。
③ 同上。

人民统统加以反对。甚至有人完全陷入了混乱，竟认为即使清王朝实行民主改革，也必须推翻它。这显然是离开了资产阶级民主革命的轨道，而完全纠缠在民族的瓜葛之中。

综合上述，我们说"排满革命"的口号之所以作为资产阶级革命思想形成的标志之一，就是因为这一思想不但被更多的人接受，而且它反映了资产阶级民主革命的主要任务——反帝反封建。资产阶级革命派正是要完成反帝反封建的任务，从而提出了"排满革命"的口号，它之所以包含反帝反封建的内容，是因为清王朝是媚外的朝廷、是封建的朝廷。要反帝反封建，就要推翻清王朝，也就是要进行"排满革命"。资产阶级革命派提出的这一口号是抓住了问题的关键，它与往昔的"反清复明"有着本质的区别。

当然这一口号有着历史的局限性。资产阶级革命派作为资产阶级中下层的政治代表，它本身具有不可克服的软弱性。由于它看不清广大人民的力量，蔑视人民大众，所以没有力量真正进行反帝反封建的革命斗争；又由于他们所代表的资产阶级中下层同帝国主义、封建势力有着某种经济上的联系，因此他们不但不敢公开提出反帝反封建的口号，反而在某种程度上，还对外国帝国主义和本国汉族封建势力抱有幻想，向他们妥协。正是这个原因，资产阶级革命派领导的资产阶级民主革命也只能是做到了在真正意义上的"排满"——赶走清朝皇帝，但是其"排满革命"的实质内容——反帝反封建，又是完全做不到的。辛亥革命最终失败是历史的必然。这是不容怀疑的，事实正是如此。

但是"排满革命"的口号在革命的实践中，所起的历史作用，我们又不能因革命的失败而全面否定。革命者的反满宣传加速了清王朝的瓦解过程。清政府当时在人们心目中是一切黑暗势力的罪恶渊薮，许多人所关心的就是要推翻清政府。反满宣传吸引了更多的群众去参加斗争，并得到一部分地主阶级知识分子的响应，清王朝越发陷入了孤立，并且最终导致了覆灭，从而结束了中国两千多年的帝制统治。这样的历史功绩无论如何不能抹杀。

原载《通化师院学报》1988年第2期

史 评 篇

从思想家的视角深化对左宗棠的研究

左宗棠一生深悟"立德、立言、立功,为三不朽"之古训,在立德、立功的同时,颇重立言,并以所立之言即其思想底蕴来指导其行动,成为一个眼界开阔、思想深邃的兼政治家、军事家、思想家于一身的人物。以往史学界对左宗棠的研究,偏重于其生平事迹的评述,而孙占元近著《左宗棠评传》(南京大学出版社 1995 年 11 月版,以下简称《评传》),则高屋建瓴地从思想家的视角探讨了左宗棠政治、经济、文化、教育、洋务、外交、军事思想之蕴涵,使左宗棠研究得以深化。

研究作为思想家的左宗棠,孙著着力于以下几点:

一 探究传主的思想源流

左宗棠素有做"名儒"的抱负,亦常以"一介寒儒"自称,把自己纳入通儒学的文化人圈内。探究左宗棠的思想源流,既有助于领略中国丰富深湛的古典文化的辉煌与璀璨,亦可了解左宗棠思想与传统思想文化的传承关系,从而反映出中国传统文化的巨大生命力及其久远的价值。作者在探究左宗棠思想过程中,着力对其思想源流进行缜密的探讨,在有关传主的参政思想、忠君爱国思想、利民思想、农本思想、重商思想等章节里,读者会明显地感受到这一点。比如,左氏在青年时代便形成了忧国忧民、经邦治国的强烈参政意识。这种"心忧天下"的政治意识,素为历代思想家和政治家所重视。战国时期的著名思想家孟子就曾指出:"忧民之忧者,民亦忧其忧。"北宋名臣范仲淹说:"先天下之忧而忧,后天下之乐而乐。"清初大儒王夫之说:"忘身以忧天下,则祸未发于天下而忧于吾之所忧也。"这些思想展示了历代圣贤以忧天下为己任的历史责任感。左宗棠出身于"寒素"之家，早年所经历的清贫生活使他对民众的痛苦有比较深刻的认识，进而萌发并逐步形成了"民生为务"的利民思想。而在为政与利民的关系问题上，先秦时期的许多思想家已多有论述，提出了具有积极意义的见解。《评传》述及："孔子说：'君子贵人而贱己，先人而后己，则民作让。'墨子认为：'国家发政，夺民之用，废民之利，若此甚众，然而何可为之？……为政若此，非国之务者也。'管子主张：'政之所行，在顺民心；政之所废，在逆民心。'孟子指出：'民为贵，社稷次之，君为轻，故得乎丘民而为天子。'"① 这些主张构成了古代政治思想的精华，对后来包括左宗棠在内的诸多中国先进分子起到了启迪作用。

二 挖掘传主的思想特质

传统思想文化可塑造国人的灵魂，但因个人的社会生活状态不同，又可塑造出人们不同的价值观念。在中国近代社会，因墨守旧习、闭目塞听、妄自尊大、颟顸昏聩而产生了如倭仁一类的顽固派，也因开放眼界、正视现实、务实进取而产生了如林则徐、魏源、左宗棠这样的改革派。这些改革派和顽固派是中国固有文化造就的。但固有文化又不能造就出模式完全相同的一类人，即传统文化不能完全制约人。正如《评传》所言："无论一个人在学术倾向中是尊崇宋学还是汉学，或者是治今文经学还是古文经学，对其人文化思想的各个层面都不能起到完全的制约作用。"② 所谓传统文化塑造人的不同价值观念，是指塑造人物不同的思想特质。《评传》对左宗棠的思想特质作了有益的探索。

左宗棠一生服膺儒家学说，尤重视程朱理学，并决心"恪以程朱为宗"，但它在思想特质上显示出发奋自强、努力进取的思想个性。左宗棠所以不同于守旧派，是形成其思想特质的诸多原因使然。《评传》对这些原因作了论述。

其一，继承了传统的经世思想。登科取第是封建社会科举制度下知识

① 《左宗棠评传》，南京大学出版社1995年版，第228页。
② 同上书，第330—331页。

分子实现抱负的重要途径，但左宗棠并没有把全部心思用在应科举、做八股上面，而对经世致用之学颇为留意，潜心研读，进而形成自己的经世致用文化观。左宗棠经世致用思想的核心是"穷经将以致用"，展示了他以天下为己任的博大胸怀。《评传》指出：通经致用思想"是左宗棠文化思想中既与儒学传统相联系，又同近代社会实际相结合的'务实'思想。"①

其二，正视危局，力图自强。近代中国面对西学东渐、西力东侵的挑战，先进的中国人不能不摒弃旧习，冲破羁绊，正视现实，以图自强。《评传》认为，左宗棠正是这样一位先进的中国人，他敢于正视社会现实与世界大势，面对强大而又先进的西方世界，极力主张以其为师。左宗棠说："泰西巧而中国不必安于拙也，泰西有而中国不能傲以无也。""谓我之长不如外国，藉外国导其先，可也；谓我之长不如外国，让外国擅其能，不可也。""中不如西，学西可也。"以此来实现"西人之长皆吾华之长"的目的。这种开放虚心而又奋起直追的态度同因循守旧的顽固派形成鲜明的对照。此外，面对殖民者的入侵，左宗棠以朴素的爱国热忱力主抵抗，主张加强国防建设。海防与塞防并重的国防观，代表了左宗棠抵御外国军事侵略的思想主张。

其三，投身社会实践并直接参与洋务活动。左宗棠一贯主张学习与实践相结合，提倡"力行"。他认为："识得一字即行一字，方是善学"，"务实学之君子必敦实行"，"纵读数千卷奇书，无实行不为识字"。左宗棠主张实学，反对不切实用的空疏学风。他以"士之有意用世者，盖欲行其志"作为自己军政实践的指导方针。左氏一生注意实践，丰富的实践阅历促使他成为具有敏锐思想的人。《评传》认为，左宗棠尤为注重洋务活动，他是以"洋务运动的倡导者和推行者的身份在其中发挥了重要的作用"②。作为中国近代企业的开拓者和巨擘之一，他"为中国的近代化立下了创榛辟莽的劳绩"③。其实，左宗棠热心社会实践，参与洋务活动，正是他的"经世致用"思想在其实践中的体现。

---

① 《左宗棠评传》，南京大学出版社 1995 年版，第 298 页。
② 同上书，第 6 页。
③ 同上书，第 1 页。

三　评析传主的功过是非

《评传》的主题是把左宗棠作为思想家进行研究的，同时也对传主的生平事迹作了详细记述。书中辟有"生平篇"，对传主一生的功过是非进行科学分析，并给予恰当的评价。左宗棠作为封疆大吏，在"靖内"方面始终与民众的反清起义为敌；而作为反抗列强侵略的民族英雄，他又能够在"御侮"方面同西方殖民主义者抗争。《评传》认为左宗棠的功绩主要表现在：其一，巩固塞防和加强海防。这是左氏在中国近代史上的重要贡献。收复新疆、索还伊犁是近代中国反对外国侵略斗争的一大壮举。《评传》指出：左宗棠"在中国近代反对外国资本主义侵略斗争中的表现，正是继林则徐之后又一位值得颂扬的民族英雄"①。其二，左宗棠主张学习西方的先进科学技术，"把自造轮船以抵御外来侵略提上议事日程，创办了福州船政局，进而成为中国近代化的倡导者和近代企业的开拓者"②。其三，左宗棠作为一位封疆大吏，注意恢复农业生产，进行盐务和茶务改革，整饬吏治，讲求"劾贪奖廉"与"修明政事"③。这些举措赢得了人们的普遍赞誉。时代造就了左宗棠，左宗棠也没有负于他所处的时代。通过《评传》的描述与评说，一个有血有肉、功过是非清晰可见的历史人物呈现于读者面前。《评传》指出："反对外国资本主义的侵略以争取民族独立、引进西方资本主义的科学技术和机器生产促进中国的近代化，是其功绩；站在人民起义的对立面，维护与拯救清王朝统治的举措，是其过失。"④ 这一评说是客观公允的。

《评传》通过对左宗棠事功与思想之间交映关系的分析，通过对左宗棠政治、经济、文化、教育、洋务、外交、军事等方面思想的论述，清楚地展示了作为一名思想家的左宗棠的风貌。这也正是该书在内容上的成功之处。

不仅如此，《评传》在如何把握传与评的关系上也颇费了一番心思，

---

① 《左宗棠评传》，南京大学出版社1995年版，第463页。
② 同上书，第77页。
③ 同上。
④ 同上书，第1页。

作了有益的尝试。《评传》的运作构思，突出了将左宗棠的生平与思想相联结的特点，力求从思想的角度去评点左宗棠的事功，突破了以往只注重从人物生平层面直接加以评述的做法，从而加大了评的深度与力度。如左宗棠是不是林则徐、魏源思想的继承者的问题，史学界有不同看法，无论是肯定或否定的观点，大都限于表层的论述。该书则通过对左宗棠思想渊源的考察，作了较为深入和客观的评析。书中指出，善于洞悉社会环境、能够跟上时代步伐的历史人物，往往在其共识方面表现出颇为惊人的相似之处，该书传主即是一例。鸦片战争爆发前后，左宗棠不过是一位湖南的乡曲布衣，而他却能以超前意识对"海国故事"探赜索引，自称对"海防形势略能言"，对林则徐有关禁烟、备战的各疏稿赞叹不已，自感"与宗棠策洋议论多有合者"，他后来与林则徐会面与湘江舟中，又在林则徐的"桑梓之邦"创办了福州船政局，还在中法战争之际展读《林文忠公政书》，这些都表明他确为林则徐思想与事业的继承者。左宗棠不仅把魏源所编《皇朝经世文编》置于案头，"一日不可离"，而且对魏源的《海国图志》一书推崇备至，并称自己设厂制造枪炮轮船的举措，乃"魏子所谓师其长以制之也"，这也表明左宗棠确实吸纳了魏氏的思想精髓，且予以弘扬光大。再如左宗棠收复新疆问题，史学界已给予高度评价，充分肯定了左氏是举的反侵略意义。该书在涉及这个问题的研究时，既吸收了已有的研究成果，又独辟蹊径，进一步从左宗棠的行动与心态之间的贯通和交映方面加以剖析，深化了有关研究。

　　《评传》一书分"生平篇"与"思想篇"来评述左宗棠，在体例创新与谋篇布局上有独到之处，但也不可避免地出现前后两篇有重复述及的问题。此外，该书在论述左宗棠时，虽也兼顾与其他人物进行比较，但稍欠深入，不够透彻，这或许可以视为该书的一个薄弱环节。

原载《中国社会科学》1998 年第 2 期

评《人口问题与近代社会》

第二次世界大战以来，西方人口史研究所取得的突出成就，使其日益发展成为当今国际史坛"新史学"的重要组成部分。但在国内，人口问题在过去长期被视为禁区，人口史的研究近乎空白，这与历史悠久、人口众多的中国历史以及当今中国的现代化建设现实显然是不相适应的。20世纪80年代以来，国内史学界开始重视人口史领域的开拓，青年学者行龙便是其中的一位。近年来，行龙发表了数十篇有关中国近代人口问题的学术论文，在此基础上，完成了20万字的专著——《人口问题与近代社会》（人民出版社1992年3月出版）。这部著作的问世，填补了长期被疏忽而又非常重要的学术空白，可喜而可贺。

本书最大的贡献，是从社会史的角度第一次系统而全面地考察了中国近代的人口问题。众所周知，人口问题是中国近代史研究中的一个重大课题，这不仅是因为近代中国承受着沉重的人口压力，而且在于人口问题对半殖民地半封建中国社会的政治、经济、军事、文化等方面都发生过一定的影响。本书并没有停留在就人口论人口的基点上，也不满足于单纯人口数字的笼统统计，而是以"社会"为切入点，将人口问题置放于半殖民地半封建近代社会的大环境中进行考察，着重分析人口与社会发展的关系。全书七章，即"人口数量的演变"、"过剩人口问题"、"人口分布及其流迁"、"人口城市化"、"人口诸种构成"、"近代人口思想述评"、"历史的延续"，都从社会史的角度进行了多层次、多角度的论述，构成了一个结构严谨、首尾贯串的完整体系。毋庸讳言，在此之前国内外并无专门的中国近代人口史的论著出现。少数论文也仅限于人口数量与人口分布的探讨，这部著作不仅大大拓宽了这一课题的研究领域，而且将近代中国人口问题的各个方面勾画出了一个比较全面而清晰的轮廓，自成体系，富于启发。

本书在理论和方法上也富于创新。人口是一个具有许多规定和关系的丰富的总体，人口史则是一门交叉的、边缘的学科。这一学科特征，使理论和方法的正确运用在研究工作中显得非常重要。

自马尔萨斯的人口理论形成后，百余年来，随着人口学和人口史的发展，西方社会的各种人口理论层出迭见，异彩纷呈，然而只有马克思主义的人口理论才是唯一全面而科学的人口理论。本书作者以"两种生产"这一马克思主义人口理论的基石为指导，来探讨中国近代人口再生产与物质资料再生产的关系，以及人口问题对中国近代社会的影响。因而使某些问题具有理论突破的意义。比如，关于人口问题与社会动乱的关系，过去，我们往往把农民起义及各类"民变"笼统归结为封建主义及帝国主义的剥削和压迫，本书将这一问题置放于马克思主义"两种生产"理论的高度来认识。通过对太平天国、秘密会党的发生和发展，以及人口与"民变"关系的分析，得出了"人口过剩不是农民起义与社会动乱根本的、唯一的原因。但最起码也是一种催化剂"的结论。突破陈说，富有新意。在史学方法上，本书尽量吸收了人口学、社会学、统计学等相关学科的方法，计量法、比较法、抽样法等运用得体，这使得具体问题的研究更加深入。

本书在史学与现实的结合上作了有益的尝试。史学必须贴近社会，贴近现实，这是史学的社会功能之一，也是史学的生命力所在。人口问题不仅在中国近代历史上产生过重大影响，而且对中国的社会主义现代化建设有着举足轻重的作用。作者认为，"近代人口是现代中国人口发展的直接基础，半殖民地半封建时期的人口数量、质量、分布、城市化、社会变动等各个方面都可以从现实人口发展中找到轨迹。""研究中国近代人口可以为解决现代化过程中的人口问题提供一定的借鉴。"从历史发展的观点出发，本书设立专章来探讨现代中国人口问题，通过对新中国成立以来人口变动的总结，探讨人口过快增长对社会发展的影响，认为，只有把发展经济放在首位，同时积极控制人口的增长，才能真正解决这一问题。关于中国当代人口问题的探讨，十余年来人口学界取得了巨大的成就，从历史延续的角度探讨中国历史上的人口问题，尤其是半殖民地半封建时期人口问题，必将加深我们对当今人口问题的认识，并作出理想的思考与抉择。

历史人口的资料零散，此前又未作过系统的搜集与调查，作者十年来长期积累，搜集到许多地方志、档案、政书、笔记、家谱、旧报刊等资料，尤其是利用了大量地方志书的资料，这使本书资料翔实，血肉丰满。有些问题正是在发掘史料的过程中提出并进行论述的。比如第五章关于"性别构成"一节，就主要利用了各种地方志的史料，论述男女两性人口的比例失调问题，并利用方志资料论证性别失调对社会生活各方面的影响。

当然，作为一个新的史学领域，作为这一领域的一本专著，它还不可能十全十美。比如本书对 20 世纪 20 年代以后人口问题的论述并未展开深入探讨，有关国外同行的成果吸收得也还不够。但是，这本专著建构了一个较为完整的体系，为进一步讨论和研究打下了基础。人口问题是中国近代社会的重大问题，我们期待行龙继续深化此课题研究，奉献出更多更好的成果。

原载《近代史研究》1993 年第 4 期

评《宋教仁与中国民主宪政》

迟云飞新著《宋教仁与中国民主宪政》一书，是通过 15 年的爬罗剔抉、钩沉稽疑之后完成的一部专著，是作者严谨治学、厚积薄发的结晶。

第一，澄清了宋教仁民主宪政思想的形成过程。迟著指出，宋教仁在同盟会成立之前，虽然已接受民主共和思想，但不够成熟，其思想核心仍然是民族主义。1904 年底，宋教仁到日本。在日本买过多种政治法律方面的辞典、讲义等书籍，并用心研读。1905 年 6 月进日本法政大学学习，对法律产生了浓厚兴趣。1905 年 8 月，同盟会 16 字纲领的提出，是宋教仁确立对民主共和信仰的标志。1906 年初至 1907 年初，宋教仁翻译各国政治法律制度类的文献达几十万字，并在翻译中不时记下自己的见解。1909 年前后，宋教仁形成了对未来共和国具体方案的设想。宋教仁在日本期间，对清末宪政作了系统评论，批判和揭露了清廷宪法大纲的虚伪性及清廷名为立宪实为专制的反动性，同时阐发了他本人对宪政真精神——保证人民的自由权利和参政权的认识。迟著得出结论：宋教仁在黄花岗起义前，就对革命后的约法及政治制度有了较成熟的看法；而在武昌起义前，以注重政治体制为特色的宋教仁的宪政思想已经形成。

第二，探讨了宋教仁与孙中山民主宪政思想的不同。迟著认为孙、宋二人宪政思想的不同体现在三方面：其一，在革命后的政治建设上，孙中山主张要经过"军法之治"、"约法之治"，然后才达到与一般民主共和国相同的"宪法之治"；而宋教仁为避免革命后的武人政治，主张大局初定后立即实行民主宪政，而舍去"军法"、"约法"的革命程序。其二，孙中山主张应有较大权力的总统制；而宋教仁选择了总统不掌握实权、政府受议会制约的内阁制。其三，宋教仁主张英国式的两党制，并自认自己的党更适合组阁，但允许另一个党竞争；而孙中山虽然也曾支持宋教仁组织国

民党，并赞同两党政治，但孙中山的一贯思想却是一党制，并设计在相当
长的时期内不许他党竞争政权。特别是到了晚年，孙中山的政党观又发展
成为"以党治国"，这是较为明确的一党制。迟著在比较孙、宋宪政思想
时，不仅仅注重比较总的结论，更注重分析孙、宋各自的理想以及他们对
宪政的理解和对国情的认识，从多角度多层面进行探索，条分缕析，鞭辟
入里。

第三，详细研究了宋教仁组织国民党的经过。迟著研究分析了在组织
国民党的过程中，孙中山、黄兴和宋教仁的各自历史作用和地位以及宋教
仁组织国民党的曲折与艰难的历程等，并得出结论：国民党是以受过新教
育的知识分子为骨干，以原国民党人为主体，吸收了立宪派人士、武昌起
义后拥护革命或至少愿意接受清朝灭亡现实的少数原清政府官员而组成的
党。迟著还对孙、黄、宋三人在民初对袁世凯的认识和态度作了比较，分
析了三人的异同，展现了宋教仁组织国民党以抵制袁世凯，进而实现其政
党政治理想的伟大情怀。

原载《光明日报》1998 年 4 月 10 日

《东明民俗》序

  民俗作为特定国家、特定民族、特定区域、特定人群的生产和生活方式的一种惯制，它所涵盖的内容是极其广泛的：衣食住行等经济的民俗，婚丧礼仪等社会的民俗，宗教迷信等信仰的民俗，歌舞杂艺等游艺的民俗。这一切几乎渗透在人类生活的各个领域。通过民俗，我们不但可以品味人类的历史和人类的生活，而且可以品味人类生活的质量与情操。所以考察、记述和研究民俗，是一项重要的文化事业。李树艺先生的《东明民俗》① 一书就是一部很有价值的地方民俗的专著。

  李树艺先生青年时代即参与民间俗事的实践，他曾家居农村，目睹耳闻，亲手为人办理红白大事，成为三里五乡的"执客"。李先生退休赋闲后，呕心沥血，历时五载，将亲历、亲见、亲闻的，广泛而又普遍的民俗事象撰稿成书。本书虽然记述的是山东东明的民俗，但也反映了冀鲁豫一带民俗的一般状况。本书既反映了历史又记述了现时，是一幅鲜活的民俗画卷。

  任何国家民族的生活习俗都有优劣之别。由于物质生活条件的限制，文化的限制以及社会历史的演进，习俗的优劣之分，成为任何民族生活习俗的属性，它是不以人的意志为转移的客观存在。《东明民俗》一书也反映了这一事实。这就要求人们必须在社会实践中不断坚持扬弃的观点，坚持本民族好的习俗，并通过不断的移风易俗来改造变革旧有的弊习陋俗。我国是一个文化悠久的古老国家，旧有的生活习俗丰富多彩，自然也有好有坏，有些需要提倡，有些需要改造。我国古代很早就有了"风俗"这个词汇，如《诗·周南·关雎》中就有"美教化，移风俗"的说法。由于风

---

  ① 李树先：《东明民俗》，中国文史出版社 1999 年版。

俗的特殊社会功能，所以古代思想家、政治家们早就具备了"移风易俗，天下皆宁"的认识。

在改革开放的今天，人们的生活一方面向健美、娱乐、审美、新颖的方向转变；另一方面，跟旧思想紧密相连的弊习陋俗在某段时间里也有所抬头。新中国成立以后几乎销声匿迹的一些陋俗近几年又出现了，诸如迷信、赌博、买卖婚姻、大办婚丧红白喜事、吸毒以及奢侈浪费之风沉渣泛起。产生这种现象的缘由很多，而物质与精神的关系问题是其中的一个重要原因。人们的物质生活有了改善以后，还要改善和提高精神生活。但精神生活的改善和提高并不能因物质生活的提高而自然而然地得到提高。如果没有健康文明的精神生活去充实人们，那么以往落后的、不健康的陋习就容易乘虚而入，去占领人们精神生活的领域，作为一种娱乐方式弥补一部分人精神上的空白。有人认为习俗是"民间自我娱乐的形式"。那么这种形式不是好的，就是坏的；不是文明的，就是野蛮的；不是进步的，就是落后的。这就要求人们要用文明、进步的习俗去代替野蛮、落后的习俗。只有这样，社会习俗才能向着健康完美的方向发展。今天进行移风易俗的关键是要在坚持改革开放的前提下，加强道德文明的教育工作，发展经济，发展教育事业，建设高度的社会主义精神文明。只有这样，才能从根本上消除旧社会遗留下来的种种弊习陋俗。所以我们应该抓住当前改革的契机，多方位的在移风易俗上作出新贡献。

原载李树先著《东明民俗》一书的序言，中国文史出版社 1999 年版

辛亥革命 80 周年全国青年学术讨论会综述

为纪念辛亥革命 80 周年，由湖南省政协、湖南省社科院、湖南省历史学会、湖南师范大学等 11 个单位联合举办的全国青年学术讨论会于 1991 年 10 月 9 日至 13 日在长沙举行。来自全国 22 个省市自治区的高等院校、科研机关、文化部门的 94 名代表参加了会议。会上，与会代表思想活跃，自始至终都在热烈的气氛中探索问题，代表们获益匪浅。本次讨论会呈现出如下的特点：

（一）论文内容具体而又广泛

本次会议提交的论文是在 120 多篇论文中评选出来的，质量较高。很多论文着眼于具体问题的微观领域研究，很少空泛的议论。内容涉及政治经济、思想文化、中外关系、政党团体、军事、区域、人物等诸多方面。尤其是关于辛亥革命时期社会史和文化史的研究论文占有相当重的分量，显示出辛亥革命史研究内容的深入和领域的拓展。论文具体内容主要包括：①辛亥革命前后的清政府。②革命志士的阶级属性及资产阶级拟订商法的活动。③立宪运动与留日学生。④孙中山对国情的研究。⑤政党团体研究，如国民党、日知会、民社等。⑥清末民初的政局。⑦华侨与辛亥革命。⑧辛亥革命时期的中外关系。⑨地域史研究。⑩辛亥革命时期的爱国主义精神。⑪人物研究，除孙中山外，还包括胡汉民、汪精卫、梁启超、汤化龙、张謇、袁世凯、徐世昌、谭延闿、李燮和、禹之谟、秦毓鎏、毕永年、锡良、蒋尊簋、程璧光等十多名人物。⑫社会思潮和思想文化研究，如清末启蒙运动与国民思潮、辛亥革命与近代宗教、中西文化观比较、资产阶级的"文艺革命"、无政府主义思潮、民族主义思潮、传统文化的命运、辛亥革命时期的教育等。⑬社会史研究，这是本次讨论会提交论文中的一个重要部分，包括的内容也很广泛，有清末民初的社会心理研究、辛亥革命时期民俗嬗变研究、人口问题研究、城市社会变动及妇女运动等。这是青年学者把辛亥革命史研究扩展到民众阶层，使历史研究更具体、更富形象性，更能反映历史的真实，体现人民群众创造历史的作用。

（二）讨论的问题广泛而又深入

这次会议四个小组的两次讨论和三次大会发言，提出的问题很多。青年学者在小组讨论中，根据个人的研究，通过深入地探讨，阐发了很多重要的学术观点。仅在大会发言中所阐发的重要观点就包括：（1）最后十年的清政府是一个谋求改革的政府，也是一个复杂矛盾的集合体。它的覆亡既是改革的结果，又是长期以来由盛转衰的归结。（2）孙中山由于对中国国情有一定的认识，所以提出的旧三民主义基本反映了近代中国人民反帝反封建的要求。但又由于孙中山对国情认识的不深刻和不全面，所以提出的旧三民主义没能科学、正确地概括民主革命的任务、对象和动力，不能成为民主革命的科学的、正确的革命纲领和指导思想，不能指导民主革命取得彻底的胜利。（3）资政院作为中国第一个全国性议事机构，其组成人员有钦选、民选两大类。民选议员皆为各省咨议局精英，实际在资政院扮演了主角，钦选议员却参差不齐，除部分愚钝无知和顽固守旧者外，也有不同程度认同宪政的人。在民选议员带动下，大多数议员都能据理力争宪政法权，实实在在地进行了类似国会的议场演习，并在资政院解体后仍以各种方式参与了民初政治。清末资政院乃具宪政性质，在近代中国宪政进程中走出了第一步。（4）以过去一直被当作民族资产阶级中下层的典型代表禹之谟为例进行剖析，认为禹之谟所投资创设的小型企业"湘利黔"，与其说是一个近代资本主义工厂，还不如说是一个以家庭血缘关系为核心的扩大了的家庭小手工作坊。与其说禹之谟是一个近代资本家或实业家，还不如说他是一个借创办实业和新式学堂为名的革命家。就阶级属性而言，他和孙中山、黄兴为首的其他革命党人都是整个近代资产阶级的政治代表，并非仅代表资产阶级中下层的利益，并认为，革命党人的阶级属性与革命运动的阶级基础是两个既有联系又有区别的概念，切不要混为一谈。（5）辛亥革命前资产阶级所进行的拟订商法活动，持续了数年之久，是一场有领导、有组织、有明确宗旨的全国规模的民间商业立宪运动。它既是资产阶级促进资本主义发展的一项重要经济措施，又是其争取立法权的首次尝试。配合拟订商法活动，工商业同时进行了有史以来第一次大规模的商事习俗调查，意识到沿袭传统的陈规陋俗，无以立足于竞争日趋激烈的世界商业战场，此对推动资本主义发展不无裨益。(6) 士绅是中国传统社会中的精英群体，他们在清朝最后半个世纪的动态，不仅对清末民初的社会变革产生了重大影响，而且也是近代中国社会变迁的一个折影。因而，探讨清末士绅的群体动态是我们深刻理解辛亥革命前中国国情的一个不可忽略的内容。从教育方面考察清末士绅的演变，可以看到，清末的教育变革使相当的一部分士绅经历了近代教育，但实际上这些短暂的、应急式的法政和师范速成教育，不能改变他们传统的价值观念。它只是给许多士绅提供了新的机会，使之成为地方学务和新政的领导人，从而影响清末民初各地文化教育及社会政治的演变。(7) 近代中国，救亡作为第一课题使许多问题变得复杂迷惑，也使救亡本身变得令时人无所适从。中国资产阶级要担负起救亡图存和开启民智的双重任务，深感力不从心。在当时的有限条件下，资产阶级不可能处理好社会政治运动与思想运动的关系。结果思想革命因政治斗争的急迫而流于浅尝辄止，政治革命又因思想解放的肤浅而不能真正完成。以上所述，不过是挂一漏万的列举而已。

(三) 争论的问题集中而又尖锐

这次研讨会争论问题的焦点集中在辛亥革命的成因和成败问题上。关于成因，有人认为由于民族危机的加深，清政府的腐败、疲沓、无政治常识，以及满汉矛盾的尖锐，使得革命不可避免；有人认为清政府在最后十年推行了一系列的改革，急速的变革使社会剧烈振荡，思想两极分化，新旧互相冲突，民众又反对新政，有的冲突最终又把矛头推向清政府。改革加速了传统社会结构和体制的崩溃瓦解，这一过程来得特别迅猛，清政府无力控驭这样一个新的还处于变动中的社会，所以造成革命的良机，清政府随之成为改革的牺牲品；也有人认为，辛亥革命前是近代中国人口发展的一个波峰，从人口与土地面积、人口与粮食生产的关系可以推断，辛亥革命前"两种生产"比例严重失调，这种失调最终以社会矛盾的形式爆发出来，人口压力对辛亥革命前人民反抗斗争的普遍兴起至少具有一种酵母的作用。加之辛亥革命前夕出现了规模宏大的国内与国外的移民浪潮，这对20世纪初年民众运动的普遍高涨和民主革命的勃兴起到了明显的推动作用，促成了辛亥革命的燎原之势；还有人认为，辛亥革命起因于城市社会自身的变动，城市近代商品经济的勃兴、新式社会群体的组合、政治世俗化趋向的出现、意识形态的民主化倾向、"反清排满"大众心理的形成是导致辛亥革命爆发的根源。关于对辛亥革命结局的评价，主要有两种倾向：一种认为对辛亥革命的评价过低了，持这种看法的人大多主张要充分肯定辛亥革命成功的方面；另一种认为对辛亥革命的评价过高了，持这种看法的人大多认为辛亥革命是一次失败了的革命。前者的基本观点是：(1)打倒了几千年的皇帝，推翻了封建帝制；(2)主权在民的思想开始确立；(3)民主形式已经出现，尽管新建立的中华民国有名无实，但"有了这个名，就是民主主义成了正统"，民主主义是政治近代化的精髓，是一面具有号召力的旗帜，它引导着人们进行反封建的斗争，成为近代中国向更高一级的共和制迈进的阶梯；(4)曾一度出现了和平民主的社会生活，即言论自由、政党政治、实业热潮和文化教育的勃兴；(5)经济有了大发展，颁布了各种法规、条例，建立了完整的工商业部，出现了新式学校，推动了工商业发展；(6)辛亥革命在政治、经济、思想、文化上开创了一个新时代。后者的基本观点是：(1)辛亥革命没有完成民主革命的任务，民国建立后除了形式上的民主外，根本不存在内容和实质上的真正民主，而形式是不能作为评价民主革命的标准的；(2)辛亥革命也不是完整意义上的民族革命，除了在形式上打倒了封建皇帝外，却没有完成彻底反帝的任务，没有解决国家独立和民族存亡的问题；(3)由于启蒙不可能彻底，中国民众政治、文化素质的低下，由于国民性得不到足够的改造和资产阶级民主思想的薄弱，所以任何意义的民主革命最终都不会成功；(4)民族资本主义经济发展水平的有限程度，资产阶级民主派的天性软弱也必然导致革命的最后失败。

此外，讨论会对清政府的新政改革及孙中山让权与袁世凯篡权等问题的评价也引起了争论，提出了各自不同的见解。会议还对如何深入研究辛亥革命进行了讨论，提出要多角度、多层次、多方面具体研究有关问题，以微观研究为基础再进行宏观上的总体分析和概括，同时要注重和加强城市近代化的研究、领袖群体的研究以及社会史和文化史的深入探索。

　　这次全国青年学术讨论会由于有充分的思想准备，在大会工作人员和全体与会代表的共同努力下，会议达到了预期的效果。相信通过这次会议的推动，青年学者必将在辛亥革命史研究领域取得更加可喜的成果，也将会有更多的青年学者崭露头角，成为一代新秀！

原载《史学月刊》1992 年第 1 期

辛亥革命 80 周年全国青年学术研讨会关于社会文化史问题的讨论述评

一

由湖南省政协、湖南省社科院、湖南省历史学会、湖南师范大学等 11 个单位联合举办的"辛亥革命 80 周年全国青年学术讨论会"于 1991 年 10 月 9 日至 13 日在长沙举行。来自全国 22 个省市自治区的高等院校、科研机关、文化部门的 94 名代表参加了会议。会议提交论文 81 篇。国内外辛亥革命史专家 6 人应邀到会，并作了富有指导性意义的发言，使青年学者受到多方启示。两代学者切磋学术、各抒己见，有争论、有认同，感情真切。青年学者在讨论中显得蓬勃而富有朝气，思路清晰、言辞伶俐、观点新颖、议论深刻。会上，与会代表思想活跃，自始至终都在热烈的气氛中探索问题，代表们获益匪浅。

本次会议提交论文的内容具体而又广泛。大部分论文着眼于具体问题的微观领域研究，很少空泛的议论；会议讨论的问题广泛而深入，青年学者根据自己研究所得，阐发了很多重要观点；会议争论的问题集中而又尖锐，焦点集中在辛亥革命的成因和成败以及清末新政改革等问题上。以上均有专文阐述，本文兹不赘述。

本次会议提交的论文是在 120 多篇论文中评选出来的，质量较高，内容涉及政治经济、思想文化、中外关系、政党团体、军事、区域、人物等诸多方面。尤其是关于辛亥革命时期社会文化史的研究论文占有相当重的分量，显示出辛亥革命史研究内容的深入和领域的拓展，它构成了本次讨论会的一大特色。

<h1 style="text-align:center">二</h1>

  会议提交的社会文化史论文的内容主要包括：辛亥革命时期的社会心理；清末民初社会习俗的演变；清末人口问题研究；20 世纪初城市社会变动；革命派对国情的认识；教育与社会；社会变革与思想启蒙；妇女运动等。这些论文的一个共同特征就是力求通过对辛亥革命时期社会文化的探求来进一步揭示辛亥革命的发生、成功与失败的内在根据，显然这是从新的层次和视角来探索辛亥革命史，从而使人们更深刻更全面更准确地认识和把握辛亥革命这一重大的历史事件。有的论文指出，清末民初政治变化与反满排满和思安厌乱心理有关，反满情绪导致清朝灭亡，思安厌乱心理又使革命半途而废，任何社会变革的深度与广度和社会心理变化的质量成正比。这里提出了思安厌乱心理与革命成败的关系问题，值得深思，在社会大变革的时期，天下大乱也可能利于破坏旧秩序，而之后建立起来的新秩序恰是社会得以长足发展的客观条件。有的文章指出，辛亥革命时期社会心理的变化，是近代以来尤其是戊戌变法以来西方现代意识不断渗入和资产阶级启蒙教育的结果，铸成一种人心思变的社会环境，产生一种与民主共和相适应的新价值尺度与行为准则，成为辛亥革命爆发的重要社会心理要素。但传统文化作为一种特殊的社会行为调节器，又不断地制约着中国走向现代化的步伐，辛亥革命对传统文化心理触动很少，隐伏了不少失败的因素。关于清末民初社会习俗的演变，有人提出了"民初民俗再社会化"的论点，指出民初有意识的强制性的民俗再社会化和无意识的主动的民俗再社会化，既留下了成功的经验，也有失误和未竟之处，为今天提供了参照和借鉴。也有人提出，近代国人为救亡图存而寻求着各自不同的救国方案，其中有人打起了"习俗救国"的大旗，在这杆大旗的感召下，清末社会弊习陋俗发生了一定程度的变化，这无疑是有益于国家的文明和进步的，虽然它对救国不起决定性作用，但能起到一个文化意义上的补充作用。这里其实已经涉及政治救国与文化救国的关系问题，它可以使人联想到近代社会诸多的救国主张，并重新思考这些主张在当时社会历史时期的各自不同的历史地位。有的青年学者研究了辛亥革命前的人口状况，撰文指出，辛亥革命前是近代中国人口发展的一个波峰，从人口与土地面积、

人口与粮食生产的关系可以推断，辛亥前"两种生产"比例严重失调，这种失调最终以社会矛盾的形式爆发出来，人口压力对辛亥革命前人民反抗斗争的普遍兴起至少具有一种酵母的作用，并认为辛亥前夕规模宏大的移民浪潮对20世纪初年民众运动的普遍高涨和民主革命的勃兴起到了明显的推动作用，促成了辛亥革命的燎原之势。有的文章在论及人口问题时也指出，孙中山虽然没有认识到当时客观上已存在人口压力的不利影响，但他领导的辛亥革命却为清末人口问题的解决找到了新的途径。辛亥革命的失败，近代工业发展的艰难，又意味着清末存在的人口压力所造成的不利影响将持续更长的时间。也有些青年学者试图从社会变动的角度动态地考察辛亥革命的起源或背景，从近代商品经济的勃兴，新式社会群体的组合，政治世俗化趋向的出现，意识形态的民主化倾向，"反满排满"大众心理的形成诸方面考察了20世纪初长江流域的城市社会发生的变化，并把它与辛亥革命的发生联系起来，指出辛亥革命就是在此背景下发生的一场城市社会革命。还有人撰文指出，近代中国，救亡作为第一课题使许多问题变得复杂迷惑，也使救亡本身变得令时人无所适从，中国资产阶级要担负起救亡图存和开启民智的双重任务，深感力不从心，在当时的有限条件下，资产阶级不可能处理好社会政治运动与思想运动的关系，结果思想革命因政治斗争的急迫而流于浅尝辄止，政治革命又因思想解放的肤浅而不能真正完成。另外，有人对鲜有研究的士绅阶层进行了探讨，认为士绅是中国传统社会中的精英群体，他们在清朝最后半个世纪的动态，不仅对清末民初的社会变革产生重大影响，而且也是近代中国社会变迁的一个折影。因而，探讨清末士绅的群体动态是我们深刻理解辛亥革命前中国国情的一个不可忽略的内容。并进一步指出，从教育方面考察清末士绅的演变，可以看到，清末的教育变革使相当一部分士绅经历了近代教育，但实际上这些短暂的、应急式的法政和师范速成等简易教育，既不足以改变士绅传统的知识结构，更不足以改变他们传统的价值观念，它只是给许多士绅提供了新的机会，使之成为地方学务和新政的领导人，从而影响清末民初各地文化教育及社会政治的演变。

以上不过是挂一漏万的列举而已，还有些论文要点，在此从略。

<h1 style="text-align:center">三</h1>

这次学术讨论会不少青年学者致力于从社会文化史的角度探索辛亥革命的历史，这是辛亥革命史研究将要产生新的突破的先兆，也是近些年来文化史和社会史研究的重新起步给辛亥革命史带来重大影响的结果。19 世纪末，随着西方社会学、人类文化学、民俗学传入中国，中国资产阶级新史学即开始倡导以民众生活为主要内容的社会史的研究，从而开创了中国史学发展的新阶段。1911 年出版的张亮采的专著《中国风俗史》标志着现代学者研究中国社会史的开始。自此开始直到 1949 年，先后出版了王国维的《古胡服考》、杨树达的《汉代婚丧礼俗考》、邓云特的《中国救灾史》、贾伸的《中华妇女缠足考》、陈东原的《中国妇女生活史》、陈顾远的《中国古代婚姻史》、陶希圣的《婚姻与家族》、平心周的《中国秘密社会史》等专著，这是中国社会史研究的兴起阶段，取得的成果是令人欣慰的。新中国成立后，因为要取缔一切所谓的资产阶级学科，所以社会史与文化史也难免遭此厄运，自此在史学领域一蹶不振，直到 20 世纪 80 年代中期才被正名，并备受青睐。它开拓了史学研究的新领域，为史学的突破留下了纵横驰骋的广阔天地。受其影响，人们对辛亥革命史的研究也力求在这一领地有一番作为，并已投入艰辛的探索之中。这次讨论会的成果已经证明了这一点。然而更为重要的因素恐怕还是在青年学者身上反映出来的那种科学精神的主导作用。社会历史极其复杂，当仅仅从一两个方面或政治或经济——去探求历史的时候，无论此一方面或彼一方面如何重要，都难免流于片面而对历史产生或多或少的偏差甚或歪曲。研究历史只能获取相对真理，只有通过永恒地探索才可能接近绝对真理。所以从任何角度、层次、方向、现象来研究历史，从任何一个领域包括社会文化史领地来研究历史都是合乎逻辑和非常必要的，都将对历史研究产生新的突破性成果。这是研究历史应采取的科学态度。具体言之，从社会文化史的角度来研究历史，一方面可以真正探讨民众的历史。人民群众是历史的创造者，然而不从社会史的角度去研究民众的群体生活和生活方式，不去探究阶级、阶层、家族、宗族、家庭、人口、婚丧嫁娶、社交、娱乐、时令风俗等民众生活，还像以往只喊几句口号，那么历史上的"人民"在今天的

人民眼里不过是黑压压的一片，分不出个儿来，说了等于没说，没有给人民任何实际的历史地位，其实是把人民不自觉地排除在历史学的视野之外，而研究社会文化史正是对这一缺憾的一种弥补。当然研究社会文化史，并非轻视对精英阶层的研究，民众与精英在社会文化史内是处于平等地位的。从社会文化史的角度来研究历史，一方面还可以使历史生动形象化。历史本来就具生动形象的特点，所以一般叫做活生生的历史。曾几何时，我们的历史著作和历史教科书，我们的历史研究和课堂教学变得乏趣无味、枯燥索然。原因虽说是多方面的，然而把最生动最形象最富感染力的社会文化史摒除在史学之外，大概是重要原因之一。研究社会文化史的意义相当广泛，上面不过是偶举而已。

正因为如此，本次讨论会，不少青年学者能从社会文化史的角度探索辛亥革命史是要给予肯定的。因为这是一种新势头，自然很不完善，也显得零散，甚至不乏肤浅之处，更缺乏高屋建瓴的宏观透视，它还处在这一领域研究的初级层次上。然而坚冰既然凿开，航船就有希望驶向理想的彼岸，为达此目的，就需要有更多的史界同仁能在社会文化史这块领地上潜心耕耘，付出心血和代价。

原载《辽宁师范大学学报》1992 年第 2 期

附　录

我为什么要研究近代陋俗文化
——访青年学者梁景和

史克祖　梁景和

史克祖：梁老师，您是改革开放以后在我国新的教育体制下培养出来的新一代史学人才，在十几年的时间里走完了从学士到硕士、博士、博士后的历程。在您读完博士以后，在近代文化史的研究方面就有了自己的专门领域。现在您的博士论文《近代中国陋俗文化嬗变研究》已经出版并获得北京市第六届哲学社会科学优秀成果二等奖，博士后研究报告《清末国民意识与参政意识研究》也已出版。我们很想知道，您是怎样走上近代文化史研究道路的？

梁景和：我于1974年高中毕业后下乡插队，没多久就成为民办教师。两年后被推荐上中师，毕业后又回到中学任教。1980年考上北京师范大学历史系。

上大三的时候，我就有了考研究生的想法。当时改革开放已有四五年的时间，学术界开始注意研讨文化问题。1983年5月在长沙举行的全国历史学科"六五"规划会议上，一些专家学者就如何开展中国近代文化史研究进行了认真讨论，提出了一些设想和措施，其中包括招收近代文化史的研究生。1984年北京师范大学历史系龚书铎教授与中华书局总编辑李侃教授第一次招收中国近代文化史研究方向的硕士生，我被这个研究方向所吸引，就报考了龚先生的研究生。

1984年暑假后，我开始跟龚老师和李老师学习中国近代文化史。他们讲授的文化学概论、近代文化史专题等课程我很感兴趣，也促使我思考一些近代文化史方面的问题。特别是在硕士论文的选题上我是费了很多心思的。后来我阅读了龚书铎老师 1983 年 8 月 24 日在《光明日报》上发表的《戊戌新文化运动述略》一文，文章阐述戊戌时期社会风俗的变革，使我很受启发。我想到习俗问题是一个重要的文化现象，可以从这个领域选硕士论文题目。为此，我曾围绕这一领域作了几篇习作，如《太平天国时期社会风气的改造》《〈延年会叙〉与改造社会陋俗》、《〈绣像小说〉与民间迷信习俗批判》等。李侃老师曾为我的"太平天国"一文写了上千字的批改意见。通过进一步思考和积累，我确定了《二十世纪初年中国社会习俗的变化》的硕士学位论文题目，写了一篇 4 万字的论文，1987 年初夏通过答辩。

史克祖：研究近代中国社会习俗的变化，在当时的确是很新的课题，那么您是在何时选择"陋俗文化"作为您的研究方向的？

梁景和：作完硕士论文以后，感到这个问题还有文章可做，我就把近代习俗问题作为我的科研方向。1987 年夏我毕业后，分配到辽宁师范大学任教。1988 年秋，我专程来北京，用了一个多月的时间到北京师范大学、北京图书馆、北京大学、中国科学院图书馆查阅了大量的报刊和地方志，获得了上千份有关近代社会习俗变革的资料。那时没有科研经费，都是请同学给帮助复印，搞了满满一大纸箱子，当时我非常高兴。回到辽宁师范大学我就开始研读这些材料，并随时写一些文章。1991 年秋，我到湖南师范大学做博士研究生。通过几年的学习和思考，我确定以"陋俗文化"作为我研究的主攻方向，拟定的博士论文题目为《近代中国陋俗文化嬗变研究》，经过与导师林增平先生探讨，他非常支持我做这个题目。1994 年初夏，我完成了这篇学位论文并通过了答辩。

毕业后我到中国社会科学院近代史研究所做博士后，跟耿云志老师学习。近代史研究所图书资料比较丰富，在那里我又查了一些资料，特别是一些族谱资料，进一步补充了我的论文。1996 年底我到首都师范大学工作以后，申请了校长出版基金，1998 年首都师范大学出版社把我的论文出版了。

史克祖：我们看到了《近代中国陋俗文化嬗变研究》，是一本十分令人感兴趣的、研究近代文化问题的专著。文化问题是一个众说纷纭的问题，是否可以请您介绍一下您在这本书里对文化问题的基本看法？

梁景和：我的博士论文分为首论卷、婚姻卷、家庭卷、妇女卷、性伦卷、结论卷六个部分。在首论卷和结论卷中，我重点探讨了理论问题。我对古今中外的文化概念的特点进行了分析，并且提出了自己的想法。

往昔的文化概念可以概括为十大类型，即结构文化说、模式文化说、工具文化说、符号文化说、成果文化说、功能文化说、事象文化说、传播文化说、价值文化说、综合文化说。通过对文化类型的考察，可以寻找出国内外学者对文化概念探索的一般轨迹。我认为，要进行规范的文化研究，每个研究者在具体的文化研究领域都要对自己所使用的文化概念有一个准确的界定，否则就谈不上科学研究，其他一系列概念和研究也就无法进行。

结合我所研究的专业领域，我对文化是这样理解的。我认为：文化是人类智慧创造的、使人的身心在一定层次和维度上得到满足和发展、人际关系及人与自然关系得到方向性转换、社会形态得到实质性变革的一种功能性模式。在这个文化界定里反映了我对文化基本特征的看法。其一，肯定文化是人类智慧的创造物，而排除了非人类智慧的创造物。其二，文化是一种模式，具有一种静态的特征。这种模式不仅仅是显形的，实际上它有显形的物化形态和非显形的非物化形态这样两种表现形式。显形的物化形态易于理解；非显形的、非物化形态的文化模式，诸如政治学上的社会制度、哲学上的学说体系、伦理学上爱憎的评价、文学上人物的褒贬、工艺学上作品创作的构思、机械学上机器制造的设计等，则不易把握。其三，文化模式具有功能性，这种文化功能可以产生一种动态的功效特质，这种功效主要体现于对人本身、对人际关系及人与自然关系、对社会形态的直接作用上。其中，人的身心满足包含本能与审美即灵与肉的满足，人的身心发展包含智能与体能的发展，而这种满足与发展又具备不同的层次和维度。文化对人际关系起着变换的作用，这种变换有着多路向的方向性特点，诸如和谐、冲突、融洽、对立、协调、敌视等。文化对社会形态起转化和变革的作用，使社会形态中的经济、政治及其制度的内容发生本质上的变化。

我在给文化界定的基础上，又给文化精华和文化糟粕作了界定。人们往往用精华和糟粕来形容文化的品质，精华与糟粕构成文化学的一对基本范畴。何谓精华？何谓糟粕？我认为，所谓文化精华是指使人的体能与心智得到健康发展和陶冶，使人际关系及人与自然关系向着和谐、融洽、协调的方向转换，使社会形态朝着进步的趋向变革的功能性模式。所谓文化糟粕则正相反，是指不能使人的体能和心智得到健康发展和陶冶，不能使人际关系及人与自然关系向着和谐、融洽、协调的方向转换，不能使社会形态朝着进步的趋向变革的功能性模式。同时我还认为，文化的精华和糟粕具有如下的基本特征：文化的精华与糟粕具有相对的独立性和一定的历史性，两者又具有互相包含并互相转化的特征，具有否定之否定的特征。从某种意义上说，研究文化也可以说就是研究文化的精华与糟粕。我们不但要研究精华，也要研究糟粕，研究二者的关系问题。所以，文化的精华与糟粕，实际上仍是一个大范畴、大概念，而从事文化研究还是要从更为具体的问题入手。探讨陋俗文化就是把文化糟粕领域内的一个较为具体的方面作为研究对象的。我的博士论文旨在从近代陋俗文化这个具体的文化形态来着手探讨有关文化问题。

史克祖：您的论文是专门研究近代中国陋俗文化的嬗变情况的。那么对于什么叫"陋俗文化"，您可以进一步解释一下吗？

梁景和：所谓陋俗文化是指特定的时期内体现于风俗惯制上的并为传统人伦文化所认同的文化糟粕。它包含两方面的意义：一指陋俗所反映的传统人伦文化观念中的糟粕；一指传统人伦文化观念糟粕所铸成的陋俗。两者既统一相关又有所不同。前者是内在的起支配作用的观念形态，后者是外显的被观念形态所支配的行为方式，两者是统一体中本质和现象的反映。陋俗文化作为文化糟粕有着与糟粕文化同样的特征，诸如它本身所具有的独立性、历史性、转化与轮回的特征。此外，陋俗文化还有一个它本身所独具的文化特征，那就是陋俗文化中的本质和现象即传统人伦文化观念与陋俗本身的相互认同。陋俗文化中的本质和现象绝不能分割，两者缺一不可，否则任何单独一方均不能构成陋俗文化。所以，陋俗文化与传统人伦文化不同，传统人伦文化不必非得具备陋俗事象不可，但陋俗文化却必须具备它。陋俗文化又与陋俗不同，陋俗不必非得被传统人伦文化认同，但陋俗文化却必须被其认同。这就是陋俗文化与传统文化及陋俗之间的异同点。

史克祖：您刚才解释了什么是陋俗文化的问题，原来它还具有与传统人伦文化认同这样的特征。那么对于近代中国陋俗文化的嬗变，您是如何把握的？

梁景和：中国近代陋俗文化是指在中国近代社会发挥着文化糟粕功能的、体现于习俗上的并为传统人伦文化所认同的习俗文化。研究近代中国陋俗文化的嬗变，是因为中国陋俗文化在近代这个历史时期内不同程度地发生了变化。有了这个客观事实，才为我们研究这一问题提供了可能。那么，为什么近代中国会出现陋俗文化变化这一客观存在？或者说，近代中国陋俗文化发生嬗变的原因是什么？实际上这是近代社会特定历史条件决定的。对这些历史条件进行考察，主要包括如下方面：落后受侮的基本国情，进化论学说的传播与吸收，开通民智的文化氛围，新的文化价值观念的形成和影响等。近代中国陋俗文化变化的实质是围绕着救国这个既定目标展开的。在一个民族、一个国家衰败之时，人们不安于现状，便会为拯救垂危的祖国而奋起。各种历史因素的相互作用，使这个社会呈现出一种大动荡。在这个大动荡时期，国家的政治、经济、思想文化必将发生不同程度的变化。那么作为一个比较具体的社会文化领域——陋俗文化也将随着这样的时代而发生变化，这是历史的必然。近代中国陋俗文化的变化主要体现在婚姻文化、家庭文化、妇女文化及其性伦文化上。

近代陋俗文化发生了空前的令人瞩目的深刻变化。如果我们把这一文化现象置于近代社会的框架内考察，就会发现其真谛所在，即国人正欲摆脱传统人伦文化的束缚，进而达到新层次上的自身觉醒和精神解放。综观人类历史进程，人的自身觉悟即精神进化或精神解放反映在三个层次上：第一，人类相对摆脱自然（神）的束缚，着重和强调人类本身的价值，确立人类的优越和中心地位，而获得人类整体的相对自由；第二，个人相对摆脱传统人伦文化的束缚，看重和强调个体价值，确立个体的人身地位，从而获得个体间的相对平等和自由；第三，个人相对摆脱自身束缚，注重个体异化，在不断否定自己的过程中，使自身的灵与肉相对分离，个体获得精神异化的相对自由。近代陋俗文化的变化实际是与第二层次的人的精神进化相关联的。生活习俗与人的价值观念是相互表里、相互依存、相互渗透、相互作用、相互促进的。价值观念很多时候是要通过人们的生活方式得以表现，价值观念的变化也必然引起生活习俗的变化。生活习俗是人们价值观念的外在表现与形式，它一方面随着价值观念的变化而变化；另一方面，它的变化反过来亦能促进和强化新价值观念的确立和巩固。陋俗文化的变革与人的精神进化也是如此，一方面，精神进化的程度往往是通过陋俗文化变革的程度来作为标尺的；另一方面，陋俗文化的变化亦能加强和巩固新的人文精神，使精神进化的内容成为较稳定的意识形式。两者相辅相成，互为原因，互为结果，互为目的。可见，近代中国陋俗文化的演变并非特定时期内孤立的文化现象，实际上它既是人类精神进化过程中一个阶段性的主旨，又是再次实现人的自身觉悟和精神解放的重要途径。

史克祖：在您的这部书中我们看到有一个"性伦文化"的概念，这是什么意思呢？

梁景和：在我提出"陋俗文化"这一概念的同时，还提出了"性伦文化"这一概念。性伦文化是指反映异性间诸多联系的某种功能性模式。在特定时空范围内，异性关系具有历史性特征。人类理想的异性关系的一个最基本的原则是两性间的平等和相互尊重。然而，这种原则需要在历史的进化中，通过男女双方艰辛的努力和孜孜不倦的追求才能够实现。我认为，中国人伦文化中的一个突出特征就是"性伦"文化极度发达。随着近代社会的形成和近代文明意识的产生，反衬出中国"性伦"文化的糟粕，它集中体现在："男女授受不亲"，男女之间没有平等的交往和沟通，甚或处于完全隔绝的状态；片面的贞操要求，对女性的残酷禁锢和对男性放纵的认可和纵容；性禁忌民俗心态的渐次形成，对人类的性生理的忌讳达到了宗教狂的程度。这些性伦文化的糟粕是走向近代的国人还未完全脱离野蛮和愚昧的象征。而近代中国性伦文化的变革正是近代国人要彻底摆脱这种野蛮和愚昧而努力进取的体现。我的博士论文中的"性伦卷"对这一问题进行了探讨。

史克祖：您从事近代文化史的研究，特别是关于近代陋俗文化的研究，是否感到这种研究有一种特殊的意义呢？

梁景和：前面对有关理论的阐述，反映了这一课题的学术意义，我认为研究陋俗文化还具有现实意义。改革开放以后，人们的生活出现了向健康、娱乐、新颖、审美的方向的转变；但我们还要看到，与旧观念紧密相连的弊习陋俗在一些地区又已抬头。新中国成立之后几乎销声匿迹的一些陋俗又出现了。诸如封建迷信、赌博、买卖婚姻、大办婚丧事、卖淫、嫖娼、吸毒、奢侈浪费之风沉渣泛起。产生这一社会现象的缘由很多，而其中重要的原因之一是：在物质生活有了改善以后，人们还要求改善和提高精神生活，但精神生活的提高并不因物质生活的提高而自然而然地得到提高。如果没有健康、文明的精神生活去充实人们，那么以往那些落后的、不健康的陋俗就很容易乘虚而入，去占领人们精神生活的领域，作为一种娱乐方式弥补一部分人精神上的空白。有人认为，习俗是"民间自我娱乐的形式"，但这种形式是有高雅粗俗之分、文明野蛮之别的。这就要求人们用文明、进步的习俗去代替野蛮、落后的习俗，这是不能等闲视之的。另外还应注意，当仔细辨析社会丑陋习俗之后，我们会惊奇地发现，很多陋俗都与金钱有着千丝万缕的联系，卖淫、诈骗、赌博、吸毒、买卖婚姻都是为了钱。一些人往往在金钱面前失去理智、冲动不能自已，所以必须用社会法则去规范它。任何时代、任何人群的生活都存在着陋俗，没有任何陋俗存在的人群生活，与其说是对未来生活的追求和向往，还不如说是乌托邦式的空想和梦想。但这丝毫不是暗示社会可以放任自流，恰恰相反，是要求社会要自觉顽强地抵制陋俗。要健全法制，以法律为武器，以教育为手段，抵制陋俗的恶性蔓延。人是有智慧的，对陋俗可做因势利导的转化工作。世界万物均有辩证之性，对陋俗，我们可以辩证地认识它，也可以辩证地改造它。

史克祖：您选择这个研究领域、研究角度，是受到西方史学思潮、流派的影响呢，还是由于中国史学自身深入发展的结果呢？

梁景和：这是两方面影响的结果，但我个人感觉更主要的还是中国史学自身发展的结果。20 世纪 80 年代以后，史学界和其他学术界一样，在改革开放的大潮流中开始了自身的反省，认识到改革开放前那种以阶级斗争为核心的政治史并不是历史的全部内容。比如说，中国古代史不能仅仅以农民战争为中心，中国近代史也不能只讲三次高潮、几件大事，中国现代史不能被党史取而代之，世界近现代史不能只是讲授国际共产主义运动史。历史是多层面、多视角、全方位的，政治史不是历史学的全部内容。在这样的反思基础上，历史研究出现了新的起色，改变了过去那种单一地研究和认识历史的局限，史学出现了空前繁荣的局面。经济史、文化史、社会史、国学思潮先后被学术界所关注。我就是在这样的中国史学自身发展的大背景下选择文化史研究的。我觉得社会史与文化史的关系很复杂，是相互交叉、相互包容又相互独立的。我所研究的问题可以说既是社会史又是文化史，准确地说是社会文化史，是通过民众外在的社会生活来研究其内在的价值取向及其思想观念。新时期中国史学的发展受西方史学思潮和流派的影响较大，史学工作者自觉不自觉地都会受到一定影响。

史克祖：您觉得社会文化史方面的研究现在是否已经成了一个专门领域或是一个独立学科？

梁景和：我觉得有这种趋势。事实上社会文化史已经被一些学者所重视。如刘志琴老师最近发表《青史有待垦天荒——试论社会文化史研究的崛起》①，李长莉老师曾发表《社会文化史：历史研究的新角度》②和《社会文化史：一门新生学科》③等，这些都是探讨社会文化史的理论文章，对社会文化史学科的发展起到了推动作用。刘志琴老师主编的《近代中国社会文化变迁录》与拙著《近代中国陋俗文化嬗变研究》亦可视为社会文化史的研究专著。相信社会文化史将会有一个大发展。

史克祖：在社会文化史研究领域，您感到哪些学者的思路可以说基本上是与您相同的呢？

梁景和：社会文化史研究范围很广，目前显然刚刚起步，但前景广阔。事实上，自觉不自觉地研究社会文化史的人不少，只是由于缺乏理论上的探讨，所以很多人未能达到理性认识，彼此之间缺乏共识，甚至有人认为自己仅仅是在研究社会史或者文化史，而没有认识到是在探讨社会文化史。我在这个方面的理论思考也不够，期望有更多的人参与社会文化史的理论探索。如果仅就社会习俗领域来说，同行学者并不多。胡绳武先生曾发表过《民初社会风尚的演变》④，另外华中师范大学严昌洪先生在这方面的贡献较大，先后出版了《西学东渐记》（湖南人民出版社1991年版）和《中国近代社会风俗史》（浙江人民出版社1992年版）。也有其他学者是从某一角度或研究某一习俗问题的。而我进行研究的特点，在于从"陋俗文化"这个特定的概念出发，把它放到近代中国社会的大背景下和人类精神进化的长河中进行考察，从而把握陋俗文化在近代中国社会中的变革历程。

---

① 《史学理论研究》1999年第1期。
② 《社会问题的历史考察》，成都出版社1992年版。
③ 《社会学研究》1993年第1期。
④ 《近代史研究》1986年第4期。

史克祖：您在南方、北方都学习过，是不是觉得南方的学者思想开放一些，北方学者相对保守一些。

梁景和：有些人是这样认为的。其实中国学界早就有"京派"和"海派"之说，以区别南方、北方学者的不同个性。但就我个人看来，随着时代的变迁和社会的不断开放，不同地域的学者间的差异将越来越小。事实上，现在人们也不是用地域来判断一个学者的学术性格和学术成果的。所以，也不应当再有什么"南方开放、北方保守"之类的思维定式了。

史克祖：非常感谢您今天的谈话。通过今天的讨论，我们看到了当代中国史学发展的一个新领域——社会文化史研究正在崛起。我们祝愿这项新的研究在新的世纪中能够得到更好的发展，为我国史坛再添一株绮丽的花朵。

原载《首都师范大学学报》2000 年第 6 期

后　记

　　本书选取的是我前后 20 年写就的文章，其思想性、理论性以及问题意识、研究方法和语言特点都留有时代的痕迹，文章水准也前后有差。运用的理论方法也有明显的历史印迹，有些文章显然具有革命史范式的特点，运用的是阶级分析的方法，有些文章则偏向于社会文化史的范型，运用观念与生活互动的方法，这也反映了学术是随着时代的变迁而发生变化的，学术研究的历史局限是不以人的意志为转移的客观存在。文章基本是公开发表过的文字，因为各个时代和不同刊物的规范不同，所以搜集整理也基本是按当年发表时的原样编辑的，这样可以反映学术标准的真实状况，也反映了我 20 年来真实的学业经历。《文化民族性的研究价值及文化民族性的成因探略》一文是我与梁景时教授共同撰写的，《从思想家的视角深化对左宗棠的研究》一文是我与李占领编审共同撰写的。个别文章当时是用"史迈"和"幽乔"署名发表的。

2015 年 2 月 22 日

史论与论史

第二卷

（2006—2015）

梁景和 著

中国社会科学出版社

序

在《史论与论史》第一卷的序中，我大致讲到了自己在 2005 年以前的学业经历。2005 年发表《关于社会文化史的几个问题》和《关于口述史的思考》两篇文章是我学业走向的又一个新阶段。从那时起，我在社会文化史领域思考了一些问题并撰写了几篇文章，以及参加了一些社会文化史探索的笔谈活动，诸如《社会生活：社会文化史研究的一个重要概念》（《河北学刊》2009 年第 3 期）、《关于社会文化史的几对概念》（《晋阳学刊》2012 年第 3 期）、《社会文化史：史学研究的又一新路径》（《光明日报》2010 年 8 月 17 日）等。2005 年以后的八九年间，我先后出版了《五四时期社会文化嬗变研究》（人民出版社 2010 年 9 月版）和《现代中国社会文化嬗变研究（1919—1949）——以婚姻·家庭·妇女·性伦·娱乐为中心》（合著，社会科学文献出版社 2013 年 9 月版）等专著，并发表论文二十余篇，主要包括：《清末"尊黄"思潮与民族主义》（《河北师范大学学报》，2007 年第 1 期）、《中国近代史分期与基本线索论战述评》（《史学理论研究》，2007 年第 2 期）、《文化开放时代的精神进化——以五四时期的"个性主义"文化观为中心》（《首都师范大学学报》，2008 年第 4 期）、《中国传统思想文化的近代转换——论近现代中国思想文化变革的基本途径》（《首都师范大学学报》，2009 年第 2 期）、《五四时期社会文化的嬗变——以婚姻、家庭、女性为中心》（《光明日报》，2009 年 5 月 19 日）、《西方新文化史述略》（《首都师范大学学报》2010 年第 3 期）、《中国社会文化史理论与实践述论》（《首都师范大学学报》2011 年第 4 期）、《中国近代早期国人眼中的欧美生活》（《首都师范大学学报》2012 年第 1 期）、《女性与男性的双重解放——论清末民初婚姻文化的变革》（《史学月刊》2012 年第 4 期）、《五四以来（1919—1949）社会文化演变及其文明启示》（《首都师范大学学报》2013 年第 6 期）等。这一阶段我主编了几套以社

会文化史为主要内容的书籍，主要包括：《中国社会文化史的理论与实践》
（社会科学文献出版社 2010 年版）、《中国社会文化史的理论与实践续编》
（社会科学文献出版社 2015 年版）《社会生活探索》（共 6 辑，首都师范大
学出版社 2009 年 7 月、2010 年 6 月、2012 年 9 月、2013 年 7 月、2014 年
12 月、2015 年 11 月版）、《婚姻·家庭·性别研究》（共 4 辑，社会科学
文献出版社 2012 年 1 月、2012 年 5 月、2013 年 3 月、2014 年 9 月版）、
《中国现当代社会文化访谈录》（共 4 辑，首都师范大学出版社 2010 年 6
月、2012 年 2 月、2013 年 3 月、2014 年 6 月版）、《社会·文化与历史的
思想交汇》（共 2 辑，社会科学文献出版社 2011 年 5 月、2013 年 8 月、
2015 年 9 月版），并主编大型丛书"中国近现代社会文化史论丛"，已出版
了五种。[①] 此外，我还主编了《中国近代史基本理论问题文献汇编》（上、
中、下三册，社会科学文献出版社 2013 年 12 月版）。

这一时期，我的学业活动还体现在主办学术会议上。先后主办七类学
术会议：第一类是从 2011 年开始每年举办一次的"中国 20 世纪婚姻·家
庭·性别·性伦文化学术研讨会"，现已举办了五届会议；第二类是从
2010 年开始每两年举办一次的"中国近现代社会文化史国际学术研讨会"，
现已举办了三届会议；第三类是从 2009 年开始举办的"中国现当代社会
文化学术研讨会"，现已举办了三届会议；第四类是从 2010 年开始举办的
"'文革'史学术研讨会"，现已举办了两届会议；第五类是从 2011 年开始
举办的"西方新文化史与中国社会文化史的理论与实践学术研讨会"，现
已举办了两届会议；第六类是从 2013 年开始举办的"全国青年学者社会
文化史理论与方法学术研讨会"，现已举办了一届会议；第七类是从 2010
年开始举办的"中国社会文化史研究的回顾与走向座谈会"，现已举办了
两届会议。这些学术会议的举办，有助于自己对相关学术问题的思索。

2014 年我在《近代史研究》第 4 期发表了《生活质量：社会文化史研
究的新维度》一文，这篇文章是我对社会文化史研究具体问题的再思考，
可视为我在社会文化史领域开展工作的又一个新起点。

2015 年 11 月 7 日

[①] 杨才林：《民国社会教育研究》，社会科学文献出版社 2011 年版；黄东：《塑造顺民——华
北日伪的"国家认同"建构》，2013 年 4 月版；梁景和等：《现代中国社会文化嬗变研究》，2013
年 9 月版；李慧波：《北京市婚姻文化嬗变研究》，2014 年 8 月版；李秉奎：《狂澜与潜流——中
国青年的性恋与婚姻（1966—1976）》，2015 年 7 月版 。

目　录 > > >

史论篇

论史篇

史 论 篇

关于社会文化史的几个问题

新时期以来的中国历史学，发生变化的突出特征主要表现在研究方法的更新和研究领域的扩大。20世纪80年代以后，文化史与社会史再度复兴而成为显学，显示出强劲的发展势头。20世纪80年代末90年代初，社会文化史作为相对独立的学科，引起部分学者的兴趣。① 但是社会文化史作为人们新的关注点，还需要史学界同仁共同努力，力求在理论方法与史料方面有所突破。本文是对社会文化史几个问题的一个思考，希望学界对此展开进一步的讨论。

一　社会文化史的概念及研究对象

美国史学家林恩·亨特（Lynn Hunt）于1989年主编的《新文化史》一书，首次举起"新文化史"的大旗，标志着新文化史的崛起。亨特曾经指出，新文化史"探讨方向的焦点是人类的心智，把它看作是社会传统的贮藏地，是认同形成的地方，是以语言处理事实的地方。文化就驻在心智之中，而文化被定义为解释机制与价值系统的社会贮藏地。文化史研究者的任务就是往法律、文学、科学、艺术的底下挖掘，以寻找人们借以传达自己的价值和真理的密码、线索、暗示、手势、姿态。最重要的是，研究者开始明白，文化会使意义具体化，因为文化象征始终不断地在日常的社

---

① 参见刘志琴（署名史薇）《复兴社会史三议》，《天津社会科学》1988年第1期；刘志琴《社会史的复兴与史学变革——兼论社会史和文化史的共生共荣》，《史学理论》1988年第3期；李长莉《社会文化史：历史研究的新角度》，载赵清主编《社会问题的历史考察》，成都出版社1992年版。

会接触中被重新塑造"。① 新文化史又被称作"社会文化史",它是当代西方史学理论和历史编纂中一个最主要的史学流派。

社会文化史是研究社会生活与其内在观念形态之间相互关系的历史。②一个社会的人们为什么要这样生活,是什么样的思想观念决定的;一个社会人们的生活变化引起了哪些思想观念的变化;由于新思想观念的影响使一个社会人们的生活发生了哪些变化——这一切都是社会文化史要研究的问题。

研究社会文化史涉及精英文化与大众文化的关系问题。大众本身的内涵是通过经济地位、受教育程度和法权的地位来确定的,而且随着社会的变迁,这些因素也不断地发生变化。西方学术界认为,大众文化就是大众所创造并欣赏的一种普及文化,它是为大众服务的;而精英文化却是代表正统的、由主导一个国家或民族的那一部分精英所创造并欣赏的文化,也有人称之为"高级文化"。大众文化和精英文化虽性质各异,然它们的不同因素又被整合成为一个复杂的文化系统,因而简单地划分的确难以包容复杂的文化内涵。研究者容易忽视的是,由于时间和空间的差异,"大众"和"精英"的含义也随之变化:在 19 世纪和 20 世纪初的中国,报纸杂志和其他大众传播工具是精英文化,然而在今天却是大众文化;意大利歌剧在如今美国和中国都是精英文化,然而在意大利却是大众文化。大众文化的创造者也不断改变其角色,并大有"下里巴人"与"阳春白雪"相互结合之势,以至于今天一些研究美国大众文化的学者认为,现代大众文化的创造者是知识分子,因此大众文化的历史便有着"必然亦是知识分子的历史"的趋向。③ 精英文化源于大众文化,是从大众生活和文化中产生,是对大众文化和意识的提炼和总结。精英在社会文化形成过程中起着重要的作用。精英文化同时又是对大众生活和大众文化的体认、关注和指导。所以研究社会文化史既不能脱离大众文化亦不能忽视精英文化。

研究社会文化史要注意社会文化与国家意志的关系问题。这种关系包

---

① [美] 乔伊斯·阿普尔比、林恩·亨特、玛格利特·雅各布:《历史的真相》,薛绚、刘北成译,中央编译出版社 1999 年版,第 198 页。

② 笔者在《我为什么要研究近代陋俗文化》(《首都师范大学学报》2000 年第 6 期)一文曾表述"社会文化史是通过民众外在的社会生活来研究其内在的价值取向及其思想观念"。

③ 王迪:《大众文化研究与近代中国社会》,《历史研究》1999 年第 5 期。

括两方面的内容：其一，两者的相互影响和可容性。如新中国成立以来，国家政治生活对社会生活影响很大，使得社会生活带有明显的政治特色。这种政治特色又被相当数量的民众所认同和接受，形成了两者的互动和相容。其二，两者的对立性。如近现代社会的现代化精英把社会陋俗及国民劣根性视为社会进步的主要障碍，因此大众文化领域同时成为现代化机器的打击目标。现代化的推动者包括精英和国家都不同程度提出了反封建陋俗和改造国民性的主张。两者之间的互动和张力引起了社会文化的变革。这反映了社会文化与国家意志之间的对立性。

注重研究社会运动的社会文化意义。社会运动所揭示的文化内涵和社会形态是社会文化史关注和研究的对象。农民起义、农民战争和宗教信仰的关系，近代社会的反洋教运动，五四运动，新中国成立以后的"大跃进"运动，红卫兵运动，四五运动，新时期的学潮等等，这些都可以从社会的文化与政治的视角进行探索，从社会文化史的角度进行研究。

社会文化史研究要注重层面和角度，而层面和角度又是多维的。要考虑不同阶层的社会生活和思想观念的变化，也要考虑不同地域的不同阶层的社会生活和思想观念的变化，还要考虑不同民族在相同时期内的社会生活和思想观念的变化，并探讨这些变化的缘由所在。

社会文化史要特别注意研究已经发生变化的部分及其变化的程度。社会文化一般存在两种状态：一是恒常状态，一是变化状态。绝对的恒常状态是不存在的，恒常状态是相对的，但即便如此，恒常状态还是社会文化的底色。然而变化状态在改变着这一底色，改变的程度与变化的程度成正比。我们要注重研究社会文化的变化状态。对变化状态的研究有益于对当时社会特点的认识和理解，即有助于对某一历史时期特征的认识和理解，这正是我们历史学的根本任务，所以研究社会文化的变化状态是社会文化史的重要任务之一。

二　社会文化史的理论与方法

社会文化史的理论与方法主要包括三个方面：一为传统的史学理论与方法；二为借鉴其他学科的理论与方法；三为创新的理论与方法。本文重点阐述以田野调查法为重点的对文化人类学理论与方法的借鉴。

文化人类学在理论上颇具特色。西方人类学自形成以来，先后创立过多种不同的理论，影响较大的有进化理论（分为古典进化论和新进化论两种）、传播理论、历史特殊论、功能理论、文化模式论、结构理论、象征理论等。古典进化理论形成于 19 世纪中后期，是探求人类文化起源、发展和演化的一般规律的理论，以解释当时世界各民族社会文化发展水平差异悬殊的原因。传播理论形成于 19 世纪末，主要由德国、奥地利和英国的学者创立。它与进化论唱反调，强调文化传播在文化发展史上的重要意义，以文化传播原理解释世界各地区、各民族文化的相似性。历史特殊论形成于 19 世纪末至 20 世纪初，由美国学者创立。该理论认为各种文化是各个社会独特的产物，相似的文化现象实际上都有其各自发展的历史线索；各民族的文化都有其独特的历史发展过程，主张要了解人类一般文化的成长法则，首先要研究各种文化单独的演变过程；强调对每一个民族文化的历史材料进行实证研究，根据每一个民族或部落的具体资料重新构造其特有的文化历史。功能理论形成于 20 世纪 20 年代，由英国学者创立。它强调从整体上研究一个民族的社会和文化，并重视对现实存在的社会制度的实地调查研究；认为每一种文化都是一个功能的、有机的统一体，各种文化要素正像一个机体的各种器官，各有其功能，共同维持一个整体的存在。有的学者认为功能主要是指人的需求的满足，即人的基本需要（生物性需要）和派生需要（心理性需要）的满足；有的则认为功能是构成社会结构的各种要素相互调和，使其整体持续保持稳定和一致的状态。文化模式论或文化与人格理论形成于 20 世纪 30 年代，由美国学者创立。它主要解释各民族的性格为什么存在明显的差异，解释男女两性为什么在气质和性情等方面存在差异。结构理论或结构主义形成于 20 世纪 50 年代，由法国学者创立。该理论认为，人类学的主要任务，就是通过分析纷乱繁杂的社会制度、风俗习惯等表层结构，探索存在于不同时空的深藏于人类心灵中的普遍性结构，以认识、解释全人类社会文化现象为总原则。象征理论形成于 20 世纪 60 年代，主要由英国和美国的学者创立。该理论认为人类学研究的主要任务不是文化功能或结构的分析，而是解决各种文化现象和行为所表达的信息或意义；主张把象征及其意义作为文化的核心进行研究，寻求象征的多层次理解。①

文化人类学在研究方法上也具有自己的特色。田野调查法即实地调查法，是文化人类学最有特色的方法之一，也是收集资料的基本方法。这一方法是人类学最明显的特征，当然也是相关学科如考古学、社会学和语言学重要的研究方法。田野工作的主要步骤：①田野工作的准备。首先要回答两个问题：干什么去？去何处？从事田野工作是要阐述某些理论问题或假说，这比为了描述更为重要。要到典型的地方或找有代表性的人。要考虑的因素有：可进入性、健康状况、政治可行性、生命安全等等。还要备好考察的装备，包括衣食住行和全套的野营器具以及药品和补给品。②开始田野工作。要根据不同的背景采取不同的策略，不能一概而论。首先遇到的是长途跋涉的艰苦。没有地图，远离电、冷饮、抽水厕所、舒适的床。面临着不同文化的令人痛苦的"文化冲击"，孤独无援，深感压抑，第一个冲动就是逃离。吃饭也是大问题，能买到东西吗？能用所带的物品换食物吗？当地人是否会用"暴力"欢迎来者，也是令人忧虑的。要向当地人说明自己的身份和来此的目的，不能对提供资料者摆出屈尊俯就的样子。③语言学习。世界共有一千多种语言。学习当地语言，通常既无词典又无语法。通过聆听和询问来学习语言，要 6 个月或一年时间才能应付详尽的采访或参加群体交谈。④参与性观察。生活于要研究的人之中，参加他们的社会生活，观察正在发生的事情，不懂就问。⑤采访。实际的采访技巧视研究者与所需资料的种类而定。有些按严格的提纲提问，同一问题可以去问许多人，而有些则可让提供资料者随心所欲地叙说。还有一些或许从某个主题开始，然后由着对象去说，在他离题太远时，再不时将他引回到原先的主题上。⑥解释。田野工作的最后解释受研究者的人格、养育他们的亚文化、他们的政治观点、培养他们的理论学派等深刻的影响。②从以上内容我们可以了解作为文化人类学的田野调查法的几个重要步骤，我们可以从中得到启发或为我们所用。

前辈学者和当代学者的实践经验我们也应当有所继承。阅读费孝通的《社会调查自白》，就可从中受益。费孝通 1984 年 7 月 23 日到 8 月 4 日的

---

① 参见何星亮《人类学的研究和发展》，《光明日报》2001 年 10 月 23 日。
② 参见［美］罗伯特·F. 墨菲《文化与社会人类学引论》，王卓君、吕乃基译，商务印书馆1991 年版，第 264—281 页。

两个星期里，在中国民主同盟中央组织的暑期"多学科学术讲座"里作了有关社会调查的讲座，后来以《社会调查自白》为书名出版。在本书的"引子"里他介绍了自己的学术历程和多学科的基础知识。在本书的"社会调查概述"中大致介绍了社会调查的四个阶段：①定题。即要确定一个调查的主题。定题并不简单，题目从哪里来，又如何去选择，就像我们的论文选题一样，不是一件容易的事情。②制定计划和方案。这与我们传统史学所制定的方案有所不同。需要进行探索性调查。要搜集与课题有关的资料，分析前人的研究成果，拟出调查提纲，明确调查指标，确定调查方式。③实施阶段。相当于我们的查阅资料。采用观察与访问的方法。观察包括"间接观察"、"直接观察"和"参与观察"。访问是指收集被调查口述资料的调查方法。④总结阶段。相当于我们的撰写论文。通过整理资料、分析资料而得出结论，是围绕着"点与面"、"质与量"、"因与果"这三个关系展开的。在本书中，费孝通重点介绍了如何进行民族调查、农村调查、家庭调查、小城镇调查、知识分子和智力资源的调查。① 费孝通的研究方法显然值得重视和借鉴。另外，20 世纪 30 年代陈翰笙教授对华南农村的研究，陈达教授对南洋华侨与闽粤社会的研究，陈序经教授等对疍民的研究，都是以小社区的田野调查为基础的，也是值得我们关注的。

当代中国学者也有将人类学的方法积极运用于社会史研究，把文献资料和田野调查紧密结合起来的有益尝试。另外，《新时期史学思潮》一书是利用访谈方法进行研究的一个范例。本书的前言指出："当代史学思潮的研究有赖于当代史学工作者广泛的参与。传统的史学史研究，可以由某位史学家通过搜寻史学史的文献来进行独立的研究。而进行史学思潮的研究，仅仅靠坐在图书馆中搜集资料是远远不够的，只能真正深入到广大史学工作者之中，了解他们自己走过来的道路，倾听他们对史学研究的种种感觉、体会、意见、呼声。在他们的业绩之中，寻找他们的成功之路；在他们的困惑之中，探求解脱困境的出路。广大史学工作者自己的现身说法，才是研究当代史学思潮最宝贵的资料。因此，这项研究非有广大史学

---

① 费孝通：《社会调查自白》，知识出版社 1985 年版。

工作者积极支持和广泛参与不可。"① 本书的后记也指出："我们很清楚地认识到一点，那就是史学研究是广大史学工作者辛勤工作的结果，史学思潮的形成，必然与广大史学工作者的思想、感情和情绪有着密切的关系，离开了对这些史学工作者本身的研究，就谈不到史学思潮研究。所以，我们的课题研究，并不是在开始研究前就确定了明确的研究路径，而是我们在逐步深入到史学工作者当中之后，才逐步明确的。也可以说，这项当代中国史学思潮的研究，不只是我们三个人的工作成果，而是我们与数十名老中青不同年龄层次的学者共同劳动的结果。"② 作者通过访谈，感受到了当代史学思潮跳动的脉搏，也体察到了当代史学工作者的辛勤劳作和敬业精神。作者若能把访谈的资料整理出版，将是一部有价值的当代中国的口述史学。

三 社会文化史的史料问题

上文谈到的田野调查法实际也是从事社会文化史研究搜集资料的方法之一。当然研究社会文化史还要有更为开阔的史料视野。除我们以往关注的一般史料诸如正史、档案、报刊、方志、访谈资料等外，社会文化史还要关注更为宽广的史料范围，诸如被目为野史稗乘的笔记、小说、戏曲、诗歌等。有学者指出，"浩瀚的史书和数不尽的文物遗址，提供了取之不竭的史料……中国人有浓厚的历史意识，看问题注重追根溯源，述先道故，使得人们重视历史经验的吸取，留下大量的野史、笔记。这些留存在正史以外的资料，最为丰富、生动，有待人们去整理、发掘"。③ 其实，很多前辈学者在挖掘和运用史料方面，作出了很多有意义的尝试。

著名学者梁启超、王国维、鲁迅等都非常重视对戏曲小说的研究，有的写出戏曲和小说的专史；有的则侧重于发掘戏曲小说中的史料。新中国成立前后，郭沫若、翦伯赞、尚钺、胡绳、邓拓、吴晗、傅衣凌等马克思主义史学家，在这一方面做了不少的工作。翦伯赞在新中国成立前写的

---

① 邹兆晨等：《新时期中国史学思潮》，当代中国出版社 2001 年版，第 7 页。
② 同上书，第 330 页。
③ 刘志琴：《青史有待垦天荒》，《近代中国社会文化变迁录》第一卷，浙江人民出版社 1998 版，第 13—14 页。

《杨家将故事与杨业父子》、《元曲新论》、《桃花扇底看南朝》和新中国成立后写的《论十八世纪上半期中国社会经济的性质——兼论〈红楼梦〉中所反映的社会经济情况》、《释〈儒林外史〉中提到的科举活动和官职名称》、《〈琵琶记〉的历史背景》等文是对戏曲小说的研究成就，主要是形成了一套搜集和分析史料的治学方法。注重文学资料的使用，并把视角深入到戏曲内容之中，藉以观察这些史料中包含的社会文化价值。染指过去文学史和戏曲史的领域，延伸了历史学家的触角。当然引用文学资料研究历史必须抱十分审慎的态度，要充分认识到作者的写作不是对当时社会的直接反映，而是经过了再创造的过程，因而不可避免地包含了大量"臆造"的成分。因此，当没有其他有力的资料作旁证时，在论述问题的时候必须时刻注意到自己的立足点，并充分警觉自己所使用的语言。如采用文学作品分析晚清大众文化时，必须分清所讨论的就"是"晚清大众文化，还是作者笔下所"反映"的晚清大众文化。比如利用晚清谴责小说（李宝嘉《官场现形记》、吴趼人《二十年目睹之怪现状》、刘鹗《老残游记》）来研究晚清的社会文化，要考虑小说内容是如何折射社会现实的，这种折射和直接反映是不等同的。清末小说杂志《绣像小说》、《小说林》、《月月小说》（其实清末有很多种小说杂志）等也都从不同的角度反映了民众的社会生活和民众的民俗信仰生活。另外，文艺作品对民众的价值观念的转变和素质的提高产生了怎样的影响，从作品的内容去梳理探究，未尝不是可尝试的分析方法。20世纪的女性文学以及当代文学作品也都有相当高的史料价值。另外，我们还要注意搜集和使用民谣。如《中国近世谣谚》和《现代流行民谣》等都是重要的社会文化史史料。

诗文同样可用作史料。陈寅恪成熟运用于学术研究中的就是我国传统的文史互证方法。这种方法被现代学者所继承，并在研究中取得了很大成就。当代学者卞孝萱的《冬青书屋笔记》，揭示了传统文史互证方法在当代学术研究中的地位和意义。[①] 当代美国学者高彦颐（Dorothy Ko）的《闺阁师：17世纪中国的妇女与文化》（1995），主要用17世纪江南地区上层妇女创造的诗文来分析她们的生活状况和当时的社会风貌。曼素恩（Susan L. Mann）的《宝卷：在漫长的十八世纪的中国妇女》（1997），将

---

① 郝润华：《文史互证方法的当代学术意义》，《烟台师范学院学报》2000年第4期。

妇女自己写作的诗词作为立论的材料。对于西方学者来说，能够解读中国诗词已属不易，这种做法也确实使读者耳目一新并颇具说服力，但是，中国古典诗词的特点，讲究情感表达的含蓄蕴藉与复杂委婉，女性诗人尤其如此，用来作为史料，即使特别小心，也很难保证不会出错。①

史料是丰富多彩的，如何阅读史料是重要的。正如有的学者所说，"这个'读'不仅是讲对资料字面上的理解，更重要的是从什么角度对资料进行诠释和利用。一条史料不仅反映了某个历史事实本身，而且可能折射出深刻的社会和政治内涵。正是对资料怎么'读'，常常体现了一个历史学家的理论和方法以及所持的历史观"。② 我们在扩大史料视野的同时，更要学会阅读、分析和理解史料。

四 重视研究 20 世纪的社会文化史

当代史学界在展望 21 世纪史学时，认为在 21 世纪的史学研究中，近现代史特别是 20 世纪的历史将会受到特别的重视。戴逸在 1996 年就指出："在下一个世纪的历史研究中，近现代史将更加被重视。尽管尘埃尚未落定，盖棺犹难论定，但人们惯常要回顾刚刚走过的那段路程，迫切地希望从刚刚逝去的历史中寻找经验，获取教益，增长智慧。21 世纪的历史学亦将以研究 20 世纪的中国社会及其事件、人物、思想、典制为重要内容。20 世纪，中国贫困、屈辱进而抗争、奋起，富有慷慨悲壮、可歌可泣、催人前进的内涵。人的苦难、人的价值、人的力量表现得淋漓尽致。21 世纪的历史学将透视、描摹、再现这个伟大的时代，给后代以强烈的震撼和深刻的教育。生活在 20 世纪的人们尽管亲历了种种事变，有着切肤的感受，但历史的表面尘雾把它们笼罩其中，反而看不清眼前事变的整体和意蕴。而21 世纪的历史学则会将它们完整地、准确地揭示出来，像悬挂在天空中的大幅画卷，显示其磅礴的气势、雄伟的场面和丰富的意蕴。"③ 的确，学界越来越多的人已经开始进一步关注和研究 20 世纪的中国历史了。

---

① 定宜庄：《对美国学者近年来研究中国社会史的回顾》，《中国史研究动态》2000 年第 9 期。

② 王迪：《大众文化研究与近代中国社会》，《历史研究》1999 年第 5 期。

③ 戴逸：《中国历史学如何走向二十一世纪》，《光明日报》1996 年 12 月 31 日。

20世纪是社会文化变化剧烈的时代，值得重视和研究。已经有人从社会文化史的角度来研究民国时期的历史，也有人开始关注新中国成立后的社会文化史。例如"统购统销"与票证的历史就非常典型。① 再如，20世纪50年代大办"公社"的理想状态是取消家庭；"文化大革命"中的"五七干校"部分取消了家庭；与此同时，意识形态在全社会范围内对日常生活的渗透几乎达到无孔不入的地步；"文化大革命"结束不久轰动一时的相声《如此照相》，就是这种情况的真实写照。②

首都师范大学历史系开始重视新中国成立后三十年的社会文化史研究，从婚姻家庭妇女性伦的文化层面对新中国成立后三十年的社会文化进行探索，不仅为了揭示新中国成立后三十年社会文化的演变大势，更有助于通过对新中国成立后政治、经济和文化等多项历史因素互动的研究，来深刻认识和理解新中国成立后三十年的社会历史。

新中国成立后三十年婚姻文化变化的基本态势和特点在于：1950年新中国第一部婚姻法颁布后，加速废除包办强迫、漠视男女情感的封建婚姻陋俗。追求自由婚恋方式逐渐成为一种趋新的价值观念，并得到更多人的理解认同。其时的谈婚论嫁同政治立场、家庭出身相结合，同特定水准的物质追求相联系，同嫁给劳模、党员、干部、军人和城里人相应对，同"革命化"与"战斗化"相伴随，形成特定时代的独特风貌。"文化大革命"时期政治态度和派系笼罩下的婚姻状态以及上山下乡插队知青的婚姻状况，更具特异时代政治观念和阶级观念的印痕。

新中国成立后三十年家庭文化变化的基本态势和特点在于：家庭文化变革是以父子之间、夫妻之间及兄弟姊妹之间的平等与不平等为特征。传统封建家庭不平等的关系在某种程度上有些转变，带有现代意识的民主气氛逐渐进入家庭，冲击着以往占支配地位的封建伦理的家庭文化。极"左"路线造成不同出身家庭之间的新的张力与隔阂。"文化大革命"时期出现了为政治左右的家庭异化现象，反映了家庭内部不同政治倾向者之间以及"红色家庭"与"黑五类家庭"之间的矛盾与冲突。

新中国成立后三十年妇女文化变化的基本态势和特点在于：妇女参政

① 王春瑜：《穷证》，《票证旧事》，白花文艺出版社1999年版，第5—6页。
② 雷颐：《"日常生活"与历史研究》，《史学理论研究》2000年第3期。

开始向政治解放的目标迈进，并在政坛上竞显风流。妇女大规模地参与经济生活和公众生活，城市妇女积极投身社会主义建设当中，农村妇女通过土地改革做了土地的主人，提高了自身的经济地位。妇女的社会教育促其摆脱文盲状态，学校教育促其提高文化素养。女性形象与性别角色形成新的特点。各种法律法规的制定为提高妇女社会地位和身心健康提供了保障。妇女解放的局限仍然突出，特别是职业与家务的双重负担使妇女陷入两难之中。"文化大革命"时期女性"不爱红装爱武装"，与男性一样冲杀在"文化大革命"的战场。

新中国成立后三十年性伦文化变化的基本态势和特点在于：性伦文化缺乏突显的变革，传统的男女授受不亲和封建贞操观未能彻底打破，缺乏积极正面的性教育，导致普遍的性无知。在把主要精力放在抵制资产阶级性爱观的同时，封建主义性爱观无形中却被更多地肯定和认同，进而导致封建主义性伦文化长期束缚人们的精神世界，成为人们心灵的枷锁，很多两性之间不能进行正常的社会交往。"文化大革命"时期更是"谈性色变"，"性"成为人们不敢问津的禁区。

这一研究的主要观点是：在特定的充满激情和渴望的年代，婚姻家庭妇女性伦文化的演变与新政权建立的关系密切，党和政府的能动干预和引导以及国家政策法律的制定是新中国婚姻家庭妇女性伦文化演变的决定因素；新中国婚姻家庭妇女性伦文化的演变既有给人留下明显印象的进化，又有缺乏反响力的逆向转化，反映社会文化变革需要创造多项条件予以支撑及其变革的复杂性，并昭示社会文化的变化是一个长期的动态运演流变；新中国婚姻家庭妇女性伦文化演变的本质应是追求人的个性解放和自由平等，由于缺乏对个性解放与自由平等的深切感悟和关怀，所以改造社会文化的理性自觉显得不足，从而留下了深刻的教训。

这一研究在运用唯物史观和传统史学方法外，还要借鉴如下研究方法：在依靠文献资料的基础上，借鉴和运用社会学的访谈法、抽样调查法来搜集资料，以此扩充弥补文献资料。通过纵向和横向比较来突出研究内容的特点。1840—1949年婚姻家庭妇女性伦文化的研究，已有一定成果，这一研究通过与上述成果进行纵向比较，探索其发展演化的程度与速度；同时通过横向比较，探究其发展变化的不平衡性及其局限性，这既包括不同地域间的不平衡，也包括不同内容之间发展变化的不平衡。运用社会心理学和心态史学的研究法来分析普通民众的心态、意识和思想变迁。要注意"众从"和"从众"心理现象的客观影响，要注重普通民众对社会的认识理解以及他们独特的思考方式。作为社会文化史的研究，这一研究更加关注民众社会生活与民众观念形态之间的相互关系，既注意显形的社会生活，又注意隐形的精神生活，最终是要通过社会生活的表层去揭示社会精神面貌的潜层结构的。

这一研究的理论创新及学术价值在于：通过探讨特定的历史领域，揭示新中国成立后三十年婚姻家庭妇女性伦文化的演变规律，这是社会文化史研究的一个有益尝试，并为社会文化史研究提供一项学术成果；通过研究新中国成立后三十年婚姻家庭妇女性伦文化的变革，初步探索社会文化史研究的理论与方法，为这一学科的建设提供理论方法上的某些借鉴；研究社会文化并非忽视社会的政治经济，从社会文化的视角切入并具体研究，进而宏观思考特定时代政治经济和文化之间的互动与变迁，这种总体研究易于理解和认识新中国成立后三十年社会变革的全貌。

社会文化史还是一个新生的学术领域，它还很薄弱和幼稚，存在的问题还很多，需要精心地呵护和培育。正像有的学者所指出的那样："中国近代史研究的各个领域中，有的学科是后起的，如近代社会史、近代社会文化史，开辟未久，前景广阔。像每一个新兴领域都存在着广阔的发展空间一样，近代社会史、社会文化史学科，正在引起国内学术界的广泛注意，特别是引起中青年研究者的浓厚兴趣。但这样的学科，从整体上说还处于兴起阶段，研究者各自为政，还是一种无组织状态，也未形成公认的比较成熟的研究理论和方法。""社会史和社会文化史研究有着广阔的发展空间，可能是史学新观念和新方法的一个生长点。"[1] 社会文化史有着广阔的发展前景，有志研究者应悉心努力，共获建业之功。

原载《近代中国社会与民间文化》，社会科学文献出版社2007年版

---

[1] 张海鹏：《1999年中国近代史学术动态概述》，《近代史研究》2001年第1期，第256—257页。

社会生活：社会文化史研究的
一个重要概念

社会生活是人类使用频率极高、人类极为熟悉的一个概念。学人们也从学术和学理上去认识、理解和研究这个概念，但深入探索却是不多见的，历史学科对其也是如此。随着学术处女地的不断开拓，很多日常概念不断引起我们更多的关注，而社会生活就是其中的一个。社会文化史是研究社会生活与其内在观念形态之间相互关系的历史，社会生活作为社会文化史研究的一个视角和领域成为社会文化史研究的一个重要概念。

一 社会生活释义

所谓社会生活是指人们在以生产为前提而形成的各种人际关系的基础上，为了维系生命和不断改善提高生存质量而进行的一切活动的总和。社会生活是活动的总和，因此它首先体现的是一种活动，而这个活动是在一定基础之上的有目的的活动。这个基础是指在一定的前提下所形成的人际关系，而这个目的是指维系生命和改善提高生存质量。人们生活的目的就是这样简单明确，就是为了维系生命，为了活着，但不是一般的活着，要尽量活得好些，还要不断地改善和提高，以达到和满足人们生活的这个目的。若此，简单的生活目的就不会再是那么简单。上面在表述前提的时候，我们把生产确定为前提。这里的生产是广义的生产，是指通过劳动创造物质财富和精神财富的一个过程，直接或间接为创造物质和精神财富的过程都可视为广义的生产。我们看到，只有有了生产、只有有了生产这样一个过程，才能言其人际关系，言其维系生命，言其改善提高生存质量。而缺失了生产和生产这个过程，其他一切将无从谈起。可以设想，若没有生产、没有生产这个过程，是否还存在人际关系？是否还能谈维系生命？是否还能谈改善提高生存质量？当然不能。所以我们就把生产视为形成各种人际关系的前提。只是有了生产，在生产这个过程中，才能形成各式各样的人际关系，诸如领导与被领导的关系，师傅与徒弟的关系，共同生产的同行关系，相同组织内的同事关系，互帮互助的友善关系，直接或间接的服务关系，贫富差距的等级关系，优胜劣败的竞争关系，弱肉强食的敌对关系，等等。在形成了这诸多不同的人际关系的基础上，为了维系生命和不断改善提高生存质量就产生了诸多复杂的各类活动，包括政治、经济、文化、社会的活动，等等，即作为人类社会生活的一切活动的总和，这种活动又主要体现在人们的具体行动上。这种活动维系生命和不断改善提高生存质量的目的是容易理解的，而其在生产的前提下所形成的各种人际关系作为一种基础似乎还是显得有些费解，而这正是我们理解社会生活的关键所在，即离开生产和人际关系就难以理解和认识社会生活。那么生产本身是社会生活吗？单纯的生产本身还不能构成社会生活，但因为它而形成了人际关系，在这个人际关系的基础上，为生存而进行的任何活动就构成了社会生活。所以我们还是要回过头来进一步强调，所谓社会生活就是指人们在以生产为前提而形成的各种人际关系的基础上，为了维系生命和不断改善提高生存质量而进行的一切活动的总和。

二 社会生活的理论范畴

社会生活的理论范畴是指在宏观层面上的几个重要概念和问题，它是我们关注社会生活和研究社会生活的思考域和切入点。

社会生活的概念有广义与狭义的区分，广义的社会生活是指人类整体的生活状态，它包括政治生活状态、经济（物质）生活状态、文化（精神）生活状态、社会生活状态。而狭义的社会生活专指社会生活状态。社会文化史首先要研究狭义的社会生活状态，从狭义的社会生活入手，再渐次向广义的社会生活探究。从广义的视角所见到的四种生活状态彼此不是孤立的，不是截然分开的，它们是彼此联系的，是相互影响、相互渗透、相互制约甚至相互转化的。政治生活状态主要指各层次权力的把握控制和运行，谁掌控权力，如何掌控权力，通过怎样的体制和机制进行权力运行，进而产生怎样的后果，这些就都反映着政治生活的状态。经济生活状态主要指物质财富的生产方式、分配方式和管理方式。物质财富怎样去生产，又如何进行分配，在何种体制制度下进行管束，这些都反映着经济生活的状态，而这种状态在很多时候，在具体的情状下，又与政治生活状态紧紧地结合在一起。无论物质财富的生产方式、分配方式还是管理方式都可能被政治生活状态制约着，但反过来，经济生活状态又可能影响着权力的掌控与运行，两者是相互渗透和影响的。文化生活状态主要指精神财富的生产方式、管理方式和价值观念的培植或变革、选择和确立等，同样，它与政治生活状态和经济生活状态是互为影响和制约的。物质财富与精神财富没有极端的本质区别，他们最基本的共同特征是客观存在并为人类的需要服务。物质财富在满足物质身体的需求时，某种层面也满足了精神身体的需求；精神财富在满足精神身体的需求时，某种层面也满足了物质身体的需求。两者是在各自的区域内，同时也在共同的区域内发挥着自己的功能。社会生活状态主要指人们日常的基本生活诸如衣食住行、婚丧嫁娶、闲暇娱乐等生活。这种社会生活是人们生活状态最直接的体现、最实在的反映。实际上它与政治生活状态、经济生活状态、文化生活状态又有着千丝万缕的联系，相互之间互动着、影响着。

狭义的社会生活有着极其丰富的内容。它在不同的时代所反映的具体内容是不同的，它也随着时代的进化而不断地发展和变化，有的消失，有的生长，但总的趋势是因社会科学技术的进步和生活的多元趋向化而使社会生活的内容不断地丰富和发展，生活内容的领域不断地扩大。就当今时代而言，我们所谓狭义的社会生活，大而言之也能够举出一些重要的内容，诸如衣食住行、婚丧嫁娶、两性伦理、休闲娱乐、流行时尚、网络信息、装饰美容、强身健体、休养生息、医疗救治、心理卫生、求职就业、福利保障、旅游观光、民俗风情、宗教信仰、迷信祭祀、友善交往、日常消费、生老病死等等。显然它比以往任何时代的社会生活都丰富得多。现实的人们如何面对这样丰富多彩的社会生活，如何选择这样丰富多彩的社会生活，历史和现实都有值得借鉴的经验和教训。社会生活一个时代比一个时代丰富，相信未来的社会生活一定比今天还要更加丰富，更加精彩，更加绚烂。

广义的社会生活里面包含着人类整体的社会生活、群体的社会生活，还包含个体的社会生活。同理，狭义的社会生活也包含人类整体的社会生活，还包含群体的社会生活和个体的社会生活。人类整体的概念和个体的概念容易理解和把握，而群体的概念却复杂得多。群体的概念还可以进一步划分，划分存在着两个趋向：一种是平行的趋向，即群体之间的关系是平衡的，诸如不同国家的群体，不同区域的群体，不同种族的群体，不同民族的群体，不同肤色的群体，不同文化背景的群体，不同信仰的群体，不同阶层的群体，不同职业的群体，不同专业的群体，不同教育程度的群体，不同价值趋向的群体，不同政党的群体，不同社团的群体，不同志趣爱好的群体，不同年龄的群体，不同健康程度的群体，不同性别的群体等等；另一种是扩展的趋向，即群体之间是量的增大或缩小，是大群体包含着小群体，是小群体组合成大群体，诸如从家庭到家族、到同姓、到民族；从具体工作单位到同类单位的小系统、到同类单位的大系统；从小区到社区、到城市、到省区；从民族到国家、到洲际等等。从长时段来看，同一群体在不同的时代有其持续的特征，也有其变化的特征。具有持续特征的群体有广泛的范围，上文我们提到的群体，无论是具有平行趋向还是具有扩展趋向的群体，绝大部分是具有持续特征的群体。而具有变化特征的群体，是指同一群体在不同时代的自身内涵发生了变化，比如古代的农民、军人、商人和领袖与今天的农民、军人、商人和领袖的自身内涵是不同的，古代教书先生与今天教师的自身内涵也是不同的，其知识结构、教学技能、人生价值、历史责任均不能同日而语。

无论是人类整体的社会生活，还是群体和个体的社会生活，既体现着一种共性，又体现着一种个性，所以这种社会生活是共性和个性的统一体。对于人类整体，体现着一种共性的社会生活，比如人类整体都需要衣食住行，都要面对着生老病死，也都需要消遣娱乐活动，这就是共性社会生活的体现。但是人类整体怎样进行衣食住行，怎样对待生老病死，怎样开展消遣娱乐活动，人类整体在不同的时代或同一时代各部分之间是会有差异的，这就反映出个性的特征来。对于若干群体之间的社会生活也是如此，若干群体之间的社会生活可能存在着共性，同时也存在着个性。比如工人的群体、农民的群体和知识分子的群体，这些群体都在创造社会财富，这是他们社会生活共性方面中的体现。工农是以创造物质财富为个性特征，而知识分子却以创造精神财富为个性特征。工农创造的物质财富又以创造工业品和农产品而不同，仍能反映出不同的个性特征来。对于个体的社会生活也是这样，个体之间的社会生活既有共性，又有个性。比如人人都需要维持个体的生命和发展，人人都要面临与自然和社会的接触，都要处理与亲朋好友、周围同事的关系等等，这是每个个体在社会生活中的最基本的共性。然而每个个体如何去设计自己的生活、追求什么样的生活目标、采取怎样的生活方式，对人生感悟的程度和人生的境界如何，又会显示出不同个体之间的诸多不同的个性来。不同群体和个体有着自己特殊的生活环境，这不仅形成不同群体和个体社会生活的个性特征，同时也反映着不同群体和个体社会生活的局限，群体和个体的社会生活都有个性，也都有局限性。

群体是社会文化史研究的重要对象，我们要善于发现和关注群体。群体划分得越细越具体，研究起来越方便越容易把握。群体是变化的，这种变化不但体现在上文所说的群体自身内涵的变化上，也特指群体的量在不同时代的某些改变，即量有增减。所谓量有增减是指随着时代的变迁会有新的群体不断涌现，也会有某些群体不断削减以至消亡，这些群体的涌现和削减恰恰可以反映一个时代的某种变迁，也可以把握一个时代的某些特点。比如中国新时代以来的企业家族、公务员族、白领族、蓝领族、民工族、下岗族、待业族、海归族、私企族、炒股族、有车族、明星族、追星族、网吧族、独生子女族等都是中国改革开放以后出现的新群体，从这些群体身上我们能够寻找很多社会文化史研究的视角和问题，探索新时代社会文化发展变化的一般轨迹，管窥历史的变迁和社会文化的演进，时代政治、经济、文化和社会的种种变化都能够从这些新的群体身上寻求聚焦和答案。群体的变化也使历史上的诸多群体渐渐削减或消失，诸如老北京沿街叫卖的群体和街头杂耍的群体随着时代的进化，他们都渐渐退出了历史的舞台，中国传统社会的女性缠足群体、男性留辫群体于清末民初以后就渐渐削减，至今已经消失殆尽了。当今国内的文盲群体也在不断地削减着，从这些群体演化的现象中不也能看到历史的沧桑巨变吗？

贯穿于人类社会的社会生活，存在着一些最基本的贯穿于人类社会的恒常内容。随着人类社会的不断进化，人类社会生活的内容会不断增加，新的社会生活内容会不断涌现，也有些社会生活的内容会渐次消失，这在上文我们已经作了阐述。但是在人类社会发展的过程中，无论社会怎么变化，无论社会生活如何变迁，却都存在着一些最基本的贯穿于人类社会的恒常内容，这些恒常内容在任何时代都要围绕着人类的生活，都要伴随着人类的生活，实际上就是它们呈现着人类社会不同时代的最基本的生活样式，因而它们成为人类社会生活最基本的内容，诸如衣食住行、婚丧嫁娶、两性伦理、休闲娱乐、生老病死等，就是人类社会生活最基本的内容。这个问题的提出，有着一种特殊的意义，回答着人生一些最基本的问题：即人怎么才能够生，生存的最基本的条件是什么，怎么才能生活得更好，生活的目的是什么，如何对待短暂的人生。我们发现，正是这些最基本的社会生活的恒常内容反映着人类社会生活这些最基本的问题，两者是统一的。我们还发现，其他社会生活的内容，基本上是由上述最基本的恒常内容派生出来的。任何时代，人类社会生活都存在着上述的基本内容，而每个时代上述基本内容的表现形式又是具有时代特色的，这种时代特色是时代发展的痕迹，是人类不断追求的痕迹。当我们发现每个时代社会生活基本内容不同特色的时候，我们就了解了那个时代的社会生活，进而认识、了解和理解了那个时代。

不同时代人们的生活观念是不同的。不同时代人们生活观念不同，并不否认有着普世的、始终不变的生活观念，这种始终不变的生活观念一般是处于宏观层面上的。比如，人们都希望吃好、穿好、住好、行好。一般说来，这种宏观层面上的基本生活观念不会有什么变化，任何时代的人们都希望能够生活在吃好、穿好、住好、行好的社会生活环境中。但微观层面上的生活观念在不同时代就会发生不同的变化。比如怎么才是吃好、穿好、住好、行好，不同时代的人们的看法会是不同的。为什么不同时代人们的生活观念会发生变化？其实人们平时常讲这个道理，就是不同时代的经济发展、科技进步、政治环境改变了人们的物质生活，所以随着物质生活的改变，人们的生活观念也就随之发生了变化。生活观念的变化必将导致行为方式的变化。在微观层面上很难有始终不变的生活观念。一般言之，能否适应时代变迁而及时调整人们的生活观念是传统与现代、保守与进步的分水岭。近代以后，有人穿上了西装，民国时期有人穿上了中山装。解放初期，妇女们热衷于离开家庭，到社会上寻求一份工作。"文化大革命"时期，人们看中革命的家庭出身。改革开放，人们更青睐于高收入、高消费，过着丰富多彩的社会生活。这一切反映着人们生活观念的变化，当然也反映着观念变化背后的变化。

在同一时代，不同人群的微观生活观念是有差异的。人群的划分是多种多样的，用不同的标准可以划分不同的人群。比如用职业、地域、收入、年龄、民族、信仰、党派、性别、志趣等不同的标准就可以划分出很多不同的人群来。不同人群的微观生活观念是有差异的，这是人们生活在不同的具体生活环境决定的。以当今的人群为例，比如职业不同的人群：工人阶层希望自己所在的企业效益好；农民阶层愿意到外面闯世界，到城里去打工；企业家阶层希望自己的企业越来越火，效益越来越好；知识分子阶层在追求高收入高生活水平的同时，更希望追求一种宁静的生活，一种精神的寄托。比如性别不同的人群：大多数年轻女性希望自己能同男性一样有公平的就业机会，愿意自己有一个美丽的容颜，匀称的身材，能够博得他人的喜欢；大多数年轻男性希望自己能有一个体面的工作和收入，在同类人中能够表现得出类拔萃。比如年龄不同的人群：大多数的老年人希望自己有一个健康的身体，有一个幸福的晚年；大多数年轻人希望通过自己的积极努力，能够顺利地求学、就业和进步，建立一个幸福的小家庭；而大多数中年人，则希望自己的事业发达，上能侍奉好父母，下能照顾培养好孩子。不同的人群，由于各自特殊的生活环境，造成他们微观生活观念的差异。

同一个个体，在不同的年龄段，个体的生活观念是有变化的。中国古语道：三十而立，四十不惑，五十而知天命，六十而耳顺，七十从心所欲不逾矩。这就是讲个体在不同年龄段上不同的生活观念和生活状态。中国民谚讲，三十不豪，四十不富，五十将相寻死路；少壮不努力，老大徒伤悲，都讲的是这个道理。这是由年龄变化引起生理变化和阅历变化，再与客观条件的结合决定的。年龄的变化引起身体变化，造成心理变化，年龄增长，阅历增多，自然会产生新的人生感悟。由不同年龄段引起的观念变化，一般有几个类型：一是客观型，经世的积累，对世事的认识和理解更为全面，观念形态随年龄增长渐次成熟，不断接近客观性和真理性；二是保守型，年事的增高，跟不上时代前进的步伐，观念形态的进取意识渐次减弱，观念陈旧，逐渐显出保守性；三是回归型，随着年龄的增加和阅历的增长，观念不断的变化，而到了一定年龄后，又重新回到先前时代的观念形态，观念随人生旅途画了一个圈，显现出轮回的特征。同一个个体在不同的年龄段观念尚且不同，那么不同的个体在不同的年龄段观念的差距就可想而知了，所以代沟是一个重要的问题域，是研究社会文化和比较研究的一个重要切入点。

社会生活的目标是要不断地提高人们的生活质量。生活质量的高低既是绝对的，又是相对的。所谓绝对是指在不同的特定时期内，不同的生产水平，给人提供不同的物质条件，人们会感觉到不同的物质享受，每一次新增的物质享受都能体现着生活质量的提升。所谓相对是指个体的感受是不同的，心境的不同是影响生活质量的重要指标。个体的身心愉悦，特别是心境的愉悦，不完全与物质生活的高低成正比。人们社会生活的质量是要追求物质享受和精神享受的统一。那么不同的时代，不同的人群，不同的个体，其生活状态如何，其生活质量如何，社会文化史的学者要给予关注。是什么原因使人们的社会生活如此如彼？人们如何追求高水平的生活质量？在同等物质条件下如何提高人们的生活质量？在不同的物质条件下，如何提高人们的生活质量？幸福感是生活质量的一个重要指标，幸福感是一种个体主观的心灵感受，它既与物质条件相关，但又不完全依赖于物质条件。所谓与物质条件相关，是指一个时代物质文明发展的程度是衡量人们生活质量的一个基础，忽视这个基础是不行的。所谓又不完全依赖于物质条件，是指心境直接影响幸福感。影响心境愉悦的因子很多，政治的、经济的（物质的）、文化的（精神的）等等。对于个体来说，人们不要忽视文化价值观念对个人感受的影响。所谓平和的心态就是指一种价值观念，价值观念的树立和改进需要不断的扬弃和创新，因此，人们需要的是文化价值观念破与立的统一。

三　社会生活与社会文化史

以往和未来的历史研究都是在一定的范式框架内进行。无论是兰克的政治史学，法国的年鉴学派，西方的新文化史和后现代史学都可视为历史研究的范式框架，在中国，无论是中国传统史学、马克思主义史学、新时期的社会史也都可视为历史研究的范式框架。只有在范式框架内的历史研究才能透视历史的整体，否则历史只能是无数的碎片，人们在历史面前只会感到茫然和无所适从。运用任何范式框架来研究历史，都会在历史的某个层面和角度揭示历史的实在和特征。中国传统史学把中国帝王将相的家谱展现出来，马克思主义史学把社会发展形态的轨迹揭示出来，中国革命史探索了反帝反封建斗争的历史真实。可见在任何的范式框架内，都可能一定程度地为史学发展作出贡献。在任何的范式框架内，历史研究都可以以小见大或以大见小，所以研究的问题是灵活的，主要看它是在哪个层面为历史研究作出了贡献，我们不计较层面，我们看重的是对历史研究的真正贡献。历史研究范式框架的不同，不在于研究范围的大小不同，而在于研究问题的角度、层面和侧重点不同，我们不计较历史研究范式框架的角度、层面和侧重点不同，我们看重的还是对历史研究的真正贡献。

若用范式框架的概念去审视社会文化史，社会文化史也可视为一种范式框架。这个范式框架的特点是重在研究社会生活与其内在观念形态之间相互关系的历史。我们的这种表述，读者似乎感到把社会文化史的范式框架限制得很窄，其实不然。这其中的社会生活一词就是一个非常广泛的概念，前文提及广义的社会生活是指人类整体的生活状态，它包括政治生活状态、经济生活状态、文化生活状态、社会生活状态，可见其囊括内容的广阔性。从而我们感受到社会文化史研究的视野和问题都是相当广泛的，关键是我们要通过社会生活与其内在观念形态之间互动的角度来观察和研究宽广宏阔的人类历史。

人类存在并活动于社会生活之中，社会生活是人类独有的存在方式，所以从某种意义上说，人类历史就是一部社会生活史。我们以往对社会生活的认识和理解以及重视的程度还是相当有限的，这种局限或多或少影响了历史研究的一个最显著的现实意义，即史学也是直接为提高和改善我们的社会生活质量服务的。因此我们有必要强调社会生活作为历史研究的一个独特的和不可替代的价值和意义，也要强调社会生活作为学术研究的一个独特的和不可替代的价值和意义。

既然社会文化史是研究社会生活与其内在观念形态之间相互关系的历史，那么社会生活作为社会文化史研究的一个视角和领域就成为社会文化史研究的一个重要概念。我们就要特别关注社会生活与社会文化史的关系问题。第一，社会文化史首先要研究狭义的社会生活状态，从狭义的社会生活入手，再渐次向广义的社会生活探究，这是社会文化史研究从开始到发展的一个基本路径。第二，社会生活的理论范畴均是社会文化史研究的视角和切入点。诸如具体的社会生活内容、不同的群体、社会生活的恒常内容、个体的个性、人们的生活质量，等等，这一切都是社会文化史要给予关注和重视的。第三，任何历史都有常态和动态两种状态。所谓常态是指在一定的时间内某种历史现象基本处于不变的状态，所谓动态是指相对不同的时段内某种历史现象发生变化的状态。相对不同的时段既可是较长的时段，又可是较短的时段。而社会文化史主要是研究动态的历史，而不是研究常态的历史，即研究社会生活与其内在观念形态之间相互作用而引起的发展和变化的历史。所以社会文化史研究的视角是特定的，不是漫无边际的，它主要研究动态的社会生活，通过对社会生活动态的研究，来认识历史、理解历史和把握历史。第四，注重叙事与分析在社会文化史撰述中的双重运用。叙事与分析是历史撰述中的基本方法和基本要求，虽然对此还存在着不少异议，但是在社会文化史撰述中，我们尤其强调两者的不可偏废。叙事是要求并强调掌握大量的历史资料，并在梳理和提炼资料的基础上，完整和准确地叙述历史，还原历史和再现历史。叙事是在表象的层面上叙述历史，而渗透历史的本质和内在联系也是历史撰述的应有之义，完成这一任务的基本方法就是分析。运用分析和议论以达到对历史的一种理性的认识，是历史学的价值所在。社会文化史尤其注重叙事与分析的双重运用，旨在揭示社会生活的表象并渗透其诸多的内在联系。第五，社会生活与生活方式是社会文化史研究的一对重要范畴。社会生活与生活方式是研究社会文化史的两个重要切入点，也是社会文化史研究的两个重要内容。抓住了这样两个问题，社会文化史研究将会深入地开展下去。关于社会生活，我们做过界定，对于生活方式，简要地说，它是社会生活的一种外在形式（主要是以物质形式体现出来）。生活方式既是社会生活创造的，也同时反映着社会生活的发展水平和程度，生活方式被社会生活裹在中间，可见两者是息息相关，紧密相连，构成社会文化史研究的一对重要范畴。研究生活方式是从一个视阈研究社会生活，通过对生活方式的研究，可以深察人们社会生活本身。同时，研究社会生活也可以探究生活方式，以了解社会生活发展的程度和水平。从研究社会文化史的角度来说，研究社会生活与生活方式就如车之两轮、鸟之双翼，缺一不可。

关于社会文化史的几对概念

中国社会文化史的研究已经迈进了一个新阶段，在进一步发展的时期内，深入思考和探索有关社会文化史的理论方法问题更显得十分重要，也是学术发展的内在要求。根据以往的学习体会，我觉得对下面的几对概念作一些研讨，有助于开展社会文化史的深入研究和探索。

常态与动态

这里所谓的常态与动态是指历史发展一定的长时段内，历史事象的不变部分和变化部分的总和。不变部分即为常态，变化部分即为动态。这里的长时段是个相对概念，它可能是几年、十几年，也可能是几十年上百年或更长的时间，这要根据研究的具体事象和研究的特定问题意识而定。常态的历史事象指在一定的长时段内基本处于不变的历史事象，比如一直到清末中国有着两千多年的王朝统治；比如清代很多男人穿长袍马褂，很多女人穿旗袍；比如新中国成立后三十年我国基本上是"以阶级斗争为纲"作为国人政治生活的指导方针；比如在 20 世纪 90 年代，很多人以"大哥大"作为通信工具，等等。可见在几千年里、几百年里、几十年里、几年里都存在着相对常态的历史事象。动态的历史事象指在某个历史时期新出现的历史事象，比如春秋战国时代出现的诸子百家；比如辛亥革命后出现的共和制度；比如 20 世纪 60 年代爆发的"无产阶级文化大革命"；比如新世纪以来的"闪婚"、"裸婚"、"滚婚"现象，等等。有些常态的历史事象和动态的历史事象是相对而言的，是属于常态还是动态，这要看我们的问题意识而定。比如若以新中国成立后为何会产生"文化大革命"为问题意识，"文化大革命"就是个动态的历史事象；若以"文化大革命"时期中国人有着怎样的政治生活、文化生活为问题意识，"文化大革命"就是个常态的历史事象。

还有，一个具体的历史事象在一定的时期内，也会存在着常态和动态等不同的存在方式，这是由历史发展变化错综复杂的原因决定的。比如20世纪90年代的餐饮生活，从动态上看，一些人吃起了麦当劳和肯德基，但从常态上看，很多人并不吃这些食品；比如改革开放后，一部分人炒起股票、买了汽车、住上楼房，但也有人不炒股票、未买汽车、未住楼房，等等。历史是错综复杂的，由于不同的问题意识，所以历史研究的侧重点是不同的。由于我们的问题意识需要研究有车族的时候，就不应当以相当一部分人没有私家车而否定前者的研究；由于我们的问题意识需要研究国民劣根性的时候，也不应当以相当一部分人的优良品格而否定前者的研究，如此等等。

相比之下，社会文化史更要注重动态历史事象的研究。历史总是在发展变化的，所以注重动态历史事象的研究本来就是历史研究中的应有之义。历史研究就是让人们去了解和认识历史，去了解和认识不同历史时期的不同历史特点。而研究动态历史事象是我们了解和认识不同历史时期特征的基本路径。当然动态历史事象和常态历史事象的分类是相对的，只要我们的问题意识明确，我们的研究就具有针对性和目的性，进而消解作者和读者的模糊性或含糊性。

碎片与整合

前些年有人对社会史研究有些微词，认为社会史研究存在碎片化倾向，研究的历史现象似乎是些鸡零狗碎、残羹剩饭般的一些微不足道的东西，所以进行这样的研究意义不大。这样的说法可能有其一定的道理。

问题在于，什么是碎片？以往的研究似乎没有给出明确的界定和回答，这就让人有些丈二的和尚摸不到头脑。琢磨一下，所谓"碎片"，其一好像就是些摆不到历史台面上的无足轻重的"小玩意儿"，诸如洪秀全有没有胡子，张家媳妇多高，李家媳妇多胖之类。其二好像是那些按照以往历史研究的观念，似乎有些猎奇或看不出有什么所谓的重大意义的历史现象，诸如研究妓女、乞丐之类。

　　如果说"碎片"研究是相对于"宏大"研究的话，那么"碎片"研究和"宏大"研究孰有意义呢，其实这是不能回答的伪问题。"宏大"研究可能有意义，也可能没意义；"碎片"研究可能有意义，也可能没意义。这要看你研究什么，怎么研究。比如就一般地讲中国改革开放以来，国家富强了，人民富裕了，并用一些数字说明之，这样的"宏大"研究其实意义不大。如果深入下去，国家在哪些具体的领域富强了，又有哪些充分的表现，是哪些重要的原因促成富强的；在发展过程中，遇到过哪些问题和阻力，是通过什么独特的路径克服和解决这些问题的，留下了哪些发人深省的历史经验和教训，这样的"宏大"研究就显得有意义了。再比如"文化大革命"期间，谁谁被揪斗了，某个文物被砸毁了，某个"走资派"自杀了，如果只是孤立地研究这些"碎片"问题就意义不大，如果把这样的"碎片"研究与更深层的政党政治、法律制度、社会矛盾、领袖崇拜等结合起来，也可能会揭示出更为深刻的历史面目，这样研究的意义就显得大些。

　　社会文化史要研究社会生活，而社会生活千姿百态，巨细相应，所以社会文化史并不回避"碎片"研究，但"碎片"研究正如上文所说，关键是你研究什么和如何研究。除此之外，社会文化史的研究还要处理好"碎片"与"整合"的关系，即多种"碎片"研究之后可连缀成一体，这是社会文化史尤其看重的一点，也是社会文化史研究的价值所在。这有些像孩童们的拼图游戏，好多的拼图材料犹如"碎片"，把这些"碎片"材料拼合起来，让人豁然开朗，展现出来的是一幅崭新的并具有实际意义的图面，这是拼图的意义。而社会文化史把社会生活的"碎片"整合之后就有了历史研究的真正意义。比如近三十年服饰的"碎片"研究，喇叭裤、西装、夹克衫、牛仔服、色彩斑斓款式多样的女装等等，如果把这些"碎片"研究整合起来，就会发现人们服装生活的变迁，物质生活的改善，中外文化的交流，审美情趣的改变，精神自由的提升等等，这不正是社会文化史研究的旨趣所在吗？

生活与观念

　　在中国大陆，有部分学者认为社会文化史是研究社会生活与观念形态之间互动关系的历史，我到目前为止也主张这样的看法。这里的基本含义就是指社会文化史主要研究的是社会生活和观念形态，而且重在研究两者的互动关系。也就是说，人们的现实社会生活怎样影响了人们的观念形态，使人们的观念形态发生了变化，这种变化反过来又对社会生活产生了哪些影响，使社会生活发生了什么变化，这就是两者的互动。比如改革开放以来地方人大代表是通过普选而产生的，这种政治生活对民众的民主意识的提高和推进发生了积极的作用，促使了民众民主政治观念的变化。反过来，民众提高了的民主意识又会对民主政治有更新的要求，也必然会促使民主政治生活的进一步改善和变革。再如计划生育国策改变了当代中国的家庭结构，这种家庭结构变化同时改变了家庭的教育观，在这种教育观念的影响下，中国当代的独生子女教育出现了中国历史上前所未有的一种新状态。

但是问题还不这么简单。社会生活不是简单地就促使了观念形态的变化，观念形态也不是简单地就改变了人们的社会生活，这里的错综复杂是需要多层面和多角度去不断深入探讨的。我们之所以倡导社会文化史是研究社会生活与观念形态之间互动关系的历史，其实就是要给研究社会文化史找一个切入点和突破口，目的是使社会文化史的研究能够有一个起点，好让研究者首先迈开步子，使研究能够开展起来，以促进历史研究的丰富和发展，让一些社会文化史的研究者也为史学研究作点贡献。

当然，我们还是要特别关注和强调生活与观念两者的关系和研究它们的重要意义。人都要生活，人都有观念意识。不同时代的人在怎样生活，有怎样的生活观念，自然需要进行研究。人应当怎样生活，应当有怎样的生活观念，也需要有历史的借镜。这是人生命存在的意义所在，那么社会文化史对生活和观念进行研究和探讨，也就有了实际意义。

一元与多元

社会文化史研究社会生活要有一元与多元的辩证眼光。一元与多元都是社会文化史研究探讨的范围，从这个维度讲，社会文化史研究所面向的领域是宏阔和博大的。

首先，社会生活有广义和狭义之分。广义的社会生活包括政治生活、经济生活、文化生活、日常生活。而狭义的社会生活是指一般性的日常生活。这里看得很清楚，广义的社会生活是多元，狭义的社会生活是一元。社会文化史可以从一元的社会生活入手对日常生活进行探索，再渐次扩展，向广义的社会生活推进，逐步扩大社会文化史的研究领地。

其次，狭义的社会生活即我们所谓的日常生活也有广义和狭义之分。狭义的日常生活是指人们最基本的日常生活，主要包括衣食住行、婚丧嫁娶、两性伦理、生老病死等等。广义的日常生活指在最基本的日常生活的基础上扩展开来的日常生活，比如当代社会的旅游观光、流行时尚、网络信息、心理卫生、消费娱乐、装饰美容、求职就业等等。狭义的日常生活是一元，广义的日常生活是多元。社会文化史研究要注意一元与多元的关系，首先关注具体问题，然后逐步探索具体问题与其他问题的诸多联系。

再次，就狭义的日常生活而言，也存在一元与多元的关系问题。最基本的日常生活中仍然存在若干事象，其中任何一个事象与其他事象之间都属于一元与多元的关系问题。看来，我们这样的划分可以无限地进行下去，这样做的意义就在于，可以使我们的社会文化史研究出现繁博丰厚的景象。虽然层次可以无限地划分，每个层次也都可以寻求一元和多元的多重关系，但是历史事象的中心层次和重要层次以及重要的一元与多元的关系，我们还是可以判定的，这样的判定有助于我们遴选历史的重要问题，对历史重要问题的把握也有助于我们从事具有实际意义的社会文化史研究工作。

最后，我们要强调的是，若具有一元和多元的辩证眼光，有益于我们对社会文化史的研究领域进行多层面和多维度的分类，有益于我们识别社会文化史研究的重要问题和研究价值，有益于我们循序渐进地开展社会文化史的研究工作。

真实与建构

研究历史是要求真，要还历史的本来面貌，真实是历史研究的本质，这是无可争议的。同时，历史研究还需要建构。所谓建构是历史工作者通过对史料的把握，站在特定的立场，运用相关的理论方法，对历史事象（包括历史呈现的形式及其本质规律）进行阐释的一般性模式（或曰模型）。建构需要最基本的条件，这就是上文所谓的一定要掌握大量的第一手素材，这是我们建构的基本材料，是最原始的资料依靠。研究者要站在特定的立场上，不同的立场研究问题的视角是不同的，所以得出的历史结论会有差异。研究历史问题要运用理论方法的指导和规范，理论和方法可以是研究者自己的创建和发现。历史的呈现形式是指历史的外象，是可见的。本质规律是指历史的内在感知，是看不见的，是可以认识和理解的。而一般性模式是指通过文本、图像和声音等多种形式表现出的历史事象。

历史的建构需要关注几个问题：其一，语言、概念与结构。语言要质朴、准确、流畅、精练、优美，不主张语言的佶屈聱牙，读起来令人费解。要根据研究，提炼出必要的新概念，新概念要界定明确。结构不要八股化，要根据研究的需要和研究的意义进行合理设置。其二，想象求真。历史是研究过去，建构历史的一个重要方法就是通过想象以求历史的真实。这种想象是有条件的，是在多种证据基础上的想象推理和逻辑论证，是形象的推理和论证过程。史学研究的想象力是还原历史真实的重要途径。其三，建构包括理论方法的建树，历史研究有不同的领域、不同的层面、不同的目的和不同的价值，其中对理论方法的创建就是其中的一种意义。理论的建构有助于我们分析历史，有助于我们认识历史的本质与规律。而方法的创建同样有益于我们研究历史和建构历史。其四，历史学是艺术。历史学是科学，历史学是人文科学，同时历史学也是艺术。说它是艺术不仅仅是说它可以通过艺术形式来展现历史，为艺术形式提供素材，更在于研究者提供的历史研究成果能给接受者以艺术的感染和享受。这对历史研究的艺术性要求是高层次的，也是很难的，也就需要去建构。当然这要求研究者和接受者两者的统一。我们不要求所有的历史研究都要呈现艺术的魅力，这既不现实也不可能，但对历史研究应当有这样的认识并要试着践行。

社会文化史繁盛庞杂，研究的困难很大，凭借"建构"的思维方式有益于社会文化史研究路径的拓展。

原载《晋阳学刊》2012 年第 3 期

生活质量：社会文化史研究的新维度[*]

社会文化史发展至今，希冀把生活质量作为其研究的一个新维度，这是社会文化史研究的新理念之一。为什么要从史学角度来研究生活质量，主要研究哪些内容和问题，怎样进行研究，这是本文拟探索的主旨。

一　概念与价值

欧美国家在20世纪50年代末开始把生活质量作为多学科的研究领域与研究视角。^①20世纪80年代以后，中国的社会学、心理学、经济学、医学等学科也开始探讨生活质量问题，但至今为止历史学对此却鲜有研究。如果从史学角度来研究生活质量，可以开辟社会文化史研究的新维度。所谓生活质量是指人们客观生活的实际状况以及对生活的满意程度和幸福感受程度。^②这里既包含客观生活质量，即社会生活条件的实际状况，也包含主观生活质量，即生活满意度和主观幸福感。

研究生活质量有其重要的意义和价值。肯定和确立提高生活质量是人类社会的目的和欲求，是人类整体生活和人类个体生活的目的和欲求。生活质量既反映在社会生活条件方面，也反映在人们的主观幸福感上，幸福感是人类生活永恒美好的追求，正如休谟所说："一切人类努力的伟大目标在于获得幸福。"^③"对幸福生活之向往和追求，可以说是不同时代、不

＊　本文发表在《近代史研究》2014年第4期时有删改，兹按原稿补充。

①　美国经济学家加尔布雷斯于1958年在其所著《富裕社会》一书中首次提出"生活质量"这一学术概念。

②　这个概念界定虽然与其他人文社会科学的界定没有本质的差异，但史学的研究方法和问题意识与其他人文社会科学比较则有自己的独到之处。

③　《人性的高贵与卑劣——休谟散文集》，杨适等译，上海三联书店1988年版，第81页。

同经济和文化背景下人们的共同欲求。从这一意义上说，幸福似乎可以成为一种普遍主义的价值理想。"① 研究生活质量的意义和价值还在于要探寻生活质量在不同历史阶段的基本概念或界定；设计并确定生活质量这一崭新学术研究领域在不同时代的基本框架体系；探讨不同时代不同需求层次的人②对生活质量认识、理解和判断的合理性、差异性和谬误性及其造成此种现象的历史、文化和社会等的基本缘由；研讨客观生活质量与主观生活质量的联系与相互作用所产生各种功能的基本根据；探求不同时期人类个体主观生活质量复杂性形成的基本原因；探索不同时代生活质量的主观满意度和幸福感表现出的层次相同以及"处于相同物质生活水平的人们，对其自身生活的评价和满意度可以大相径庭；反之，生活满意度相同的人，其实际物质生活水平可以相距甚远"③ 的基本因由；研究实现人的全面自由发展目标与提高人们生活质量要求的两者间内在的基本逻辑，等等。对上述问题的探究均具有重要的意义和价值。

当我们了解了生活质量的研究概念和研究价值之后，还可以进一步认识和理解它的学术承续。从宏观史学发展脉络看，历史学早期从关注"事件的历史"出发，主要是探讨政治的历史，研究政治军事和政权更迭的所谓大的历史事件；次之开始进一步关注社会的历史，主要探讨社会经济和社会生活的历史状态；渐次又进一步关注历史主体的内在观念和心理的历史，去研讨人的内心世界和情感感受。从西方兰克以前的政治史，到年鉴学派的经济社会史，再到后来的观念心态史、新文化史以及从中国的王朝史、清末的新史学，再到后来的社会史、社会文化史，大致基本反映了这样的一个学术历程。历史科学发展的这种脉络的客观性，是由历史发展到某一阶段的客观需要决定的，就如中国的王朝史它主要是在王朝时代为王朝的统治需要服务的；西方的新社会史也是为有益于民众群体和个体的生活改观服务的；中国社会史的复兴同样是为改造中国社会的实际问题服务的。而今天从社会文化史的角度研究生活质量是中国刻下社会注重群体与

---

① 王露璐：《幸福是什么——从亚里士多德与密尔的幸福观谈起》，《光明日报》2007 年 11 月 13 日。

② 按马斯洛的理论，人的需求有 5 个层次，即生理需求、安全需求、友爱与归属需求、自尊需求和自我实现需求。

③ 冯立天主编：《中国人口生活质量研究》，北京经济学院出版社 1992 年版，第 107 页。

个体的生存状态，改善生活条件，提高生活满意度和增强主观幸福感的客观需要决定的。学术发展脉络承续的客观性是历史发展的客观需要决定的。

二　内容与问题

生活质量是社会文化史研究的新维度，它的研究内容，有初期起步与未来发展这一过程的前后变化，所以应当遵循先窄后宽、先易后难、先分解后综合的几个原则来进行。

首先，我们应当关注人类日常生活的第一主题。刚刚开始从生活质量的领域来研究社会文化史时，先要考虑的问题就是从庞博的社会生活中先选择什么样的具体内容来着手研究，社会生活的内容太广太繁，而且随着时代的发展，又会不断地添加新的内容。然而社会生活无论怎样庞杂多样，其中贯穿人类社会过往时代的基本范畴却是几种相对恒常的具体内容，那就是衣食住行、婚姻家庭、两性伦理、休闲娱乐、生老病死等等，这些基本的内容和范畴就是人类生活的第一主题。① 这些最为基本的生活内容贯穿于长时段的历史阶段中，它们的现状以及发展变化恰恰与人们的生活质量息息相关，所以研究生活质量首先可以从人类日常生活的第一主题做起，即从这些社会生活的基本内容和基本范畴做起。虽然日常生活的第一主题，我们仅用上面的几句话就囊括了，但它的具体内容还是相当的广博，所以我们研究的内容就不可能是单一狭隘的。比如衣食住行中的"食"就可以涵括极其丰富的内容，包括食品原料、食品生产、饮食器具、饮食风尚、菜系品种、饮食思想、美食养生、食疗保健、茶酒饮料等；再如家庭一项就可涵盖家庭形式、家庭规模、家庭结构、家庭文化、家庭关系、家庭功能、家庭类别、个体家庭等；再比如生老病死中的"生"也涵括着极其宽广的内容，包括人生仪礼、教育成长、强身健体、求职就业、养家糊口、日常消费、友情社交、理想追求等。以上所举，说明仅是日常生活的第一主题就有着无限丰富的研究内容，从中选取任何一项，都可以

① 参见梁景和、王峥《中国近代早期国人眼中的欧美生活·结语》，《首都师范大学学报》2012年第1期。

把它作为生活质量研究的一个起点。日常生活的第一主题以往有着丰厚的研究，如果转换一下视角，运用生活质量的维度再去思考这一主题，可能会发现很多有学术价值的新问题。

其次，我们研究的内容再向前伸展，可能会显得更为开阔和宏观，即我们也可以从政治、经济、文化、社会、环境等宏大的范畴去探索生活质量问题。诸如各个层次的政治管理、中央和地方的机构组织、军队、法律、监狱，这些政治因素的实施和运行对于不同阶层、不同类型的群体和个体的生活质量会有直接或间接的影响；诸如不同的经济制度、政策和经济措施、手段，不同的经济行政权力，生产力水平，中外贸易的发展，各类企业的发展壮大无疑对于不同阶层、不同类型的群体和个体的生活质量会有直接或间接的影响；诸如文化教育政策的发展变迁，社会信仰和社会思潮的变革，民族国家所宣扬的价值观、世界观和人生观对于不同阶层、不同类型的群体和个体的生活质量会有直接或间接的影响；诸如社会城乡的管理和调控，社会的保障和疏导，市政设施的建设和完善无疑对于不同阶层、不同类型的群体和个体的生活质量会有直接或间接的影响；诸如环境的污染和恶化及其美化和治理，对于不同阶层、不同类型的群体和个体的生活质量会有直接或间接的影响。综上所述，即便我们从宏观的政治、经济、文化、社会、环境作为视角同样可以研究人们的生活质量问题。诸如历代国家统治集团面对天灾、人祸、瘟疫、疾病所采取的一系列社会救济的荒政保障，与民众的生活现实与生活质量紧密相连；明清以来苏州的碑刻①中有关于赋役管理、商业管理、宗族管理、寺观管理、环境管理、市政管理的碑文，这些社会管理的功效，与民众的生活现实与生活质量紧密相连；革命家王稼祥曾给他的堂弟王柳华写信说："可怜我们受环境的压迫，婚姻不得自由，求学不得自由，择业不得自由，而且一盼前途，就觉茫茫毫无把握，不知自己的生活怎样才可解决。唉！这样的环境，难道不能或不应当把它打碎吗？不过这不是局部问题，乃是政治问题，政治改良，环境自不求自善。柳华，'人是政治的动物'，我们应当负改革中国政治的责。"② 从这样一封家书中，我们可以看到参加革命，改革政治，同样

---

① 参见王国平、唐力行主编《明清以来苏州社会史碑刻集》，苏州大学出版社1998年版。
② 中共中央文献研究室编：《老一代革命家家书选》，中央文献出版社，生活·读书·新知三联书店1990年版，第10—11页。

也与民众的日常生活与生活质量紧密相连。当然，这样研究的范畴与上述第一点不同，它更显开阔性和宏观性。

最后，我们要对生活质量涉及的诸多内容可以进行一种综合全面的研究，这是一种复杂研究，即便如此，这样的研究同样可以对于不同阶层、不同类型的群体和个体生活质量的优劣高低作出基本的梳理、判断和评价，这就是进行这种复杂研究的价值所在。

上面研究内容所设置的三个梯度，只不过是研究生活质量初始阶段的一个一般性原则，按照这样的一个梯度，有助于我们研究的起步，但这并非绝对呆板硬性的研究秩序，根据研究队伍的状况以及研究者的兴趣、积累和能力，完全可以打破这样的原则秩序，提倡研究内容的宽窄、难易、分解综合的交叉、互动和提升。

那么，我们对生活质量研究的内容有了一个基本的理解和把握之后，我们再进一步思考研究生活质量的问题意识，能否作出这样的判断，研究生活质量的主要问题意识在于：探讨特定历史时期人们对生活质量的认识和理解；研究特定历史阶段的生活方式、物质发展以及特定时代生活质量的标准认同；探究特定历史阶段特定人群具体生活的实际状况以及客观生活质量和主观生活质量的实际状态；研讨为什么在特定的历史阶段，特定的人群会是追求那样的生活质量，会去那样的生活，会有那样的生活态度和生活向往，是什么样的"社会存在、文化传统、历史经验等因素"① 决定的，只要对上述的问题意识有了诠释和回答，我们的研究才能彰显出它的应有价值。

三 研究的方法

研究生活质量所采用的方法随其研究具体内容的不同以及问题意识的不同而有所不同，且随着研究的展开和不断发展以及研究成果和研究经验的积累，还会不断创造新的研究方法。目前，我们首先可以关注如下一些研究方法：

① 王露璐：《幸福是什么——从亚里士多德与密尔的幸福观谈起》，《光明日报》2007 年 11 月 13 日。

1. 宏观微观的研究方法

关于生活质量，既可以宏观研究，又可以微观研究①。宏观研究和微观研究主要关涉时间、空间、人群等相关概念。诸如既可以研究一个长时段的生活质量，也可以研究短时期的生活质量；既可以研究大区域的生活质量，也可以研究小区域的生活质量；既可以研究多群体的生活质量，也可以研究单一群体或个体的生活质量。关注不同时段、不同地域、不同人群、不同个体、不同问题的研究，有助于进行宏观与微观的研究，有助于研究的理论化以及细化和具体化。这种研究有着丰富的史料能够开启我们的思考，比如在地方志中有记载浙江人订婚习俗的，反映了浙江人富贵与平常之家的不同生活："订婚之始，谓之缠红。富厚之家，聘物恒用金饰，如手镯如意耳环戒指之类，加以绒线制成五色盆景，光艳夺目。满盛盘中，谓之花果缠红。平常人家，则无如是之财力，或用小纹银一锭，鎏金如意一事，取一定如意之意，或用鎏金八吉一对，镀金手镯一副，取有吉局之意。"② 民国时期河南安阳的衣着习俗，可见不同阶级之间的差异："境内习尚，认俭朴为美德，以装饰为浮夸。除资产阶级、官僚家庭以洋布为衣料，间或着绫罗锦缎外，余则均以自织之棉布加以颜色裁为服装，一袭成就，间季浣濯，直至破烂而后已。"③ 民国时期河北元氏县士商与农民使用着不同的交通工具，"凡出行，近时无论士商，必脚踏自行车，故自行车之销路，有一日千里之势。惟农民出门，多步行"。④ 20 世纪 20 年代的上海"以乘汽车为豪，每至礼拜日，必有许多少年男女，同乘一车，疾驰于南京路、静安寺路、福州路"。⑤ 这些地方志资料从宏观视角反映了具体领域的不同人群的社会生活和生活质量。我们再看民间歌谣中的史料，如反映明末农民苦难生活的歌谣："官府征粮纵虎差，豪家索债如狼

---

① 宏观和微观都是相对概念，宏观是相对微观而言，微观是相对宏观而言，所以这里舍弃了中观的概念。

② 胡朴安：《中华全国风俗志》下篇卷四，《浙江·海宁风俗记》，中州古籍出版社 1990 年版，第 27 页。

③ 丁士良、赵放主编：《中国地方志民俗资料汇编》（中南卷·上），北京图书馆出版社 1991 年版，第 102 页。

④ 丁士良、赵放主编：《中国地方志民俗资料汇编》（华北卷），北京图书馆出版社 1991 年版，第 127 页。

⑤ 胡朴安：《中华全国风俗志》下篇卷三，《江苏·上海风俗琐记》，中州古籍出版社 1990 年版，第 139 页。

豺，草根木叶权充腹，儿女呱呱相向哭，壮者抗，弱者死，朝廷加派犹不止。"① 民国时期有反映农民怨苛税的歌谣："种庄田，真是难，大人小孩真可怜！慌慌忙忙一整年，这种税，那样捐，不管旱，不管淹，辛苦度日好心酸，两眼不住泪涟涟。告青天，少要钱，让俺老少活几年。"② 如反映官僚权贵享乐富贵的生活："三年清知府，十万雪花银"③、"出外做官，回家享福"、"千里做官，为的吃穿"，④ 这些也从宏观视角反映了具体领域的不同人群的社会生活和生活质量。清末竹枝词也是如此，带有宏观普遍性的风土民情和社会生活的记载，如富家女子从南京去上海的情景："火车当日达吴淞，女伴遨游兴致浓。今日司空都见惯，沪宁来去也从容。"⑤ 市民流行穿西装的情景："西装旧服广搜罗，如帽如衣各式多。工厂匠人争选买，为他装束便摩挲。"⑥ 此外，丰富的文艺作品，无论是小说、戏曲、诗词等也能为我们提供从宏观视角研究生活质量的珍贵资料。以小说为例，陈寅恪认为，小说可以证史，小说虽"个性不真实，而通性真实"。⑦ 这通性之真实就是宏观之真实。⑧ 如傅桂禄编辑的三卷本小说《中国蛮婚陋俗名作选粹》就是很好的例证，三卷本《商人妇》、《活鬼》和《节妇》所收集的作品反映了中国社会典妻当妻、童养婚、人鬼恋、冥婚、老夫少妻等一幕幕的人间悲剧，是"旧中国蛮陋婚俗的缩影与概括"，⑨ 反映了一部分人群的婚姻生活质量。通过多方史料的相互印证，小说是可以反映社会生活的"通性之真实"的。综上所述，说明运用大量的史料是能够帮助我们从宏观的视角来研究生活质量问题的。那么从微观的角度同样如此。这在日记、书信、传记、回忆录等文献中就蕴藏着大量丰

① 张守常辑：《中国近世谣谚》，北京出版社 1998 年版，第 74 页。

② 同上书，第 844 页。

③ 同上书，第 855 页。

④ 同上书，第 859 页。

⑤ 朱文炳：《海上竹枝词》，顾炳权编著：《上海洋场竹枝词》，上海书店出版社 1996 年版，第 203 页。

⑥ 颐安主人：《沪江商业市景词》，顾炳权编著：《上海洋场竹枝词》，上海书店出版社 1996 年版，第 167 页。

⑦ 石泉：《先师寅恪先生治学思路与方法之追忆（补充二则）》，《陈寅恪与二十世纪中国学术》，浙江人民出版社 2000 年版，第 157 页。

⑧ 齐世荣先生有专文论述小说的史料价值，《谈小说的史料价值》，《首都师范大学学报》2010 年第 5 期。

⑨ 参见傅桂禄编《商人妇》、《活鬼》、《节妇》的内容简介，群众出版社 1994 年版。

富的材料，例如《历代日记丛钞》是对国家图书馆所藏五百多种宋、元、明、清以及民国年间的日记进行的影印出版，这其中不乏对生活质量进行微观研究的珍贵资料。诸如王闿运的《湘绮楼日记》对"家常琐事，柴米油盐，无不一一记载"，① 反映了一个家庭的物质生活水平。丰子恺在《法味》一文中提及他的老师李叔同曾经说过："我从二十岁至二十六岁之间的五六年，是平生最幸福的时候。此后就是不断的悲哀与忧愁，直到出家。"②李叔同的这段话，为我们研究他个人一生的生活质量和主观幸福感提供了一个大致的线索。共和国成立初期，毛泽东成为国家的领袖，他的一些亲朋故友要来京见他，并希望解决工作或生活上的问题。处理这类亲情方面的事情，有诸多难处。毛泽东在给亲属的信中，做了多方面的解释和抚慰工作，并要求亲友"不要来京"，或寄钱暂时解决一下亲友的生活困难，③ 从这些书信里能够感觉到毛泽东当年的心理感受。

2. 综合分解的研究方法

研究生活质量，既可以把客观生活质量与主观生活质量两者结合起来进行综合研究，也可以把客观生活质量与主观生活质量两者分开进行分解研究。综合研究既关注客观生活质量与主观生活质量两者的互动和影响，也关注影响生活质量的诸多因素如物质生活、精神生活、政治生活、社会生活、环境生活、劳动生活、公民素质等多方面的相互制约、共同作用的综合结果，比如当代社会"居民收入增加、消费水平提高，但环境污染严重，社会保障程度很低，社会秩序恶化，则不能说生活质量好。所以，生活质量不仅表现在生活的某个或某几个方面，更重要的是物质、精神生活等各方面的综合"。④ 比如清代具体的饮食生活，宫廷、贵族、民间的饮食生活中的风尚、饮食品种、品种质量、饮食器具以及饮食的养生思想是不同的，这种具体的饮食物质生活与饮食观念和饮食诉求的多方面综合才反

---

① 王钟翰：《〈历代日记丛钞〉序》，俞冰编：《历代日记丛钞提要》，学苑出版社2006年版。
② 丰子恺：《法味》，杨耀文选编：《文化名家谈佛录——一日佛门》，京华出版社2005年版，第49页。
③ 参见毛泽东给杨开智、文南松、毛泽连、毛远悌、毛宇居的信，中共中央文献研究室编《老一代革命家家书选》，中央文献出版社，生活·读书·新知三联书店1990年版。
④ 王海敏、陈钰芬：《我国各地区城镇居民生活质量的综合评估》，《商业经济与管理》2004年第8期。

映了不同人群的总体性的饮食生活质量。① 再如民国时期的居住生活，官僚权贵们居住的高级官邸、富商们居住的豪华别墅、中产阶级居住的单元公寓、穷苦贫民居住的棚户区和茅草屋，这些物质的居住条件与居住者的宗教信仰、日常生活观念与生活目标要求的结合，构成各类人等的综合性居住生活质量。譬如中国末代的皇后和皇妃们，她们衣食住行的物质生活条件优越，但是她们悲惨的精神生活和婚姻生活，能说她们人生的生活质量高吗？显然不能。溥仪说，"长时期受着冷淡的婉容，她的经历也许是现代新中国的青年最不能理解的。……我后来时常想到，她如果在天津时能像文秀那样和我离了婚，很可能不会有那样的结局。"② 这段话道出了婉容一生的悲惨生活。可见优裕的物质生活未必一定就会生活幸福。而分解研究既包括对客观生活质量的研究，也包括对主观生活质量的研究，两种研究是分别进行的。其中客观生活质量的研究，主要是研究社会条件发展的程度和水平，社会的政治、经济、文化、社会、环境等社会的大范畴和大背景在具体的衣着、饮食、居住、交通、教育、就业、娱乐、医疗、健康、保险、养老等诸多方面为人们的物质生活和精神生活提供了什么，它反映了社会整体的发展状态和发展水平，诸如近代国人的娱乐生活，各类人等如何看戏剧电影，如何听书阅报，如何游乐购物，如何去酒馆茶馆，如何琴棋书画，如何跳舞打牌，如何进行体育活动，如何交往游历，这都能对人们的客观生活质量作出探索和评价。再比如近代以来交通工具的变迁，从传统的轿子到人力车、畜力车、西洋马车、自行车、机动车、火车、轮船、飞机等，近代交通工具的不断变化，同样也可以观察到各类群体客观生活质量的改善或提高。从餐饮地点也可看出不同人等的饮食生活质量，近代上海，"在饭摊、露天食堂、饭店楼下就餐的多是工人、黄包车夫、苦力等"③，而"只有穿长衫的人才上楼吃"④。的确，在哪儿吃，"吃的是什么菜，我就可以说出你是什么人"⑤。晚清民国上海闸北棚户区居民的住宿是茅草棚，"以污泥为墙，稻草为顶。而一行一行排列的距离，

---

① 参阅徐海荣主编《中国饮食史》卷五，华夏出版社1999年版。
② 长春市政协文史资料研究委员会编：《末代皇后和皇妃》，吉林人民出版社1984年版，第2页。
③ 唐艳香、褚晓琦：《近代上海饭店与菜场》，上海辞书出版社2008年版，第200页。
④ 陈存仁：《银元时代生活史》，上海人民出版社2000年版，第79页。
⑤ ［法］图珊·萨玛：《布尔乔亚饮食史》，管筱明译，花城出版社2007年版，第15页。

又极狭窄，普遍不满两公尺，所以常常有一经着火，瞬息延烧千百余户的！在他们每一家的住宅里，都只有一进门就是外房也是工房的食喝于斯生死于斯的一大间，父母子媳六七口住在一个处所，煨水烧饭也在这一个地方，有时还得划出一小块地方来养猪，而他们的大小便也就在这喂猪的悃里了。"① 这类人群悲惨的居住生活，一目了然。相反，梁实秋在上海和青岛做教授时的物质生活质量是很好的，"那时当教授收入较高，实秋兼职又多，所以家庭经济情况逐渐好转，俨然成为上海滩上的中产阶级了。"② 1928 年梁实秋在上海从"爱文义路的一楼一底中迁出，移居赫德路安庆坊，是二楼二底，宽绰了一倍"。1929 年"又搬到爱多亚路 1014弄，是一栋三层楼的房子，有了阳台、壁炉、浴室、卫生设备等等，而且处于弄堂深处，非常清静"。梁实秋很喜欢青岛，1930 年又到青岛大学任教授，他在"鱼山路 4 号租到一栋房子，楼上四间楼下四间。那里距离汇泉海滩很近，约十几分钟就可以走到"。③ 可见梁实秋那些年优裕的居住生活条件。而主观生活质量则注重生活满意度和主观幸福感的研究，这种心灵的感受更显至关重要，无论客观生活条件如何，内心的生活价值观左右着个体的主观生活感受，诸如有人崇尚"金钱未为贵、安乐值钱多"，"贫穷自在、富贵多忧"，"生死有命、富贵在天"，"命里有时终须有、命里无时莫强求"的人生理念，那么不管客观生活条件如何，因为他有着知足常乐的心态，所以他的主观感受或他的生活满意度和主观幸福感就不与他的客观生活条件成正比了。钱钟书说"'永远快乐'这句话，不但渺茫得不能实现，并且荒谬得不能成立"，④ 这与民间的"人无千日好，花无百日红"有相似的意蕴，是对主观生活感受的辩证态度。快乐幸福完全是精神层面的东西，所以它有相对的独立性，甚至面对病魔和灾难，人们都可以调整心态，坦然面对，所以钱钟书又说："于是，烧了房子，有庆贺的人；一箪食，一瓢饮，有不改其乐的人；千灾百毒，有谈笑自若的人。所以我

① 陈问路：《大上海的劳工生活状况之透视》，中华全国总工会中国工人运动史研究室编：《中国工运史料》（第二十七期），工人出版社 1985 年版，第 130 页。
② 鲁西奇：《梁实秋传》，中央民族大学出版社 1996 年版，第 107 页。
③ 同上书，第 107—109 页。
④ 钱钟书：《论快乐》，《钱钟书集·写在人生边上》，生活·读书·新知三联书店 2002 年版，第 20 页。

们前面说，人生虽不快乐，而仍能乐观。"① 而主观幸福感尤其与婚姻恋爱关系密切，由于与有真爱的恋人结婚而感到幸福，而与没有真爱的人结婚或与有真爱的恋人不能结婚就都会给人带来内心极度的痛苦。林语堂曾经热恋一位至交的妹妹 C，C 生得其美无比，因 C 的父亲在一个名望之家为 C 物色了一名金龟婿，故林语堂与 C 俩人的婚事无望，林语堂自述："我知道不能娶 C 小姐时，真是痛苦万分。我回家时，面带凄苦状，姐姐们都明白。夜静更深，母亲手提灯笼到我屋里，问我心里有什么事如此难过。我立刻哭得瘫软下来，哭得好可怜。"② 人世间这样的婚姻悲剧数不胜数。

3. 理论命题的研究方法

这种方法主要包括两个方面，其一是理论预设方法。所谓理论预设是指已经被社会和人们基本认可的理论，它是在社会发展过程中，人们对生活实践有了切身的感受，进而对社会生活有了切实的认识和理解，并形成被人们普遍接受的理论观点。比如客观物质生活相同的人们，其中主观幸福感却有截然不同的；同时，主观幸福感相同的人，其客观物质生活条件也有截然不同的。这些理论观点都是人们在社会生活实践中观察和感受到的生活真实，进而被总结、被概括、被提升，最终被人们所认同。而理论预设的研究方法是指，我们要依据这样的一些被公认的理论观点进行历史现象的研究，用历史的事实来印证这些理论观点的客观实在性，故而用这种理论预设的方法也可以研究人们的生活质量问题。清末民初剪辫子，客观事实相同，但给一些人带来了心情的兴奋和愉悦，也给一些人带来了极大的失落和痛苦；晚清以来，婚姻自由逐渐流行于社会，同是一个婚姻自由，给多少开放的年轻人带来了情感的愉悦和幸福，也给多少传统守旧的父母们带来了精神的创痛和苦楚；民国时期丧礼的改革，多少家庭因繁文缛节的革除而感到生活压力的减轻，也有多少人因不能接受新式丧礼观而痛楚不堪。如对上述问题进行研究，就可以回答客观物质生活条件相同的人们，而主观幸福感却是不同的这样的理论预设。相反，清末留美幼童，出国时穿一身华丽的长袍马褂，头戴一顶瓜皮帽，幼童们会感到那样的喜悦和快乐，而到了美国不久，他们改穿一身休闲服又穿上运动鞋，他们仍

---

① 同上书，第 21—22 页。
② 《林语堂自传》，河北人民出版社 1991 年版，第 70 页。

然感到那样的洒脱和心怡，虽然内心的感受相同，但客观的装束已完全中西两异了。革命烈士陈铁军和周文雍在刑场婚礼上的感受与很多夫妻在婚礼上的感受，应当说是有着某种共同之处的，虽然他们的境遇完全不同，陈周面临的是死亡，而很多夫妻面临的是新的生活。类似的研究同样可以证明主观幸福感相同的人，其客观物质条件和生活境遇却是截然不同的这样的理论预设。其二是命题预设方法。所谓命题预设是指古往今来人们在社会实践生活的基础上总结出来的具有一定真理性并让人耳熟能详的一些概念，这些概念真实地反映了社会生活的实际和本质，甚或成为人们能够深刻认识社会生活的路径和方法，这些概念还朗朗上口，便于传诵。我们可以根据这样的命题去研究历史上的社会生活，去研究人们的生活质量，即运用真实的历史材料再去验证既往的命题，一方面给命题以历史的解释，同时也是对特定历史时期、历史地域和历史人群生活质量的研究。"朱门酒肉臭，路有冻死骨"① 这一命题叙述了富贵人家门前飘出酒肉的味道，穷人们却在街头因冻饿而死，说明了一个社会财富不均，贫富差距大，穷人缺少保障的社会历史现象，也是典型的研究社会生活质量的命题。还有"富家一席酒，贫家半年粮"②、"欲求生富贵，需下死功夫"等类似的命题，也能够进行社会生活和生活质量的研究。还有些命题，如"三年讨饭，不愿做官"③、"有子万事足，无官一身轻"④ 以及民间的"老婆孩子热炕头"这样的命题反映了一部分人的生活观念和追求的生活样式，并以此为生活乐事。曾国藩就希望自己的后代以耕读为要，不谋大官，他说："凡人都望子孙为大官，余不愿为大官，但愿为读书明理之君子。"⑤ 由于曾国藩追求这种以读书为要的生活理念，他的后人大多从事科学技术和文化教育工作而少谋官位。梁启超也认为做官不如做学问，他本人晚年也弃官从学，对其后代亦如此要求。1916 年他给女儿梁思顺的信中谈及女婿周希哲做官一事，认为"做官实易损人格，易习于懒惰于巧滑，

---

① 杜甫：《自京赴奉先县咏怀五百字》。
② 张守常辑：《中国近世谣谚》，北京出版社 1998 年版，第 703 页。
③ 同上书，第 852 页。
④ 同上书，第 657 页。
⑤ 曾国藩：《字谕纪鸿儿》，张海雷等编译：《曾国藩家书》，中国华侨出版社 1994 年版，上册第 332 页。

终非安身立命之所"。① 1921 年 7 月 22 日他给梁思顺的信中又说："希哲具有实业上之才能，若再做数年官，恐将经商机会耽搁，深为可惜。"② 正是由于梁启超这样的人生理念和家风，他教育的子女有一代建筑宗师梁思成、有考古学家梁思永、有图书馆专家梁思庄、有经济学家梁思达、有火箭专家梁思礼。③ 但也有与之相反的生活理念和命题，以传统的"学而优则仕"为代表，百姓中有"升官发财"、"穷不跟富斗，富不跟官斗"、"有权话真语，无权语不真"这样的生活民谚，以反映人们对"官"优越性的认同。以上所谈的理论命题的研究方法在一定程度上带有演绎法的特征。

4. 史料提炼的研究方法

这是与上述的理论命题相对应的研究方法，它没有事先的理论命题的概念预设，完全是通过对原始史料的阅读和诠释，进而研究生活质量问题。清代徐珂的《清稗类钞》，是从近人文集、笔记、札记、报章中广搜博采的关于清代掌故遗闻的汇编。全书分服饰、饮食、舟车、婚姻、疾病、廉俭、赌博、奴婢、盗贼、娼妓、丧祭等近百个种类，本书内容广博，特别是关于下层社会、民情风俗、日常生活的资料非常丰富，本书自身就具有史料提炼的特点，可谓研究生活质量的重要史料。晚清出版的《点石斋画报》以图文并茂的形式反映了晚清社会诸多的社会生活和民俗事象，是当时各阶层人群思想观念和日常生活的表述。与此相应，清末与民国时期大量的画报和摄影作品也都在一定程度上显示了各阶层民众的生活状态，为我们的研究提供了可资选择的大量史料。史料提炼是最为基本的研究方法，只要我们爬梳原始资料就能进行研究。比如我们通过对不同时代家训家规的研究，可以发现一个时代的家训家规反映了那个时代人们带有普遍性的家庭观念和生活观念，也可以对某个家庭的家训家规进行研究，把握具有这个家庭特点的家庭观念和生活观念，这一切都有助于我们研究一般家庭和特定家庭的生活理念、生活感受和生活质量。清末民初出版的《香艳丛书》，内容以"涉及女性活动的篇目为选取标准，广泛搜集汉、唐、宋、元、明、清各代的野史笔记、小说辞赋、传记谱录、民俗方

---

① 丁文江、赵丰田编：《梁启超年谱长编》，上海人民出版社 1983 年版，第 796 页。
② 同上书，第 931 页。
③ 参见丁宇、刘景云编著《梁启超教子满门俊秀》，中华工商联合出版社 2002 年版。

志和鉴赏游戏等方面的著述三百二十余种，几乎反映了社会生活的各个层次"，"该丛书对于我国历史、文化、人物和风土民情的研究，提供了丰富的资料"，① 这套丛书可以为我们研究中国女性的社会生活和生活质量提取有关的历史资料。胡文楷编著的《历代妇女著作考》是一部对历代妇女史著、诗词、文集的比较全面的辑录和介绍，"凡见于正史艺文志者，各省通志府州县志者，藏书目录题跋者，诗文词总集及诗话笔记者，一一采录"，② "自汉魏六朝，以迄近代，凡得四千余人"。③ 以本书作为线索，爬梳相关的史料，特别是对一些诗词的解读，可从女性的视角探索相关社会生活及其生活质量的问题。20 世纪 30 年代编纂成书的《清代燕都梨园史料》，是张次溪以毕生之力，广搜博采，"对当时的戏曲演出活动、班子沿革、名优传略，以致梨园的轶闻掌故，搜罗备细"④ 的一部清代有关戏曲的著述。书中记述了处于卑微社会地位的优伶们的身世际遇，这部书对于探讨和研究清代戏曲演员的社会生活及生活质量有重要的启示作用，并为搜寻新资料有指引的作用。中国电影家协会和电影史研究部编纂的多卷本《中国电影家列传》在 20 世纪 80 年代由中国电影出版社出版。《列传》全面介绍了"在中国电影发展史上作出贡献的编、导、演、摄、录、美、技术、音乐、评论家、事业家等约七百人（包括港台的著名电影艺术家）"。⑤ 本书"对电影家的生活经历、成长道路、艺术风格、创作特色、成就经验、失败教训等诸方面进行简略叙述和分析评价"，"我们可以看到他们在逆境中怎样磨炼意志，向困难搏斗，苦学技艺的顽强倔劲，最后在艺术创作中迸发出耀眼的火花"。⑥ 这套书既是史料又是线索，可以帮助我们在此基础上或再开辟新的史料资源，来进一步探讨电影家们的社会生活、生活经验、生活感悟和生活质量。此外，我们还可以通过大量移民和人口迁徙的史料去探寻这类人群的生活现状。以上阐述的史料提炼的研究方法就是通过对诸多史料的爬梳、查阅和提炼，去研究各个时代各类人等的日常生活及其生活质量，这种方法在一定程度上类似于归纳法。

① 《〈香艳丛书〉影印说明》，《香艳丛书》上海书店 1991 年版。
② 胡文楷编著：《历代妇女著作考·自序》，上海古籍出版社 1985 年版。
③ 胡文楷编著：《历代妇女著作考·凡例》，上海古籍出版社 1985 年版。
④ 张次溪编纂：《清代燕都梨园史料 出版前言》，中国戏剧出版社 1988 年版。
⑤ 《中国电影家列传》第一集 "内容说明"，中国电影出版社 1982 年版。
⑥ 《中国电影家列传》第一集 "前言"，中国电影出版社 1982 年版。

5. 相互比较的研究方法

所谓相互比较的研究方法就是在两项或多项具有相同主题的事象中，选择在某个相同的领域进行比较，进而突显参与比较事象的各自特征，以反映某一事象的日常生活的实际状况。就一般情况而言，这种比较有不同阶层之间的比较，有相似人群之间的比较，有不同地域之间的比较，有自身纵向发展变化的不同比较，有不同问题意识之间的比较，有不同生活观念之间的比较，可谓能够多重的划分。就具体的生活观念和生活领域就可以进行比较研究，如在为人处世的观念上，有人认同人而无信不需礼之，有人认同宽宏大量与人为善；有人认同酒大伤身，有人却认同一醉方休；有人认同财大气粗，有人却认同贫穷自在；有人认同助人为乐，有人却认同闲事不管；有人认同忠言逆耳利于行，有人却认同话不投机半句多。这些观念影响日常生活，也影响日常生活的生活质量，通过比较可以探讨人们的不同心态以及制约这种心态的多重因子。相似的人群与相似的生活也可以比较，如妻子与小妾的生活比较，奴隶与婢女的生活比较，优伶与娼妓的生活比较，乞丐与盗贼的生活比较，流氓与土匪的生活比较，缠足与留辫的生活比较，赌博与吸毒的生活比较，风水与迷信的生活比较，典当与租赁的生活比较等等，不一而足。这样的比较，能够把不同人群的社会生活和生活质量反映出来，甚至可以进行个体生活细节的比较，诸如胡适为了母亲的感受与旧式包办的妻子终生为伴，胡适在给胡近仁的信中说："吾之就此婚事，全为吾母起见，故从不曾挑剔为难（若不为此，吾决不就此婚。此意但可为足下道，不足为外人言也）。今既婚矣，吾力求迁就，以博吾母欢心。吾之所以极力表示闺房之爱者，亦正欲吾母欢喜耳，岂意反以此令堂上介意乎！"[1] 而顾维钧对父母包办的旧式婚姻采取协议离婚的方式，"协议规定，我们两人各执一份，另两份送双方父母。我们以一种十分友好的方式脱离了关系"。[2] 我们对两者的婚姻选择还不能作出褒贬是非的评判，需要比较研究，这是非常有价值的比较研究课题，它涉及个体的生活感受和婚姻生活质量。说到婚姻，能够比较的太多太多，仅就重要的历史人物而言，就能随即举出一些，如康有为与梁启超的婚姻、孙中山

[1] 耿云志、宋广波编：《胡适书信选》，外语教学与研究出版社2012年版，第56页。
[2] 天津编译中心编：《顾维钧回忆录缩编》上册，中华书局1997年版，第9页。

与蒋介石的婚姻、李大钊与陈独秀的婚姻、鲁迅与郭沫若的婚姻、徐志摩与郁达夫的婚姻等等，都可以进行比较，而且通过对官绅政要、名流贤达、文人墨客、商贾军阀、市井平民的婚姻比较，还能够对不同类型的婚姻以及婚姻生活作出深入的分析，从中引发更加深刻的思考。可见，比较的范围和内容非常之广。资产阶级革命家陈天华和杨毓麟都选择了蹈海自尽，两人均留有绝命书，那么通过对两人绝命书的比较，可以感受到两人投海前的内心世界。杨毓麟在绝命书中说自己"脑炎大发，因前患脑弱，贫服磷硫药液太多，此时狂乱炽勃，不可自耐。欲趁便船归国，昨晚离厄北淀来利物浦。今晨到车站，然脑进乱不可制，愤而求死，将以海波为葬地"。① 可见杨毓麟投海亡命是因为他无法忍受病魔的折磨，"愤不乐生，恨而死之"，② 临终前的痛苦可想而知。而陈天华是在日本颁布"取缔规则"，引起留日学生总罢课并欲全体回国，而被日本媒体诋为"乌合之众"、"放纵卑劣"的情景下，陈天华对此一污蔑极为愤慨，欲以一死来唤醒留日学生忧国忧民之情怀，他在绝命书中说："鄙人心痛此言，欲我同胞时时勿忘此语，力除此四字，而做此四字之反面：'坚忍奉公，力学爱国。'恐同胞之不见听而或忘之，故以身投东海，为诸君之纪念。"③ 陈天华蹈海前与杨毓麟的内心感受不同，陈天华是怀着爱国救国之渴望而投海自戕的，《绝命辞》通篇政治理念的阐述都能够反映这一点。相互比较的研究方法，要有明确的比较主旨，即问题意识要显明清晰，比较的内容要具体明了，对比较的双方或多方，要依靠史料分别进行全面细致的探索，从而找出异同，并对此进行深入的原因分析。

六　感受想象的研究方法

这是关注被研究者的主观感受并敢于大胆假设和想象的一种方法。研究生活质量问题，在关注社会生活与思想观念的基础上，进一步关注和研究群体或者个体的主观感受是至关重要的，主观感受的问题应当引起我们高度的重视。我们知道，感受与观念有不同之处，观念的主要特点是指人

---

① 《致怀中叔祖书》，饶怀民编：《杨毓麟集》，岳麓书社 2001 年版，第 390 页。
② 《致某某二君书》，饶怀民编：《杨毓麟集》，岳麓书社 2001 年版，第 390 页。
③ 《绝命辞》，《陈天华集》，湖南人民出版社 2008 年版，第 231 页。

们对主客观事物的一种认识、判断、理解和评价，而感受则是客观事物作用于人的心灵之后，受其影响而产生的一种身心的反应和感觉，本文谈的感受还不是指那种一时的短暂的心灵波动，而是一种比较稳定、比较深刻的主观体验或体会，"比如，责任感、幸福感、荣誉感、骄傲感、廉耻感等，都较深刻地反映出个人意识或群体意识"。① 那么，这种感受为什么会是长时段的，为什么会是稳定和深刻的，它无可避免地要影响到人们的主观生活质量，从这个意义上讲，我们所谓的感受由于与生活质量有着紧密的联系，所以它是可以成为社会文化史的研究对象的。从主观感受的视角去研究生活质量，就是从生活满意度和主观幸福感去进行研究。生活满意度和主观幸福感与客观生活质量有关，同时也与个体的世界观、人生观、价值观的趋向有关，与个体经济收入和生活状态的历史、现状和理想有关，与个体的期望值有关②，与个体的社会关系诸如婚姻关系、家庭关系、朋友关系是否和谐等有关，与个体视野的宽隘及与他人生存状态的比对有关，正如"自己优于别人，就感到幸福；低于他人，就感到不幸。许多研究发现，向上比较会降低主观幸福感，向下比较会提高主观幸福感，"③ 就是这个道理。可见通过研究主观感受来研究主观生活质量是有意义的。研究主观感受要敢于大胆假设和想象，这种假设和想象不是无根据的胡思乱想，是根据掌握的现有材料，根据研究者的知识结构、学识、经验和历史感悟，根据被广泛认同的理论和方法，去分析推理，去探寻被研究者内心感觉的奥秘，进而比较准确地把握被研究者的内心感受，再对其主观生活质量有一个基本的判断。有根据的假设和想象作为一种史学方法是被认同的。胡适说："治史者可以作大胆的假设，然而决不可作无证据的概论也。"④ 彼得·伯克说："无论历史学的未来如何，都不应该回到想象力的贫乏中去。"⑤ 20 世纪 20 年代《申报》老报人雷瑾回忆报馆的住宿条件：

---

① 沙莲香：《社会心理学》，中国人民大学出版社 1987 年版，第 185 页。

② 期望值理论认为，期望值与实际成就之间的差异与 SWB（主观幸福感）相关，高期望值与个人实际差距过大会使人丧失信心和勇气，期望值过低则会使人厌烦。参见吴明霞《30 年来西方关于主观幸福感的理论发展》，《心理学动态》2000 年第 4 期。

③ 苗元江、余嘉元：《幸福感：生活质量研究的新视角》，《新视野》2003 年第 4 期。

④ 耿云志、宋广波编：《胡适书信选》，外语教学与研究出版社 2012 年版，第 269 页。

⑤ （英）彼得·伯克著：《什么是文化史》，蔡玉辉译，杨豫校，北京大学出版社 2009 年版，第 149 页。

"当时申报房屋本甚敝旧。……若吾辈起居办事之室，方广不逾寻丈，光线甚暗。而寝处饮食便溺，悉在其中。冬则寒风砭骨，夏则炽热如炉。最难堪者臭虫生殖之繁，到处蠕蠕，大堪惊异，往往终夜被扰，不能睡眠。"① 在这样恶劣的住宿条件下生活，我们可以想象得到这些报人当时内心的屈辱感受。20 世纪 40 年代，文学家朱自清在生活困难的情况下，还拒绝领取"美援"面粉，他在 1948 年 6 月 18 日的日记中写道："我在《拒绝"美援"和"美援"面粉的宣言》上签了名，这意味着每月使家中损失六百万法币，对全家生活影响颇大；但下午认真思索的结果，坚信我的签名之举是正确的。因为我们既然反对美国扶植日本的政策，就应采取直接的行动，就不应逃避个人的责任。"② 我们按照逻辑想象一下，当时朱自清一家的生活是困难的，他的签名行动无疑对家庭生活是雪上加霜，但为了国家和民族的利益和尊严，虽然加重了自家生活的艰难，但作为一名敢于承担责任的中国学者，相信他内心的感受是欣慰和坦然的，这符合一位爱国知识分子的良知。

四　余论

生活质量作为社会文化史研究的一个新维度，是新提出来的一种研究理念和设想，还需要通过研究的实践去验证。所以上述谈的几种研究方法也只是一个最初的探索，也需要在研究实践中不断地修正、补充和发展。上述几种研究方法之间存在着内在的辩证联系，是你中有我，我中有你的关系，在运用上可能是多维交叉同步进行的。这种辩证关系不但是我们研究生活质量的一种思维方式，同样也是我们研究生活质量的一种研究方法。因为如何看待和评价生活质量的本身并不是一个平面的简单问题，它本身具有错综的复杂性，生活质量的优劣高低是会发展变化或是彼此相互生发的。比如眼下的逆境和困苦而经过人们的奋力打拼，也许会给未来带来希望和光明，这叫做苦尽甘来；相反，贪图享乐到了忘乎所以，其中必然潜藏着极大的祸患，这叫做乐极生悲。生于忧患，死于安乐的民间谚语

① 雷瑾：《申报馆之过去状况》，申报五十周年纪念《最近之五十年》，转引自王敏《上海报人社会生活》，上海辞书出版社 2008 年版，第 238 页。

②《朱自清全集》（第 10 卷），江苏教育出版社 1997 年版，第 511 页。

以及把病魔称赞为"教人学会休息的女教师"，① 这些都反映着人们对生活质量的辩证思考。我们对生活质量的理解和认识要具有这样的辩证分析态度，因为历史与现实生活的事实本身就是如此。拙文只想表达一个粗浅的想法：希望把生活质量作为社会文化史研究的一个新维度。望能抛砖引玉，期待有同好者深入探索。

原载《近代史研究》2014 年第 4 期

---

① 钱钟书：《论快乐》，《钱钟书集·写在人生边上》，生活·读书·新知三联书店 2002 年版，第 22 页。

关于口述史的思考

近年来，口述史越来越被大陆史学界所重视。作为现代意义上的口述史学，实际上是通过有计划的访谈和录音技术，对某一个特定的问题获取第一手的口述资料，然后再经过筛选和比照，分析和辨伪，进行历史研究的方法及其成果。口述史学对史学的发展无疑意义重大。本文是对口述史的一个初步的思考和实践体验。

一 关于口述史的回望

如果仅仅作为一种方法，口述史的方法应当具备两方面的含义：其一，史学家搜集史料的方法；其二，史学家利用口述史料撰写历史的方法。人类历史上，在撰写史书之前，就有从事过运用访谈和调查进行搜集史料的工作，在中国三千多年前，周朝就设有专门为史官搜集人们言谈内容的书记，所谓"动则左使书之，言则右使书之"。这些书记主要是记载君王的言行举止，而不是普通社会的历史，但到汉代，确实已运用访谈、口述的方法来搜集史料。如司马迁的《史记》就是依据大量的实地考察得到的口述访谈资料与丰富的文献记载相互引证而撰写的。在西方，如早期的历史学家希罗多德和修昔底德的著作中，也可以看到他们是如何使用口述证据的。在古代希腊，"历史"一词的含义就是"根据事件的目击者所做的证词去推究事实的真相"①。这里的证词在很大程度上指的是口述证据。实际上，历史学家所使用的史料归根结底都是来源于口述。例如：社

---

① 里特尔编：《历史学概念辞典》（W. Ritter, *Dictionary of Concepts in History*），纽约1986年版，第193页。

会史广泛使用的官方调查委员会的社会调查资料主要是来源于口述，其中有很多证据都是经过对目击者的访问而获得的。但作为一种独立的史学方法，具有现代意义的口述史学大约在20世纪40年代的美国产生，六七十年代在欧洲和其他许多国家得到广泛利用。

美国自1948年哥伦比亚大学口述历史研究室创立以来，1953年加州大学伯克莱分校成立了地方口述历史办公室；1958年加州大学洛杉矶分校建立了口述历史项目；1966年9月在加利福尼亚州的阿罗黑德湖举办了美国口述史学第一次大会；1967年11月，在纽约召开的第二次大会上，正式成立美国口述历史协会，会员遍布全美与海外各地。至1967年，全美相继建立了九十余个研究口述史学的专门机构。对美国口述史学未来的发展影响最大的是美国总统口述历史项目，对每任总统卸任后进行访谈的资料整理完毕后，相应地设立总统图书馆。这一项目推动了口述史学在美国的发展。20世纪60年代后期，美国口述史学出现了"人民性"或"民主性"的倾向，长期以来没有受到重视的黑人史、移民史、劳工史、妇女史的研究活动活跃起来。到1978年，口述史研究机构增加至500个。20世纪80年代以来，美国口述史学研究的范围更为普及，几乎涉及社会生活的各个领域——社会史、政治史、企业史、部落史、文化史、科学史、妇女史、体育史、艺术史、儿童生活史、军事史和建筑史等。1994年夏天，哥伦比亚大学口述历史研究室召开口述史学国际大会，吸引了来自四十多个国家的四百多名学者。这个学会每年都有二千五百多名学者从事口述历史研究。①

新中国成立以来，在20世纪50至60年代就有对太平天国、义和团和辛亥革命的实地调研，并撰写了一些调研报告。② 20世纪80年代以来，国内学术界开始注重口述的研究方法，在历史学界也有体现。北京大学出版社出版的"口述自传丛书"，颇受学界好评，这套丛书有《风雨人生：萧乾口述自传》、《跋涉者：何满子口述自传》、《小书生大时代：朱正口述自传》、《带翅膀的摄影机：侯波、徐肖兵口述回忆录》等等。北京大学历史系杨立文在1996年已开设"口述史学研究"课程。复旦大学历史系在20

① 参见杨祥银《当代美国的口述史学》，《口述历史》，中国社会科学出版社2003年版。
② 参见杨祥银《当代中国口述史透视》，《当代中国史研究》2000年第3期。

世纪 90 年代曾做过"日伪时期的跑单帮"、"日伪时期的上海文化界"等访谈工作。上海社会科学院历史研究所做过"上海移民史"的访谈工作。吉林大学历史系的杨祥银在因特网上开设了口述史的网站。此外,近年来还有几本出版的口述史专著值得一提,如定宜庄著的《最后的记忆——十六位旗人妇女的口述历史》(中国广播电视出版社 1999 年版);王俊义、丁东主编的《口述历史》(中国社会科学出版社 2003 年 9 月第 1 版);李小江主编的《让女人自己说话》(三联书店 2003 年版)等等。中国的口述史学开始逐渐受到重视。①

近些年来,中国口述史学越来越被关注和重视,大概是受几个因素影响的:其一,受文学和社会学利用口述方法取得成就的影响;其二,扩大史料范围的需要,档案文献不再是唯一的史料;其三,历史研究范围扩大的需要,历史学家对普通人生活兴趣的增长,把普通民众作为历史著作中的主角;其四,现代音响技术尤其是大量的廉价录音机的上市,是以现代电讯技术的发展作为基础,犹如计量史学方法的广泛运用必须借助电子计算机并以它的推广作为其发展一样。

口述史对历史学产生的积极作用是明显的。其一,口述史往往能够提供非常生动的描述,这是只使用文字史料作为常规历史研究手段无法做到的。其二,口述史能够纠正文字史料中的偏见,这显然比单一的文字史料要全面得多。其三,推进史料的收集,从某种意义上讲,这是最重要的工作,为未来史学的发展做好铺垫工作。

二 作为方法或学科的口述史

口述史首先是一种研究方法,口述史学能否作为历史学的一个分支学科需要实践和研究。

如果从中国司马迁撰写《史记》的时代和西欧希罗多德与修昔底德撰写历史的时代算起,"口述"最初是作为历史研究的一种方法来运用的。一直到今天,可以说,"口述"作为学术研究的方法一直在人文和社会科学中被广泛运用。既在历史学领域(包括社会史、政治史、婚姻史、企业

---

① 中国口述史的基本状况和特点还研究得不够,需要认真总结。

史、部落史、文化史、科学史、家庭史、妇女史、体育史、艺术史、性史、娱乐史、儿童生活史、军事史和建筑史领域），也在社会学、政治学、民族学、法学、经济学、文学、教育学、灾难学、人类学、新闻学、种族学、艺术学和医学领域被运用。它基本上是用来进行资料和数据采集的方法，并以此作为分析和研究的基础。从这个意义上说，"口述"作为方法是最容易理解和认同的，这种认同是多学科之间的共识。但是问题并不如此简单。从 20 世纪 40 年代的美国开始，到中国改革开放以后，历史学界所从事的口述史研究开始力图打破方法的界限，并要从学科的角度来认识和建设"口述史学"，这样就出现了与传统史学不同的"口述史"。这种口述史的最大特点是"拿来主义"，基本上是原汁原味地把口述内容用文字反映出来，并把它冠名以口述史，这样做似乎也是有道理的。上述我们提到的北京大学出版社出版的"口述自传丛书"，定宜庄著的《最后的记忆——十六位旗人妇女的口述历史》，王俊义、丁东主编的《口述历史》，李小江主编的《让女人自己说话》等等，都有这类口述史学的特点。

问题进一步展开，就是有学者直接提出口述史是历史学的一个分支学科。这种提法是大胆的，对传统史学将产生很大的冲击力。我个人认为，口述史学能否作为历史学的一个分支学科需要认真地实践和研究。

把口述史作为一个分支学科，首先要明确这个分支学科的界定和科学含义。它是否要与国务院学位委员会 1997 年 6 月颁布的《授予博士、硕士学位和培养研究生的学科、专业目录》以及教育部高等教育司 1998 年颁布的《普通高等学校本科专业目录和专业介绍》相吻合。一般来说，相吻合比较合适，遵守了国家的规定，具有规范性。按照《授予博士、硕士学位和培养研究生的学科、专业目录》，我国现有学科门类 12 个，一级学科 88 个，二级学科 381 个。历史学作为一级学科下含 8 个二级学科，即史学理论及史学史、考古学及博物馆学；历史地理学；历史文献学；专门史；中国古代史；中国近现代史；世界史。按照《普通高等学校本科专业目录和专业介绍》，我国现有学科门类 11 个，下设 71 个二级类，249 种专业。作为历史学下设 5 个专业，即历史学、世界历史、考古学、博物馆学、民族学。如果口述史是作为研究生专业二级学科的一个分支学科，就要研究它与其他 8 个二级学科的关系，阐述它自身的学科内容和学科特点。一旦这样做，会产生一系列的矛盾和其他问题。因为口述史学很难有独特的只有自己研究而其他二级学科不去研究的内容，就是说口述史学研究的历史内容已经被很多二级学科涵盖了。如果口述史作为二级学科有难以克服的困难，是否考虑把它作为一个三级学科来看。而作为三级学科也面临着一定的困境，首先所谓三级学科只是一些学人的说法，在严格的学科分类上，并不存在什么三级学科，学人往往把自己的研究领域、研究方向、研究课题愿意说成三级学科，这样的三级学科显然带有太大的随意性和不确定性，也就是不科学性。如果把口述史硬性说成是三级学科，还要阐述三级学科的科学界定和三级学科的范畴或种类，这就更加困难，不是我们研究口述史的学人轻易就能完成的。如果口述史是作为历史学本科专业的一个分支学科，就要研究它与其他 5 个专业的关系，阐述它自身的学科内容和学科特点。这样做同样面临着上述的困难。这样看来，如果我们不转换视角，不冲破固有的框架，硬要在原有的学科定位内挤出一块空间，确立一个新的学科，无论如何，难成大功。

学科分类是人为的，是对以往知识范畴和内容的总结和分析；学科分类是人们进一步深入探索新知识的平台和基础，需要一定的稳定性。也正是因为学科分类是人为的，所以学科分类也是有局限的，它需要在探索新知识的过程中不断地得到修正和调整。当然，这种修正和调整不是随意的，而是在探索知识的实践中，在有了相当的积累和丰厚之后，方能水到渠成。知识领域的不断扩大，交叉学科的不断形成，新的学科体系的诞生是符合学科发展规律的。从这个意义上说，口述史目前紧迫的任务是实践、实践、再实践。在实践的过程中，逐步深入认识口述史的自身特点和规律，并在理论上得到总结和提升，这就可以为史学发展作出自身的重要贡献。从全国的角度看，目前我们应当以"中华口述历史研究会"的名义向国家社会科学基金申请一个"十一五"的重点科研项目，或向教育部社科司申请一个"十一五"的重点科研项目，然后组织全国的力量来共同从事并完成这一项目。项目的名称可定为"口述史学的理论与实践"，此项目可以撰写 3 部专著，分别为《美国口述史学的理论与实践》、《欧亚口述史学的理论与实践》、《中国口述史学的理论与实践》，每部著作 20 万至 30 万字。或只撰写一部专著，书名为《口述史学的理论与实践》，本专著分为 3 编，上编为《美国口述史学的理论与实践》，中编为《欧亚口述史学的理论与实践》，下编为《中国口述史学的理论与实践》，全书共 40 万至

50 万字。通过这项课题认真梳理 20 世纪 40 年代以来美国、欧亚和中国口述历史各自的发展脉络、主要成就、重要特征、代表人物和著作、经验及问题等等。有了这样一个研究成果，它既可以成为我们下一步研究的基础，更重要的是它可以成为高校口述历史的教科书，为高校开设口述史学提供方便，并为下一步的学科建设打下一个坚实的基础。

三 着重讨论的几个问题

为了规范口述史的方法，严肃口述史的研究，在此还要着重讨论如下几个问题：

（1）严格区分访谈录和口述史。访谈录和口述史不是一个概念，不能把两者混为一谈，要严格区分两者的异同。访谈录是对被访者的一个记录，它可以是围绕一个主题进行采访，也可以围绕几个主题进行采访，它可以是围绕被访者的经历进行采访，也可以围绕现实问题对被访者进行采访。可见访谈录不同于口述史。因为口述史是在对相当数量的访谈录进行研究的基础上，对一定的历史问题给予实事求是的阐述，并给予本质上的解释和对其规律的揭示。这不是访谈录所能解决的，而要靠史学工作者的研究来完成。口述历史是历史研究过程后的成果，一般的采访而形成的采访录是采访后的记录，它只是口述历史研究的资料而已。采访录的确是生动的，口语特点突出，容易理解，形象感强，给人留下的印象鲜明。而口述历史虽说也可以在一定程度上具备上述特点，但并不要求必须如此，甚至相反，有时由于思辨和论证的需要和对深层问题的探究，可能会显得抽象和深长。

（2）研究口述史应当有自己的专业领域。史学工作者一般都有自己的专业领域，都是学有所长。这不仅要求史学工作者有自己专长的二级学科专业，而且要求有自己专门的研究领域和研究方向。这不是反对一个学者要有广博的学识，而是要求一个学者在科研工作中能真正作出自己的应有贡献。个人的生命经历决定他必须专攻一定的领域，这是显而易见的道理。在进行口述史的研究时，也不能漫无边际，不要自己的特定领域。要在自己原有的专业领域内划出进行口述史研究的范围，这样做出来的口述史会有学术的品质，否则我们进行的所谓口述史研究，大概就是一般的访谈而已，绝不能冠以口述史的名义。因为口述史是史学研究，不通过研究就谈不上史学，自然也谈不上口述史学。所以一定要结合自己的专业和研究特长划定自己研究口述史的领地，口述史学不是儿戏，也不是轻而易举的工作，更不是人人能为的。只有那些有历史专业训练，在某一领域有研究素养的学人，才可能胜任从事口述史学的工作，并作出自己的成绩来。

（3）口述史并不具有普遍的适用性。不是任何历史领域都能运用口述史方法的。进行口述史研究需要很多条件，首先要有一定量的口述者存在，提供口述者的基本人群；口述的内容基本上可以公之于世，可以作为历史研究的材料，起码可以与来访者进行沟通交流。从这些条件看，在国内，中国近现代史进行口述史研究优于世界史和中国古代史，中国现当代史优于中国近代史。当然，如果从更广的含义来理解"口述"，那么民间传说等也可以视为一种广义的"口述"，用它可以研究远时段的历史。但无论如何它比起近现代和现当代来说是不占优势的。若没有民间传说流传下来，也就只好运用其他的方法来研究历史了，从这一点看，口述史并不具有普遍的适用性。另外，不同的领域对口述史来说，适用度也不同。如社会文化史或"人民史"更适合运用口述历史的方法。比如英国的口述史就是主要应用于社会史领域，特别是在农村史、城市史、妇女史、家庭史、儿童史等，都是采用口述史学方法从日常生活史的角度研究一个地区、一个社会群体、一个阶层的人们的社会生活状况。正因为如此，史学工作者不能盲目轻易地转向口述史的研究中去。

（4）抓紧对新中国成立后50年的社会文化史进行口述史研究。中华人民共和国已经成立58年了，从历史学的角度研究中华人民共和国应当说是非常必要和有意义的。但是由于诸多条件的限制，目前国史研究的成果不可能是丰厚的；也由于诸多条件的限制，国史研究的领域也不能平衡的发展。在国史中的政治、经济、外交、军事、社会文化等领域中，研究社会文化史的条件可能更成熟些，所以应当着力并抓紧对中华人民共和国社会文化史的研究。这一研究领域的内容极为广泛，包括婚姻家庭、性别性伦、娱乐消费、文艺体育、劳动就业、医疗卫生、宗教信仰、衣食住行、生态环保等方面。这些社会文化史又特别适合运用口述史的方法进行研究，而且进行口述史研究的条件也比较充分。很多口述者对这一时期的社会文化记忆犹新，可以弥补新中国成立后50多年的社会学资料遗留很少以及"文化大革命"时期一些报刊由停刊所造成的历史研究的困难。所以运用口述史的方法对新中国成立后50多年的社会文化史进行研究很有必要，史学工作者要投入更多的精力。

四　我们的初步体验

首都师范大学中国近现代史专业社会文化史方向，目前特别关注20世纪的社会文化史领域，尤其是新中国成立以后的社会文化史，是我们的研究重点之一。在培养研究生方面，也主要以中国现当代社会文化史为主。这样一个研究领域，很有必要运用口述考察的方法进行历史研究。目前已有六名硕士生完成了《现代中国婚姻文化嬗变研究》、《现代中国家庭文化嬗变研究》、《延安时期妇女文化的变革》、《新中国初期女性文化嬗变研究》、《新中国初期家庭文化嬗变研究》、《新中国30年性伦文化嬗变研究》等课题；还有三名博士生完成了《塑造"顺民"——华北日伪对民众历史意识的文化建构》、《"作新民"、"唤起民众"——民国社会教育研究》、《"文革"时期家庭政治化问题研究》。此外，目前两名硕士生正在撰写《新中国初期婚姻文化嬗变研究》、《新中国初期娱乐文化嬗变研究》；还有一名博士生拟从当代中国社会文化方面选题撰写博士论文。在已经进行的新中国社会文化史的课题研究过程中，我们在搜集文献资料的基础上运用了访谈口述的方法，已经对60多人进行了采访。通过采访，我们有了自己初步的体验。

（1）访谈前做好充分的组织和物质、思想准备。组织准备最重要的一点是选择被访者，要注意被访者应有代表性，根据采访的内容确定被访者的年龄段、出身和所从事的职业，被访者对访问的内容要有真正的了解，他们能够善于准确地表达自己的感受和体验，从而尽可能反映历史的真实一面。访谈者能够通过适当的方式与被访者进行联系，被访者有参与访谈的情感冲动。同时，还要了解被访者的性格特征。物质准备主要是录音录像设备等，对要使用的工具，事先要认真检查和试验，使其能进行正常的工作，以免出现故障而影响采访的正常进行。思想准备尤其不能忽视，要考虑到访谈过程中的各个环节和细节，设想在什么地方容易出现问题或漏洞，在出现问题的时候，要沉着冷静，妥善处置。思想要放得开，处理好最初与被访者的情感沟通，造成一个和谐融洽的交流环境。根据我们研究的是新中国成立后30年的社会文化史的课题，所以我们访谈的对象一般选择50—70岁之间的人群，他们亲历了20世纪50—70年代的生活，对那一段历史有切身感受和记忆。被访者阶层的范围也要尽量广泛，诸如知识分子、工人、教师、医生以及当时在农村生活过的人群等等。

（2）设计好访谈提纲，讲求访谈方法。要根据研究的课题设计详细的访谈提纲。设计访谈的提纲，要注意的问题也很多。首先要考虑访谈的次数，根据次数来设计每次访谈的提纲；还要考虑被访者的人数，要根据不同人的职业及性格特征来确定不同的对话方式；如何进入主题；进入主题后提出不同问题的先后次序；要考虑什么样的问题比较好回答，什么样的问题不太容易回答，对不太容易回答的问题如何引导，采取怎样的沟通方式，化"为难"为坦然。这实际是讲求访谈的方法。比如：就《新中国30年性伦文化嬗变研究》这一论题而言，就要特别讲求访谈方法。有些被访者不太愿意公开谈论此事，访谈时不应只拘泥于被访者自己的事情，还要关心被访者的所见所闻，要照顾被访者的心理感受。所以我们将访谈的内容细化为便于言说的话题。注意访谈中应由浅入深，访谈中要注意引导，有些被访者对一些话题感兴趣，就滔滔不绝，对另一些话题不感兴趣，就一句带过。这样就需要我们耐心妥当地提问和引导。口述是一个重新审视历史和深化历史的过程，应该坚持社会史的观察立场，在访谈过程中，应本着客观的态度，不要急于判定被访者回答的史实是否重要，是否真实可靠或者对自己的研究是否有价值，这些工作是在后期的整理中进行的，而不是在访谈过程中去做的，我们只需要恰当的提问和耐心的倾听，充分调动被访者的积极性。

（3）在研究过程中，访谈资料仅仅是史料的一部分。如何把文本资料和访谈资料结合起来，怎样表现访谈资料，如何在访谈后加以分析总结，这是一个难点。我们要注意访谈资料要与文献资料相结合，只有两者充分的结合，互为补充，互为说明，才能真正理解人们过去的经历，才能实现兰克所说的"按照事情的本来面目再现过去"的理想。

关于口述史学，目前还存在着一定的迷惑和问题。首先是对口述史的认同问题。口述史的合法地位至今还没有得到西方职业历史学家的公认。迟至1981年，英国著名的史学理论家阿瑟·马威克在《历史学的性质》

中说道:"不以文字史料为依据的历史虽然也是历史,但不是严谨的和令人满意的历史。"① 在他罗列的史料类型中也没有提及口述史料。在目前的情况下,收集口述证据的必要性以及进行口述历史研究的基本原理和方法及其优缺点的讨论,尚未引起史学界更为普遍的关注。但是我们必须认识到,人类的交流方式包括文字交流和口述交流两种形式,其中"口述"资料是历史研究中的重要史料之一。其次是回忆的可信度问题。被访者回忆过去的经历,以及如何理解和认识其经历,会受到很多因素的影响,任何人对历史的认识和理解都是有局限性的。访谈的场所和气氛,访谈者的身份以及他的引导和感染,被访者记忆的误差以及在表达过程中刻意地修饰、夸张和自我拔高,以及回避、掩饰和难言之隐,都在所难免。受后来经历的影响,也可能造成"过去的声音"成了"现在的声音"等等。最后,采访者理解上的误差。采访者学识的深厚程度、理论水平和判断能力,对采访内容的熟知程度,这些都影响采访者认识和理解历史的误差程度。我们在面对这些困难的时候,要通过我们的实践和努力逐步克服这些困难。我们坚信,中国的口述史学在 21 世纪的中国历史学领域一定会占有一席之地。

原载《首都师范大学学报》2007 年第 5 期

---

① 马威克:《历史学的性质》(Arther Marwich, *The Nature of History*),伦敦 1981 年版,第 141 页。

论 史 篇

中国传统思想文化的近代转换
——论近现代中国思想文化变革的基本途径

　　一个民族或一个国家的文化形态形成之后，就自然要在本民族和本国家延续并将变为传统而流传下去。但是一个民族或一个国家的文化传统在流传的过程中，随着社会的发展变化，将会形成或生长出新的文化传统。若谈文化传统，不仅仅是古代或中古的文化传统，它也包含近代甚至现代的文化传统。所以我们要发扬和继承文化传统，也就包含着发扬和继承近代和现代的文化传统。近现代以来"中国思想变动之剧烈，别派之复杂，较之春秋战国只有增加，而无逊色"。① 这其中的精华和形成的传统是要予以关注的。

　　一般而言，近现代文化变革是通过多种途径实现的：

　　1. 在坚持传统文化的基础上，吸收和吸纳外来文化，并在融合的基础上形成新的文化形态。这是近代文化产生的最重要的一种方式。我们可以从魏源"师夷长技以制夷"的思想中感受到这一点。魏源远承明末清初徐光启"欲求超胜，必须会通，会通之前，先须翻译"的"会通以求超胜"的思想，近接林则徐"师敌之长技以制敌"② 的思想，并在《圣武记》中就提出过"以彼长技，御彼长技"③ 的主张。魏源还在《道光洋艘征抚记》中提出"尽转外国之长技为中国之长技"，最后在《海国图志》中明确提出了"师夷长技以制夷"④ 的近代思想观念。这一思想文化观念显然

　　① 郭湛波：《近五十年中国思想史》，山东人民出版社1997年版，第8页。

　　② 翦伯赞、郑天挺主编：《中国通史参考资料·近代部分》（上册），中华书局1980年版，第8页。

　　③ 魏源：《圣武记》卷十四，《武事余记·军政篇》，近代中国史料丛刊第十一辑第102册，（台）文海出版社1967年版，第1041页。

　　④《海国图志·原叙》，岳麓书社1998年版。

是对作茧自缚、愚昧之极的闭关锁国政策的抨击，是谋求祖国富强，较早开辟了向西方文化学习的可行之路，一定程度上扫除了学习西方"长技"的心理障碍。如王韬在《扶桑游记》里所说，魏源"'师长'一说，实倡先声"。这一思想在当时产生的影响是广泛而又深刻的，左宗棠在《海国图志》重刻序言中，进一步阐幽发微，褒扬了魏源"师夷长技以制夷"已从少数人的思想火花发展成一股带普遍性的社会思潮。两次鸦片战争后，在洋务运动时期形成的"中体西用"的文化形态亦是如此。它既是"师夷长技以制夷"文化观的发展，又是能容纳更多西方文化内容的文化模式。冯桂芬"以中国之纲常名教为原本，辅以诸国富强之术"① 开此文化观念之先河，接踵而来又有多人阐述过这样的思想，包括郑观应"中学其本也，西学其末也，主以中学，辅以西学"② 的思想；沈寿康"为华人计，宜以中学为体，西学为用"③ 的思想；直至张之洞对"中体西用"论作了系统的阐述，指出"新旧兼学——旧学为体，新学为用，不使偏废"。④"中体西用"文化观促使中国社会可以从更为广泛的领域来吸收外来文化，可见对近代文化传统形成的积极意义。到了 20 世纪初年，以章太炎、邓实、刘师培为代表的知识分子以倡导研究中国文化、保存国粹为手段，来激发国人的民族主义精神，这部分知识分子被称为国粹派。国粹派文化观的特点是把中国传统文化划分为"国学"与"君学"。所谓"国学"是以民族的特征为最基本的特征，它不惟君，不媚俗，"不以人君之是非为是非者"，立学为的是经国济世；所谓"君学"是"以人君之是非为是非者"，它为历代帝王所尊崇，是加强专制统治的政治理论。所以要发扬"国学"，摒弃"君学"。国粹派并不一概排斥西学，只是把西学视为一种物质文明，与中国文化的主体相比，它处于客体的地位。但两者是可以契合的，提出"真新学者，未有不能与国学相契合者也"。⑤ 国粹派的中西文化观仍然属于"中体西用"的文化模式。到了 20 世纪 20 年代，以欧美留学者为主体的并以梅光迪、吴宓为代表的学衡派，其文化建设的旨趣在

① 《校邠庐抗议·采西学议》，辽宁人民出版社 1994 年版，第 84 页。
② 《盛世危言·西学》，辽宁人民出版社 1994 年版，第 30 页。
③ 《匡时策》，《万国公报》第 75 期。
④ 《劝学篇·设学》，苑书义等主编：《张之洞全集》第十二册，河北人民出版社 1998 版，第 9740 页。
⑤ 汤志钧编：《章太炎年谱长编》（1868—1918）上册，中华书局 1979 年版，第 216 页。

"以发扬光大中国文化为己任"。学衡派的文化观有自己的独到之处，他们尊重中华民族的文化精神，认为"只有找出中华民族文化传统中普遍有效和亘古常存的东西，才能重建我们民族的自尊"。① 柳诒徵、吴宓、陈寅恪等人对中国文化精神概括为人伦道德——理想人格——独立的精神、自由的思想。② 学衡派认为这种中国文化精神构成了民族文化的基石，是中华民族的脊梁，应当加以继承和发扬。学衡派同时也承认中国文化存在自身的弱点，认为中国文化不仅科学不如西方，即哲学美术也远逊于希腊。学衡派对中国传统文化实质是采取一种扬弃的态度，正如胡先骕所说："对于吾国文化有背于时代性之糟粕固须唾弃，而其所以维护吾民族生存至四千年之久之精神，必须身体力行从而发扬光大之。"③ 学衡派对于西方文化持辩证的态度，一方面认为西方文化有自己的本末、道器和体用之分，指出"人情人道之思想西洋亦有之，非仅见于中国"④，肯定西方文化自身固有的精粹。同时，主张要积极吸纳外来文化，融合中西文化，以辟文化发展之新境。从"师夷长技以制夷"、"中体西用"论、国粹派和学衡派的文化观，我们看到其共同的特色就是在坚持传统文化的基础上，吸收和吸纳外来文化，并在融合的基础上形成新的文化形态。

2. 采取拿来主义，直接吸收外来文化，把外来文化变成自己的文化传统。20世纪初年梁启超的"新民"文化观，基本上是从培根、笛卡尔、达尔文、孟德斯鸠、卢梭、边沁、康德那里借鉴而来的。胡适很赞赏梁启超的《新民说》，认为"《新民说》篇篇指责中国文化的缺点，颂扬西洋的美德可给我国人取法的，这是他最不朽的功绩"。⑤ 梁启超所讲的"新民"，是要把西方的民族文化性格移嫁到中国人的性格之中，从而使旧国人变成新国民。严复被称为翻译西方社会科学的近代玄奘，他积极介绍了赫胥黎、达尔文、斯宾塞的进化论，严复翻译的《天演论》、《原富》、《群学肄言》、《群己权界论》、《名学浅说》、《穆勒名学》、《社会通诠》、《法意》等译著也体现了对西方文化的直接吸纳，并造成了很大的社会影

① 吴宓：《中国之旧与新》，《中国留学生月报》第16卷第3期，1921年1月。
② 参见郑师渠《在欧化与国粹之间——学衡派文化思想研究》，北京师范大学出版社2001年版，第103页。
③《今日救亡所需之新文化运动》，《国风》半月刊，第1卷第9期。
④ 刘伯明：《评梁漱溟〈东西文化及其哲学〉》，《学衡》第3期，1922年3月。
⑤《胡适的日记》（手稿本），台湾远流出版公司1990年版，1929年2月2日。

响。梁启超评价说："西洋留学生与本国思想界发生关系者，复其首也。"①
严复译著中对西洋文化的全盘肯定并试图吸纳之是显而易见的。继严复之
后，采取拿来主义，直接吸收外来文化，把外来文化变成自己的文化传统
的人并不少见。诸如李石曾、周佛海对"互助论"，王国维对叔本华尼采
等西方哲学，胡适对杜威思想，张君劢、张东荪对柏格森思想，张申府对
罗素思想，陈独秀、李大钊对马克思主义的介绍等等，都可以视为中国人
对外来文化的直接吸收。自由主义者胡适的思想方法主要来自于赫胥黎的
"存疑主义"和杜威的"实验主义"，这是拿来主义的一个典型。胡适对西
洋文明的崇拜似乎抱着一种绝对的态度，他说："我很不客气地指摘我们
的东方文明，很热烈地颂扬西洋近代文明。人们常说东方文明是精神的文
明，西方文明是物质的文明，或唯物的文明。这是有夸大狂的妄人捏造出
来的谣言，用来遮掩我们的羞脸的。——东方人在过去的时代，也曾制造
器物，做出一点利用厚生的文明。但后世的懒惰子孙得过且过，不肯用手
用脑去和物质抗争，并且编出'不一人易天'的懒人哲学，于是不久便被
物质战胜了。——荒年了，只好逃荒去；瘟疫来了，只好闭门等死；病上
身了，只好求神许愿。——现在有一些妄人要煽动你们的夸大狂，天天要
你们相信中国的旧文化比任何国高，中国的旧道德比任何国好。还有一些
不曾出国门的愚人鼓起喉咙对你们喊道，'往东走！往东走！西方的这一
套把戏是行不通的了！'我要对你们说：不要上他们的当！——我们必须
承认我们自己百事不如人，不但物质机械不如人，不但政治制度不如人、
并且道德不如人、知识不如人、文学不如人、音乐不如人、艺术不如人、
身体不如人"。② 而"西洋近代文明，千头万绪，可以用一句话来说尽，就
是用人的智慧来征服自然界的困难。——都是呱呱叫的精神文明"。③ 当胡
适听到有留学生说"今日我们面临的真正问题，不是全心全意接受西方文
明，而是复活我们自身文明的精华，吸收西方文明的精华"的时候，胡适
哀叹"其理论顽固可怜。留学生这样丢人，怎么得了！"④ 胡适坚定地表
示："我自己的态度是，我们必须无保留地接受这个现代西方文明，因为

① 《清代学术概论》，《饮冰室专集之三十四》第 72 页。
② 《介绍我自己的思想》，《胡适文存》四集，黄山书社 1996 年版，第 458—459 页。
③ 耿云志主编：《胡适遗稿及秘藏书信》第 9 册，黄山书社 1994 年版，第 563—565 页。
④ 《胡适的日记》（手稿本），1930 年 1 月 29 日，台湾远流出版公司 1990 年版。

我们需要用它来解决我们最紧迫的问题：贫穷、愚昧、疾病和扰乱。这是我们面对的真正敌人，而无一可以用旧文明来制服。"① 与胡适相似，钱玄同也反复声明："我坚决地相信所谓欧化便是全世界之现代文化，非欧人所私有，不过欧人闻道较早，比我们先走了几步。我们倘不甘自外生成，惟有拼命去追赶这位大哥，务期在短时期之内赶上，然后和他并辔前趋，笑语徐行才是正办。万不可三心两意，左顾右盼，以致误了前程，后悔无及。"② 钱玄同还强调："一般人所谓'西洋文化'，实在是现代的世界文化，并非西洋人的私产，不过西洋人作了先知先觉罢了。中国人要是不甘于'自外生成'，则应该急起直追，研究现代的科学、哲学等等。"③ 毛子水也说过类似的话语："国故是过去的已死的东西，欧化是正在生长的东西。国故是杂乱无章的零星智识，欧化是有系统的学术。——我们现在把欧洲人的学术思想，'买'了过来，'吃'了下去，经过'消化作用'，长了许多'筋力'。这个'筋力'，亦就可以叫得我们的'国新'。"④ 被视为主张"全盘西化"代表人物之一的陈序经也认为，西方文化"愈进则愈速，愈速则愈进。所以从文化发展上看去，不但是三千年来欧洲人所处的地位，已比我们为优，就是他们在文化阶级上，自从文艺复兴和宗教改革以后，也比我们高了几级"⑤ 西方文化是现代世界的文化，"假使中国要做现代世界的一个国家，中国应当彻底采纳而且必须全盘适应这个现代世界的文化"，⑥ 因此，"非彻底和全盘西化，不足以言自存"。⑦ 蒋廷黻也说："我国到了近代要图生存非全盘接受西洋文化不可"。⑧ 从梁启超、严复到胡适、陈序经，他们的某些文化观，虽然表述不完全相同，或者表达的程度以及思想的深度亦有差异，但要求通过吸收西洋文明来更新我们自身文化传统的思想主张却并非有什么不同。

---

① 转引自赵立彬《民族立场与现代追求：20世纪20年代—40年代的全盘西化思潮》，生活·读书·新知三联书店2005年版，第125—126页。

② 钱玄同：《复林语堂》，《语丝》第23期。

③《钱玄同文集》第三卷，中国人民大学出版社1999年版，第77页。

④ 毛子水：《国故和科学的精神》，《新潮》第1卷第5号，1919年5月1日。

⑤ 陈序经：《东西文化观》，中国人民大学出版社2004年版，第215页。

⑥ 同上书，第204页。

⑦ 同上书，第226页。

⑧ 蒋廷黻：《中国近代史》，上海古籍出版社1999年版，第46页。

3. 彻底否定传统文化，建立新的文化传统。近代激进主义思想家对传统文化一般采取全盘否定的态度。维新派谭嗣同的"冲决网罗"，就是要彻底否定和打破文化传统的束缚，他说："两千年来之政，秦政也，皆大盗也；两千年来之学，荀学也，皆乡愿也；惟大盗利用乡愿，惟乡愿工媚大盗。"全盘反传统的陈独秀对两千余年封建男权文化的抨击不遗余力，包括对妇女不能参与国事的批判，指出"律以孔教，'妇人者，伏于人者也'；'内言不出于阃'；'女不言外'之义，妇人参政，岂非奇谈?"；对妇女守节的批判，指出"中国礼教，有'夫死不嫁'之义。男子之事二主，女子之事二夫，遂共目为失节，为奇辱。礼又于寡妇夜哭有戒，友寡妇之子有戒。国人遂以家庭名誉之故，强制其子媳孀居。——使许多年富有为之妇女，身体精神俱成异态者，乃孔子礼教之赐也!"；对"男女之大防"的批判，指出"今日文明社会，男女交际，率以为常。——孔子之道则曰：'男女不杂坐'；曰'叔嫂不通问'；曰'已嫁而反，兄弟弗与同席而坐，弗与同器而食'；曰'男女非有行媒，不相知名；非受币，不交不亲'；——是等礼法，非独与西洋社会生活状态绝殊，又焉能行于今日之中国?"；对"唯翁姑之命是从"的批判，指出"西洋亲之与子，多不同居；其媳更无孝养翁姑之义务。而孔子之道则曰：'戒之敬之，夙夜毋违命'。'妇顺者，顺于舅姑'；——'子甚宜其妻，父母不悦，出'；'凡妇，不命适私室，不敢退；妇将有事，大小必请于翁姑'。此恶姑虐媳之悲剧所以不绝于中国之社会也"①。陈独秀对文化传统的批判，可谓动摇其根本，而使其威信扫地。再如胡适对传统文化的批判也是不留余地，他对"君为臣纲"和封建家族制度的否定就是这样。他说："现在时势变了，国体变了，'三纲'便少了君臣一纲，'五伦'便少了君臣一伦。——古时的'天经地义'现在变成废语了"②；"家庭里面，有四种大恶德：一是自私自利；二是依赖性、奴隶性；三是假道德、装腔做戏；四是懦怯没有胆子。做丈夫的便是自私自利的代表。"③ 胡适还对中国文化作了彻底而又大胆的否定，认为"在世界上最唯物的、最下流的文化之中，中国文化要算

---

① 《孔子之道与现代生活》，《陈独秀文章选编》上，生活·读书·新知三联书店1984年版，第154、155页。
② 《实验主义》，《胡适文存》一集，黄山书社1996年版，第226页。
③ 《易卜生主义》，《胡适文存》一集，黄山书社1996年版，第456页。

数一数二的了"。① 李大钊对传统道德也持全盘否定的态度，他说："道德既是社会的本能，那就适应生活的变动，随着社会的需要，因时因地而有变动，一代圣贤的经训格言，断断不是万世不变的法则。什么圣道，什么王法，什么纲常，什么名教，都可以随着生活的变动，社会的要求，而有所变革；且是必然的变革。"② 李大钊认为孔子学说的崩溃是必然的，他说："孔子主义并不是永久不变的真理。孔子或其他古人，只是一代哲人，决不是'万世师表'。他的学说，所以能在中国行了二千余年，全是因为中国的农业经济，没有很大的变动，他的学说适宜于那样经济状况的原故。现在经济上生了变动，他的学说，就根本动摇，因为他不能适应中国现代的生活，现代的社会。——我们可以晓得中国的纲常、名教、伦理、道德，都是建立在大家族制上的东西。中国思想变动，就是家族制度崩坏的征候。——我们可以正告那些钳制新思想的人，你们若是能够把现代的世界经济关系完全打破，再复古代闭关自守的生活；把欧洲的物质文明，动的文明，完全扫除，再复古代静止的生活，新思想自然不会发生。你们若是无奈何这新经济势力，那么只有听任新思想自由流行；因为新思想是应经济的新状态、社会的新要求发生的，不是几个青年凭空造出来的。"③ 吴稚晖对传统文化持彻底否定的态度，他说："这国故的臭东西，他本同小老婆吸鸦片相依为命。小老婆吸鸦片，又同升官发财相依为命。国学大盛，政治无不腐败。因为孔孟老墨便是春秋战国乱世的产物。非再把他丢在毛厕里三十年，现今鼓吹成一个干燥无味的物质文明，人家用机关枪打来，我也用机关枪对打，把中国站住了，再整理什么国故，毫不嫌迟。"④ 鲁迅也说："我翻开历史一查，这历史没有年代，歪歪斜斜的每页上都写着'仁义道德'几个字。我横竖睡不着，仔细看了半夜，才从字缝里看出字来，满本都写着两个字是'吃人'！"⑤ "只手打孔家店"的吴虞说："不佞常谓孔子自是当时之伟人，然欲坚执其学以笼罩天下后世，阻碍文化之

① 耿云志主编：《胡适遗稿及秘藏书信》第9册，黄山书社1994年版，第561—562页。
② 《物质变动与道德变动》，《李大钊全集》第三卷，河北教育出版社1999年版，第402页。
③ 《由经济上解释中国近代思想变动的原因》，《李大钊全集》第三卷，河北教育出版社1999年版，第440—441页。
④ 《箴洋八股化之理学》，《吴稚晖全集》卷六·思想批评，群众图书公司1927年12月初版，第45页。
⑤ 《狂人日记》，《鲁迅全集》第1册，人民文学出版社1981年版，第425页。

发展，以扬专职之余焰，则不得不攻之者，势也。"① 诸贤们的这些表述都是对文化传统持全盘否定的批判态度，这种彻底否定的态度是近代新文化传统形成的一个基本前提。

4. 对传统文化的重新解读，赋予传统文化以新的内涵和意义，从而形成新的文化观念。利用这一途径树立的文化观显然带有比附的意味，这种比附是文化创造的一种策略，无疑有益于文化建设和文化发展。我们所熟悉的康有为的托古改制，是把公羊"三世"说与《礼记·礼运》中讲的大同、小康联系起来，把社会发展看成是由"据乱世"到"升平世"、"太平世"的进化过程，指出"据乱世尚君主，升平世尚君民共主，太平世尚民主"，把现实世界中存在的君主专制、君主立宪和民主共和看作是社会由低级到高级发展的三个不同阶段，以这样的理论为基础，进而提出变法维新建立资产阶级君主立宪的政治文化观。我们还看到维新派对"穷则变，变则通，通则久"② 传统观念的重新解读，从而把它视为民主立宪的理论根据。再如，孙中山把传统文化观念的"忠"的概念，从传统的"忠君"含义重新赋予了"要忠于国"、"要为四万万人去效忠"的新意；还把"大道之行也，天下为公"、尧舜政治、孟子"民为贵"思想都重新解读为"民权"思想。新的文化理念在对传统文化的重新解读中产生了。

5. 重新解读外来文化，赋予其新的意义，变为自己的文化观念。以"西学中源"说为例，明末清初，黄宗羲、梅文鼎、张廷玉等人曾开"西学中源"说之先河。鸦片战争后，林昌彝、邹伯奇、梁廷枬等也是以"西学中源"这样的视角来看待西方文化。后来的洋务派首领奕䜣、文祥也持此种文化观。近代有很多阐发"西学中源"说的著作，如袁祖志、张自牧、郑观应、汤震、陈炽、薛福成、王之春、黄尊宪、宋育仁、陈虬、郭嵩焘、曾纪泽等人的著作都阐发过"西学中源"的思想。正如郑观应所说，中国人学习西学是"所谓礼失而求诸野者"，是"以中国本有之学还之于中国"。③ 维新派康有为、梁启超、谭嗣同、唐才常、江标等人都有此类言论。"西学中源"说在文化观念的本质上属于张扬和固守中国传统文

① 《家族制度为专职主义之根据论》，《吴虞文录》卷上，上海亚东图书馆 1929 年 4 月 6 日版，第 12 页。
② 《周易·系辞下》，《十三经注疏》上册，中华书局 1980 年版，第 86 页。
③ 《盛世危言·西学》，辽宁人民出版社 1994 年版，第 29—30 页。

化，在实践层面上则有"中体西用"论的效能，而在理论诠释的形式上属
于对西方文化的重新解读，我们这里是在理论诠释的形式上来解读的。

6. 回归传统文化，建设中国本位文化。第一次世界大战后，梁启超等
开始转向对中国文化传统的认同，他说"当时讴歌科学万能的人，满望着
科学成功，黄金世界便指日出现。——欧洲人做了一场科学万能的大梦，
到如今却叫起科学破产来"，"我们可爱的青年啊！立正！开步走！大海对
岸那边有好几万万人，愁着物质文明破产，哀哀欲绝的喊救命，等着你来
超拔他哩！"①，怎么"超拔"？就是用中国传统文化去拯救西方。严复在
晚年也说："鄙人行年将近古稀，窃尝究观哲理，以为耐久无弊，尚是孔
子之书。"② 而作为"守旧最深，而主张复古最力者"③ 的辜鸿铭则认为，
"当兹有史以来最危乱之世，中国能修明君子之道。见利而思义，非特足
以自救，且足以救世界之文明"。④ 他把中国文化视为拯救世界文明的一剂
良药。"十教授宣言"宣称："要使中国能在文化的领域中抬头，要使中国
的政治、社会和思想具有中国的特征，必须从事于中国本位的文化建设。"
而"要从事中国本位的文化建设，必须用批评的态度、科学的方法，检阅
过去的中国，把握现在的中国，建设将来的中国"。⑤ 与此相类，在近代文
化变革的过程中，也有人坚持中国固有的文化传统，梁漱溟就说："我又
看着西洋人可怜，他们当此物质的疲敝，要想得到精神的恢复，而他们所
谓精神又不过希伯来那点东西，左冲右突，不出此圈，真是所谓未闻大
道，我不应当导他们于孔子这条路来吗！我又看见中国人蹈袭西方的浅
薄，——我不应当导他们于至好至美的孔子路上来吗！无论西洋人从来生
活的猥琐狭劣，东方人的荒谬糊涂，都一言以蔽之，可以说他们都未曾尝
过人生的真味，我不应当把我看的孔子人生贡献给他们吗！然而西洋人无
从寻得孔子，是不必论的，乃至今天的中国，西学有人提倡，佛学有人提
倡，只有谈到孔子羞涩不能出口，也是一样无从为人晓得。孔子之真若非

---

① 《欧游心影录》，《饮冰室专集之二十三》第12、38页。
② 《与熊纯如书》（五十二），王栻主编：《严复集》第3册，中华书局1986年版，第668
页。
③ 陈序经：《东西文化观》，中国人民大学出版社2004年版，第37页。
④ 《义利辨》，《辜鸿铭文集》，岳麓书社1985年版，第16页。
⑤ 《中国本位的文化建设宣言》，《文化建设》一卷四期，王元化名誉主编，胡晓明、傅杰主
编：《释中国》，上海文艺出版社1998年版，第2879页。

我出头倡导，可有哪个出头？这是迫得我自己来做孔家生活的缘故。"①

近现代文化变革一般是通过上述途径来实现的，而近现代文化传统的形成则是要通过综合方式来完成的，其中既有对传统文化的批判、继承和重新解读，又有对外来文化的认同、吸纳和新的诠释，从而融合成为中国近代的新的文化传统。

原载《首都师范大学学报》2009 年第 2 期

---

① 梁漱溟：《东西文化及其哲学》，《自序》，商务印书馆 1999 年版，第 220—221 页。

清末"尊黄"思潮与民族主义
——以《黄帝魂》为中心

20世纪初年,由于汉族之生存意识和仇满意识的鼓荡,以及革命风潮的兴起,加之受西方近代民族主义思想引入和传播的影响,国内思想界出现了一股"尊黄"思潮。"欲保汉族之生存,必以尊黄帝为急。"① 尊黄思潮在唤起民族意识和推动革命运动的同时,也不可避免地显露出大汉族主义的思想趋向。辛亥革命时期,随着形势的发展,国人思想更趋于基于民族平等基础之上的民族团结,因此尊黄思潮中的"排满"倾向亦渐次消失。本文拟就尊黄思潮兴起的原因、过程、时代特征及其历史意义和影响等略加阐述。

一

所谓尊黄思潮是指清末革命知识分子为了警示汉民族的民族尊严和主人意识而推崇和歌颂汉民族的祖先黄帝,以及由黄帝开创的祖国的大好河山和灿烂文化,使汉族人民在认同和钦慕自己祖先的同时达到民族的自我觉醒,进而产生推翻异族统治愿望的一股思想潮流。为了颂扬汉族的祖先黄帝,革命知识分子做了大量而又充分的宣传鼓说和纪念工作,这在当时的文化传播和舆论宣传中得到了充分的反映。革命知识分子在创办的一些杂志的前页上印有大幅的"中华民族始祖黄帝之像"②;有些刊物开始使用

---

① 无畏:《黄帝纪年论》,《辛亥革命前十年间时论选集》第1卷下册,生活·读书·新知三联书店1960年版,第722页。

② 《民报》、《江苏》、《国粹学报》、《二十世纪之支那》、《秦陇报》等诸多刊物有"黄帝像"。

"黄帝纪元",刘师培1903年就曾以"无畏"为笔名在《国民日报汇编》第一集上发表《黄帝纪年论》。他在文章中指出:"吾四百兆汉种之鼻祖者谁乎?是为黄帝轩辕氏。是则黄帝者,乃制造文明之第一人,而开四千年之化者也。故欲继黄帝之业,当自用黄帝降生为纪年始。黄帝者汉族之黄帝也,以之纪年,可以发汉族民族之感觉。伟哉黄帝之功!美哉汉族人民!"据此,有人根据黄帝纪年编制了《黄帝降生后大事略表》;有些刊物还载有《谒黄帝墓》、《黄帝传》等文艺或传记作品①。

1903年上海出版了《黄帝魂》一书。这本书是当时报刊发表的革命论著的汇编,共收文章29篇,1911年再版时增至44篇。本书收有《黄帝纪年论》、《亡国二百四十年纪念会叙》、《论发辫原由》、《正仇满论》、《释仇满》、《说汉种》、《汉奸辨》、《中国灭亡论》、《满学生与汉学生》,《革命必剖清人种》、《论复仇主义》、《记仇满生》等文章,从这些文章的标题亦可看出《黄帝魂》一书尊黄仇满的思想旨趣。

当时思想界对黄帝功德的歌颂和对黄帝丰功伟绩的赞扬,更加突显出清末尊黄思潮的汹涌澎湃。《黄帝魂·赞》赞黄帝曰:"黄帝者,少典之子,姓公孙,名曰轩辕,生而神灵,弱而能言,幼而狥齐,长而敦敏,成而聪明。轩辕之时,神农氏世衰,诸侯相侵伐,暴虐百姓,而神农氏弗能征,于是轩辕乃习用干戈,以征不享,诛蚩尤战于涿鹿之野,诸侯咸尊轩辕为天子,代神农氏,是为黄帝,以云名官,置左右太监,监于万国,万国和而鬼神山川封禅与为多焉,获宝鼎,迎日推策,举风后力牧常先大鸿以治民……故号黄帝。"相比之下,《国粹学报》中的《黄帝赞》和《种族书第一·立国第三》等文章对黄帝的赞颂更是气势恢宏,伟哉壮哉!"明明我祖,奄有八寰,西穷昆化,北略釜山,苗民孔歼,威张百蛮,猃狁屏迹,胡弓莫弯,正我冠裳,用革冥顽,鼎湖沦涟,飞龙不还";"黄帝职道义,经天地,纪人伦,序万物,以信与仁,为天下先,然后济东海,入江内,取绿图,而济积石,涉流沙,登于昆仑,于是还归中国,以平天下。"

从上文不难看出,清末一些革命知识分子在把黄帝视为自己景仰的祖先时,还着意把他视为"偶像",他似君主、似圣贤、似上帝、似神明、

---

① 《汉帜》第2期、《中国白话报》第1期等。

似主宰世界万物的通灵。尊黄思潮如此沸扬，显然有其深刻的社会历史原因。

二

　　清末尊黄思潮涌现的社会历史原因是多方面的，民族危机的日益加深，救亡图存思想的激荡，西方近代民族主义思想引入中国及其传播，仇满意识和汉族自我觉醒意识的彰显，各股思想源流交织糅杂，进而汇成尊黄思潮的汹涌之势。

　　清末之季，民族危机日益加深，瓜分之势日剧，甲午一战，中国的战败深深地刺伤了国人的民族自尊心理，清廷的腐败无能亦彰显无遗，"甲午一败，割地求和，俯首帖耳，任外人之取予，而不曾敢稍违"（《黄帝魂·义和团与中国之关系》）。列强瓜分中国的态势愈演愈烈，辛丑之后，更是"两千万里河山已为百种殖民之地，四万万黄种已为欧人注籍之奴"，亡国灭种之祸，已迫在眉睫，然"我国民愚蒙如故，醉生梦死"（《黄帝魂·中国灭亡论》），而此时的清政府俨然已成为"洋人的朝廷"，与列强相互勾结来镇压人民的反抗，以至于"民气奄奄，人心其死尽矣"（《黄帝魂·义和团与中国之关系》），而思其故，"实以无团体三字为汉人衰落之一大原因"（《黄帝魂·俄据满洲后之汉人》）。如何凝结民气，救亡图存实为当时之急务。西方近代民族主义的引入和传播，似为当时处于彷徨之中的国人寻觅到一扇新的救国之门，"自唱民族，讲公理羞亡国求独立之宗派出"（《黄帝魂·苏报案》）。意欲通过民族主义的巨大号召力来唤醒全体国人的民族救亡意识，"民族主义为同种之民族与异种之民族战。脱羁縻成独立之时代，希腊所以复立，意大利所以建国也"（《黄帝魂·扬子江》）。通过民族主义来激发国民反抗压迫和侵辱，争取民族独立和民族自强自存。而受西方民族主义思想中之"一族一国"思想之影响，革命知识分子又从种族观念入手，以追溯祖先根源的方式，推崇汉族之祖先黄帝，"今日民族主义，日益发明，吾黄帝子孙也，自当远溯黄帝"（《黄帝魂·客帝·编者识》）；"吾种之所由昌，姑溯其派，始于轩辕乎。"（《黄帝魂叙》）寄希望以同宗同种的传统观念，尊崇黄帝为本民族的共同祖先，弘扬本民族光辉灿烂的优良文化传统及由此而生的民族自豪感，来达到民族认同的效果，并以此为凝结民气，振奋民心之纽带，从尊黄思潮中唤起中国近代民族主义意识的觉醒，从而作为动员民众的思想武器，为救亡图存开辟崭新之途。

所谓"仇满意识"是指汉人对满人的一种强烈而又冲动的敌对情绪。这种仇满意识在清末尤为显目，它主要体现在以下几个方面：其一，视满人为卑贱野蛮之人，认为满人不是中国人，只是蛮夷之一。而这种野蛮人作为统治者奴役着汉人，这是不能被接受的。《民报》第14号发表《辨满人非中国之臣民》一文，指出"满人非中国人"，并从"无国籍"、"不隶布政司及都督府"、"以土人镇守"、"不改旧俗"、"有朝贡而无纳税"等方面进行阐述，突出强调了满人绝不是中国人。连孙中山1903年发表的《敬告同乡书》也称满族为"东北一游牧之野番贱种"，那么"异种乱华"也就成为汉人心里的"第一恨事"①。其二，仇视满人对汉人的残暴杀戮。满人入关以来，"所蹂名城，皆令剃发，不剃者屠之。当时有洗城之令，得城或大杀十日而后止，或小杀数日而后止，余者则皆剃发以为其民。吾辈同胞之祖先，皆其杀戮之余也"。② 人们一想到"扬州十日"、"嘉定三屠"之惨剧，无不群情激愤，怒发冲冠。鲁迅在回忆清末中国留日学生时曾说："有一部分人，则专意搜集明末遗民的著作，满人残暴的记录，钻在东京或其他的图书馆里，抄写出来，印了，输入中国，希望使忘却的旧恨复活。"③ 邹容在《革命军》一书中强调要"剖清人种"，宣扬"父兄之仇，不共戴天。此三尺童子，所知之意"，号召"张九世复仇之义，作十年血战之期"。这是强烈的民族复仇情绪的反映。其三，憎恨清政府的腐败专制。清末朝廷腐败无能，成为"洋人的朝廷"，对列强从色厉内荏到卑躬屈膝，丧失了维护政权所需要的起码权威，并已无力抵抗侵略，致使"外患深矣，海军潜矣，要害扼矣，堂奥入矣，利权夺矣，财源竭矣，分割兆矣，民倒悬矣，国与教与种将偕亡矣"。④ 清廷坚持专制，"君臣一伦，

① 章太炎：《演说录》，《辛亥革命前十年间时论选集》第2卷上册，生活·读书·新知三联书店1963年版，第446页。
② 《黄帝魂·论发辫原由》，《辛亥革命前十年间时论选集》第1卷下册，生活·读书·新知三联书店1960年版，第747页。
③ 《鲁迅全集》第1卷，人民文学出版社1981年版，第221页。
④ 《谭嗣同全集》下册，中华书局1981年版，第343页。

尤为黑暗否塞，无复人理，沿及今兹，方愈剧矣"。① "中国政体，达于专制极点"。② 其四，把满汉两族视为敌对的民族。两族之间或"汉人强，满人亡"，或"汉人瘠，满人肥"（《黄帝魂·说汉种》），"莫能两大也"。满汉之间的民族仇恨，不仅要仇其全部，而且要世代相传。驱除满人是汉人光复自己民族的义务和责任。孙中山在《军政府宣言》中说："维我中国开国以来，以中国人治中国，虽间有异族篡据，我祖我宗常能驱除光复，以贻后人。今汉人倡率义师，殄除胡虏，此为上继先人遗烈，大义所在，凡我汉人当无不晓然。"《黄帝魂》载文在记述某人的姓名时说："仇满生，福建侯官人，生平持民族主义，立志欲倾倒满洲政府，故自号仇满生。"（《黄帝魂·论仇满生》）章太炎在《逐满歌》中说："兄弟原是汉家种，不杀仇人不算勇。莫听康梁诳尔言，第一仇人在眼前，光绪皇帝名载湉！"这都反映了当时民族复仇及推翻满人统治的思想倾向。

所谓"汉族自我觉醒意识"，是指汉族人民在认识理解自己民族现时的生存状态，体认自己民族传统的优越地位时，产生的一种汉族要自尊自存自强的思想情绪。这种汉族自我觉醒意识主要体现在对本民族现实危难的深刻体认上。清末国人深深地认识到，自满人入主中华，"胡氛弥漫，中原陆沉"（《黄帝魂叙》）。自此"吾黄帝子孙，暴骨于烈日之中，待命于刀俎之下"（《黄帝魂例言》），被囚禁于奴隶之囹圄中。满清掌握最高政治统治权之后，实行封建的君主专制统治，对汉族采取一种特殊统治策略，"以愚弄汉人为治世第一义，吸汉人之膏血，锢汉人之手足"③。清廷的"文字狱"，被害者多为汉人；清廷的"闭关锁国"也隐含着对汉人与洋人"合而谋我"的恐惧。面对如此民族大难，某些人未能觉醒，甚或有人忘记了民族耻辱，献媚清廷，甘为满奴，"认贼作父既久，举世皆忘之本来，又经满政府多方面之笼络摧残，致民间无一毫之反动力，以酿成今日之衰败"。（《黄帝魂例言》）长此以往，国将不国，"非使满人为汉种，乃使汉人为满种也"④，汉族灭种之日，即在眼前。对此有识之士悲痛之

---

① 《谭嗣同全集》下册，中华书局 1981 年版，第 337 页。
② 无畏：《黄帝纪年论》，《辛亥革命前十年间时论选集》第 1 卷下册，生活·读书·新知三联书店 1960 年版，第 722 页。
③ 《孙逸仙与白浪庵滔天之革命谈》，《辛亥革命前十年间时论选集》第 1 卷下册，生活·读书·新知三联书店 1960 年版，第 749 页。
④ 同上书，第 753 页。

极，呼号人们不要忘却民族的耻辱，"我宗我祖，哀号于刀砧之下，婉转于釜镬之间，我民族饮恨泣血，未敢或忘，数百年如一日也"。① 在本民族生死存亡之际绝不能忘本忘祖，绝不能忘记自己是黄帝的传人，"吾知之矣，夫天者，人之始也，父母者，人之本也。人穷则反本，故劳苦倦极，未尝不呼天也。疾病惨怛，未尝不呼父母也"（《黄帝魂叙》）。思祖尊黄，正是这特定历史时期人们的心理共识。汉族自我觉醒意识还体现在汉族优越意识的自我弘扬上。一些知识分子认为汉族是古老中华大地的主人，深明"春秋大义"、"夷夏之防"以及"内诸夏而外夷狄"的观念，把汉族视为世界上至今最优秀的种族。即使白种肆虐于世的今天，汉族也绝不示弱，敢与之争胜。"足媲美于白人者，惟我黄种，黄种之中，其开化之古，人民之秀，足冠冕于诸族者，惟我中国民族，前途无量，非我民族，其谁当之。"② 这里又包藏着深沉的自尊自存自强的思想情感，清末尊黄思潮的积极的社会历史意义是显而易见的。

三

清末尊黄思潮一经激起，其汹涌澎湃之势，迅而传播，旋激荡民族主义之热浪，炽于全国，并与20世纪初中国反专制、求民主、求自由、争取民族独立的时代特点相结合，迸发出全新的时代气息。

清末专制统治日益腐败，广大人民生活在水深火热之中，对专制主义自是深恶痛绝。随着西方民主思想在中国的传播，民主思想开始在中国获得广泛的认同，清末尊黄思潮也顺应时代之潮流，与民主和反君主专制思想紧密结合起来，并与传统文化中的"民本君末"思想相交织，从而挖掘出反抗君主专制的思想理论渊源。"生民之初，本无所谓君臣，则皆民也，民不能相治，亦不暇治，于是共举一民为君，夫曰：共举之则非君择民而民择君也……夫曰：共举之则且必可共废之。君也者，为民办事者也，臣也者，助办民事者也。""君亦一民也，且较寻常之民更为之末也。"（《黄帝魂·君祸》）传统的"民本"思想在此成为反君主专制的利器，也以此揭

---

① 寄生：《复仇论》，《民报》第10号。
② 《中国民族之过去及未来》，《江苏》第4期。

示出清政府专制统治的虚弱本质，并直指清政府为"一家之私号，一族之私名也"（《黄帝魂·亡国篇》）。而作为黄帝子孙的汉民族，受专制之困已久，"黄帝之子孙，自秦汉以来，困于专制之束缚，民智日陋，民气日弱"。满清政府建立以后，君主专制制度更是达到顶峰，"今以满洲五百万人临制汉族四万万人而有余者，独以腐败之成法愚弄之、锢塞之耳"，"汉人无民权而满洲有民权且贵族之权。"（《黄帝魂·正仇满论》）满清政府实行的专制统治从某种意义来说，就是满族统治者对汉族人民的专制，其专制特权主要有"世袭君主而又以少数人专行政官之半额"、"驻防各省"以及"不治实业而坐食多数人之所生产"等。由于清政府的专制腐败统治，加之受传统种族观念之影响，革命知识分子遂以"中国之最不平、伤心惨目之事莫过于戴狼子野心游牧贱族之贼满洲人而为君以贻羞我始祖黄帝于地下"（《黄帝魂·革命之原因》）来激发民众反专制之思想，认为满清政府的专制是对汉族祖先黄帝及其子孙的羞辱，而要尊崇恢复黄帝的地位，就必须反抗满清政府的专制统治，指出清政府是"以不同之民族行无限之专制"（《黄帝魂·新湖南》），这种专制制度作为现代民主的对立面，为现代国家所不容，"专制政体为国民之疫神，故欧洲无不死之专制以其为国民害也！"呼吁全体国民团结起来，以牺牲之精神"扫荡专制之政治，恢复天赋之权利"（《黄帝魂·苏报案》）。以尊黄之思潮唤醒国民之民族自尊自爱意识，并以此民族自尊自爱意识推动国人进行反抗君主专制统治的斗争，此实为清末尊黄思潮顺应时代潮流的一大特点。

20世纪初年，在救亡图存的道路问题上，出现了保皇与革命之争，而革命知识分子则以尊黄思潮背景下的民族主义观念对保皇立宪道路进行思想理论上的驳击，从尊黄思潮下满汉关系的角度来论证中国不能实现立宪之政，而必须以资产阶级革命来争取中国的民主自由和独立，此为尊黄思潮与清末时代特征相呼应的又一表现。以康、梁为代表的主张君主立宪的保皇派，从种族、历史、文化等各方面论证满族与汉族实为"同种"，认为"其实春秋之所谓夷，皆五帝三王之裔也"，"今四万万人中，各种几半，姓同中土，孰能辨其真为夷裔夏裔乎？"[1] 从而提出"不分满汉，满汉

---

① 《辩革命书》，《辛亥革命前十年间时论选集》第1卷下册，生活·读书·新知三联书店1960年版，第212—213页。

皆为一体"的观点，进而认为不需要进行"排满革命"，只需要改变政体、行"君主立宪"之政。对保皇派的言论，革命知识分子——进行了驳击。其先从种族观念出发，结合古代"华夷之辨"思想，以区分满汉，"黄帝之子孙，神明之胄裔，是非我皇汉民族嫡亲同胞之名誉乎，中国华夏，夷蛮戎狄，是非我皇汉民族嫡亲同胞区分人种之大经乎。幸而满洲人不与我通婚姻，我犹是清清白白黄帝之子孙也"（《黄帝魂·革命必剖清人种》），并把清政府之腐败专制统治及其所引起的广大人民的反抗视为满汉间的民族矛盾，"视今彼满洲者，其为归化汉人乎，其为陵制汉人乎？"（《黄帝魂·驳康有为书》）"彼满政府之处心积虑，思以禁压我汉人，贩卖我汉土也。既以无所不至，前此如港澳、如台湾、如胶州、如广州湾、九龙，如旅顺、大连等，粒沙寸土，脔割从心，然则不席卷我四百余州之土地拱手以授之他人不止也"（《黄帝魂·书周永祥事》），认为立宪政治不过是"一人独圣于上而天下皆生蕃生蛮者哉！"（《黄帝魂·驳康有为书》），反嘲保皇派是"率其四万万神明之同胞以仰一异种胡儿之鼻息，是又岂昌言维新者，所挟以自豪乎？"（《黄帝魂·革命必剖清人种》），并断言以满汉种族之不同，必不能真正行立宪之政。"夫民族主义炽于二十世纪，逆胡膻虏，非我族类，不能变法当革，能变法，亦当革。"（《黄帝魂·狱中答新闻报》）革命知识分子以种族观念、满汉区别为基础，宣扬满汉间的民族矛盾，从而激发民族情感，启发民族意识和爱国思想，也是对保皇派立宪主张的一种有力反击，从而也为革命主张提供了有力的理论支持。当然，我们也应看到革命知识分子所主张的"排满"种族革命具有一定的政治策略性，以尊黄崇祖为根源的"民族"意识形态观，在某种程度上较易在更广泛的范围中为更多的国人所认同和接受，也更容易以此来发动更多的群众反抗满清统治。当时的革命党人从革命实践的角度，大力宣扬尊黄思想，其旨不无政治策略上的考虑。正如蔡元培在《释仇满》一文中所言："其动因之动力在政略上者，其果之反动亦必在政略上。故近日纷纷仇满之论，皆政略之争而非种族之争也。"

四

清末尊黄思潮之功效，不仅体现在民族意识的觉醒上，而且也体现在

行为变革的实践上,这主要反映在如下两方面:

首先,激发人们投身于推翻满清封建统治的革命洪流之中。清末很多人已把革命视为救国的唯一出路,"欲以救中国四万万之苍生,雪东亚黄种之屈辱,恢复宇内之人道而拥护者,惟有成就吾国之革命,其为得之。此事成,其余之问题,即迎刃而解矣","余固信为中国苍生,为亚洲黄种,为世界人道而兴起革命军,天必助之"①。清末"革命"二字为人们认同,在很大程度上是"尊黄"思潮影响的结果。"尊黄"思潮迎合了民众对满清政府的不满心理,激发了广大人民对专制主义的无比义愤。在"尊黄"思潮的影响下,人们对"嘉定三屠"、"扬州十日"、"留头不留发"、"文字狱"等伤心的历史,对清廷卖国媚外及对人民敲诈勒索等触目的现实更加刻骨铭心,进而唤起举国上下的革命热情。在这种革命热情的激荡下,人们团结起来、组织起来,汇成一股强大的革命力量,最大限度地孤立了满清王朝,为辛亥革命的胜利奠定了基础。事实正是如此,辛亥革命爆发仅仅一个月内就有十余省响应并宣告独立,这与"尊黄"思潮在一定程度上是有着密切关系的。

其次,促使民众改变了依附满人的生活习俗,其中最为突出的就是剪发去辫。满人入关以后,为了用同化习俗的办法来铲除汉人的民族意识,消弭反清斗争,"所蹰名城,皆令剃发,不剃者屠之。当时有洗城之令,得城或大杀十日而后止,或小杀数日而后止,余者皆剃发以为其民。……乃吾汉人受如此关于国种最大且巨之奇惨毒虐,历史不得而载之,父老不得而传之,遂令愚夫愚妇,以为发辫之事为中国从古所以然,不敢变易,变则谓之背祖忘先。呜呼,抑孰知其祖先之死于发辫,如是其可悲也哉!孰知吾言至此,哀吾祖先与同胞祖先当时剃发之惨,而扶身摩顶,今日犹未能出奴隶之籍,脱牛马之羁,以雪祖先之遗痕,而为之长号痛哭也哉!"② 发式是民族的标识之一,可以折射出人们的精神和观念。辫子作为汉族屈从满族,臣民奴于君上的标志,在清末为更多的人所认同。中国人的辫子曾被外国人蔑视为"豚尾",许多人将这条辫子视为半殖民地人民耻辱的标志。时人认为剪去发辫,既是为了挣脱满人习俗的束缚,也是为

———————————

① 《孙逸仙与白浪庵滔天之革命谈》,《辛亥革命前十年间时论选集》第 1 卷下册,生活·读书·新知三联书店 1960 年版,第 751 页。

② 同上书,第 749 页。

了恢复汉人的装束，进而达到汉人自我意识的觉醒。剪辫是对清朝统治和封建主义传统的一种否定，因此清末"革命，革命，剪掉辫子反朝廷"①的呼声日高。清末民初，各地人民纷纷起来剪辫。当时"无数的汉人，都兴高采烈地剪去这条奴隶标志的辫子。也有迷信的，事先选择吉日，拜祭祖先，然后庄重地剪除，把辫子烧了。更多的是联合多人剪辫，并燃放爆竹，举行公宴来庆祝的"②。剪辫似乎成为衡量人们政治态度的标志："不剪发不算革命，并且也不算时髦，走不进大衙门去说话，走不进学堂去读书。"③ 剪发去辫是当时反清爱国的重要标识之一。

五

清末尊黄思潮促使了汉族民族意识的觉醒，推动了革命思潮的发展。当然，我们也不能不看到尊黄思潮还存有一定的负面影响和历史局限。

尊黄思潮的负面影响首先表现在它反映了狭隘的大汉族主义的思想倾向。由于清末尊黄和仇满思想的激荡，一些国人大汉族主义的情绪相当严重。在这些人看来，中国只有汉族才是正统的民族，而其他包括满族在内的少数民族都是非正统的。这些非正统的少数民族绝不能高高在上成为汉人的统治者。他们只能无条件地同化于汉族，"醇化于"汉族之中。显然，狭隘的大汉族主义还未能跳出传统的"汉族中心"、"夷夏大防"的樊篱，这是一种面向过去的蒙昧愚钝的思想感情。这样一种思想感情带来的是种族复仇的思想情绪，不但在一般民众中间，就是在有一定思想觉悟的革命派中间，种族复仇的情绪也相当严重。邹容、陈天华和秋瑾的宣传文字中，经常有要"驱逐居住中国之满洲人，或杀以报仇"之类的思想。邹容在《革命军》中宣称："欲御外侮，先清内患……满洲人为我同胞之公敌，为我同胞之公仇"，当排满复仇；章太炎是著名的反满"骁将"，声称"汉族之仇满族，则当仇其全部"，他在《民报》上发表的文章，几乎清一色从"非我族类，其心必异"立论，其间不乏种族复仇的对立情绪。由于这种情绪的冲动，有些地方出现了仇杀满人和歧视其他少数民族的事情。种

---

① 程英编：《中国近代反帝反封建历史歌谣选》，中华书局1962年版，第547页。
② 许金城：《民国野史》，云南人民出版社2003年版，第16页。
③ 忍虚：《辛亥革命在贵阳》，《越风》第1卷第21期。

族复仇情绪背离了民族团结和民族进步的方向，是与近代反帝反封建的时代主题不相称的。

尊黄思潮的负面影响还表现在它影响了对封建主义的清算，辛亥革命的目的是为了建设民主共和制度。但是，由于"尊黄"与"仇满"思想的过分张扬，就自觉不自觉地影响了革命目标的清晰度，而且还直接影响了革命派对封建主义的理性批判，使对封建主义的批判显得缺乏理论性、系统性，似乎仅仅是一种直观的、感性的批判。这种批判是不能对封建主义进行彻底清算的。为了强调"尊黄"和"仇满"，革命派就极力区分满汉，并强调两者的矛盾。把统治阶级与广大人民的矛盾和对抗简化为满汉之间的民族矛盾和对抗，因而也就不可避免地在许多的革命者和革命群众中间产生这样一种模糊的认识，似乎只要推翻了满族的统治就意味着革命的成功和反封建任务的完成。在极力歌颂汉族悠久的历史和高度发展的文化时，往往把封建的"糟粕"当成了"国粹"，这样也就容易偏离反对封建主义的主攻方向，也就淡化了民权、法制等资产阶级民主的宣传，并在政治领域容易模糊阶级的阵线。所以我们不难理解，为什么在武昌起义后，某些督抚摇身一变就成了军政府的都督，篡夺了革命的政权，这显然是与反封建的不彻底关系密切。

随着革命斗争形势的发展，"尊黄"和"仇满"带来的负面影响日益显露，人们对此也逐渐加深了认识，渐渐地在思想情感上开始趋于仰慕民族之间的团结。特别是以孙中山为首的革命派开始从"汉族中心"和"排满复汉"的"尊黄"思维模式中走出，对中华民族的整体性和推翻封建专制政治之间的关系有了更为深刻的理解。同盟会成立前，在讨论这一组织的名称时，有人建议称"对满同盟会"，孙中山表示反对说："革命宗旨，不专在反满，其最终目的，尤在废除专制，创造共和。"在《民报》创刊周年庆祝大会上，孙中山强调说："民族主义，并非是遇着不同族的人便要排斥他"，"民族革命是要尽灭满洲民族，这话大错"，"他当初灭汉族的时候，攻城破了，还要大杀十日才肯封刀，这不是人类所为，我们决不如此"。[1] 民国刚刚建立，孙中山就及时提出了"五族共和"的民族政策。1912 年元旦，孙中山作为临时大总统，在《就职宣言》中庄严宣告："国

---

① 《孙中山选集》，人民出版社 1981 年版，第 80—81 页。

家之本，在于人民。合汉、满、蒙、回、藏诸地为一国，即合汉、满、蒙、回、藏诸族为一人。是曰民族之统一。"① 这一时期，他还反复强调"群起解除专制，并非仇满，实欲合全国人民，无分汉、满、蒙、回、藏，相与共享人类之幸福"②。"共和民国，系结合汉、满、蒙、回、藏五大种族，同谋幸福，安有自分南北之理。"③ 后来，他在谈到民族主义时说："对于满洲，不以复仇为事，而务与之平等共处于中国之内，此为以民族主义融合国内诸民族也。"④ 而到了 1919 年，孙中山进一步指出，汉族要"与满、蒙、回、藏人民相见于诚，合为一炉而治之，以成一中华民族之新主义"。⑤

　　"五族共和"、"满汉一家"的思想反映了全国各族人民的利益和愿望，也是中国传统民族主义向近代民族主义转变过程中一种思想观念上的折射，它是有识之士怀着爱国的真实感情，在寻求救国强国道路的过程中，思想认识渐次深化的反映，它表明革命的仁人志士开始理智地认识到"尊黄"与"排满"思想中的合理性与不合理性以及它的积极历史意义和历史局限，倡导一种更加理性的民族主义，从而更加坚定地迈向民主共和的正确方向。它同时也是国人政治素质提高的反映，使国人能以更宽广的胸怀去面向一个新的时代。

原载《河北师范大学学报》2007 年第 1 期

---

① 《南京临时政府公报》第 1 号。

② 《南京临时政府公报》第 3 号。

③ 《南京临时政府公报》第 9 号。

④ 《中山文选》第 26 号。

⑤ 《孙中山全集》第 5 卷，中华书局 1985 年版，第 187 页。

文化开放时代的精神进化

——以五四时期的"个性主义"文化观为中心

一

精神进化是一个超长时段的概念。自人类有了精神活动以来，就开始了精神不断进化的过程。但是精神进化发生质变，在人类历史上仅有两次。一次在历史的轴心时代，另一次则发生在近代社会历史发展的过程当中。从这个意义上说，精神进化的确是一个超长时段的概念。面对这样一个超长时段的概念，人们要扣问的是在精神进化的过程中，精神内核的变化或曰精神核心价值的变化是什么。

人类精神进化过程中，与"开放"的概念有着密切的内在联系，它主要体现两方面的意义：一方面是在开放的时代，人类精神进化的步伐会快些，涵盖的内容也会多些，如中国近代社会作为开放时代和中国20世纪80年代以后的开放时代，其人类精神进化的内涵要多得多；另一方面是人类精神进化的内涵当中，本身就包含有丰富的开放文化观念，如中国近代的"师夷之长技以制夷"，"采西学，制洋器"，"中体西用"，以及当代中国全方位的改革开放观念，均为典型的开放文化观。

中国近代社会是开放的时代，是典型的文化开放的时代。在这个时代，大量的异邦文化（主要是西方文化）被广泛地引入和吸纳；在面对异邦文化东渐的过程中，出现了异常的中西方文化的论战；异邦文化在中国社会被更广泛的人群认同，并开始逐渐地多方面影响中国社会发展的步伐。

中国进入近代以后，社会政治、经济、生产、科技以及人们的生活都发生了变化。近代文化精英在深刻体悟中国传统文化和进一步理解西方文化的基础上，面对中国的现实和未来的发展，创建了中国近世的新文化。中国近代新文化的内容风采多姿，其内容包括自由、平等、自治、自主、合群、尚武、民主、科学等等。而在这些新的近代文化价值系统中，其价值核心应该是"个性主义"的文化观。之所以把"个性主义"的文化观视为近代文化系统的价值核心，这是从人类精神进化历史长河视阈内的一个综合判断。纵观人类历史的进程，人的自身觉悟，即精神进化或精神解放已经历了两次。第一次是人类相对摆脱自然（神）的束缚，看重和强调人类本身的价值，确定人类的优越和中心地位，而获得人类整体的相对自由。这次人类精神的进化体现在"人伦文化"核心价值的诞生。第二次是个人相对摆脱传统人伦文化的束缚，看重和强调个体价值，确立个体的人身地位，从而获得个体间的相对平等和自由。这次人类精神的进化体现在"个性主义"文化观的诞生。可见，"个性主义"文化观在人类精神进化过程的第二阶段中所具备的核心价值的意义。

中国进入近代以后，特别是五四新文化运动以来，迎来了精神进化发生质变的新阶段。那么作为这一阶段精神进化核心价值的"个性主义"，它的发育历程及其基本内涵如何，这是本文将要探讨的主要问题。

二

下文将阐释中国近代社会特别是五四时期"个性主义"文化思想的发展流脉及其主要内容等三个方面的问题。

（一）近代中国"个性主义"思想的发展流脉

1. 中国将要步入近代社会之际，就有人开始朦胧地意识到发展个性的问题。龚自珍曾提出"尊心"、"尊情"的主张，他说："心尊，则其官尊矣，心尊，则其言尊矣。官尊言尊，则其人亦尊矣。"[①] 这里带有明显的尊重个性的意旨，是对传统压制个性的反抗，是个性解放思想的一种反映。龚自珍曾经用梅花来作比喻，认为梅花"以曲为美"、"以欹为美"、

---

① 龚自珍：《尊史》，《龚自珍全集》，上海人民出版社 1975 年版，第 81 页。

"以疏为美",这样对梅花就要进行人为的加工,所谓对梅花的"斫其正"、"删其密"、"锄其直",① 以迎合某些人的"审美"要求。但梅花从此不能自由健康的成长,成为病梅。这里以梅喻人,是在谴责社会对人的摧残,使人成为精神上的病体。龚自珍呼吁要对病梅解除束缚,反映了他个性解放的强烈愿望。

戊戌维新时期,维新派感悟到自由、人权之于国人的重要,认为"新民"对于新制度建设的重要,反对社会对个人的压抑,并阐发了他们初步的"个性主义"思想主张。维新派"个性主义"思想主张的主旨是强调"人",强调"自我",这是维新派进一步深悟中国社会深层问题的体现,要解决中国社会自身的问题,首先要解决人的问题。康有为就提出以人为主的思想,认为"人道者,依人以为道"。②"人道"之主体是人,"以人为主"是为"道"。严复"个性主义"的基本精神在于"存我",强调"于及物之中,而实寓所以存我者也"③,认为在待人接物中,不能消融个人,要保持自我,这是"个性主义"思想的表述。从关心"人"到关心"自我"是"个性"关怀的一个进步,它扫除了公开表述上的障碍,是"个性主义"思想认同上的一个进步。而鲁迅是时至清末张扬"自我"的集大成者。清末,鲁迅看重自我价值、自我尊严、自我独立的品格。他曾说:"将生存两间,角逐列国是务,其首在立人,人立而后凡事举;若其道术,乃必尊个性而张精神","精神现象实人类生活之极巅,非发挥其辉光,于人生为无当;而张大个人之人格,又人生之第一义也","诚若为今立计,所当稽求既往,相度方来,掊物质而张灵明,任个人而排众数。人既发扬踔厉矣,则邦国亦以兴起。"④ 鲁迅在这里极力推崇个性、推崇精神、推崇人格、推崇灵明、推崇个人,表明自己"立人"的极巅道术,以充分映衬出鲁迅"兴国"的基础在"任人"的"个性主义思想"。

从龚自珍到康有为、严复,再到鲁迅,代表了中国步入近代社会以来直到清末,中国文化精英对"个性主义"理念的认识水平。他们的认识和

---

① 龚自珍:《病梅馆记》,《龚自珍全集》,上海人民出版社1975年版,第186页。

② 康有为:《大同书》,辽宁人民出版社1994年版,第7页。

③ 严复:《论世变之亟》,王栻编:《严复集》第1册诗文(上),中华书局1986年版,第3页。

④ 鲁迅:《文化偏至论》,《鲁迅全集》第1册,人民文学出版社1981年版,第57、54、46页。

理解虽然还不能与"个性主义"的本质特征完全重合，但与其有很多交合之处，诸如强调尊重个人、以人为主、尊崇精神等等，均闪耀着"个性主义"的思想光辉。他们的"个性主义"的价值理念还与兴国和强国紧密相连，体现了"个性主义"的实用及其现实的价值和意义。

2. 五四时期，把个体人作为历史主体，张扬人性，呼唤人的自由权利一度成为时代的思想主潮。五四时期是中国近代社会以来张扬个性主义最显著的时期。这一时期个性主义的表述更为具体，其内涵也有了新的发展。其一，把"个性主义"视为个人生存和自立以及社会经济发展的基础。梁启超此时强调"国民树立的根本义在发展个性"，他用"尽性主义"来表述个性主义，认为："这尽性主义是要把个人的天赋良能发挥到十分圆满。就私人而论，必须如此，才不至成为天地间一赘疣，人人可以自立，不必累人，也不必仰人鼻息。"① 梁启超讲发展个性是要把个人的天赋良能发挥到十分圆满的程度，其目的是要人人可以生存和自立。这样不但不给他人带来麻烦，还可以远离"赘疣"而堂堂正正地做人。陈独秀说："现代生活，以经济为之命脉，而个人独立主义，乃为经济学生产之大则，其影响遂及于伦理学。"② 他强调树立"独立主义"是经济发展的一大原则，而陈独秀所讲的"独立主义"是被"个性主义"涵盖的应有之义。其二，把"个性主义"视为社会文明进步的前提。蒋梦麟说，我国文化欲追赶先进国之文化，必养成适当之特才，而"欲养成适当之特才，非发展个性不为功"。③ 高一涵也称羡个性主义，认为"吾国数千年文明停滞之原因即在此小己主义不发达之一点"。④ 两个人所说的意思有共同之处，"小己"的个性主义不发达，不可能养成"适当之特才"，而缺乏"适当之特才"，就不能追赶先进国之文化，吾国数千年文明将停滞不前。这里是把"个性主义"视为社会文明进步的前提了。所以蒋梦麟以"个人固有之特性而发展之"作为"个性主义"的理论概念，进而主张个性主义的教育，

---

① 梁启超：《欧游心影录节录》，《饮冰室专集之二十三》，《饮冰室合集》第7册，中华书局1989年版，第24页。

② 陈独秀：《孔子之道与现代生活》，《陈独秀文章选编》上，生活·读书·新知三联书店1984年版，第153页。

③ 蒋梦麟：《个性主义与个人主义》，载曲士培主编《蒋梦麟教育论著选》，人民教育出版社1995年版，第77页。

④ 高一涵：《国家非人生之归宿论》，《青年》1卷4号，1915年12月15日。

强调在教育中要尊重个人，发展个性。陈序经的文化观也能反映这一思想。他认为："在某一个文化圈围里，个个人都努力来尽量发挥其才能，则这个文化圈围的文化，必定进步得厉害。反之，假使在某一个文化圈围的个人，为了某种势力所压迫，或是随波逐流而无所振作，则这个文化圈围的文化，决没法子去发达。"① 其三，把"个人之价值"视为"人类之价值"。蒋梦麟说"故欲言人类之价值，当先言个人之价值。不知个人之价值者，不知人类之价值者也"，② 把"个人之价值"与"人类之价值"等同看待，其思想深意要给予充分的肯定。这并不是非理性的任意抬高个人价值，而是对个人价值的真正领悟。有了这样的领悟，而把"个人价值"与"人类价值"相提并论是人类精神进化的体现，也是对人类精神进化本质认识的体现。因此，把"个人之价值"视为"人类之价值"的理念更能接近"个性主义"思想内涵的本质。

胡适是五四时期主张个性主义的典型代表。他从易卜生那里寻找到"个性主义"的思想源泉，他曾描述说："易卜生最可代表十九世纪欧洲的个人主义的精华，故我这篇文章（《易卜生主义》）只写得一种健全的个人主义的人生观。——娜拉抛弃了家庭丈夫儿女，飘然而去，只因为她觉悟了她自己也是一个人，只因为她感觉到她'无论如何，务必努力做一个人'。这便是易卜生主义。易卜生说：'我所最期望于你的是一种真实纯粹的为我主义，要使你有时觉得天下只有关于你的事最要紧，其余的都算不得什么——你要想有益于社会，最好的法子莫如把你自己这块材料铸造成器。——有时候我真觉得全世界都像海上撞沉了船，最要紧的还是救出自己。'这便是最健全的个人主义。——斯铎曼医生为了说老实话，为了揭穿本地社会的黑幕，遂被全社会的人喊作'国民公敌'。但他不肯避'国民公敌'的恶名，他还要说老实话。他大胆的宣言：'世上最强有力的人就是那最孤立的人！'这也是健全的个人主义真精神。这个个人主义的人生观一面教我们学娜拉，要努力把自己铸造成个人；一面教我们学斯铎曼

① 陈序经：《中国文化的出路》，杨深编：《走出东方——陈序经文化论著辑要》，中国广播电视出版社 1995 年版，第 131—132 页。
② 蒋梦麟：《个人之价值与教育之关系》，载曲士培主编《蒋梦麟教育论著选》，人民教育出版社 1995 年版，第 37 页。

医生，要特立独行，敢说老实话，敢向恶势力作战。"① 胡适甚至认为"社会最大的罪恶莫过于摧折个人的个性，不使他自由发展"。② 胡适的话反映了他的个人主义人生观，他主张要有个人的觉悟，要有健全的个人主义人生观，要有个人创造的能力，要把个人铸造成器，要敢于说老实话，要特立独行不怕孤立，要敢向一切恶势力作战。胡适"个性主义"文化观的独特之处在于：在认识"个性主义"文化价值的同时，催促人们力排艰辛，把理念变成践行。

近代中国"个性主义"的思想流脉是从龚自珍发出的个性解放的呐喊开始的，中经维新志士和清末文化精英，他们把张扬"个性主义"与救亡兴国联系起来。五四时期是中国近代社会以来张扬个性主义最显著的时期。文化精英不但把"个性主义"视为社会经济发展和文明进步的前提和基础，同时开始从人类精神进化的本质去理解"个性主义"的文化意义，并且要人们知道更要紧的是实践"个性主义"的重要任务。从这里我们可以进一步认识：五四新文化运动本身是一场伦理革命，一场精神革命，一场人学革命。这场革命的主题就是发现人、解放人，就是解放人的个性、张扬人的个性，就是要形成"个性主义"的文化观、创造"个性主义"的核心价值。

（二）近代中国"个性主义"思想突出强调的几项内容

"个性主义"存有特定的基本内涵，近代中国主张的"个性主义"着重强调的是如下几方面的内容：

（1）"个性主义"的自由、平等和自主之权。严复认为中西社会文化的根本不同就在于"自由与不自由异耳"，他钦慕"人人各得自由，国国各得自由"③的文明社会。蒋梦麟认为个性主义是指"使个人享自由平等之机会，而不为政府社会家庭所抑制是也"。④ 谭嗣同也说："五伦中于人生最无弊而有益，无纤毫之苦，有淡水之乐，其惟朋友乎。顾择交何如

---

① 胡适：《介绍我自己的思想》，《胡适文存》四集，黄山书社1996年版，第455—456页。
② 胡适：《易卜生主义》，《胡适文存》一集，黄山书社1996年版，第466页。
③ 严复：《论世变之亟》，王栻：《严复集》第1册诗文（上）中华书局1986年版，第3页。
④ 蒋梦麟：《个性主义与个人主义》，载曲士培主编《蒋梦麟教育论著选》，人民教育出版社1995年版，第75页。

耳，所以者何？一曰'平等'；二曰'自由'；三曰'节宣惟意'。总括其意，曰不失自主之权而已矣。"① 梁启超说："西方之言曰：人人有自主之权。何谓自主之权？各尽其所当为之事，各得其所应有之利，公莫大焉？"② 几个人所言的主旨是：自由、平等和自主是个人享有的权利；政府、社会和家庭不能抑制个人的这种权利；根据这样的权利，人人可做自己当做之事，人人可得自己当得之利。

（2）"个性主义"的个人独立思想。陈独秀说："为人子为人妻者，既失个人独立之人格，复无个人独立之财产。父兄畜其子弟，子弟养其父兄。《坊记》曰'父母在，不敢有其身，不敢私其财。'此甚非个人独立之道也。"③ 梁启超说："吾以为不患中国不为独立之国，特患中国今无独立之民，故今日欲言独立，当先言个人之独立，乃能言全体之独立。"④ 他还说："人而不能独立，时曰奴隶。"⑤ "个性主义"要求有个人独立思想，胡适讲个性主义的第一个特性就是要有个人独立思想，"不肯把别人的耳朵当耳朵，不肯把别人的眼睛当眼睛，不肯把别人的脑力当自己的脑力"。⑥ 中国传统的家庭关系不能养成个人的独立之性，其危害不仅是自身躯体和财产的非独立性，更为严重的是个人没有了自己的耳朵、自己的眼睛、自己的脑力，个体成为任人宰割的奴隶，成为麻木不仁的僵尸。所以欲言独立之国，"当先言个人之独立"。

（3）"个性主义"的享受幸福、满足欲望的人生观。陈独秀对此有自己的独特看法，他说"社会的文明幸福，是个人造成的，也是个人应该享受的"；"执行意志，满足欲望，是个人生存的根本理由，始终不变的"；"一切宗教、法律、道德、政治，不过是维持社会不得已的方法，非个人

---

① 谭嗣同：《仁学》，蔡尚思主编：《谭嗣同全集》增订本下册，中华书局 1981 年版，第 349—350 页。

② 梁启超：《论中国积弱由于防弊》，《饮冰室文集之一》，《饮冰室合集》第 1 册，中华书局 1989 年版，第 99 页。

③ 陈独秀：《孔子之道与现代生活》，《陈独秀文章选编》上，生活·读书·新知三联书店 1984 年版，第 153 页。

④ 梁启超：《十种德性相反相成义》，张枬、王忍之编：《辛亥革命前十年间时论选集》第一卷上册，生活·读书·新知三联书店 1960 年版，第 9 页。

⑤ 梁启超：《独立论》，《饮冰室文集之三》，《饮冰室合集》第 1 册，中华书局 1989 年版，第 62 页。

⑥ 胡适：《非个人主义的新生活》，《胡适文存》一集，黄山书社 1996 年版，第 539 页。

所以乐生的原意，可以随着时势变更的"；"人生幸福，是人生自身出力造成的，非是上帝所赐，也不是听其自然所能成就的"；"要享幸福，莫怕痛苦。现在个人的痛苦，有时可以造成未来个人的幸福"。① 这里把满足欲望与享受幸福视为终极的人生追求；社会的宗教、法律、道德、政治是为满足欲望与享受幸福服务的；个人眼下遭受的痛苦是为未来满足欲望与享受幸福服务的；满足欲望与享受幸福是个人的创造并非上帝的恩赐，亦非自然的供奉。

（4）"个性主义"的社会责任感。个体与社会的关系紧密相连，个体不能脱离社会而独立存在。讲求个性主义并非抛弃社会。"个性主义"强调把个人的命运与社会的命运紧紧地连在一起，个人与社会国家的关系是相互依存的互动关系。胡适对这一问题的论述比较充分，他说"发展个人的个性，须要有两个条件。第一，须使个人有自由意志。第二，须使个人担干系，负责任"。② 这种强调个性主义对社会的责任，意义非同小可。胡适认为，"若不如此，决不能造出自己独立的人格。社会国家没有独立的人格，如同酒里少了酒曲，面包里少了酵，人身上少了脑筋：那种社会国家决没有改良进步的希望"。③ 在胡适看来，只有个人意志自由，只有对自我负责还不是完整人格的表现。每个人如果能对社会负责，才能创造出个人发展的社会条件。个人若不对社会负责，也就会失去赖以发展个性的社会基础。胡适对"个性主义"与社会国家的关系论述得极为精当，他还说："把自己铸造成器，方才可以希望有益于社会"，④ "社会是个人组成的，多救出一个人便是多备下一个再造新社会的分子"，⑤ "我对你们说：'争你们个人的自由，便是为国家争自由！争你们自己的人格，便是为国家争人格！自由平等的国家不是一群奴才建造得起来的！'"⑥ 扼杀个性的恶果也是很清楚的，"等到个人的个性都消灭了，等到自由独立的精神都

---

① 陈独秀：《人生真义》，《陈独秀文章选编》上，生活·读书·新知三联书店 1984 年版，第 239—240 页。

② 胡适：《易卜生主义》，《胡适文存》一集，黄山书社 1996 年版，第 466 页。

③ 同上书，第 467 页。

④ 胡适：《介绍我自己的思想》，《胡适文存》四集，黄山书社 1996 年版，第 456 页。

⑤ 胡适：《易卜生主义》，《胡适文存》一集，黄山书社 1996 年版，第 465 页。

⑥ 胡适：《介绍我自己的思想》，《胡适文存》四集，黄山书社 1996 年版，第 456 页。

完了，社会自身也没有生气了，也不会进步了"①。梁启超的"人人各用其所长，自动的创造进化，合起来便成强固的国家，进步的社会"，"这便是个人自立的第一义，也是国家生存的第一义"，② 反映了个人与国家社会的共通关系。蒋梦麟也说："真正的个人主义，就是以个人为中心，以谋社会的发达，——西方近代文明之所以如此发达，就因个人与社会同时并重。"③所以蒋梦麟强调大学生要有改良社会的责任心，要有公共服务的责任感。鲁迅"心事浩茫连广宇"，"俯首甘为孺子牛"的诗句也是他站在现实主义的立场上，瞩望个性的解放要与国家自强和民族自立结合起来。另一方面，个人的发展又能促进社会和国家的发展。陈独秀主张"内图个性之发展，外图贡献于其群"，"集人成国，个人之人格高，斯国家之人格亦高；个人之权巩固，斯国家之权亦巩固"。④

（5）"个性主义"并非一些人眼中的绝对自由、自私自利、利己主义和为我主义。梁启超说，作为个性主义的自由，"非他人所能予夺，乃我自得之而自享之者也"，但是"自由之公例曰：人人自由，而以不侵他人之自由为界"。梁启超还说"人而无利己之思想者，则必放弃其权利，弛掷其责任，而终至于无以自立"，⑤ 梁启超在讲个性主义的自由时，把利己与权利责任联系在一起，把它们视为相通的，并非孤立的。蒋梦麟说，真正的个人主义，"并不是自私自利。"⑥ 胡适介绍杜威的个人主义时，指出杜威把个人主义分为两种：假的个人主义就是为我主义，就是只顾自己的利益而不顾众人的利益。真的个人主义就是个性主义，就是"健全的个人主义"。

---

① 胡适：《易卜生主义》，《胡适文存》一集，黄山书社 1996 年版，第 460 页。
② 梁启超：《欧游心影录节录》，《饮冰室专集之二十三》，《饮冰室合集》第 7 册，中华书局 1989 年版，第 24—25 页。
③ 蒋梦麟：《北京大学开学演说词》，曲士培主编：《蒋梦麟教育论著选》，人民教育出版社 1995 年版，第 203 页。
④ 陈独秀：《一九一六年》，任建树等编：《陈独秀著作选》第 1 卷，上海人民出版社 1993 年版，第 172 页。
⑤ 梁启超：《十种德性相反相成义》，张枬、王忍之编：《辛亥革命前十年间时论选集》第一卷上册，生活·读书·新知三联书店 1960 年版，第 13 页。
⑥ 蒋梦麟：《北京大学开学演说词》，曲士培主编：《蒋梦麟教育论著选》，人民教育出版社 1995 年版，第 203 页。

（三）近代"个性主义"文化观从中西传统文化中汲取的营养

1. 近代"个性主义"文化观从中国传统文化中汲取营养

近代"个性主义"文化观在形成过程中，从中国传统文化中汲取了营养。中国传统文化中蕴涵着"民本"、"人本"、"个性主义"的文化因素，这是近代"个性主义"文化观形成过程中，受到中国传统文化影响的重要成分。中国传统"民本"思想非常丰富："民惟邦本，本固邦宁"[①]；"天视自我民视，天听自我民听"[②]；"民之所欲，天必从之"[③]；"君者舟也；庶人者水也。水则载舟，水则覆舟"[④]；"民为贵，社稷次之，君为轻"[⑤]；"民者，国之本也"[⑥]；"国以民为基"[⑦]；"国将兴，听于民；将亡，听于神"，要"依民而行"[⑧] 等等均为典型的"民本"思想。这一系列的"民本"政治文化观对近代知识分子影响很大。王韬说："天下何以治？得民心而已。天下何以乱？失民心而已。"[⑨] 梁启超说："国也者，积民而成。国之有民，犹身之有四肢五脏筋脉血轮也。"[⑩] 谭嗣同说："因有民而后有君；君末也，民本也。——君也者，为民办事者也。"[⑪] 这些阐述均说明了近代中国知识精英受中国传统"民本"思想的影响之大。中国传统"人本"思想也非常丰富：如"敬鬼神而远之"[⑫]；"未能事人，焉能事鬼"[⑬]；"水火有气而无生，草木有生而无知，禽兽有知而无义；人有气有生有知，亦且有义，故最为天下贵也"[⑭]；"天地之性人为贵"[⑮]；"唯人也得其秀而

---

① 《尚书·五子之歌》，《十三经注疏》上册，中华书局1980年版，第156页。

② 《尚书·泰誓中》，《十三经注疏》上册，中华书局1980年版，第181页。

③ 同上。

④ 《荀子·王制》，《诸子集成》（二），中华书局1954年版，第97页。

⑤ 《孟子·尽心下》，《十三经注疏》下册，中华书局1980版，第2774页。

⑥ 《淮南子·主术训》，《诸子集成》（七），中华书局1954年版，第147页。

⑦ 王符：《潜夫论·边议》，《诸子集成》（八），中华书局1954年版，第115页。

⑧ 《左传·庄公三十二年》，《十三经注疏》下册，中华书局1980年版，第1783页。

⑨ 王韬：《韬园文录外编》卷一《重民中》，辽宁人民出版社1994年版，第31页。

⑩ 梁启超：《新民说·第一节叙论》，《饮冰室专集之四》，《饮冰室合集》第6册，中华书局1989年版，第1页。

⑪ 谭嗣同：《仁学》，蔡尚思主编：《谭嗣同全集》增订本，中华书局1981年版，第339页。

⑫ 《论语·雍也》，《十三经注疏》下册，中华书局1980年版，第2479页。

⑬ 同上书，第2499页。

⑭ 《荀子·王制》，《诸子集成》（二），中华书局1954年版，第104页。

⑮ 《白虎通德论·诛伐》，《百子全书》（六），浙江人民出版社1984年版。

最灵"①等等。这些中国传统文化中的"人本"思想与"民本"思想一样都是近代中国"个性主义"文化思想产生过程中，不可或缺的文化滋养。中国传统文化中还有张扬个性的思想精粹。先秦文化巨子杨朱是阐扬个性主义的代表，孟子评价杨朱说："杨子取为我，拔一毛而利天下，不为也"，把杨朱视为"为我"主义者。此后承脉杨朱思想的还有嵇康的"贱物贵身"；李贽的"各遂其生，各获其所原有"思想以及他的"童心说"和"唯情论"；袁宏道的"性灵说"和"理在情内说"；汤显祖的"至情说"和"情教说"；戴震的"遂情"、"达欲"思想以及"血气心知"论、"理在欲中"说；俞正燮的男女平等与女权思想；李汝珍的女性解放说等，这些均可视为近代中国"个性主义"文化思想产生的传统文化之基础。近代知识分子或多或少从中汲取了思想文化的精华。郭沫若在《王阳明礼赞》一文中，称赞阳明"努力净化自己的精神，扩大自己的精神，努力征服'心中贼'以体现天地万物一体之仁的气魄"，并将阳明一生概括为"不断地使自我扩充"和"不断地和环境搏斗"两个特色。② 陈独秀与蒋梦麟吸取孔子"因材施教"的思想，视其为"个性主义"思想的体现，在论及以儿童为本位的启发式教学时，陈独秀对孔子的教育方法予以高度评价："孔子答弟子问孝问仁没有一个相同，这不是他的滑头，也不是他胸无定见，正是他因才利导启发式的教学方法"。③ 蒋梦麟在论及新教育当以发展个性为原则时，将孔子与西洋近代教育大家卢梭等相提并论，称赞其"因人施教，证诸心理，实为正当之教育法"，④ 阐发了发展个性与主体性在教育上的重要地位。其实我们细心品味，胡适的"把自己铸造成器而有利社会"的思想，与孔子"修、齐、治、平"进取的人生态度有着共同之处。胡适也曾表示，他对儒家人文主义"强调个人在社会中地位的重要性"以及"造成一种能负荷全人类担子的人格"是十分推崇的。⑤ 因此，

---

① 周敦颐：《太极图说》，《四库全书》子部三，儒家类第 697 册，上海古籍出版社 1989 年版，第 6 页。

② 郭沫若：《王阳明礼赞》，《郭沫若全集·历史编》第三卷，人民出版社 1984 年版，第 289—291 页。

③ 陈独秀：《新教育是什么》，《广东群报》，1921 年 1 月 3 日。

④ 蒋梦麟：《个性主义与个人主义》，曲士培主编：《蒋梦麟教育论著选》，人民教育出版社 1995 年版，第 76 页。

⑤ 唐德刚：《胡适口述自传》，华文出版社 1992 年版，第 285—286 页。

我们可以说，中国传统文化中蕴涵的"民本"、"人本"、"个性主义"的文化精神，这是近代"个性主义"文化观形成的滋养。

2. 近代"个性主义"文化观从西方文化中汲取营养

近代中国文化精英对西方文化的理解和认同，从西方文化中汲取文化精神内核，是近代中国"个性主义"发育成长的重要特征。维新时期的知识分子如康有为、梁启超、严复、谭嗣同、樊锥、唐才常等受西方进化论、天赋人权和民约论等西方民主学说的影响很大，这是他们倡导"个性主义"的重要思想源泉。五四时期的知识分子倡扬的"个性主义"思想，很多是受西方文化的直接影响，与西方近现代思想资源有着密切的联系。如胡适直接借鉴易卜生主义，鲁迅格外关注尼采等个性主义者。陈独秀说："西洋民族以个人为本位，东洋民族以家族为本位"，"西洋民族，自古迄今，彻头彻尾个人主义之民族也"，"举一切伦理，道德，政治，法律，社会之所向往，国家之所祈求，拥护个人之自由权利与幸福而已"，"个人之自由权利，载诸宪章，国法不得而剥夺之，所谓人权是也。"① 我们从这里可以看到陈独秀对西方文化的态度以及受西方文化影响的程度。蒋梦麟1920年在《北京大学开学演说词》中也把"个性主义"视为西方文明的特色，他说："本校的特色，即在人人都抱个性主义。我常说，东西文明的不同，即在个性主义。比如希腊的文化，即以个性为基础，再加以社会的发达，方能造成今日的西方文明。"②胡适的个性主义文化观也是"发现"西方人生观是建立在"求人生幸福"的个人主义基础上而后确立的，胡适承认西方"求人生幸福"的人生观"确然替人类增进了不少物质上的享受"。③ 陈序经也认为西洋文化的快速发展，就在于个性的发展："西洋近代文化之所以能于三二百年内发展这么快，主要是由于个性的发展，和个人主义的提倡。"④ 中国近代文化精英之所以不遗余力地倡导"个

① 陈独秀：《东西民族根本思想之差异》，《陈独秀文章选编》上，生活·读书·新知三联书店1984年版，第98页。

② 蒋梦麟：《北京大学开学演说词》，曲士培主编：《蒋梦麟教育论著选》，人民教育出版社1995年版，第203页。

③ 胡适：《我们对于西洋近代文明的态度》，《胡适文存》三集，黄山书社1996年版，第9页。

④ 陈序经：《中国文化的出路》，杨深编：《走出东方——陈序经文化论著辑要》，中国广播电视出版社1995年版，第134页。

性主义",显然是和他们对西方文化理解和认识的水平有关,可以说他们看到也抓到了西方文化的精髓。他们甚至采用了直接拿来主义的方法,把"个性主义"融会到近代中国的新文化体系之中。

三

所谓"个性主义"就是主张和强调个人具有自由、平等、独立、自主、自信、自立、自强、自尊、自爱、自我、爱憎、选择、创造、进取、负责、服务、奉献、义务、奋斗、享受等等的权利。一方面每个人对自身要有上述权利的要求,另一方面要尊重他人所具有的上述权利。中国近代文化精英并没有给"个性主义"文化观下什么定义,但是从他们的文化主张中,我们可以领会和体悟到他们对"个性主义"文化观的认识和理解,以及这种认识和理解的深刻程度。他们的"个性主义"文化观构成中国近代思想文化的价值核心,也是人类精神进化到新一阶段和更高层次的体现。

只有赋予个体人更多的自由、平等、独立、自主、自信、自立、自强、自尊、自爱、自我、爱憎、选择、创造、进取、负责、服务、奉献、义务、奋斗、享受等权利并加以实践,才有可能激发个体人的主观能动性。只有最大限度地激发个体人的主观能动性,激发个人的自觉,激发个人的潜能,激发个人的创造力,才有可能更好地去再造一个新社会。可见,一个社会是否能够进步,一个民族是否能够复兴,一个国家是否能够强盛,关键在于"个性主义"文化观是否发育得成熟,以及创造怎样的条件尽快促进"个性主义"文化观的尽早发育。根据前文论述的人类精神进化第二阶段文化观的诞生和这里所谈社会进步与文化观的关系,已经充分反映了"个性主义"文化观是近代文化形态价值核心的道理所在。

《首都师范大学学报》2008 年第 4 期

五四以来（1919—1949）社会文化嬗变及其文明启示

——以婚姻·家庭·妇女·性伦·娱乐为中心

本文将对现代中国社会文化变革的要点和问题以及现代中国社会文化变革引发的思考等作一阐述。

一　现代中国社会文化变革要略①

现代中国社会文化变革的内容相当广泛，本书有自己特定的探索领域，主要是指婚姻文化、家庭文化、妇女文化、性伦文化和娱乐文化在现代中国的变革态势。

（一）婚姻文化的变革

现代中国婚姻文化的变革主要体现在知识青年的婚恋观、城市婚姻的变革、农村婚姻的嬗替、红色苏区的婚姻改造、抗战时期的根据地婚姻建设等几个方面。

在知识青年的婚恋观上，包括新式恋爱观、理想配偶的选择、婚姻的理想与设计三个方面。五四新文化运动对广大青年的思想启蒙，使得恋爱、婚姻自由成为知识青年的心声。恋爱和婚姻要"完全凭着男女两人自由的意志"②。1922年7月，一对男女在婚礼上直言，我们的结合，"由纯粹的

---

① 本节是对梁景和等著《现代中国社会文化嬗变论纲（1919—1949）》一书（社会科学文献出版社2013年版）主干内容的提炼与概括。

② 汉胄：《对于一个男女结合宣布式的谈话》，《觉悟》1921年6月7日。

爱结合而成"①。经过新文化运动的洗礼，到抗战时期，知识青年对恋爱的认识开始变得稳健和现实。有人对于女子恋爱的对象提出了三不原则，一是不与有妇之夫谈恋爱，二是不与年龄相差太多的男子谈恋爱，三是不与未到法定结婚年龄的青年男子谈恋爱。在现代中国几十年间，由于时代环境的变迁，由于各人所处地域不同以及学识的差别，因此社会上流行着各式各样的婚恋观念形态。各种恋爱主张错综复杂，但这却是时代进步的表现。择偶标准是当时讨论的一个重要话题。有人认为，男子择偶标准是：不要奢华女子、傲慢女子、懒惰女子、富贵女子；而女子择偶标准是：不要白面书生、轻浮少年、嚣张男子、好色之徒。也有人提出女子择偶要考虑身体健康、血统纯正、意志坚强、品行端正、富于同情心、受过教育、有正当职业和生活能力等。现代中国的知识青年抱着成熟的态度选择配偶，虽然职业、学问的选择有高低差异之分，但要求性情相投、身体健康、经济保障、家境良好却是相同的。在现代中国，处于婚龄期的知识青年对于婚姻的理想设计，大都采取较为现代和科学的态度。他们要求婚姻自决，寻求自己心仪的伴侣，关注经济条件的成熟，提倡晚婚和一夫一妻，追求灵与肉的结合，赞成鳏寡者再娶再嫁，反对封建贞操观。

在城市婚姻的变革上，包括从文明结婚到集团婚礼、出现离婚风潮等方面。民国以后，知识青年纷纷选择简约文明的结婚仪式。20 世纪 30 年代政府提出集团婚礼，抗战时期集团结婚在西南后方开展起来。内政部于 1942 年 11 月 1 日颁布《集团结婚办法》，它成为战乱时期很多婚龄青年的选择。抗战胜利后，各地再掀起集团结婚的热潮。从文明结婚的盛行到集团婚礼的蜂起，说明在现代城市婚姻的变革中，婚姻仪式的变革体现了由封建迷信走向大方得体，由冗长繁杂走向简单便捷，由浪费走向经济，由古代走向现代。现代城市婚姻中的离婚是婚姻变革中最具革命性和进步性的一页。五四运动以后，"离婚、离婚、离婚"成为旧婚姻制度下身心深受折磨的人们心底的呼喊，并出现一次现代中国的离婚风潮。当时城市离婚体现三大趋势，一是离婚数逐渐增多，二是离婚主动者以女方或双方协调居多，三是感情因素在离婚的原因中占据主流。青年对于婚姻，既勇于结合又敢于离异。

---

① 江清：《施之勉沈韵秋结婚谈》，1922 年 8 月 2 日上海《民国时报·妇女评论》第 52 期。

　　在农村婚姻的嬗替上，主要包括婚姻论财的趋势、婚龄问题、社会变革与婚姻变动等方面。在现代中国，农村经济趋于破产，婚姻论财进一步增强。在现代中国，婚嫁费用在农家经济支出中占很大比例。对广大农民而言，婚姻的选择与缔结，有制度、文化等因素的影响，但经济因素却能压倒一切。对于男方，娶媳妇要物美价廉，对于女方，嫁闺女要大发一笔。当时农村中出现的畸形婚姻现象很多与经济因素有着某种必然的联系，与其说奇异的婚姻是一种民俗，不如说是经济对婚姻论财的不堪承受，因而产生了变通的措施。当时农村早婚盛行，但因家境不同而存在区别。大抵富家多早婚而贫家多晚婚。男子早婚多为富裕家庭子弟，女子早嫁多是家穷不能抚养的缘故。一般家庭多有抱孙接香火的观念，所以一般多早婚。由于男多女少的性别比和买卖婚姻以及童养媳现象，造成了农村夫妻年龄的差别较大。社会政治经济文化的变革直接影响了农村婚姻的变动。比如共产党在根据地里对传统婚姻的改造，影响了根据地、游击区和与苏区接壤的白区；一些地区女方因参加生产和经商，经济地位的改变，使婚姻状况发生了变化；一些地区受西方婚姻观的影响，加之受教育程度提高，以及新婚姻法的出台，婚姻状况也出现了变化。现代农村婚姻嬗变与城市相比，虽然差距较大，一些旧的畸形婚姻形态的出现与蔓延要比新的积极的婚姻形态的发展要大得多。但在另一方面，新的婚姻观念政策对农村婚姻的影响也十分巨大，中共自由结婚和建立无产阶级的婚姻制度的努力，国民党新生活运动和集团结婚，乡村改造各派对乡村的实验，这些尝试都对乡村婚姻格局带来积极的影响。

　　在红色苏区的婚姻改造上，主要涉及婚姻解放、禁止童养媳和买卖婚姻、军婚问题、建立婚姻法等诸多方面。共产党领导的苏区，婚姻自由作为社会变革的一项内容成为人们关心的热点问题，"离婚结婚绝对自由"的口号开始流行。但同时也产生了副作用，"专闹自由恋爱"，以致"发现婚姻混乱现象"，少数地方甚至出现性病。简单的离婚结婚绝对自由事实上并不利于婚姻解放，自然影响社会的稳定，不利于革命的大局。面对这种情形，有些地方政府对策又来了一百八十度的大转弯，在婚姻案件的实际处理中，对婚姻自由采取了简单禁止的态度。各地苏区也明令禁止童养媳及废除买卖婚姻。苏区买卖婚姻与童养媳得到很大程度的控制，但这种控制还不是摧毁买卖婚姻与童养媳制度存在的社会经济基础后，人民提高认识的自然结果。中共苏区在婚姻自由的大潮中，一些军婚出现了动摇，引起红军士兵对地方政府和废约女子的怨恨，导致军心不稳。面对来势汹汹的军婚纠纷，有些地方苏维埃各自出台了一些"红军妻子一律不准离婚"的武断规定。苏区中央也出台了相应的处理规定：在中国工农兵苏维埃第一次全国代表大会上，公布了《中国工农红军优待条例》，其中第十八条规定，"凡红军在服务期间，其妻离婚，必先得本人同意，如未得同意，政府得禁止之。"随着苏区的扩大和婚姻状况的复杂，需要制定一个统一的婚姻法规。1931年11月18日，中华苏维埃共和国中央执行委员会第一次会议通过了《中华苏维埃共和国婚姻条例》。条例确定了婚姻自由、废除买卖婚姻、禁止童养媳以及确立一夫一妻制等原则。1934年又出台了《中华苏维埃共和国婚姻法》，对婚姻条例作了相应的修正。婚姻法较婚姻条例更细致，更符合实际情况，这是在实践中不断探索的结果。

在抗战时期的根据地婚姻建设上，包括婚姻法制的初步建设、边区婚姻解放热潮等问题。抗战时期，陕甘宁边区在1939年4月颁布了《陕甘宁边区婚姻条例》，其后各敌后根据地以此为蓝本，根据当地的实际情况，纷纷颁布了各自婚姻法规。这些婚姻条例有着以下共同的特点：确立了婚姻自由原则；废除了包办买卖婚姻，禁止童养媳和童养婚；规定了初婚的年龄；提出了结婚的生理条件；对于离婚的条件作出了细致的规定；对离婚后的子女的抚养以及财产和债务的分割作了详细的规定；对于军人婚姻问题作了详细的规定。这些婚姻条例的颁布极大地促进了抗日根据地婚姻解放热潮。乡村女子了解到政府保护婚姻自由，女子开始解除不合理婚姻，自由恋爱结婚的逐渐增多，寡妇再嫁不再受歧视和干涉，早婚现象在一段时间内消除了，童养媳与买卖婚姻得到了一定程度的控制，结婚仪式由新式的开会致贺与新婚者答贺取代了原来的三跪九叩等旧习惯。

（二）家庭文化的变革

现代中国家庭文化的变革主要体现在家庭改革思潮、家庭结构的变革、家庭关系的变革、家庭宗教的变化等方面。

在家庭改革思潮上，分为五四时期家庭改革思潮和20世纪20至40年代家庭改革思潮两个阶段。五四时期家庭改革思潮是对清末家庭变革思潮的继承与发展，是西方家庭改革学说影响以及对辛亥革命失败的反思所至。五四时期知识界对中国家族宗法制度展开批判主要从国与家的关系方面指出传统家庭是君主专制的重要社会基础，从个性角度出发批判传统家庭是束缚个人自由发展的桎梏，从伦理的角度批判传统家庭对妇女的压迫。20世纪20至40年代对中国传统大家庭制的批判更加猛烈、深入和理性。认为大家庭制导致社会观念淡漠、家庭内部关系复杂、养成家人的依赖性、蔑视个性、束缚自由。而小家庭的优点在于经济独立、思想自由、情感融洽、生活俭朴、管理容易、效率较高等。主张小家庭制的不同学派的具体主张略有不同，诸如主张欧美式小家庭制，主张折中式小家庭制，主张中国化小家庭制，主张联家自治等等。

在家庭结构的变革方面，主要内容包括家族制度的变革、家庭结构的变革等。近代以来，战乱和革命运动的冲击，家族制度屡屡遭受打击。北伐战争和大革命时代的到来，家族制度又一次受到冲击并开始分化，面对革命呈现出响应、分化、中立、抗拒等四类动向。20世纪三四十年代家族制度衰弱。冀东农村宗族组织衰弱趋势表现在：族长权力萎缩，地位明显降低；续谱意识淡漠；族产减少。20世纪三四十年代冀东地区家族衰弱可以代表当时整个华北地区的状况。而中国古老村落家族体制在20世纪共产党领导的社会变革大潮中，受到前所未有的冲击。消灭农村家族的实践包括用阶级关系取代血缘关系作为秩序依据；实行土地改革，没收族田族产，废除家族祠堂土地所有制，铲除家族制度的物质基础；推翻族长族权的统治；建立超家族的乡村政权和政治、经济组织，以取代家族的功能。传统家族制度在解放区基本消亡。家庭结构变革是指现代家庭规模的小型化：中国现代家庭规模比古代家庭规模小；南北家庭规模的差异性，南方以小家庭为主，而北方大家庭的数目远远超过南方；城市的家庭规模略小于农村家庭规模。

在家庭关系的变革上，既有纵向家庭关系的变化，亦有横向家庭关系的变化。纵向家庭关系的变化体现在亲子间人格的平等：家长对子女职业、婚姻等的专制开始放松，子女可以有自己的意见；家长不能再单独决定家庭内的一切大事，而应该召开家庭会议，由家庭成员共同决定；分家的决定权已不完全由家长掌握，子辈有权请求由家分离；在法律上国家权力对于家长权力的限制，导致家长权力的衰微。横向家庭关系的变化体现在家庭妇女地位的提高：1930年12月国民政府颁布了《民法·亲属编》，其中规定了为人妻者的权利义务，即夫妻对等的权利义务；对妻子财产权的规定；对妇女离婚权的保护。在解放区内，家庭妇女的解放体现在，在政治上，男女同样享有选举权与被选举权；在婚姻制度上，1931年《中华苏维埃共和国婚姻条例》和1934年《中华苏维埃共和国婚姻法》确定男女婚姻以自由为原则，实行一夫一妻制，男女双方同意离婚的，即行离婚，男女一方坚决要求离婚的，亦即行离婚。在根据地和解放区内实行的这一系列措施，保障了妇女取得与男子在政治上、经济上、家庭上的平等地位，提高了妇女的社会地位，帮助妇女摆脱传统家庭主妇的角色认同。

在家庭宗教的变化方面，重点指的是祖宗革命和丧礼改革。祖宗革命是从对祖先崇拜的批判开始的：祖宗崇拜的本质在于维护家长制的大家庭；崇拜祖先本质上是虚伪的；祖宗崇拜所隐藏的危害性。五四以后科学思想有了较大的影响，"一般青年男女，多是富有科学的思想，所以对于崇拜祖先的观念，也渐渐消失了。"① 大革命、抗日战争、解放战争时期，很多原来的祭祖之地——祠堂或遭毁或改用，祭祖大典便无从说起。丧葬礼俗的变革体现在：丧葬制度的改革；丧礼仪仗的变化；埋葬方式的演变；厚葬陋俗的禁止；丧礼中迷信色彩的革除；丧葬礼节的变化以及其他繁琐虚伪仪式的改革和废止。

（三）妇女文化的变革

现代中国妇女性文化的变革包括女性职业运动、女性教育、妇女参政运动、妇女财产继承权、妇女禁缠足运动等。

在女性职业运动方面，涉及妇女就业的开端、争取和获得女子职业平等权、抗战前妇女职业状况与抗战时期妇女职业活动等几个问题。1912年4月，孙中山提出"振兴实业"的号召，在中国形成女子就业的新开端：创办女子工艺厂；兴办女子商业；设立女子农业讲习所；兴办女子实业公司；拟办中华女子国民银行。在争取妇女职业平等权的斗争中，女权运动者采取了二种方式：一是发展女子实业，二是创办女子工读互助团。此外女权运动者还通过向政府机关请愿、举办女子职业教育、开设女子职业介绍所等办法来开辟妇女就业道路，并打破了限制妇女职业权的旧法律，获

---

① 麦惠庭：《中国家庭改造问题》，第11页。

得了女子职业平等权。抗战前妇女从事的职业已比较广泛，涉及教师、医生、机关办事员、女工、手工业者、商界服务者，此外，女警察、女电影演员①、女模特儿等新的妇女职业不断出现。抗战时期，国统区各地妇女职业运动，主要通过两种方式进行：一是国民党领导进行抗日宣传，劳军与募捐等活动。组织难民妇女从事农副业生产，还组织妇女缝纫工业合作社，开展妇女工业合作运动。开展募捐、义卖等抗日救亡活动。二是各界妇女自发进行的，如组织开办妇孺收容所，成立家庭妇女缝纫服务团以供应前方需要的衣帽与鞋袜，训练救急看护的人才，派赴前方或医院去救护或看护受伤的将士，征募前方各种急需的物品，大规模向各界妇女劝募救国公债等。

在女性教育方面，主要包括妇女教育的初步发展、实现男女教育平等、苏区解放区妇女教育特征等问题。南京临时政府总统孙中山主张"振兴女学"，在他的推荐下，蔡元培出任第一任民国教育总长，开始推行改革封建教育和贯彻男女教育平等的方针。从1912年至1913年先后颁发一系列教育法规，正式确立民国教育新体制，进而推进了男女教育平等的进程。与前清女子教育相比，其进步体现在女生课程除加入缝纫及家政课外，一律与男生等同；女子除享受小学及中等师范教育外，可以接受高等师范学校、中学、实业学校及专门学校的教育；开创初等小学男女同校的先例。在政府的推动下，很快掀起一场兴办各类女子学校的妇女教育运动。创设女子学校的种类多、数量大，有法政教育学校、技艺教育学校、普通教育学校，还发起成立了各种女子教育会、研究会、维持女学会等。在争取实现男女教育平等中，提出了男女同校和妇女享受高等教育的要求。1918年初，有人提出大学男女同校问题的讨论。在此后的讨论中，有主张小学男女同校的，有主张中学男女同校的，有主张大学男女同校的。讨论取得了成效，大中小学校逐渐开放女禁，实行男女同校的学校日益增多。共产党的女子教育具有平民性特征，体现在：从共产党女子教育的宗旨、目的、招生对象等看，是以马克思列宁主义、共产主义精神去教育劳动妇女；从共产党女子教育的教学方式管理体制和费用看，根据地女子教育是要满足广大人民的利益的；共产党女子学校和学生数的快速增长也体

---

① 中国女电影演员起于1914年，以严珊珊饰演影片《庄子试妻》中的侠女为开端。

现了女子教育的平民性。共产党领导的苏区解放区的女子教育在各级政府的关怀下从无到有，从少到多，取得了突出的成就。共产党女子教育具有实用性特征，围绕革命斗争的需要，共产党女子教育的发展一切从实际出发，识字扫盲，清除妇女封建迷信思想，支持革命斗争，投身于苏区解放区的革命建设。共产党女子教育具有多样性特征，一是各级各类学校齐全；二是教育方式的多样性。

在妇女参政运动上，有民初妇女参政运动、20 年代妇女参政运动、30 年代妇女获得参政权、参政运动的发展与困境等内容。民初妇女参政运动发生在 1912 年 1 月中华民国创建初期。它由争取妇女中央参政权斗争和争取妇女地方参政权斗争两部分组成。妇女争取中央参政权的斗争是要求在《中华民国临时约法》中写入男女平权条文及制定《女子选举法》。妇女争取地方参政权斗争发生在广东，要求广东省《临时约法》承认男女平权以及给予广东妇女地方选举与被选举权，民初妇女参政运动最终归于失败。五四运动唤醒了中上层知识妇女的参政意识，妇女在联省自治的背景下，在沪、粤、浙、湘、川、赣等省先后组织女界联合会等妇女参政团体，作为领导机构从事妇女参政运动。1924 年孙中山提出召开国民会议，全国女界认为这不但是女子要求参政的绝好机会，而且是女子"出来做国会奋斗洗刷前此一切耻辱的惟一时机"①，遂号召女界迅速组织团体，参与国政。但由于以段祺瑞为首的临时执政府的干扰，1925 年 2 月通过了《国民会议条例草案》，明确规定："凡中华民国男子年满 25 岁以上，具备关于理智各项者，均有选举及被选举为国民代表会议议员之权"，② 从而剥夺了妇女的参政权。1931 年 6 月 1 日，南京政府正式公布《中华民国训政时期约法》，首次在宪法中公开并以政府的名义承认妇女的参政权。至抗日战争爆发前，女界利用参政权，参与国家政治的主要活动包括要求参加国民党五中会会；要求参加全国国民大会以实施妇女参政权；积极支持抗日救亡运动。1937 年抗日战争爆发后，国统区妇女参政运动的目标和内容发生了变化，主要活动是奔赴前方、战地服务、参军参战、抗日宣传、征募捐献、开展妇女宪政运动等。这时期的妇女参政运动，受全民抗战的推动，

---

① 《中国妇女运动历史资料》（1921—1927），人民出版社 1986 年，第 235 页。
② 转引自黄复超、吉新报《国民会议运动中的妇女界》，《郑州大学学报》1987 年 3 月。

规模浩大，影响广泛，是 20 世纪 30 年代以来第二次妇女参政高潮。但随着国民党转向消极抗日、积极反共，国统区妇女参政运动也同全民抗战热潮一样，受到遏制，出现了困境。共产党区域的妇女参政运动是沿着另一条路线与国统区妇女参政运动并行发展，独具特色。抗战时期，在共产党的引导下，根据地妇女参政的态度发生了改变，从过去对政治的无知和冷漠，变成了对政治的理解和关心。许多妇女学会了行使她们的民主权利，并认真对待选举等参政活动。与国统区相比，共产党根据地虽然范围小，但妇女参政人数却高于国统区，其影响和效果也超过了国统区，从而成为全国妇女参政活动的典范。

妇女财产继承权问题也是现代女性解放和男女平等的一项重要内容。1912 年 9 月以女子参政同盟会①领袖唐群英为代表，向中华民国临时政府要求女子参政权时，就特别提到"我女子之在今日民国，有急宜十分注意者，即妻妾与财产制是也"。妇女是在进行参政运动的时候，来争取财产权和继承权等法律权利的。1921—1922 年，女界利用各省自治和联省自治运动，提出了力争妇女财产权、继承权等法律权利的斗争目标，并写在妇女参政运动纲领中。1924 年 10 月孙中山发出召开国民会议的主张后，女界趁机组织了妇女国民会议促成会，继续提出妇女财产权、继承权等法律权利的要求。1930 年底，立法院通过民法继承编正式确认女子的继承权：遗产继承不以宗祧继承为前提，不分遗产者是男是女，遗产继承人除直系血亲、卑亲属、父母、兄弟、姊妹外，对于死者的遗产，配偶亦有权继承，妻子与子女所得一样。如果没有以上亲属，配偶可承继全部遗产，同时也承认女子对个人财产有完全处分权。至于男女其他权利义务关系，法律正式规定不因男女而有轩轾。从此以法律的形式承认了妇女的继承权。

在妇女禁缠足运动方面，主要看禁缠足的措施、禁缠足令的实施与效果等问题。南京国民政府成立后，就积极地实施了禁止妇女缠足的措施。1928 年 4 月，内政部向国民政府递交关于蓄辫和缠足两大民间陋俗的文本，并制定了《禁止蓄发辫条例》和《禁止妇女缠足条例》。同年 5 月，南京中央政府批准由内政部颁发实施禁止男子蓄发辫和妇女缠足的禁令，通令各省执行切实查禁。国民政府对禁止缠足工作相当重视，大规模的劝

① 女子参政同盟会系 1912 年 4 月 18 日成立于南京，是当时女子参政运动的领导机构。

禁缠足运动一直持续到抗战全面爆发前夕。1940 年，内政部作出决定：对未满 16 岁的女子施以缠足致妨害其自然发育者，应依刑法第 286 条第 1 项，判处 5 年以下有期徒刑或处以 500 元以下罚款。1944 年 5 月，内政部再次颁布《查民间不良习俗办法》，其中禁止妇女缠足仍是主要条款。政府的政令持续到抗战，但由于地方政府实行的并不得力，所以从 1928 年以来，南京国民政府时期的放足工作一直处于步履维艰的状态。

（四）性伦文化的变革

现代中国性伦文化的变革涉及中国性教育的兴起、教育界对性教育的讨论与实践、先进知识分子的性教育文化观等诸多问题。

20 世纪上半叶性教育兴起的特点表现在：中国引进西方性学理论的主力是较早接受收西方思想影响的知识阶层；近代科学的性知识、性教育观念源自欧美，但中国却主要是从日本转口引入性学的；中国性教育的兴起，是以引入西方性心理学为基础，从性知识教育入手发展起来的，这一点与世界现代性学的创始以性心理学的创立和发展为代表具有一致性；近代西方性学理论一方面以我国学者翻译（包括编译）西方性学著作、编纂性学图书、发表有关文章进行学术争鸣的形式输入，另一方面西方人到中国进行婚姻、节制生育、性科学宣传也是一种重要的途径。

教育界对性教育的讨论是从陆费逵《色欲与教育》一文开始的。以潘公展为代表的学者也开始引进和翻译西方性教育的一些论述。20 世纪二三十年代，中国教育界有关性教育问题的讨论很多，涉及的内容十分庞杂：诸如批判中国传统的性观念、性教育的必要性和目的、性教育的实施者、施行性教育的年龄与分期、性教育的内容、性教育的方法、对性教育的理解、学校的性教育等。

教育界的学者不但积极介绍西方和日本的性教育理论，而且还结合中国的实际提出了许多建议，更有注重实践的知识分子展开了与性问题相关的本土调查研究。性教育从理论走向实践成为历史的必然。20 世纪上半叶性教育课程设置及教育主管部门颁布的性教育课程标准以及性教育在民国时期学校教材中的反映是性教育实践的基础。20 世纪上半叶中国性教育实践的形式是多元的，学校虽然仅仅是其中的组成部分之一，但却充分说明时人对性教育作用的认识已经达到了相当的深度。性教育课程在学校的出现反映出近代性观念的变革，性教育所引发的性观念的转变又进一步影响了社会风尚习俗的变革。

现代先进知识分子对性给予了充分的重视，许多人就性教育问题发表了富有创见的论点，他们的努力是近代性教育繁荣不可或缺的组成部分，周氏三兄弟、潘光旦、张竞生是其中的杰出代表。鲁迅的性观念与性教育观的特点：批判不平等的贞节观和虚伪的性道德观，提出开明的性道德观，主张开展性教育。周作人关注性问题主要是从反对礼教的束缚，倡导人性解放的思想出发的；周作人对待性问题的态度是开明的。周建人通过撰写文章、出版著作，对性教育问题进行了全面的理论阐释，并非常注意家庭性教育，不仅注意性问题的个体方面，而且也重视其民族性以及在种族发展方面的作用。潘光旦对性教育问题的讨论与他的性教育实践是不可分的，他坚持以科学理论为依据讨论性教育问题；强调性教育者应具有一定的资格，即应当具有健全的精神生活、应当具有相应的教育训练、性教育者应当有社会道德动机以及圆满的性观念——对性问题的全面认识。张竞生的性教育主张可以概括为强调性教育的重要性，提出具体实施性教育的设想，重视爱情和性的审美，重视女性权利，重视节育和优生。

（五）娱乐文化的演变

现代中国娱乐文化的演变重点包括现代中国"娱乐城市群"的出现，无线广播与民众的娱乐生活，"红色"娱乐等诸多问题。

现代中国"娱乐城市群"兴起于 20 世纪 20 年代至 40 年代。这些城市按照规模大体可以分为两种类型：第一种是城市规模较大，发展速度较快，代表是上海、北京、南京、天津、武汉、广州、青岛等城市。这一批规模较大的城市，城市内部娱乐设施已经相当齐全，民众娱乐生活在内容上要远远比其他地方丰富，对于一些国外流行的娱乐形式如电影、无线广播等吸收引进较快。第二类城市是一批中等规模的城市，它们的发展要落后于一线的大城市，但是与其他小规模的城市相比，在经济发展速度，城市化水平以及人口数量上都已经形成了一定的规模，代表是沿海的宁波、烟台、无锡以及内陆的太原、西安、昆明、成都、沈阳、济南等城市。根据城市娱乐生活内容的丰富程度和娱乐行业的发展状况，现代中国娱乐城市群整体可以划分为不同的层次。20 世纪 20 年代，上海、北京在娱乐设施的数量上和娱乐行业的整体发展状况上占据的优势是其他各个城市无法比拟的，两者无疑是当时中国娱乐城市的"两极"。而两者之外的城市只能统一归类为第二个层次，这就形成了一种"两大重心，繁星点点"的层次布局。20世纪二三十年代，上海、北京作为娱乐的两大重心，其对其他城市形成引领的作用。新式西方娱乐活动一般是先在上海走红，然后向其他城市传播，而传统的京剧则以北京为主要阵地，向全国传播自身培养的新艺人和自身创作的剧本、剧目以及艺术娱乐新形式。其他城市在娱乐生活的内容以及娱乐行业的发展上往往成为两个城市之外娱乐活动的"被传染者"，这种布局一直延续到20世纪30年代初期。

无线广播是一种综合了第二次工业革命期间无线通信技术发展系列成果，形成的一种运用无线电传播语言和音乐的技术。无线广播技术20世纪20年代传入中国，在30年代相继在一批大中城市生根发芽。这一新的传播媒介不断地渗透到民众生活中，改造着民众的娱乐生活。20世纪20年代初期，无线广播开始初创时，当时有收音机的主要是租界里的洋人以及华人中的富贵者。这一时期，无线广播事业发展最繁盛的城市是上海，在这座城市里，电台数量多，电台节目也丰富。为了吸引听众，一般的无线广播电台注重播放娱乐节目。由于民众的整体贫困等原因，中国无线收音设备一直没有实现在全国的大规模普及。但是在一批大中城市，收音机数量一直在不断增长。进入20世纪的二三十年代，无线广播电台在中国的一些规模较大城市逐步推广开来，传统中国曲艺在此过程中也逐步走向鼎盛阶段。20世纪二三十年代，现代流行歌曲开始在民众中流行起来。一些无线广播电台也适时地引入了这一娱乐节目。民国时期无线广播电台播放内容涵盖了曲艺、戏曲、话剧、广播剧、中西音乐、新闻、教育类等节目。收音机综合了当时社会上流行的大部分娱乐节目，通过无线电波的形式进入到广大受众的娱乐生活，给听众提供了一场丰盛的娱乐盛宴。无线电波作为一种新生的娱乐传播媒介，使受众娱乐生活大大丰富。

中国的"红色"区域，是指中国现代历史上中共实质控制的一系列区域。20世纪二三十年代的苏区，最为流行的娱乐活动有话剧、歌曲、苏联式歌舞、京剧、活报剧等。苏区除在红军和党内开展文艺娱乐活动外，还开始有规模的组织民众娱乐文艺活动。苏区时期，积极开展的一系列娱乐活动，主要分为两个方面的内容，一类是针对红军战斗以及各类纪念日开展的娱乐表演，另一类是对民众的娱乐性政治动员。这些娱乐活动中，共产党积累了大量的娱乐管理的经验，并且开始把话剧、京剧等一系列城市中流行的娱乐活动推向了乡村社会，这无形中对广大农民进行了现代娱乐的普及宣传。中共发展到延安时期，娱乐生活前后可以分为两大阶段，第一阶段是 1942 年延安文艺座谈会召开前的多元化发展阶段，第二阶段是延安文艺座谈会召开后的泛革命性娱乐时代。

二　现代中国社会文化变革的几个重要问题

现代中国社会文化的变革有几个重要的问题值得一谈，主要是指思想观念的激烈交锋，引发出的负面现象，社会文化变革的有限程度等等。

（一）思想观念的斗争

社会文化变革所体现的重要方面就是思想文化观念的变化。而文化观念的变化往往与来自多方的思想观念展开激烈交锋后才能够完成。尤其在社会文化发生大变化的时代，存在着异常激烈的思想观念的斗争。现代中国社会文化在发生变化的时候也体现了这一特征。

在婚姻方面，有主张废除"订婚"①、"征婚"② 形式的，也有赞同采用"订婚"、③"征婚"形式的；有主张"晚婚"的，也有主张"早婚"④的；有主张"废除婚姻"的，也有反对"废除婚姻"⑤ 的；有主张"自由恋爱"⑥、"自由结婚"⑦ 的，也有反对"自由恋爱"⑧、"自由结婚"⑨ 的，

---

① 企留：《废止"订婚"的提议》，《觉悟》1922 年 9 月 3 日。
② 卞焕章：《征婚与自由恋爱》，上海《时事新报》副刊《现代妇女》第 29 期，1923 年 6 月 26 日。
③ CCT：《废止订婚的误解》，《觉悟》1922 年 9 月 14 日。
④ 纪裕迪：《对于青年早婚的意见》，上海《时事新报》副刊《学灯》1923 年 6 月 15 日。
⑤ 1920 年春夏之交，上海《民国日报》副刊《觉悟》开辟了"废除婚姻制度"的讨论专栏，进而掀起了一场史无前例的"废婚"大论战。
⑥《我底恋爱观》，《陈望道文集》第 1 卷，第 66 页。
⑦ 徐彦之：《男女交际问题杂感》，《晨报》1919 年 5 月 4 日。
⑧ 刘巧凤：《我的婚制解放谈——自由恋爱》，《解放画报》第 6 期。
⑨ 冰村：《两个女子的婚姻问题》，《共进》第 23 期。

当时一些青年男女自由恋爱和自由结婚的观念非常强烈，他们冲破家庭重重阻碍，宣言"我们的结合，的确能够超脱一切，不受外界任何的束缚，而由纯粹的爱结合而成"①。但相反的声音也很强烈，与之展开激烈的交锋。认为青年自应当为国家作出贡献，而不应当萦心于恋爱而堕落；认为真正而完全的恋爱是不存在的，恋爱只是一个抽象名词；认为自由恋爱往往出于浪漫的情感，不知选择身体的强健，所以不免为非优生学的②。

在男女教育平等和男女同校问题上，有主张"男女教育平等"的，也有反对"男女教育平等"的；有主张"大学开放女禁"③ 的，也有反对"大学开放女禁"④ 的；有主张"中学男女同校"⑤ 的，也有反对"中学男女同校"⑥ 的。早在1918年初，就有进步志士提出大学男女同校的问题，随即就有守旧势力出来加以反对。五四运动后，胡适、康白情等利用《少年中国》杂志刊发《妇女号》，继续发表大学宜开放女禁的文章。随后，越来越多的知识界人士参加进来，在《新青年》、《星期评论》、《星期日》、《女界钟》、《时事新报》、《解放与改造》、《妇女杂志》、《少年中国》等报刊上发表大量关于应否男女同校的文章，展开热烈的讨论。在这场讨论中。康白情、王若愚、李大钊、张申府、程谪凡、胡适等人持绝对男女同校论，有人持有限男女同校论，有人持男女不能同校论，三方展开了激烈的思想交锋。

在妇女争获财产权和继承权方面亦是如此。20世纪20年代女界提出了力争妇女财产权、继承权等法律权利的斗争目标，提出"女子须取得财产均分权"、"在男女权利平等的理由上，我们要求在私有财产未废以前，女子有受父或受夫之遗产权"⑦、"女子应有财产权与继承权"、"女子与男子有同等袭产之权"等要求，但是封建残余势力强大，在现实中，依然排

---

① 江清：《施之勉沈韵秋结婚谈》，1922年8月2日上海《民国时报·妇女评论》第52期。
② 晏始：《非恋爱自由论的诸派》，《妇女杂志》第11卷第4号，1925年4月，第592—594页。
③《中华新报》1920年1月1日。
④ 陈望道：《和时代思潮逆流的江苏省议员〈禁止男女同校〉提案》，《妇女评论》第71期。
⑤ 徐植仁：《我对于中学男女同校的主张》，《觉悟》1921年12月29日。
⑥《北京附中实行男女同校后一年来经过之概况》，《平民教育》第51号，1922年5月10日。
⑦《上海中华女界联合会改造宣言及章程》，《新青年》第9卷第5号，1921年9月1日。

斥已婚妇女的财产继承权。1928 年 2 月 28 日南京国民政府最高法院将女子财产继承解释为："以财产论，应指未出嫁女子与男子同一继承权，方得法律男女平等之本旨。否则女已出嫁。无异男已出继，自不适用上开之原则"①，反映了思想观念上的交锋。

在女子参政的问题上同样存在着激烈的思想斗争，早在民国初年就有人认为中国"女子之程度已足与英伦女子相比较"②，而支持女子参政，也有指责中国女子"不知法律"、"不知道德"、"不知名誉"③，而反对女子参政的，而五四以后，这样的思想交锋依然存在。现代以来，禁缠足的呼声强烈，但遇到的阻力也很大，思想斗争非常激烈。

从以上看到，在社会文化发生新的变革之际，往往伴随着思想观念的斗争，这是一种带有普遍性的现象。这其中有两个方面的重要因素，一是利益所致，一是传统惯性所致。这种思想观念斗争的过程或者几年、十几年，或者几十年，以致更长的时间。但它只要吻合更多人的观念认同，适合更多人的生活追求，符合文明社会发展的方向，最终思想观念的斗争会慢慢淡去，新生的社会文化观念是会被众人接受的。

（二）引发出的负面现象

一个新生的社会文化在引领社会生活正向变化的同时，往往也会引发出新的负面现象，这在现代婚姻文化变革的过程中，尤显突出。

在"自由婚姻"的观念下，出现过新的戕害女性的问题。五四时期有些人视"妇女解放"、"自由恋爱"为"公妻"、为"性解放"，一些居心叵测的男性就利用这样的间空来侮辱女性，给女性带来新的戕害。同样，在"自由婚姻"的观念下，也出现过男性抵触的问题。土地革命时期，共产党人领导的妇女运动在苏区蓬蓬勃勃的开展，于是"离婚结婚绝对自由"这类带点矫枉过正的口号与原则开始流行。农村广大妇女深受包办婚姻之苦，在追求婚姻自由的过程中"毫不顾及"，"一般女子要求离婚特别

---

① 刘王立明：《中国妇女运动》，商务印书馆，1928 年，第 57 页。
② 东吴：《清谈》，《申报》1912 年 3 月 24 日。
③ 梦幻：《论女子要求参政权之怪象》，《大公报》1912 年 3 月 30 日。

厉害"。① 这种婚姻大变动的风潮，引起了农村中男性的恐慌，出现了新的社会问题和抵触情绪，他们对"自由结婚"的宣传员说："同志！你勿要讲了，再讲完村子里的女人会跑光了！"② 有些地方甚至出现成年男子起而反抗的危机苗头，以致有些地区"发现婚姻混乱现象"，少数地方甚至出现性病。③ 一些妇女不仅旧有婚姻解除仓促，也使新的结合过于草率，甚至有些妇女在原有婚姻关系未解除的情况下，又去自由恋爱。"婚姻自由"原则所面临的最具挑战性的问题，就是军婚问题。红军中的成员绝大多数来自苏区，由于战争以及军队的特殊性，红军指战员与自己的妻子实际上处于分居状态。作为红军妻子的妇女尽管拥护红军，但由于各种原因，军婚纠纷事实上一直存在。起初，各地苏区都是赞成婚姻绝对自由的，夫妻双方只要有一方提出离婚，便可以得到批准。即使后来有一些条件，也十分宽松。身为红军指战员的妻子，面对生死未卜的丈夫，生活的重压、情感的寂寞，身处婚姻自由大潮中的她们，自然会有新的选择。于是一些原与红军士兵订了婚的女子，"现在多废了约"，④ 而一些妇女在结婚之前，必先问未婚夫，"你当红军不当红军？当红军不能同你结婚"。那些改嫁之后的红军妻子面对回乡的红军前夫则说，"人家报告你当红军打死了，我还替你守节吗？"⑤ 不嫁红军在一些地方几乎成为妇女的共识。

社会文化变革引发的负面现象是社会文化变化过程中的调适反映，应当说是正常的变化过程，这种暂时的负面现象是不能否定社会文化的正向变革的。

（三）社会文化变化的有限程度

社会文化在一个时代的变化，很多时候是比较缓慢的，形成一个漫长的变化过程，所以在特定的时期内，社会文化的变革程度是有限的。现代

---

① 《中共赣西南特委朱昌偕给中央的报告》（1930 年 10 月），转引自何友良前揭书，第 198、199 页。

② 《寻乌调查》，《毛泽东农村调查文集》，第 181 页。

③ 《鄂豫皖中央分局妇女部给各县妇女部的指示信》（1931 年 12 月 23 日），转引自何友良前揭书，第 199 页。

④ 《CY 鄂豫皖中央分局给团中央的综合报告》（1931 年 10 月 8 日），转引自何友良前揭书，第 199 页。

⑤ 毛泽东：《江西土地革命中的错误》，《毛泽东农村调查文集》，第 273 页。

中国社会文化的变化也是如此。

五四时期，婚姻文化的确发生了明显的变化，不少人已经认同没有爱情的婚姻是不道德的。然而在这个婚俗变革过程中，"纯粹恋爱的结合，总还只是少数人敢去尝试。男女双方即使互相了解，有了结婚的程度，他们总还得要求家庭的同意，另外转托人来做媒，行那请庚定亲的各种手续，至于那纯粹由家庭解决的，更不用说了"。① 五四以后，在农村，"提倡男女平等，婚姻自主，封建婚姻制度受到一些冲击，但很不彻底，男女双方虽也见见面，说上几句话，而实际上仍是父母包办。男尊女卑的现象，重婚纳妾和童养媳等婚姻陋俗依然存在"。② 自 20 世纪 20 年代以后，自由恋爱自由结婚自由离婚被一部分青年所认同，但真正通过自由恋爱而结婚却不容易，是要突破重重阻力的，社会虽然开放到一定限度，但主客观的条件有限，所以变革所遇到的阻力仍然存在。抗战时期，尽管颁布与实施婚姻条例使各边区的婚姻形态有了很大改观，新型进步的婚姻观和婚姻制度得到初步确立，但婚姻的改造与建设是一个长期的过程，要想彻底达成目标，仅靠一些法律条文远远不够。比如要确立自由平等的婚恋观，首先要实现男女两性经济和社会地位上的平等。在抗战险恶的局势下，要达成此目标，还有很多困难。再如各边区以前早婚盛行，婚姻条例明确规定了初婚的年龄，限制早婚，但也引起一些群众的反感，早婚现象也没有因为婚姻条例的颁布而完全消失。对于离婚以及一夫一妻制度，根据地的一些男性农民也表示不满，有人说："八路军什么都好，就是离婚不好。"有的地方甚至发生政府判决离婚后，村子里的人联名上书要求撤销。③ 也有人说："一夫一妻太约束人了，没有儿子再想娶一个也不行。"④ 这些也都影响了一夫一妻制度的确立。这一时期，"有些青年学生争取自由恋爱，婚姻自由，仍受家庭阻挠，成功的甚少，以致抗婚、逃婚、私奔、自杀等婚姻悲剧时有发生。抗日战争以后，社会风气日渐开化，封建婚姻制度虽未根本变革，但婚姻陋俗有所收敛，婚姻悲剧有所减少"。⑤ 婚俗变革是观

---

① 陈东原：《中国妇女生活史》，商务印书馆 1928 年版，第 400 页。

② 《许昌县志》，天津：南开大学出版社 1993 年版，第 779 页。

③ 《关于离婚的质疑》，陕西省档案馆，全宗号 4，案卷号 65，转引自秦燕前揭书，第 156 页。

④ 刘澜涛前引文，《晋察冀抗日根据地史料选编》（下），第 33 页。

⑤ 《许昌县志》，南开大学出版社 1993 年版，第 779 页。

念及行为变革的双重结合，而观念及行为的变革需要一个渐次发展的过程，在这个过程中，其变化是有限度的。

现代中国社会的女子教育也是如此，虽然强调男女教育平等，但事实上真正做到这一点并不容易。在国民党南京政府统治期间，中国女子各种教育虽然有了较大发展，但发展仍然十分有限，且存在许多不平等现象。诸如女子教育与男子教育的差异很多，具体表现在专业设置不同，学校数目和学生人数不同。在女子教育方针和教学管理体制上，明显表现出女校比男校苛严，展现了封建主义对妇女的压制。在教育经费的投入上，也表现出社会对女子教育的歧视。由于政府和社会注重男子教育，因此男性受教育的程度普遍高于女性。除此之外，还存在女子教育的地区差异与城乡差异。这一切都反映了现代中国女子教育演变过程中的有限程度。

妇女参政一样经历着艰难的过程，从民国建立伊始到 20 世纪 20 年代初，以至到三四十年代，始终存在着压制女性参政的问题。1938 年成立的国民党妇女运动委员会，专门隶属于国民党中央党部组织部，进一步加强了对国统区妇女运动的控制。1941 年国民党中央党部组织部召开全国妇运干部会议，将"三民主义"确定为全国妇女运动的最高指导方针，中国国民党暨国民政府为其最高指挥机构，将"健全组织"、"训练干部"、"征收党员"、"奖励生育"作为妇女运动的要旨，从而将统一战线下的妇女运动纳入国民党一党包办的轨道，使国统区一度勃发的妇女参政运动陷入了低潮。

女性禁缠足也是如此，走的道路非常艰难。在民间社会一听说要女子放足，很多男性就不干了，这与常年旧观念的根深蒂固有很大关系。这从当时的民谣中体现的十分明显。河南有民谣曰"高底鞋扎的五色花，看了一人也不差。娘呀，娘呀，咱娶吧！没有钱，挑庄卖地也要娶！"在河北，"小红鞋儿二寸八，上头绣着喇叭花。等我到了家，告诉我爹妈：就是典了房子出了地，也要娶来她！"在江西，"粉红脸，赛桃花；小小金莲一拉抓。笑得来年庄稼好，一顶花轿娶到家。"① 相反，对大脚妇女的看法则不同，河南的民谣"裹小脚嫁秀才，吃馍馍，就肉菜；裹大脚嫁瞎子，吃糠

---

① 李一粟：《从金莲说到高跟鞋》，《妇女杂志》1931 年第 17 卷第 5 号，第 15 页。

馍，就辣子"①，显示出社会对大脚妇女的鄙视。正是这种传统思想观念的
抵制和对抗，制约着禁缠足运动的发展。

可见，社会文化的变化是要一点点的渗透，在相当的时段内，变化的
程度有限，这是社会文化变革的一个基本规律。

三　现代中国社会文化变革的文明启示

现代中国社会文化的变化，从表面上看，它只是社会生活与观念形态
的一些变革而已，但是它所包含的内在意义和价值却是非常深刻的，它开
启我们的思考从对历史的社会文化变革深意的理解到对今天和未来文明社
会的一种更为清晰的憧憬。让人们尤为关注由历史引发的未来社会的几个
重要的基本问题，即"人人平等"、"个性解放"、"追求生活幸福感"等。

（一）人人平等

人人平等是历史和现实人类追求社会公平的一个重要指向。人人平等
从大的方面来说主要包括人类横向的平等和人类纵向的平等。横向平等主
要指的是男女不同性别的平等、不同民族和种族的平等、不同国别人群的
平等、不同地域人群的平等、不同职业人群的平等。纵向平等主要指的是
不同年龄人群的平等、不同辈分人群的平等、不同职务人群的平等。当然
无论是横向平等还是纵向平等并不是说人们之间没有任何差异或差别，没
有任何差异和差别的平等是不可想象的。那么平等到底指的是什么，应该
是什么，一言以蔽之，即人格的平等。所谓人格的平等是人人都有各自的
权利和义务，人人都要尊重他人的权利和义务。"无论何人，不能任意蹂
躏他人之人权与人格"②，要"尊重个人的自由和人格"③。"这独立人格的
要求，到了五四以后，更加急剧地普遍于社会。"④ 如此，从人人平等的目
标来看，做到人人平等似乎并非难事，但真正做起来，又并非易事。传统

---

① 《歌谣与妇女·文学类·粤东之风·歌谣论集》，刘经菴、钟敬文、罗香林编：《民国丛
书》第四编，60 册，上海书店据上海北新书局 1928 年版影印，第 209 页。

② 高达观：《中国家族社会之演变》，第 144 页。

③ 易家钺：《中国的家庭问题》，《中国妇女问题讨论集》第三册，第 132 页。

④ 陶希圣：《婚姻与家族》，第 108 页。

人伦文化不太重视人人平等，而强调和认同的是人的等级和尊卑。近代以来 人们为争取人人平等开始不懈努力，平等成为近代文化的一个重要内涵。近代以来，直至今天以及相当漫长的未来，人们仍然要为追求人人平等而继续努力和奋斗。从现代中国社会文化的变革中，我们看到了人们对于人人平等的渴望和追求。

中国现代社会文化变革中的婚姻自由、夫妻平等、女子上学、女子就业、女子参政、女子财产继承、批判妇女回家论与贤妻良母论、禁缠足、破除片面贞操观，这些都是为男女平等所作的努力和奋斗，它属于人类横向平等的范畴。中国现代社会文化变革中的家庭革命、祖宗革命，是反对亲子之间、婆媳之间的等级观念和上下尊卑的等级制度，这些显然是在争取家庭中不同辈分人群之间的平等，它属于人类纵向平等的范畴。这些为达到人人平等所作的努力与抗争，具有女性解放的意义，亦有男女两性解放的意义，也就有了人的解放的意义。中国现代社会文化的变革唤醒了人们沉睡已久的"人"的意识，也就是唤醒了"人"的解放意识。人人平等是人的解放的基石，人人平等是自身对他人以及他人对自身的尊敬，既不能奴役践踏他人，也不能谄媚屈从他人，反之他人对己亦是如此。达到了人人平等，也就跨上了人的解放的新一步。

我们观察一个社会的文明程度，要看人人平等即人格平等已经达到的程度。

（二）个性解放

人人平等，是人的解放的重要一步，而个性解放却是人的解放向前发展的更为重要的一步。现代中国社会文化的变革是要确立人的地位与价值，也就是要诉求人的个性解放。五四时期的知识精英尤其重视个性解放的价值，大力提倡个性解放。正如胡适所说，每个人都要"把自己铸造成器，方才可以希望有益于社会"[1]。胡适认为个性解放就如"全世界都像海上撞沉了船，最要紧的还是救出自己"，[2] 也如周作人所说："人在人类中，

---

[1] 胡适：《介绍我自己的思想》，耿云志、宋广波编：《学问与人生：新编胡适文选》，人民出版社 2011 年版，第 440 页。

[2] 胡适：《易卜生主义》，耿云志、宋广波编：《学问与人生：新编胡适文选》，人民出版社 2011 年版，第 99 页。

正如森林茂盛中的一株树木。森林盛了，各树也都茂盛。但要森林盛，却仍非靠各树各自茂盛不可。"① 个性解放指的是人自主地塑造自己、自主地选择自己的生活方式、自主地贡献于社会。马克思主义所主张的未来"社会的发展目标是实现人的全面自由的发展"②，而"人的全面自由的发展"是指在人类社会发展的最终目标里，人应当是个人素养高尚的人，人应当是能够展现个人意志的人，人应当是个人权利得到保障的人，人应当是个人价值能够实现的人，人应当是个人精神真正解放的人，一言以蔽之即个性解放。"全部人类历史的第一个前提无疑是有生命的个人的存在"③，马克思对个人存在的肯定，无疑是对个性解放的重视。个性解放是个目标，是个理想，是个原则，是个形而上的理念。它必须与生活的实际相结合，否则它将成为空洞无物的躯壳，也就没有了任何实际的意义。只有在现实的实际生活中才能真正体现人的个性解放，而中国现代社会文化变革恰恰就有这样的实际意义。对传统社会束缚个人自由发展的批判，对三纲伦理的抨击，对蔑视个人人格、摧残个性发展、束缚个人自由的否定，无一不是对个性解放的诉求。而禁缠足、兴女学、婚姻自由、祖宗革命、女性参政、新式贞操观、女子财产继承权等等无一不体现着个性解放的价值。可见作为本质的个性解放它必须体现在生活的实际当中。怎么看个性解放，就是看实际的生活，看实际生活的变革。个性解放是个人对自身的塑造，是对自我生活方式的选择，也是自身对他人自我塑造和生活方式选择的宽容、理解、体谅、认同、保护和尊重。

我们观察一个社会的文明程度，也要看这个社会的个性解放已经发展到了什么程度。

（三）追求生活幸福感

中国现代社会文化的演变既反映在社会生活的变化上，也反映在观念形态的变化上。社会文化的演变与时人的生活感受是紧紧联系在一起的。人们在追求生活的美好感受，通俗地说，就是要追求生活的幸福感，陈独秀曾说："个人生存的时候，当努力造成幸福，享受幸福，并且留在社会

---

① 周作人：《人的文学》，《艺术与生活》，上海文艺出版社1999年版，第9页。

② 参照沙莲香等著：《中国社会文化心理》，中国社会出版社1998年版，第147页。

③《马克思恩格斯选集》（一），人民出版社1995年版，第67页。

上，后来的个人也能够享受。"① 人类生存的目标和个体人生活的目的均统一于追求生活的幸福感上。无论是自觉还是盲从，是主动还是被动；无论是战争年代还是和平年代，是丰腴时代还是贫弱时代；无论是境遇顺畅还是命运坎坷，是坦途大路还是崎岖小道；无论是生在古代还是今天，是活在国外还是国内；无论是白色人种还是有色人种，是这个民族还是那个民族，人生存的本质都在于此。

人的幸福感既有生活质量的客观指标，也有个体的主观感受。所以任何时代的现实生活也要与追求生活的幸福感相结合。现代社会文化的变革本质上讲，也是与人们追求生活幸福感紧密相关。我们所探索的婚姻问题、家庭问题、女性问题、性伦问题、娱乐问题都是与追求生活幸福紧密地联系着。

人人平等、个性解放与追求生活幸福感之间也是一个互动的关系。人人平等和个性解放不是生活的目的，它是为实现生活目的的一种手段。比较而言，追求生活幸福感才是人们生活的重要目的。一个社会，若人人平等的程度越高，个性解放的程度越高，就更容易为个体生活幸福感的提升创造有利的条件，反之，若人人平等和个性解放的程度有限，必将阻碍个体生活幸福感的提升。

我们观察一个社会的文明程度，更要看人们对生活幸福的感受程度。

总之，无论是历史上的社会文化变革，还是今天的社会文化变革以及未来的社会文化变革，这种变革是否能够促进人人平等、是否能够促进个性解放、是否能够促进人的生活幸福感的提升，这将成为我们如何评价社会文化变化的一个重要量标。

原载《首都师范大学学报》2013 年第 6 期

---

① 陈独秀：《人生真义》，任建树等编：《陈独秀著作选》第一卷，上海人民出版社 1984 年版，第 347 页。

五四时期社会文化嬗变论纲

——以婚姻、家庭、女性、性伦为中心

社会文化不是一般泛泛的概念，而是一个特定的学术概念。所谓社会文化是指外在的社会生活与其内在的观念意识之间的一种相互关系。这种关系一般说主要有四大类型：一是社会生活变化引起观念意识的变化；二是观念意识变化引起社会生活的变化；三是社会生活变化但观念意识未变；四是观念意识变化但社会生活未变。为什么会有这样不同的情况，是什么原因造成的，不同情况对人们的生活会产生怎样的影响，需要汲取哪些经验教训——这些就是社会文化学或社会文化史要解决的问题。社会生活是指人们为了维系生命和不断改善生存质量而进行的一切活动的总和。观念意识是指人们面对社会实践，通过思维活动而形成的思想观点。社会生活与观念意识在不同的时代所反映的具体内容和内涵是不同的，它随着时代的变化而不断地发展演化。

五四时期是社会文化发生变化的一个重要时期，发生变化的具体内容丰富多彩。本文只截取婚姻、家庭、女性、性伦方面的几个重点问题作为阐述的对象，以反衬五四时期社会文化演变的特质和一般规律。

（一）观念意识的变化

（1）中国传统婚姻的观念意识有几个特点：第一，父母、媒妁把持婚姻决定权。所谓"男不自专娶，女不自专嫁，必由父母，须媒妁"①，"不待父母之命、媒妁之言，钻穴隙相窥，逾墙相从，则父母国人皆贱之"②，

---

① 《白虎通·嫁娶》，《百子全书》第 6 册，浙江人民出版社 1984 年版。
② 《孟子·滕文公下》，《十三经注疏》下册，中华书局 1980 年版，第 2711 页。

"父母之命，媒妁之言"成为男女婚嫁的基本原则。第二，男婚女嫁要考虑经济利益，形成买卖的婚姻特征。所谓"非受币不交不亲"①，"卖女纳财，买妇输绢，"②"凡婚嫁无不以财币为事，争多竞少，恬不为怪"③。婚姻与钱财紧紧相连，买卖成为婚姻的特征之一。第三，男女婚姻地位上的不平等，表现出抑女性的特点。所谓"天尊地卑，乾坤定矣"，"乾道成男，坤道成女"④，"妇者，服也"⑤，"妻者，齐也"⑥，"一与之齐，终身不改，故夫死不嫁"⑦，"饿死事极小，失节事极大"⑧，反映了中国传统婚姻"夫尊妇卑"的观念。第四，婚姻的目的是"种的繁衍"，是"继后嗣"。所谓"合两姓之好，上以事宗庙，而下以继后世也"⑨，"人道所以有嫁娶何？……重人伦，广继嗣也"⑩，"大昏，万世之嗣也"⑪，体现着中国"不孝有三，无后为大"⑫、婚姻"非为色也，乃为后也"的"天理"、"人欲"观。第五，婚礼的繁文缛节。所谓"六礼是也"。六礼是中国传统婚姻必须遵守的礼仪程序，遵行六礼的婚姻才算严肃合法，为社会承认。六礼即纳采、问名、纳吉、纳征、请期、亲迎。六礼为婚姻大礼，六礼之外，繁琐的婚姻礼仪千姿百态，数不胜数，履行婚礼的每一程序，疲于缩微，不堪言表。上述中国传统婚姻观念意识的五个特点是历史形成的，所以它曾有过一定的历史合理性。但随着历史的进化，其合理性渐次削减，不合理性渐次凸显，开始受到人们的批判。中国近代以来，对传统婚姻观念意识的批判是有力的，并且新式的婚姻观念意识得到提倡。

五四时期提倡的婚姻观念意识主要体现在如下几个方面：第一，自由恋爱。强调恋爱与婚姻的统一，把爱情和婚姻视为"光色与绘画"、"节奏

---

① 《礼记·卷第二·曲礼上》，《十三经注疏》上册，中华书局1980年版，第1241页。
② 《颜氏家训·卷上·治家篇》，《百子全书》第6册，浙江人民出版社1984年版。
③ 赵翼：《廿二史札记·卷十五·财婚》，世界书局1936年版，第197页。
④ 《易经·系辞上》，《十三经注疏》上册，中华书局1980年版，第75页。
⑤ 《白虎通·嫁娶》，《百子全书》第6册，浙江人民出版社1984年版。
⑥ 同上。
⑦ 《礼记·郊特牲》，《十三经注疏》下册，中华书局1980年版，第1456页。
⑧ 江永注：《近思录集注》第2册，卷6，"齐家之道"，上海书店1987年影印版。
⑨ 《礼记·昏义》，《十三经注疏》下册，中华书局1980年版，第1680页。
⑩ 《白虎通·嫁娶》，《百子全书》第6册，浙江人民出版社1984年版。
⑪ 《礼记·哀公问》，《十三经注疏》下册，中华书局1980年版，第1611页。
⑫ 同上书，第2723页。

与音乐"的一体关系。① 婚姻以爱为基础，恋爱而后成婚姻。主张要自由恋爱，建议多建公共娱乐体育和休闲场所，为自由恋爱提供条件和机会。② 第二，自由结婚。把婚姻完全看成是个人的事情，是由个人的情感决定的。婚姻不应该受到外力的干涉，他人也无权决定当事人的婚姻大事。所以要废除中国"父母之命，媒妁之言"的传统习俗，而倡导在双方自由意志基础上的"互相结合"。③ 第三，自由离婚。男女结合是共同生活的开始，双方的感情能否持久，能否有变化都还不能确定。双方一旦失去了往日的爱情，是否还要维持既往的婚姻，有人提出了自由离婚的主张，认为"夫妇间没有爱情，就可离婚，不必要什么别的条件，"④ 并认为要解救无爱情的夫妇，"离婚"是拯救双方"幸福的神"。⑤ 第四，再嫁自由。寡妇和全社会都要破除"褒奖条例"和"贞节牌坊"的迷信，是否再嫁完全是"一个个人问题"⑥，不能因为传统舆论而断了再嫁的念头，有了再嫁的意愿，就要"一往直前"。⑦ 第五，同姓结婚自由。中国有同姓不婚的习俗，要打破这种传统的观念意识，主张只要没有血统关系，完全可以"同姓结婚"。

（2）中国传统家庭的观念意识有如下特点：除了端正家风、互帮互助、敬老养老、和睦相处等优质特点外，⑧ 还有几个劣质特点：第一，传统家族讲求的"一钱尺帛，不人私房"⑨，"门内斗粟，尺帛无所私"⑩ 的不藏私材、平均分配消费的观念意识，造成人们的依赖和懒惰。第二，传统家族恪守的"父母在不远游"，"荣古而虐今，贱近而贵远"的心态意识造成人们的封闭守旧。第三，传统家族的"以自己为中心向外推，愈推愈

① 《自由离婚的考察》，《陈望道文集》第 1 卷，上海人民出版社 1979 年版，第 157 页。
② 林长民：《恋爱与婚姻》，《平民教育》第 46 号。
③ 汉胄：《对于一个男女结合宣布式的谈话》，《觉悟》1921 年 6 月 7 日。
④ 易家钺：《家庭问题》，商务印书馆 1920 年版，第 109—110 页。
⑤ 崔溥：《救济无爱情的夫妇惟一的方法："离婚"》，《共进》第 26 号。
⑥ 《贞操问题》，《胡适文存》第 1 集卷 4，第 670 页。
⑦ 陆秋心：《婚姻问题的三个时期》，《新妇女》第 2 卷第 2 号。
⑧ 参见拙著《近代中国陋俗文化嬗变研究》，首都师范大学出版社 1998 年版，第 130—131 页。
⑨ 《魏书·崔挺传》第 3 册，中华书局 1974 年版，第 1271 页。
⑩ 《新唐书·孝友传》第 18 册，中华书局 1975 年版，第 5579 页。

远"① 的人际网络，造成人们的亲疏有别。第四，传统家族的"明知公益之事，因有家而不肯为；明知害人之事，因有家而不得不为"② 的家族利益观，造成人们的狭隘自私。第五，传统家族的"尊卑次序谨严"③，"定尊卑，名不可同"④ 的家族尊卑观，造成人们的等级界限意识。

五四时期提倡的家庭观念意识主要体现在如下几个方面：第一，建立新的家庭关系和生活方式。如主张家庭成员的平等关系，"亲子之关系，专为义务的而非权利的"⑤，"父母都当居朋友底地位，去发展他们底正当爱心"⑥。如主张自立的人格，"家庭之出纳庶务，均由主妇主张之，男子无干涉之权"，"子女须具自立之人格，勿妄想父母之遗产"⑦。如主张勤俭节约，家务要"主人躬自为之"，"主妇宜助理杂役，勿多雇佣仆"⑧。反对"儿女之浪费"，反对"重虚文而不求实际"的"虚假行为"⑨。第二，建立小家庭制。认为只有实行小家庭的分居制才能健全家庭成员的精神生活，去掉家庭成员的依赖心。其具体主张又分"分居"和"异财"两种。"分居"即主张建立"仅许一夫一妻，及未婚之子女"⑩ 的新式小家庭，从而脱离老一辈和大家族而独立生活。"异财"即主张"各人均得有其私产"⑪，"成年者有财产独立权"⑫。第三，主张改造社会与改造家庭共举。"把家庭问题归纳在社会全体的改造方案内，欲他们联带着一齐改造"⑬。家庭制度作为上层建筑的一部分，是为不同的经济基础所决定并为其服务的。认为家庭问题的改革只有靠在改造社会——即废除私有制，打倒阶级的过程中逐渐得以变革，而最终达到家庭改造的目的。

（3）中国传统女性的观念意识有几个特点：第一，"奢饰"之女。难

① 沙莲香：《中国民族性》（一），第 268 页。
② 鞠普：《毁家谭》，《新世纪》第 49 期。
③ 钱文选：《钱氏家乘·家训·钱氏家训·家庭》。
④ 李汝祺等修：《李氏族谱·又序》。
⑤ 李平：《新青年之家庭》，《新青年》第 2 卷第 2 号。
⑥ 谢维鹏女士：《家庭底改制》，《妇女评论》第 46 期。
⑦ 李平：《新青年之家庭》，《新青年》第 2 卷第 2 号。
⑧ 同上。
⑨ 启明：《中国家庭制度改革论》，《青年进步》第 25 期。
⑩ 李平：《新青年之家庭》，《新青年》第 2 卷第 2 号。
⑪ 启明：《中国家庭制度改革论》，《青年进步》第 25 期。
⑫ 《中华民国家庭改良会暂行草章》，《北京档案》1986 年第 2 期。
⑬ 沈雁冰：《家庭改制的研究》，《民铎》第 2 卷第 4 号。

以自立与生存的女子，为了博得男人的欢心，把大部分的精力放在打扮修饰自己的容颜仪态上，让自己成为一个标准的"美人"。第二，"无权"之女。"外言不入于阃，内言不出于阃"，女子只能在内室谈论有关"油盐酱醋柴"的生活小事，却无权谈论家庭外及国家大事，遵行于此，乃合妇道。第三，"无才"之女。"女子无才便是德"是中国社会纲常伦理的重要内容。在这种"妇德"观的束缚下，旧中国历来不支持女子读书受教育。女子被愚蒙在无知之中，使其"眼光小如豆"，"脑质竭如泥"。第四，"七出"之女。中国历史上的离婚是男子的特权，女子在男子这个特权下，只能甘当离婚的牺牲品，"妇者，服也"。只要丈夫写一纸"休书"，他们的夫妻关系就算解除了。第五，"奴婢"之女。中国自古以来就产生了大量的奴婢，尤以婢女为多。婢女的命运比男奴更加悲惨，经常遭受奴主的禁锢、奸污、逼嫁为妾、遗弃等等人身和人格的侮辱，过着一种非人的生活。①

五四时期提倡的女性观念意识主要体现在如下几个方面：第一，形体观。把"女子既为男子私有之物，但供男子玩弄，故穿耳、裹足、细腰、黑齿、剃眉、敷黛、施脂、抹粉、诡髻、步摇，不惜损坏身体以供男子一日之娱"②的取悦于男的形体观改变为保持"不假修饰自然的美丽"③，"美观要天然生成，不能用强力制造"④的女子形体观。第二，自立观。把"妇以夫贵"、"女子主内"的女子传统寄生观改变为女子也要"谋经济独立"⑤的女子自立观。第三，女学观。把"女子无才便是德"的"妇德"观改变为大兴女学，促进国民文明，"大学开放女禁"，"中学男女同校"的女学观。⑥第四，参政观。把中国传统文化历来强调的"男不言内，女不言外"⑦的观念改变为"欲求社会之平等，必先求男女之平权；欲求男

---

① 以上均见拙文《传统文化中的女性形象》，《女性学》，中国文联出版社 2001 年版，第 127—135 页。

② 康有为：《大同书》，辽宁人民出版社 1994 年版，第 163 页。

③ 胡怀琛：《女子当废除装饰》，《妇女杂志》第 6 卷第 4 号。

④《解放画报》第 1 期。

⑤ 沈求己：《现在女子急应革除的恶习》，《解放画报》第 1 期。

⑥ 梁景和：《近代中国陋俗文化嬗变研究》，首都师范大学出版社 1998 年版，第 234—237 页。

⑦《礼记·内则》，《十三经注疏》下册，中华书局 1980 版，第 1462 页。

女之平权，非先与女子以参政权不可"① 的女子参政观。第五，自重观。把女子的"男贵女贱"观改变为女子"不要自己太看得轻了，我们这些大女子、大英雄，倒实在在有干出大事，造出世界的资格"②，"缺了有才的男子不行，缺了有才的女子也不行"③ 的女子自立观。

（4）中国传统性伦的观念意识有几个特点：第一，贞操观。"贞操"是中国传统社会要求女子单方面实行性禁锢的一种道德观。"妇人贞洁，从一而终"④，"饿死事极小，失节事极大"⑤，"把贞节看得比妇女的生命更重……是她第一生命"。⑥ 第二，"男女授受不亲"观。中国传统文化有一套严格的男女授受交往方式。要求"男女不杂坐，不同椸枷，不同巾栉，不亲授"⑦，男女七岁"不同席，不共食"⑧，"女子出门，必拥蔽其面，夜行以烛，无烛则止。道路，男子由右，女子由左"。⑨ 第三，性禁忌观。"中国向来看两性关系是非常卑下而且秽亵；以为男女之间，除了严防以外，更无别法。"⑩ "一般道学先生，假仁义道德之面具，称女子为魔鬼，视两性如毒蛇；对于一切两性生活，不特不问其是否重要，且闻人谈及两性生活，不禁掩耳而走，退避三舍。于是上行下效，所向风靡。大部分人们，对于两性生活，无不存秘密、轻蔑、鄙视、侮辱之观念，而社会制度、风俗、习惯，亦无不力主两性之秘密，反对两性之公开。"⑪

五四时期提倡的性伦观念意识主要体现在如下几个方面：第一，新式贞操观。包括被强暴的女子不必自杀；社会要怜惜失身女子，不要轻视

---

① 陈东原：《中国妇女生活史》，上海商务印书馆 1928 年版，第 360 页。

② 君剑：《女子之责任》，《竞业学报》第 6 期。

③《女子无才便是德》，《中国新女界杂志》第 3 期。

④《周易·恒》。

⑤《河南程氏遗书》第 22（下），（台）李敖主编：《中国名著精华全集》第 9 册，远流出版公司 1983 年版，第 459 页。

⑥ 吴敬梓：《儒林外史》第 464 页。

⑦《礼记·曲礼上》，《十三经注疏》上册，中华书局 1980 年版，第 1240 页。

⑧《礼记·内则》，《十三经注疏》下册，中华书局 1980 年版，第 1471 页。

⑨《礼记·内则第十二》，《十三经注疏》下册，中华书局 1980 年版，第 1462 页。

⑩ 周建人：《性教育的理论与实际》，《中国妇女问题讨论集》第 5 册，《民国丛书》第 1 编第 18 册，第 174 页。

⑪ 林昭音：《两性教育之研究》，《中国妇女问题讨论集》第 3 册，《民国丛书》第 1 编第 18 册，第 85—86 页。

她；打破"处女迷信"。① 第二，"男女社交公开"观。男女都有独立的人格，都有自由交往的权力，男女社交公开是实现男女平等的实践基础，也是极其正常的社会现象，所以应"破除男女界域"，"增进男女人格"。②第三，"性教育"观。"要风化好，是在解放人性，普及教育，尤其是性教育"③，性教育包括对传统性禁忌心态习俗的批判，探讨性教育的方法，宣传性教育的内容。

以上我们仅从婚姻、家庭、妇女、性伦四个方面为例阐述了中国传统观念意识和五四时期新产生的观念意识。两者比较，反差殊大。

（二）思想大论战

五四时期新观念意识并非一帆风顺就产生了，它经历了一场针锋相对的思想论战。这场论战显现出自身的突出特征。

（1）基本在社会文化变革的所有领域都存在着思想论战。在婚姻、家庭、女性、性伦领域都反映了这一点。在婚姻方面，有主张废除"订婚"④、"征婚"⑤形式的，也有赞同采用"订婚"⑥、"征婚"形式的；有主张"自由恋爱"⑦、"自由结婚"⑧的，也有反对"自由恋爱"⑨、"自由结婚"⑩的；有主张"晚婚"的，也有主张"早婚"⑪的；有主张"废除婚姻"的，也有反对"废除婚姻"⑫的。在家庭方面，有主张"生育节制"⑬的，也有反对"生育节制"⑭的。在女性方面，有主张"男女教育

---

① 《论女子被强暴所污》，《胡适文存》卷4。
② 杨潮声：《男女社交公开》，《新青年》第6卷第4号。
③ 《鲁迅全集》第1卷，第258页。
④ 企留：《废止"订婚"的提议》，《觉悟》1922年9月3日。
⑤ 卞焕章：《征婚与自由恋爱》，上海《时事新报》副刊《现代妇女》第29期，1923年6月26日。
⑥ CCT：《废止订婚的误解》，《觉悟》1922年9月14日。
⑦ 《我底恋爱观》，《陈望道文集》第1卷第66页。
⑧ 徐彦之：《男女交际问题杂感》，《晨报》1919年5月4日。
⑨ 刘巧凤：《我的婚制解放谈——自由恋爱》，《解放画报》第6期。
⑩ 冰村：《两个女子的婚姻问题》，《共进》第23期。
⑪ 纪裕迪：《对于青年早婚的意见》，上海《时事新报》副刊《学灯》1923年6月15日。
⑫ 1920年春夏之交，上海《民国日报》副刊《觉悟》开辟了"废除婚姻制度"的讨论专栏，进而掀起了一场史无前例的"废婚"大论战。
⑬ 瑟庐：《产儿制限与中国》，《妇女杂志》第8卷第6号。
⑭ 力子：《生育节制释疑》，《妇女评论》第39期。

平等"的,也有反对"男女教育平等"的;有主张"大学开放女禁"①的,也有反对"大学开放女禁"②的;有主张"中学男女同校"③的,也有反对"中学男女同校"④的。在性伦方面,有主张"性教育"⑤的,也有反对"性教育"的;有主张"男女社交公开"的,也有反对"男女社交公开"⑥的,有主张新式"贞操观"⑦的,也有固守传统"贞操观"的。

几乎在所有的社会文化领域都展开了思想论战,它深刻揭示了几个问题,其一,固定化了的社会文化,一旦成为人们的生活方式,就具有相当程度的稳定性。随着时代的进化,即便它本身的不合理性或野蛮性日显突出,仍然有相当的人群会欣赏甚或崇拜它。其二,主张变革传统社会文化的知识精英,有的对现实社会生活有着深刻的体悟,有的对西方文明有所了解接触或有些认同,有的对社会生活有新的向往和追求,有的对社会和人生有着更深刻或独特的思考。相反,主张固守传统社会文化的人们,有的对社会生活的负面感受体悟不深,有的不愿认同西洋文化,有的陶醉于现实的社会生活方式之中,有的对社会和人生习惯于以往的惯性思考。其三,这样的两股人群面对社会文化是否变革的时候,都会自觉地站出来发表自己的意见,进而表明自己的文化立场,所以一场思想文化论战就成了一种必然。社会文化的变革是伴随着思想论战而同时进行的,这是一个普遍规律。在思想文化人群中如此,在普通民众中亦如此。其四,思想论战在言论和论战结果上很难分出胜负,有的论战不了了之,有的论战出现暂时的趋同,但思想论战最终影响着人们的观念,最终影响着人们的社会生活,五四时期社会文化的演变已经充分说明了这一点。

(2)围绕中国传统文化展开的论战。五四时期由倡导社会文化变革而发生的思想论战是围绕对某些传统文化观念的态度而展开,这是对传统文化某些观念是否采取"破"或"立"的态度问题。诸如:关于自由恋爱、

---

① 《中华新报》1920年1月1日。
② 陈望道:《和时代思潮逆流的江苏省议员〈禁止男女同校〉提案》,《妇女评论》第71期。
③ 徐植仁:《我对于中学男女同校的主张》,《觉悟》1921年12月29日。
④ 《北京附中实行男女同校后一年来经过之概况》,《平民教育》第51号,1922年5月10日。
⑤ 周建人:《性教育的理论与实际》,第173页。
⑥ 雁冰:《男女社交公开问题管见》,《妇女杂志》第6卷第2号。
⑦ 《论女子为强暴所污》,《胡适文存》卷4。

自由结婚的论战,反映了对"父母之命,媒妁之言"等传统文化观念的态度;关于寡妇再嫁、自由离婚的论战,反映了对"饿死事小,失节事大"等传统文化观念的态度;关于晚婚、生育节制的论战,反映了对"不孝有三,无后为大"等传统文化观念的态度;关于女子参政、女子求学的论战,反映了对"外言不入于阃,内言不出于阃"、"女子无才便是德"等传统文化观念的态度;关于男女社交公开的论战,反映了对"男女之大防"、"男女授受不亲"等传统文化观念的态度;关于性教育的论战,反映了对"性不净"、"性禁忌"等传统文化观念的态度。总之,论战双方围绕着对某些传统文化观念的态度而展开的思想交锋,反映了论战者对传统文化中某些落后和野蛮的思想观念是否采取变革的态度问题。

对于传统文化,一般而言,时人主要采取两种态度,一是继承发扬,二是批判变革,这是传统文化自身功效决定的。那么当时对于传统文化的某些观念应当采取什么态度,其标准就是社会生活的实践。即传统文化的某些观念有益我们的社会生活,就当继承发扬之;反之,就当批判变革之。并非无条件地坚持传统文化就好,也不是无条件否定传统文化就好,需要具体问题具体分析。文化是要继承的,文化又是需要创造的,它的唯一标准就是我们社会生活的实践。从这个思考角度,我们可以评判五四时期社会文化的思想论战了。坚持"父母之命,媒妁之言",坚持"饿死事小,失节事大",坚持"不孝有三,无后为大",坚持"女子无才便是德",坚持"男女之大防"、"男女授受不亲"等传统文化观念,有助于提高和改善五四时期人们社会生活的质量还是有碍提高和改善呢?我们如何看待和评价这个问题,就比较容易了。我们在任何时代去评价文化问题,都不应仅凭个人的好恶而不加分析的全盘肯定或否定。

(3)论战双方都以维护性道德作为自己进攻和防御的武器。在这次论战中,双方都把自己塑造成维护传统性道德的卫道士,这在论战的焦点和内容上都有充分的反映。诸如:反对自由恋爱者认为自由恋爱是"乱交",是"变相的强奸"[1],而主张自由恋爱者则认为只有自由恋爱才是"道德感底融合",自由恋爱的缺失,定是"轧姘头底别名"[2];主张早婚者认为

---

① 刘巧凤:《我的婚制解放谈——自由恋爱》,《解放画报》第6期。
②《我底恋爱观》,《陈望道文集》第1卷,第66页。

早婚可以避免"不正当的夫妇关系"①，而主张晚婚者则认为早婚"有碍道德进化"②；反对"生育节制"者认为"节育"将导致"纵欲无度"，是"禽兽之行"③，而主张"生育节制"者则认为"节育"不能引起"道德的放纵"，"节育"与道德问题"没有关系"④；反对男女同校者认为男女同校"最容易发生性欲冲动"⑤，而主张男女同校者则认为，"如果男女同学，男女时时有相见的机会，性的刺激一定因习惯而减少"⑥；主张男女社交公开者认为实现男女社交公开，是"养成男女间性的道德的顶好的法子"⑦，而反对男女社交公开者则认为男女社交公开，"接触的机会愈多，不道德的事情自然更易发生"⑧；主张性教育者认为"实施青年男女的性教育，提倡恋爱的神圣，尊重女子的人格，都是维持贞操上最切要的事情"⑨，而反对性教育者则"不知道性教育是性的卫生及性的道德的基础，往往容易误认实行这种教育，是导于恶习的起点"⑩ 以上可见，在这次论战中，论战双方都是以维护性道德作为自己进攻和防御的武器的。

在任何社会，包括在思想解放的五四时期，无论是要创造怎样的社会生活，也无论是要达到怎样的生活目标，审慎地维护性道德，既是策略手段，也是适应现实的智举。它可以获取舆论的支持，自然是思想论战获胜的基础。就一般情况而言，更多的人在理性的状态下都会认同规范性道德是人与社会的一个基本要求。控制性的本能，规范性的行为是社会和谐稳定的基础。所以谁也不甘冒天下之大不韪而去疯狂倡导肉欲的泛滥的，即便汪精卫"中国人把男女防闲看得这样重，只有索性实行乱交可以破破这固执的空气"⑪ 的言辞，也只是气急之下的愤怒言辞而已，并非他理性的

---

① 裕迪：《对于青年早婚的意见》，上海《时事新报》副刊《学灯》1923 年 6 月 15 日。
② 梁景和：《近代中国陋俗文化嬗变研究》，首都师范大学出版社 1998 年版，第 101 页。
③ 瑟庐：《产儿制限与中国》，《妇女杂志》第 8 卷第 6 号。
④ 同上。
⑤ 《北京附中实行男女同校后一年来经过之概况》，《平民教育》第 51 号，1922 年 5 月 10 号。
⑥ 仲九：《男女同学和性欲》，《觉悟》1920 年 7 月 5 日。
⑦ 徐植仁：《我对于中学男女同校的主张》，《觉悟》1921 年 12 月 29 日。
⑧ 雁冰：《男女社交公开问题管见》，《妇女杂志》第 6 卷第 2 号。
⑨ 瑟庐：《产儿制限与中国》，《妇女杂志》第 8 卷第 6 号。
⑩ 周建人：《性教育与家庭关系的重要》第 179 页。
⑪ 《答人社》，《独秀文存》卷 3，安徽人民出版社 1987 年版，第 800 页。

倡导。因此，五四时期变革社会文化，论战双方以维护性道德作为自己进攻和防御的武器，达到了他们策略手段的制高点。

（三）社会生活的变化

社会文化的变化一般体现在两方面的变化，一是观念意识的变化，一是社会生活的变化。五四时期社会文化的变化也体现在这样两个方面，即不但在观念意识上发生了变化，而且在社会生活的实践上也有了新的变革，这在婚姻、家庭、女性、性伦等方面均有所反映。

（1）五四时期出现了一次婚姻生活变革的高潮。婚姻生活变革的突出表现是部分知识青年以反叛者的姿态面对自己的婚姻生活，个体成为自己婚姻的主宰者，具体反映在如下方面：一是废除旧的婚俗形式，认为"俗例结婚，前后手续，形同买卖，蔑视人格，非革除不可"。① 当时有人革除旧有的婚俗形式主要包括解除婚约，废除订婚，废除婚宴，不收婚礼等。二是公开背弃包办婚姻，或离家出走，或以智抗争，"积极地和环境奋斗，向光明的人的大路前进"。② 三是追求个人幸福的自由婚姻。五四时期很多青年解放了思想，更新了观念，大胆追求自由婚姻的人逐渐增多，"向蔡同盟"和"五四夫妻"③ 成为典型。四是出现了离婚高潮。五四时期"离婚的事件骤然增多，这本来也没有什么奇异，因为近年离婚自由之说兴起后，从前不满意的婚姻，被习惯束缚着的现在都起来要求解脱了"。④ 五四时期"离婚的增加，就是向着新社会那条路上快跑"。⑤

（2）五四时期家庭生活也出现了部分变革。这种变革主要体现在如下两个方面：一是家庭"节育"的实施。五四时期在"生育节制"思潮的影响下，社会上出版了很多"生育节制"的图书，成立了一些"生育节制"的社会团体和研究会，在这些团体的宣传和带动下，我国的生育节制已经渐渐发端，"知识阶级的家庭，尤其是青年的妇女，恐怕大都已获得节育的知识。因此在知识分子中，节育运动已有渐渐普及之势，即不加任何提

---

① 蒯希圣、莫一飞：《一个结婚的通告》，《觉悟》1922 年 11 月 20 日。
② 香苏：《李欣淑女子出走后所发生的影响》，长沙《大公报》1920 年 2 月 29 日。
③ "向蔡同盟"指向警予与蔡和森经自由恋爱而缔结的婚姻；"五四夫妻"指上海几对青年男女在学生运动中自由结为夫妻。
④ 《离婚与恋爱》，《周建人文选》第 180 页。
⑤ 易家钺编译：《家庭问题》，商务印书馆 1920 年版，第 110 页。

倡，已在暗中流行了"。① 二是丧礼的改革。重点体现在摒弃传统丧葬的迷信内容，主张丧礼节俭，变革丧服，改土葬为火葬，改革丧葬礼仪等。②

（3）五四时期女性生活也出现了重要的变革。一是女子禁缠足有了新的发展，五四时期"除掉穷乡僻壤，风气闭塞的地方，还不免有缠脚的妇女，都市省会，差不多全是天足，再也看不见小脚伶仃的了"。③ 二是迎来了女学发展的新时期，这个时期的特点是进一步主张男女教育的平等权，主张实现男女同校，在一定程度上扫除了发展女子教育的障碍，出现了"大学开放女禁"和"中学男女同校"这一女学发展史上的新事物。三是女子参政运动的再度兴起，形成近代中国女子参政的第二次高潮。"女界联合会"是女子参政运动的倡导者和组织者，其间成立的诸多女界团体和机构为女子大规模的参政作了充分准备，女子参政在实践上也取得了一定的成果。这次女子参政运动的巅峰期在1921年至1922年间，以湖南和广州为先驱，逐渐波及全国诸多省份。

（4）五四时期性伦生活也发生了变革。这种变革包括：第一，男女社会交际迈出了重要的一步。五四时期爱国救亡运动为进步青年男女的社交提供了实现的契机。男女学生相互沟通，共同罢课，举行示威游行。进步女青年敢于"冒天下之大不韪"，前往监狱慰问被逮捕的男学生。五四时期一些进步团体打破男女界限，吸收女青年参加，形成组织上的男女大联合，长沙的新民学会和天津的觉悟社在当时最具典型意义。第二，开始重视性教育。主张采取家庭、学校、社会三方结合的方式来进行性教育。学术界开始重视性生活与优生关系的探讨。在课堂性教育方面，鲁迅成为中国现代性教育的先驱者。张竞生主编的《性史第一集》，收有听他讲课的七名北京大学男女学生所写的关于性知识体验的七篇文章，反映了张竞生在性教育的实践上所做的具体工作。

（四）变化的缘由、意义及局限

1. 五四时期社会文化发生变革的主要缘由

① 孙文本：《现代中国社会问题》第2册，第157—158页。

② 梁景和：《近代中国陋俗文化嬗变研究》，首都师范大学出版社1998年版，第186—191页。

③ 周剑云：《废除穿耳》（二），《解放画报》第3期。1920年7月25日。

其一，近代社会文化变革的延续。五四时期社会文化的变革是近代以来社会文化变革的延续。近代中国历史的变革轨迹上，社会文化的变迁是其发展变化的重要内容之一。这是因为社会文化属于动态的历史现象之一，同时也因为近代中国的社会文化的确走上了从传统到近代的转型历程。从太平天国婚姻生活的变化到洋务时期出国官员和文人们对欧美婚俗的关注；从维新派的新式婚姻观到清末民初婚俗的改造，再到五四时期婚俗文化的变革，这是婚姻文化变革的一个历史延续。从清末的"家庭革命"到民初的"家庭改制"，再到五四时期的生育节制和丧礼改革，这是家庭文化变革的一个历史延续。从近代以前的禁缠足主张到五四时期的禁缠足运动；从近代初期的女学发端到五四时期的女学发展；从民初的女子参政运动到五四时期的女子参政运动，这是女性文化变革的一个历史延续。从谭嗣同的性教育思想到五四时期的性教育思潮，这是性伦文化变革的一个历史延续。可见，五四时期社会文化的变革是近代以来社会文化变革的惯性使然，是近代以来社会文化变革的延续。

其二，五四文化开放时代的催进。五四是新文化运动时期，是一个全新的文化开放时代。在这样的一个时代，人们思想解放，观念更新，促进了社会生活的变化。按照社会文化的界定，观念本身和社会生活本身均构成社会文化的一个要素。观念的变革与更新，解放与开放，其本身就是社会文化变革的一种体现，而在五四时期这种多方位开放的文化时代，又促进了社会生活多方位的变化。这种变化无论在思想观念的深度和广度上，也无论在社会生活的范围和程度上，均是历史上所罕见的。一般而言，文化开放时代往往就是社会文化容易发生变化的历史时期，而五四时期恰恰就是这样的一个历史时代。

其三，知识精英的开蒙作用。社会文化的变化一直是先识的知识精英带动的结果。在五四之前直到五四时期一直有这么一批知识精英在引领着人们，在开蒙着人们。戊戌变法时期的康有为、梁启超、严复、谭嗣同，辛亥革命时期的孙中山、黄兴、宋教仁、汪精卫、金天翮，五四时期的陈独秀、胡适、鲁迅、李大钊、蔡元培、吴虞、毛泽东、沈雁冰、陈望道、周作人等就是这批精英的主要代表。这些启蒙者思想深刻且前瞻，是文化破与立的先驱。这些启蒙者对中国现实社会文化对自身和他人影响有直接感受，也就有了切身的感悟。这些启蒙者对西方现代文明有了解，有认同，也就愿意采取拿来主义的策略，直接引进西方文明并为我所用，所以五四时期很多新的社会文化观念意识是西方文明中的一部分。知识精英的价值观念直接影响着民众的思想意识，民众也愿意追随和跟从这些有高尚品格又聪颖智慧、有献身精神的知识精英们，这种"众从"现象推动了社会文化的变革。

2. 五四时期社会文化变革的历史意义

其一，蕴藏着人的解放的深刻主题。人的解放包括诸多方面，如形体的解放、教育的解放、经济的解放、政治的解放、伦理的解放等。而五四时期社会文化的演变正体现着人的解放的深刻主题。五四时期这种人的解放的程度可能还比较有限，但其解放的历史意义却是重大的。五四时期人的解放的深刻主题体现在社会文化变革的诸多事象上，禁缠足是人的形体解放；男女同校、大学开放女禁是教育的解放；女子谋求自立是经济的解放；自治政治与女子参政是政治的解放；自由婚姻、家庭改制、生育节制、丧礼改革、社交公开、新式贞操观念和性教育思潮都体现着伦理的解放，而伦理的解放更深刻反映着人性的解放，是人的带有根本性的最终的解放。

其二，中国文化精神进化的深刻体现。近代以来，特别是五四时期，是中国文化精神进化的重要时期。这种文化精神的进化正是通过社会文化的变革而体现着的。这种进化的主要表现就是文化精神开始从人伦文化走向个性文化。人伦文化的本质是讲求权威、讲求等级、讲求尊卑、讲求亲疏、讲求主奴，是一种专制的文化。这种文化即便在历史的长河中产生过诸多影响，但随着历史的进化它逐渐走向了衰落，代之而来的是个性主义文化观的诞生。个性主义文化观相对摆脱传统人伦文化的束缚，看重和强调个体价值，确定个体的人身地位，从而获得个体间的相对平等和自由。五四时期社会文化的变革处处体现着这种个性主义文化观的张扬。自由婚姻、祖宗革命、纲纪革命、丧礼改革、禁止缠足、男女同校、妇女参政、社交公开的观念中处处潜藏着个性主义文化观的深刻意蕴。

3. 五四时期社会文化变革的历史局限

社会文化的变革是一个长期动态的运演过程。五四时期社会文化虽然发生了很大的变化，但这种变化是有局限的。有的变化刚刚开始，有的变化刚刚扩展，有的变化至今还没有完成，仍在继续变革的过程当中。思想观念和社会生活同时变化是社会文化变革的完美状态，思想观念变了但社会生活未变或社会生活变了但思想观念未变，虽然也可视为社会文化的变化，但均不是完美的状态。五四时期社会文化达到完美状态的人群还是很少。这与当时政治、经济和文化诸多重要的因素有很大的关系。只要还是专制政治，人伦文化就要被弘扬，个性文化就要被遏制；只要经济不发达，文明的非买卖的社会文化就难以确立；人们思想观念的变革是困难的，人们容易固守传统文化，容易固守传统观念，正如爱因斯坦所言，"我们待人接物的态度，大部分取决于我们在童年时代无意识地从周围环境吸取来的见解和感情。换句话说，除了遗传的天赋和品质以外，是传统使我们成为现在这个样子的。但我们极少意识到，同传统的强有力的影响相比，我们的自觉的思想对于我们行为和信念的影响是那么微弱。轻视传统是愚蠢的，但是如果要使人的关系不断地得到改善，那么，随着我们的自觉性的提高和智力的增长，我们就应当开始控制传统，并且对传统采取批判的态度。我们应当努力去认识，在我们所接受的传统中，哪些是损害我们的命运和尊严的——从而相应地塑造我们的生活"。① 观念变了，行为方式未必就变，观念不变，行为方式更难变化，社会文化的变化是很难的，甚至难于政治制度的变化或经济体制的变化，所以五四时期社会文化变化的局限性是可以理解的。由于社会文化变化的艰难，由于它本身的来之不易，所以五四时期社会文化的变革应当给予充分的肯定，其历史意义是重大的。

原载《人文杂志》2009 年第 4 期

---

① 《黑人问题》，《爱因斯坦文集》第 3 卷，商务印书馆 1979 年版，第 210—211 页。

中国近代早期国人眼中的欧美生活

——以《走向世界丛书》为例

一　引言

进入近代以后，中国人的眼光开始注目世界并逐渐细致入微地去观察世界。近代以来中国人了解和认识世界是一个漫长的过程，是从中国个别人到少数人，再逐渐扩展到更多的人群。中国近代早期走出国门观察了解世界者主要有两部分人，一是出国留学生；一是出国使节。特别是近代早期，即19世纪七八十年代之前，这两部分人更具代表性。这些人到了国外，主要是到了欧美以后，一个全新的社会场景和世界面貌进入他们的视线和眼帘，或许是给他们诸多的刺激和震撼，所以他们通过日记和游记把所见所想记录下来，这些日记和游记成为今天我们认识和研讨那段历史的珍贵史料。打开这些历史记录，我们发现这些日记和游记犹如欧美世界的百科全书，涉及了欧美社会的诸多方面和诸多领域，包括社会的政治运作、民主制度、工业生产、农业发展、矿产开发、自然地理、商业贸易、教育卫生、思想文化、社会生活等等，不一而足。

本文重点探讨的是中国近代早期国人对欧美世界日常生活的关注。本文以《走向世界丛书》为中心资料，选择的国人对象是早期的出国使节，选择的文本主要是他们的日记和游记。这些日记和游记记述了他们观察到的欧美日常生活的方方面面，涉及欧美日常生活的诸多领域，如穿衣戴帽、吃喝饮食、居家住宿、车马交通、婚姻嫁娶、丧葬礼俗、男女社交、两性伦理、医疗卫生等都在他们的记述之列。

二 记述的特征

从日记和游记中，我们看到了他们对欧美日常生活的记述有如下特征。

首先，记述内容的广泛。

作者记述了他们观察到的欧美日常生活的方方面面，涉及欧美日常生活的诸多领域。

他们对婚姻内容的记述较多。尤为关注外国婚娶专主情爱、彼此爱慕、婚姻自主、婚配自择、相交如友的情爱婚姻特征。大量介绍了男女婚配之俗如结婚礼仪、教堂婚礼、婚宴、伴郎及旅行结婚等婚礼形式。还有对金婚、银婚、金刚石婚以及终身不嫁等现象的记述。

有对家庭生活的叙述，包括如家庭食品、茶会、宴请等，还有对家庭积产千万，不遗子孙、养老院、丧葬习俗的讲述。

也有较多对女性身体修饰方面的记述，比如女子耳坠、梳刷、胸针、金链、镯环、链垂、纨扇、衣料、手巾、粉盒以及女性腰围、假乳、赤臂等，还包括西洋女子多染白发、衣冠多爱时款等方面。

有对男女关系方面的记述，比如男女私交不为例禁、男女接吻为礼、男女幽会习见不怪、海外男女皆为兄弟、一家之内女权最尊、外邦男子待妻最优、请客必男女等数、妇女拜客夫不相随等诸多方面。

对娱乐生活方面的叙述亦有多显，特别体现在舞会方面。诸如各种舞式就有宫中舞会、中西舞蹈、歌舞、踢踏舞、变妆舞、脱衣舞。还有舞会礼仪，如舞会请帖、跳舞规矩、舞场布置等，尤其强调西人家家跳舞夜不虚度的生活方式。舞会之外，还有音乐戏剧生活和其他娱乐生活的记述。比如白金汉宫音乐会、幻灯影戏、戏法、愚人节、游戏、台球等等。

有对欧美卫生生活的记述，如西人讲究卫生胜于良医、西人浴堂沐浴、公共厕所等。通过讲述巴黎市容来叙述法国的环保卫生意识。

还注重对欧美生活礼节的介绍，如赠送纪念品、戚友贺礼、告辞之礼、握手之礼等等。

其他还有对西方性伦文化和囚犯生活的记述，诸多种种，此不赘述。

其次，记述内容的细致。

作者在日记和游记中不是仅仅一般草草地记录一下欧美的日常生活，有些记述是认真观察后的详细记录，反映了他们对异域文化的格外关注和浓厚的兴趣，下面列举若干事例说明之。

比如对欧美婚姻自主的记录，"西俗男女婚嫁，皆自主之。未娶未嫁之时，彼此爱慕，相交如友。再计其一年所得财帛，比之相等。然后告之父母，复同往官署声明，官以一纸书，内载某人娶某氏为妻，某女嫁某男为夫，彼此情愿，男不许娶二室，女不许嫁二夫。待迎娶之日，夫妻先入礼拜堂告之牧师，祝于天主。牧师各以金戒指一枚，贯于男女之无名指，以别处女、鳏夫。嫁娶后，众戚属食于男家。女有一饼，名曰嫁饼，众人分而食之。立言数语，以志庆贺。宴毕，次日或越数日，则夫妻偕往外国遨游。富者之游也，其地或千里，或万里，其期或一年，或数年，然后回国。贫者只在本国遨游数日而已。"① 这里对恋爱、结婚、婚礼、婚宴以及婚后旅游作了全面详细的介绍。

再看对婚礼前相关事宜的详细记述，"凡伴新娘之女，或新郎或新娘之亲近姊妹。届时新娘之父偕众先入礼拜堂。其父已故，则叔伯与兄或长亲皆可。后则母女同车。其父衣帽纯黑，其母衣色不拘。新娘与女伴皆一色雪白。新娘执白花束，女伴执红花束。新郎衣黑色，插鲜花一朵于胸前右襟纽孔。女父率众到，其他男女戚谊亦陆续到。女父立候于堂门之外。女伴立于门内，分列两行。馀皆分立女伴之后。新娘母女到，女携其父之右腕先入。继而女伴随入堂内偏间。女伴偶数，如六、八、十二，自然骈肩而入；若奇数，如五、七、九，必加三名幼童或幼女同行，以成偶数。女伴之列第一对者，必新郎或新娘未嫁之姊妹，女母随众女伴尾之。其伴伊母者，或子或侄或甥皆可。男女在堂中不许携手同行，若老妪可代为扶持。其他男女戚谊，对对行于新娘之母之后。众入，乃以车往接新郎父子，到乃直入，立于教师台前之右。待新娘由偏屋至，立于新郎左。新郎与新娘之父，及他各男戚，皆立于新娘之左。新娘之母，及其已嫁之姊妹，皆立于众男之后。众女伴又对对立于新郎之后。凡新郎之亲谊，坐教师台左，新娘之戚谊，坐教师台右。此外如有被请者，皆坐于堂中两

① 张德彝：《航海述奇》，钟叔河主编：《走向世界丛书》，岳麓书社1985年版，第581页。

厦。"① 这里对婚礼前整个过程，包括伴娘伴郎、礼服和进入婚姻殿堂的秩序、人数、行走规则、不同人之位置都叙述得详详细细。

再如对舞会的记述亦如此，"跳舞会者，男与女面相向，互为携持。男以一手搂女腰，女以一手握男膊，旋舞于中庭。每四、五偶并舞，皆绕庭数匝而后止。女子袒露，男则衣襟整齐。然彼国男子礼服下裤染成肉色，紧贴腿足，远视之若裸其下体者然，殊不雅观也。……五月十二日晚，国主请茶会，乃一睹之于柏金哈木宫。是夜各国公使毕集，官绅男女聚观尤众。前庭奏乐，以为舞节。世子与其夫人亦在跳舞中。世子别与一妇为偶，夫人又别与一男子为偶，夫妇不相偶也。其馀次第舞毕，赴别室饮宴，皆立于筵前而食，无坐位。饮毕，复至原处再舞，至一点钟乃散。"② 这里对舞者服饰的特征以及舞会过程的大致环节作了介绍。

对观剧的介绍："通宵只演一事，分四、五、六出。每出将终，垂帘少歇，则有卖扇、橘、酒水、新闻纸暨戏文者，亦有赁双筒千里眼者，往来招呼；客人亦可出外乘冷吸烟饮酒，而出入亦有执照。演戏者男优扮男，女优扮女。看戏者男女咸集，皆手执千里眼，有戏看戏；止戏时则以之四面看人，不论远近，罗列目前。少选，猛听静鞭数下，众皆悄然，已卷帘开戏矣。其戏能分昼夜阴晴；日月电云，有光有影；风雷泉雨，有色有声；山海车船，楼房闾巷，花树园林，禽鱼鸟兽，层层变化，极为可观。演至妙处，则众皆击掌叹赏，曰：'卜拉卧！卜拉卧！'法言'卜拉卧'，即华言'妙'也。若优人下场，众皆爱之，可再击掌唤回，其人则免冠鞠躬，再谢而去。"③ 这里对观剧的整个过程，包括中场休息、舞台布景、观众感受与剧情互动等都描述得惟妙惟肖。

对男女社交的介绍："洋妇喜出游，亦喜见男子，然必与夫偕。夫不在而出游见客者，巨家多不如是。途间每见男子曲右肘，妇人以左手插入其肘中，并肩面行者，皆夫妇居多，顾亦有戚友而相扶掖者。夫在前而戚友扶掖其妇，则夫喜，以人之敬爱其妇也。有客则让其妇，使客扶掖之，

---

① 张德彝：《随使英俄记》，钟叔河主编：《走向世界丛书》，岳麓书社1986年版，第519页。
② 刘锡鸿：《英轺私记》，钟叔河主编：《走向世界丛书》，岳麓书社1986年版，第151—152页。
③ 张德彝：《航海述奇》，钟叔河主编：《走向世界丛书》，岳麓书社1985年版，第493—494页。

与之偕行并坐，谓以是为敬客也。狎昵笑语，咸所不避，第不至于乱。有所犯，则其夫亦愤恚于心。故女子恒厌有夫之拘束，不如无夫之放荡自得，以是终身不嫁者比比；男子亦然，虑钤束于妇，亦往往终身不娶。"①这里不但介绍了男女社交的礼节，还对男女社交的心态以及对选择婚姻的态度都进行了一番阐述。

对告辞送客礼节的记述："男客去，女主不立亦不送，与之握手而已。女客去，尚有别客，则女主只起立与之握手，无他客，始送至客厅门，看其下楼。男主在家，应陪下楼，至门房，看穿外袭而去。来客无论二男或二女，彼此未经多谈，则去时无须握手，鞠躬而已。如未接一语，临行亦不鞠躬。若一男一女，女客先去，则男客无论曾与谈否，必立起与之开门，而不躬送下楼。如女主请其躬送下楼，则女客将出门时，只鞠躬致谢而已。凡客去，将出客厅，女主必拽铃，令人伺候。乡间客至，多有卸车者，故客去必请主人拽铃，以便预备。若客坐近于铃柄，即自拽之。"②从中我们看到了送客礼节的规范和细致。

对沐浴卫生的记述："西人沐浴，非仅以之洁皮肤、解燥热，凡外感风寒、内郁温热、停滞饮食，皆以沐浴之法治之。先投于温池而游泳之，则出而立于喷壶之下，如冒暴雨；又立于喷板之旁，转身四面受之，其人则寒战。乃披线被而趋于暖室之匣中，仅露其首于匣外，以匣中之热气蒸之。俟透汗出，又趋于激水之室。人负隅而坐，对面以汲筒激之。夫由温而凉，由凉而热，或可解也。若以蒸透之汗体，复以暴猛之凉水激之，颇觉难堪。询其故，则谓寒噤之后，蒸之以热，则内外皆解。若不激之以凉，无以固其表，而外感仍易入也。聆之则近理。或亦由西人肌肤多燥，为适宜也。"③在此不但介绍了沐浴的方式方法，而且进一步说明沐浴不仅是为了洁身，也有治病的功效。

对囚犯生活的记述："初入狱者，去旧衣归诸其家，授以囚服，易别识也。亲属来见，别有一室，以铁栅隔之，狱官与犯并坐，察其所言，杜

① 刘锡鸿：《英轺私记》，钟叔河主编：《走向世界丛书》，岳麓书社1986年版，第223—224页。
② 张德彝：《随使英俄记》，钟叔河主编：《走向世界丛书》，岳麓书社1986年版，第537页。
③ 志刚：《初使泰西记》，钟叔河主编：《走向世界丛书》，岳麓书社1985年版，第279—280页。

私弊也。衾荐器用，给以完好，不贱视之也。日膳凡三，肉食必具，剂以汤茗，惠养之道也。楼每重各立天平一具，有以肉少为嫌者。则面衡示之，昭均平也。饮食寝处，咸适其意，而气体充矣。每日六点钟即起，各自洗刷房地内外墙壁，料理衣物，务令整洁。浴室十馀所，七日礼拜一澡濯，恐其垢秽致疫疠也。犯衣浣以机器，陈于椸枷，入火柜烘之，柜有编号，防混淆也。早膳后，同诣讲堂听经，以一点钟为度，礼拜日则再往，导其复善之心也。"① 如何以文明的方式对待囚犯，狱中生活怎样体现人性化，在这里一一阐释得非常翔实。

最后，记述性伦文化的内容较多。

在记述欧美日常生活的日记和游记中，对性伦文化的记载颇多。

例如对妓馆妓女的叙述，说"法京妓馆，处处棋布星罗。而游妓勾人，日日招蜂引蝶。闻通城以四万数千计。各妓奉官，每年纳税七百方，合银九十馀两，领有凭据。其游妓每夕往来闾巷，以候寻春之客，拥挤如蚁。男女相悦，或投宿旅舍，或携手归家。有托为雇车者，告由某处至某处，车行如电掣风驰，车止则云收雨止矣。每届礼拜，入署令医官验看，有病者留而疗治，无病者即刻放还。另有私妓，不敢公然往来闾巷，恐被官兵拿获而被罚。盖各妓夜游之处，皆经官定；而此私妓，则遍绕通城"。② 妓女妓馆的数量、妓女的税收、妓女寻春的方式与场所、对妓女的管束等均有记述。

对宿妓私通的记述，夫"妓女莫多于泰西，而携妓女又莫胜于泰西；男私女而不为耻，女通男而不为羞，更有酷好男风者。又闻男子至二十岁似应宿妓，虽父母不能禁阻；男女虽各私数人，少无彼此争竞者"。③ 认为泰西淫风过盛，且不为羞耻，不被禁阻。

有对脱衣舞的记录，"按西人宴会宾客，间以挟女优为盛设。无论酒楼饭馆，均可随意呼唤筵前侑酒，以取其欢。饭毕双双跳舞，时而缩项，时而耸肩，折背扬拳，作诸般态，继而解衣，继而露臂，至于赤体而后已。愿与交欢者，则携入密室，每次需法金钱二十馀圆，计银五十馀两。

---

① 刘锡鸿：《英轺私记》，钟叔河主编：《走向世界丛书》，岳麓书社1986年版，第123页。
② 张德彝：《欧美环游记》，钟叔河主编：《走向世界丛书》，岳麓书社1985年版，第731页。
③ 张德彝：《航海述奇》，钟叔河主编：《走向世界丛书》，岳麓书社1985年版，第564页。

否则俟酒阑时而遣去之。"① 记叙了西人在酒楼饭馆中可以跳舞、可以解衣、可以赤体、可以交欢。

也有对裸体绘画和雕塑的记述，曰"西国绘画之事，竞尚讲求，然重油工不尚水墨。写物写人，务以极工为贵，其价竟有一幅值万金者。画人若只身之男女，虽赤身裸体，官不之禁，谓足资考究故也。故石人、铁人、铜人各像，亦有裸形卧立蹲伏者。男女并重此艺。妇女欲画赤身之人，则囊笔往摹，详睨拈毫，以期毕肖。至男子描摹妇女之际，辄招一纤腰袅体之妓，令其褪衣横陈，对之着笔，亦期以无微不肖也"。② 从中反映了西欧裸体绘画艺术与中国传统绘画艺术的差异。

还有对女性佩戴假乳的记述，夫"小铺出售男女装饰之物，如袜裤巾带、手套帽花、面罩领袖等。有白布形如护膝，缠有绒绳四根，长皆二三尺。问之，乃幼女之假乳也。因洋女以乳大腰细为美，然腰可束之使小，乳则不能纵之使大，故幼女假此以饰其观。而及笄之女，乃有制就藤具，形如⊠字者，暗围腰间，衬以为美"。③ 以上均因文化传统和价值审美的不同而引起国人对西欧性伦文化的关注和记述。

三 文化心态分析

在作者的日记和游记中，为何记述了这么多欧美人的日常生活，根据社会心理学的理论，认为一般高级动物都会具有好奇本能，有羡慕的情绪以及反感或嫌恶感。④ 当然对于具有文化塑造的人类或人类个体也当如此。鉴于社会心理学的理论，我们如果仅从作者的文化心态上分析，可以看到作者的记述是由他们的诸多文化心态决定的。

第一，作者的新奇之感。我们先阅读一下关于舞会的一段记述，"世子与其夫人亦在跳舞中。世子别与一妇为偶，夫人又别与一男子为偶，夫妇不相偶也。"⑤ 跳舞场上，夫妻不一起跳舞，而是各自与另一位异性跳

---

① 张德彝：《欧美环游记》，钟叔河主编：《走向世界丛书》，岳麓书社1985年版，第766页。
② 张德彝：《随使法国记》，钟叔河主编：《走向世界丛书》，岳麓书社1986年版，第492页。
③ 同上书，第479页。
④ 参照［英］威廉·麦独孤《社会心理学导论》，俞国良等译，浙江教育出版社1997年版。
⑤ 刘锡鸿：《英轺私记》，钟叔河主编：《走向世界丛书》，岳麓书社1986年版，第152页。

舞，这在以"男女授受不亲"国度的人看来，的确是让人感到好奇的。下段记述亦如此，"请晚酌者，无论男女老少，主人须设法引一男见一女，以便同往饭厅入座。盖请客俗礼，必男女数同，或一男间二女，或一女间二男，鲜有二男或二女并肩而坐者。"① 而中国传统却是讲求"男女不杂坐"② 的，再看"男终身不娶，女至老不嫁者比比"③，中国文化讲求的是"男大当婚，女大当嫁"，这到处是独身的老男老女，不是太新鲜了吗。再如，"西人不重后嗣，积产数千百万，临终尽舍以建义塾及养老济贫等院，措置既已，即自谓没世无憾"④，死后把数千百万的家产用作公益事业而不留给家人，这与国人的观念也相去甚远。再则，"野士凌墩距使寓十四里，有养老院焉。屋一千三百七十所，居男妇老者九百五十人"⑤，而我们是养儿防老，养老送终，岂有人老了被弃之家门之外之理。中西文化和生活习尚的差异，给记述者带来了很多新鲜好奇的感觉。还有一些记述也是如此，如"伦敦往来行人，无一任意便溺房后墙边者。园囿设有妇女净房。街衢间巷，设有男子屏蔽。造以铁板，高五尺，宽一丈，前后二屏，形如'〔〕'字。中一墙，前后共分三楄，作'壬'字形，入者互不晤面。墙下铁板，孔通地沟，墙上横漏活水铁筒，不时下冲，秽自顺流入地矣。"⑥如"西洋女多美丽，惟发有黑与黄赤之不同，近又以白色为贵。昨见公会中命妇，白发者十居二三，询系染成者（多苏格兰人）"⑦。这么多与国人完全不同的生活趣事，给人以少见新奇的感觉，也正是这样的心态感受，引起了作者记述的冲动。

第二，作者的羡慕之情。由于作者所见而产生的钦羡之情，也是构成作者记述的重要心理动因，比如对西人善于舞蹈、化装舞会以及音乐生活的记述就是如此。西人"楼阁崇宏，修饰华美，花山冰壁，香冷宜人。男女千百，热闹之极，班班跳舞，音乐连绵。按中国有字舞，有花舞，而西

---

① 张德彝：《随使英俄记》，钟叔河主编：《走向世界丛书》，岳麓书社 1986 年版，第 515 页。
②《礼记·曲礼上》，《十三经注疏》上册，中华书局 1980 年版，1240 页。
③ 刘锡鸿：《英轺私记》，钟叔河主编：《走向世界丛书》，岳麓书社 1986 年版，第 155 页。
④ 同上书，第 175 页。
⑤ 同上书，第 189 页。
⑥ 张德彝：《随使英俄记》，钟叔河主编：《走向世界丛书》，岳麓书社 1986 年版，第 595 页。
⑦ 斌椿：《海国胜游草》，钟叔河主编：《走向世界丛书》，岳麓书社 1985 年版，第 169 页。

国有云舞，有雪舞"①，西人有"变妆跳舞会"，"屋宇高敞，男女数百，皆易妆。人带兽面，男为女服，如角抵戏。又有旧交而当时若不相识者，趣甚。"②"有日耳曼八人作乐，六男二女。一女所弹之洋琴若勺形，长有五尺，约数弦，轻拨慢抚，声音错杂可听。"③一个"趣甚"、一个"可听"完全反衬出作者的喜慕之情。再看，"大学之设公共卫生学为理科中之专科，良有以也。医之为用，治病于病之已发；卫生为用，除病于病之未生，故卫生之学能讲究，其功且胜于良医十倍"④，竟用赞美的口吻说出"其功且胜于良医十倍"的感叹之言。还有，"货物虽皆奇巧，其至奇者有妇女耳坠，造以金石，有式如小皮靴者，有如雀笼者，有如地球者，有如车马猫犬者，有如黑人头者，有如苹果、桃、橘或花篮者，种种不一，工颇精细"⑤，用"工颇精细"反映作者的倾羡之情。以至其他如"凡嫁娶至二十五年为银婚，再二十五年为金婚，又十年至第六十年则为金刚石婚。届日戚友咸来，至近者具仪以贺"⑥的记述，"法国京都巴黎斯，周有四五十里，居民百万，闾巷齐整，楼房一律，白石为墙，巨铁为柱，花园戏馆、茶楼酒肆最多"⑦的记述，还有囚犯"房舍宽敞整洁，各有衾荐，故囚徒不染疬疫。囚各白饭一盂，盐渍鱼数尾。禁至三年者，肉各一脔。司狱验而放之，故囚徒无瘐死之患"⑧的记述，无一不是作者羡慕之心之体现。

第三，作者的心身之性。人有着本能的美感感受和身心之性，这既受特色文化的干扰也不受特色文化的左右，这也成为作者记述西人有关生活的重要原因之一。"惟歌唱跳舞，鼓乐悠扬，灯变五彩，目眩神移。先三男二女，扮作金木水火土五星，又一男一女作傩翁傩母，击鼓驱逐，想亦除夕禳除疫疠之意也。又一女，二八妙龄，容华绝代，当场一曲，声欲绕

---

① 张德彝：《随使英俄记》，钟叔河主编：《走向世界丛书》，岳麓书社1986年版，第636页。

② 同上书。

③ 张德彝：《航海述奇》，钟叔河主编：《走向世界丛书》，岳麓书社1985年版，第472页。

④ 林汝耀等：《苏格兰游学指南》，钟叔河主编：《走向世界丛书》，岳麓书社1985年版，第631页。

⑤ 张德彝：《随使法国记》，钟叔河主编：《走向世界丛书》，岳麓书社1985年版，第527页。

⑥ 张德彝：《随使英俄记》，钟叔河主编：《走向世界丛书》，岳麓书社1986年版，第634页。

⑦ 张德彝：《航海述奇》，钟叔河主编：《走向世界丛书》，岳麓书社1985年版，第490页。

⑧ 刘锡鸿：《英轺私记》，钟叔河主编：《走向世界丛书》，岳麓书社1986年版，第52页。

梁。末场系幼女百名，衣分五色，按班跳舞，依鼓随琴，旅进旅退，其步履整齐，毫不错乱。中一女年最幼，为众中首领，跳则步步生莲，如宵娘舞，虽凌虚仙子不过是也。观之令人神醉。"① 这种"令人神醉"的美感体验是人心身之性的反映。再则，"一天星斗，万盏灯光。当中跳舞亭，乐声大作，清妙可听。四壁花木，路径曲弯，真水假山，相映成趣。又迎门石墙，画树林一丛，中有大路，光影似真。不知者在灯下远望，迢递有数十里之遥。当晚，妓女结群，轻盈绰约，宛如仙子临凡。而纨绔子弟之往来追随者，亦举国若狂也。"② 这里对"相映成趣"画面的赞誉，对妓女"宛如仙子临凡"的称慕，并非特定文化的价值判断，而是作者心身之性的美感使然。再看，"中有六角亭，盛栽花木，名妓满座，皆赤臂露肩，长裙委地，半启樱桃之口，一捻杨柳之腰，如花解语，比玉生香，堪以持赠。"③ 这种"如花解语，比玉生香"的描述与上类同。我们看作者这样的记述，"系西历四月初一日，土人呼曰'弄人日'。是日，无论男女皆可彼此设计愚弄，互不悔怨。闻有送大木箱于人者，箱内层层尽纸，至尾则一小木鱼，长约寸许而已。又有约定今日某时会于某处，其人赴约一无所见。诸如此类，可笑之极。"④ "西俗，女子皆喜高乳细腰，小足大臀。肆中出售一种腰围，系以铜丝麻布所造，贴身服之，腰自细而乳亦高矣。又有一种假乳，造以粗布，如中土之护膝。又有一种假臀，系以马尾细布所造，形似倭瓜，佩于臀后，立则凸出，坐亦棉软。虽系矫揉造作，亦可谓尽态极妍矣。"⑤ 一个"可笑之极"，一个"尽态极妍"，这也并非一般之赞誉，乃人之幽默与爱美之性的反映。

第四，作者的厌恶之心。由于文化和个人的好恶，我们也看到作者对自己厌恶的现象也有所记述，诸如"其地赌场固多，而淫风亦盛。女得麻风暨各不洁之症，自无问名者。彼以不嫁为耻而私于人，与人一度后，三世方消。是疾险甚，闻自古无法能治此病。惟一种验疯纸，不知何物制

---

① 张德彝：《随使英俄记》，钟叔河主编：《走向世界丛书》，岳麓书社 1986 年版，第 404—405 页。

② 张德彝：《随使法国记》，钟叔河主编：《走向世界丛书》，岳麓书社 1985 年版，第 478—479 页。

③ 张德彝：《航海述奇》，钟叔河主编：《走向世界丛书》，岳麓书社 1985 年版，第 564 页。

④ 张德彝：《欧美环游记》，钟叔河主编：《走向世界丛书》，岳麓书社 1985 年版，第 762 页。

⑤ 同上书，第 766 页。

作，来自外邦。将此纸向女焚之，无此症者面青而不语，染此症者面赤而叫嚣"。① 对西人妓女的不洁之症视为"是疾险甚"，表达了作者的厌恶之心。而"闻外国人有恐生子女为累者，乃买一种皮套或绸套，贯于阳具之上，虽极倒凤颠鸾而一雏不卵。其法固妙矣，而孟子云'不孝有三，无后为大'，惜此等人未之闻也。要之倡兴此法，使人斩嗣，其人也罪不容诛矣。所谓'始作俑者，其无后乎'"②，这是文化迥异而带来的不同价值判断，作者亦产生厌恶之心。

第五，作者的随俗之念。作者对西人的一些生活现象按中国"入乡随俗"的理念，亦能给予理解，所以对此类西人的生活作者亦有评述。如，"晨有日本人名山田虎吉者相见，俞惕庵与之握手，彼曰：'握手非礼也。'彝曰：'入境问禁，入国问俗，书有明言。今所处之地，既非中华，亦非日本，以是礼行之，似无不宜。'彼无言而退。"③ 再则，"见楼下经过一车，内坐一男一女。正驰骋间，女扶男腿，男捧女腮，大笑亲吻，殊向〔不〕雅相，亦风俗使然也。"④ 还有，"夫妓女莫多于泰西，而携妓女又莫胜于泰西；男私女而不为耻，女通男而不为羞，更有酷好男风者。又闻男子至二十岁似应宿妓，虽父母不能禁阻；男女虽各私数人，少无彼此争竞者。"⑤ 另外，"闻同船少年名屈达拉者，与幼女姓包名似苇荷于昨宵赴桑中之约。女年二七，男才十三龄耳。众人虽知，殊不置意，盖他国风俗使然也。"⑥ 这里作者用"入国问俗"、"亦风俗使然"、"男私女而不为耻，女通男而不为羞"、"他国风俗使然"等词语反衬出作者"入乡随俗"的心态。

以上我们是从文化心态的角度探讨了中国近代早期国人为何这样记述了西人如此的日常生活。从社会心理的维度我们可以发现价值观念和身心感受在其中所起的重要决定性的作用。一般而言人是有好奇之心的，对生命未曾经历的事物容易发生兴趣，容易产生注意力。人又是在一定的文化环境中成长起来的，所以有自己生存的一整套价值体系和褒贬观念，所以

① 张德彝：《随使法国记》，钟叔河主编：《走向世界丛书》，岳麓书社1985年版，第335页。
② 张德彝：《欧美环游记》，钟叔河主编：《走向世界丛书》，岳麓书社1985年版，第744页。
③ 张德彝：《随使法国记》，钟叔河主编：《走向世界丛书》，岳麓书社1985年版，第357页。
④ 同上书，第433页。
⑤ 张德彝：《航海述奇》，钟叔河主编：《走向世界丛书》，岳麓书社1985年版，第564页。
⑥ 张德彝：《欧美环游记》，钟叔河主编：《走向世界丛书》，岳麓书社1985年版，第649页。

对进入自己视线的事物，往往容易作出道德和伦理的价值判断，进而明确表白自己的褒贬好恶态度。人又是具有个体的心身之性的，这种本能的天性是身体和生命的本性，它即便受文化的控制，但有时也会在言谈举止上有所表露。正是由于这样的原因，我们看到了中国近代早期国人有了上述对西人日常生活的记述，为何如此记述，从社会心理学的视角是可以进行诠释的。

四 结语

中国近代早期国人为何对西人日常生活如此关注，其原因我们在上文作了心态学方面的一般性解释。其实这为我们引申出了一个深刻的思考。人类生活千姿百态，政治、经济、文化、社会等诸多形式无所不包。但是这无所不包的一切生活形式却只是为了一个日常和终极的内容，那就是让每个个体生活得更美好，生活得更有质量。社会生活以及个体生活虽然形式多样又内容丰富，但其中只有最为基本的一些生活内容，这些基本的生活内容不但融入每个个体的生命之中，而且贯穿于人类社会的始终，这些基本的生活内容主要是指衣食住行、婚丧嫁娶、两性伦理、生老病死等最为基本的和最为常态的生活样式。人类社会，每个个体无时不在关心着这些基本的生活内容。从这个意义上看，我们所谓的更好的生活，更好地提高生活质量，就是指我们怎样能更好地享用衣食住行，怎样有着更完好的婚丧嫁娶，怎样有着更美满的两性生活，怎样更完善地处理和面对生老病死。所以最基本的生活内容是我们生活的第一主题，解决好这第一主题，人生才有意义，社会才有意义。人生要从关心这第一主题始，人生要以关怀这第一主题终。社会的政治经济活动大多都是为此展开的，人类的文学艺术大多都是以此为基点的，人们茶余饭后的谈资也多以此为基本内容的。因为这第一主题就是我们生活的第一需要。中国近代早期国人为何对西人日常生活如此关注，这是人类和常人关怀生活的第一主题决定的。

中国近代早期国人对西人日常生活如此关注，进而出现了两种文化的接触与对话。人类创造的文化系统，其重要的价值应当是为第一主题服务的，有益于第一主题的文化我们要发扬、不益于第一主题的文化我们要改造，为了有助于第一主题的文化发展，我们要有所吸收和创新，这在中国近代社会文化变革中已经有了强有力的说明，中国近代早期国人对西人日常生活记述的意义也就真真切切地体现在这里。

正因为如此，我们既应当有本位的文化意识，也应当有他位的文化建树，两者相互促进，相互成长，不可偏废。

原载《首都师范大学学报》2012 年第 1 期

女性与男性的双重解放

——论清末民初婚姻文化的变革

婚姻文化是指包括婚姻观念、婚姻行为、婚姻礼仪、婚姻生活等多方面内容的一个综合概念。整个 20 世纪是中国婚姻文化从传统向现代的转型时期，20 世纪出现了几次婚姻文化变革的高潮，其中辛亥革命与民初这个新世纪的最初年代是 20 世纪婚姻文化变革的第一次高潮，并体现了这一时期独具的变革特征。

一　比较与新的批判

辛亥革命与民初时期，一些先进知识分子重新提出改造婚姻习俗的主张，认为"中国现在之婚姻，其不良之点，欲悉数之，殆更仆不能终"，故"非改良现在婚姻之制，微特夫妇之道苦，而其弊害之及于国家社会者，亦非浅少也"，而只有"改良婚姻，微独为谋社会之发达所当有事，亦为谋国家之进步所当有事也"①，把改造婚姻习俗与国家、社会的发达进步紧密地联系起来。

我们把辛亥革命与民初时期同维新变法时期作一比较。如果说维新变法时期，对封建婚姻习俗进行批判主要集中在几位"前识者"身上，那么到辛亥革命与民初时期，这支批判的队伍已经扩展到一大批知识分子的群体身上。他们既包括国内的有识之士，也包括大批的出国留学生；既包括名扬遐迩的鸿儒硕学，也包括一批其名不扬的进步青年。其中赫赫声名者

---

① 履夷：《婚姻改良论》，《留日女学会杂志》第 1 期，1911 年 5 月。转引自《辛亥革命前十年间时论选集》第 3 卷，生活·读书·新知三联书店 1977 年版，第 838—842 页。

既有维新派巨魁梁启超，也有资产阶级革命派蔡元培、秋瑾；既有无政府主义者刘师培、何震、李石曾，也有进步学者金天翮、何大谬等。他们对传统的婚姻习俗深恶痛绝，感叹"世界皆入于文明，人类悉至于自由，独我中国，犹坚持其野蛮主义，墨守其腐败风俗，以自表异于诸文明国之外，遂使神明之裔濒于沦亡，衣冠之族侪于蛮貊！"① 他们欲成为改造婚姻习俗的斗士，"发大愿，出大力，振大铎，奋大笔，以独立分居为根据地，以自由结婚为归着点，扫荡社会上种种风云，打破家庭间重重魔障，使全国婚界放一层异彩，为同胞男女辟一片新土，破坏男女之依赖，推倒专制之恶风，遏绝媒妁之干涉，斩芟仪文之琐屑。"而将"极名誉、极完全、极灿烂、极庄严之一个至高无上、花团锦簇之婚姻自由权，攫而献之于我同胞四万万自由结婚之主人翁！"②

如果说维新变法时期的"前识者"还不是改造婚姻习俗的躬行者，那么辛亥革命与民初时期，一些先进的仁人志士已经成为提倡婚姻习俗改革并能以身作则的典范人物。蔡元培和秋瑾都是其中的代表人物。1899 年，蔡元培夫人去世，为其做媒续弦者很多，蔡元培想借此机会"改革社会风习，创导男女平等"，特提出五项征婚条件："（一）女子须不缠足者。（二）须识字者。（三）男子不娶妾。（四）男死后，女可再嫁。（五）夫妇不相合，可离婚。"③ 在纲常名教狂泛横溢的守旧社会，勇敢地提出在常人看来是悖逆伦理道法的征婚条件，尤其是"再嫁"、"离婚"两条，叫俗人骇怪不已。1900 年蔡元培找到了黄世振女士，她天足、工书画、思想进步。蔡元培与黄女士在杭州结婚，并对婚礼有所改革，以演说会代替闹洞房。蔡元培在演说会上说，"就学行言，固有先后，就人格言，总是平等"。④ 反映了他尊重女性人格，提倡男女平等的思想，可谓难能可贵。资产阶级女革命家秋瑾 1896 年由父母包办与满身"无信义、无情谊、嫖赌、虚言、损人利己、凌侮亲戚、夜郎自大、铜臭纨绔之恶习"⑤ 的王廷钧结婚。婚后两人感情冷淡，毫无乐趣，使她处于"重重地网与天罗，幽闭深

---

① 陈王：《论婚礼之弊》，《觉民》第 1—5 期合本。
② 同上。
③ 陶英惠：《蔡元培年谱》上，（台）"中研院"近代史研究所专刊（36），第 72—73 页。
④ 同上书，第 80 页。
⑤ 《致秋誉章书·其三》，《秋瑾集》，中华书局，1960 年版，第 36 页。

闺莫奈何"① 的困境中，秋瑾曾隐喻自己嫁给王廷钧是"才女配庸人"、"彩凤配凡禽"②，以致"一闻此人（即王廷钧），令人怒发冲冠"③。秋瑾再也无法忍受这种悲惨的婚姻生活，毅然与王廷钧决裂，"踏破范围去，女子志何雄？千里开础界，万里快乘风"④。于1904年只身赴日留学。此间，还有一批女进步青年陈撷芬、徐慕兰、宋雪君、庄汉翘、梁绮川等也纷纷与封建婚姻家庭生活决裂，成为封建礼教的叛逆者。

如果说维新变法时期的"前识者"，对传统婚姻习俗文化还不能说已经完全做到系统、全面和深刻的理论批判，那么辛亥革命与民初时期的志士们却可谓做到了这一点。其中梁启超《禁早婚议》、陈王的《论婚礼之弊》、履夷的《婚姻改良论》堪称重要文献。另外，《中国婚俗五大弊说》、《自由结婚议》、《文明婚姻》、《婚姻自由论》、《禁早婚以强人种论》、《论婚姻之弊》、《再论婚姻》、《婚姻自由》、《婚姻篇》、《婚嫁改良》、《婚姻问题》、《说中国之婚姻》、《婚姻改进说》、《文明结婚》、《自由结婚》、《婚制改革论》⑤ 等均为专门论述变革婚姻习俗的力著；《女界钟》、《女界泪》、《秋瑾集》中对婚姻习俗的批判亦着力非浅。

辛亥革命与民初时期，先进知识分子在维新变法时期的基础上，对传统婚姻习俗进行了新的系统批判，这种系统批判构成这一时期婚姻文化变革的第一特征。言其大略，这种系统批判主要集中在如下几个方面：

（1）父母主婚之弊。中国主婚之全权，实在于父母，"当其始，有所谓问名纳采者，则父母为之；至其中，有所谓文定纳弊，则父母为之；及其终，有所谓结褵合卺者，亦莫非父母为之"⑥，而婚姻当事人却无容喙之余地，即"不得任一肩，赞一辞，惟默默焉立于旁观之地位"。⑦ 这种专制婚姻，"使夫妇之乖违也"；"使家计之困难也"；"蹂躏人道也"；"误子女

---

① 《精卫石·第一回》，《秋瑾集》，中华书局，1960年版，第125页。

② 《精卫石·第三回》，《秋瑾集》，中华书局，1960年版，第142页。

③ 《致秋誉章书·其一》，《秋瑾集》，中华书局，1960年版，第33页。

④ 《精卫石·第六回》，《秋瑾集》，中华书局，1960年版，第158页。

⑤ 分别见《中国新女界杂志》第3期；《女子世界》第11期；《女学报》第2期、第3期；《广益丛报》第188号、第82号；《安徽俗话报》第16期、第18期；《白话》第2期；《竞业旬报》第24期、第14期、第28期、第40期、第20期、第15期、第30期；《新世界学报》第14号。

⑥ 陈王：《论婚礼之弊》，《觉民》第1—5期合本。

⑦ 同上。

一生之发展也"。① 此神州之一大污点也。

（2）媒妁之弊。媒妁者，"中国淫风之起源"，"自由结婚之大蟊贼也"。"夫媒妁者，古人以之比于鸠鸤，后世以之伦于谩姐。"做媒妁之人，大多乃趋附之徒，好事之辈。他们行于此道，只为博取厚酬，交欢豪族，财帛之外，他非所顾。故"短长其言，上下其手，事成则己任其功，事败则人受其祸，其心术与狐蜮相去无间矣"。②

（3）男女不相见之弊。中国古有男女不相授受，不相为礼之训条，盖男女不相见之制，由来远矣。交友之道，在于渐磨切磋，志同道合，引终身为伴、长处一庭的夫妻之间，更当如此。那么以素无谋面、茫不知心之男女，一时之间，遽相配合，久而久之，"其反唇反目之事，固势所必有矣"。③ 且以素不谋面之辈，昔为行道之人而结床笫之爱，"天壤间闷杀风景之事，宁有过是耶？"琴瑟燕婉之好乃宇宙高尚纯洁之乐事，今以素不相识之人，蹂躏此等之风趣，"则闺房之内，直等地狱焉"。"以路人而骤作夫妇，则因性情才学之异，易致乖违，此势所必至矣"。故"为夫者不钟情于其妻，则狎妓蓄妾之风开矣；为妻者不钟情于其夫，则外遇私奔之事至矣"。④ 更为甚者，有些素无谋面之结为夫妻者，"情意不洽则气脉不融，气脉不融则种裔不良，种裔不良则国脉之盛衰系之矣"。⑤

（4）聘仪奁赠之弊。人类所以异于他等动物者，谓其价值不可以金钱计量也。尤为夫妻之道，宜以爱情结合，而不容夹入他种之观念。而中国婚姻习俗之一，即讲求聘仪奁赠，约婚之际，既存一博取金钱之心。故"且嫁女者，既问聘钱之有无；则娶妇者，亦将视妆奁之多寡"。择婚标准，不在才学品貌，惟问资产而已。于是有"以绝世才媛，下嫁于枯杨老夫者"，亦有"痴汉偏骑骏马走，巧妻常伴拙夫眠"⑥ 之非和谐之事也。甚或"竞事纷华，互相凌驾，富者竭其脂膏，贫者亦思步武，相穷以力，相尽以财，不至于犬竭兔毙不止"，以至"庆贺未终，丧吊已至，爱情未

---

① 吴贯因：《改良家族制度论》（续），《大中华杂志》第 1 卷第 4 期。
② 陈王：《论婚礼之弊》，《觉民》第 1—5 期合本。
③ 同上。
④ 履夷：《婚姻改良论》，《留日女学会杂志》第 1 期。
⑤ 陈王：《论婚礼之弊》，《觉民》第 1—5 期合本。
⑥ 履夷：《婚姻改良论》，《留日女学会杂志》第 1 期。

结，怨仇旋生"①，其污损人类情爱之价值，盖亦甚矣！

（5）早婚之弊。梁启超于 1902 年撰《新民议》文，其中有一篇为《禁早婚议》，认为"中国婚姻之俗，宜改良者不一端，而最重要者厥为早婚。"文中对早婚习俗作了深刻而又系统的批判，认为早婚之弊为"害于养生"、"害于传种"、"害于养蒙"、"害于修学"、"害于国计"等，可见早婚之祸"其剧而烈也！"② 履夷的《婚姻改良论》也把早婚之弊归结为"修学上之害"、"经济上之害"、"品性上之害"、"不能事亲之害"、"不能教子之害"、"不能宜室家之害"等数端。早婚之弊要之为二，一则"种类以之大隳"，一则"国气因而不振。"

（6）繁文缛节之弊。中国婚俗的繁文缛节，于一婚之起，始则有之，中则有之，终则有之。"徒以一人之事，动劳百千之众，揆之公德，已属有亏；况以耳目之故，驱人于奴隶之域，上以病国，下以殃民。"③

（7）迷信术数之弊。"如命相、阴阳卜筮之类，以为婚姻为前世所定，实有神仙主之；媒妁说后，再求神示，作为媒妁的补充；遇有疑难，卜筮以决。结果，完全排除男女自己的权力，迫使青年男女在旧婚俗之下，服服帖帖，违拗不得。"④

（8）礼法婚姻之弊。"中国之婚姻，礼法之婚姻也"，与法律婚姻不同，法律婚姻优于礼法婚姻之处有三："一则结婚离婚，均可自由，兼可再嫁；二则行一夫一妻之制；三则男女同受教育，男女同入交际场。"⑤

辛亥革命与民初时期，先进知识分子对中国传统婚姻习俗主要从上述八个方面进行了全面系统地批判，应当说这种批判切中传统婚姻问题的要害和本质，有益于中国婚姻文化的变革与进步。

二 新婚姻观与新式婚俗

辛亥革命与民初时期，先进知识分子在对中国传统婚姻习俗批判的同

---

① 陈王：《论婚礼之弊》，《觉民》第 1—5 期合本。
②《禁早婚议》，《梁启超选集》，上海人民出版社 1984 年版，第 357—365 页。
③ 陈王：《论婚礼之弊》，《觉民》第 1—5 期合本。
④《辛亥革命时期期刊介绍》第 1 集，人民出版社 1982 年版，第 572 页。
⑤ 何震：《女子解放问题》，《天义报》第 7—10 期，1907 年 9 月 1 日；10 月 30 日，转引自《辛亥革命前十年间时论选集》第 2 卷下册，生活·读书·新知三联书店，第 961 页。

时，又提出与之完全相对的婚姻主张，这些新的婚姻观念构成这一时期婚姻文化变革的第二特征。这些新式婚姻主张的要点可以概括为如下几个方面。首先，要婚姻自由。"盖以婚大事，不可不慎重之，而慎重之之至，则非自男女自约自结不为功。"①"择婚思得自由"②，不用父母强逼，媒婚说谎，一任本人做主。那种父母专制、媒妁撮合的婚姻是没有爱情的，没有爱情的婚姻是痛苦的，故"四百兆同胞齐享幸福，则必自婚姻自由始"。③ 此时还有人主张离婚自由，认为"夫妇以情交，以义合，情义未绝，虽死可守，而情义既绝，虽生可离"。④ 他们把离婚视为避免女子"一生之祸福荣枯恒持其良人为命运的自主之道"。故主张"男可再婚，女可再醮"。⑤ 其次，主张晚婚。梁启超曾根据统计家的调查报告进行研究而得出结论，认为"愈文明之国，其民之结婚也愈迟；愈野蛮之国，其民之结婚也愈早"，"一国之中，凡执业愈高尚之人，则其结婚也愈迟；执业愈卑贱之人，则其结婚也愈早。""故吾以为今日之中国，欲改良群治，其必自禁早婚始。"⑥ 也有人说得更为具体，认为"必年龄稍长，获有职业之后乃得婚娶"，以及"青年男女，其能入学读书者，虽在专门大学之学校，亦必俟其毕业，方许成婚"，并明确主张"男女之婚期皆限于二十五岁以后，庶乎其可矣"。⑦ 再次，革除买卖婚姻。中国以居女为奇货而必索要聘钱的婚姻流俗，无异于"贩卖鹿豕牛羊"。事实上，"红丝一系，期成连理之枝；黄金无权，难作鹊桥之渡"，所以"闺房之中，乃神圣洁净之地，断不容钱神之势力挽入其中也！"有人认为，人类婚姻历史要经历掠婚、卖婚、赠婚而进入自由时代，令人感叹的是，"今世文明各国，其婚姻之制已入于第四期矣。独中国之婚姻尚在卖婚时代。即此一端，中国人之品格，其下于他国人数等，已可概见矣"。故主张"欲增进国民之品格，则卖婚之制必不可不革除"。⑧ 最后，主张商定婚。即父母子女双方互相商

① 陈王：《论婚礼之弊》，《觉民》第1—5期合本。
② 吴贯因：《改良家族制度后论》，《大中华杂志》第1卷第6期。
③ 金一：《女界钟》，上海大同书局1903年版，第81页。
④ 亢虎：《忠告女同胞》，《民立报》1911年6月8日。
⑤ 《男女平等之原理》，《清议报全篇》卷25，附录1。
⑥ 《禁早婚议》，《梁启超选集》，上海人民出版社，1984年版，第362—363页。
⑦ 履夷：《婚姻改良论》，《留日女学会杂志》第1期。
⑧ 同上。

权，取得双方同意的折中方案。这是从专制婚过渡到自由婚的一个容易被接受的婚姻主张。认为"婚姻之事，必不能以全权委诸父母；必也，先令子女得自由选择，而复经父母之承认，然后决定，斯最当矣。"① 早年的胡适也主张实行"要父母主婚"，"要子女有权干预"的这种由父母子女双方互相商定的婚姻缔结形式，以避免"年纪既轻，阅历世故自然极浅"的青年人作出不合理的选择。② 这种把父母的见识，阅历视为对缔结婚姻可起参考作用的婚姻主张还是有相当程度的合理性的。

辛亥革命与民初时期，由于进步知识分子对传统婚姻文化进行了理性的批判，使一些觉悟者开始改变传统婚姻观，婚姻习俗也随之发生了广泛的变革。婚姻习俗的广泛变化构成这一时期婚姻文化变革的第三特征。由于婚姻习俗变化较为明显，所以它在社会生活中已引起人们的关注。下面对辛亥革命与民初时期婚姻习俗演变状况作一历史考察，以了解其变化的大致情景。

（1）自由婚与同意婚的出现。辛亥革命与民初时期，虽然还很少自由恋爱和自由结婚的，但有人已在观念上发生变化，"主自由结婚之说"者，"尤所不免"③。有些先进青年认为自由结婚是文明开化和进步的体现，并勇于付诸行动。无锡一男聘结一女，已择日迎娶。女方寄信告之男方，说这门婚事是家兄一人之意，本人死不顺从。男方晓知真相，退还庚帖。可见当时已经有人树立了婚姻自主的新观念。这件事被人喻为"女权发达之嚆矢，婚嫁文明之滥觞。"④ 当时有些"因奸毙命之案"，不少是因"童年完娶，女长于男"，女子秉性稍有偏转，往往走入"邪途"，便有与奸夫合谋杀夫之事。这些现象也被一些人视为"无自由结婚所致为多也"⑤，而对此表示同情。有些青年不顾社会习俗的束缚和家长反对，执意要求解除包办婚姻，醉心于自由恋爱。民初上海青年，"亦有男女先自认识"，经过自由恋爱，彼此相许，再"订约成婚"⑥ 的。四川青年男女也以"唱歌山

---

① 履夷：《婚姻改良论》，《留日女学会杂志》第 1 期。
② 胡适：《婚姻篇》，《竞业旬报》第 25 期。
③ 傅熊湘：《醴陵乡土志》第 4 章，"风俗·婚嫁"，《中国方志丛书》第 287 册，成文出版社有限公司，1975 年版，第 48 页。
④《中外近事·婚嫁自由》，《大公报》1903 年 9 月 26 号。
⑤《中外近事·婚配定例》，《大公报》1903 年 12 月 5 号。
⑥ 汪杰梁女士：《上海婚嫁之礼节·新式婚嫁之礼节》，《中华妇女界》第 1 卷第 4 期。

坳，其歌男炫以富，女夸以巧"的方式来表达双方的爱慕之情。当"相悦订婚"，便"宿于荒野"，"遂为婚"。① 通过男女会晤、自由恋爱，进而达到自由结婚成为辛亥革命与民初时期婚姻生活的新事物。河南信阳，出现"入民国，男女自由结婚"② 的新婚俗。河北盐山县，"民国以来，蔑古益甚，男女平权之说倡，而婚配自择"。③ 自由婚姻还表现出多种形式，有双双离开家门逃往外地的；有"师生为偶"，不避物议的；也有因婚姻不如意而自刎身亡的；也有不满意对方家境、相貌及道德品行而赖婚或退婚的，这在清末上海的"通脚"习俗中体现得最为典型。④ 辛亥革命与民初时期还出现了同意婚，"男女相慕悦，禀告父母，请介绍人转述意见，双方许可，定期举行结婚仪式"。⑤ 或"先由男子陈志愿于父母，得父母允准，即延介绍人请愿于女子之父母，得其父母允准，再由介绍人约期订邀男女会晤，男女同意，婚约始定"。⑥ 四川江律"有用新式婚礼者……男女经介绍人之传达，互得同意后，乃各告于父母为之主婚，或直由父母提起者，亦必经男女自身许可。盖主张婚姻自由也"。⑦ 这一时期，家长和子女双方互为认可的婚姻缔结方式还是比较容易被人接受的。自由结婚给青年男女带来了无限喜悦，当时有一首《自由结婚纪念歌》就反映了青年男女的喜悦心境，歌词为："世界新，男女重平等，文明国，自由结婚乐。我中华，旧俗真堪嗟，抑女权，九州铸铁错。想当初，妇道立三从，依赖性，养成种劣弱。到如今，二亿女同胞，颠不刺，黑狱终沦落。最可怜，淘汰听天然，难怪他，红颜多命薄。想起来，惨酷真非常，吁嗟乎，仁圣何不作。""破题儿，革命自婚姻，当头棒，风光先恢拓。廿世纪，祖国新文明，有心人，毅力来开幕。我同志，为社会牺牲，自由神，呵护脱束

① 胡朴安：《中华全国风俗志》下编，中州古籍出版社1990年版，第365页。
②《重修信阳县志·三十一卷·民国二十五年铅印本》，《中国地方志民俗资料汇编》中南卷（上），书目文献出版社1991年版，第227页。
③ 孙毓琇主修：民国《盐山新志》卷25，"故实略·谣俗篇"。
④ 参见王贤森、吴福文：《带有特殊性的旧上海婚俗》，《社会科学》（沪）1984年第2期。
⑤《平乐县志》8卷（民国二十九年铅印本），《中国地方志民俗资料汇编》中南卷（下），书目文献出版社1991年版，第1004页。
⑥ 徐珂：《清稗类钞·婚姻类·文明结婚》第5册，中华书局1984年版，第1987页。
⑦ 聂述文等修、刘泽嘉等纂：《江津县志》卷11，"风俗"，《中国地方志集成》第45册，巴蜀书社1992年版，第789页。

缚。曾记得，交换指环时，最快意，爱敬莫人若。"①

（2）出现离婚与再嫁的婚姻现象。夫妻有隙，佳偶成为怨偶，那么离婚可谓一条出路。辛亥革命与民初时期的婚俗变化体现了这一点。"这时的法庭诉讼，男女之请求离婚者，实繁有徒，此皆前此所未有。"② 各地离婚案件渐多，浙江镇海"离婚之案，自民国以来，数见不鲜；"③ 浙江遂安"近自妇女解放声起，离婚别嫁亦日益见多"。④ 河北雄县，"近年以来，离婚之诉，日有所闻⑤；上海"审判厅请求离婚案多"。⑥ 另外，再嫁风气也日渐增多，有些女子已"不以再嫁为耻"⑦；有的寡妇通过社交活动，还尝到了自由恋爱的乐趣⑧；福建邵武县，"夫死再嫁，视为固然。甚有一而再，再而三者。"⑨ 杭州亦"再娶再醮之风通行"。⑩

（3）开始注重婚姻法规和婚姻契约。1915 年，司法部附设的法律编查会，先后制定民法草案。关于婚姻制度方面，《民律亲属篇草案》第三章有详细规定，其中有改革"早婚"、"重婚"、"离婚"等婚姻习俗的内容，如"男子未满十六岁，女子未满十五岁，不得成婚"。"有配偶的，不得重婚"；"夫妻不相合谐，而两愿离婚的，得离婚"⑪ 等。这一草案虽未成为正式法典，但具有法律效力，而受到一定程度的重视。民初有些地区还专门制定婚礼草案和法规，作为人们婚姻生活所应遵守的依据。河南信阳县《民国礼制草案》中的《婚礼草案》中就有关于"订婚"、"通告"、"结婚"、"谒见"⑫ 等具体规定，要求人们遵守。另外，有些社团组织制定一些规章来约束自己的会员，如民初成立的并受孙中山、蔡元培、袁世凯、

---

① 《复报》第 5 号，1906 年 10 月。

② 无妄：《间评二》，《大公报》1913 年 9 月 15 日。

③ 王荣商等纂：《镇海县志备稿》，"沿革志·礼俗·婚礼"。

④ 姚桓纂：《遂安县志》卷 1，"方舆志·风俗·俗礼"。

⑤ 刘崇本纂：民国《雄县亲志》第 7 册，"谣俗篇·礼俗·昏"。

⑥ 觉迷：《自由谈话会》，《申报》1913 年 1 月 13 日。

⑦ 胡朴安：《中华全国风俗志》下编，中州古籍出版社 1990 年版，第 115 页。

⑧ 心痗：《论寡妇乐》，《申报》1912 年 5 月 15 日。

⑨ 胡朴安：《中华全国风俗志》下编，中州古籍出版社 1990 年版，第 313 页。

⑩ 《民国杭州市新志稿·俗尚》，转引自《民国时期杭州》，浙江人民出版社 1992 年版，第 634 页。

⑪ 参见法律编查会编印《民律亲属篇草案》第 3 章（1915 年印行）。

⑫ 《重修信阳县志·三十一卷·民国二十五年铅印本》，《中国地方志民俗资料汇编》，中南卷（上），书目文献出版社 1991 年版，第 227—229 页。

章炳麟等44人赞成和支持的"中华民国家庭改良会",在其《暂行草章》第一章中"关于实行改革之条件"的九项内容里,就有四项涉及婚姻习俗的改造,即"婚姻自由,但非达法定年龄不得结婚";"厉行一夫一妻制";"守义、守节、守贞听其自由,父母翁姑等不得强迫行之";"衣食住及其他需要者若婚丧宴会,崇尚节俭"。① 这种法规的效力无疑对婚姻习俗的变革起到推进作用。这一时期有人开始注重履行一种契约婚姻,这是婚姻生活文明化和现代化的体现。孙中山和宋庆龄的契约婚姻最为典型。1915年10月25日,孙中山和宋庆龄在东京律师和田瑞家举行婚礼。他们委托律师和田瑞到东京市政厅办理了结婚登记,并由这位律师主持签订了婚姻誓约书。誓约书一式三份。分别由孙中山、宋庆龄和律师和田瑞各保存一份。中国历史博物馆于1962年从私人手中征集到这份誓约书。它纵11.25厘米,横17.25厘米;朱丝栏,全叶24行,墨书日文22行;中缝有上鱼尾;栏外左下角印有篆体字"东京榛原制",作腰圆戳记状。原件已装裱成卷,卷尾状有余纸,以备题记。誓约书译文全文如下:"此次孙文与宋庆龄之间缔结婚约,并订立以下诸誓约:

一、尽速办理符合中国法律的正式婚姻手续。

二、将来永远保持夫妇关系,共同努力增进相互间之幸福。

三、万一发生违反本誓约之行为,即使受到法律上,社会上的任何制裁,亦不得有任何异议,而且为了保持各自之名声,即使任何一方之亲属采取何等措施,亦不得有任何怨言。

上述诸条誓约,均系在见证人和田瑞面前各自的誓言,誓约之履行亦系和田瑞从中之协助督促。

本誓约书制成三份;誓约者各持一份,另一份存于见证人手中。

誓约人孙文(章)

同上宋庆龄

见证人和田瑞(章)

---

① 《中华民国家庭改良会暂行草章》,《北京档案》1986年第2期。

千九百十五年十月二十六日。"①

这种契约婚姻在当时还是极为个别的现象，但它却是中国婚姻史上婚姻缔结方式走向文明的开端。

（4）婚姻礼仪的变化。"鉴于盲婚之痛苦，礼文之繁缛，金钱之虚耗，从而改良之。"② 辛亥革命与民初时期，"新式婚礼，较旧为简"。③ 旧婚礼如坐花轿、拜天地、闹洞房、回门等传统的婚姻礼俗开始了部分改革，而趋于文明结婚。

北京当时的新式婚礼形式："结婚之前，男女交换戒指，即为订婚证物（亦有于结婚日交换者）。娶时，多在公园会馆饭庄等处。门首悬旗结彩。富者更有花坊，庭设礼案。新郎新妇与主婚证婚介绍各人及音乐部来宾，均有一定席次。迎娶不用喜轿仪仗，而改以花车（马车结彩）。间有辅以军乐者。其仪式，则有读颂词婚证，用印，夫妇交拜，致谢主婚证婚介绍人来宾及谒见亲族，所行之礼惟于尊长叩首或三鞠躬，余均一鞠躬，间亦有用拜跪礼者。更有以旧式改良者，乃将旧礼之过繁及无甚关系者悉删之。如迎娶仅用喜轿一乘，鼓手若干名，不用一切仪仗是也。"④ 这是对北京当时婚姻礼仪变革的记载。

杭州婚姻仪式的变更："易拜跪而为鞠躬（惟对翁姑、岳父母仍行跪拜）；易家庭而赁旅馆；易小礼而用证书；易媒妁而称介绍；易凤冠而披兜纱；易花轿而坐汽车；易行人而用军乐；易挽拌而为傧相；易鼓吹而弹钢琴；易聘礼而换饰物（戒指）；易喜果而为纸花；易闹房而为演说"。⑤ 此时其他各地文明结婚的仪式记载颇多，大同小异，其情形大致如下："一、司礼人入席。二、奏乐。三、男女宾入席。四、男女主婚人入席，面外立。五、证婚人、介绍人入席，左右对立。六、新人入席，面内立。七、奏乐。八、证婚人读证书。九、证婚人用印。十、介绍人用印。十

---

① 李锡经、马秀根译：《孙中山、宋庆龄婚姻誓约书》，《文物天地》1981 年第 2 期。
②《平乐县志》8 卷（民国二十九年铅印本），《中国地方志民俗资料汇编》，中南卷（下），书目文献出版社 1991 年版，第 1004 页。
③《新式婚礼》，《实用北京指南》，第 2 篇 "礼俗"，商务印书馆 1920 年初版。
④ 同上。
⑤ 钟毓龙：《说杭州》第 11 章 "说风俗"，转引自《民国时期杭州》，浙江人民出版社 1992 年版，第 634—635 页。

一、新郎新妇用印。十二、证婚人为新郎新妇交换饰物。十三、新郎新妇对立，行三鞠躬。十四、新人致谢证婚人、介绍人，行三鞠躬礼。十五、奏乐。十六、新人向男女族尊长行三鞠躬礼。十七、新人向男女宾致谢，行一鞠躬礼。十八、男女宾致贺，行一鞠躬礼。十九、新人退。二十、奏乐。二十一、男女宾退。二十二、司仪员退。礼毕。"[1] 这种文明结婚，辛亥革命与民初时期"倡于都会商埠，内地亦渐行之"。[2] 有些青年男女以此为荣，"无媒婚嫁始文明，奠雁牵羊礼早更。最爱万人齐着眼，看侬亲手挽郎行"。[3] 新式婚姻礼仪受到人们的称羡，"梳一东洋头，披件西式衣，穿双西式履，凡凤冠霞帔锦衣绣裙红鞋绿袜，一概不用，便利一；马车一到，昂然登舆，香花簇拥，四无障碍，无须伪啼假哭，扶持背负，便利二；宣读婚约，互换约指，才一鞠躬，即携手同归，无嫔相催请，跪拜起立之烦，便利三"。[4] 文明婚礼比之繁文缛节的旧式婚礼要文明方便进步得多。安徽"改良风俗会条约"规定："女子新嫁拜跪为劳，除庙见及拜见翁姑外，所有夫家亲族戚友相见时，只以鞠躬为礼，并禁止闹房恶习"，"女族探三朝者，人到不必礼，到男家亦不必答礼"。[5] 另外，有些信奉西教之家，结婚时往往借教堂为礼场。请牧师或神父为婚，其礼节亦至简单，"先由主婚及来宾新郎新妇唱赞美诗。主婚者问两方面之愿否，而后宣读证书，祷告上帝。次新郎新妇行谢上帝礼，并宣读志愿书，读时必须握手。主婚者复为新郎新妇交换饰物，并各唱赞美诗，礼毕，然后退。"[6] 塘沽有一对青年男女结婚，先到教堂经牧师点礼，男女学生唱诗，场面隆重热闹。礼毕新婚夫妇乘马在牧师夫妇和朋友们的陪送下回到新家。这在当地"颇称奇异"，认为"较之旧有之婚礼文明多矣"。[7] 我们暂且不论这种婚礼在中国是否切用，但它足以说明当时已经有人开始用自己的实际行动来改变中国的传统婚姻礼俗了。

---

① 《义县志》18 卷（民国二十年铅印本），《中国地方志民俗资料汇编》东北卷，书目文献出版社 1989 年版，第 196 页。

② 徐珂：《清稗类钞·婚姻类·文明结婚》第 5 册，中华书局 1984 年版，第 1987 页。

③ 息影庐：《自由谈·新女界杂咏》，《申报》1912 年 5 月 1 日。

④ 是龙：《自由女之新婚谈》，《申报》1912 年 9 月 19 日。

⑤ 《改良风俗会条约·（甲）婚嫁崇俭》，安徽自治研究所编：《自治要言》，第 14 页。

⑥ 汪杰梁：《上海婚嫁之礼节·新式婚嫁之礼节》，《中华妇女界》第 1 卷第 4 期。

⑦ 《文明婚礼》，《大公报》1907 年 11 月 3 日。

（5）婚礼服饰的变化。辛亥革命与民初时期在婚礼服饰上出现西化现象，有些青年执意追求穿戴西式衣帽。《妇女时报》第二号登一照片《刘君吉生与陈女史定贞本年四月二十三日新式结婚时之摄影》，第七号又登《赵月潭君与张爱墨女士文明结婚摄影》，第二号同时登一"保存国粹"的照片《中国旧式结婚》，与其对照。从这里可以看出婚礼服饰的变化。中国旧式结婚的照片上，男女各自站立，男女体间留有空隙，男穿对襟长袍，脚蹬元宝鞋，头戴礼帽；女穿绣缎长袍，长纱蒙面，头戴凤冠。新式结婚的照片上，男女挽手臂，男穿西式大衣，无帽梳分头，穿皮鞋；女穿新式婚礼服，白纱披头。① 这里反映了当时在婚礼服饰上也有了新变化。

（6）婚俗删繁就简以求节俭。辛亥革命与民初时期，婚礼讲求删繁就简，既是为了节俭易行，也是为了戒奢崇俭，开明家庭已不看重聘金和妆奁，"婚礼务求节俭，以挽回奢侈习俗，而免经济生活之障碍"。② 有的地方，"订婚之礼简于旧俗，结婚之所不必定于男女之家，凡公地皆可焉"。③ 民初有些地区重新制定婚礼改良规则，力求简便和节俭。云南大理县的"婚礼改良风俗规则"中规定，"仅请媒人往拜，不用财礼"，"听男家量力行之，女家不得争执"，"女家制备嫁妆，多寡自便，不得要求男家铺妆。如女家不愿接聘金，请男家办理者，只听男家之便，不得争执"，"女家送亲，不得苛派男家雇轿，备牌伞等事，如女家愿用，只得自备"，"婚嫁贺礼，银钱、茶糖，丰约从便，惟色银、首饰、贺对概行禁绝"。④ 安徽"改良风俗会条约"规定："婚姻论财夷虏之道，往往男家较量妆奁，女家争论聘礼，自后应以俭约为主"，"娶亲者宜开茶会，娱宾。不特，举动文明，抑且节财省事"，"娶亲者除备亲迎花轿提笼外，其余仪仗品物不必多具"，"娶亲者不必请陪郎"，"娶亲者可以随时往来岳家，不必备礼物，岳家亦不必具酒食请陪客"，"婚嫁各家宜声明不收礼物，只收祝词，如亲友戚族厚情过爱，不妨择送适宜之品，从前帐联牲醴串炮针黹各种无用之物概行免除"。⑤ 这些规划反映了人们对婚礼务求简俭去奢从朴的愿望。有些

---

① 《妇女时报》第2号（宣统三年闰月朔日发行）第7号，（1912年7月初十发行）插图。
② 徐珂：《清稗类钞》第5册，中华书局1984年版，第1987页。
③ 《江津县志》卷11·风俗，《中国地方志集成》第45册，巴蜀书社1992年版，第789页。
④ 《大理县志稿》32卷（民国六年铅印本），《中国地方志民俗资料汇编》西南卷（下册），书目文献出版社1991年版，第855页。
⑤ 《改良风俗会条约·（甲）婚嫁崇俭》，安徽自治研究所编《自治要言》，第14页。

人已经力行"一切嫁妆愈切用愈好";娶亲时不择日期;娶过门时也不用执事;有些人定亲前就明文要求"聘娶仪节悉照文明通例,尽除中国旧有之陋俗"。① 有些地区如南京,"民国以来,礼从简约"。② 奉天"缙绅之族损益繁缛,酌剂中西仪节,谓之文明结婚"③;四川泸县,"实行自由结婚者,其仪节简而易行,用费亦少,谓之文明婚礼,不必举行于家,而在公共场所矣"④;江苏武进民国以来,为俭节方便,"往往有借旅馆及青年社行结婚礼者"⑤,以上可均称为"嫁娶从俭之好现象也"。

(7)婚姻媒介方式的增新。随着婚姻自由呼声的高涨,这时的媒介方式有所增新,出现了"通信订婚法"。首创者为上海青年王健善,他在《女子世界》杂志的第二年第二期的扉页上刊登一封《敬告女同志》的公开信,主张"由男女互通信,先各抒衷曲,质疑问难,徐议订婚"并宣告"创法请自我始,敢告女同志,如欲与余通信,可照下开住址邮寄,信到誓不示他人,并望亦示地址"。⑥ 这时期上海的新式婚嫁礼俗中,的确出现了一些"通信订约"⑦ 的青年男女,这无疑有利于婚姻自主风气的形成。辛亥革命与民初时期是不缠足运动的重要阶段,不缠足会遍及各地。有些不缠足会又是天足女子的婚姻介绍所,其中设主婚人来管理天足女子的婚姻问题。《竞业旬报》在介绍天足会的办法时说:"天足会内的会友,互通婚姻,使彼此毫无嫌怨,人皆乐从。"⑧ 不缠足会在天足女子的婚配问题上,做了大量有益的工作。

以上我们可以看到辛亥革命与民初时期的婚姻习俗的确发生了明显的变化。这种从婚姻内容到婚礼形式对封建婚俗的否定是传统社会难以想见的,正因为如此,我们把这一时期看作是20世纪婚姻文化变革的第一次高潮。

① 《求偶》,《大公报》1902年6月26日。
② 胡朴安:《中华全国风俗志》下编,中州古籍出版社1990年版,第136页。
③ 《奉天通志》卷98,礼俗2,婚嫁。
④ 高觐光等纂:《泸县志》卷3,"礼俗志·风俗·婚姻"。
⑤ 胡朴安:《中华全国风俗志》下编,中州古籍出版社1990年版,177页。
⑥ 《女子世界》第2年第2期。
⑦ 汪杰梁:《上海婚嫁之礼节·新式婚嫁之礼节》,《中华妇女界》第1卷第4期。
⑧ 君剑:《拒烟会与天足会》,《竞业旬报》第10期。

三 局限与意义

辛亥革命与民初时期婚姻文化的变革，是在"习俗救国"口号的感召下进行的。它既是西俗东渐后向西方学习的一个具体事项，也是对戊戌维新时期婚姻文化变革的一个继承，更是男女平权这一女性解放思潮引导下生活方式变革的重要体现。这一时期的婚姻习俗虽然发生了显著的变化，但是这种变化仅仅是个开端，它绝不是想象的那样广泛和普遍，其历史局限性是显而易见的，当时，"旧式婚姻居十之七八，新式者不过十之二三"。① 婚俗变化的局限性表现在三个方面：首先是地域上的局限性，城市强于农村，大城市如上海、广州强于内地省会城市，东南沿海又强于内陆，对于文明结婚，"城市内结婚多仿行之；乡间仍不多觏也"。② "新式结婚，城市间有之，乡间尚未见也。"③ 显然这同自然经济解体的速度，受西方文明影响的强弱，以及人们受教育的程度及文明程度关系甚大。其次是作为不同阶层的人的局限性。"士为四民之首"，这一阶层是社会变革中最积极最活跃的因素，也是社会其他阶层行为方式的榜样。辛亥革命与民初时期婚姻生活的改变是由先进知识分子率先行动的，其他阶层尤其是农民阶层则相当迟缓，甚或处于静止状态。当然各阶层内部亦不尽相同，知识阶层中也有思想顽固、观念守旧者。有些知识分子的思想深处也反映着双重层面。章太炎1913年曾提出三项征婚条件："一、须文理通顺，能作短篇；二、须大家闺秀；三、须有服从性质，不染习气。"④ 章太炎征婚时已是民国成立以后，他的征婚条件显然与当时自由平等博爱的时代要求及他本人革命家的身份很不相称，反映了他的思想深处对封建文化的感情瓜葛。胡适双重的思想性格在他的婚姻观和婚姻生活方面也有反映。胡适在《竞业旬报》25期发表《婚姻篇》一文，对传统婚姻习俗进行了批判："中国男女的终身，一误于父母之初心；二误于媒婚；三误于算命先生；

---

① 《民国杭州市新志稿·俗尚》，转引自《民国时期杭州》，浙江人民出版社1992年版，第634页。

② 《张北县志》八卷·民国二十四年铅印本，《中国地方志民俗资料汇编》华北卷，书目文献出版社1989年版，第148页。

③ 杨式震等撰：《满城县志略》卷8，"风土·礼俗"。

④ 汪太冲：《章太炎外纪》，文史出版社1924年版，第50页。

四误于土偶木头。随随便便，便把中国四万万人，合成了许许多多的怨偶。"① 但他对由母亲做主、与江冬秀定亲这桩他本人并不满意的包办婚姻却采取了"容忍迁就"的态度。他是为了尽孝，是为了不伤母亲的心，最终与江冬秀成婚。胡适曾在信中说："吾之就此婚事，全为吾母起见，故从不曾挑剔为难（若不如此，吾决不就此婚，此事但可为足下道，不足为外人言）。今既婚矣，吾力求迁就，以博吾母欢心。吾之所以竭力表示闺房之爱者，亦正欲令吾母喜欢耳。岂意反以此令堂上介意乎。"② 可见胡适的婚姻主张与他的婚姻生活并不是完全统一的。觉悟了的知识分子尚且如此，受封建文化束缚极深的其他阶层便可想而知了。第三，新旧掺和的局限性。中西婚俗的掺杂也反映了婚俗变化的局限和不彻底。如"浦东人之婚礼，泰半沿用旧俗"③，穿了西装去行叩首礼的有之，穿了凤冠霞帔、袍褂补服去行鞠躬的亦有之。江苏宜兴"民国以来，政体虽改，而新郎之戴顶履靴者仍属有之。然亦有喜学时髦，著大礼服，戴大礼帽，以示特别开通者。最可笑者，新郎高冠峨峨，履声橐橐，在前面视之，固俨然一新人物也，讵知背后豚尾犹存，红丝辫线，坠落及地（乡俗新郎辫线多以红丝为之）。又有所谓陪宾者，新郎之护卫也，多亲友任之，通常四人。此四人中，有西装者，有便服者，有仍服清朝时礼服者，形形色色，无奇不有。及新郎奠雁（新郎至女家朝婚贴行四跪四叩首礼，曰奠雁）仍行跪拜礼。其跪拜时，先脱礼帽，交代陪宾后，再听赞礼者之口令而跪拜焉。此种非驴非马之礼制，殊可笑也。"④ 此外，传统婚俗还普遍存在，浙江萧山"婚姻尚媒妁，一切皆父母主之，毫不容子女置喙。设出一言，则戚党族间，传为怪事。至如自由结婚，自由恋爱，更非梦想所能及。"⑤ 兰溪也是"婚嫁全凭媒妁之言，文明结婚实属罕闻"。⑥ 北京很多崇尚旧俗的家长也依旧恭请"星命家"测重男女双方的"八字"，取"龙凤帖"合婚，保持着传统的婚俗。这种婚俗特征恰与辛亥革命与民初时期那个新旧交替的时代相吻合。

---

① 胡适：《婚姻篇》（续），《竞业旬报》第 25 期。

② 参见沈卫威《胡适婚姻略论》，《民国档案》1991 年第 1 期。

③ 胡朴安：《中华全国风俗志》下编，中州古籍出版社 1990 年版，第 209 页。

④ 同上书，第 181—182 页。

⑤ 同上书，第 248 页。

⑥ 同上书，第 259 页。

　　总之，当时中国相对而言"举行文明结婚礼者，尚不多见"。① 尽管如此，辛亥革命与民初时期婚姻文化的变革还是非常明显的，并成为 20 世纪婚姻文化变革的第一次高潮。

　　辛亥革命与民初时期婚姻文化的变革的意义在当时知识分子看来就是在"男女平权之说"的旗帜下，追求"男女重平等"的社会生活，最终真正达到"妇女解放"的目的，这无疑是正确的。在中国传统的"男权"社会中，男女不平等，女子受压抑，已经渗透到社会生活的方方面面，在婚姻生活中亦不例外。在辛亥革命与民初时期，进步知识分子主张的新式婚姻观以及婚姻文化的变革，其中蕴藏着女性在变革婚姻生活中身体和精神解放的意义，亦蕴涵着男女平等、妇女解放的意义。然而它的深意并非仅仅如此而已。我们还应挖掘出蕴藏其中的男性解放的深刻主旨。传统中国一般视为男权社会，这是相对而论，是男女两性相比较而言。事实上在传统的"三纲"社会，大多数男性也是受压抑被奴役的，同样需要身心的解放。在传统中国社会的婚姻生活中，男性只有相对的"七出"的权力，其他的婚姻权力不在自己的手中，而是被他人控制的。当我们看到辛亥革命与民初时期的新式婚姻主张时，所提倡的婚姻自由是当事者的自由，而非仅仅为当事女性的自由，也包括当事男性的自由。正式从这个意义上，我们说辛亥革命与民初时期婚姻文化的变革蕴藏着女性与男性双重解放的意义，即人的解放的意义。这是中国传统"人伦文化"向"个性主义"文化转变过程中，在婚姻文化变革中的重要体现。

　　　　　　　　　　　　　　　　　　原载《史学月刊》2012 年第 4 期

————————

　　① 血儿：《文明结婚》，《民立报》1912 年 3 月 15 日。

共和国三十年的性教育

（1949—1979）

性伦文化从广义上说，是指反映两性间诸多联系的某种功能性模式。它包括两性间的交往、相处、恋爱、婚姻直至"性"关系等等。从狭义上说，是指反映"性"关系的某种功能性模式。它涉及与"性"相联系的诸多方面。本文仅从新中国三十年性教育的视角，探索新中国三十年性教育方面的基本态势，从而进一步认识这一特定历史时期的性伦文化。

一　中国传统的性教育

性教育的内容，是根据性教育的目的和性教育的对象而确定的。主要包括性生理、性心理、人生价值观、性道德和知识教育等等。中国古代从汉朝就有记载的"嫁妆画"和"压箱底"都是性教育的工具。明清皇宫中的"欢喜佛"是对皇子皇孙们进行性教育的暗示。民间一般是家中的嫂子或大婶对新娘进行的叮嘱。清末民初时期，国外的教育理论纷至沓来，西方性科学理论也在这一时期被引进中国，并在 20 世纪上半叶形成了一段性教育的繁荣期。[1] 20 年代，获法国里昂大学哲学博士学位的张竞生是早期宣传性学，倡导性教育的重要学者。他在《美的社会组织法》一书中写到"性问题于人生比什么科学与艺术都更大……性教育不止在肉体与病形上的讲求，它的最重要的任务乃在考求由性所产生的情感与文化的主动力何在。所以性教育是一种必要的教育，又是极严重的教育"。[2] 他认为社会上

---

[1] 林昭音：《男女性之分析》，商务印书馆 1935 年版，第 1 页。
[2] 张竞生：《美的社会组织法》，北新书局 1926 年版，第 53 页。

出现有碍风化的情形原因之一，就是僵化古国缺乏对科学性知识的了解和性教育的缘故。鲁迅先生是中国现代性教育的先驱者，他 1909 年从日本留学归国，应聘任浙江杭州两级师范学堂的生理教员时，就首先打破了性生理的禁区，把性知识勇敢地摆上了讲坛。他在《坚壁清野主义》里写道："要风化好，是在解放人性，普及教育，尤其是性教育，这正是教育者所当为之事。"① 鲁迅始终重视对生理学、伦理学和性道德问题的研究。他购买和翻译过很多性研究和性教育方面的书籍与资料。鲁迅先生对于性教育的研究理论及性教育的实践，对于我国性教育的发展具有重要的贡献。虽然经过学者的呼吁和社会各界的努力，20 世纪 20 年代《学校卫生实施方案》②、《师范学校课程标准》③、广东省《师范学校各科教学纲要》等教育法规中都明确了性教育在课程中的地位④，但当时的性教育只是知识阶层以翻译西方性学著作、编著性学图书、举办性教育讲座、发表有关文章等形式进行，还缺乏规范性，产生的影响是有限的。

二　新中国成立初期的性生理教育

新中国成立后，知识分子开始提倡并重视性教育工作，有些学者明确地提出了性教育的主张，1951 年上海的"家出版社"出版了《家社妇幼丛书》，这是包括性教育的一套丛书。主编黄嘉音在书中发表的《告读者》中指出："现代青年缺乏正确的知识，这已经是尽人皆知的事实了。我们中国人对于性问题的讨论，向来是讳莫如深的。我们要使青少年对性的问题有正确的认识，只有打破过去掩耳盗铃的方策，像介绍其他知识一样，像讨论其他问题一样，把性的知识公开来介绍，把性的问题公开来讨论。我们为什么不像有些出版家一样，假名换姓来编译性的文字，甚至把出版者的地址都隐瞒起来呢？因为我们编译和出版这些性教育的小书，都坦然无愧于心的。我们觉得这些小书的出版，对于青少年对于社会都是有益而

---

① 《鲁迅文集 第 1 卷》，黑龙江人民出版社 1995 年版，第 232 页。

② 朱梅：《20 世纪初中国的性教育》，《南京大学学报》2001 年，第 151 页。

③ 《师范学校课程标准》，民国二十三年九月教育部颁行，民国二十三年十一月，（上海）中华书局版。

④ 陈永生：《清末民初我国学校性教育略述》，《中华医史杂志》1993 年第 23 卷，第 1 页。

无害的。我们觉得性问题的公开讨论，是值得也应该提倡的，我们愿意在这里开始。有人把所有与性有关的文字，都看成猥亵下流的，我们可不能同意这种观点。性教育的文字与猥亵的文字是有一大段距离的。猥亵的文字是诉诸情欲的，故作不必要的动情的描写。性教育的文字是诉诸理智的，是客观冷静的，只是你所必须知道的科学的事实告诉你。读了猥亵的文字只使人兴奋而激动，除了想入非非外一无所得。读了性教育的文字使人沉静而清醒，知道应采取的态度和该走的路向。"① 这里郑重指出了性教育的重要性和严肃性。家出版社还将《家社妇幼丛书》推荐给病人、产妇和儿童们的父母。新中国成立初期开展性教育有很好的契机，只是在"以阶级斗争为纲"的特定政治环境中，这项工作没有坚持开展下去，这套性教育丛书不久就销声匿迹了。主编黄嘉音因提倡性教育 1957 年被打成右派，和妻子孩子一起被发配到宁夏。② 1957 中国科技出版社出版的《性的知识》一书，也以黄色污秽出版物为由被禁，作者以流氓罪被判刑关押。

新中国对性教育影响最大的是周恩来。1963 年周恩来在人民大会堂召见参加全国卫生科技规划会议的叶恭绍等十位专家时，就指示医务工作者，一定要把青春期的性卫生知识教给男女青少年，让他们能用科学的知识来保护自己的健康，并指示在女孩子行经之前、男孩子首次遗精之前，就把性卫生知识教育给他们。③ 同年 7 月，周恩来在为首都高校毕业生讲话时，再次强调了性卫生知识的重要意义。指出普及性卫生知识教育，不单纯是一个科学教育的问题，而且还是一件破除封建迷信和移风易俗的大事。④ 周恩来医疗组的核心成员吴阶平聆听过周恩来关于开展性教育的指示："敬爱的周总理总是以极大的热情关怀青少年，为青少年安排最优越的发育成长条件，多次指示在中小学要教生理卫生课。"敬爱的周总理 1973 年 4 月 12 日在病中曾这样说过："让青年懂得生理卫生知识很重要。孩子到了一定年龄就会注意这方面的问题，特别是到了青春发育期，随着生殖器官的发育，形态上、生理上会出现一些原来没有的现象，心理上也会出现一些正常的变化，就会要求得到有关知识。这个问题是不该回避

① 黄嘉音：《家社妇幼丛书》，上海家出版社 1951 年版，第 1 页。
② 《论妇幼丛书的阶级性》，《教育杂志》，1957 年第 12 期。
③ 叶恭绍：《周恩来关心性教育》，科学普及出版社 1983 年版，第 212 页。
④ 同上书，第 213 页。

的，试图回避，不但会使之神秘化，有时还有不良的后果。应该首先把有关的知识向父母作介绍，帮助他们配合学校根据孩子的具体情况，选择适当的年龄和时机逐步帮助孩子获得必要的知识，使孩子们从小就养成良好的卫生习惯，懂一点防病常识，健康成长。"① 他在病榻上还指出中学的生理卫生教材中要有生殖系统的专门一章，讲课时应有大幅彩图，便于形象讲解。直到病危时，还一再嘱咐：一定要把青少年性卫生教育搞好。周总理关于把性卫生教育当作移风易俗的大事来抓的指示，在现实中具有很强的针对性。1972 年，教育部决定编写中学二年级的《生理卫生》课本时，加入"生殖器官"一章，据叶恭绍先生回忆："我编写'生殖器官'一章时，当时编写人员一起商量，竟有一半人反对写这一章，于是发生了激烈的争辩，直到我谈出了周总理的指示，才算肯定了这一章。可是接着又在是否插图的问题上发生了争执，虽然，最后插图还是要了，但却深刻地说明了不彻底破除封建思想，周总理的指示是很难贯彻好的。"② 1973 年，教育部门召开《生理卫生》教材会，会议主持者要求教育局的同志把教材书带来赴会，结果好多同志忐忑不安，以为教材内包括了生殖器官这一章要在会上进行批判。③ 可见性卫生知识的宣传教育的阻力之大。

尽管周总理在全国人民中享有崇高威信，他的指示得到与会专家的赞同，但他的关于开展性教育的指示在他的有生之年并没有得到落实。生理卫生的教科书虽经编写，但并未进一步施教。由于传统的性神秘、性下流一类的观念由来已久，最终成为总理的遗愿。"文化大革命"时期的中国性生理教育几乎是一片空白，人们在性问题上已经不简单是忌讳，而是到了"谈性色变"的程度。"性欲"似乎是资产阶级才会涉及的东西，而无产阶级是要清除这种东西的。心灵的净化必须干净彻底。性是羞耻的，甚至是反动的。"性"对革命人民来说是不应该有地位的，每个人都应该克制，把自然欲望升华为更为积极的革命热情。

在这样的一个"纯洁"的社会中，性教育的猥亵下流观念造成了家庭、学校缺乏基本的性教育。"当时没有性教育，年轻人也从不问，从不

---

① 吴阶平：《让青年懂得生理卫生知识》，《健康报》1980 年 5 月 4 日。
② 叶恭绍：《周恩来关心性教育》，科学普及出版社 1983 年版，第 246 页。
③ 同上书，第 256 页。

找这方面的书，都觉得丢人。"① "在农村的时候连牙都不刷，对性知识更是一无所知，后来的性知识只是看一些报纸、杂志，有时候互相的讨论，什么找对象呀？慢慢的也就懂了。"② "其他的同事朋友们是在相互之间的谈话聊天获得性知识，当时来月经用的是布和黄草纸，很不卫生的，月经带都不敢公开的晾晒，经常使用的月经带硬得能把腿磨破。因为性知识的缺乏，当时的农村妇科病是很普遍的。"③ 由于性教育的缺乏，造成普遍的性无知。"许多人的性知识大多是在一些粗野的人们吵架时骂出来的话中得到的。"④ 在相当多的情况下。人们对于性是一知半解。"我那时在妇幼队工作，我们的工作是给农村做生育卫生宣传，主要是宣传卫生的接产，产后的营养补给。当时的常见病是大人得软骨病，小孩得四六风，原因主要是卫生知识的不足。印象最深的一次是有一对五十岁的老年夫妇到医院看病，医生做了全面检查，发现女病人是石女，夫妻两个生活了一辈子都不知道，性生活很痛苦，但从没想过到医院去检查。"⑤ "60年代我由于长期的体力劳动造成了严重的后遗症，腰开始弯了。住进了医院，当时在病房里，我的邻床女病人三十多岁，我忘记了她因为什么病住进的医院，我问她有没有小孩，她说没有，我说为什么不要一个，她说也不知道怎么回事，结婚好多年了，总在一个床上睡觉，就是没有。我问她你应该检查一下，她说那有什么检查的，不就是睡在一起就会生小孩吗，我非常惊讶，后来才知道他们夫妻两个都不知道什么是性生活，认为只要肌肤接触就可以生孩子了。"⑥ '文化大革命'期间，我在厂宣传科工作，我记得有一天上午，突然有一个新婚不久的妻子来告发她的丈夫，说他们结婚后，她的丈夫对她'耍流氓'，要求组织对他严肃处理，仔细一问，感觉特别可笑，原来她不知道夫妻结婚应该有性生活，因此认定她的丈夫是流氓。"⑦

在传统的性禁忌观念和极"左"思潮的影响下，社会对于性教育的"愚民政策"和"鸵鸟政策"造成了人们对于性的无知、神秘和愚昧。人

---

① 唐海迪编辑：《访谈录》，第13页。

② 李巧玲编辑：《访谈录》，第35页。

③ 同上书，第29页。

④ 唐海迪编辑：《访谈录》，第4页。

⑤ 李巧玲编辑：《访谈录》，第28页。

⑥ 唐海迪编辑：《访谈录》，第7页。

⑦ 李巧玲编辑：《访谈录》，第15页。

在性问题上的科学知识、高尚的道德情操都不是"生而知之"而是"学而知之"的。

三 性的"人格"与"中性"教育

作为性教育核心问题的道德问题在 20 世纪的教育学中，开始加以研究和探讨。1925 年，苏联列宁格勒州人民教育科学方法会议就性教育问题提出了一些有科学依据的建议。"决议把性的问题看作一个生物—社会问题……应该广泛利用学术讨论、会见专家和专门的文学作品进行性教育。"① 性教育不单是指对青少年的性生理、性知识教育。"性"既有生物特性又有社会特性，"无论社会发展到哪一步，人的'性'生活不同于其他动物，是人与人的交往和相处，而不仅仅是'自然'泄欲，也不是单纯的个人行为。"② 性问题是一个社会问题，新中国成立后的性教育中包含着男女两性关系、共产主义道德与人生价值观教育等内容。

新中国成立初期的性教育主要以人格教育为核心进行的，性教育的目的是使正在成长的一代在两性关系方面具有道德素养，教育他们在这方面必须努力遵循共产主义道德规范。③ 这就是说，第一，应认识体现在异性关系中的社会利益；第二，善于本着共产主义道德正确解决两性关系中产生的具体问题；第三，坚决抵制资产阶级思想的影响，因为这种思想使正在成长的一代在两性关系方面染上性道德败坏、玩弄异性以及鄙视道德价值等恶习。伟大的革命导师列宁说："目前在性问题上普遍的亢进，不是给予而是剥夺了生活的快乐和力量。在革命时代，这是有害的，非常有害的。"④ 对于青年本身来说，列宁也指出："青年人特别需要生活的快乐和力量，有益于健康的游戏、游泳、赛跑、身体上的各种锻炼和智力上的各方面的兴趣，尽量地共同学习、研究和调查，这要比那关于性问题的永久不变的理论和讨论以及那种所谓'充分享受人生'更于青年有益。因此青年朋友们，青春是宝贵的，伟大时代的中国青年的青春尤其宝贵，我们青

① 陈会昌编译：《苏联德育心理研究》，山西教育科学研究所 1882 年内部发行，第 287 页。
② 李小江：《解读女人》，江苏人民出版社 1999 年版，第 79 页。
③ ［苏］科列索夫著 宁波《性教育漫谈》，志高译，国际文化出版公司 1988 年版，第 78 页。
④ 蔡特金著：《列宁谈妇女、婚姻和性的问题》，《新中国妇女》，1953 年第 12 号，第 10 页。

年决不是把青春只是消耗在恋爱中。"① 告诫青年不应过多地沉溺于"性"。列宁的教导在解放战争刚取得胜利的中国人民心中亮起了灯塔。生活在旧中国,不但智育不能自由发展,身体也受摧残,相反的,思想和身体必须健康。"只有普遍的锻炼成强健的体魄,将来才能更好地为人民服务。"② 如果青年学生醉心于恋爱和两性问题,影响到学习和健康,消磨了自己的青春活力和意志。"青春只有闪烁在建设社会主义祖国的事业中才能发出闪烁的光彩"。③ 当然,新中国成立初期的社会性教育承认:"婚姻恋爱问题究竟是人的生活的一部分。中学生由于年龄的成长,容易产生恋爱婚姻的苦闷和问题,这是很自然的,主张青年学生(譬如中学生)最好不要将精力放到恋爱问题上去,但并不主张僧侣的禁欲主义和独身主义,也并不反对男女有正常的社交活动,保留那种'男女授受不亲'的封建习惯,同样也不主张对个人的恋爱问题加以强制和干涉(当然,对于恋爱问题上严重地违反道德的行为和犯法行为,自然也作必要的处置)。"④ 因此,新中国成立不久的性道德教育旨在引导青年关心工作和学习。

另外,处理恋爱问题要有阶级观点。中共中央八届十中全会公报指出:"在无产阶级革命和无产阶级专政的整个历史时期,存在无产阶级和资产阶级之间的阶级斗争,存在社会主义和资本主义两条道路的斗争。这种斗争反映在各个方面,我们生活在这个历史时期,应该用阶级和阶级斗争的观点去观察问题,处理问题,处理恋爱婚姻问题也一样。否则,就会看不清本质,就会迷失方向。"⑤ 腐朽的资产阶级性教育把恋爱结婚看作人生最大的幸福,认为生活中缺少爱情,青春就失去了光彩,使青年精神堕落,消失革命的锐气。"在选择恋爱对象时,青年人应首先要看他的阶级本质,离开了这一点,在外貌、谈吐、会不会玩等上做文章,必然是舍本求末,分不出好坏来。"⑥ 在恋爱观上,追求容貌美是从小资产阶级的审美观点出发的。谈情说爱只是陷在小资产阶级庸俗的泥沼里的幻想产物,应建立在革命基础上。关于性的问题,教育青年提高思想觉悟,在祖国建设

① 蔡特金著:《列宁谈妇女、婚姻和性的问题》,《新中国妇女》,1953 年第 12 号,第 11 页。
② 袁林:《教育的地位和本质》,《文史哲》1954 年第 3 期,第 56 页。
③ 禹九:《再谈如何正确看待恋爱问题》,《中国青年》1953 年第 5 期,第 14 页。
④ 陈东:《如何正确看待恋爱问题》,《中国青年》1953 年第 4 期,第 5 页。
⑤《中共中央八届十中全会公报》,《人民日报》1955 年 4 月 2 日。
⑥ 小真:《处理恋爱问题要有阶级观点》,《中国青年》1953 年第 2 期 第 22 页。

事业中发出光辉，必须使恋爱问题服从这一前提。20世纪50年代中后期，教育青年人在对待性和婚姻上，要无情地批判资产阶级性道德观。在婚姻和两性关系上创造出真正革命的基础。"青年不应关心性问题，否则会感染上'摩登病'，促成青年人健康和体力的亏损。改变资产阶级的概念和道德，不要成为人们生活的主题和谈论的话题，在战争和革命的所创造的条件下，旧的意识形态的价值消失了，在人与人之间、男人与女人之间的关系上，感情和思想正在革命化，资产阶级婚姻的腐朽、堕落和猥亵以及性道德和性关系的令人作呕的伪善是要进行彻底改变的。性和婚姻的形式，在其资产阶级的意义上，是不能令人满意的。性生活的淫荡是属于资产阶级的，是衰颓的现象。符合于无产阶级革命的性和婚姻的革命已经发生了。它不需要利用麻醉剂或刺激品来陶醉，要像少用酒精一样地少夸张性欲。"① 总之，这一时期的性教育已经脱离新中国成立初期的轨道，要求人们不再关心性，无需谈性，否则就是资产阶级思想的堕落和腐朽。

"文化大革命"时期，社会对青年们的性教育实行所谓的"中性"教育。知识青年这一代人是新中国人的同龄人，他们从小就受到对共产党和毛泽东无产阶级的感情教育。当共和国的同龄人呱呱落地时，他们耳畔回旋的便是对领袖的颂歌："东方红，太阳升，中国出了个毛泽东，他为人民谋幸福，他是人民的大救星。"当他们进入学校学习时，学写的第一句话是"毛主席万岁！"此后的小学语言课本中还有一课《韶山》："韶山是红太阳升起的地方，是毛主席的故乡。"这种从小进行的启蒙教育，对他们以后的成长产生了潜移默化的影响。中学是青年学生社会化的重要时期，"文化大革命"初期上山下乡的知识青年一般是在60年代初度过他们的中学时代，这一时期的性生理教育是一片空白。老知青们说："我们中学时代对性懵懂时，想找一些书看看，但根本找不到，社会、学校、家庭从不谈'性'。"② "生理教育在当时社会没有一丝迹象，学校从没有开过生理卫生课，家里也不关心这些问题。"③ "我那时不知道性教育是什么，男女学生没有什么区分，穿衣服颜色，样式也大致一样。"④ "文化大革

① 蔡特金著：《列宁谈妇女、婚姻和性的问题》，《新中国妇女》1953年第12号，第12页。
② 李巧玲编辑：《访谈录》，第15页。
③ 同上。
④ 李巧玲编辑：《访谈录》，第19页。

命"期间，社会对"性"是避而不谈，学校教育是典型的政治化、革命化的教育，是贯彻"教育为无产阶级政治服务、教育与生产劳动相结合"的教育方针。① 这种教育以不分男女两性，培养社会主义的中性人的教育为特征，是"无性别"教育时期。为了培养青年学生有理想，使他们成为"无产阶级革命事业的接班人"，学校教育探索出了一整套的革命理想教育的措施，其中包括经常性的、大量的政治学习，诸如多种多样的听报告、上团课、下乡劳动、参加军事训练、学雷锋、参观英雄纪念场馆等形式，这其中渗透着强烈的理想教育的内容和目标，无疑对青少年理想的形成起到了重要作用。无论人们对教育的成就怎么看，人们比较公认的是：十七年教育成功地塑造了一代甘愿为革命理想而奋斗、而献身的革命化的青年。因此许多青年在两性问题上普遍认为革命青年是"中性"的，"性"与"革命"水火不相容。②

大众文化传播中的"无性"教育也很明显。"文化大革命"时期中国有八个样板戏，这些样板戏中的家庭成员并不完整，男人没有妻子，女人没有丈夫。《红灯记》是"满腔热情塑造"出来的三个英雄人物，一个是李玉和，一个是李奶奶，还有一个李铁梅，这是一个祖孙三代的家庭。李奶奶年龄大了，老伴可能去世了。李玉和是个中年男子，但他有没有结婚都成问题，他一生都在为革命"东奔西忙"。李铁梅年龄十七，当然还说不上谈婚论嫁。《沙家浜》里的郭建光没有家庭可算情理之中的事，但那个机智的女地下党员阿庆嫂呢？丈夫阿庆没有出现，让他跑单帮去了。《智取威虎山》中的杨子荣、《海港》里的方海珍、《龙江颂》里的江水英都是些孤男寡女，看不出她们有过或者曾经有过丈夫妻子。

此外，社会对于青年学生进行统一模式、统一观念、统一类别的教育。在理想主义教育目标的驱动下，学校还特别注重在集体中培养青年学生的集体主义精神和毫不利己专门利人的品格。在十七年的教育中，集体主义精神得到最大限度的张扬，国家是大集体，所在的班级、少先队中队、小队以及团支部、团小组都是小集体，个体只有在集体中才得以表现。在集体中要求个人利益绝对服从集体利益，甚至个人的兴趣、爱好，

① 程晋宽：《教育革命的历史考察》，福建教育出版社2000年版，第256页。
② 梁晓声：《一个红卫兵的自白》，四川文艺出版社1988年版，第257页。

也要服从集体的纪律。一位知青女作家指出："我们失去了个性，我们变成了群体，一片忠诚不贰，我们的幸福观、理想观、是非观失去了一切个性特征，这就是毛泽东的孩子们最统一的素质。"[①] 总之，这种对党、对毛泽东的绝对忠诚和服从，以及强烈的群体意识、团队精神，既是这一代青年满腔热血投入"文化大革命"的思想基础，也是他们积极投身上山下乡运动仍能义无反顾的原因。从 1968 年 7 月中央提出大中学校学生毕业分配的"四个面向"开始，到 1969 年初的短短半年时间里，在"文化大革命"那种混乱无序的情况下，竟然有多达 400 万的大中城市的中学生井然有序地、迅速地分散到全国最偏僻的山乡、最遥远的边疆。这无论在哪个时代、哪个国家，都是难以想象的一个壮举、一个奇迹，这是那个时代教育的结果。

新中国成立后三十年的性教育，对青少年性生理教育还仅仅是简单的提出和倡导，并未真正地实施。而更多的教育是对青年进行的一种共产主义人格教育和人生价值观教育。

原载《晚清以降经济与社会》社会科学文献出版社 2008 年版

[①] 金大陆：《苦难与风流》，上海人民出版社 1994 年版，第 2 页。

史评篇

中国近代史分期与基本线索论战评述

一

　　1954 年胡绳最早提出中国近代史分期问题，这是胡绳对新中国成立前中国近代史研究的深刻检讨。[①] 这个检讨与新中国成立后史学界重视中国近代史研究及苏联历史分期问题对中国近代史分期问题的影响关系密切。[②] 胡绳提出以阶级斗争为标准探索中国近代史基本线索和分期问题，提出"三次革命高潮"理论，进而引发中国近代史分期问题的论战。当时戴逸、章开沅、荣孟源等人亦赞同以阶级斗争为标准进行中国近代史分期，但他们的具体分期主张又意见相左。[③] 还有主张以近代社会主要矛盾变化为标准的分期法，代表人物是孙守任和范文澜。[④] 也有主张以社会经济表征和阶级斗争表征结合为标准的分期法，代表人物是金冲及。[⑤] 此外，还有主张以综合的标志为标准的分期法，代表人物是刘大年。[⑥] 因各自确立的标准相异，故作出的分期亦不相同，彼此为之展开激烈的论辩。

---

　　① 胡绳：《中国近代历史的分期问题》，《历史研究》1954 年创刊号。

　　② 参见石父辑译：《苏联历史分期问题讨论》，中华书局 1952 年版。

　　③ 戴逸：《中国近代史的分期问题》，《历史研究》1956 年第 6 期；章开沅：《关于中国近代史分期问题》，《华中师范学院学报》1957 年第 1 期；荣孟源：《对于近代史分期的意见》，《科学通报》1956 年第 8 期。

　　④ 孙守任：《中国近代历史的分期问题的商榷》，《历史研究》1954 年第 6 期；范文澜：《中国近代史的分期问题》，《光明日报》1956 年 10 月 25 日。

　　⑤ 金冲及：《对于中国近代历史分期问题的意见》，《历史研究》1955 年第 2 期。

　　⑥ 刘大年：《中国近代史研究中的几个问题》，《历史研究》1959 年第 10 期。

二

新中国成立后普遍运用唯物史观指导历史研究，是历史与学术发展的结果，是百年史学发展甚至是几千年中国史学的一次根本性变革。新中国成立初年，就有史学工作者撰文论述用马列主义理论指导史学研究的重要意义及史学工作者在新中国成立初年接受马列主义理论的实际情况。郑鹤声指出："马列主义是国际工人阶级和一切劳动人民自求解放的思想武器和伟大旗帜，是各国被剥削阶级和被压迫民族改造旧世界和建设新社会的最高指导原则，所以对于他们的革命理论，应当深切研究而加以实践的。而这种马列主义在中国的光辉典范，就是毛泽东思想。我们研究中国近代史，首先要以客观真确史实作根据，其次要有革命理论的贯穿，才不致陷于迷惘。"① 华岗高度赞誉"马克思列宁主义所以万能，就是因为它正确；而它所以正确，就是因为它能够精密地掌握社会发展规律"。② 新中国成立初期中国知识分子包括史学工作者中的多数人感到唯心史观的错误，开始接受思想改造，并认同唯物史观，"两年来这个趋势已十分显著"。③ 尚钺曾表示"我们发现毛泽东同志的指示完全正确"④，这反映当时史学工作者思想理论上的转向。

当检讨五六十年代中国近代史分期问题论辩时，我们看到，五六十年代参加中国近代史分期讨论的学者们具备共同的理论方法，不同的是他们各自的着眼点存在着差异。学者们对唯物史观的信仰是真诚的，他们在阐述学术观点时是以马恩列斯毛著作中的一些"文句"作为自己学术观点的理论支撑，在批驳他人的学术观点时也是运用马恩列斯毛著作中的一些"文句"来作为自己的理论武器。

首先，引用经典词句证明自己的学术观点。孙守任在中国近代史分期问题上主张以中国近代社会的主要矛盾的发展及其质的某些变化为标准，为此他多次引用毛泽东的论述，"在复杂的事物的发展过程中，有许多的矛

---

① 郑鹤声：《怎样研究中国近代史》，《文史哲》1951 年第 1 卷第 2 期。
② 华岗：《五四运动史·引言》，华东人民出版社 1954 年版，第 1—4 页。
③ 华岗：《两年来中国历史科学的转变和趋势》，《光明日报》1952 年 3 月 15 日。
④ 尚钺：《明清社会经济形态的研究》"序言"，上海人民出版社 1957 年版。

盾存在，其中必有一种是主要的矛盾，由于它的存在和发展，规定或影响着其他矛盾的存在和发展"①，以此为自己的学术观点服务。② 金冲及认为中国近代史分期的标准应当是将社会经济（生产方式）的表征和阶级斗争的表征结合起来考察，以找出中国近代历史发展过程各个阶段中的具体特点，他是以斯大林的论述为依据的。③ 戴逸主张用阶级斗争作为中国近代史分期的标准，为此他找到了几点理由，认为阶级斗争反映了作为历史主人翁的劳动人民的社会地位和生活状况的变化。阶级斗争的发生是基于一个阶级对另一个阶级的奴役和剥削，他以列宁的论述为依据，"什么是阶级斗争呢？——这是一部分人反对另一部分人的斗争，没有权的、被压迫的、劳动的大众反对特权阶级、压迫者和寄生者的斗争"。④ 戴逸认为社会上层建筑的各种现象都和阶级斗争相关联，发生在政治、法律、思想、艺术各个领域内的斗争，其背后都站着一定的阶级，他运用毛泽东的理论为论据："在阶级社会中，每一个人都在一定的阶级地位中生活，各种思想无不打上阶级的烙印。"⑤ 戴逸认为以阶级斗争为中国近代史分期的标准，最能体现生产方式的发展变化，最能揭露历史前进运动的规律，最能显示人民群众的社会地位和生活状况，最能反映经济基础和上层建筑的相互作用，他引用列宁的论断："马克思主义给我们指出了一条基本线索，使我们能在这种仿佛迷乱混沌的状态中找出一种规律性。这条线索就是阶级斗争论。"⑥ 戴逸以此证明自己对中国近代史分期的观点是正确的，列宁所指出的这条基本线索是应该作为划分历史时期的标准的。⑦

其次，引用经典词句批驳他人的学术观点。黄一良在反驳孙守任的观点时指出：孙守任在运用"主要矛盾"的经典理论时犯了主观性和片面性的错误，这是由孙守任对主要矛盾及矛盾的主要方面，孤立片面静止地理

① 《毛泽东选集》，人民出版社 1952 年第 2 版，第一卷，第 308 页。

② 孙守任：《中国近代历史的分期问题的商榷》，《历史研究》1954 年第 6 期。

③ 金冲及：《对于中国近代历史分期问题的意见》，《历史研究》1955 年第 2 期，斯大林：《辩证唯物主义与历史唯物主义》，莫斯科外国文书籍出版局 1951 年版，第 26 页。

④ 转引自《苏联历史分期问题讨论》，中华书局 1952 年版，第 110 页。

⑤ 《毛泽东选集》，人民出版社 1952 年第 2 版，第一卷，第 272 页。

⑥ 列宁：《论马克思、恩格斯及马克思主义》，人民出版社 1953 年版，第 26 页。

⑦ 戴逸：《中国近代史的分期问题》，《历史研究》1956 年第 6 期。

解造成的。黄一良进而又用毛泽东著作中的一些词句进行驳论。① 金冲及也用经典词句对孙守任的学术观点进行了剖析和批驳。② 戴逸在批评孙守任"把近代史分成自由资本主义时代的半殖民地半封建社会和帝国主义时代的半殖民地半封建社会两大阶段"的观点时,认为孙守任直接用外国侵略势力性质的变化来解释中国社会性质的变化,不能不说带有外因论的色彩。为此戴逸引用列宁和毛泽东著作中的一些词句作为反驳对方的理论依据。③ 章开沅对戴逸的批评也是运用经典词句作为反驳的武器,进而认为戴逸的结论与历史格格不入。④

50 年代参加中国近代史分期论辩的学者,坚信自己在唯物史观指导下的学术观点之正确。为何运用共同的思想理论会出现不同的学术分歧?原因在于经典理论论述之主题、角度、目的、针对性不同,因之表述的理论思想各有侧重。而学者们却根据各自不同的理解和领悟,决定其对经典理论的运用,进而导致着眼点的差异,并产生不同的学术结论以及引起彼此间的学术争论。例如对社会发展史,在经典著作中有不同提法。《共产党宣言》说:"到目前为止的一切社会的历史都是阶级斗争的历史⑤。"斯大林则说:"社会发展史首先便是生产发展史,数千百年来新陈代谢的生产方式发展史,生产力和人们生产关系发展史。"⑥ 马克思、恩格斯所说的人类社会(指阶级社会而言)是一部阶级斗争史和斯大林所说的人类社会是生产方式发展史,是思考问题的角度不同而有了各自的不同表述,前者是谈社会发展动力问题,后者是谈社会发展水平问题。对中国近代史发展脉络,毛泽东有多种表述:"帝国主义和中国封建主义相结合,把中国变为半殖民地和殖民地的过程,也就是中国人民反抗帝国主义及其走狗的过程"⑦;"帝国主义侵略中国,反对中国独立,反对中国发展资本主义的历

---

① 黄一良:《评孙守任"中国近代历史的分期问题的商榷"一文》,《光明日报》1955 年 8 月 18 日"史学"63 期。

② 金冲及:《对于中国近代历史分期问题的意见》,《历史研究》1955 年第 2 期。

③ 戴逸:《中国近代史的分期问题》,《历史研究》1956 年第 6 期。

④ 章开沅:《关于中国近代史分期问题》,《华中师范学院学报》1957 年第 1 期。

⑤《马克思恩格斯选集》第一卷,人民出版社 1972 年版,第 250 页。

⑥《联共党史简明教程》,莫斯科中文版,第 153 页。

⑦《毛泽东选集》第二卷,人民出版社 1952 年版,第 595 页。

史，就是中国的近代史"①；"帝国主义列强侵略中国，在一方面促使中国封建社会的解体，促使中国发生了资本主义因素，把一个封建社会变成了一个半封建的社会；但是在另一方面，它们又残酷地统治了中国，把一个独立的中国变成了一个半殖民地的中国"。② 毛泽东以上几种论述的场合、角度、目的、针对性是不同的。苏双碧曾经分析认为：毛泽东的有关论述是为了指导革命运动，是重要的政治文献，作为编写历史的线索，自然还必须有别的补充和归纳。③ 50 年代参加中国近代史分期论辩的学者，由于关注经典理论的具体论述，或多或少忽视了贯通的理解，因此虽然都在运用经典理论的文句，但对问题的理解容易产生分歧，进而形成那场具有历史时代特征的学术论辩，留下了那个时代的深刻烙印。

运用马列主义毛泽东思想的某些文句分析问题，合乎常理，有益推论，亦可成事半功倍之效。对于今天来说，在真正掌握经典理论的分析方法，全面把握其思想本质和理论精义的基础上，研究工作才会更具分析推论之深度，才会更具科学性和创造性。

三

五六十年代中国近代史分期的论辩，有其重要的理论与实践意义，同时也反映了学术局限。

（一）这次论辩的理论建树反映在如下几个论断上

第一，"三次革命高潮"的论断。这是胡绳提出并为多数人接受的一种理论观点。胡绳指出：太平天国革命运动是第一个革命运动的高涨；甲午战争以后出现第二次革命运动的高涨；义和团失败后开始的第三次革命运动的高涨归结为辛亥革命。④ "三次革命高潮"的理论贡献主要体现在：其一，强调中国近代史三个革命高涨时期。太平天国运动动摇了清王朝的统治基础。戊戌变法开始实施改造封建专制体制，义和团运动彻底粉碎了

---

① 《毛泽东选集》第二卷，人民出版社 1952 年第 2 版，第 640 页。
② 同上书，第 593 页。
③ 苏双碧：《朝夕集》，四川人民出版社 1986 年版，第 241 页。
④ 胡绳：《中国近代历史的分期问题》，《历史研究》1954 年第 1 期。

帝国主义瓜分中国的迷梦。辛亥革命则结束了中国两千多年的封建统治。"三次革命高潮"时期是中国从旧民主主义革命迈向新民主主义革命的基础，历史进步意义不能低估。其二，强调中国近代反帝反封建的任务是历史现实决定的，不是凭空杜撰的。帝国主义在中国犯下罄竹难书的罪行，不反帝国主义，中国人民就不能独立，何谈走向富强，反帝是中国近代革命的根本任务。清朝政府沦为"洋人的朝廷"，就像"一座即将倒塌的房屋，整个结构已从根本彻底地腐朽了"。① 不反清朝封建统治，中国人民就不能迎来自由民主，何谈走向富强，反封建也是中国近代革命的根本任务。其三，肯定人民是历史创造者。以往撰史者站在封建统治阶级立场上，否定人民群众的历史作用，而"三次革命高潮"理论全面肯定了人民群众是历史的真正创造者。

第二，中国近代社会主要矛盾性质变化的论断。这是孙守任提出的。主要观点包括：其一，中国近代社会主要矛盾的主要方面是外国侵略势力和国内反动统治者，外国侵略势力起决定性作用。其二，19世纪末，外国侵略势力性质发生变化，由资本主义阶段进入帝国主义阶段，导致外国侵略势力侵略中国性质的变化。鸦片战争前，外国侵略以掠夺为主，鸦片战争后，以不等价交换进行推销商品和掠夺原料为主。1860年至1894年，侵略者采用"政治、经济、文化等比较温和的形式进行压迫"，虽然侵略程度加深了，但性质的变化是较少的。1894年至1905年，帝国主义用"战争"方式代替了"温和"方式。1905年至1919年，帝国主义转入"比较温和的"侵略形式，但帝国主义的侵略比以前更深了。其三，外国侵略中国性质的变化引起中国社会性质的深刻变化，中国社会性质的变化表现在前后不同的四个时期上。②

第三，"生产方式"决定论的论断。这是金冲及提出的。主要论点包括：中国近代社会经济结构和生产方式的变化决定中国社会由封建社会"一步一步地变成"了一个半殖民地半封建社会。为此，金冲及探讨了近代中国社会经济发展变革的五个阶段。第一阶段为1840年至1864年。这一阶段中国开始走向半殖民地半封建社会的道路。但就整体来说，中国社

---

① 《孙中山全集》第一卷，中华书局1981年版，第254页。

② 孙守任：《中国近代历史的分期问题的商榷》，《历史研究》1954年第6期。

会的性质基本上还是封建社会。第二阶段为 1864 年至 1894 年。这一阶段半殖民地半封建社会的各种特征渐次形成。第三阶段为 1895 年至 1900 年。这一阶段中国进一步堕入半殖民地的社会中。第四阶段为 1901 年至 1914 年。这一阶段帝国主义牢牢骑在中国人民头上吮吸膏血，成为阻碍民族工业发展的寄生毒瘤。清王朝财政日益困难，加紧对农民进行各种苛捐杂税的勒索。第五阶段为 1914 年至 1919 年。这一阶段更加深了中国工人阶级和人民大众的灾难。[①]

第四，中国近代史基本内容的论断。参加论辩的学者对中国近代史基本内容非常关注，思想认识基本一致。这些基本内容总括说来，就是所谓的八件大事，即鸦片战争、太平天国革命、中法战争、中日战争、戊戌变法运动、义和团运动、辛亥革命、五四运动等等。这八件大事是中国近代史最重要的事件和内容。这些大事从反帝反封建的层面和阶级斗争的角度勾画出中国近代历史发展的基本线索，它们反映了中国近代历史社会主要矛盾的发展状况，社会经济的发展状况，阶级斗争的发展状况。

五六十年代形成的中国近代史研究的理论观点，今天看来，它虽然存在需要深入探讨的这样和那样的问题，也有生硬或不全面之处，但是在五六十年代，它对中国近代史研究的突破和建树是功不可没的。任何一种历史研究理论都不能包揽一切，也不能绝对全面而又千真万确，我们今天要充分肯定五六十年代中国近代史学者所取得的重要学术成就，何况其作出的理论贡献是那样的宏阔与深刻。

（二）这次讨论产生了重要的实践意义，直接影响了中国近代史的学科建设。20 世纪 50 年代以后编著的中国近代史教材和论著就其思想旨趣和体例内容而言都体现了"三次革命高潮"理论的特点

林增平著《中国近代史》（上、下册）（湖南人民出版社 1958 年版）。作者在前言中指出："近年来，我国史学界热烈展开了关于中国近代史分期问题的讨论。迄目前为止，虽然在划分时期的具体界限上尚有异议，但

[①] 金冲及：《对于中国近代历史分期问题的意见》，《历史研究》1955 年第 2 期。

却一致肯定，正确地采取分期的办法去研究和叙述中国近代历史，才能对
中国近代政治、经济、文化各方面作综合的探讨，找出贯穿这些错综复杂
的历史事件的线索，掌握中国近代史的发展规律，从而对这一阶段的历史
获得全面的系统理解。"① 接着作者叙述了这部著作的特点：本书是受中国
近代历史分期问题讨论的影响，并吸取了史学界关于中国近代史分期问题
的意见，按照分期的办法来编写的；本书以高等学校历史系中国近代史教
学大纲的划分标志，将中国近代史分为三个时期，并列为三编，每编的标
题都是以教学大纲的意见来确定的，就是按"三次革命高潮"的理论来编
写的；本书各个阶段的划分是以中国近代史的重大事件为标志，重点反映
中国近代社会反帝反封建的斗争，体现了本书对中国近代史基本内容理论
的接受。仅从上述三点来看，本书的出版是中国近代史分期问题讨论最直
接的成果之一。

戴逸著《中国近代史稿》第一卷（人民出版社1958年版）。这部著作
的编写既受到中国近代史分期问题讨论所形成的"三次革命高潮"理论的
影响，又受到作者本人在讨论中国近代史分期问题过程中所阐述的某些学
术观点的影响。本卷主要叙述了1840年至1864年这一期间的中国近代历
史，即中国近代史第一次革命高潮时期。② 这里我们发现一个问题，戴逸
也主张将中国近代史划分为三个时期，但第一个时期他是从1840年划到
1873年云南、陕甘回民起义被镇压，而不是1864年太平天国的失败。按
照他自己的分期，本书应撰写到1873年，而不应当是1864年。看来本书
的分期是作者根据高等学校历史系中国近代史教学大纲的要求来处理的，
这说明中国近代史分期问题讨论而形成的"三次革命高潮"的理论影响之
大，并被高等学校历史系中国近代史教学大纲所采纳，进而影响有关著作
的编写，以至持不同意见的学者编著教材时也要按其要求去做。本书在评
价有关历史现象时，还直接受到作者本人在参加中国近代史分期问题讨论
时所阐述的某些观点的影响。如戴逸在《中国近代史的分期问题》中对太
平天国的阶级队伍成分和对太平天国革命性质的判断，与他在《中国近代

① 林增平：《中国近代史》"前言"，湖南人民出版社1979年版。
② 本书未见第二卷和第三卷，估计这两卷是要分别撰写第二次革命高潮和第三次革命高潮的
内容。

史稿》中的阐述是相同的①，反映了讨论过程所形成的理论观点与著作撰写之间的内在联系。

郭沫若主编《中国史稿》第四册（人民出版社 1962 年版）和翦伯赞主编《中国史纲要》第四册（人民出版社 1964 年版）。两部著作均分为三章，每章一个时段。三个时段均为 1840 年至 1864 年，1864 年至 1901 年，1901 年至 1919 年。这两本书从标题的设置和时段的划分，均是按"三次革命高潮"的理论来撰写的。

以上我们介绍的四部著作虽然都有自己的学术特色，但是就编撰的基本思路以及编撰体例和编撰内容来说，都体现了以阶级斗争为主线，以"三次革命高潮"为标志的学科理论的影响，充分展示了中国近代史分期问题讨论所产生的实践意义。这种影响不仅限于五六十年代的著作，实际上它一直影响到八九十年代直至今天。在通史性中国近代史著作以外的专史性著作也同样受其影响。丁名楠等的《帝国主义侵华史》一书分为三编：第一编的标题是"外国资本主义开始侵入中国时期"，时间段为 1840 年至 1864 年；第二编的标题是"中国半殖地民半封建社会形态形成和边疆危机普遍发生时期"，时间段为 1864 年至 1895 年；第三编的标题是"帝国主义激烈争夺下中国半殖民地深化时期"，时间段为 1895 年至 1919 年。这里除第二编与第三编的分界线不在 1901 年外，其余与"三次革命高潮"的理论是吻合的。

1950 年代以来在课堂教学方面，我们也能体会到这一点。综合大学文史教学大纲和高等师范学校中国近代史教学大纲采纳了三次革命高潮的分期方法，学生们使用的教材和老师们授课的思路也是如此。林增平《中国近代史》一书 1979 年再版时的"重印说明"中有两段话："本书于 1958 年出版后，受到了广大读者的欢迎，有些高等院校还把它作教材使用"；"由于林彪、'四人帮'一伙实行文化专制主义，阻碍了历史科学的研究和历史著作的出版，读者需要的历史书籍目前还很缺乏，特将这部《中国近代史》重印，以应急需"。由于 80 年代以前，中国近代史教材的缺乏，也由于这本教材在理论与史实方面有较高的科学性，又是典型的"三次革命高潮"理论的范本，故可以想见本书当时为何如此备受欢迎了。

---

① 戴逸：《中国近代史稿》，人民出版社 1958 年版，第 513—514 页。

（三）这次讨论对认识理解中国近代史的基本流脉和特征以及对建立新的中国近代史学科体系，都是带有范式意义的一次突破。但其中的学术局限还是显而易见的

第一，运用理论的局限。马克思主义经典作家对鸦片战争、太平天国、义和团、辛亥革命等诸多问题有过论述，特别是毛泽东对中国近代史有比较多的阐述。他们的论断具有指导中国近代史研究的理论价值，这种指导是理论、方法和立场的指导，不是用个别词句或结论代替具体历史研究的结论。然而在讨论中国近代史分期问题时，有些学者往往忽视了经典理论的具体时空的意义，去强调某个论断而又忽视其他论断。经典作家的一些具体论断带有历史的烙印，而对历史的认识是一个不断深化的过程。历史研究不是注释经典理论。经典作家不是研究中国近代史的专家，他们虽然对中国近代史作过一些原则性的结论和提示，但是不能代替我们对中国近代史进行全面深入的研究，尤其不能代替我们对中国半殖民地半封建社会形态的系统研究，包括对近代社会的政治、经济和文化的分别研究和综合研究。

第二，研究内容的局限。五六十年代，史学界加强了对近代反帝反封建斗争史的研究，揭露帝国主义的侵略罪行，阐明资产阶级不能使旧中国摆脱半殖民地半封建社会的事实，这些无疑都是十分必要的。由于初步尝试运用马克思主义去重构中国近代史学科体系，所以距中国近代史学科体系的完备和成熟还有一定的距离。用"三次革命高潮"和"八件大事"去规范中国近代史，在当时是一个学术创新，但是它又不可能全面反映丰富多彩的中国近代史的学科内容。从中国近代通史的角度来看，这样一个反帝反封建的斗争史并不完善，历史内容还存在不少空白，直接造成中国近代社会政治经济和文化研究的不足。有学者认为，假如从清朝历史发展的延续出发，以近代社会包括经济、文化、军事、外交的变化为基点，融大事件于其中，也许是一种突破目前中国近代史格局的办法。① 当然，这是非常重要的理论和实践问题，探索的难度很大，需要具备深刻的理论思

① 肖黎主编：《中国历史学四十年》，书目文献出版社1989年版，第291页。

维、丰厚的知识结构和必要的科研条件。

第三，思维方法的局限。思考中国近代史的发展趋向，首先要考虑近代史发展的合力问题。社会的发展是靠合力作用的。在思考合力的基础上，再继续思考这其中的主要动力，有助于研究近代史的发展线索。50 年代研究中国代史的分期问题，缺乏思考近代史发展的合力问题，这就容易把很多重要的历史因素排斥在研究的视野之外，这是思维方法的局限造成的。

对于中国近代史分期这样一个涉及历史发展规律的复杂问题，企图通过几年的讨论就能够解决是不现实的。我们也不能因为其历史的局限而否定其当年取得的学术成就。现在阐明这些局限，是为以后学术探索提供历史的借镜。

<h1 style="text-align:center">四</h1>

五六十年代关于中国近代史分期问题的讨论，到了 70 年代末再度兴起，并以中国近代史基本线索为题展开讨论，一直持续到 90 年代末。这次讨论取得的丰硕成果是新时期以来中国近代史理论取得重要成就的反映。这一时期，关于中国近代史基本线索的各种理论观点得到了充分的表述。除了"三次革命高潮"说外，还形成了"四个阶梯"说、"民族运动"说、"两个过程"说、"双线"说和"三个阶梯"说、"反帝反封建斗争过程"说、"独立的资本主义近代化"说、"新三次革命高潮"说、"两段论"说等等。通过这一时期的讨论，近代史学界对中国近代史的宏观体系和基本内容有了更为深入的认识和理解，并推动了近代中国历史研究的深入。纵观二十余年的讨论，我们可分三个阶段来把握它。

第一阶段为 70 年代末至 80 年代中期。指 1978 年《社会科学战线》第 1 期发表范文澜的遗著《中国近代史的分期问题》到 1985 年曾景忠在《近代史研究》第 5 期发表《中国近代史基本线索讨论述评》前后的这段时间。范文澜遗著的发表，透露出近代史学界在度过了"文化大革命"之后，开始重新注重学术研究和关注近代史学重大理论问题的信息。而真正引发对中国近代史基本线索深入讨论的是 1980 年《历史研究》第 1 期发表的李时岳《从洋务、维新到资产阶级革命》一文，这篇文章不同意以

"三次革命高潮"为中国近代史的基本线索，认为要按照"洋务运动——戊戌维新——辛亥革命"的线索来论述中国近代史的进程。1984 年李时岳又在《历史研究》第 2 期发表《中国近代史主要线索及其标志之我见》一文，系统阐述了他本人的学术观点，使论辩进一步展开。这一时期胡绳、章开沅、刘大年、戚其章、苏双碧、苑书义、荣孟源、胡滨、张海鹏、徐泰来、陈旭麓、汪敬虞、张耀美等人先后发表文章，阐发了自己对中国近代史基本线索的意见和主张，并参加了热烈的论辩，形成了关于中国近代史基本线索问题的几个重要的理论观念。

第二阶段为 80 年代中期至 80 年代末。指 1986 年姜进在《历史研究》第 1 期发表《历史研究的非线性化及其方法论问题》到 1990 年胡绳在《近代史研究》第 6 期发表《关于近代中国与世界的几个问题》前后的这段时间。这段时间里，进一步探讨中国近代史基本线索的学者仍然很多，其中陈旭麓、夏东元等学者的学术探讨有较大影响。

第三阶段为 90 年代初至 90 年代末。指 1991 年姜秉正在《学术研究》第 1 期发表《研究中国近代史应树立新坐标》到 1999 年张海鹏在《近代史研究》第 5 期发表《50 年来中国近代史研究的理论和方法评析》前后的这段时间。这一时期学术界仍在深入探讨中国近代史的基本线索和分期问题，其中胡绳在《近代史研究》1996 年第 2 期发表的《〈从鸦片战争到五四运动〉再版序言》、张海鹏在《近代史研究》1998 年第 2 期发表的《关于中国近代史的分期及其"沉沦"与"上升"诸问题》和林华国在《北京大学学报》1999 年第 4 期发表的《也谈近代中国半殖民地半封建化之间的关系——李时岳"两种趋向论"质疑》等文章影响较大。

这个时期前后二十余年分为三个阶段的讨论，每个阶段各有侧重，又一脉相成。三个阶段均以分期问题和基本线索为主线，而讨论中要涉及一些具体史实和理论方法等相关问题，所以各个阶段又形成了不同的关注点：第一阶段关注重大事实的重新评价；第二阶段注重中国近代史研究的方法问题；第三阶段关注近代史研究理论的突破。讨论的逐渐深入，推进了中国近代史重大理论问题的研讨进程。

五

无论是新中国成立后的五六十年代，还是新时期的八九十年代，对中国近代史分期和中国近代史基本线索的讨论都是对中国近代史基本理论问题的探索，这两个时期的研究有几点共同之处：

第一，旨在探讨中国近代史的重要内容和基本规律。历史学的任务就是要把丰富的历史现象描述和反映出来，并科学地揭示历史的本质和历史规律。只有这样，我们才能认识某段历史时期的个性，把握某段历史时期的重要特征。研究中国近代史的分期和基本线索，正是注重研究中国近代史上最重要的历史内容和历史演进的最基本的规律。胡绳提出的中国近代史的"三次革命高潮"，实质就是要把握中国近代史的重要内容和基本规律。胡绳所揭示的三次革命运动的基本特征，是对中国近代史重要内容认同的结果，胡绳同时认为阶级斗争的发展作为一条主线贯穿于中国近代史的始终，并通过"三次革命高潮"体现了中国近代史的基本规律。胡绳是着眼于政治史，是从政治史的角度来认识中国近代史的基本发展规律的。李时岳提出了"四个阶梯"的论断。他认为"四个阶梯"恰恰是由中国近代史的重要内容反映的。李时岳在理解"四个阶梯"的基础上，指出近代中国社会的发展实质上存在着两个趋向：一是从独立国家变为半殖民地并向殖民地演化的趋向，一是从封建社会变为半封建并向资本主义演化的趋向。前者是向下沉沦的趋向，后者是向上发展的趋向。"两个趋向"是李时岳探索近代史基本线索时对中国近代史基本规律的理解和认识。章开沅从"民族运动"的视角来认识中国近代史的基本线索，因此他所理解的近代史的主要内容是指这一历史时期的整个民族运动。从鸦片战争到辛亥革命，其间一切民族战争、农民起义、政治革新、企业兴办、改良运动与革命斗争，都是近代中国民族运动的组成部分，亦为中国近代史的主要内容。正是从这样的视角来认识问题，所以章开沅是这样把握中国近代史的基本规律的："从民族运动的角度看'五四'以前的中国近代史，可以把这八十年概括为'两个阶段，三次高潮'，即以1900年为界标，把中国近代民族运动区分为前后两个阶段。在第一阶段经历了太平天国和甲午战后的戊戌维新、义和团这两次民族运动的高涨，在第二阶段又经历了辛亥革命这次更为具有近代特征的民族运动的高涨。所谓高涨，不仅指参加人数的众多，而且指近代民族形成和觉悟的程度，只是后者的差异显示了三次高涨的不同层次。民族运动的三次高涨，是近代中国历史客观存在的发展整体态势，是由于中国人民反抗帝国主义及其走狗的斗争的兴起与低落而自然形成的波涛式曲线，它体现了中国近代史的基本线索和发展规律。"①由以上论述可以看出，探索中国近代史的分期和基本线索问题，实质是在探讨中国近代史的重要内容和基本规律。从而显示其探索的学术和理论意义。

第二，促进了中国近代史的学科建设。20世纪50年代通过中国近代史分期问题的讨论，促进和影响了高等学校的学科建设，上文已述。八九十年代中国近代史基本线索的论辩，又促进了中国近代史的教学和科学研究。在教学方面，改革开放以来，各类专史受到高校广泛关注，并通过选修课的形式充实到中国近代史的教学中，如中国近代思想史、文化史、社会史、现代化史的课程在高校历史学专业被广泛讲授。与教学相仿，科学研究也呈现蓬勃发展的态势。改革开放以后，关于中国近代史重大事件的研究得到空前加强，取得了显著的成就。太平天国、辛亥革命等历来被称为"热门"的领域继续受到人们的重视，在原来的基础上有了新的开拓；鸦片战争、洋务运动、中法战争、中日战争等过去研究比较薄弱的领域得到了新的加强。在专史研究方面如政治史、经济史、思想文化史、军事史、外交史等方面，取得的成就同样令人振奋。中国近代史研究的成就还表现为一系列学术新领域的开拓。这些新领域虽然起步较晚，基础薄弱，但在研究者们的共同努力下，发展迅速，成就显著，有些新课题甚至后来居上，成为学术界新的研究"热点"。在诸多新领域中，关于近代文化史、社会史、思想史以及中国近代化史的研究比较活跃，引人注目。② 这些现象的出现显然与对中国近代史基本线索的探索密不可分。

---

① 章开沅：《民族运动与中国近代史的基本线索》，《历史研究》1984年第3期
② 参见刘新成主编《历史学百年》，北京出版社1999年版，第169—187页。

第三，探讨了基本相同的重要问题。20世纪五六十年代虽然多以中国近代史分期为题进行讨论，但实质仍然是在思考中国近代史基本线索的基础上来探索近代史分期问题的。八九十年代虽然多以中国近代史基本线索为题进行讨论，但也未忽略对分期问题的研究。分期和线索实质是关系非常密切的两个方面，不去研究基本线索，就很难把握分期问题；反之，不对历史进行分期，又很难看清历史线索的基本走向，分期和基本线索问题是互为参照和相辅相成的。

20世纪八九十年代的探索较之五六十年代，除共同点外，还有一些不同之处：

第一，扩展了思维空间。八九十年代，参加中国近代史基本线索和分期问题讨论的学者要比五六十年代参加讨论的学者多得多。五六十年代发表有关基本线索和分期（包括专史）的学术论文近四十篇，参加讨论的学者有二十几人。而八九十年代发表的相关论文（包括专史）有一百五十多篇，参加讨论的学者近百人。参加讨论的学者增加了三四倍，论文发表的数量也增加了三四倍。从发表论文所反映的内容可以证实学者们对基本线索和分期问题思考的思维空间扩大了：首先，学者们探索问题的视角多样化了。五六十年代，学者们探索的视角主要局限在以阶级斗争为标准，或以社会主要矛盾变化为标准作为分析近代社会发展变化的出发点。而八九十年代，探索问题的视角从阶级斗争、社会主要矛盾、社会经济等逐渐扩展到对近代社会的不同发展趋向，近代民族运动的走向，中国社会革命的性质、任务、前途，反帝反封建的过程，资本主义近代化等问题的思考，通过这些不同的视角来探求中国近代史的基本线索，给人们更多的启发，有助于对问题全面深入的理解。其次，随着视角的多样化，学者们思维空间更为广阔，思考问题也更加独到，因此学术分歧也更加明显，论辩渐呈激烈之势。李时岳对胡绳的质疑，汪敬虞与李时岳之间的论战，林华国对李时岳的批评，张耀美对章开沅的评述，戚其章与张海鹏的论战，夏东元对陈旭麓的评判，胡维革与夏东元之间的商榷，都反映了学者之间因宽广的思考而使学术观点产生明显的分歧。而分歧所带来的学者间的相互论辩，使研究的问题更加深入。汪敬虞与李时岳之间几个回合的交锋，使得对某些问题的理解和认识就更加深入了。

第二，重视探索中国近代史研究的方法论。八九十年代，学者们开始注重探索中国近代史研究的方法论问题。新时期以来，中国学者的眼界逐渐扩展，各种新方法被引进和运用，丰富了历史研究的手段。80 年代中期以后，有些学者开始深入探讨历史研究方法变革的重要意义，认为随着自然科学尤其是物理学的发展，引起了科学观念和哲学思维方式的革命，使人们认识到，在历史学研究中运用新思维和新方法的重要意义。同时，史学工作者还认为，在进行系统的中国近代经济史、政治史、思想史的分类研究时，应当积极开拓新的领域和新的课题，在研究手段方面，广泛地引进社会学、人类学、心理学、人种学等学科的方法，创构一批边缘学科，从而构筑一个多层次的历史研究架构。① 也有学者指出，借助现代系统科学理论和方法，从整体宏观的角度，对中国近代社会变革这个复杂的社会系统的历史环境、内在结构和外部功能及其相互关系进行探讨，为历史主题、研究内容、理论规范、研究方法、基本线索、阶级分析、中西关系等方面的突破，提供了可能。还有学者指出，应当对中国近代史进行整体系统的研究，注重分析近代中国社会系统内部及其与环境的相互关系，注重交叉学科和跨学科的研究方法。② 在讨论历史学的研究方法时，有学者特别强调唯物史观重要的思想方法论意义，并指出要辩证运用阶级分析的方法，防止牵强附会或单一化。不应当把任何社会现象都用或者只用阶级根源来解释，不应当把任何社会矛盾都说成是敌对阶级之间，或者这个阶级和那个阶级之间的矛盾。把马克思主义阶级分析的观点简单化、公式化是我们所不取的，当然也绝不能放弃阶级分析的方法。③ 新时期以来，学界对历史研究的方法有了进一步的理解和认识，并力求运用这些方法来研究中国近代史，促进研究工作有新的发展和进步。

---

① 参阅姜进《历史研究的非线性化及其方法论问题》，《历史研究》1986 年第 1 期。

② 参阅张炳清《中国近代史系统分类及其方法论问题初探》，《求是学刊》1987 年第 1 期；阳晓天：《中国近代社会变革的系统分析》，《湖南师大社会科学学报》1986 年第 3 期；何晓明：《近代中国社会系统分析初探》，《学术月刊》1986 年第 4 期。

③ 参阅刘大年：《方法论问题》，《近代史研究》1997 年第 1 期；胡绳：《从鸦片战争到五四运动》再版序言，《近代史研究》1996 年第 2 期。

六

研究中国近代史分期和基本线索问题其本质是探索中国近代史发展的基本规律。因其是重大的理论问题而在20世纪后半叶一直被史学界所关注，只因"文化大革命"中断而被分为前后两个时期。后一时期以"基本线索"为题进行讨论，既是前期讨论的继续，又反映了讨论理念的清晰化，是对问题本质的逼近。

中国近代史基本线索是重要的理论问题，新世纪初，仍有学者撰文研究。① 而进一步探索要关注两个问题：

第一，加强中微观历史研究。相对中微观研究是宏观研究，宏观研究是指对某时段内历史发展总体态势的研究，如历史流脉、社会性质、主要矛盾、经济生活和价值取向等。八九十年代对中国近代史宏观体系和基本线索的研究是宏观研究。中观研究是指对某历史时段内具体领域的总体态势的研究，如某时段内政治、经济、文化、军事、外交等领域的基本状况等。微观研究是指对具体事件和人物的研究，以及对事件与人物研究中各种基本因素相互关系的研究。历史的宏观、中观和微观研究相互联系。中国近代史分期和基本线索研究属宏观研究。对其深入探索要靠中微观研究成果支撑。中微观研究不能就事论事，目光拘谨于狭隘之时空内，如此反而容易出现"研究愈繁密，其距离历史研究的真对象愈遥远"的弊病。② 中国近代史的中微观研究应力求"上下延伸"、"横向贯通"，注重历史复杂性、多样性和连续性，把中国近代史问题放在更广阔的历史时空内，其诸多特征反而显明而凸起。③

第二，正确运用思想理论进行诠释。对中国近代史进行宏观、中微观研究，要运用正确的思想理论进行解释，否则，我们就不可能在纷繁庞杂的历史现象中认清历史的真实面貌及其本质。在以往历史研究中，我们运

---

① 李良玉：《关于中国近代史的分期问题》，《福建论坛》2002年第1期；严亚明：《关于中国近代史上限问题的几点思考》，《玉林师范学院学报》2001年第4期。

② 蒙思明：《考据在史学上的地位》，《责善半月刊》第2卷第18期（1941年12月1日），香港龙门书店，1968年第2页。

③ 参见严亚明《关于中国近代史上限的几点思考》，《玉林师范学院学报》2001年第4期。

用唯物史观的指导已经取得丰厚成果。唯物史观仍然是指导史学研究的基本理论和方法。当然要客观分析经典理论，哪些具有一般指导意义，哪些属于个别论述。对毛泽东的中国近代史论，也要实事求是地对待。姜铎曾撰文对毛泽东的中国近代史论的贡献与历史局限进行了阐述。他认为毛泽东的中国近代史论有六个方面的贡献，也有六个方面的历史局限与不足。[1]姜铎的观点可以商榷，但给我们的启示在于一定要准确地把握毛泽东的中国近代史论的精髓，从而更好地掌握和运用它，而不能用其代替研究，代替研究的结论。此外，我们还要关注和借鉴社会科学领域的其他理论与方法。包括人类学、文化学、社会学、政治学、心理学、民族学等学科的理论与方法，来为我们研究中微观史学服务，也就自然能够为我们研究中国近代史基本线索服务。这将有助于诠释和理解中国近代史的一系列基本问题。

半个世纪的探索，我们在一定层面读懂了中国近代史的基本内涵，把握了中国近代史的基本特征和规律，但需要进一步解读的问题还很多。我们坚信，在学者们的共同努力下，中国近代史研究将会再次出现生机勃勃的新局面，进而再度迎来新世纪的繁荣和发展。

原载《史学理论研究》2007 年第 2 期

---

① 姜铎：《关于毛泽东的中国近代史论》，《社会科学》（沪）1997 年第 1 期。

中国社会文化史的理论与实践述论

中国大陆于 20 世纪 80 年代初期开始复兴文化史研究，80 年代中期再次兴起社会史研究，80 年代末 90 年代初开始举起社会史与文化史共生共荣的旗号，并出现社会文化史这一概念。二十年来社会文化史研究也有了明显的发展。本文仅以中国大陆中国近现代社会文化史研究为例作一评述。

一　研究阶段与成果

从刘志琴 1988 年发表论文到 2010 年 4 月《中国社会文化史的理论与实践》① 的出版是中国大陆近现代社会文化史发展的第一阶段。

20 世纪 80 年代末首先提出文化史与社会史相互结合问题的是中国社会科学院近代史研究所刘志琴研究员，她先后发表的两篇文章②被学界视为 "'社会文化史' 这一新学科概念的最初形成"。③ 1990 年李长莉发表《社会文化史：历史研究的新角度》④ 一文，明确提出了 "社会文化史" 的学科概念。梁景和于 1991 年开始在学术领域运用 "社会文化史"⑤ 的概念，并于 1994 年在自己博士论文的提要中说明本论文的 "社会文化史" 的属性，认为自己的博士论文《近代中国陋俗文化嬗变研究》是 "社会文

---

① 本书标注是 2010 年 5 月出版，实际 4 月中旬已经出版见书。
② 刘志琴（署名史薇）：《复兴社会史三议》，《天津社会科学》1988 年第 1 期；刘志琴：《社会史的复兴与史学变革——兼论社会史和文化史的共生共荣》，《史学理论》1988 年第 3 期。
③ 李长莉：《社会文化史的兴起》，《天津师范大学学报》2003 年第 4 期。
④ 参见赵清主编《社会问题的历史考察》，成都出版社 1992 年版。
⑤ 梁景和：《辛亥革命 80 周年全国青年学术研讨会关于社会文化史问题的讨论述评》，《辽宁师范大学学报》1992 年第 2 期。

化史研究范畴的一个具体领域"。①

1992 年与 2001 年，在北京先后召开了"社会文化史研讨会"和"近代中国社会生活与观念变迁"两次学术研讨会②，会议集中探讨了社会文化史的理论方法问题。2005 年、2007 年和 2009 年分别在青岛、乌鲁木齐和贵阳召开了三次中国近代社会史国际学术研讨会，会议有相当数量的社会文化史论文发表③，也有关于探讨社会文化史的理论文章。④ 2009 年 6 月和 10 月，在北京召开了两次"中国现当代社会文化学术研讨会"⑤，这也是首次以社会文化命名的学术会议。

近二十年来，关于社会文化史的研究取得了一些重要成果，发表了很多学术论文，⑥ 也出版了一批学术专著。包括刘志琴主编分别由李长莉、闵杰、罗检秋撰写的三卷本《近代中国社会文化变迁录》（浙江人民出版社 1998 年版），梁景和的《近代中国陋俗文化嬗变研究》（首都师范大学出版社 1998 年版 2009 年第 2 版，修订本），李长莉的《晚清上海社会的变迁——生活与伦理的近代化》（天津人民出版社 2002 年版），严昌洪的《20 世纪中国社会生活变迁史》（人民出版社 2007 年版），李长莉的《中国人的生活方式：从传统到现代》（四川人民出版社 2008 年版），乐正的《近代上海人社会心态（1860 至 1910）》（上海人民出版社 1991 年版），忻平的《从上海发现历史——现代化进程中的上海人及其社会生活 1927—1937》（上海人民出版社 1996 年版，上海大学出版社 2009 年修订版），孙

---

① 《〈近代中国陋俗文化嬗变研究〉提要》，1994 年 5 月，未刊稿。

② 参见李长莉《社会文化史：一门新生学科——"社会文化史研讨会"纪要》，《社会学研究》1993 年第 1 期；左日非《"近代中国社会生活与观念变迁"学术研讨会综述》，《近代史研究》2002 年第 2 期。

③ 参见吕文浩《"近代中国的城市·乡村·民间文化"学术研讨会综述》，《近代史研究》2006 年第 3 期；朱浒《晚清以降的经济与社会》，《近代史研究》2008 年第 1 期；毕苑《第三届中国近代社会史国际学术研讨会综述》，《近代史研究》2010 年第 2 期。

④ 诸如梁景和的《关于社会文化史的几个问题》，李长莉、左玉河主编：《近代中国社会与民间文化》，社会科学文献出版社 2007 年版。

⑤ 参见《中国女性文化》第 12 期，社会科学文献出版社 2010 年版。

⑥ 关于社会文化史研究的论文请参见李长莉《社会文化史的兴起》，《天津师范大学学报》2003 年第 4 期；左玉河、李文平《近年来中国近代社会文化史研究评述》，《教学与研究》2005 年第 3 期；苏全有等《近十年来的中国近代风俗史研究综述》，《安阳大学学报》2004 年第 2 期；黄延敏《当代中国社会文化史研究的新进展》，《近代中国与文物》2009 年第 2 期等文的介绍，本文不再专门介绍。

燕京的《晚清社会风尚研究》（中国人民大学出版社 2002 年版），王笛的
《街头文化：成都公共空间、下层民众与地方政治（1870—1930）》（中国
人民大学出版社 2006 年版），余华林的《女性的重塑——民国城市妇女婚
姻问题研究》（商务印书馆 2009 年版）。① 另外，杨念群、孙江等主编的
《新史学》（中华书局版），孙江、黄东兰、王笛等主编的《新社会史》
（浙江人民出版社版），有其独特的研究意旨，可专门论述。

2010 年 4 月 28 日召开的"中国近现代社会文化史回顾与走向座谈会"
标志着中国大陆社会文化史发展新阶段的开始。近一年来主要发展事项
有：2010 年 9 月召开了"首届中国近现代社会文化史国际学术研讨会"；
2010 年 6 月首都师范大学出版社出版了《中国现当代社会文化访谈录》，
2010 年 9 月人民出版社出版了《五四时期社会文化嬗变研究》。另外，近
期还将出版"中国近现代社会文化史论丛"第一本《民国社会教育研究》
和《社会·文化与历史的思想交汇——中国现当代社会文化学术沙龙辑
录》第一辑等。

二 理论探索

关于社会文化史的理论和方法的讨论，在 1992 年"社会文化史研讨
会"和 2002 年"近代中国社会生活与观念变迁"学术研讨会上有很多学
者展开了讨论，并发表了很多重要的学术见解，请参见有关会议纪要和综
述。② 下面仅就几篇理论探索的论文作扼要介绍。

刘志琴的《青史有待垦天荒——试论社会文化史研究的崛起》开篇就
强调"历史学在当代的发展却亟须从社会文化的大视野，开拓自己的新领

---

① 重要的社会文化史学术著作还很多，诸如严昌洪的《西俗东渐记——中国近代社会风俗的
演变》（湖南出版社 1991 年版）和《中国近代社会风俗史》（浙江人民出版社 1992 年版）；李少
兵的《民国时期的西式风俗文化》（北京师范大学出版社 1994 年版）；方平的《晚清上海的公共
领域（1895—1911）》（上海人民出版社 2007 年版）；（德）罗梅君的《北京的生育婚姻和丧葬：
十九世纪至当代的民间文化和上层文化》（王燕生等译，中华书局 2001 年版）；薛君度、刘志琴主
编的《近代中国社会生活与观念变迁》（中国社会科学出版社 2001 年版），等等，此不赘述。
② 参见李长莉《社会文化史：一门新生学科——"社会文化史研讨会"纪要》，《社会学研
究》1993 年第 1 期；左日非《"近代中国社会生活与观念变迁"学术研讨会综述》，《近代史研
究》2002 年第 2 期。

域",申明了开拓社会文化史的学术意义,同时指出:"社会文化史是以大众文化、生活方式和社会风尚的变迁为研究对象",强调了大众文化是社会文化史研究的主要问题,"因此探讨人民大众在剧烈的社会变迁中,生活方式、风俗习惯、关注热点和价值观念的演变和时尚,必将成为跨世纪的热点问题引起社会的关注,推动这一研究领域的兴旺。"① 刘文重点谈了四个问题。其一,传统史学的饥饿,导致社会文化史的兴起。刘文从中国传统史学的成熟,政绩训令、文治武功、礼仪大典、星变灾异、生产经济、征伐边务无所不包谈起,指出中国史学虽然成熟但不完备,中国史学因缺乏民众的生活方式和生活感受等重要内容,而使中国史学形成了"历史饥饿"现象。要解决这一现象,就要重写中国历史,那么贴近民众生活的社会文化史必将应运而生,这是史学的进步。其二,改革开放引发史学发展的一条新线索。从文化史到社会史再到社会文化史是改革开放以来史学发展多条线索中之一条。20 世纪 80 年代初,文化史开始勃兴。80 年代中期迎来了社会史的复兴。90 年代出现了社会文化史。其三,世俗生活的理性化。以礼化俗即为礼俗,礼俗文化是中国文化的特质之一。精英文化的价值观渗进世俗生活,使世俗生活理性化,这就是世俗理性。精英文化通过以礼化俗的过程推向下层民众,所以又是精英文化社会化的结果。生活伦理意识是中国民众日常生活中稳固的民族文化心理结构。这种民族文化心理是社会变革中最难触动而又必须触动的层次。从世俗理性剖析历史上的社会文化,有助于现代人具体地认识社会生活与思想观念的双向联系,认识深潜在一般行为后面的文化内涵,这是真切地理解传统文化的复杂性和探索民族文化心理的重要途径。其四,贴近社会下层,求索历史真相。生活在下层的民众与上层精英的价值观念不尽相同,下层民众受经济生活的驱动较大,而与伦理价值大相径庭。思想启蒙要收到如期的效果,还要有经济生活发展的推动和社会风尚的变化,这是召唤民众最坚实的力量。没有这个基础,启蒙者迟早会陷入曲高和寡的境地,要根本改变陈陈相因的习惯势力,只有依靠现代化的启动,加速推进小农社会向工业化的转化,这是全方位的、极其深刻的社会转型,是真正推陈出新的动力之

① 刘志琴:《青史有待垦天荒——试论社会文化史研究的崛起》,《史学理论研究》1999 年第 1 期。

源。刘文最后发出了"社会文化史的建树为改变中国通史的面貌，定会作出新的贡献。社会文化史，是有志者自由翱翔的新天地"① 的感慨。

李长莉的《社会文化史：历史研究的新角度》一文，把"社会文化史"视为新角度和新方法，认为"社会文化史"这一概念"是鉴于历史研究的现状，综合历史学、社会学、文化学及文化人类学的理论和方法，作为历史研究的一个新角度和新方法而提出来的"②。李文对"社会文化史"的学科概念作了完整的阐述。她认为社会文化史是文化史下面的三个层次之一，即物质文化史、社会文化史和精神文化史中的一个层次。而社会文化史是指"人与人之间、人与社会之间的生活方式及其观念的历史。即一定历史时期的社会组织、制度、道德、风俗习惯、娱乐方式、传播方式、语言文字等与思想观念之间的相互关系。"③ 并认为社会文化史"是最丰富、最直接地体现人类文化的社会性、复合性的层面，是精神文化的社会体现。它既是抽象的，不是附着于某种物质性实体；又是具体的，是通过诸多具体现象构成和反映的"。④ 社会文化史是否是文化史下面三层次之一，今天我们还可以进一步讨论，比如它可以换一个思维角度，不在原有的框架内去思考，可以把它视为新时代的新史观等，但无论如何当时李文的论述确有新意，说他人所未说，言他人所未言。

李文对社会文化史的研究对象、研究方法作了集中的论述。认为社会文化史的研究对象是"丰富多彩、繁复庞杂的人类历史上的整体社会生活"，包括"社会组织、制度、教育、法律、风俗习惯、文化传播方式、娱乐消闲方式等等"。关于研究方法，李文认为："主要运用文化学及文化人类学的理论和方法，更注重社会现象各元素之间的联系，它们的相互关系，及其各元素所反映的某种具有共性的、隐藏其后的精神因素。它主要运用分析和比较的方法进行综合性研究。"⑤

李文还对社会文化史研究的意义作出了自己的阐释。认为"社会文化史的宏观研究，可以对某一历史时期社会大众的整体精神面貌进行描述和

① 刘志琴：《青史有待垦天荒——试论社会文化史研究的崛起》，《史学理论研究》1999 年第1 期。
② 同上书，第 384 页。
③ 同上书，第 385 页。
④ 同上。
⑤ 赵清主编：《社会问题的历史考察》，成都出版社 1992 年版，第 387 页。

解释"，"社会文化史研究可以揭示某一时代的思想观念与社会生活之间的相互关系"，"社会文化史研究可以更全面地理解文化冲突、文化融合和文化变异的过程"。所以，"社会文化史作为历史研究的一个新角度，不仅是可以成立的，而且可以大有作为。这一新领域的开拓，将会使文化史和社会史研究进一步深化，也会促进历史的丰富发展。"①

梁景和的《关于社会文化史的几个问题》也是一篇理论探索文章。该文首先论述了社会文化史的概念及研究对象。认为社会文化史是研究社会生活与其内在观念形态之间相互关系的历史。② 一个社会的人们为什么要这样生活，是什么样的思想观念决定的；一个社会人们的生活变化引起了哪些思想观念的变化；由于新思想观念的影响使一个社会人们的生活发生了哪些变化——这一切都是社会文化史要研究的问题。文章重点谈及精英文化与大众文化的关系问题，社会文化与国家意志的关系问题，社会运动的社会文化意义问题，社会文化史研究的多维层面和多角度问题，社会文化研究的常态和动态问题，等等。③ 梁文还谈及社会文化史的理论方法与史料问题。认为社会文化史的理论与方法主要包括三个方面：一为传统的史学理论与方法，二为借鉴其他学科的理论与方法；三为创新的理论与方法。文中详细介绍和阐述了以田野调查法为重点的文化人类学的理论与方法，认为田野调查法是从事社会文化史研究搜集资料的重要方法之一。关于社会文化史的史料问题，梁文也提出了自己独到的见解。

梁景和的《社会生活：社会文化史研究的一个重要概念》是承接上一篇论文后的另一篇著述。社会文化史是研究社会生活与其内在观念形态之间相互关系的历史，社会生活作为社会文化史研究的一个视角和领域成为社会文化史研究的一个重要概念。梁文首先对社会生活进行概念上的界定，认为"社会生活是指人们在以生产为前提而形成的各种人际关系的基础上，为了维系生命和不断改善提高生存质量而进行的一切活动的总和"。④ 论文对这一界定作了理论释义。梁文接着对社会生活的理论范畴进

① 赵清主编：《社会问题的历史考察》，成都出版社1992年版，第388—391页。
② 梁景和在《我为什么要研究近代陋俗文化》（《首都师范大学学报》2000年第6期）一文曾表述"社会文化史是通过民众外在的社会生活来研究其内在的价值取向及其思想观念"。
③ 梁景和：《关于社会文化史的几个问题》，李长莉、左玉河主编：《近代中国社会与民间文化》，社会科学文献出版社2007年版。
④ 梁景和：《社会生活：社会文化史研究的一个重要概念》，《河北学刊》2009年第3期。

行了重点阐释，社会生活的理论范畴是指在宏观层面上的几个重要概念和问题，它是我们关注社会生活和研究社会生活的思考域和切入点。文章指出，社会生活的概念有广义与狭义的区分，广义的社会生活是指人类整体的生活状态，它包括政治生活状态、经济（物质）生活状态、文化（精神）生活状态、社会生活状态。而狭义的社会生活专指社会生活状态。狭义的社会生活有着极其丰富的内容。它在不同的时代所反映的具体内容是不同的，它也随着时代的进化而不断地发展和变化，有的消失，有的生长，但总的趋势是因社会科学技术的进步和生活的多元趋向而使社会生活的内容不断丰富和发展，生活内容的领域不断扩大。广义的社会生活里面包含着人类整体的社会生活，也包含群体的社会生活，还包含个体的社会生活。同理，狭义的社会生活也包含人类整体的社会生活，还包含群体的社会生活和个体的社会生活。无论是人类整体的社会生活，还是群体和个体的社会生活，既体现着一种共性，又体现着一种个性，所以这种社会生活是共性和个性的统一体。群体是社会文化史研究的重要对象，我们要善于发现和关注群体。贯穿于人类社会的社会生活，存在着一些最基本的贯穿于人类社会的恒常内容，这些恒常内容在任何时代都要围绕着人类的生活，都要伴随着人类的生活，实际上就是它们呈现着人类社会不同时代的最基本的生活样式，因而它们成为人类社会生活最基本的内容。不同时代人们的生活观念是不同的。不同时代人们生活观念不同，并不否认有着普世的贯穿于始终的不变的生活观念，这种始终不变的生活观念一般是处于宏观层面上的。在同一时代，不同人群的微观生活观念是有差异的。人群的划分是多种多样的，用不同的标准可以划分不同的人群。不同的人群，由于各自特殊的生活环境，造成他们微观生活观念的差异。同一个个体，在不同的年龄段，个体的生活观念是有变化的。中国古语道：三十而立，四十不惑，五十而知天命，六十而耳顺，七十从心所欲不逾矩。这就是讲个体在不同年龄段上不同的生活观念和生活状态。社会生活的目标是要不断地提高人们的生活质量。生活质量的高低既是绝对的，又是相对的。所谓绝对是指在不同的特定时期内，不同的生产水平，给人提供不同的物质条件，人们会感到不同的物质享受，每一次新增的物质享受都能体现着生活质量的提升。所谓相对是指个体的感受是不同的，心境的不同是影响生活质量的重要指标。个体的身心愉悦，特别是心境的愉悦，不完全与物质生活的高低成正比。人们社会生活的质量是要追求物质享受和精神享受的统一。梁文最后还谈及社会生活与社会文化史的关系问题。

三 基本特征

二十年来，在中国社会文化史初步形成和发展的过程中，反映出如下几个特征：

其一，社会文化史萌发的本土性特征。中国社会文化史是中国史学自身发展逻辑的产物，是中国文化史、社会史、社会文化史发展链条上的一环。改革开放的大势，催发了文化史的复兴，改革开放的深入，迎来了社会史的兴盛。文化史研究偏重于精神层面，即关注思想观念、社会意识等问题的研究。社会史研究偏重于社会层面，即关注社会结构、社会生活等问题的研究。而社会文化史研究则关注两者的共生共荣。很多文化观念问题反映在社会生活等社会问题的层面上，很多社会问题与文化观念问题有着千丝万缕的联系，那么把两者结合起来进行研究的社会文化史就应运而生了。20世纪80年代末90年代初，中国社会文化史的萌发是中国史学自身发展逻辑的产物，主要研究者是顺着文化史、社会史的研究而走向社会文化史领域的。刘志琴是在研究文化史和社会史的基础上，首先洞察两者的内在联系，进而率先提倡研究社会文化史。梁景和1984年入北京师大攻读中国近代文化史方向的硕士学位，硕士学位论文《20世纪初年中国社会习俗的变化》开始涉及社会史的研究，而他在1994年博士学位论文《近代中国陋俗文化嬗变研究》提要中明确指出本论文的社会文化史属性。李长莉长期在中国社科院近代史所文化史研究室从事文化史的研究工作，80年代末90年代初提倡并转向社会文化史研究。虽然个别研究论著当时受到过西方史学的影响①，但是总体上说，当时在中国社会文化史的萌发阶段，基本体现了中国史学自身发展逻辑的本土性特征。90年代末西方新文化史（或称社会文化史）渐次传入中国，开始对中国史学界产生影响，使更多的年轻学者投身于社会文化史研究的队伍之中，也促进了中国社会文化史研究的长足进展。

---

① 诸如乐正的《近代上海人社会心态（1860—1910）》一书，受到了西方心态史学的影响。

其二，理论探索的自觉。前文谈到，刘志琴等人都先后撰文探讨了社会文化史的理论问题，而社会文化史研究与社会文化史理论研究几乎同步进行，反映了理论探索的自觉，这无疑有力推动了社会文化史研究的向前发展。在社会文化史的理论研究方面，20世纪90年代初就有很多学者积极参加了社会文化史的理论探讨，诸如对建立社会文化史学科的意义，社会文化史研究的对象和内容，社会文化史的研究方法等问题的讨论。① 新世纪初，仍然有一批学者关注并参与了社会文化史的理论探索，诸如杨念群、赵世瑜、高翔、张鸣、侯旭东、黄兴涛、左玉河、李少兵、蒋大椿、姜涛、葛兆光、张亦工等学者分别就社会文化史研究是价值判断还是事实陈述，如何从社会日常生活中折射出观念的变化，社会文化史是一种独特的研究视角还是一门独立的交叉学科，社会文化史研究的重心在哪里，社会文化史研究能否起到改进思想史的作用，中国学者能否建立自己的解释系统，社会文化史研究的问题和方向何在等理论问题和一些实际问题进行了深入探索和研究。② 这些讨论虽然还只是一般学术观念的陈述和探讨，还不具备完整的理论体系，但这些自觉的理论思考所呈现出来的学术见解对打开社会文化史的视野和规范社会文化史的研究无疑意义重大。

其三，展现出绚丽多彩的研究成果。十年来中国社会社会文化史研究成果逐渐丰富起来，已经初步改变了十年前研究成果薄弱的现状。前文我们介绍的十余部书，有十部（包括修订本）是近七年出版的，有八部（包括修订本）是近三年出版的。我们在很多近年出版的专著中能够看到对中国社会文化专著的介绍。③ 另外还有几篇文章也可以帮助我们了解近年来

---

① 参见李长莉《社会文化史：一门新生学科——"社会文化史研讨会"纪要》，《社会学研究》1993年第1期。
② 参见左日非《"近代中国社会生活与观念变迁"学术研讨会综述》，《近代史研究》2002年第2期。
③ 诸如李长莉在专著《中国人的生活方式：从传统到近代》的引言和参考文献中有很多介绍和载录。余华林在专著《女性的重塑——民国城市妇女婚姻问题研究》的引言和参考文献中也有很多介绍和载录。近年出版的专著都会有这样的介绍，不一一列举。

绚丽多彩的中国社会文化史的研究专著和研究论文。① 李长莉在《社会文化史的兴起》一文中介绍了中国近代社会文化史的研究论著，她根据内容和形式的不同而归纳为三类：第一类是专史。即本身就兼有社会史和文化史相交叉的性质，反映社会生活和文化观念相交织的一些专史，如风俗史、社会生活史、宗教史、教育史、婚姻家庭史、报刊或传播史等。第二类是综合史，即对历史上某一时段、某一地域、某一群体或某一历史现象，从社会和文化的多个方面进行综合研究，以求比较全面地展现社会文化的整体风貌。如综合史、群体史、地域文化史等。第三类是结合史。即将社会史和文化史相结合进行综合研究的方法，注重探求社会生活、大众文化与思想观念之间的相互关系。这是最能体现社会文化史学科方法创新的研究路向，这方面类别主要有心态史、社会与思想变迁史、社会生活与观念变迁史等。左玉河与李文平在《近年来中国近代社会文化史研究述评》一文中重点介绍了近代社会变迁与社会风俗史研究，近代市民社会与公共空间研究，近代中国诸社会问题研究，文化心态史及观念变迁史研究，国家社会互动关系及话语转化等问题的研究现状。黄延敏在《当代中国社会文化史研究的新进展》一文中着重介绍了当代中国社会文化史的研究成果，主要包括当代中国的婚姻、家庭、女性、性伦、服饰、话语、精神文化生活与社会心理等问题的研究现状。苏全有在《近十五年来的中国近代风俗史研究综述》一文中重点介绍了女性与婚姻，政治人物、事件与风俗，地域风俗等方面的研究成果。

四 余论

关于如何推进社会文化史向前发展，李长莉、左玉河、黄延敏等均撰文提出过自己的建议和主张，他们共同的意见是：第一，社会文化史虽资料数量庞大，但非常分散、缺乏整理。搜集出版资料集显得尤其重要，既

---

① 如本书收集的李长莉的《社会文化史的兴起》；梁景和的《辛亥革命80周年全国青年学术研讨会关于社会文化史问题的讨论述评》；吕文浩的《"近代中国的城市·乡村·民间文化"学术研讨会综述》；朱浒的《晚清以降的经济与社会》；毕苑的《第三届中国近代社会史国际学术研讨会综述》；左玉河、李文平的《近年来中国近代社会文化史研究述评》；黄延敏的《当代中国社会文化史研究的新进展》；苏全有的《近十五年来的中国近代风俗史研究综述》等。

可方便研究者利用，又可尽量减少重复劳动。同时，要关注田野调查，重视访谈资料的发掘整理和应用。第二，社会文化史总体上还处于初创阶段，相当多的研究者尚缺乏运用新视角、新理论、新方法的自觉性和经验积累，缺乏研究范式上的建树，还未形成公认的比较成熟的研究理论和方法，继续深入探索社会文化史的理论和方法尤显重要。第三，缺乏深入专精的高水平著作，尚未形成公认的研究典范。以上意见无疑是正确的，这些现象近年来虽然已经有所改变，但仍然还没有根本上的突破，还要攻克难关，尽快完成相关的学术研究任务。

在此我们还想谈谈几点个人浅见：第一，建立社会文化史研究的学术重镇。有条件的学术单位或学术团体可以明确把社会文化史作为自己学术研究的主要领域和主攻方向，集中从事社会文化史的研究工作，出一批有分量的研究成果，其中成果能够成为被认可的学术精品，引领社会文化史研究向纵深发展。第二，抓基本社会生活内容和独特社会生活内容的研究。社会生活的内容极其广泛，既包括基本的社会生活内容，也包括独特的社会生活内容，还包括更多的处于中间地带的社会生活内容。虽然这几类社会生活内容之间有着千丝万缕的联系，彼此不能截然分开，但各自的特点是显而易见的。基本的社会生活内容主要包括人类所共有的衣食住行、婚丧嫁娶、两性伦理、生老病死等基本的生活。这是维持生命和延续生命最基本的条件，也是最基本的生命历程。这是任何时代任何人都很难回避的生活内容，所以我们说它是基本的社会生活内容。研究一个时代或一个时期，一个地域或一个群体的基本社会生活内容的变化，我们会理解和认识社会政治经济、思想观念、风土人情缓慢或急速地变迁，这有助于我们认识和理解那个时代和那段历史，并从中获得历史的启迪和生活的智慧。独特的社会生活内容主要指一个时期或一个地域，某些群体或一个群体独特的生活及其生活的变化。比如清末民初的剪辫运动，五四时期男女同校的兴起，1957 年的反右倾运动，20 世纪 80 年代初的"文化热"，90年代大众文化的崛起，新世纪初的"奥运热"等均可视为独特的社会生活内容。独特的社会生活内容是那个时代所独有的，而其他时代所没有的。研究这样的社会生活，无疑也能帮助我们认识和理解那个时代和那段历史，并从中获得历史的启迪和生活的智慧。所以我们强调在社会文化史研究中要注重研究基本社会生活内容和独特社会生活内容。第三，运用多学科的视角研究社会文化史。学科的划分是人为的，学科的划分使知识更加系统化和深化。以学科为本位进行学术研究无疑是一条最基本的路径。但学科的划分不是目的，学科之间不应当存在彼此隔绝的壁垒。只要是能够研究问题和解决问题，学科之间的互动和交融是必要的，这也应当是一条新的路径。研究社会文化史不但可以把多学科的研究成果视为史料，也可以借鉴多学科的理论和方法，还可以体悟历史学与多学科共同的思维方式和思考的共同问题，这是多学科对话的基础，我们将从这种互融的对话中深刻而又全面地认识和理解社会文化问题。第四，注重改革开放时代的社会文化史研究。搞历史，一般有一种惯常的想法，觉得研究的问题应当远一点，这样尘埃落定后，可以看得更清楚，这话有道理。搞政治史、经济史、外交史、军事史都有这样的问题，起码有一些史料还不能马上解密，搞起来有困难。但社会文化史稍有不同，它研究的是社会生活，是大众文化，是生活观念。这些问题存在于社会的各个领域各个方面，它的史料来源极为宽广，也不需要谁来解密。反而时间越是离得近，感受得越真切，更易有自身的体悟和自身的把握。有些问题可以直接去观察，直接去调查，直接去交流，这种直观的感受带来的感性认识是理性认识的基础，上升后的理性认识会更科学，更接近实际，更靠近真实。改革开放三十年社会生活、社会观念的变迁比上下五千年任何一段时期都更快速、更丰富、更显著、更激荡。研究改革开放时代的社会文化史将会浮现出更多社会与人生的真谛，于此于彼意义重大。

原载《首都师范大学学报》2011 年第 4 期

西方新文化史述略①

一　称谓与崛起

西方新文化史是史学界 20 世纪 70—80 年代兴起于法国和美国的一场重大的史学理论运动，或曰它是西方史学理论和历史编纂中一个最主要的发展趋势和潮流，这股潮流取代了经济—社会史，是对旧的体制和旧的"新史学"的一种有意识的反动和发展，是一次"语言转向"或"文化转向"，是继 20 世纪 50 年代中叶西方史学"路标转换"后的又一次重要转折。这股热流 70 年代初传入意大利、英国，80—90 年代开始波及德国、西班牙、匈牙利、荷兰、瑞典等欧洲国家。

新文化史的称谓比较复杂，表现出多样性。英国学者彼得·伯克愿意把新文化史称为社会文化史，他在 1997 年出版的《文化史的多样性》中，还有意把新文化史称作人类学史学，法国年鉴学派的第三、四代传人愿意称新文化史为心态史，法国学者卡布瑞更愿意称新文化史为后社会史，还有把新文化史称作新社会文化史和历史人类学的。

① 本文主要参照的文献有 ［英］彼得·伯克：《西方新社会文化史》刘华译，李宏图校，《历史教学问题》2004 年第 4 期；江文君：《西方新文化史简析》，《国外社会科学》2008 年第 4 期；周兵：《西方新文化史的兴起与走向》，《河北学刊》2004 年第 6 期；周兵：《精彩纷呈的新文化史》，《历史教学问题》2007 年第 1 期；李宏图：《当代西方新社会文化史述论》，《世界历史》2004 年第 1 期等。

二 代表人物与传承

新社会文化史的学者早先一般是研究社会史的，后来对社会史产生了疑问，并逐渐开始对社会史理论框架展开批判和修正。被奉为新文化史思想先驱的英国劳工史家汤普森1963年在其代表作《英国工人阶级的形成》中就体现了"向文化的转向"的趋势，他主动超越了社会史并把研究转向文化史方向。20世纪60年代末，年鉴学派的代表人物勒高夫把社会—经济史转向社会—文化史，将研究领域由经济转向心态这一更为深层的结构。美国加利福尼亚大学教授海登·怀特于1973年出版了《元史学：19世纪欧洲历史学的想象》，由于怀特强调情节和语言这些新的历史研究方法的运用，所以他被视为文化转向的"创始人"。新文化史这股潮流，还影响了其他领域的学者，克里福德·吉尔次、马歇尔·萨林斯、理查德·普莱斯等人类学家，爱德华·萨义德、斯蒂芬·格林布拉特等文学批评家也都卷入到新文化史运动之中。

在学术传承上，新文化史受20世纪60年代兴起的以汤普森为代表的英国文化马克思主义者和以伯明翰学派为代表的文化理论的影响颇深。但同时对前者的批判也是促进新文化史发展的一个有效的途径。如1983年剑桥大学教授加瑞斯·斯蒂德曼·琼斯出版的论文集《阶级的语言：英国工人阶级研究1832—1982》，书中对汤普森进行了批评。另外，历史学家帕特里克·乔伊斯教授的专著《人民的视界：工业的英国和阶级问题1848—1914》也对汤普森进行了批评。与此同时，我们看到，年鉴学派的心态史研究，事实上便是新文化史的一个开端，它颠覆了社会经济史独霸的格局，为"文化"平反正名，从而确立了文化作为研究领域和研究对象在新文化史中的中心地位。

三 性质与特征

关于新文化史的性质，亨特对此作过说明，它"探讨方向的焦点是人类的心智，把它看作是社会传统的贮藏地，是认同形成的地方，是以语言处理事实的地方。文化就驻在心智之中，而文化被定义为解释机制与价值系统的社会贮藏地。文化史研究者的任务就是往法律、文学、科学、艺术的底下挖掘，以寻找人们借以传达自己的价值和真理的密码、线索、暗示、手势、姿态。最重要的是，研究者开始明白，文化会使意义具体化，因为文化象征始终不断地在日常的社会接触中被重新塑造"。①

新文化史研究有几个突出的特点：第一，注重文化，注重文化的作用，甚至倒转了经济基础与上层建筑的位置，改变过去文化从属于社会和经济的理解，认为文化可以决定政治和经济，注重从文化的角度和视阈研究历史，强调文化的独立，认为"文化不仅不再依附于社会和经济，同时它还具有能动性，即反过来塑造和生产着社会和经济。这就是说，社会和经济等我们通常所认为的实体也是被文化所创造，并在文化的实践中被不断地再生产"。② 第二，在方法上采取跨学科研究，借助了文化人类学、心理学、文化研究等学科的理论和方法，提高对语言、符号、仪式等文化现象的分析，解释其中的文化内涵与意义。第三，从研究范围和内容看，从"宏大叙事"中转向，更注重普通民众、日常生活、微观历史的研究。第四，新文化史的著作更注重雅俗共赏。所谓"雅"是指遵守专业的规范，无论是资料选择和考证、理论方法的运用，学术观点论证都显得十分严谨和专业化。所谓"俗"是指关注过去不登大雅之堂的大众文化，关注被统治阶级的"下里巴人"；所谓"俗"还指新文化史的著作选题新颖，视角独特，语言流畅，可读性强，能够引起普通读者对历史的兴趣。

新文化史的未来发展将是对传统社会史的扬弃和融合，其实质是向人文主义史学传统的逐渐回归和发展。

四　理论和方法的四个来源

新文化史的理论和方法主要来源于四个方面，即后现代主义的文化批评、文化人类学、英国马克思主义史学和法国年鉴学派史学。这四个方面直接影响了新文化史的历史编纂和叙事风格。

海登·怀特1973年的著作《元史学：十九世纪欧洲的历史想象》，提

---

① ［美］乔伊斯·阿普尔比、林恩·亨特、玛格利特·雅各布：《历史的真相》，薛绚、刘北成译，中央编译出版社1999年版，第198页。

② 李宏图：《当代西方新社会文化史述论》，《世界历史》2004年第1期，第31页。

出了后现代主义的历史叙事学。怀特借鉴了西方学者六七十年代在文学批评领域就语言、文本和叙述的作用所提出的思考，将之运用到对历史学文本和写作的分析上，并认为语言模式决定了历史学家的研究范式。他强调历史的文本是建构在作者的"诗性行为"之上的，历史可以通过形象思维去想象去发明。历史的资料来源是广泛的，口述、文学、民间故事都是历史研究的资料。要摆脱宏大叙事，回归历史学的叙事传统，从分析转向叙事模式。怀特的后现代主义史学实质是对以福柯为代表的后现代主义思想家们的一个认同和融合。所以新文化史是把后现代主义作为一个重要的理论和方法的来源和基础的。

跨学科研究已经成为国内外史学的一个重要特征。20 世纪 70 年代文化人类学逐渐取代社会学和经济学而成为社会科学中最具有影响力的学科，它是历史学的新盟友。克利福德·吉尔茨 1973 年的著作《文化的解释》，提出了对文化的定义，即"我所采用的文化概念——从本质上讲，是一种符号学的概念。同马克斯·韦伯一样，我认为人是一种悬挂在自己编织的意义网中的动物，我认为文化就是这些网。因此，关于文化的分析，并不是一种寻找规律的实验科学，而是一种寻找意义的解释科学"。① 他的文化定义影响很大，新文化史学家们自觉地以一种符号学的方法来研究文化，注重探索历史事物的文化意义和象征意义，进而理解民族和个体的观念特征和性格特征，并要求一种"深度描述"的研究方法，即要关注日常生活，要关注生活细节，要强调微观史研究。由此可见，文化人类学是新文化史理论和方法的重要来源之一，主动运用文化人类学方法进行的研究实践，也就成为新文化史研究的主流。

英国马克思主义史学对新文化史影响至深。1963 年爱德华·汤普森的《英国工人阶级的形成》出版。虽然人们常常把汤普森划归为六七十年代社会史时代的历史学家的行列，但他的这本书一改当时社会史研究的常见方法，诸如计量的方法等，而是关注工人阶级文化的构成，把工人阶级的态度和意识作为对象，善于运用价值、观念、习俗、传统等文化术语。汤普森甚至强调："除非我们把阶级看作是一种社会和文化的构成，否则就

---

① 转引自周兵《西方新文化史的兴起与走向》，《河北学刊》2004 年第 6 期，第 155 页。

无法理解它。"① 汤普森的表述让人们感受到他充分肯定了文化的因素，强调文化重要的决定性作用。因此汤普森也常常被称为"文化马克思主义"。汤普森对文化的格外关注，引起史学界的警觉，同时打开了史学家的视阈，并得到了积极的响应。

法国年鉴派史学同样深刻地影响了新文化史。法国第三、四代年鉴学派开创了"心态史"，这表明了他们的文化史研究趋向。雅克·勒高夫在评价心态史的作用时说："'心态'这一广泛、含糊而又常常令人忧虑的名词，正如其他许多具有广泛含义的词一样，对近年来的史学领域的变化起了很大的推动作用，尤其对经济史领域起着一种理想的平衡作用，从而给整个史学带来了新鲜空气。"② 心态史的创始人主张恢复年鉴学派第一代人注重精神状态研究的传统，把史学的研究重心转向了社会文化方面，认为心态是史学研究的深层结构。心态史的影响很大，它既是新文化史的一个重要的理论和方法的来源之一，同时也是新文化史的一个重要的开端。

以上四个方面都强调文化的重要作用，强调文化作为研究领域和研究对象的中心地位，进而构成了新文化史理论和方法的四个重要源泉。1989年林恩·亨特主编的《新文化史》一书出版，这是对新文化史兴起以来所作的理论总结，正式高举起新文化史的大旗，标志着新文化史理论的初步形成。

五 基本研究类别与代表作

新文化史的研究领域非常的广泛，研究的内容异常的丰富。彼得·伯特曾将新文化史分为七大类别：①物质文化史，亦即饮食、服装、居所、家具及其他消费品如书的历史；②身体史，它与性态史、性别史相联系；③表象史，即对自我、民族及他人等的形象、想象及感知的历史，或如法国人所称的"表象社会史"，它正逐渐取代"集体心态史"；④记忆社会史或"社会记忆史"；⑤政治文化史；⑥语言社会史；⑦旅行史。③ 周兵把新

---

① 同上书，第152页。
② ［法］雅克·勒高夫等：《新史学》，上海译文出版社1989年版，第31页。
③ ［英］彼得·伯克：《西方新社会文化史》，刘华译，李宏图校，《历史教学问题》2004年第4期，第25—26页。

文化史分为四个类型：①物质文化史；②疾病和医药的文化史；③身体和性的文化史；④实践与表象的文化史。①

新文化史涉及的内容的确丰富多彩，诸如爱情生活、婚姻家庭、夫妻生活、妇女儿童、性别性伦、喜怒哀乐、感官情绪、阅读书籍、身体发肤、衣食住行、生老病死、宗教巫术、时间空间、人口犯罪、上帝大众、自然命运等等。

新文化史的著述可谓广泛繁盛，汗牛充栋，不胜枚举。除上文谈到过的，还有一些代表作，诸如美国历史学家罗伯特·达恩顿的《启蒙运动的生意》和《屠猫记——法国文化史钩沉》、美国历史学家林恩·亨特的《法国大革命中的政治、文化和阶级》、美国历史学家娜塔莉·戴维斯的《马丹·盖赫返乡记》、法国历史学家勒华·拉杜里1975年出版的《蒙塔尤：1294—1324年奥克西坦尼的一个山村》、法国历史学家阿兰·科尔班的《大地的钟声》和《污秽与芳香：气味与法国的社会想象》、英国历史学家彼得·伯克的《欧洲近代早期的大众文化》、英国历史学家西蒙·沙玛的《财富的窘境：黄金时代荷兰文明的一种解释》、意大利历史学家卡洛·金斯伯格的《夜间的战斗：16、17世纪的巫术和农业崇拜》等等。

此外，还有很多有趣味的新文化史著作，诸如《与巫为邻：欧洲巫术的社会和文化语境》、《巴黎1900：历史文化散论》、《鳕鱼》、《盐：生命的食量》、《危险的味道：香料的历史》、《欧洲饮食文化史：从石器时代至今的营养史》、《欧洲宴会史》、《内衣：一部文化史》、《六个瓶子里的历史》、《时装生活史：人类炫耀自我3500年》、《服饰的时尚800年：1200—2000年》、《世界鞋史》、《钻石的历史》、《文身的历史》、《书籍的历史》、《镜子的历史》、《煤的历史》、《人类与垃圾的历史》、《最大的小发明：螺丝与螺丝刀》、《死亡文化史：用插图诠释1300年以来死亡文化的历史》、《瘟疫的故事》、《疾病改变历史》、《枪炮、病菌与钢铁：人类社会的命运》、《天国之花：瘟疫的文化史》、《历史上的药物与毒品》、《尼古丁女郎：烟草的文化史》、《迷药》、《可卡因传奇》、《男根文化史》、《乳房的历史》、《头发的历史：各个时代的风尚和幻想》、《亚当之脐：人体的自然和文化史》、《肉体与石头：西方文明的历史与城市》、《哭泣：眼

---

① 周兵：《精彩纷呈的新文化史》，《历史教学问题》2007年第1期，第37页。

泪的自然史和文化史》、《尴尬的气味：人类排气的文化史》、《疼痛的历史》、《厕神：厕所的文明史》、《欧洲洗浴文化史》、《沐浴的历史》、《色情史》、《调情的历史：纯真与堕落的游戏》、《西方情爱史》、《欧洲风华史》、《古希腊风化史》、《古罗马风化史》、《阅读史》、《流浪的历史》、《接吻的历史》、《刑罚的历史》、《死亡文化史》、《魔鬼的历史》、《贪婪：本能、成长与历史》、《廉耻观的历史》、《恐怖：起源和演变》、《搞笑：幽默文化史》，等等。①

六　与相关学科的关系问题

新文化史是在以往史学发展的基础上出现的，它与某些史学有着紧密的联系。下面我们分别阐述之：

1. 与后现代史学的关系

目前典型的后现代主义史学著作还颇为鲜见，但一般把海登·怀特1973 年出版的《元史学：19 世纪欧洲的历史想象》视为带有后现代史学意味的著作，也把它看作是最直接影响新文化史产生的一部著作，因此海登·怀特也被称为文化转向的"创始人"。荷兰历史学家佛兰克·安克尔斯密特称娜塔莉·戴维斯和卡洛·金斯伯格为"后现代主义"的史学家，但他们的著述又被看作是新文化史的代表作，可见，后现代史学与新文化史在一些地方被视为是相通的，两着的关系是紧密的。

2. 与文化人类学的关系

文化人类学不仅是新文化史的理论来源之一，同时也是新文化史借鉴的一个重要方法之一，它对新文化史的兴起所产生的影响是强有力的。新文化史的很多著作借鉴了人类学家的研究成果，两者之间盟友般的互动，使双方都取得了长足的进步和发展。社会史家小威廉·塞维尔对文化人类学的接纳，并认为文化人类学可以引导史学家去用新的方法了解更多的未知领域。娜塔莉·戴维斯作为美国新文化史的开拓者之一，她在《近代早期法国的社会与文化》一书中也大量借鉴了文化人类学的研究成果。

3. 与英国马克思主义史学的关系

---

① 参见周兵《精彩纷呈的新文化史》一文的注释部分，《历史教学问题》2007 年第 1 期。

前文我们已经谈及英国马克思主义史学对新文化史的影响。正因为爱德华·汤普森的《英国工人阶级的形成》，更强调文化的因素，注重对文化的探索，所以他被同时代的马克思主义者批评为"文化主义"，甚至有人还通常把他的《英国工人阶级的形成》一书看作是西方新文化史的开山之作。

4. 与法国年鉴学派的关系

可以说法国年鉴学派的第三、四代的心态史学直接带来了新文化史的兴起。法国年鉴学派的心态史学是从以往关注系列、功能和结构向关注观念、心态、价值、情感、思想和文化的方向变化，这种转变被视为"从地窖转向阁楼"①。所以说，法国年鉴学派的心态史学不但在理论方法上为新文化史做好了准备，而且也可视其为新文化史兴起的第一阶段。②

5. 与古典文化史的关系

古典文化史（传统文化史）与新文化史在关注文化这一点上是一致的，新文化史也带有向古典文化史方向的回转，但两者还有明显的不同。古典文化史更注重的是功能和结构，注重宏大叙事，注重时代肖像，注重精英，注重思想、文学艺术、精神和习俗等的研究；而新文化史则更注重日常生活、注重微观研究，注重下层民众，注重史学与读者的联系，注重跨学科研究。

七　余论

1. 反叛与问题

任何一种新的史学撰写和叙事方法，任何一种新的史学范式，它们可能有一些重要的创新和重大的突破，进而推动史学的向前发展。但同时任何一种新的史学撰写和叙事方法，任何一种新的史学范式，也都必然存在它自身的不足和问题。这也是史学能够不断跃进和持续向前发展的内在因由或内在驱动力。新文化史亦不例外。

新文化史的确为史学的发展作出了重要贡献，它是对以往史学的反

---

① 彼得·伯克：《法国的历史学革命——年鉴学派（1929—1989）》，斯坦福大学出版社 1990 年版，第 67 页。

② 参照李宏图《当代西方新社会文化史述论》，《世界历史》2004 年第 1 期。

叛，特别"是对一种更陈旧的体制和更陈旧的'新史学'的一种有意识的反叛"。① 这种反叛无疑推动了史学的长足进步，当前新文化史的这种反叛精神还仍然保存着它旺盛的生命力。但是它自身的问题也将在其兴盛和发展的过程中渐次显露：诸如过分地强调文化的功能和作用，而淡化经济、政治以及其他因素的作用，这样是否就能真正地解释历史的一切；比如脱离和躲避宏大叙事而着力于微观史学的关照，这样是否同时也忽视了多层面和多角度的历史观察；再如特别地关注日常生活而削弱对其他社会生活的注意力，是否就同时远离了社会历史的诸多面相，而只能形成片面的历史观念；还有历史是否就只是一种意义的解释，作为一种社会运动难道不能作科学的研究，不能探索其客观性和其运动的规律吗，如此等等，这就暴露了新文化史的诸多问题。

2. 对中国史学的影响

最直接把新文化史介绍到中国的是英国历史学家彼得·伯克。彼得·伯克是最早参与和领导新文化史运动的历史学家，1999 年 9 月他应邀到华东师范大学讲学，他到中国后，先后在北京、上海、南京等地进行学术演讲，着重介绍新文化史。他不仅第一次将"新文化史"的概念名称介绍到中国，而且全面介绍了新文化史的诸多情况。在中国期间彼得·伯克接受了南京大学的采访，其形成的《新文化史学的兴起：与剑桥大学彼得·伯克教授座谈侧记》发表在 2000 年的《史学理论研究》上，他撰写的《西方新社会文化史》发表在《历史教学问题》2000 年第 4 期上。这些文章不但进一步传播了新文化史，而且在中国产生了深远的学术影响。目前中国史学界已经有一些学者从史学理论和史学史的角度研究西方新文化史，而且在具体的学术领域也开始了社会文化史的研究和探索，这还需要另著文章再专门探索。

原载《首都师范大学学报》2010 年第 3 期

---

① [英] 彼得·伯克：《西方新社会文化史》，刘华译，李宏图校，《历史教学问题》2004 年第 4 期，第 27 页。

炽盛与深化

——中国社会文化史研究的五年历程（2010—2014）

中国社会文化史有广义与狭义两个范畴。广义的社会文化史与国内的历史人类学、新史学、新社会史、医疗卫生史、城市史、新文化史有着紧密的交互和关联。而狭义的社会文化史更多指向那些公开以"社会文化史"为名号的学术研究。本文的旨趣主要在狭义的社会文化史，但也会涉及一些广义的社会文化史。

2010年由社科文献出版社出版了《中国社会文化史的理论与实践》一书。这本书对中国大陆1988年以来社会文化史的发展历程作了系统的总结和梳理。主要是对22年以来中国社会文化史的主要研究成果、理论探索、研究基地、基本特征等问题进行了概括的分析和论述。[①] 本书全面搜集和整理了22年以来中国社会文化史理论方法的研究论文、主要专著的书评书序、重要会议的纪要综述和研究成果的述评等。学界认为，"社会文化史是一个新生学科，梁景和主编《中国社会文化史的理论与实践》（社会科学文献出版社2010年版）一书，记录了这一新兴学科创生及发展的历程，可以视为中国近代社会文化史学科进入成熟发展阶段的一个标志。"[②] 也有学者指出，"《中国社会文化史的理论与实践》一书，汇集了二十多年来十几位学者有关社会文化史理论方法及学科发展的文章，记录了这一新兴学科从创生、奠基到探索、发展的历程，是对中国社会文化史理论方法与学科发展的总结，可以作为中国近代社会文化史学科已走过初创阶段而进入

[①] 梁景和主编《中国社会文化史的理论与实践·代序》，社会科学文献出版社2010年版，第9—26页。

[②] 王建朗：《2009—2011年中国近代史研究综述》，《近代史研究》2013年第3期，第151—152页。

成熟发展阶段的一个标志。"① 还有学者认为，"本书相当集中地展示了近年来中国社会文化史研究取得的进展以及存在的不足，有助于我们全面、深入地把握中国社会文化史的研究现状，为广大青年学者接触、了解中国社会文化史研究提供了一个入门性的工具。"②

2010 年 5 月《中国社会文化史的理论与实践》的出版、2010 年 4 月 28 日"中国近现代社会文化史回顾与走向"座谈会的召开③、2010 年 8 月 17 日《社会文化史：史学研究的又一新路径》在《光明日报》的发表——2010 年这一系列社会文化史重要事象的出现，标志着中国社会文化史研究已经从创生奠基阶段进入到了新的成熟发展阶段。这一阶段又走过了五年，回顾五年的学术历程，可谓是社会文化史的一个炽盛和深化的大发展时期。

一　高频度的学术活动

这一时期的一个重要特点就是学术交流密度的频繁，即社会文化史学术研讨会的频频召开。

（1）2010 年 9 月、2012 年 9 月、2014 年 9 月在首都师范大学召开了首届、第二届、第三届"中国近现代社会文化史国际学术研讨会"，来自日本、韩国、美国、中国的学者共襄盛举，推动了中国近现代社会文化史研究的进展，并促进有志于社会文化史研究的学者在这一领域不断努力，辛勤耕耘，创造佳绩。首届中国近现代社会文化史国际学术研讨会重点探讨了清末民国的妇女、婚姻、家庭和家族问题，共和国的妇女、婚姻问题等。第二届中国近现代社会文化史国际学术研讨会重点探讨了社会文化史的理论，女性再认识，文化史反思，区域社会生活等问题。有关前两届的

---

① 李长莉、毕苑、李俊领：《2009—2011 年的中国近代社会与文化史研究》，《河北学刊》2012 年第 4 期。

② 余华林：《一本中国社会文化史研究的入门书》，《中华读书报》2010 年 8 月 11 日，第十版。

③ 毕苑：《"中国近现代社会文化史回顾与走向"座谈会综述》，梁景和主编：《社会生活探索》第二辑，首都师范大学出版社 2010 年版，第 443 页。

会议信息可参见会议综述①，并已经出版了前两届的会议论文集。② 第三届中国近现代社会文化史国际学术研讨会重点探讨了社会文化史研究的新理念和新方法以及婚姻、恋爱、性别、性伦、礼俗、医疗、卫生、教育与司法等问题。③ 三次会议对中国近现代社会文化史研究的发展有重要的推动作用。

（2）2011 年 9 月在首都师范大学召开了首届"'西方新文化史与中国社会文化史的理论与实践'学术研讨会"，"来自北京、天津、上海、太原等地的 30 余位专家学者，围绕西方新文化史与中国社会文化史的理论与实践问题，展开了全面而深入的讨论。"④ 会议重点讨论了社会文化史的理论与方法、多视角下的近现代社会生活、社会文化史新领域的拓展等重要问题。⑤

（3）2013 年 8 月在湖北襄阳举办了由中国社科院近代史所和湖北大学主办的"第五届中国近代社会史国际学术研讨会"，这个会议的主题是"社会文化与中国社会转型"问题，大会提交论文 70 余篇，提交的论文大部分是以社会文化作为研究视点的，"本届大会不仅为中外学者提供了增进学术交流的高端平台，而且为社会文化史的学科建设拓展了更广阔的学术发展空间"。⑥

（4）2013 年 9 月在首都师范大学召开了"首届全国青年学者社会文化史理论与方法学术研讨会"，来自全国各地的 80 余位青年学者参加了会议。会议就社会文化史理论与方法的深入和反思、文化史研究的再认识、

---

① 吕文浩：《"首届中国近现代社会文化史国际学术研讨会"综述》，《近代史研究》2011 年第 3 期；王栋亮：《"第二届中国近现代社会文化史国际学术研讨会"综述》，《第二届中国近现代社会文化史国际学术研讨会论文集》，社会科学文献出版社 2013 年版，第 294—301 页。

② 梁景和主编：《首届中国近现代社会文化史国际学术研讨会论文集》，社会科学文献出版社 2012 年版；梁景和主编：《第二届中国近现代社会文化史国际学术研讨会论文集》，社会科学文献出版社 2013 年版。

③ 参见武婵《第三届中国近现代社会文化史国际学术研讨会综述》，未刊稿。

④ 杜涛：《社会文化史研究的再出发——"西方新文化史与中国社会文化史的理论与实践"学术研讨会综述》，梁景和主编：《社会生活探索——以婚恋文化等为中心》第四辑，首都师范大学出版社 2013 年版，第 338 页。

⑤ 参见梁景和主编《西方新文化史与中国社会文化史的理论与实践——首届学术研讨会论文集》，社会科学文献出版社 2014 年版。

⑥ 参见李俊领《第五届中国近代社会史国际学术研讨会隆重开幕》，《社会史研究通讯》2014 年 6 月，第 17 期，第 71 页。

女性研究的新视野等问题展开了进一步的讨论与交流。①

（5）2011 年 3 月、2012 年 3 月、2013 年 3 月、2014 年 3 月在首都师范大学分别召开了第一届、第二届、第三届、第四届"中国二十世纪婚姻·家庭·性别·性伦文化学术研讨会"。会议就社会文化史的具体领域即婚姻、家庭、性别、性伦领域展开了广泛的交流和研讨，促进了这一领域的深入探索。

二　多维度的研究成果

近年的研究成果，可谓研究维度宽广多样，科研成果精湛丰厚。有一些专门文章对近年社会文化史的研究作了全方位的评介，其中有两篇文章分量较重。其一是李长莉、毕苑、李俊领撰写的《2009—2011 年的中国近代社会与文化史研究》②，这篇文章从五个方面介绍了 2009 年至 2011 年中国近代社会与文化史的研究状况，包括社会与文化史理论探索，社会阶层、社会生活与社会转型，文化制度、文化传播与文化观念，宗教与民众信仰，历史记忆与建构等。其二是李长莉、唐仕春、李俊领撰写的《2011—2012 年中国近代社会与文化史研究》③，这篇文章从五个方面介绍了 2011 年至 2012 年中国近代社会与文化史的研究状况，包括社会与文化史研究的理论探索，社会结构、社会生活与社会转型，社会生活、女性与法律，教育与宗教信仰，文化传播与文化观念等。这两篇文章对几年来出版和发表的重要著作和论文作了全面的评述，有助于读者对学术现状的把握、认识、理解和思考。下面对一部分研究成果再作进一步的介绍。

（1）梁景和著《五四时期社会文化嬗变研究》（人民出版社 2010 年版）。本书探讨了五四时期的婚姻、家庭、女性、性伦问题，并专门对五四时期"个性主义文化观"予以重点考察，在此作者不仅仅在作单纯的文献解读，而是把论题引向深入，既明确了"个性主义"在人类精神进化中的核心意义，又对它在近代中国的源流演变予以揭示，归纳总结了五项基

---

① 参见徐晨光《首届"全国青年学者社会文化史理论与方法学术研讨会"在北京召开》，《文史学刊》2014 年第一辑，第 254—258 页。

② 发表于《河北学刊》2012 年第 4 期。

③ 同上。

本内涵：①"个性主义"的自由平等和自主之权。②"个性主义"的个人独立思想。③"个性主义"的享受幸福，满足欲望的人生观。④"个性主义"的社会责任感。⑤"个性主义"并非一些人眼中的绝对自由、自私自利、利己主义和为我主义。① 有人撰文指出："作者采用重构历史现场的方法，引用胡适、梁启超、蒋梦麟等人的言论，提出了健全的个人主义 ＝ 个性主义 ＝ 个人命运和家国盛衰相互依存这个等式。这样就有力地驳斥了某些固有的偏见，从而还原了历史真实。最后，作者给出了自己对'个性主义'的定义：'就是主张和强调个人具有自由、平等、独立、自主、自信、自立、自强、自尊、自我、奉献、义务、奋斗、享受的权利。一方面每个人对自身要有上述权利的要求，另一方面要尊重他人所具有的上述权利'，并在此基础上辩证地指出了个性主义与社会进步的紧密关系。"②

（2）刘永华主编的《社会文化史读本》。本书"编后记"指出："社会文化史不同于社会史、文化史的地方，就在于这种方法强调在具体的研究实践中应结合社会史分析和文化史诠释。也就是说，在分析社会现象时，不能忽视相关人群对这些现象的理解或这些现象之于当事人的意义，唯有如此，社会史分析才不致死板、僵硬；在诠释文化现象时，不能忽视这些现象背后的社会关系和权力关系，唯有如此，文化史诠释才不致空泛、玄虚。本书按主题分成五编：一，认同；二，神明信仰；三，宗教仪式；四，历史记忆；五，感知、空间及其他。这些主题远远没有囊括社会文化史触及的所有课题，但应该说眼下比较重要的论题，差不多都已经涵盖在这些主题之下。当然，社会文化史还应拓宽自身的'领地'。因此，对其他各种主题的探讨（详见第五编引言），亦应纳入社会文化史的研究日程。为便于读者深入、全面地了解中国社会文化史的研究领域与研究进展，编者特地编辑了'延伸阅读'论著目录，并作了简要的批注。……在选编论文过程中，编者考虑到论文触及的区域和时段，注意反映当前中国社会文化史领域触及的区域、时段和广度。不过，不难看出，就区域而言，本书所收论文，对南中国的讨论多于对华北的讨论；就时段而言，对明清的讨论多于对其他时段的讨论，这种不平衡并非出自编者的研究偏

---

① 梁景和：《五四时期社会文化嬗变研究》，人民出版社 2010 年版，第 158—161 页。

② 张弛：《社会生活与观念意识互动的新视野——评〈五四时期社会文化嬗变研究〉》，《山西师大学报》2011 年第 2 期。

好，也不意味着这些区域和时段才是社会文化史分析的有效研究范围，而是大体反映了目前研究界的现状。同时，笔者也试图兼顾这一研究领域的代表人物及代表作。不过，不少从事社会史、文化史或统称为新史学研究的学者的成果，都没能选入本书。这并不是说他们的研究是不可取的——事实上若干论著在推动中国史学的进展上正在发挥重要的影响，而是说他们的研究路数与本书提出的选编标准不甚相符。要是选入他们的论著，一方面不尽符合本书的主题，另一方面，编者也担心这样多少有扭曲他们的研究意趣之嫌疑。"①

（3）王笛著《茶馆：成都的公共生活和微观世界，1900—1950》（社会科学文献出版社 2010 年版）。王笛对于茶馆的兴趣始于 20 世纪 80 年代，他在撰写《街头文化：成都公共空间、下层民众与地方政治，1870—1930》的过程中，萌生了就茶馆写一本专著的念头。《茶馆》是以新文化史和微观史取向在中国史研究的一个实践。研究茶馆，可以引导读者进入城市的内部，它提供了研究下层民众活动的一个重要空间。把茶馆视为城市社会的一个"细胞"，那么在"显微镜"下对这个细胞进行分析，无疑会使我们对城市社会的认识更加具体深入。"当我们将微观视野放在民众、日常、街头、茶馆等问题时，精英、国家、政治运动等也不可避免地会纳入我们的讨论之中"，所以《茶馆》不仅仅是一般意义上的对茶馆的关注和研究，它更关注的是国家与社会的互动，其主旨是要探索国家是怎样逐步深入和干涉人们的日常生活的。正如作者所说："我希望通过对 20 世纪上半叶成都茶馆的考察，揭示民众与公共空间、街头生活与公共生活的关系，探索国家（state）在公共空间的政治话语是怎样建立起来的。"《茶馆》是一部微观史、是一部叙事史，也是一部大众文化史。《茶馆》所反映的学术取向和价值，我们要给予充分的肯定。

（4）梁景和主编的"中国近现代社会文化史论丛"。这套论丛出版的宗旨就是要把热心研究中国近现代社会文化史的部分学者的研究论著发表出来，以促进中国近现代社会文化史研究的深入开展，并希望其能有高水平的研究成果问世。这套论丛从 2011 年以来已经由社会科学文献出版社

---

① 刘永华主编：《中国社会文化史读本·编后记》，北京大学出版社 2011 年版，第 527—528页。

先后出版了 4 本专著。一是杨才林的《民国社会教育研究》(2011),本书认为,社会教育是与家庭教育、学校教育相对应的教育形式,对个体实现社会化,对促进人的全面发展和推动社会进步有重要的作用和价值。民国时期(1912—1949),80% 以上的中国人是文盲,"愚、穷、弱、私"是通病,外国人耻笑为"东亚病夫"、"一盘散沙"。当时的新式学校教育又存在四大弊病:制度照搬西方;受教育者大多只为做官;内容不实用,毕业即失业;对乡村增益少。为了培养"新民",为了"唤起民众",为了弥补学校教育的不足,政府和社会团体推进社会教育三十多年。其间开创了哪些事业?经历了怎样的曲折?成效如何?本书一一作了解答。二是黄东的《塑造顺民——华北日伪的"国家认同"建构》(2013),本书对抗战时期汉奸及其政权所致力的统治"正当性"建构、对治下民众的"国家认同"建构进行了探索。本书从建构的旨趣、内容、方法等方面对华北伪政权的"国家认同"建构进行了客观的分析,促使人们谨慎地重新审视现代民族国家形成过程中的"敌人的价值"。三是梁景和等的《现代中国社会文化嬗变研究(1919—1949)——以婚姻·家庭·妇女·性伦·娱乐为中心》(2013),本书选取 1919 至 1949 年间,中国婚姻、家庭、女性、性伦、娱乐为社会生活领域的基本切入点,通过对人人平等、个性解放、生活幸福感等价值的关怀和探究,从而深入认识、理解这段历史时期的社会风貌和生活状态,也有助于今天人们从理性上感悟那个时代。四是李慧波的《北京市婚姻文化嬗变研究(1949—1966)》(2014),本书通过对共和国成立后十七年间北京市不同职业群体择偶模式、婚姻确立方式、婚礼仪式等方面的分析,认为该地区婚姻文化的嬗变主要体现在如下四个方面:即民众从服从家庭权威向服从国家权威过渡,家庭内部权力从家长向个体成员过渡,男女两性的社会权益和婚姻权益从不平等逐渐趋向平等,人们婚姻文化观念的变迁反映了人性的自我完善过程等等。

(5)罗检秋著《文化新潮中的人伦礼俗(1895—1923)》(中国社会科学出版社 2013 年版)。清末民初政治鼎革,文化剧变,人伦礼俗也随之发生了深刻变化。本书系统地梳理了近代精英思想与礼俗变迁的辩证关系。一方面,从孝道、贞节观念和社会礼俗等层面,多角度地研究了五四新观念的确立、社会传播及其局限;另一方面,以此时期主要文化娱乐为个案,从社会文化史视角考察了清末民初的京剧繁荣、商业化和坤角走红现象，并分析了"剧以载道"的思想转变。本书使用了大量的历史报刊材料，关注当时的新闻报道、舆论热点和社会调查，并结合时人文集、笔记、日记、回忆录、游记等文献，多角度、多层面地研究了精英思想与大众文化的交替和互动，认为文化与文化的创造者不能完全等同，精英文化的创造者并非都属社会精英，历代下层民众直接或间接地为精英文化的形成添砖加瓦；精英文化与大众文化的内容同异互见，两者既有差异性，有些内容又不能决然两分，精英文化蕴含了大众文化，反之亦然；不同文化的转化和互缘，精英文化和大众文化在某一时期畛域分明，但经过漫长的历史演变，其属性可能发生转换；两种文化与正统、异端的关系并非固定的、一成不变的，文化一旦与政治发生关系，其地位便有正统与异端之分。本书条分缕析地揭示了人伦观念转化为社会礼俗的过程。①

（6）韩晓莉著《被改造的民间戏曲——以 20 世纪山西秧歌小戏为中心的社会史考察》（北京大学出版社 2012 年版）。本书以山西乡村社会影响广泛的秧歌小戏为对象，从社会文化史的角度对百年来民间戏曲的变迁过程进行考察。秧歌小戏作为生发于民间的草根文化，从兴起之初就得到了来自民众的广泛支持，与乡村社会的良性互动成为秧歌小戏发展繁荣的动因。20 世纪以来，以秧歌小戏为代表的民间戏曲经历了一次次的改造过程，从世纪初开启民智需要的戏曲改良运动，到根据地时期作为政治动员手段的新秧歌运动；从新中国成立后"推陈出新"口号下的戏曲改革，到"文化大革命"时遭受的严厉打压。戏曲改造的背后是政权力量以文化为中介开展的社会动员。通过这样的文化改造，国家权力进一步渗透到乡村社会，乡村社会的公共文化空间表现出不断被政治化的趋势。在梳理时代变革下秧歌小戏变迁轨迹的同时，作者尤其注重揭示文化背后各种"关系"的调整，如民间戏曲与乡村社会的关系变化，政权力量以文化为中介向基层社会的渗透过程，以及在这一过程中国家与乡村社会的博弈融合等。这样的研究思路恰恰体现了社会文化史所强调的从社会的层面考察文化，从文化的角度理解社会的学术追求。突出文化的能动性，重视文化与社会的互动，不仅会为社会事象赋予文化意义和内涵，避免研究的"碎化"，也为社会史所关注的国家与社会关系的探讨提供了新的思考空间。

①　参见罗检秋《文化新潮中的人伦礼俗》一书的"内容简介"与"导论"。

可以说，本书正是社会文化史视角下，从文化整合出发理解国家与社会关系，进而探寻政治在地方社会发展路径的研究尝试。

（7）梁其姿著《从疠风到麻风：一种疾病的社会文化史》。梁其姿教授的新著《从疠风到麻风：一种疾病的社会文化史》向人们呈现了麻风病在中国长时段的历史进程，将麻风病在中国的历史置于全球史的背景下，用麻风病在中国的历史给一直以来为欧洲经验所左右的现代化叙事提供有益的替代，从而实现中西学术的对话。"梁著出版后，迅速引起学界的关注，凯博文（Arthur Kleeinman）、艾尔曼（Benjamin A. Elman）、班凯乐（Carol Benedict）、伯恩斯（Susan Burns）、许小丽（Elisabeth Hsu）等著名学者纷纷为其撰写书评，并刊登在不同领域的权威杂志上。一本疾病社会史著作在短时间内就有十余篇来自不同领域的书评是很罕见的，令人不禁将其与十多年前何伟亚《怀柔远人》出版时所引起的轰动相比。但与何著所引起的巨大争议不同的是，梁著却获得了评论人的一致好评，即使个别评论人在某些地方持不同看法，也都基本认同，认为其具有重要价值，是医疗疾病史研究的必读书。……这些在西方学术语境下作出的评论显示，梁著是一部值得关注的疾病医疗史和社会文化史方面的力作。"[1] 杨璐玮和余新忠结合已有评论，"将该书置于中国的学术背景下，对其中一些内容予以重点介绍和评论，藉此彰显该书的价值、意义以及可能存在的问题，并进而就如何书写中国的疾病史问题作一探讨。"[2]

（8）梁景和主编的《婚姻·家庭·性别研究》。2012 年以来已经由社会科学文献出版社先后出版了 4 辑。这套书有如下两个突出特征：一是录用研究性学术论文的篇幅长短不限，可以发表长篇论文，比如第二辑收录的《十七年"家务劳动"话语研究》一文，大约有 15 万字的篇幅；二是以发表 20 世纪婚姻、家庭、性别问题的学术论文为主，兼及其他历史时期。在已经出版的 4 辑当中，共收集了 20 篇学术论文，其中 18 篇是研究1949 年共和国成立以后的社会生活的，其中一篇是研究 21 世纪最初 12 年（2000 年至 2012 年）的婚姻问题。这样的研究具有基础性与开拓性，是为未来的深入研究所作的前期铺垫。用历史学眼光、运用历史学的方法对共

---

[1] 杨璐玮、余新忠：《评梁其姿〈从疠风到麻风：一种疾病的社会文化史〉》。
[2] 同上。

和国成立以来特别是改革开放以来的社会生活进行探索，无疑具有重要的学术价值。本书的主旨在于推进中国社会文化史研究，特别是在中国婚姻、家庭、性别研究方面做些有益的工作，也可为今天和未来的生活提供借鉴和启发，鼓励人们去创造新的生活方式，因而也具有较强的现实意义。[①]

（9）肖永明著《儒学·书院·社会——社会文化史视野中的书院》（商务印书馆 2012 年版）。张天杰曾撰文指出："一百多年来，关于书院的研究层出不穷，将千年书院在历史上的重要意义加以总结研究，为书院精神在现代的传承与发展提供借鉴。肖永明教授的《儒学·书院·社会——社会文化史视野中的书院》，则是书院研究领域中的一部重要著作。……中国的书院与儒学有着密切的关系，如果说寺庙、道观是佛、道两家的文化符号，那么书院就是儒家的文化符号。研究唐宋以来儒学的发展演变，特别是研究理学绝对离不开书院。……将书院这一特殊的文化教育组织，放入社会大系统之中才能真正认识书院。了解书院制度的特色、地位、功能，不能局限于书院制度本身，而要将书院放入社会大背景之中。……能做到对千年以来书院的历史进行立体、宏观的研究，与肖教授在研究过程中广泛吸收社会学、文化学、传播学等多种相关学科的研究方法与理论长处是分不开的。……肖教授的大作将儒学、书院、社会三者结合，以社会文化史的视野来全方位、立体地透视千年书院，有助于我们在具体的历史脉络之中把握书院与当时社会、文化之间的关系，从而更好地了解书院的功能、作用与历史地位，对书院的认识得以更加完整和准确。该书是近年来书院研究中最为重要的理论创获之一，也是人们认识书院文化最佳读物之一。"[②]

（10）梁景和主编的《社会生活探索》。这套辑刊从 2009 年以来已经由首都师范大学出版社先后出版了 5 辑。这里所谓的社会生活是指人们在以生产为前提而形成的各种人际关系的基础上，为了维系生命和不断改善生存质量而进行的一切活动的总和。社会生活有广义和狭义之分。即便是

[①] 参见梁景和主编《婚姻·家庭·性别研究》第一辑、第二辑、第三辑、第四辑，社会科学文献出版社 2012 年版、2012 年版、2013 年版、2014 年版。

[②] 张天杰：《千年书院历史的立体透视——读〈儒学·书院·社会——社会文化史视野中的书院〉》。

狭义的社会生活也包括相当丰富的内容，同时亦存在其最基本的内容，诸如衣食住行、婚姻家庭、两性伦理、休闲娱乐、生老病死等。本书主要是以研究狭义的社会生活为基本内容的学术辑刊。这套书的基本特点是从多学科的视角来探索社会生活的基本问题。诸如很多社会生活问题是伦理问题，需要从伦理学的哲学高度去诠释；社会生活的具体样法又是经济的一种反映，需要从经济学的角度去研究；社会生活又是社会学的研究对象，社会学的理论和方法可以直接进行社会生活的探索；文学作品是从文学的视阈解释社会生活的本质，从这一点看，它与历史学是相通的；社会生活又反映着社会政治、政治影响着社会生活，社会生活与教育和心理也存在着互动的关系，所以政治学、教育学和心理学的理论方法也同样可以用来探讨社会生活问题。社会生活是运用多学科的理论方法综合探讨历史与现实问题的领域。所以本辑刊正是基于这样的理念，是从多学科的角度来探索社会生活问题的。①

（11）姜进等著《娱悦大众——民国上海女性文化解读》（上海辞书出版社2010年版）。姜进在本书的序言中指出："女性与演艺是20世纪上海城市文化空间中两个最为活跃和显眼的部分。上海的演艺市场是一个充满活力的场所，数以百计的大小剧场影院里，日夜上演着形形色色的人间悲喜剧，吸引着成千上万的观众，营造着大都市的文化信息。女性在其中扮演着至关重要的角色。之所以如此，却是因了女性走出家庭、走向社会这个也许是20世纪世界范围内最重大的历史性变化，一个改变了20世纪中国社会、影响了中国人生活的重大历史性变化。"

本书写作的意图在于要"深入展开对上海都市大众文化的研究，在由女性主义史学、大众文化史和文化的社会史这三种视角和方法交叉构成的总体框架下，对20世纪上海都市文化和现代城市公众空间的性别和阶层问题作深入的探讨，着重考察女性对上海通俗演艺市场的介入是如何影响了这一市场的形成和发展，而女性又是如何通过参与营造这一都市的公众空间而提升了自身的社会地位和身份的。……本书的研究明确揭示出上海都市文化的现代性带有浓厚的移民性、大众性和女性化特征。"通过本书的

---

① 参见梁景和主编《社会生活探索》第一辑、第二辑、第三辑、第四辑、第五辑，首都师范大学出版社2009年版、2010年版、2012年版、2013年版、2014年版。

研究发现，"上海大众文化的女性化特征十分明显。从民国初的女子文明戏，到旦角和女演员先后在越、沪、淮等剧种中成为台柱，再到全女班越剧的兴盛，这些都是中国女子社会地位和角色变化的一个突出体现。"总之，上海"女子越剧与摩登女郎的出现、女子文明戏、少女歌舞团，以及抗战时期女性文化的兴盛共同昭示了 20 世纪中国女性之兴起这一普遍社会现象及其深远的文化意义"。①

（12）梁景和主编的《中国现当代社会文化访谈录》。这套辑刊从 2010 年以来已经由首都师范大学出版社先后出版了 4 辑。这套辑刊访谈的内容主要是共和国成立后中国普通百姓与基层知识分子的日常生活。本辑刊名曰"访谈录"而不称"口述史"反映了编者对近些年来学界对"访谈录"和"口述史"不加区分现象的一个谨慎的态度。编者曾撰文指出："访谈录和口述史不是一个概念，不能把两者混为一谈，要严格区分两者的异同。访谈录是对被访者的一个记录，它可以是围绕一个主题进行采访，也可以围绕几个主题进行采访；它可以是围绕被访者的经历进行采访，也可以围绕现实问题对被访者进行采访。可见访谈录不同于口述史。因为口述史是在对相当数量的访谈录进行研究的基础上，对一定的历史问题给予实事求是的阐述，并给予本质上的解释和对其规律的揭示。这不是访谈录所能解决的，而要靠史学工作者的研究来完成。口述历史是历史研究过程后的成果，一般的采访而形成的访谈录是采访后的记录，它只是口述历史研究的资料而已。访谈录的确是生动的，口语特点突出，容易理解，形象感强，给人留下的印象鲜明。而口述历史虽说也可以在一定程度上具备上述特点，但并不要求必须如此，甚至相反，有时由于思辨和论证的需要和对深层问题的探究，可能会显得抽象和深长。"② 本书第一辑包括三个部分，第一部分是围绕农业合作化运动在山西省保德县进行的采访；第二部分是围绕集体化时期农村医疗卫生制度在河北省深泽县进行的采访；第三部分是围绕"文化大革命"时期家庭政治化问题进行的采访。第二辑是一本生命史访谈录，是访谈者对十名"文化大革命"前农村大学生所做的个人生活史的访谈。第三辑是围绕 1949 年至 1966 年北京地区婚姻

---

① 姜进等著：《娱悦大众——民国上海女性文化解读·序》，上海辞书出版社 2010 年版，第 1—7 页。

② 梁景和、王胜：《关于口述史的思考》，《首都师范大学学报》2007 年第 5 期。

文化变革这一主题对各类人群（包括工人、农民、知识分子、教师、医生、军人等）进行的采访。第四辑是围绕共和国成立至改革开放前的婚姻、家庭、女性、性伦、娱乐文化变革这一主题对各类人群进行的采访。这套访谈辑刊将随着时间的推移，会越发突显它的史料价值。①

三　新层面的理论探索

五年来学者们对社会文化史的理论进行了进一步的探索，下面仅就几篇重要论文作大略介绍。

近年来，《近代史研究》发表了几篇重要的理论文章。《近代史研究》2014 年第 4 期发表了刘志琴的《从本土资源建树社会文化史理论》以及梁景和的《生活质量：社会文化史研究的新维度》；2012 年第 5 期发表了李长莉的《"碎片化"：新兴史学与方法论困境》。刘志琴的文章是一篇重要的理论探索论文。文章指出，社会文化本身融通物质生活、社会习俗和精神气象，从上层和下层、观念与生活的互动中，揭示社会和文化的特质。生活是人类生存的基本需求，从生活日用中提升概念，是中国人思维的特征。传统中国为礼俗社会，礼俗整合的后果，使得礼中有俗，俗中有礼，礼和俗相互依存，双向地增强了精英文化与民间文化的渗透。礼俗互动是中国社会文化史的特色。刘文的主旨是要从本土资源中来建构社会文化史的理论。梁景和文章作为理论的思考提出要把生活质量作为社会文化史研究的一个新维度，它既是拓展社会文化史研究的新视角，也是史学发展的一个客观要求。文章对生活质量的概念以及研究生活质量的价值、内容和问题等作了全面的论述和讨论。文章特别强调研究生活质量有着诸多的研究方法，这些方法之间存在着内在的辩证关系，即你中有我，我中有你，在运用上是多维交叉同步进行的。研究生活质量的旨意是要从一个新的视域思考社会文化的综合性问题。李长莉的文章在对微观研究、"碎片化"与新兴史学的伴生关系论述之后，进一步阐述了"碎片化"症结与新兴史学方法论困境的问题。文章最后重点论述了矫正"碎片化"的方法论路

---

① 参见梁景和主编《中国现当代社会文化访谈录》第一辑、第二辑、第三辑、第四辑，首都师范大学出版社 2010 年版、2012 年版、2013 年版、2014 年版。

径："实证"与"建构"这一主题，并从四个方面阐述了实践这一主旨的
学术路径，指出"我们需要不断探索适于新兴史学的研究方法，以推进社
会史与社会文化史的深入发展"。

2012 年《晋阳学刊》第 3 期左玉河主持了《突破瓶颈：中国社会文化
史的理论与方法》的一组笔谈。其中包括刘志琴的《走上人文学科前沿的
社会文化史》、梁景和的《关于社会文化史的几对概念》、左玉河的《着力
揭示社会现象背后的文化内涵》等文章。刘志琴的文章从中国最古老、最
神圣、最受尊崇的史学的发展脉络谈起，认为从中国最早的史书《尚书》
到改革开放以来的史学发展经历了自身的四大转向，这个转向反映了中国
史学自身功能和特征的变迁，即历史学从以神谕为纲到以资政为纲，再到
以阶级斗争为纲，直至到今天的以生活为纲。刘文认为，"生活是人类的
第一个历史活动，也是人类永不停息的创造业绩"，"生活处于目的性的终
端，这是生产力发展的动力和目的"。而社会文化史以生活为中心，"要发
掘另一个中国形形色色的民众生活，还原历史的本来面目，并以它的特色
走向人文学科的前沿"。梁景和的文章是针对中国社会文化史研究进入一
个新的阶段之后，社会文化史研究存在的主要问题以及在这样的一些问题
意识下对社会文化史发展的一些理论思考，文章是通过对社会文化史研究
的几对概念的辨析进行论述的。通过这样的论述希望社会文化史研究要有
一个辩证的眼光（如对常态与动态、碎片与整合、一元与多元的辩证理
解），要认识社会文化史研究的重点与主旨（如对生活与观念的研究），要
了解社会文化史研究的目的和方法（如对真实与建构的研究），要抓住当
今社会文化史研究的一个重要侧面（如对常态与动态的研究）等等。文章
通过概念辨析力图厘清一些模糊认识，以对社会文化史研究产生一些共
识。左玉河的文章认为"凡是从文化史的视角来研究历史上的社会问题，
用社会学的方法来研究文化问题者，都可称为社会文化史。概括就是，对
社会生活的文化学提炼和抽象；对文化现象的社会学考察和探究"。社会
文化史的最基本的研究方法"就是把日常生活中衣食住行、婚丧嫁娶这些
社会生活变化的情况给描绘出来，呈现出来"，然而"社会文化史研究一
定要从'生活'层面上升到'文化'层面，而不能仅仅局限描述社会
'生活'现象的低浅层面。社会文化史研究的重点，是关注于这些生活现
象背后所孕育的'文化'含义，就是既要研究社会生活，还要研究背后隐

藏的社会观念，特别关注社会生活与观念之间的互动"。

李长莉在《学术月刊》2010 年 4 月号发表《交叉视角与史学范式——中国"社会文化史"的反思与展望》一文，文章对中国社会文化史的兴起与发展、中国社会文化史与西方"社会文化史"的异同、中国社会文化史的趋向与存在的问题等几个方面进行了提炼和概括，进而作了全面深透的回顾与反思。文章最后对中国社会文化史的前景与进路作了展望，提出社会文化史的几点趋势：其一，时代的挑战，将促进社会文化史的发展；其二，史料数据化与网络化将为社会文化史学者利用大量民间史料提供便利；其三，"社会文化史"的发展，昭示了"社会文化交叉视角"新史学范式的优势。文章对这三个问题作了论证。

常建华在《史学理论研究》2012 年第 1 期发表《日常生活与社会文化史——"新文化史"观照下的中国社会文化史研究》一文，文章阐述了西方新文化史中的日常生活研究，也论述了日常生活应当成为文化史、社会史、历史人类学研究的基础，文章同时认为中国社会文化史在日常生活史方面已经取得一定成绩，但在西方新文化史关照下反思中国社会文化史研究，也应把日常生活史作为社会文化史研究的基础。

罗检秋在《史学史研究》2011 年第 4 期发表《从"新史学"到社会文化史》一文，文章对中国社会文化史和欧美"新文化史"的研究现状和问题进行的剖析，提出 20 世纪初年中国"新史学"的研究取向和方法对社会文化史的研究可资借鉴。文章认为社会文化史可以作为一种研究视角，但尤其要强调其特定的研究领域和论题，他强调要在"不同群体的精神生活"、"社会视野中的精英文化"、"士庶文化的交融与歧异"、"精神生活的正负面关系"等方面展开深入的探索，这不但可以拓展和深化社会文化史的研究，还有待于理论的提升和思辨。

近年来，还有部分青年学者也在社会文化史的理论和方法等方面作了积极的探索。如黄东的《社会文化史研究须重视转型时代的现代性问题》，李慧波的《社会文化史研究方法之我见》，董怀良的《关于社会文化史研究视角"下移"的思考》，王栋亮的《试论人文史观在近代婚姻变革研究中的运用》，张弛的《电影如何成为社会文化史的研究素材》等。①

---

① 参见梁景和主编《社会文化史的理论与方法——首届全国青年学者学术研讨会论文集》，社会科学文献出版社 2014 年版。

四 余论

　　以上从近五年来的学术活动、学术著作和理论探索等几个方面进行了阐述，反映了五年来中国社会文化史研究的现状，透视出这几年社会文化史炽盛与深入的发展态势。当然在深入发展的情状下，我们清醒地意识到，目前的研究仍然存在着一些显而易见的学术局限：其一，理论研究和实践的对接不够。在实际的社会文化史研究中，怎样把理论探索与专题研究有机地结合起来，还要作进一步艰辛的努力。其二，学术研究的重镇寥寥无几。在国内应当有更多的学术团队来从事社会文化史的学术研究，现在看来，这样的学术团队数量还显过少，这与社会文化史研究蓬勃快速的发展不成正比。其三，以往谈及的资料搜集整理工作以及典范的研究专著等问题还未出现根本性的改变，需要进一步下功夫而有所建树。总之，五年来，中国社会文化史研究的成绩与问题并存，我们只是希望在未来的若干时间内，中国社会文化史研究能够出现更为令人兴奋和欣慰的新气象。

　　原载《中国社会文化史的理论与实践续编》，社会科学文献出版社2015年版

生活方式：历史研究的深处
——评李长莉著《中国人的生活方式：从传统到现代》

马克思指出："现代历史著述方面的一切真正进步，都是当历史学家从政治形式的外表深入到社会生活深处时才取得的。"① 马克思的这句话，让我们想到几个问题。其一，在马克思讲这番话之前，历史研究基本是在政治史范式下进行的，历史为政治服务，是政治的附庸和工具，历史体现着一种资政的功能。其二，政治与社会生活之间有着一种紧密而又深刻的联系。政治的明暗直接影响着社会生活的品质和质量，归根到底政治应当是服务于社会生活的，社会生活是政治的反映，社会生活是评价政治的一把标尺。其三，社会生活与生活方式是一个问题的两个方面，是形式和内容的关系，是表象与本质的关系。所以，生活方式是社会生活的外在表现形式，是社会生活的直接反映。从这个意义上说，研究生活方式是从一个视阈研究社会生活，通过对生活方式的研究，可以深查我们社会生活本身。可见，研究历史，如果仅仅从政治层面去切入，容易忽视人类社会的本体——社会生活，而研究社会生活却往往要把政治纳入历史的研究视野和范围，因此，社会生活是历史的深处，就可以理解了，而研究社会生活的表现形式——生活方式，是研究历史深处之一种，也就有了一定道理。李长莉著《中国人的生活方式：从传统到现代》（下文简称为《生活方式》，四川人民出版社2008年4月第1版）一书是继她的《晚清上海社会的变迁——生活与伦理的近代化》（下文简称为《生活与伦理》，天津人民出版社2002年8月第1版）之后的又一部新作，值得一读、一品、一评。

---

① 《马克思恩格斯全集》第47卷，第501页。

1. 视角与方法

李长莉著《生活方式》一书是耿云志先生主持的中国社会科学院重大课题"近代中国文化转型研究"九卷本中的一卷。《"近代中国文化转型研究"课题结项报告》在介绍本卷时指出："《中国人的生活方式：从传统到现代》卷，是以社会文化史的研究方法，对晚清至民国初期的社会生态变动过程中，中国人的生活方式，包括生活空间、生活日用、衣食住行以及休闲娱乐等等方面的演变的考察"，这里特别肯定地指出本卷的研究方法，即"社会文化史"的研究方法。李长莉在《生活方式》的"引言"中指出：生活方式的研究，是一种新的研究视角，"即近年国内外学界兴起的'社会文化史'视角"[1]；她在"引言"中还表示，《生活方式》是"在充分吸收以往研究成果的基础上，确立自己的研究视角，即以社会文化史的研究方法"，对生活方式的演变进行考察的。[2] 李长莉对本书的"社会文化史的研究方法"和"社会文化史视角"的特点作了说明。因此我们说，《生活方式》是一本社会文化史范式的学术专著。

国内社会文化史是 20 世纪 90 年代前后继文化史和社会史复兴之后而被学者关注并渐次兴起的，已经走了近二十年的历程。中国近现代社会文化史的研究有如下几方面的特点：第一，社会文化史的兴起晚于文化史和社会史，但关注的学者日趋增多，特别是有相当的中青年学者把社会文化史作为自己的学术志趣和追求，它是一块有广阔发展前景的学术领地，也有一支潜在的能渐次发展壮大的学术队伍。第二，愿意使用社会文化史概念的学者日渐增多，但对社会文化史自觉进行理论探索和研究的学者相对少些。相对于社会史的理论探索要显得薄弱，显然不如社会史理论探究得那么热烈，那么具有影响力。第三，社会文化史的理论研究虽然没有强大的声势，但还是有部分学者在默默地做些工作，并作出一定的贡献。诸如在刘志琴提出社会史和文化史相结合的"社会文化"[3] 概念之后，李长莉提出社会文化史是"社会史和文化史的结合形式"，是"人与人之间、人

---

[1] 李长莉：《中国人的生活方式：从传统到近代》，四川人民出版社 2008 年版，第 10 页。

[2] 同上书，第 12 页。

[3] 参见刘志琴《复兴社会史三议》（署名史薇），《天津社会科学》1988 年第 1 期；刘志琴：《社会史的复兴与史学变革——兼论社会史和文化史的共生共荣》，《史学理论》1988 年第 3 期。

与社会之间的生活方式及其观念的历史"。① 后来李长莉又提出，社会文化史作为一种研究视角，可以定义为："凡是从文化视角来研究历史上的社会问题，或用社会学的方法来研究文化史问题，把社会生活现象与思想观念结合起来进行研究，都可称为社会文化史。"② 梁景和提出社会文化史"是通过民众外在的社会生活来研究其内在的价值取向及其思想观念"③，后来又提出"社会文化史是研究社会生活与其内在观念形态之间相互关系的历史"④。这里有趣的问题是，李长莉的界定提到了一个关键词是"生活方式"，所以后来她就撰写了《生活方式》一书，而梁景和界定的关键词是"社会生活"。这是李长莉与梁景和界定的异同之处。李长莉也用"社会生活"的概念，上面的引文中就出现过，她还表示社会文化史是"研究社会生活、大众文化与思想观念相互关系变迁的史学分支学科"⑤。但总体感觉，她对"生活方式"，更情有独钟。左玉河则强调社会文化史的独特视角，即"从社会史的角度考察中国文化，从思想史的角度对社会史的内容进行阐释，强调贴近社会下层看历史"⑥。后来左玉河提出"'社会文化史'是一门社会史和文化史交叉的新学科"，社会文化史研究的基本路向是"关注下层社会，打通文化史、思想史与社会史，注重思想、观念与社会的互动"⑦。此外，还有些学者对社会文化史的概念进行过一些探讨⑧，此不赘述。第四，目前国内真正典型意义上的社会文化史的专著还极为有限，接近的社会文化史的专著也仅有可数的几本。刘志琴主编，李长莉、

---

① 李长莉：《社会文化史：历史研究的新角度》，赵清主编：《社会问题的历史考察》，成都出版社 1992 年版，第 384—385 页。

② 李长莉：《社会文化史的兴起》，《天津师范大学学报》2003 年第 4 期。

③ 史克组：《我为什么要研究近代陋俗文化——访青年学者梁景和》，《首都师范大学学报》2000 年第 6 期。

④ 梁景和：《关于社会文化史的几个问题》，李长莉、左玉河主编：《近代中国社会与民间文化》，社会科学文献出版社 2007 年版，第 4 页。

⑤ 李长莉：《社会文化史的兴起》，《天津师范大学学报》2003 年第 4 期。

⑥ 左日非：《"近代中国社会生活与观念变迁"学术研讨会综述》，《近代史研究》2002 年第 2 期。

⑦ 左玉河、李文平：《近年来中国近代社会文化史研究述评》，《教学与研究》2005 年第 3 期。

⑧ 参见李长莉《社会文化史：一门新生学科——"社会文化史研讨会"纪要》，《社会学研究》1993 年第 1 期；左日非《"近代中国社会生活与观念变迁"学术研讨会综述》，《近代史研究》2002 年第 2 期。

闵杰、罗检秋分别执笔编写的三卷本《近代中国社会文化变迁录》（浙江人民出版社 1998 年版），运用编年系事的体裁，对 1840 至 1921 年间的社会生活、风俗习尚、大众文化、社会思潮、世态民情、生活方式等进行了系统的梳理，描绘了这一时期社会文化全景面貌的变迁轨迹。严昌洪著《西俗东渐记——中国近代社会风俗的演变》（湖南出版社 1991 年版）、《中国近代社会风俗史》（浙江人民出版社 1992 年版），宏观论述了中国近代社会风俗的演变、阶段和特征，是中国近代风俗史的开拓之作。乐正著《近代上海人社会心态（1860—1910）》（上海人民出版社 1991 年版）、忻平著《从上海发现历史——现代化进程中的上海人及其社会生活》（上海人民出版社 1996 年版）、李长莉著《晚清上海社会的变迁——生活与伦理的近代化》（天津人民出版社 2002 年版），以上三本书以上海为个案，探索了上海社会文化的演变历程。乐著是较早研究上海民众生活与社会心态互动关系的专著，忻著是研究上海人社会生活与价值观念相互关系的专著，李著是研究上海社会生活方式与伦理观念变迁互动关系的专著。梁景和著《近代中国陋俗文化嬗变研究》（首都师范大学出版社 1998 年版）是研究近代陋俗文化演变与社会价值观念变迁及人类精神进化轨迹的专著。孙燕京著《晚清社会风尚研究》（中国人民大学出版社 2002 年版）是研究社会风尚演变的地域差异、群体差异及其基本特征的专著。以上提及的专著均为或多或少运用社会文化史的理念进行历史研究的学术著作。我们看到在《生活方式》之前，李长莉还运用社会文化史的理念编撰和著述了两本学术著作，这对我们阅读和理解《生活方式》，是要特别关注和有意义的。

国内社会文化史的兴起既与中国史学自身深入发展的结果有关，又与西方史学思潮和史学流派的影响有关，是两方面共同影响的结果。近些年来西方新文化史、新社会史、心理史、心态史、思想史、心智史、观念史先后传入中国，在中国史学界产生了广泛的影响，尤其对中国社会史、文化史、社会文化史影响更大。从某种意义上说，上述西方史学与中国社会文化史有着千丝万缕的联系。上述西方史学虽然也有各自不同的流派，不同流派的学术观点也有着明显的差异，但是其基本特征还是可以把握的。新文化史是 20 世纪七八十年代以来，西方史学出现的新方法和新领域，是史学研究的一次"语言转向"或"文化转向"，是对"新史学"和社会史的反动。从喜怒哀乐、身体发肤，到衣食住行、生老病死，无不吸纳和囊括其中。新社会史是"第二次世界大战"以后兴起的，把历史和历史过程作为一种结构整体来研究，是对传统史学的一种反动和修正，是历史研究的重大转向。心理史是19世纪末、20世纪初出现的，是以自觉地运用心理学的理论和方法进行历史研究的史学流派。它以弗洛伊德精神分析学说为理论基础，用精神分析学和历史学相结合的方法来研究个体和群体的生活。心态史是60年代心理历史学的一次转变，它是研究过去民众的集体意识或集体精神状态演变的史学流派。思想史出现在19世纪末，它是指对过去的思想家、哲学家、政治家和神学家以著作和作品的形式明确表达的宗教思想、哲学思想和政治思想等进行的研究，它的研究对象是精英的思想活动及其成果。心智史兴起于20世纪30年代，是以民众文化、信仰和潜意识（包括感情、集体精神）为研究对象。观念史出现于19世纪末，是对人们的观念、思想的内在世界的研究。上述西方史学流派，关注的史学问题主要包括：普通民众的生活，大众文化，日常生活，"底层的历史"，运用跨学科的研究方法，微观史学，民众思想和观念等等。这些新的领域增加了史学研究的门类，扩展了史学研究的范围，扩大了史学研究的对象，无疑对中国史学研究或多或少会产生一定的影响。我们也发现社会文化史研究的路数很多是与其相类似的。

社会文化史的"视角"与"方法"，这样两个概念在研究社会文化史的初始阶段，似乎可以不加严格区分的混用。一方面，仅凭大致的感觉，视角和方法两者之间有相通之处，也有紧密的联系，正像李长莉所言，"社会文化史研究的独特角度主要还是要靠研究方法来体现"①，从这个意义上，我们可以只求其两者的相似点。另一方面，社会文化史作为人文科学的新领域，人们处于探索之中，在这一阶段，稚嫩多，成熟少，概念相对模糊也在情理之中。但是随着科学研究的不断深入，随着问题意识的逐渐清晰，要求概念的科学性就会越来越高。进入这个阶段以后，我们再回头品味"视角"和"方法"，两者的异点会逐渐凸显，所以以分辨两者的不同就会产生重要的意义。事实上"视角"和"方法"还是两个不同的概

---

① 李长莉：《社会文化史：一门新生学科——"社会文化史研讨会"纪要》，《社会学研究》1993年第1期。

念。我猜测，李长莉在使用社会文化史视角和方法这两个概念的时候，她是有各自的侧重点和自己的区分的，她曾说："凡是从文化史的视角来研究历史上的社会问题，用社会学的方法来研究文化问题，都可称为社会文化史。"[①] 可见，她这里使用的"视角"和"方法"完全是两个不同的概念，只是她没有特别地界定"方法"具体指的是什么，"视角"又具体指的是什么而已。此外我认为目前还是应当把社会文化史看作一种研究视角比较实际，视为新学科还不成熟，我赞赏刘志琴先生的意见，她说："一门学科的建立，需要一代人，或几代人的努力。现在说它已经成为一门独立的交叉学科，看来还为时尚早，因为一些基本的理论和方法问题并未解决。"[②] 但是现在是要区分"视角"和"方法"两个不同概念的时候了。视角是要寻找对象和问题，视角不同寻找的对象和问题是不同的，说社会文化史是个视角，就是说，我们要对站在这个视角寻找到的问题和对象进行阐释和说明，进行社会文化史的解读，所以视角是要解决理论问题。我们平时说的社会文化史的理论问题云云，实际上是要通过视角的途径来解决的。方法主要指研究社会文化史所要采取的具体手段，包括某些史学的方法，也包括某些其他人文社会科学的方法，应当还包括新创造的某些方法等等。社会文化史的研究成果，实际上是要通过方法的途径来完成的。

《生活方式》在运用社会文化史的视角和方法上作了探索和尝试，这种探索和尝试有很多成功之处，给学界留下了诸多启示。

2. 概念与理论

《生活方式》一书的重要概念是"生活方式"，说起生活方式不能不提及李长莉的另一本著作《生活与伦理》，它可以视为《生活方式》的姊妹篇。之所以把两本书看作姊妹篇，不但是《生活与伦理》虽然以上海为个案，但与《生活方式》一样，讲述了服饰变迁、洋货流行、享乐崇奢、交通照明工具进步等社会生活的内容，同时两本书还都把"生活方式"作为自己研究历史的一个重要视角。可以说李长莉的历史研究与"生活方式"这个主题概念息息相关。在《生活与伦理》引言的第一部分，就频频出现"生活方式"这个概念，而且它还成为引言第二部分标题和结语第一部分

---

① 左日非：《"近代中国社会生活与观念变迁"学术研讨会综述》，《近代史研究》2002年第2期。

② 同上。

标题的关键词。但是我们注意到,《生活与伦理》并没有给"生活方式"作严谨的科学界定,还只是从外围来描述它。《生活与伦理》一书最近的距离是谈生活方式的形成问题,书中说:"一个社会的人们,在一定的自然与社会环境与生活状态下,由生活经验的积累,知识和智慧的凝结,形成一定的生活方式。"① 书中还阐述了生活方式的三个层面,即物质的、社会的、文化的三个层面,并对这三个层面作了具体的描述。② 作者在这里并非单纯的关注生活方式,而是把生活方式与社会伦理联系起来,作为一种探索历史的新视角,进而来探索中国社会近代化变革的一系列中介、机制等关键性问题,这是一种深层的探索,是一种根源的追究,正如作者所言:"中国社会近代化的变革,其最广泛、最深刻、影响最为深远的体现,以及促使中国走上自己独特的近代化道路的内在根源,应当是在民间社会,是存在于民众普遍的生活方式和社会伦理从传统向近代的转变之中。"③ 我认为运用这样的视角研究历史的确是一种新的尝试,"在以往史学家给我们描绘的中国近代化图景中,我们很少看到普通中国人的活动,很少看到人们日常生活及生活方式的变化,更很少看到影响这些生活变化背后的伦理观念的变化,以及这些普通人在当时生活变动中的所见所闻,所言所行,以及所感所思。"④ 这种尝试实质是探索生活方式和社会伦理这互为表里、相互契合的历史事象中国社会近代化变革中的一种特殊意义、价值和作用,这种研究的独到之处在于它可以从历史的一个重要层面来反映历史变迁的本质。刘志琴在评介《生活与伦理》一书时也充分肯定了这一点,"作者把生活方式的变化,对传统观念形成的冲击和潜移默化的影响,归结为社会伦理的演变。……是我读这本书的一得"。⑤

《生活方式》与《生活与伦理》比较,研究可谓又进了一步,这在科学概念上就有明显的体现。前者对"生活方式"的概念从学理上作了明确

---

① 李长莉:《晚清上海社会的变迁——生活与伦理的近代化》,天津人民出版社 2002 年版,第 7 页。
② 同上。
③ 李长莉:《晚清上海社会的变迁——生活与伦理的近代化》,天津人民出版社 2002 年版,第 4 页。
④ 同上书,第 3 页。
⑤ 刘志琴:《序:观念源于生活》,见李长莉:《晚清上海社会的变迁——生活与伦理的近代化》,天津人民出版社 2002 年版,第 5 页。

的界定，《生活方式》指出："生活方式就是一个社会的人们，在一定的历史时期和社会环境中，利用和摄取生活资源以维持并寻求改善生活的方式，是依一定的社会条件所形成的具有一定稳定性、普遍性和典型性的日常生活及度过闲暇的方式。"① 这个界定有两个基本的含义，其一生活方式是维持和改善生活的方式，其二生活方式是日常生活和闲暇的方式。我们还注意到，这个定义里还有"社会环境"和"生活资源"这样两个重要概念。作者对"社会环境"没有界定，但阅览全书，我体会作者所说的"社会环境"包括"政治环境"、"经济环境"和"文化环境"等等方面，而环境的本质是"人"。那么"社会环境"就包括政治人、经济人、文化人等等。如果我的这种理解并不准确或完全发生了错误，那么读者就非常希望作者能在书稿中对"社会环境"作出一个明确的指向，以免读者对"生活方式"产生歧义。作者对"生活资源"的概念有这样的表述："人都生活在一定的社会环境里，这个社会的物质条件、生产方式、社会制度及文化习俗等构成了人们的生活资源"。② 从广义的角度来理解生活资源，这样的表述是全面的，也有助于我们对生活方式的认识。

《生活方式》对"生活方式"还有另一种表述，指出"生活方式是人们的物质生产、社会建构和文化创造等文明成果，最终落实到人们的日常生活而被人们享用的具体样式"③。乍看起来，在前后不到 500 字的范围内，论著里就出现了两个"生活方式"的定义，这好像容易产生认识理解上的混乱。在我仔细品读了之后，并没有因前后表述有差而产生概念含糊不清或前后矛盾的感觉。认真品味，我认为第一个界定是指在具体历史时期内对"生活方式"的含义所作的表述，第二个界定是指在整体历史时期内对"生活方式"的含义所作的表述。一个从具体的时段着眼，一个从整体的时段着眼，而两者的统一之处就在于：前者具体的时段可以指任何的一个社会时段，后者的整体时段也可以指任何的一个社会时段。如果我们看到了这样的统一，也就可以理解前后两个定义的不同表述了。

《生活方式》在有些命题的推演过程中，还是有些值得商榷的地方。比如作者指出："生活方式是人作用于客观世界的创造物，属于文化的范

① 李长莉：《中国人的生活方式：从传统到近代》，四川人民出版社 2008 年版，第 2 页。
② 同上书，第 1 页。
③ 李长莉：《中国人的生活方式：从传统到近代》，四川人民出版社 2008 年版，第 2 页。

畴"，"一个社会中人们的生活方式，是决定其社会制度与价值观念的基础"。① 生活方式作为文化的范畴，或曰作为文化的一种表现形式，生活方式不能成为社会制度的基础，生活方式与社会制度是互动关系，而不是基础关系。生活方式也不能成为价值观念的基础，生活方式与价值观念亦是互动关系，也不是基础关系，因为文化决定文化，从哲学上是不能作这样的表述的。这也可能是我与李长莉在学术见解上的差异，当然作者可能另有深意，所以作者还可以作进一步的回应和讨论。在命题的推演过程中，还有一处值得商榷。作者在谈到生活方式是文化传统民众化、大众化的表现形式以及生活方式是文化传统价值思想理念的外化体现时，又进一步指出："一般而言，文化传统可以区分为以文字传承为代表的精英文化和以生活方式为代表的世俗文化。书本文字是精英文化的主要载体，生活方式则是世俗文化的主要载体"。② 作者讲的是"一般而言"，一般的这样认识也是可以的。我之所以提出商榷，与我对"社会文化史"的理解有关。我认为"社会文化史是研究社会生活与其内在观念形态之间相互关系的历史"③，与一些学者不同，我不认为社会文化史仅仅是研究社会下层或大众生活的历史。社会生活与观念形态既包含着精英阶层，也包含着大众阶层，所以社会文化史不是仅仅研究大众生活的历史。由于时间与空间的差异，"大众"和"精英"的含义也在转化，我们注意到，"大众"和"精英"两者之间并不能独立存在，它们互相衬托、互相依存、互相体认、互相启示、互相关照、互相包含。所以研究社会文化史既不能脱离大众，也不能忽视精英。从这个意义上讲，李长莉所说的与精英文化相对应的世俗文化应该指的是大众文化。那么生活方式仅仅代表世俗文化而不代表精英文化吗？生活方式仅仅是世俗文化的主要载体而不是精英文化的载体吗？我认为不是。在特定时期、地域和人群中，具有共性的生活方式既反映大众生活也反映精英生活，而具有个性的细微生活方式不但大众与精英之间可能不同，大众之间、精英之间可能也会不同，个体与个体之间都可能有差异。同理，生活方式既是大众文化的载体，也是精英文化的载体。

① 李长莉：《中国人的生活方式：从传统到近代》，四川人民出版社 2008 年版，第 2 页。
② 同上。
③ 梁景和：《关于社会文化史的几个问题》，李长莉等主编：《近代中国社会与民间文化》，社会科学文献出版社 2007 年版，第 4 页。

　　《生活方式》一书最基本的理论概念是"公共生活领域"。看到这个概念自然会联想到这些年来国内外学术界倡扬的"公共领域"理论。"公共领域"是由德裔政治哲学家汉娜·阿伦特始创，20 世纪 60 年代初哈贝马斯在汉娜·阿伦特研究的基础上又作了系统的阐述。20 世纪 80 年代，哈贝马斯的理论开始风靡全球，显示出日益强劲的学术影响力，并成为一种有效的分析工具和一种独特的理论派别。关于中国"公共领域"的研究是从美国的中国问题研究专家开始的。① 还有一些外国学者在学术研究中运用了"公共领域"的理论。② 中国学术界对本国"公共领域"的研究大约始于 20 世纪 90 年代以后，它涉及历史学、政治学、社会学、法学等多个领域，一批学者为将这一理论资源予以本土化而作出了积极的努力。③ 而李长莉"公共生活领域"的理论旨趣和理论内涵如何，这是我们的兴趣所在。

　　李长莉的"公共生活领域"理论与国内外学术界倡扬的"公共领域"理论，在表述形式上多添加了一个词汇"生活"，这可能就是其理论的特色所在。在我看来，"公共领域"理论的本质是政治文化理论。无论是汉娜·阿伦特还是哈贝马斯，他们谈论"公共领域"的旨归是政治现象、政治领域、政治理论和政治哲学。这种理论的提出与他们提出这种理论之前所经历的时代有关，更与纳粹的极权统治和法西斯的极权政治息息相关。汉娜·阿伦特之所以要思考和建立"公共领域"理论，是要把极权主义破坏和摧毁的人类公共生活和公共领域重新建立起来，使孤独的人不再孤独，重新与公共世界联系起来，恢复人的生存、自由、民主、人权和人性。哈贝马斯建构"公共领域"政治哲学思想的旨归也同样是要以此作为批判的武器，向晚期资本主义和一切不合理的人类政治秩序发起攻击。所

---

　　① 美国学者罗威廉 20 世纪 80 年代初出版的学术专著《汉口：一个中国城市的商业和社会（1796—1889）》和《汉口：一个中国城市的冲突与社区（1798—1895）》，两书均以汉口为例，试图证明中国近代"公共领域"的雏形已经出现。

　　② 例如冉玫铄在《精英行动主义与中国政治变革：1865—1911 年的浙江省》一书中使用了"公共领域"的理论；大卫·斯特拉德在《北京人力车夫：1920 年代的城市人和政治》一书中也自觉在谈城市中的各种公共活动。

　　③ 诸如马敏《官商之间：社会巨变中的近代绅商》，天津人民出版社 1995 年版；朱英《转型时期的社会与国家——以近代中国商会为主体的历史透视》，华中师范大学出版社 1997 年版；邓正来《国家与社会——中国市民社会研究的研究》，中国政法大学出版社 1997 年版；王日根《明清民间社会的秩序》，岳麓书社 2003 年版等。

以说，"公共领域"理论的核心价值是政治、是权力、是人的权力、是人的生存状态。而李长莉的"公共生活领域"理论的本质是社会文化理论，是与"公共领域"不同的理论概括。

李长莉的理论旨趣是对"公共生活领域"这一概念的提炼以及这一概念在《生活方式》一书中的基本意义。《生活方式》一书最能体现理论色彩的是"引言"和"结语"，一方面作者在"引言"拟定了这样的标题："近代社会转型与生活方式变迁——'公共生活领域'的形成"，她直接抛出了"公共生活领域"的理论概念，另一方面在"结语"中进一步阐述了"公共生活领域"的理论特征。"公共生活领域"这一概念作为本书的理论核心必将引起读者的特别关注。那么这一概念在《生活方式》一书中的基本意义是什么呢？其实作者通过多方面和多角度的阐述，已经给了我们一个明确的回答。李长莉是用"现象"、"标志"、"形态"、"主线"、"阶段"、"标示"等词义来强调"公共生活领域"在本书中的基本意义的。作者用"现象"阐释"公共生活领域"的基本表述是：人类社会经历着从农业社会向工业化社会的转型，从而使人们的生活方式出现新趋向，由此产生的一个重要"现象"是："人们的日常生活由以往地域性、自足性、家庭村社式的分散型生活领域，日益扩展形成市场化、社会化、大众化的'公共生活领域'。"① 这个"现象"讲的是生活领域的形成变化，突出的是形成变化的过程和结果。作者用"标志"阐释"公共生活领域"的基本表述是：近代中国人生活方式发生变化，由传统小农生活方式向近代工商业为主导的生活方式演变，其主要"标志"就是"市场化、社会化、大众化的'公共生活领域'逐步生长形成"②，这个"标志"还是讲生活方式变化的结果，突出的是这个结果就是新生活方式的标志。作者用"形态"阐释"公共生活领域"的基本表述是：从晚清到民国，人们的生活方式和社会面貌与传统相比已经有了根本性与趋向性的改观，初步形成了市场化、社会化、大众化的"公共生活领域"，"形成了城乡二元化的生活方式结构，这就是中国人近代生活方式的基本形态"。③ 这个"形态"还是讲生活方式变化的新结果，突出的是这个结果具有"城乡二元"的新特征。

---

① 李长莉：《中国人的生活方式：从传统到近代》，四川人民出版社 2008 年版，第 3—4 页。
② 同上书，第 5 页。
③ 同上书，第 7 页。

作者用"主线"阐释"公共生活领域"的基本表述是：考察近代生活方式变迁的诸多内容，是"以市场化、社会化、大众化'公共生活领域'的形成为内在主线，以求揭示社会生态、生活方式、社会观念之间的互动关系"。① 这个"主线"还是讲生活方式变化的过程和结果，突出的是社会文化视角下诸多因素的互动及其互动的结果。作者用"阶段"阐释"公共生活领域"的基本表述是：中国人生活方式由传统向近代的转变，大致经历了两个阶段，第一阶段由 19 世纪 40 年代，直至 1900 年庚子之变，为生活方式的初变、渐变与局部变化阶段，"开始萌生局部性、畸形化的'公共生活领域'"；第二阶段自 1901 年清廷开始实施新政，到民国初的 20 世纪 20 年代，是生活方式剧变与全面性转变阶段，"初步形成了市场化、社会化的'公共生活领域'"。② 这个"阶段"还是讲生活方式变化的过程和结果，突出的是变化过程中不同阶段的不同特征。作者用"标示"阐释"公共生活领域"的基本表述是："一个传统社会向现代社会转型过程中，人们的日常生活形态和生活方式，是否形成了市场化、社会化、大众化的'公共生活领域'，其成长状况及程度如何，是反映这个社会生活方式近代化转变及公民社会发展程度的一个标示"。③ 这个"标示"还是讲生活方式变化的过程和结果，突出的是这个结果的价值与意义。当我们通过大量的引文来理解《生活方式》一书中"公共生活领域"这一理论概念的基本意义的时候，我们已经明显地感觉到，"公共生活领域"这一概念是对近代中国人生活方式变化过程和结果的高度概括。正是这样的认识让我们体会到，《生活方式》一书所揭示的"公共生活领域"这一理论概念恰好是对本书主题（书的标题）的回应——"中国人的生活方式：从传统到近代"。"从传统到近代"讲的就是生活方式的变化过程和结果，那么生活方式变化的过程和结果是什么呢？就是作者提炼出来的理论概念——"公共生活领域"。其实作为读者非常希望作者能够非常集中和明确地给"公共生活领域"以一个一目了然的科学界定，这对读者来说更便于阅读和理解。当然作者并没有这样做，作者是按自己的叙述方式进行论述的，作者把"公共生活领域"的基本意义是通过通篇的论述进行阐释的。这样做，

① 李长莉：《中国人的生活方式：从传统到近代》，四川人民出版社 2008 年版，第 12 页。

② 同上书，第 5—6 页。

③ 同上书，第 4 页。

有它的正面意义，诸如读者阅读起来不乏味，可以有独自思考的余地，也许能带来创造性的思索或新见。但是反过来也存在问题，这在下文我们会有所涉及。

李长莉"公共生活领域"理论内涵的一个基本内容就是上文我们谈到的"公共生活领域"理论的基本意义，即"公共生活领域"是近代中国人生活方式变化的一个过程和结果。但这个过程不是一条线，这个结果也不是一个具体的实心物，它们是一个"场域"，这与我们平时理解的过程和结果是不同的。我们强调生活方式变化过程和结果的"场域"形态，就是要突出近代中国人生活方式变化的过程和结果所具有的独特性。而这个独特性就在于它的"场域"——空间三维性上，即变化的内容多、形式多、状态多、维度多。诸如这种变化包括生活日用、交通通信、服饰服制、休闲娱乐、文化生活等内容，包括消费方式、休闲方式、通信方式、交通方式、服饰样式等形式，包括城乡一体到二元结构、市场化、社会化、大众化的生活等状态，包括社会结构、社会环境、文化观念等维度。这些综合性、立体性的社会变化只能在"场域"里进行，在"公共生活领域"的空间中进行。

"公共生活领域"理论内涵也包括对中国人生活方式近代化变迁轨迹的廓清。作者认为，中国人的生活方式"经过 19 世纪后半叶以通商城市为中心的初变、渐变和局部变化，到 20 世纪初清末民初时期以全国城市为中心的制度化、系列化、急剧化、普遍性的变化，中国人的生活方式由传统城乡一体化的小农家庭村社形态，演变为以近代城市市场化、社会化、大众化'公共生活领域'为主导，以乡村传统生活为主体的城乡二元结构形态，标志着中国人的生活方式从传统农业生活方式向早期近代工商业化生活方式的转变"①，这种转变"虽然发展程度不一，往往新旧交织，但它们相互连接而共同构成了结构层次不均的初步市场化、社会化和大众化的'公共生活领域'，并且成为社会生活的主导和趋向，标志着中国人主导生活方式的近代转型"②。这就把中国人生活方式近代化变迁的轨迹厘清了。

"公共生活领域"理论内涵还包括对中国人生活方式近代变迁机制的

---

① 李长莉：《中国人的生活方式：从传统到近代》，四川人民出版社 2008 年版，第 694 页。
② 李长莉：《中国人的生活方式：从传统到近代》，四川人民出版社 2008 年版，第 694—695 页。

认识。这个机制主要包括四个方面，即启动原因、诱导因素、关键动力和内在文化依据。启动原因是指社会生态的变化；诱导因素是指生活资源优势的转移；关键动力是指社会制度的变革；内在文化依据是指传统实用生活伦理。其中，决定生活方式全面转型的关键是制度变革。①

"公共生活领域"理论内涵同时包括对中国人生活方式近代变迁所产生的文化效应的总结。主要体现三个方面：其一，形成了社会心理阴影。中国人生活方式的近代化演变，带有比较明显的"西方化"、"西洋化"，或仿效西方的色彩，从而滋生了或显或隐的崇洋心理和民族虚无主义，使人们的社会心理摇摆于崇洋心理和民族主义之间，成为影响所有社会文化变革的社会心理阴影。其二，新式与传统的生活方式并立，新进与守旧的文化观念并存。近代社会生活方式的变化极不平衡，造成城乡、上下、贫富、新旧之间的"极差"很大，显现的是新式与传统生活方式的并立共存。这样的两元生活方式作为一种社会存在，成为多种文化观念生存的温床，进而造成新进与守旧文化观念的并存共立。其三，形成近代价值观念体系。"公共生活领域"的形成，成为近代价值观念产生的土壤和催生器。在近代"公共生活领域"的土壤里，产生了发展工商和科技的重商观念，这是近代社会的基本观念；产生了自由、平等、自主、权利、民主的观念，这是近代社会的核心观念；产生了集体意识和规则意识，这是近代社会公民的基本素质；产生了公共舆论和公共意志，这是公民社会民主制度的基础。②

"公共生活领域"理论内涵的基本内容除上述之外，它还有一个基本特征，那就是它的"社会文化理论"的本质特征。前文我们有过交代，指出"公共领域"理论的本质是政治文化理论，而"公共生活领域"理论的本质是社会文化理论。之所以强调"公共生活领域"理论的本质是社会文化理论，是因为它所涵盖的主题主要是社会生活和生活方式。而中国近代新生活方式即"公共生活领域"的形成与扩展，改变了人们的相互关系，形成了现代公民社会的生活基础，"使人们作为相对独立自由的个人，共享一定的跨时空的公共空间，享有共同的生活和休闲方式，参与一定的公共

① 李长莉：《中国人的生活方式：从传统到近代》，四川人民出版社 2008 年版，第 695 页。
② 同上书，第 696—698 页。

生活并相互交流，形成相近的生活意愿和公共意志，并可以通过一定的途径予以公开表达，从而对公共生活的管理产生影响"。① 这其中陈述的意义均是社会文化的主旨，所以"公共生活领域"理论的本质特征是"社会文化理论"。但是它与具有政治文化理论本质特征的"公共领域"理论还是有相通之处的，即"公共生活领域"理论追求自由、平等、民主的现代价值观的本质也是追求人的权力。只不过它不是直接的要求，而是间接的效用。政治文化是零距离融入政治，社会文化是远距离透视政治，如此而已。

以上是我对《生活方式》一书理论概念的粗浅理解，可能与《生活方式》论证的实际情况不完全符合，也许有认识理解的相左之处。"公共生活领域"作为贯穿《生活方式》一书中的理论概念，它有自己基本的理论框架（特指"公共生活领域"理论的基本意义），其理论阐述也比较完整（特指"公共生活领域"理论内涵的主要内容），使我们在认识和理解近代中国人生活方式变迁的过程中，能够抓住要领，透视本质，把握规律。然而《生活方式》一书的理论阐述还存在一个不大的缺憾，就是对"公共生活领域"的理论及其内涵还缺少一个鲜明的直接的合乎理论阐述规范的理论概括。当然我们说作为历史学著作与纯粹的理论著作不同，纯理论著作就是要直接提出基本概念再进行界定，然后还要逻辑的推理和论证。而历史学著作可以把理论渗透到历史的叙述当中，我们再通过阅读后的品味，从而体悟其中的理论魅力。但是这不意味着历史叙述过程中就不要画龙点睛，也不意味着涉及理论论述时就不要逻辑分析。鲜明地直接的合乎理论阐述规范的理论概括还是必要的，只有这样，我们在把握理论概念时才会产生一种畅然和淋漓尽致的感觉。否则会感到阻塞，感到疲惫。设想《生活方式》如果鲜明地进行一些必要的阐述，可能"公共生活领域"的理论概念与社会文化转型、社会公共文化空间、生活方式变迁等概念的内在逻辑关系就会显得更加清晰、更好把握、更好理解。《生活方式》如果鲜明地进行一些必要的阐述，也会避免一些论述上的分散与重复。

3. 结构与逻辑

《生活方式》一书的核心概念是"生活方式"，这本论著也是以这一核

---

① 李长莉：《中国人的生活方式：从传统到近代》，四川人民出版社 2008 年版，第 4 页。

心概念来设计结构的。在继续论述之前，我想重提社会生活与生活方式两者之间的关系问题。两者是否一个概念？两者是否有一定的联系？对这样的问题进行判断并不困难，显然两者不是一个概念，两者之间有紧密的内在关系。关于这两个问题，李长莉没有作为问题提出过，她主要谈生活方式问题，并以此为中心展开论述。个别学者曾粗略地谈过两个概念之间的关系，但没有作深入的讨论。比如有学者认为社会生活包括若干层次，而生活方式是其中的一个层次。①　这样的解释作为一种学术观点是可以讨论的。我前文初步提出，社会生活与生活方式是一个事物的两种形态或称作两种表现方式，两者是内容与形式的关系，即社会生活是生活方式的具体内容，生活方式是社会生活的表现形式。社会生活的内容随着社会的变化而有所变化，随着社会的发展而有所发展，而这些变化和发展是通过生活方式的变化和发展来体现的。从这个意义上讲，从"生活方式"这个层面和视角来研究社会文化史是合乎历史本身的逻辑的。

关于"生活方式"的界定，李长莉做了深入的探索工作，我认同她对"生活方式"概念的提炼和概括。根据生活方式这一核心概念，本书设计了自己的篇章结构，除引言和结语部分外，主要建构了六大篇章，即生活空间、生活日用、交通通信、衣服装饰、休闲方式、文化生活等。阅读全书可以理解这样的设计反映了研究近代生活方式本身的一种内在逻辑：

其一，抓近代生活方式变化的主要方面。生活方式所涉及的范围极为广泛，它与社会生活的内容相对应，并随着社会生活内容的发展变化而发展变化。历史有两条最基本的形态，一种是常态，一种是动态。而研究历史，既要研究常态的历史，也要研究动态的历史。常态的历史是指相对的长时期基本不变的历史状态，动态的历史是指相对的不同时期变化着的历史状态。历史研究更多的是在研究动态的历史，目的是用以把握不同历史时期的时代特征及其历史变迁的基本规律。《生活方式》也是在研究动态的历史，它选择的不是一般形态的生活方式，而是在近代社会发生凸显变化的六大方面的生活方式，这些方面变化之大，对社会变迁影响之大都是显而易见的，其研究的学术价值可想而知，为什么《生活方式》把对生活方式的研究作为本书的主旨上升到近代中国社会文化转型的高度来认识，

_____

① 兰久富：《价值观念的社会生活根据》，《北京师范大学学报》1993年第5期。

也就可以理解了。

其二，抓近代生活方式变化的主要特征。通过全书的论证，可以看到近代中国生活方式变化所表现出来的是市场化、社会化、大众化、商业化、城市化以及某些畸形化等诸多特征。认识这些特征有助于理解近代新生的生活方式所内存的正面价值及其负面价值。本书为何多处用大量的文字阐述社会文化效应，就是旨在探索近代生活方式所内存的正面价值及其负面价值，即探索近代社会文化发展的深层运动。

以上是从本书的结构来认识本书的逻辑的。本书的逻辑还体现在其他两个方面：

（1）语言叙述的逻辑。语言叙述的功能不仅在于要把内容阐述清楚，而且能让读者体会到语言叙述的一种逻辑魅力。《生活方式》一书在语言叙述方面体现着一种内在的逻辑，主要表现在如下两个方面：其一，语言叙述的高度概括性。洋洋五十余万字的专著，能在高度概括的层面上进行阐述，融叙述、论述和概述为一体，并能达到有机结合的程度，这是研究进入深层的反映。这与一般社会文化史的专著或论文往往采用扩展叙述的语言风格是不同的。高度的概括浓缩了大量的历史内容，内含着大量的学术研究信息，反映着极强的专业性，这是站在学术前沿位置的体现。之所以把语言叙述的高度概括性视为一种逻辑，是这种进入深处的学术专著正应该具备的表述特征。这种语言叙述的高度概括处处体现着，诸如对传统乡村和城市生活特点的叙述①，对华洋杂处空间环境的叙述②，对城市生态与市民生存方式变化的叙述③，对日用消费与市场的叙述④，等等。语言叙述的高度概括在本书随处可见，上述仅举几例而已。其二，语言叙述的承前贯通性。这是指本书在阐述近代生活方式演变的过程中，把相关传统生活方式的来龙去脉作了认真的梳理并作了必要的交代，使读者真正体会到传统生活方式与近代生活方式的迥然不同，进而感悟近代社会文化转型的表象、载体和内涵所在。语言叙述的承前贯通性在本书表现得非常充

① 李长莉：《中国人的生活方式：从传统到近代》，四川人民出版社 2008 年版，第 14—23 页。
② 同上书，第 28—36 页。
③ 同上书，第 55—65 页。
④ 同上书，第 139—142 页。

分，诸如传统的生活日用①、传统的照明方式②、传统的交通与出行方式③、传统的等级服制与习俗④、传统的家庭村社式休闲方式⑤、传统的戏曲娱乐形式⑥，等等。语言叙述的承前贯通性作为一种叙述逻辑，表现了本书前后内容的完整性。

语言叙述的逻辑是为内容服务的。在《生活方式》中，有两处的叙述内容还是要讨论一下。第一，废缠足问题。身体发肤作为人体的外表体貌，具有一定的外观装饰意义，作者把留辫、剪辫和缠足、废缠足放在衣服装饰一章中进行阐述是可以的。近年来研究缠足和废缠足的学术专著和论文不少，在此基础上要有所突破困难较大。《生活方式》用了两万字的篇幅探索了这个问题⑦，在叙述的完整性和突出重点等方面作出了贡献，然而研究的突破之处却不明显，作为对研究内容的一种叙述逻辑而言，这是需要进一步创新的。第二，文明新戏问题。从艺术史、戏剧史、文化史和思想史的角度看，近年来研究文明新戏的成果很多，不但涉及文明新戏的引进和发展状况，也包括它与开启民智关系的研究。⑧《生活方式》也专门开设"文明新戏开民智"一节来阐述文明新戏与开民智的关系问题⑨，但是本节深层次的挖掘还显得不够，诸如对文明新戏这样一种新生活方式人们如何看待它，对它有何诸多的特殊和深层感受，特别是对文明新戏和传统戏剧有哪些不同的看法和价值判断，如何影响着人们的休闲生活等等。只有对问题进行诸如此类的深入探讨，创新研究的叙述逻辑就会进一步彰显了。

这里还有一个问题，即第五章与第六章的关系问题。第五章谈休闲方

---

① 李长莉：《中国人的生活方式：从传统到近代》，四川人民出版社 2008 年版，第 83—84 页。

② 同上书，第 123—125 页。

③ 同上书，第 164—171 页。

④ 同上书，第 244—259 页。

⑤ 同上书，第 390—398 页。

⑥ 同上书，第 531—535 页。

⑦ 同上书，第 357—388 页。

⑧ 参见陈白尘等主编《中国现代戏剧史稿》，中国戏剧出版社 1989 年版；葛一虹主编《中国话剧通史》，文化艺术出版社 1990 年版；梁景和著：《清末国民意识与参政意识研究》，湖南教育出版社 1999 年版等。

⑨ 李长莉：《中国人的生活方式：从传统到近代》，四川人民出版社 2008 年版，第 558—565 页。

式，第六章谈文化生活。第五章是从家庭村社休闲与公共商业休闲的视角谈休闲方式，第六章是从大众文化的兴起谈文化生活。就是说《生活方式》第五章和第六章的叙述角度和侧重点是明确的。但是进一步扣问，休闲方式是否包括相关的文化生活，文化生活是否也涵盖相关的休闲方式？两者是分离关系还是交叉关系？显然是交叉关系。如果这样，就要对休闲方式和文化生活有一个明确的界定或说明，以便读者对休闲方式和文化生活有一个学理的把握，而不至于混淆两者的本质差异，使读者陷入叙述逻辑以外的怪圈当中。

（2）三个中心概念之间的逻辑。李长莉把《生活方式》看作是运用社会文化史的方法和视角来考察历史的一部专著。按照她以往的学术观念，社会文化史的方法或视角的重心就在于考察探索和研究社会、生活与观念之间的相互作用和相互影响，即它们之间的互动关系。在《生活方式》的"引言"中还有几处表述，诸如本书是"力图从社会变动、民众生活方式、社会文化观念三者互动的视角，对民众生活方式变迁的机制与意义作文化的关照，因而这是一种新的研究视角"[1]；本书以求"揭示社会生态、生活方式、社会观念之间的互动关系，生活方式变化所产生的社会文化效应，给广大民众的生活和观念带来的深远影响等"。[2] 以上表述在用词上个别地方有些许差异，但就整体意义上并没有本质的差别。还是要强调说明本书要探索社会生态、生活方式、社会观念三个中心概念之间的逻辑互动关系。这样的探究在国内以往的学术研究中并不多见，或者说还没有像李长莉这样的自觉，所以说这是一次学术前沿的探究，是向学术处女地的开拓。

我们看到作者正是按照她既定的逻辑去展开学术探索的。作者明确指出："社会生态、生活方式、价值观念之间，形成一种相互作用、相互协调的关系，规范着人们过着相对稳定的物质生活、社会生活和精神生活。然而，当社会生态发生了某种结构性变动，与生活方式和价值观念之间的关系就会失调，往往会出现人们生活方式混乱，并进而引起社会矛盾、道德失范、观念冲突等种种失调现象，人们就要或主动或被动地适应社会生

---

① 李长莉：《中国人的生活方式：从传统到近代》，四川人民出版社 2008 年版，第 10 页。
② 同上书，第 12 页。

态的变化，原有的生活方式会发生某种调适与改变，以适应新情况下的生存需要。这种生活方式的变化，往往会改变人们的生活状态，并进而引起人们行为规范和价值观念的变化，从而使人们的物质生活、社会生活和精神生活的面貌大为改观。所以，生活方式实在是一个社会群体文明状态的集中体现，是联系着社会生态和人们精神世界的中介。而一个社会中，人们形成怎样的生活方式，不仅决定着人们的生活质量，而且也决定着这个社会的价值取向，并进而决定着这个社会的未来。"① 社会生态、生活方式、价值观念三个中心概念的变化以及它们之间的逻辑关系和相互作用影响也就成为《生活方式》需要探索的重要问题了。

《生活方式》注重探索社会生态的变化。在第一章中，作者就着重论述了城市社会生态的变化。清道光二十年（1840），远从欧洲航海而来的英国发动鸦片战争，以坚船利炮打败了中国，迫使中国开口通商。此后，由大机器生产带动近代工商业蓬勃发展的西方列强接踵而来，竞相进入中国，开辟商埠，倾销商品，一批由进出口贸易带动起来的新型商业贸易城市兴起。这些通商城市具有新结构与新功能，打破了中国延续千百年的以农业为基础、农村为主导的城乡一体传统格局，出现了与传统城市迥然不同的城市面貌和生活空间。在这些通商城市，中外商船穿梭往来，华洋商人汇合聚散，洋行商号并列街衢，中外商品运输集散。商业贸易的兴盛是这些城市的突出特征，商贸经济是带动通商城市繁荣发展的龙头，也是城市生活的重心。在这些新兴的通商城市里，华洋商人云集，各类洋行、商号、货栈、店铺、银行、钱庄、运输等商贸机构遍布街衢，形成繁华的商业中心区。通商城市的发展，也带来了人口的聚集和流动。使城市生态发生了变化，经济、政治和文化诸领域形成了资源优势。其一，城市的经济生态发生了明显变化，工商业发展形成强大的经济资源优势，使城市工商阶层和从业群体不断扩大。其二，城市的政治生态发生了明显变化，产生了新的政治和社会资源，吸引社会精英和各种人才聚集，形成了主导城市及整个社会政治生活的政、军、绅等社会精英阶层。其三，城市的文化生态发生了变化，产生了新的社会文化资源，知识阶层在城市里的生存方式也发生了变化。按作者的学术理念，社会生态发生了变动，生活方式就要

---

① 李长莉：《中国人的生活方式：从传统到近代》，四川人民出版社 2008 年版，第 3 页。

发生某种调适与变化，所以进一步探索生活方式的演变不仅是本书的一个重要主旨和逻辑归宿，也是社会文化史视角的应有之义。

《生活方式》中通篇都在展现着生活方式的深刻变化。洋货的输入与流行，洋货之多涉及日用、衣物、食物、玩好、器物多种类别；机制日用品的增多，使贫富、上下阶层普遍购买使用，并由城市扩至乡村；钟表的使用提供了城市的近代工商活动和公共生活，增强了人们的生活效率；照明工具的进步，使人们能够更有效地利用夜晚时间，提高了时间利用率，同时为城市夜晚的公共生活提供了便利条件；交通方式的变化，人们出行更加快捷，舒适和方便，使大规模的工商业活动、跨地域的大市场及大范围的人口流动成为可能；电报、电话的应用，使中国人自古以来的信息封闭状态被打破，开始了异地信息共享、信息即时交流的新时代，中国人开始尝试近代社会大量快速信息交流的新生活；洋布的普及使城镇一般市民的日常衣着消费方式更趋市场化和大众化，使一般市民衣着习俗更具时尚化；女子放足，行走活动不再受小足的束缚和限制，行走活动能力大大提高，能够走出家门，走上社会，甚至不怵长途远行；妇女可以入戏园看戏，开始享受这种文化娱乐的权利，妇女看戏使戏曲观众增多，促进了戏园业更加兴旺；休闲娱乐活动日益大众化，促进了城市休闲娱乐业的发展；星期休息制度使人们的休息娱乐时间得到了保证，促进了社会交往与公共活动，有利于人们日常活动的计划性；游览公园，成为新式公共休闲活动，人们进入公园游览，或免费，或只收取低廉的入门费，一般市民都能承受。从此，公园不再只是有钱人才能入内享受的高档消费娱乐场所，而成为平民化、大众化的公共休闲之地，各个阶层的市民公众，都可以自由、方便地到公园游览娱乐；体育也成为休闲方式，近代以来，西方一些体育运动类休闲形式陆续传入，人们也开始有所接受，民国以后，无论城乡各级学校，举办运动会成为常态，一些机关也有举办，开运动会时往往邀请各界人士前往观看，成为当地的盛事。以上只言其大略，我们就已经感受到近代中国生活方式变化的范围之广、影响之大，而生活方式变化的意义在于它产生了社会文化的效应。这种效应实际是社会转型的体现，是近代文化转型的反映，也是社会进步的象征。

正是按照历史发展的内在逻辑，《生活方式》自然对社会文化效应的论述用心最力。作者在阐述生活方式的变革之后，都要对其社会文化的意义进行分析和剖示。诸如作者在叙述了新式交通工具的使用、洋布的普及、服饰僭越之风、服饰洋化和多样化、男子剪辫、女子放足、茶馆休闲文化的兴旺、戏剧娱乐市场化、晚清上海新文化空间等等之后，对其社会文化的意义和社会文化效应均进行了深入的阐释。作者有些阐释可谓鞭辟入里，一语中的。诸如，洋布衣成为中等阶层的主流衣着，在原来服制礼俗上下等级之间出现了一个庞大的中等阶层，从而使服制礼俗上下等级的悬殊差别有所减弱。服饰崇洋风是崇尚西方文化的一种反映。将传统服式赋予负面意义，而将西式服式赋予了正面意义，进而将废弃旧服而改易西式服式，作为弃野蛮而趋文明、变法求强、强国强种的一种标志，服式的改易被赋予了强烈的政治色彩。男子辫发成了反清的符号、革命的标志；剪辫成为弃清朝拥民国、弃旧向新的政治标志，而西式短发成为文明、进步、健康、活泼等近代文明价值的象征。把女子放足上升到中西强弱对比，批判旧制度和强种强国的高度。作者阐释分析严谨，层层深入，语到意出。诸如，通商以后，随着商业贸易及通商城市的发展，西洋饰物开始流行，作者认为洋式装饰风气的兴起体现了新的社会文化意义，她分析道："自开口通商以后至 19 世纪末，以洋式装饰为时尚的风气基本上只限于通商城市，以买办、商贾及其子弟为主要流行人群。他们热衷于西洋饰品以装饰外观。他们追求这种西洋装饰的心理，是为了显示与西洋、洋人的密切关系及商务能力，为了显示对西洋和洋货的认同以求时尚新潮，或为了标新立异、眩人耳目以引人注意，为了显示在商业贸易上贯通中西的机会等等。总之，是以这种西洋装饰的'洋派'、'洋气'来显示与西洋、洋人、西洋文化的密切关系，西洋、洋人即是商务贸易的优势资源，是赚钱、发财的机会，人们由此显示自己在这种新出现的经济社会资源中的优越位置，以增加在中外商务活动中的优势因素，而且通商城市是移民组成的陌生人社会，社交圈子大而杂，特别是商务交易场中，交往的许多是陌生人，甚至只会打一两次打交道，需要彼此了解底细，如财力、能力、机会及可信度等，因而人们更需要运用外在装饰来向他人传达自己的财力、能力、信任度等信息。这时期首先从通商城市的买办、商人阶层中兴起的西洋装饰之风，主要就是这种商业发展及新的社会需求的产物，是作为新生存资源的意义符号而发展起来的。"① 对民国服饰趋于平等化、自由化、自主化的特点，作者分析道："民国政府虽然制定了服饰制度，以作为国家礼制，对国民的着装方式作了一定的规范，但只规定了公共典礼场合礼服的样式以及质料，范围已经大大缩小，对于人们其他的服饰方式已经不再作制度性的规定和政府的干预，不再像皇权时代服制那样对于官民人等服饰的质料、颜色、样式等等作细密严格的限制规定，而将此大部分权利归于个人。表明政府对人们生活领域的控制已大为减弱，人们的服饰方式更多地成为个人有权利自主的领域，人们自主的私人生活空间扩大，自由度和自主性增强，体现了民国政府崇尚民权、尊重个人权利和个人自由的新价值观念。"② 作者在上述分析后，又进一步指出："民国以后人们的服饰方式虽然趋于多样化、自由化、平等化，人们可以更为自由自主地选择自己的衣着样式，但人们在现实生活中的服饰方式仍然有所区别。主要是体现人们职业、财力、所属群体、地域风习等客观差异，表现为城乡差别、职业差别、体力劳动者与非体力劳动者差别、贫富差别等社会阶层的差别。如政、军、学界人多穿着西装、中山装、制服等新式服装，教师、文职人员等一般文化人多着长衫，商界人士及乡下地主士绅多着长袍马褂及长衫，而一般农民、工人等下层体力劳动者则多着短衣长裤；城里人多着新式服装，而且服式趋时，乡下人则多着旧式服装，式样陈旧等等。在这些阶层差别中贫富差别最为明显，富者无论何种服装样式往往都是质料上乘、做工精致、式样时尚，而且备有多套，可以经常更换。而农、工、城市贫民等下层贫穷之人的衣着则往往质料低劣、做工粗放、样式陈旧、补丁叠缀，甚少更换。民国时期无论城乡，贫穷的下层人都占多数，最底层的极贫之人甚至无力置衣，只能捡拾别人丢弃的旧衣服穿用，城市街头衣衫褴褛、衣不蔽体的穷人随处可见。贫富差别成为人们服饰方式中最为明显的差别，也成为区分人们社会阶层的一个重要指标。这种服饰方式的差别，与传统固定化的社会身份等级差别相比，更具个体化、能力化、经

---

① 李长莉：《中国人的生活方式：从传统到近代》，四川人民出版社 2008 年版，第 292—293 页。
② 同上书，第 326 页。

济实力的客观差别色彩，体现了近代社会职业化、能力化的社会价值观念。"① 作者这种运用社会文化视角分析问题的方法，对于我们认识和理解社会文化的深层意义，启发颇多。

作者的分析，是在揭示：近代国人在追求一种新的生活方式的同时，也在追求一种新的生活观念，即追求舒适、方便、物美、价廉、时尚、金钱、崇洋、标新、多样、健康、活泼的生活理念。作者的分析，是在揭示：近代国人随着生活方式的变化，也在树立一种现代意识，即自由、平等、文明、进步、独立、富强、自主、个性、开放、多元的近代文明意识。作者的分析，是在揭示：近代国人随着生活方式的变化，开始摆脱传统落后的野蛮生活，即摆脱愚昧、奴性、封闭、保守、不求效率的野蛮生活。作者的分析，是在揭示：近代国人随着生活方式的变化，政治生活和政治意识也开始发生了变化，即出现清廷统治减弱、旧制松弛的变化，社会发生了等级淡化、变法求强、强国强种、崇尚民权、尊重个人、弃旧向新的新风尚。通过作者这样的论述和阐释，我们看到在近代生活方式变迁的过程中，蕴藏着近代社会转型的真谛，也蕴藏着近代文化转型的真谛，把中国近代社会文化转型的内在逻辑揭示出来。

四　余论

还有几个问题，在最后的余论里说明一下。

首先，社会生活是人类社会和人类生存的一个最重要和最基本的概念。从广义的视阈看，人类社会的一切活动都属于社会生活的一部分，广义的社会生活包括政治生活、物质生活（经济生活）、精神生活（文化生活）和社会生活诸多方面。社会生活是研究思考问题的起点，也是研究思考问题的归宿。与政治生活、经济生活和文化生活并列的社会生活属于狭义的社会生活，狭义的社会生活所包含的具体内容也极其广泛，但它有着最为基本的一些内容，诸如衣食住行、婚丧嫁娶、生老病死等。社会文化史首先要把狭义的社会生活领域作为研究对象，并在此基础上逐渐扩展，

---

① 李长莉：《中国人的生活方式：从传统到近代》，四川人民出版社 2008 年版，第 327—328 页。

可能会向广义的社会生活领域开拓。生活方式是社会生活的载体，是衡量社会生活发展水平的标志。从生活方式的视角来研究社会文化史是一条重要途径，尤其在社会文化史研究的初起阶段，生活方式研究视角的意义尤显重要。这就是《生活方式》一书学术价值之所在。

其次，《生活方式》提出了一个重要的现实问题。《生活方式》全书的结尾用"如今"、"当今"开头的两个自然段，提出了一个重要的现实问题，即当今世界科技、信息化及社会福利的发展使人们的生活变得前所未有的便利与舒适，但同时也滋长了一些过度消费、功利短视、颓废消极等负面情绪；当今处于工业化、市场化、信息化、全球化并行的急剧转型时期的中国，一方面给我们带来了物质生活的丰富、便利、满足和愉悦，另一方面也引起生活节奏加快、环境变化加速、社会矛盾增多、人际关系紧张、心理压力增大、观念冲突、价值多元、道德失范等等现象。作者提出了如何调适生活方式以适应社会的变革与发展的重要理论问题。虽然作者没有给出具体的答案，但问题的提出反映了作者关注和服务现实社会的一种意识自觉，这是难能可贵的。我们主张史学工作者要重视今天和明天，进而充分发挥史学的独特功能而为现实和未来服务。① 但是把现实关怀变为实践并不容易。实际上史学工作者应当与哲学、经济学、社会学、法学、教育学、文学等工作者联手，共同为当今社会和未来社会的发展创造模型，提供具体的社会发展参考架构，以真正体现学术的实用价值。

最后，真正理解和读懂一本书是不容易的。本文虽然是我对李长莉新著《生活方式》的一个评述，但我深深知道，我对这本书的理解还是很肤浅的，很多地方是按自己的想象和思维方式去解读的，所以误读之处在所难免。这不仅仅是我对《生活方式》的阅读，其实这是读者阅读他人著作一个普遍存在的现象，我断定很多书评都存在曲解原著的问题，包括李长莉在《生活方式》中对拙著的一句评述亦如此。李长莉说："梁景和的《近代中国陋俗文化嬗变研究》（首都师范大学出版社 1998 年版），对近代婚姻和女性生活陋俗的演变作了考察。"② 这句话里的"陋俗"和拙著中的"陋俗文化"是两个含义不同的概念，完全不能混用，一旦混用，就曲

---

① 参见梁景和：《史学家不可忽视今天》，《光明日报》1986 年 9 月 24 日；梁景和：《史学工作者不可忽视今天与明天》，《史学月刊》1986 年第 5 期。
② 李长莉：《中国人的生活方式：从传统到近代》，四川人民出版社 2008 年版，第 9 页。

解了原著的基本含义。所以说，我因误读而对《生活方式》的曲解，希望能够得到李长莉的批评和纠正，也希望对某些学术问题展开进一步的讨论。

原载《近代史研究》2009 年第 2 期

大视野中的近代文化史研究

——读龚书铎先生著《社会变革与文化趋向：中国近代文化研究》

20 世纪 80 年代以来，中国近代文化研究逐渐形成一股热潮，二十余年来，研究队伍逐渐扩大，研究成果的数量和质量都有了显著的扩大和提升。龚书铎先生新近出版的《社会变革与文化趋向——中国近代文化研究》（北京师范大学出版社 2005 年 1 月第 1 版，以下简称"《研究》"）一书是中国近代文化研究的又一力作。《研究》主要着眼于近代文化史的一些宏观理论问题，同时又将具体的微观研究融入其中，具有独特的研究方法及其重要的史学价值。

一　近代文化研究的倡导者与推动者

龚书铎先生长期从事中国近代史特别是中国近代文化史的科学研究。改革开放后，社会发展和经济文化等现代化事业建设的需要，使学术文化界开始对现代化有关的许多文化问题进行反省，因此在 20 世纪 80 年代前期就在学术文化界出现了"文化热"。这种文化反思思潮，引发了对以往文化史特别是近代文化史的回顾与反省，进而出现了文化史的复兴。1982年，联合国教科文组织《人类科学与文化进步》中国编委会与《中国文化》编委会，在复旦大学联合举行了"中国文化史研究学者座谈会"，会上有人强调应将中国文化史作为研究的课题。1983 年在长沙举行的全国历史学科规划会议上，与会者又就中古文化史和中国近代文化史的研究问题，分别进行了专门讨论，拟编辑出版"中华近代文化史丛书"。以这两次会议为契机，中国文化史研究逐渐活跃并迅速形成高潮。

龚书铎先生是中国近代文化史研究的最初倡导者、参与者和积极推动者。在1983年的规划会以后，以他为召集人的编委会主持并编辑出版了"中华近代文化史丛书"。北京师范大学历史系还较早成立了中国近代文化史研究室，1984年开始以中国近代文化史作为研究方向招收硕士研究生，接着又招收中国近代文化史研究方向的博士研究生。龚先生培养的研究生，现大多都在国内一些著名大学和科研机构中从事中国近代文化史的教学和科研工作，成为中国近代文化史教学和科研工作的骨干力量。

龚先生还积极推动中国近代文化史的学术研究。他主编的《中国近代文化概论》是全面系统论述中国近代文化问题的重要著作。在其所著的《中国近代文化探索》、《近代中国与文化抉择》、《求是室漫笔》等著作中，龚先生也对近代文化的一些理论问题以及近代各时期的具体文化问题和人物进行了大量的宏观论述和具体剖析，为近代文化史研究作出了积极的贡献。几十年来，他耕耘不辍，仍致力于中国近代文化史研究领域的拓展和深入工作，《研究》一书的出版就是这一努力的体现。

二 独特的研究方法和写作体例

文化史研究作为一门年轻的学科，难免显露出不成熟的痕迹，其中最为研究者所诟病的就是文化史在理论建设上的不足，人们往往对其研究对象的范畴提出疑问和诘难。有些学者曾据此分析道，文化史之所以缺乏纵深的开拓，其主要原因在于"文化"的内涵过于模糊，致使文化史研究难以确定其边界和规范。[①] 虽然这种论断不免有简单化之嫌，但由此可见尽早清理文化史诸多理论问题，对于这一学科发展的至关重要。《研究》主要就是以一种宏达的视野，系统阐述了近代文化史的诸多宏观理论问题，如文化的定义，文化的社会性和时代性，近代文化的主题、分期、特点及其在中国文化史上的地位，近代文化机构和文化部门的演变等等。但与那些只重宏观概述，忽略微观透视的研究倾向不同，龚先生认为："文化史既要有宏观综合的研究，也应有微观的具体部门以及人物的研究。"[②] 他强

---

① 周积明：《二十世纪的中国文化史研究》，《历史研究》1997年第6期。

② 龚书铎：《社会变革与文化趋向：中国近代文化研究》"自序"，北京师范大学出版社2005年版，第2页。

调研究文化史既要胸有全局，也要林中见木，只有把综合的、宏观的论述与具体的、分门别类的探究相结合，才能扎扎实实地把研究推向前进。

他把这一思想贯穿在自己的研究中，并形成了一种独特的研究方法与写作体例。以往文化史著作的写作体例不外两种：一种是按整体综合的体例撰写，一种是按具体分类的体例撰写。而《研究》则综合了两者的特点，采取综合论述和具体阐释相结合的编撰方法，既全面地论述了中国近代文化发展演变的历史，全景式地展现其丰富多彩的历史画卷，又对其中的某些问题展开深入探索，驻足观察，细致入微。全书大致可分为三个部分，第一部分是宏观审视中国近代文化的一些问题，如近代文化在中国文化史上的地位，中国近代文化的主题、特点、分期，中西文化的矛盾与融会，儒学在晚清的变化，正确对待中国传统文化与西方文化等；第二部分是着重就鸦片战争前后、戊戌变法时期、辛亥革命时期、五四新文化运动时期等几个重要时期的文化问题进行剖析；第三个部分则是对姚莹、刘开、夏炘、张之洞、孙中山等历史人物文化思想的探讨①。

这种写作体例使得《研究》看似论文集，篇与篇之间不相关联，实则有其内在的逻辑关系，第二、三部分的具体研究恰是对第一部分宏观概述的补充说明和具体论证，整个篇目构成了一个严密而完整的体系。

如第一部分《晚清儒学的变化》一篇中，龚先生指出在晚清时期，由于面对巨大的社会"变局"而要去应付或改变这种局面，儒学各派都趋向于经世致用，包括被指责为空疏的宋学和琐碎的汉学，这是晚清儒学变化的一个重要的特点。在第二个部分中，龚先生又专门研究了"清嘉道年间的士习和经世派"和道光年间经世之学的兴起，系统论述了经世学派和经世之风兴起的原因和过程。而在第三个部分中，龚先生以姚莹为中心，细致考察了姚莹所交际的诗友、文友及其他学人、友朋，通过这个群体在政治、思想、学术、文学等方面的共同点来深入探究这个时期"经世之学"的风尚和趋向。这种考察方法视野开阔、角度新颖，得出的结论也令人信服。另外作者又选取了刘开、夏炘等在当时以经世之学闻达一时的人物，进一步论证经世之风在当时的兴盛。而张之洞这一尊崇汉学、反对今文经

---

① 龚书铎：《社会变革与文化趋向：中国近代文化研究》，"自序"北京师范大学出版社 2005 年版，第 3 页。

学，尤其反对康有为以今文经学鼓吹维新变法的学界泰斗，也一直在强调"通经致用"，足可见经世致用的学术倾向在当时具有非常普遍的代表性。

再如，关于近代文化的历史地位问题，是近代文化史研究不可回避的。诚如龚先生所说，中国古代有着辉煌灿烂的文化成就，就一些领域或具体事例而言，近代文化实有不如古代文化之处。例如近代文化既没有"世界之最"，也没有像《红楼梦》那样使多少人为之倾倒的杰作。但从整体和从发展趋向看，近代文化比古代文化进步、发展了。近代文化的核心是民主和科学，整个文化结构也发生了根本性变化，打破以纲常名教为核心的封建文化长期统治的地位，在中国文化发展史上起到了承前启后的作用。（《自序》3—4 页、《近代文化的历史地位》第 110—120 页）而在《戊戌新文化运动》、《辛亥革命与文化》、《五四时期的新文化运动》等篇章中，龚先生从近代中国几个重要的历史时期入手，深入揭示近代文化全新的内容以及它们对中华文化发展的重要历史作用，从而对前面的结论进行了有力的论证和诠释。这样的研究方法，宏阔而又深刻，对以往研究的不足多有弥补。

《研究》的另一特点是紧紧围绕文化与社会的互动关系来展开论述。正如书名"社会变革与文化趋向"所揭示，《研究》并不是就文化谈文化，它是将文化同社会经济、政治紧密联系起来，在社会变革中来把握文化发展的趋向。在社会历史发展过程中，文化有其相对独立性，但文化并不是游离于社会之外的虚渺之物，它本身就是社会构成的一部分。近代文化的发展从一开始就同政治、救亡图存密切结合在一起。"诗界革命"、"散文革命"、"小说界革命"、"戏曲改良"、白话文运动，无一不是与社会改革的目标紧密相连的。所以研究文化问题，不能不与社会问题相联系。有论者曾说："社会和文化问题的交错、重叠、伴生已成为常见的规律性现象。"①《研究》对社会与文化的关系进行了全面深入的阐释。《研究》开篇即论述中国近代以来的社会变革，将近代文化的发展置于社会变革的背景之下，较为系统地概述了中国近代社会变革和文化发展的脉络，阐明了二者密不可分的关系。在讲到社会变革与思想文化之间的关系时，龚先生

---

① 刘志琴：《社会史的复兴与史学变革——兼论社会史与文化史的共生共荣》，《史学理论》，1988 年第 3 期。

说："思想文化是经济、政治的反映，又对经济、政治起反作用。在社会变革中，思想文化往往起了先导的作用，为变革造舆论。而反动统治者为维护其统治，也总是力图加强对思想文化的控制，宣扬反动思想，以抵制进步的社会变革。可以说，这是一条历史规律。"① 在《辛亥革命与戏剧》中，龚先生就着重论述了辛亥革命时期，作为文化的具体门类，戏剧是如何为革命斗争服务的。戏剧在当时成为宣传革命的有力武器，不仅推动了戏剧本身发展，同时也对革命事业发展起到了应有的促进作用。五四时期，有关戏剧改良问题的争论，同样是作为社会变革的一个问题而被人们关注的。② 在《近代中国的现实与近代中国的文化》中，龚先生强调了社会现实与文化抉择之间紧密的联系："近代中国的社会现实，是近代文化抉择的出发点。文化和社会现实分不开，它本身也是社会的一部分。因此，构建什么样的文化，是由社会现实来抉择的，而文化也必须关心社会现实，发挥它的功能。如果文化疏离了社会现实，或者阻碍社会现实的发展，则它将被社会现实所冷淡或抛弃。"③ 在近代中国，有人主张抛开社会现实孤立地搞文化建设，企图达到"文化救国"、"教育救国"、"科学救国"，依据上述观点，我们就不难理解其失败的最终命运了。同样，《研究》认为在当代中国提出"复兴儒学"，不合时宜，也不够确切。当代中国社会现实与儒学生长的土壤已经有了天壤之别，把儒学作为整体再度复兴是不可能的，正确的做法是从社会现实出发去吸收儒学中有用的成分。④这样的结论是肯綮而有说服力的。

从社会与文化的关系出发，龚先生还对近代中国对西方文化的认识过程进行了重新思考。在史学界有不少人都将近代中国对西方文化的认识和接受过程分为三个层面（或说三个阶段）。首先是从鸦片战争后至洋务运动时期的器物层面（阶段），其次是从戊戌维新到辛亥革命的制度层面（阶段），最后是五四新文化运动的思想层面（阶段）。这种说法由梁启超最初明确提出，陈独秀也曾作了类似的归纳。它虽然有一定道理，也符合

① 龚书铎：《中国近代以来的社会变革》，《社会变革与文化趋向：中国近代文化研究》，北京师范大学出版社 2005 年版，第 18 页。
② 同上书，第 311 页。
③ 同上书，第 62 页。
④ 同上书，第 64 页。

一些人的直观认识，但是它将制度变革与文化更新分成前后两个阶段，似乎意味着制度与文化是相互独立而存在的，这显然是不准确的。龚先生就对这样的概括提出了疑问。在龚先生看来，戊戌维新和辛亥革命都不仅仅是政治运动，只要是改变政治制度，同时也是思想文化运动，在批判封建思想文化、传播民权平等思想上做了大量工作，为五四新文化运动奠定了基础。事实上，思想文化的变革是政治运动的先导，没有思想文化的宣传，政治运动是难以开展和实现的。因此，他认为把制度变革和思想文化变革截然分为两个阶段是很不妥当的。① 这样的反思，纠正了很多人认识上的误区，促使人们对这一问题进行更深入的研究，从而作出更合理的归纳。

综上研究，《研究》一书在研究方法和写作体例上反映了本书的独到之处。

三 富有创见的学术观点

近代中国，中西文化冲突与融合，是长期存在而又关系重大的问题。有论者认为近代文化的核心问题就是中西文化关系问题②。龚先生也认为近代文化是在西方文化和中国传统文化互相冲突又会通融合的过程中形成的。他在书中系统地梳理了中西文化交流的过程以及各阶段的争论主题。他认为关于中西文化问题的争论，早在鸦片战争以后就已经出现。当时，争论的焦点是承认不承认中国有不如"夷"之处，应不应当"师夷"。19世纪60至90年代洋务运动期间，对中西文化的论争较前更为广泛激烈，主要问题是只靠礼仪忠信就可以维持封建统治，还是需要辅之以"采西学"、"制洋器"。1894年中日甲午战争后的维新运动时期，争论主要集中在是维护封建三纲五常、君主专制还是提倡民权平等、君主立宪。而进入辛亥革命时期，"中体西用"论仍颇为流行，但已有人提出融会中西以创造新文化的见解。到五四运动时期，又有人提出了"全盘西化"论，主张以西方文化彻底取代中国传统文化。在五四运动后期，国人开始自觉地将

① 龚书铎：《中国近代以来的社会变革》，《社会变革与文化趋向：中国近代文化研究》，北京师范大学出版社2005年版，第145页。
② 《"中国近代文化研究的回顾与前瞻学术座谈会"在京召开》，《历史档案》2005年第1期。

马克思主义基本原理与中国具体革命实践相结合，批判地继承传统文化，批判地吸收西方和其他外来有益文化，走上了建设社会主义新文化的道路。

既然近代中国一直存在着既互相冲突又会通融合的过程，那么怎样才能正确对待传统文化与西方文化？怎样评价中西文化交流过程中出现的各种文化主张？龚先生认为正确对待传统文化与西方文化的基本原则是科学地对待传统文化，有分析地吸收外来文化。因为任何一个民族、国家的文化都有二重性，中国传统文化有其优秀的一面，也有其落后陈腐的一面，西方文化同样如此，而且"传统"与"现代"并不是对立的两极，不应该把它们对立起来。基于这样的认识，龚先生既反对文化保守主义派的"中体西用"论、"东方文化优越"论、"中国本位文化"论等主张，也反对文化激进主义派的"醉心欧化"论和"全盘西化"论。他认为前者的问题在于它们坚持传统封建文化的核心"纲常名教"，并以之与西方现代文化相抗衡；后者的问题则在于它们认为文化是"完全的整体"，无论优劣都只能全盘照搬，把西方文化和传统文化完全对立起来，这两者无疑都是形而上学的产物，都是不可取的。基于这样的认识，《研究》指出孙中山的文化见解之所以超过前人和同时代者，就在于他正确地对待了传统文化和西方文化，主张发扬固有的民族文化，同时要吸收世界文化的精髓并将之光大，"三民主义"就是这种文化观念的结晶。①

诚如上文所言，近代中国文化的核心内容是中西文化交流问题，但是，深受柯文式"在中国发现历史"观念影响的中国学界，往往喜欢探究这样一个问题：近代中国文化的发展，除了西方文化的刺激外，有无自己内在的发展理路？《研究》对这个问题也进行了回答。龚先生认为中西并举、会通的联结点是"经世"，"经世之学"就是传统文化与近代文化之间起沟通作用的桥梁。如果没有经世之学的兴起，就文化发展的本身来说，就缺少近代文化出现的中介。经世思想家们之所以开启了近代文化，是因为他们主张务实，讲求功利，有较开明的思想。在西方文化的冲击下，能够敏锐地感觉到侵略者等的坚船利炮，不是用夷夏之防就能抵御得了的。

———————————
① 龚书铎：《社会变革与文化趋向：中国近代文化研究》，北京师范大学出版社2005年版，第369页。

他们继续向前探索，终于得出了学西方的结论，开始促使近代文化的转变。① 为了论证这一点，龚先生细致考察了有清一代儒学的发展脉络，认为在乾隆时期，就已经出现了反正统的思想潜流，开始反对脱离现实、泥古、僵化、平庸的正统文化，主张思想的"新"与"变"，尊重个性的发扬。在嘉道年间，"通经致用"已经成为有识之士的共同主张。在道光时期，随着时势的变化，以饾饤为汉、空腐为宋的学术状态，以不能适应此时的时势，因而就出现汉宋会通、重事功之宋学、讲微言大义的今文经学的学术风气的转变，而其归结都在于能有用于世。经世之学的兴起，引起了文化价值观念的变化，学术不再被当做空腐无用的"干禄之术"，而是要学以致用、讲求功利、实用的价值，要求学术为"时务"服务。鸦片战争前后，随着时代的变化，经世派中的一些人，开始把他们的视野从时务扩展到"夷务"。他们从传统文化的封闭体系中挣开了一条缝隙，开始注视西方的变化，并企图将某些东西纳入自己古老的体系里，加以吸收、改造。早期倡导学习西方的有识之士，从林则徐、魏源、龚自珍，到姚莹、夏炘、刘开、张之洞，几乎无一不是经世学派。此时的经世之学，实际上已经包含了西学和"洋务"在内（见《乾隆年间的反正统治文化》《清嘉道年间的士习和经世派》、《道光年间文化的特点》）。

在文化史的研究中，还有一种倾向值得注意，即有人往往陷入文化史观、文化决定论的泥沼，夸大文化的地位和作用，把文化说成是历史的中心。这一文化观实际上早在 20 世纪初就已经初现端倪。钱穆就曾过分强调文化的作用，试图从文化的层面来探讨和寻求现代中国社会的出路问题，认为"人类文化的正常状态，应该由学术文化来领导政治，再由政治来领导经济"②。所以他极力强调文化学术对政治、经济发展变迁的决定作用，认为一切问题都应从文化学术中来寻找解决问题的答案。这一观点早被历史事实证明是错误的，但从 90 年代中期开始，却又有人老调重弹，从这种历史观出发，对太平天国、洋务运动、戊戌变法、辛亥革命、五四运动，都企图加以歪曲的解释。他们认为湘军打败太平军，是"使诗书伦理典则

---

① 龚书铎：《社会变革与文化趋向：中国近代文化研究》，北京师范大学出版社 2005 年版，第 117、202 页。

② 钱穆：《世界局势与中国文化》，台北东大图书有限公司 1977 年版，第 46 页。转引自何晏、魏莉《二十世纪四十年代文化史研究概述》，《桂海论丛》，2004 年 11 月增刊。

免于扫地以尽的厄运"。此后曾国藩筹划洋务,"又使国家在外来文化的挑战面前"开启"古老文化之病躯萌发近代文明之生机",成为"中国思想之主流"。中国能在列强环伺之中苦苦支撑而不灭亡,不是革命先驱们前仆后继、殊死斗争的结果,而"端赖洋务运动培植的这点军事力量和湘军保存的传统文化精神"。康有为的变法运动,则把民族生存危机"转化成了一次重构传统的机会",其"伟大的关键"就在于把西学因素"整合到了中国文化结构之中","使传统获得了新生命",是当时唯一正确的历史选择。洋务运动和戊戌变法之所以失败,不是因为这种改良方案不合国情,而是因为太平天国进行的战争"使富庶之区一贫如洗";社会改良因而难于实现,是因为社会变革把中国传统文化"扭曲得支离破碎、残缺不全",才造成了改良运动失败的"令人扼腕叹息"的结局。辛亥革命也起了这种破坏作用,五四运动则被说成导致传统断裂的政治激进主义。"五四大破旧文化之后并没有立起一个新文化",结果使"文化的民族虚无主义之风,在中国差不多刮了七八十年",在这期间"盛行的是西方中心论"("欧美中心论"和"苏俄中心论")。① 虽然自这种观念出现起,人们就已经对其进行了严厉的批评,指出其谬误之处,但我们发现这股思潮在史学界的影响却至今不能彻底消除。例如还是有人不断地提出近代中国社会变革中革命与改良孰优孰劣的问题,不少人认为辛亥革命、五四运动是"激进主义思潮"的产物,是"情绪化"的产物,它们造成了中国传统文化的断裂。这种思想显然就是 90 年代中期出现的"告别革命"论的翻版,不对它们进行严肃的学术清理,将很难对近代文化和近代社会变革的历史地位和价值作出正确评价。

《研究》自觉地承担起这样的学术清理任务。《研究》指出中国近代社会确实存在两种救国救民的方式和道路,一种是武力反抗的革命道路,另一种是温和渐进的改良道路。但是近代社会的实际情况使得国人选择了革命道路。孙中山、陈独秀等革命者当然是有感情的人,在他们对当时社会、文化状况的是非判定、好恶选择中,本身确实有着感情因素。但不能把这种感情因素归结为"情绪主义",更不能因此就断言辛亥革命、五四

----

① 孔令昭:《把历史的内容还给历史——评一种观念论的文化史观》,《哲学研究》1995 年第 4 期。

运动是"情绪主义"的产物。革命不是凭少数人一时的情感冲动就能煽动起来，也不是仅凭某个阶级和政党的意愿就能发生的。革命的发生，除去革命阶级主观条件外，必须具备革命的客观形势。没有革命的条件，革命的时机不成熟，任何人的"情感激流"也制造不出革命来。中国近代史上发生的革命，都是客观形势使然；它们代表了人民群众的意愿，顺应了历史发展的必然趋势。就辛亥革命而言，它是 19 世纪末 20 世纪初民族危机严重和社会矛盾尖锐的产物，是十分腐朽的清政府不愿意或是没有能力抵御外国侵略和领导国内变革的结果，并不是"激进主义思想"的产物。五四新文化运动同样是对社会现实的回应。辛亥革命后，袁世凯窃取胜利果实，登上民国大总统的宝座。他破坏民主共和，实行专制独裁，大搞帝制复辟。而与政治倒退相伴随的则是思想文化领域出现了尊孔复古的逆流，鬼神迷信思想在社会上也甚嚣尘上。正是在这样一个背景下，新文化运动的倡导者高扬起民主和科学的大旗，对封建文化发动了猛烈地冲击（见《五四时期的新文化运动》）。

至于说革命导致了传统文化的断裂更是无稽之谈。《研究》指出辛亥革命时期的革命党人比戊戌维新志士在思想文化上的贡献，不论在广度和深度上，都有新发展。出版革命书刊，是革命党人在思想文化领域所做的一项很有成绩的工作。另外革命党人很注意运用文艺的手段来宣传革命思想、开通民智。他们一方面利用原有的文艺形式反映革命的思想内容，如传统的诗词、戏曲、曲艺等；另一方面又创造出新的文艺形式来表现现实斗争生活，如话剧、学堂乐歌、漫画等。这样不仅使旧的文艺形式有了新的活力，而且增加了新的样式和品种，丰富和扩展了文艺的领域，这成为后来新文艺运动的滥觞。革命党人同样重视教育的作用，大力提倡"兴学堂，普及教育"，他们不仅培养了大批革命人才，而且传播了科学文明，冲击了守旧陋俗，从而促进了近代教育事业的发展。从文化的思想内容来看，革命党人除了揭露清政府腐败卖国和帝国主义侵略罪行外，还着重发扬民族主义精神，鼓吹爱国主义；主张建立资产阶级共和国的方案；提倡民权平等，反对封建伦理纲常；反对封建迷信、习俗，陶铸"国民新灵魂"；积极广泛传播西方政治学说。由此可见，革命派在进行政治革命的同时，在思想文化上的贡献也是不可忽视的。辛亥革命在思想文化上产生的社会影响，远不是"百日维新"所能比拟的（见《辛亥革命与文化》）。

五四新文化运动没有也不可能造成传统文化的中断。传统文化无论是精华还是糟粕，许多东西至今仍然存在于现实社会中。虽然在新文化运动中，有的人在特定的环境下说过一些过激的言论（如要求废除汉字，"全盘反传统"等），但是这些言论在整个运动（或思潮）中并不居于主流地位，也从未起过支配作用，所以不能以之作为反对这个运动（或思潮）的理由（见《五四时期的新文化运动》）。这些有创见、有价值的学术观点对于今后近代文化史研究的健康发展，有着重要的指导作用。

四 社会与文化——文化史研究前景展望

尽管文化的定义种类繁多，但无论是人们所说的物质文化还是精神文化，都不是人类社会历史的某一方面，而是一个能够将似乎分割孤立地社会现象加以整合的概念。因此，文化成为一个从整体上认识社会的一个视角和途径，无怪乎有论者道："当代中国学者在接受作为整体的文化观念的同时，也接受了历史学的总体学科性质，而将作为整体的文化与社会，看成是历史学的研究对象，将揭示和把握文化、社会诸要素之间的互动关系，作为史学研究的主要任务。"① 但是问题的关键在于，文化与社会之间究竟有何关系，如何才能更有效地揭示这种关系？

诚如上文所说，《研究》的一个重要特点就是紧紧围绕社会与文化之间的互动关系来展开论述。《研究》似乎更为关注文化对社会改革的宣传作用，文化的研究讨论被当作社会变革的思想舆论准备。虽然这也是文化与社会互动关系中的一个重要方面，却不是全部，文化与社会之间的关系还包括许多其他的内容。例如，近代的各种文化思潮是如何出现的，这些文化思潮有着怎样的内涵和内在层次感，国人对哪些层次的内涵进行了选择，并逐步形成一个为大多数人所实际认同和奉行的观念；这些文化观念又如何从精英层次逐步得以社会化，为民众所接受，并固定为大众文化的一部分；这些文化观念对于国人的实际生活又产生了怎样的实际作用等等，这些问题都是需要我们在研究中加以解答的。例如《研究》提到了"革命"对于文化自身发展的推动作用，但是"革命"这个概念是如何由

---

① 邹兆辰、江湄、邓京力：《新时期中国史学思潮》，当代中国出版社 2001 年版，第 85 页。

少数革命志士推广到一心只想拿革命志士的鲜血蘸馒头为儿子治病的普通民众中去，并使得他们为这一理想展开艰苦卓绝的斗争，这本身属于文化史领域的问题，也是《研究》留给其他研究者思考和解答的问题。

那么怎么才能真正全面有效地揭示文化与社会之间微妙的相互关系呢？以前，文化史主要研究社会的精神领域，社会史主要研究社会的生活领域。文化史只注重精英思想层面，忽视大众观念及其与社会生活之间的联系；社会史又多注重社会结构和具体社会问题的描述，因而或显空泛，或显细碎，缺乏对人这一社会主体的关注以及与观念领域的联系，这种脱节的社会史与文化史研究对于揭示社会与文化之间复杂的关系显得不够，因此，一些学者开始思考文化史与社会史相结合、相互补充的可能，提倡"社会文化史"的研究方法。这一主张与西方"新文化史"的研究路向暗相契合，为文化史的研究指明了深入发展的方向和途径。这一点也正是《研究》为我们提供的启示以及留给后学者进一步研究的学术空间。

概言之，《研究》以马克思主义理论为指导，对中国近代文化的一系列问题进行了全面而深入的研究，对许多重大问题进行了理论阐述和实证分析，运用综合论述和具体阐释相结合的写作体例和新颖的分析角度，提出了许多独到的见解，对以往学术研究中的薄弱环节多有弥补，并对以后中国近代文化史的进一步研究起到重要的指导作用，《研究》是中国近代文化史研究中的一部力作。

原载《史学理论与史学史学刊》2006 年卷，社会科学文献出版社2006 年版

编辑视阈下的史学与史家

——读马宝珠的《说不尽的历史话题》

河南大学出版社 2008 年 1 月出版了马宝珠编著的《说不尽的历史话题》。这不是一般意义上的史学专著，而是一位史学编辑在特殊的视阈和体认下，编著的一本反映出 20 个世纪最后十年左右中国史学发展诸多面相的一部著作，这本书有着自己独特的史学价值和现实意义：当时有哪些社会问题引发史家对历史话题的思考；当时史学对中国的经济发展，对现代企业运营起到了怎样的引领作用；当代中国史学家在思考什么、在做些什么，反映着他们怎样的人格和智慧；作者对史学有哪些思考，有哪些现实关照，反映了作者怎样的职业情怀。这一切好像都能在这本书中找到若干答案。这里有包罗万象、说不尽的历史话题，这里有作者在《光明日报》理论部工作 12 年述不完、理不完的史学情结。

一

史学在"文化大革命"时期因成为政治的御用工具，其信誉遭到质疑。改革开放后出现了史学危机。导致危机的一个重要原因就是史学的社会功能到底如何体现，怎样体现。20 世纪 80 年代面对史学危机，史学同仁提出种种解决的途径和方案，有人提出应用史学的理论。应用史学理论显然在强调史学的社会功能和现实关怀，以充分体现史学的实用价值。我们也一直在强调史学工作者不可忽视今天与明天，就是希望史学能与今天的社会现实发生联系，为今天的现实服务，解决今天的实际问题，甚至史学还要与明天的社会发生联系，可以与政治学、社会学、经济学、哲学、法学等学科联手为未来社会的发展设计和制作模型。这一切都是在强调或体现史学社会功能的意义。

《光明日报》一直在为发挥史学的社会功能努力地工作着，为史学服务于现实社会创造着一个个平台。本书"历史话题"中的 14 篇文章就是1996 至 1998 年《史林》的专栏文章，这些史学文章是针对当时社会出现的一些问题而及时作出的反映。比如《国家统一与历史进步》和《百年沧桑话香港》等就是依据香港回归和国家统一的现实来探索香港的百年历史以及从历史的经验中提炼出国家统一对历史进步的重要价值。这样的文章使人们能够深入认识国家统一及香港回归的重要历史意义，体现了史学的现实关怀和应用价值。再如《历史上大江大河的治理与利用》和《家训文化及其现代意义》等也都为当时提高人们的环保意识和注重家教特别是独生子女教育提供了历史的经验教训。本书"史企对话"中的 11 篇文章也是 1995 年《史林》开设的"史学家与企业家对话"的专栏文章。中国进入以经济建设为中心的新时代后，企业在运营中越来越感到建设企业文化的重要，而中国传统文化所蕴含的文化精义包括经营管理的智慧与传统，怎样将两者沟通与结合，"史企对话"这个平台为此作出了积极的贡献，从而使史学为中国当代企业的发展作出了自己独特的贡献。从这本书中我们深深感受到，20 世纪 90 年代中期，《光明日报》为史学服务于现实社会作出了诸多努力，反映了编者在那个时代就所具有的开拓和创新的意识以及为史学发展开辟一条新路径的职业情怀，这的确是难能可贵的。

二

《说不尽的历史话题》洋洋洒洒 40 余万字，涉及当代史学学者百余人。可以说本书反映了那个时代中国史学热点的大致趋向和史学发展的基本路径，同时也展示了当代史学家的人格魅力与思想智慧。

作者在这本书中提到了多位当代史学大师，讲了很多他们的故事。倾听这些故事，我们被一代大师超凡的人生境界深深打动。"腹有诗书气自华"的季羡林先生，"择善而固执"的何兹全先生，"'三考'见真知"的王锺翰先生，"识得必然方自在，从知潜力显于斯"的周谷城先生，"无心论长短，坎坷出文章"的费孝通先生，"解读民族瑰宝，阐释文化精义"的张岱年先生，等等，他们用不平凡的生命奏响了中国学术的钧天大乐。

从他们的故事里我们感受到大师们的谦和、平易、善良、热情、真诚、朴实、正直、信任、理解、关爱、坚毅、勇敢、敏捷、笃实、勤奋、博学、深邃、达观、重情、幽默、潇洒、睿智、仁爱的人格魅力，令人感动，令人景仰。大师们的人格是学术生涯锤炼出来的，是学术滋养哺育的结果，也就是所谓的"金丹换骨"吧。

从"史家访谈"中被访的二十余位史学家里，我们看到了20世纪90年代中国的史学成就，看到了史学家身上独具的社会责任感和特有的学术使命感。任继愈、段文杰、樊锦诗先生对敦煌石窟文物的产权、研究与保护的建议，戴逸先生对21世纪史学发展的期望，李文海先生希望历史学走向新的学科综合，庞朴先生揭开郭店楚简的谜底，李侃先生对20世纪90年代中国历史学的期待，龚书铎先生对中国人西方文化观主体性和主动性命题的提出，宁可先生为敦煌学繁荣而作出的努力，沙健孙先生欲将党史学研究推向更高的水平，苑书义先生为复杂历史人物立传，李治亭先生对历史人物传记的深层次探索，张磊先生审视市场经济大潮中的史学发展，陈胜粦先生对中国近代史研究的深化，魏宏运先生走出书斋、寻找历史源头活水的精神，章伯锋先生的昭示后人、勿忘国耻，耿云志先生对人与自然、人与人、个人心灵与肉体关系命题的思考，张海鹏先生探索徽商的精神，史金波先生欲让西夏历史文化重现风采，马大正先生中国边疆史地研究，等等。这一切都映衬着中国史学家们思想智慧的光辉。

作者访问了数十位当代的史学大师和史学家，作者从他们身上感悟到了很多人生真谛。作者把这些感受通过《说不尽的历史话题》传授给读者，让人们也感受到了一代大师平凡中隐现着的卓越，他们的平凡和卓越将永远激励和鞭策着后人。

三

《说不尽的历史话题》分上下两编，下编是作者本人的史学著述。作者是历史学专业毕业生，多年来在史学领域里一面从事编辑工作，一面从事著述工作，是典型的学者型编辑。她先后著有《中国新文化运动史》等著作和数十篇史学论文。从她的著述中，我们感到作者的史学研究比较注重两个问题：其一，注重史学理论问题的思考。这在作者与诸多历史学家进行的历史对话和人物专访中已经得到了充分的印证，在她的史学著述中也能体现这一点。诸如《历史科学与文化建设》、《关于史学普及与提高的几个问题》、《关于中国近代史分期问题的一点认识》等文就可以看出作者对有关史学理论和中国近代史基本理论问题的关注。作者对史学功能的理论思考亦有独到之处，她认为历史上的治乱兴衰、成败得失对于国家的治理有借鉴作用；认为人们可以通过史学认识历史，继承历史遗产，提高历史意识，在现实中少犯错误；认为通过学习历史，提高自己的德行、见识，丰富历史智慧；认为通俗史学在推动大众文化建设方面的积极作用等等。其二，注重史学的普及探索工作。在"历史随笔"中作者用优美流畅的文笔介绍一些历史人物和历史事件，使读者在轻松的阅读中获取历史知识或受到人生的教育，以提高读者的人文素质。这实际也是史学功能的体现，是需要很多人来从事这项工作的，特别是随着社会的发展进步，从事这样工作的人理当更多。进一步讲，中国的文化进步，需要从文本文化向实践文化（或曰行为文化）的过度发展，需要两者很好的结合。中国不乏文本文化，实践文化却有欠发达。从文本文化向实践文化的发展，是非常艰难的工作，需要更多的人做最基础的普及和引导工作。从某种意义上说，《说不尽的历史话题》的作者是一位较早的觉悟者，也是一位较早的实践者。

原载《中华读书报》2008 年 7 月 16 日

《英雄的悲剧——李秀成心理分析》序[①]

　　心理史学起源、发展于欧美，并影响到中国史学，可视为当代中国史学的新视域或新流派。

　　19世纪末向德国传统史学兰克学派提出质疑的发起人是卡尔·兰普雷希特。他提出了"历史学首先是一门社会—心理学"[②]。他的《德国史》就是运用社会—心理学的研究方法撰写的一部著作。狄尔泰是德国最早使用心理史学方法的历史学家，他的《黑格尔青年时期的历史》就是以青年黑格尔的心理分析为个案的典型范例。李凯而特在其代表作《文化科学和自然科学》中，专门以"历史学与心理学"为题，探讨了心理史学的特质。法国年鉴学派第一代代表人物吕西安·费弗尔和马克·布洛赫都是较早强调心态史的学者。吕西安·费弗尔的《马丁·路德：一个命运》，探讨了16世纪德国社会的集体心理。马克·布洛赫的《创造奇迹的国王》运用心理学的方法，揭示了那个时代普遍存在的社会心态。心理史学的第一座高峰是奥地利著名心理学家弗洛伊德。弗洛伊德不同于法国年鉴学派。如果说法国年鉴学派的心理史学，主要是以史学为主题而借助于心理学的分析方法的话，那么弗洛伊德则是以心理学为主体把心理分析理论应用于历史研究的具体实践。弗洛伊德的《童年的回忆——达·芬奇》和《托马斯·威尔逊：美国第二十八届总统的心理研究》是心理史学的典范之作。由于弗洛伊德运用的心理分析比较专业和规范，使得心理学与历史学真正结缘。美国"新史学"运动的代表鲁滨孙在二三十年代受弗洛伊德

----

　　① 为邹兆辰著《英雄的悲剧——李秀成心理分析》（未刊稿）一书撰写的序言。
　　② ［英］彼得·伯克：《历史学与社会理论》，姚明等译，上海人民出版社2001年版，第16页。

心理史学的影响，在《新史学》中提出用综合的多种因素的观点来分析历史，其中就包括心理的成分。第二次世界大战后，美国成为与法国心理史学相对应的学术研究重镇，五六十年代，很多历史学家对于心理史学进行了有益的探索，70 年代，美国在这一学术领域先后创办了专门的学术刊物，心理史学成为当时最活跃的学科。哈佛大学教授埃里克·埃里克森是心理史学的又一座高峰。他的《青年路德传》、《甘地的真理：非军事暴力主义的起源》等多部专著为新弗洛伊德心理史学奠定了基础①。

20 世纪上半叶，中国史学受到了欧美心理史学的影响。梁启超在《中国历史研究法》及其补编中对心理史学有深刻的认识和阐述。朱谦之较早开始注意到史学研究中"心理的方法"问题，认为社会愈进步，心理因素的影响就愈大②。何炳松主张历史学科是多学科多方法的综合研究，就是"必待心理学与自然科学、经济学能通力合作，不背道而驰，以解决此问题"③。胡秋原在《历史哲学概论》④ 中专门对"心理史释"作了论证。改革开放以后，中国史学界把西方的新史学理论和方法介绍到国内，其中就包括美国的心理史学和法国的心态史学。在介绍西方心理史学的过程中，邹兆辰、罗凤礼、朱孝远等中国学者作出了积极的贡献，如邹兆辰、郭怡虹的《西方心理历史学理论和方法简析》（《世界历史》1987 年第 4 期）；罗凤礼的《西方心理历史学》（《史学理论》1989 年第 1 期）；朱孝远的《现代历史心理学的产生和发展》（《历史研究》1989 年第 3 期）；罗凤礼的《论弗洛伊德的历史观》（《史学理论研究》1993 年第 3、4 期）等。这一时期，国内出现了研究中国心理史学的理论著述，如彭卫的《试论心理历史学的主体原则与理论层次》（《史学理论》1987 年第 2 期）和《历史的心镜——心态史学》（河南人民出版社 1992 年版）；胡波的《试论历史心理学及其研究对象》（《学习与探索》1988 年第 2 期）和《历史心理学的价值和意义》（《广东社会科学》1993 年第 1 期）等。这一时期也出现了一些借鉴心理史学的方法或以心理为切入点进行研究的学术成果，

---

① 参见陈曼娜《二十世纪中外心理史学概述》，《史学史研究》2003 年第 1 期；朱孝远：《现代历史心理学的产生和发展》，《历史研究》1989 年第 3 期。

② 朱谦之：《历史哲学》，上海泰东图书局 1926 年版。

③ 何炳松、郭斌佳编译：《西洋史学史》。转引自胡逢祥、张文建著《中国近代史学思潮与流派》，华东师大出版社 1991 年版，第 345 页。

④ 胡秋原：《历史哲学概论》，商务印书馆 1947 年版。

如章开沅的《离异与回归》（湖南人民出版社 1988 年版）；周岩的《百年梦幻——近代中国知识分子的心灵历程》（国际文化出版公司 1988 年版）；程啸的《晚清乡土意识》（中国人民大学出版社 1990 年版）；乐正的《近代上海人社会心态（1860—1910)》（上海人民出版社 1991 年版）；李文海的《世纪之交的晚清社会》（中国人民大学出版社 1995 年版）等。

邹兆辰教授是我国改革开放以后较早关注、介绍、研究心理史学的主要学者之一。他从 80 年代初至今三十多年来，先后发表过多篇有关心理史学的学术论文，诸如《西方心理历史学的理论与方法简析》（《世界历史》1987 年第 4 期），《历史问题也是一个心理问题——普列汉诺夫关于社会心理问题的理论在唯物史观中的价值》（《北京师范学院学报》1988 年第 4 期），《五四运动中的社会心理与爱国精神》（《北京师范学院学报》1989 年第 2 期），《当代中国史学对心理史学的回应》（《史学理论研究》1999 年第 1 期），《新时期以来对中国史学影响较大的几个西方史学流派》（《江西社会科学》2004 年第 1 期），《近年来我国心理史学发展趋势》（《史学理论研究》2005 年第 4 期）等等。这些论文不但介绍了心理史学的学科特征以及理论与方法，阐述了西方心理史学在中国的传播与影响以及国内心理史学的实践与发展，而且还有他本人运用心理史学理论方法进行史学研究的实践成果。邹兆辰教授在心理史学方面作出的贡献值得我们敬重和景仰。

这二三十年来，心理史学给予了中国史学诸多的有形和无形的影响。我似乎就有这样的感受。对于心理史学，我完全是个外行。但在不自觉中，我似乎对非概念的心理史学也有些懵懵懂懂的感觉，这大概与我关注社会文化史有关。1991 年我参加辛亥革命 80 周年全国青年学术研讨会，会后我写了一篇会议综述，其中提到："会议提交的社会文化史论文的内容主要包括辛亥革命时期的社会心理……"在介绍有关研究社会心理的论文时提到："有的论文指出，清末民初政治变化与反满排满和思安厌乱心理有关，反满情绪导致清朝灭亡，思安厌乱心理又使革命半途而废，任何社会变革的深度与广度和社会心理变化的质量成正比。——有的文章指出，辛亥革命时期社会心理的变化，是近代以来尤其是戊戌变法以来西方现代意识不断渗入和资产阶级启蒙教育的结果，铸成一种人心思变的社会环境，产生一种与民主共和相适应的新价值尺度与行为准则，成为辛亥革命爆发的重要社会心理要素。"① 1989 年我发表了《清末社会习俗变化的历史局限》一文②，文章认为变态审美心理、恐惧心理和逆反心理是阻碍社会习俗变革的重要因素。1992 年我的论文《民族心理与民族文化探略》③，探讨了民族心理与民族文化、民族心理与社会进步的关系问题。1999 年我发表了《清末国民性批判》一文④，国民性问题与民族心理问题是有关联的。1999 年拙著《清末国民意识与参政意识研究》⑤ 出版，其中探讨了国民意识产生和文化启蒙，参政意识的产生与发展，这些也与民众的心理有关。我的学术旨趣是在社会文化史领域，我认为所谓的社会文化史"是研究社会生活与其内在观念形态之间相互关系的历史"⑥，"一个社会的人们为什么要这样生活，是什么样的思想观念决定的；一个社会人们的生活变化引起了哪些思想观念的变化；由于新思想观念的影响使一个社会人们的生活发生了哪些变化——这一切都是社会文化史要研究的问题。"⑦ 可见社会文化史注重观念形态问题，也就不自觉地要去关注社会心理问题。后来我发表了《社会生活：社会文化史研究的一个重要概念》，文中说："同一个个体，在不同的年龄段，个体的生活观念是有变化的。中国古语道：三十而立，四十不惑，五十而知天命，六十而耳顺，七十而从心所欲不逾矩。这就是讲个体在不同年龄段上不同的生活观念和生活状态。——同一个个体在不同的年龄段观念尚且不同，那么不同的个体在不同的年龄段观念的差距就可想而知了，所以代沟是一个重要的问题域，是研究社会文化和比较研究的一个重要切入点。"⑧ 这里也谈到了个体的心理问题。其实改革开放后，史学界不自觉地会受到心理史学的影响。我攻读

---

① 梁景和：《辛亥革命 80 周年全国青年学术研讨会关于社会文化史问题的讨论述评》，《辽宁师范大学学报》1992 年第 2 期。

② 《史学月刊》1989 年第 2 期。

③ 《湖南师范大学学报》1992 年增刊。

④ 《清史研究》1999 年第 3 期。

⑤ 湖南教育出版社 1999 年版。

⑥ 梁景和：《关于社会文化史的几个问题》，梁景和主编：《中国社会文化史的理论与实践》，社会科学文献出版社 2010 年版，第 31 页。

⑦ 梁景和：《关于社会文化史的几个问题》，梁景和主编：《中国社会文化史的理论与实践》，社会科学文献出版社 2010 年版，第 31 页。

⑧ 参见梁景和主编《中国社会文化史的理论与实践》，社会科学文献出版社 2010 年版，第 100 页。

硕士学位的时候，记得 1985 年下半年导师李侃老师为我们上"中国近代文化史"课，有一次讨论康有为、梁启超、严复等人晚年出现向传统文化回归的现象，李侃老师在解释诸多原因的时候，特别强调戊戌变法和辛亥革命失败后，社会混乱的现实，给很多人造成心理上的影响，可能会引起一些社会文化人的思想变化，所以出现了回归现象。李老师从人的心理变化方面进行的解释，是有一定道理的。2007 年我在为博士研究生授课时，与周宇清、钟海涛、崔萌、张美丽几位博士生也专门讨论过心理史学和心态史学问题。我现在逐步体会到"历史问题也是一个心理问题"的命题。

2013 年 1 月 18 日，我拿到邹兆辰教授的《英雄的悲剧——李秀成心理分析》一书的打印稿，我渴望一读。早在 20 世纪 80 年代，邹兆辰教授就想选择一个人物，尝试用心理史学的方法进行研究。当时他注意到罗尔纲先生《忠王李秀成自述校补本》，认为可以利用李秀成自述的资料，对李秀成进行心理分析。由于种种原因，当时这项工作搁置了。多年来，邹兆辰教授由于对心理史学的执着以及长时间的积累和思考，前几年他在完成了手头其他科研任务后，又重新开始了"李秀成心理分析"的科研工作，并在短时间内完成了这项科研任务。这部书稿是尝试运用心理史学方法进行人物心理分析的专著，是一部具有代表意义和很高学术价值的心理史学专著。阅读此书，我觉得这部著作的研究和撰写有如下几个特征：

第一，从全书结构上看，体现了心理史学的特征。本书在结构上共有六大部分，分为绪论和五个篇章。其中第二、三、四章是全书的主体部分，这主体部分的三章内容充分体现了心理史学的特征。第二章讲述的就是李秀成在整个太平天国运动中的心路历程，从"迷迷蒙蒙"参加太平军，到李秀成对"天国"的看法和印象，再到为天国建功立业和支撑残局以及如何面对国破身亡之绝境，全章刻画了李秀成在太平天国十四年的内心冲突和心灵走向。第三章专门叙述李秀成与洪秀全和曾国藩之间的心绪互动。在李秀成与洪秀全共谋天国大业的恩恩怨怨中，李秀成如何初识了洪秀全，如何得到洪秀全的信任和重用，两者的心间隔阂又如何产生和发展，李秀成内心对洪秀全的知恩忠诚与责备悔恨的矛盾心境为何始终交织在一起。作者对此给予了心理史学技术方法上的画龙点睛。在李秀成与曾国藩之间的心绪互动中，反映了李秀成对曾国藩的认识和态度以及对清政府的期许，同时也可以看到曾国藩对李秀成及其对他处置上的复杂心态。

第四章重点阐述李秀成的人格特征，一方面从外国人的视角看李秀成的形象、性格和气质；另一方面又从李秀成本人的立场剖析了自己的知识、才能和人性。通观这三章的主体内容，彰显了心理史学的偏好和视点。

第二，从史料选材上看，体现了心理史学的特征。本书依据的最基本的史料是《李秀成自述》。而这个《自述》，能充分反映着作者的内心活动以及可供进行心理分析的典型素材。正如邹兆辰教授所说"《李秀成自述》是一个可以进行心理分析的绝好材料"，"这份三万多字的自述，是李秀成在囚禁他的木笼中，用毛笔一字字写成的。……供词虽经曾国藩在个别地方有所改动，但透过影印的原件，仍然可以看到它的真面目。《李秀成自述》的最大特点除了系统地保存了太平天国的历史和他本人的经历外，还真实地记录了他在被囚时的心理状态"。本书以《李秀成自述》为基本史料，从《自述》的字里行间中能够看到李秀成对个人心理、群体心理现象的一些描述，这份《自述》为作者进行心理分析创造了条件。

第三，从分析论证上看，体现了心理史学的特征。本书稿有一个突出的特点就是在叙述完史料之后直接用"心理分析"标题来进行心理论证。有些心理分析确有精妙之道。比如邹兆辰教授对李秀成"愚忠"的心理分析就比较典型。邹兆辰教授认为，洪秀全与李秀成之间一直存有心理隔阂，因为李昭寿降清后并劝李秀成降清，洪秀全得知此事就开始防备和怀疑李秀成了，而且设法拒绝李秀成的军事主张，限制李秀成作战的主动权。李秀成对洪秀全也多有责备和怨恨，埋怨洪秀全不理政事、任人不专、尽信天灵、不由人奏。两人之间已经如此隔膜，但李秀成在行为上还是选择了对洪秀全尽忠到底的一条路，不但一切听从洪秀全的指挥和调遣，而且把母亲和家眷一起押给朝廷做人质。李秀成如此作为，邹兆辰教授认为这是李秀成感恩与"愚忠"的思想和心态决定的。洪秀全起用李秀成后，把他原来的名字李寿成改为李秀成，虽然只是一字之差，但却非同小可。当时太平天国诸王的名字都需要避讳，洪秀全却把李寿成的名字改为李秀成，不避自己名字的讳，足以表明对李秀成的器重。后来洪秀全还把他亲自写有"万古忠义"四字的旗子送给李秀成，并封他为"忠王"。李秀成对洪秀全的恩情是念念不忘的，并一直抱有"尽我愚忠而为"的理念，把臣子对君主的尽忠看成是天经地义的事。正是这样的愚忠心态，当洪秀全死后，幼主继位，李秀成又把愚忠的对象转移到洪秀全的儿子，虽然幼主是个孩子，却是洪秀全的骨肉，所以李秀成要拼死保卫幼主。正是他的愚忠心理，他也没有选择拉出一支队伍另辟新路，去做石达开第二。再比如，邹兆辰教授通过对李秀成向善心理的分析，来理解李秀成的一些所作所为。邹兆辰教授认为，李秀成作为一个身经百战的军事将领，早应该造就一副铁石心肠。但他是个普通人，也有普通人的喜怒哀乐、悲欢离合。他对自己手下变节的将领，要通融保住他们的性命；对于被俘的清朝官员，给予留去自由的选择。李秀成一生当中做过的类似事情不胜枚举。邹兆辰教授分析这与李秀成"生各扶其主，两家为敌，死不与渠为仇，此出我之心愿，悉不忍加刑，故而为此也"的心态有关。他的"出我之心愿"恰恰反映了李秀成人性中向善的一面，体现了他的慈悲心肠。下面一例，我们能够看到邹兆辰教授对曾国藩的心理是如何分析的。清军攻破天京，活捉李秀成，这是湘军的大功。把李秀成送到北京"献俘"，也是曾国藩向清廷显功的好机会。但曾国藩改变初衷，决定在南京就把李秀成杀掉，这是为什么呢？对此邹兆辰教授作了心理分析：曾国藩与其幕僚赵烈文都先后见过李秀成，他们都认为李秀成"甚狡，不宜使入都"。所谓"甚狡"，是说他不是那种没有头脑的蠢贼。他们知道李秀成对太平天国的兴衰成败有很清楚的认识，对清廷应如何收拾残局也有一番看法，特别是李秀成提出了"夷务不靖"的看法，主张"防鬼反为先"，如果让这样一个有头脑的人进京，在朝廷审讯中，说不定会说出什么对曾国藩不利的话。邹兆辰教授分析的正是曾国藩内心的困惑、焦灼和纠结所在。作者在本书中类似的心理分析比比皆是，在此就不再一一列举了。

阅读这部书稿的过程，就如在听故事、看小说。书稿的文笔顺通畅达，一气呵成。作者对史料和史实掌握得清楚，对学术界李秀成研究的历史和现状也很熟悉。特别是书稿的先史料后分析的书写结构给读者提供了深入理解和思考的空间和方便。当然任何一部书稿都会存在这样或那样的不足，本书稿也是如此，一方面由于书稿结构和多角度分析的原因，所以有些事实和史料前后出现了多次重复；另外，对历史问题进行心理分析，这是跨学科并运用新方法的体现，反映了学术研究的进步趋向，但有些历史问题还要对心理原因的背后因素进行更为深入的探讨，才会令人感到入木三分。当然这也可能不是心理史学的任务了。不过，瑕不掩瑜，这是一部值得充分肯定的史学著作。

其实研究心理史学有相当大的难度，要求的条件很高，不是轻易能够做到的。研究者不但要有史学专业的基础，还要有心理学的知识和运用心理学方法的能力。邹兆辰教授长期从事史学理论和史学史的研究和教学工作，有高深的专业理论水平，他又较早就关注着国内外心理史学的发展和走向，阅读了大量的心理史学方面的著作。更难能可贵的是早在 20 世纪 80 年代，邹兆辰教授就参加了中国科学院心理学研究所举办的心理学讲座，他坚持利用业余时间听了两年多的讲座，并通过考试取得了合格证。邹兆辰教授正是在这样的基础上于 80 年代开始思考利用李秀成的自述资料，对李秀成进行心理分析。邹兆辰教授进行李秀成心理研究还有其从事心理史学的实践基础，他 1989 年发表过《五四运动的社会心理与爱国精神》。2001 年出版了《新时期中国史学思潮》（合著），2011 年出版了《变革时代的学问人生——对话当代历史学家》和《为了史学的繁荣——对话当代历史学家》，这三本书是他与当代历史学者的心灵沟通和对话，这里就有心理史学方法的运用，也是具有心理史学性质的一项成果。所以现在看来，邹兆辰教授出版一部《英雄的悲剧——李秀成心理分析》是有其自身学术专业基础的，是符合自身学术发展逻辑的。真诚希望有更多的心理史学的成果面世，为中国史学的繁荣增辉。

以上所述只是我个人的一点浅见，可能说了很多外行话，好在我是抱着学习的目的和态度，在此向方家请教了。

2013 年 1 月 30 日

社会文化史研究的另一个视角

从新中国成立到改革开放初期的三十几年里，中国近现代史研究在革命史的范式下，反帝反封建斗争史的研究取得了丰硕的成果。改革开放后，中国近现代史的研究又有了长足的进展，发生了翻天覆地的变化。这种变化主要体现在三个方面：其一，研究领域不断拓展，政治史、法律史、军事史、经济史、文化史、社会史、思想史、性别史、国际关系史、口述史、社会文化史等等，这些领域取得的成绩可圈可点。其二，与革命史范式相对应，接受和关注更多的史学范式，诸如冲击回应模式、中国中心说、时空双向交叉比较史观、现代化范式、文化形态模式、"历史的三峡——转型"理论、后现代史学等等。其三，吸收和创建了一系列中层理论，诸如区域经济理论、士绅社会理论、市民社会分析、经济过密化理论、权力的文化网络理论、乡村基层政权内卷化理论、文化资本解释理论、关中模式、江南模式、科场场域理论、"无事件境"理论、地域文化与国家认同理论、儒学地域化理论、人类精神进化理论等等。当然，领域、范式与中层理论既有不同，又有所交叉，有时容易分辨，有时又往往交织在一起，三者需要做进一步的辨析和厘清工作。

国内社会文化史是 20 世纪 80 年代初期文化史、80 年代中期社会史复兴后，于 20 世纪 90 年代前后出现的历史学科的新领域。关于社会文化史的性质、类别、研究对象及其理论方法，正处于讨论之中，学者们的认识和理解还有不少差异。受西方新文化史的影响，国内学者一般把社会文化史视为研究社会生活、生活方式、日常生活与观念形态之间相互关系的历史。现在有很多学者悉心开拓着社会文化史这块处女地，而余华林的《女性的"重塑"——民国城市妇女婚姻问题研究》就是研究社会文化史问题的一部专著。

余华林 1995 年考入首都师范大学历史系基地班，大学四年级的时候就对中国近现代社会文化史发生了兴趣。1999 年免试推荐到本校中国近现代史专业攻读硕士学位，并以十余万字的《中国现代家庭文化嬗变研究》的学位论文获得了硕士学位。2002 年考入中国人民大学清史研究所攻读博士学位，其博士论文被评为中国人民大学优秀博士论文，并被推荐参加全国百篇优秀博士论文的评选，这本书就是他在博士论文基础上修订而成的。2005 年余华林回到首都师范大学历史系做博士后，完成了《尴尬的女性——民国时期妾问题研究》的研究报告。2007 年他留在首都师范大学历史系任教。

近些年来，余华林主要关注和研究的领域是民国时期的婚姻文化与家庭文化等问题，这从他的硕士学位论文、博士学位论文和博士后研究报告中能够反映出来，他这些年发表的学术论文也基本是围绕着这个领域作出的。可以说余华林是研究中国近现代社会文化史领域的一位年青的学者。

本书有很多值得肯定的特点，诸如以民国城市婚姻生活为主题；以恋爱、结婚、离婚、纳妾四位一体为基本架构；以女性的视角为切入点；以当时流行的具有时代新内涵和多层次性的婚姻观念为侧重，等等。本书在研究方法上注重观念史与社会史相结合，通过对观念与社会实际互动关系的分析，揭示民国时期女性婚姻的一些具体而又复杂的问题。本书还对一些问题力图作进一步的思考，诸如男女两性在近代妇女婚姻生活的改造历程中，分别扮演什么样的角色？当时年轻的女性为什么要把自己塑造成"新思想旧道德"的形象？等等。本书也提出了一些人类社会一直需要不断认识和调适的问题，诸如什么是爱情等，对于什么是爱情，不同人在不同的时代的感受是不同的，答案也是多种多样的，提出这样的问题，也是为了重视从理论上对此进行必要的探讨。我们作历史研究，在一本书里只能解决某些学术问题，更多的学术课题还要人们不断地去发现、去思考、去探索、去解决。一些学术观点和见解也要作进一步的讨论和研究。婚姻问题是人类社会探究不完的永恒话题，婚姻作为被社会认同的方式而结成的一种配偶关系，它将随着社会的进化而变化，它的变化既有渐进，也有轮回，还会有新创举。

余华林今年三十岁，就出版了自己的学术专著，说明他做了艰辛的努力。但是未来的学术路途怎么走，能走到怎样的程度，这就需要他自己去努力和把握了。特别是在学术视野、学术境界和理论功力、史料功力上都应该有自己更高的追求和理想，这是对他的一点期望。是为序。

原载余华林著《女性的"重塑"：民国城市妇女婚姻问题研究》一书的序言，商务印书馆 2009 年版

《当代中国口述史：为何与何为》序

　　我较早关注口述史大约是在20个世纪的90年代。那时我刚到首都师范大学历史系任教，从事中国近现代社会文化史的教学与研究工作。从那时起我觉得研究新中国成立以后的婚姻、家庭、女性、性伦、娱乐生活等社会文化史的内容很有学术价值，所以我的硕士生和博士生在这个领域里作了很多学位论文。在从事学术研究的过程中，我们在运用史学传统的文献研究方法之外，开始注重社会学、心理学等学科的研究方法并借鉴之，其中访谈问卷法开始为我们所借用。2001年后，十几年来，我的一些研究生们做了大量的访谈和问卷工作，并整理出版。[①] 这一时期，口述史学也开始在史学界兴盛起来，国内已多有专著、译著和论文出版发表。但在这一时期，人们对于口述历史的认识尚处初始阶段，所以需要深入理解和研究的问题还有很多。我在2005年撰文《关于口述史的思考》，着重阐述了我对口述史的一些认识和思考，认为口述史"是通过有计划地访谈和录音技术，对某一个特定的问题获取第一手的口述资料，然后再经过筛选和比照，分析和辨伪，进行历史研究的方法及其成果"[②]。我极力主张要把口述史和访谈录、回忆录等区别开来，千万不能混为一谈。口述史是艰苦的史学研究，未经过规范研究的不能视为口述史。当然访谈录和回忆录等都是重要的史料，其价值绝不能低估，并随时间的流逝，其史料价值将不断增值。

　　王宇英博士较早就开始关注口述史的理论与实践问题，2005年起开始进行口述史的访谈实践工作。由她整理的"'文化大革命'的家庭文化"

---

　　① 已经出版第一、第二两辑（梁景和主编：《中国现当代社会文化访谈录》第一辑、第二辑，首都师范大学出版社2010年、2012年版），第三、第四两辑也将在近期出版。

　　② 梁景和、王胜：《关于口述史的思考》，《首都师范大学学报》2007年第5期。

访谈录已经出版。① 她的博士学位论文《"文革"时期家庭政治化研究》就使用了相当数量的由她本人采访得来的访谈资料,她的博士学位论文被匿名评审为优秀博士论文。王宇英 2007 年毕业后到中国传媒大学工作,几年来一直未间断从事口述史的研究,并于 2010 年获教育部人文社会科学"当代中国口述史发展现状及对策研究"的青年基金项目,为她进一步开展口述史的研究提供了新的平台。

王宇英的这本《当代中国口述史:为何与何为》是在她多年积累、思考和研究的基础上撰写的一本专著。阅读之后,我个人觉得这本专著有如下几个特点:

其一,本书的问题意识较为突出。作者关注口述史的界定及其理论疑难问题,力图在中西方口述史的比较中,通过对口述史的三个元素(当事人的口述资料、采访者的收集过程、对口述资料的整理与研究)以及三种关系(采访者与当事人的关系、当事人与口述资料的关系、采访者与口述资料的关系)的辨析,尝试把握住口述史的特点,厘清口述史与传统文献史学、口传历史、民间历史、轶闻、野史等的异同,澄清口述史理论与实践中的种种误区。

作者尤为关注当代中国口述史的实践规范及相应的研究对策,围绕当代中国口述史的个案,结合个人的口述史实践,分析当代中国口述史实践和理论研究中的重要问题,并围绕口述史料的可考证性及其深度利用等问题,阐述当代中国口述史的独特价值。

其二,本书的结构框架合理完整。全书共由七个部分组成,除导论和结语外分为五章。第一章话语与实务,探讨了口述史的界定以及访谈的前期准备工作;第二章呈现与传播,叙述了口述作品及其作品的传播;第三章历史与现状,阐述了中国大陆与台湾口述历史的发展历程;第四章热点与案例,以个案为例,概述口述历史的既往成就;第五章问题与对策,针对口述史存在的具体问题提出了相应对策。全书通过五章的设计,涵盖了丰富的口述史内容,形成一幅百科全书式的口述历史的画卷。

其三,本书提炼概括了几点重要的结论。第一,作者认为口述史不能

---

① 参见梁景和主编《中国现当代社会文化访谈录》第一辑"卷三",首都师范大学出版社 2010 年版。

满足于留存口述史料，而要借助口述史料，关注边缘群体和弱势群体，用更多的记忆和细节还原历史和表述历史，将个人生命史与社会历史、社会结构相结合，更新人们对历史的认知与表述方式。第二，作者认为采用口述方法搜集的史料需要与文献史料进行互证、核实和辨伪。收集口述史料的主要目的是最大限度地实现历史研究过程中的多重关照，因此，从事口述史决不能仅仅停止于对口述者的访谈，还要注意一切与访谈内容有关的文献及物品，从而帮助口述者挖掘记忆中更多的信息，提高口述史料的可信度。第三，作者认为要重视对当代中国口述史料的二次挖掘与深度利用。口述史料和记忆的不可靠性本身就包含一定的历史内容，蕴含着某些历史含义，根据口述人有意或无意的隐瞒、曲解等行为，可以分析出口述者的价值观念、精神状态的发展史与转变史。第四，作者认为当代中国口述史既是历史的产物，又是时代精神的阐释者和建构者。以上作者得出的结论具有重要的理论意义和学术价值，进而为本书增色。当然本书还有需要"深思考、细加工"的广阔空间，希望作者继续努力，在口述史的理论探索和实践应用方面多有创获。

以上只是我个人的一点浅见。是为序。

原载王宇英著《当代中国口述史：为何与何为》一书的序言，中国大百科全书出版社2012年版

《21世纪中国女性文化本土化建构研究报告集成(2001—2012)》序

"中国女性文化"是一个非常重要的历史文化问题,"中国女性文化本土化"是一个非常具有特色的学术问题,"中国女性文化本土化建构"又是一个深刻的理论问题,所以要研究"中国女性文化本土化建构"着实是困难的。这本书力图探讨这样一个大问题,其敢为的勇气令人叹服。

上面几个概念和命题的主旨博大精深,说心里话我还未能透彻地理解到位。以我个人的浅见,如果非常浅显和简单地说,"中国女性文化"就是国家、哲人、王者和男性对中国女性言谈举止、衣食住行、两性伦理、为人处世等生活方式的规训和教化,这个概念有一定的历史性和时代性,有着历史的脉络走向和曲线变幻;"中国女性文化本土化"本质上就是"中国女性文化",但我想本书中的这个命题却含有他意,即研究中国女性文化要立足中国本位,从中国的立场出发,不受外人的干扰,说中国人自己的话,反映中国人自己的思想主张和意志观念等诸如此类的含义。至于说到"中国女性文化本土化建构"似乎讲的是研究中国女性文化要有自己独特的一套理论和方法,并以此为分析工具,进而形成自己的一套研究体系和话语体系。借此机会,我愿意谈谈自己另外的几个感想。

一 男权社会、女权社会、个性社会

谈中国女性文化是与讨论中国女性主义和中国女权主义相联系的。之所以很长时间以来,人们津津乐道地讨论这些历史文化问题,是因为这些问题的确是重要的历史问题、文化问题和现实问题,是一半人口的解放问题。就是说在人类社会的发展过程中,由于长时间处于男权社会的历史阶段，所以女性被压抑了、被奴役了，成了受压迫者、成了男性的玩偶与工具。这就提出了女性解放的问题，提出了男女平等的问题。很久以来，人们为此孜孜不倦地努力和奋斗着。经过这样艰难的奋战，应当说已经取得了一定的战绩，但是问题并没有真正得到解决。问题在哪呢？可能是我们观察的视角和关注的问题所致。我们运用的是女性视角，我们关注的是女性问题，这当然没有错。特别是站在历史的这个特定的阶段上，这也是历史的必然。如果我们总是用性别视角看问题，那么男女将永远是一对矛盾，或者说将永远是一个对立。这样一对矛盾和对立，靠什么去真正解放女性呢？靠人们高喊着男女平等吗？不行，男性不会这么轻易地让女性做到跟男性平等；靠伦理道德吗？不行，伦理道德有很多时候是软弱无力的；靠法律制度吗？不行，法律制度很多是男性制定的。如果靠，只能靠建立女权社会。在男权社会，男性是主人，男性是解放者；在女权社会，女性是主人，女性是解放者。但是果真如此，那么非常棘手的问题就来了。先不说是否能建立女权社会，如果真的建立了，女性成了主人，女性解放了，而另一半的男性又将成为新的被压迫者，新的被奴役者。那么这个社会的性别解放和性别平等问题就仍然未能解决。就是说只是两性的位置交换了，社会问题未解决，这能是我们的理想社会吗？当然不是。所以今天人们高呼着女性主义或女权主义，似乎是在为女性的解放或男女平等而奋斗，其不知这样做要达到男女平等只能是画饼充饥，事实上是达不到理想目的的。当然，在这漫漫的历史长河中，我不反对在这相当长的历史阶段中，为了与男权社会对峙，我们用女性视角，运用女性主义和女权主义的利器来为女性服务，不失为一个权宜之计。而未来社会，在我看来，既不能是男权社会，也不应当是女权社会，建立其中任何一类社会，都将有半数之人遭受奴役和苦难。

那么未来我们要建设的理想社会是什么社会呢？答曰：是"个性社会"。个性社会的视角不再是性别，而是个体。见一个人，不看他是男人或女人，而看他是一个生动具体的个体，作为一个生动的个体与自己处于平等的位置，彼此相互尊重、相互包容、相互理解。性别、形象、职位、家庭等因素在个性社会中将退出传统社会的中心舞台，而多元、个性被人们接纳和认同。这样的社会还很遥远，但它才是人类追求的理想社会。

二 生殖、爱情、快乐

谈到个性社会，那么在个性社会，"性"的目的是不同的。在个性社会，性是两个人之间的事情，所以它只需要当事的两个人有共同的目的即可。个性社会性的目的大约主要有三种：一是以生殖为目的的性；一是以爱情为目的的性；一是以快乐为目的的性。三者最好是统一的，当然也可能是分离的。但无论统一还是分离，都要遵守一个原则，这个原则就是有益于生命个体的生理与心理的阳光和健康。

三 性、性伦理、性伦文化

谈到性又要涉及几个概念，即性、性伦理、性伦文化。性主要是生理学、生物学、医学上的概念，主要指生理结构、生殖繁衍、性生理健康的问题；性伦理主要是伦理学上的概念，它要规制人们的性观念和性行为，要求人们按照特定的伦理规范去看待性，树立性观念，控制性行为；性伦文化是历史学上的概念，它涉及历史上存在的一切性理念和性行为，包括符合历史时代性伦理的，也包括不符合历史时代性伦理的，同时它还要参与未来社会性伦文化的建设和新模型的设计。性伦文化是要站在历史主义立场、现实主义立场、未来主义立场全方位理解、思索和评价性观念和性行为。以上三个概念都有重要的学术价值、理论价值与实践价值。

以上的这些话，是我粗浅的一己之见，不像在学术话语之中。从本书作序的角度而言，或许是跑题了，还是言归正传。本书共收集了十九篇文章，导论一文探讨了中国女性文化本土化建构的三次浪潮；其他篇章的内容包括女性学的学科发展、中国女性主义的国际关系、女性主义的认识论、新世纪的性别文化研究、当代中国女性史研究的本土特色、新世纪以来中国本土的近代妇女史研究、受虐妇女庇护问题、澳门特区的妇女政策与法律、21世纪中国妇女的政治参与、中共主导的婚姻立法、女性双重人格的历史文化研究、女性文化图书的出版、中国当代女性文学研究、海外华文女性文学研究、新世纪多样化的女性生态写作、大陆学界的台湾女性文学研究、中国传统建筑对女性的规训与教化等诸多内容、21世纪女性主义艺术的人文特征。这的确是中国女性文化本土化建构研究的一部集成，内容丰富，立意高远，值得一读。

原载王红旗主编《21 世纪中国女性文化本土化建构研究报告集成 （2001—2012)》一书的序言，现代出版社 2013 年版

《县域视野下的农业合作化与乡村社会》序

如果从技术社会形态的视角看，到目前为止，人类既往大抵经历过或正在经历着渔猎、农业、游牧、工业、信息等社会生产形态。所谓技术社会形态是以生产力和技术发展手段以及与此相适应的产业结构为标准划分的社会形态。这是以特定的标准划分出的社会形态，在这个特定的标准下，它的划分是成立的。当然如果拿另外的标准又可以划分出不同表述的社会形态来，所谓标准不同，划分的结果亦不同。上述的社会形态大致有个前后的时间顺序，比如农业社会基本是在工业社会之前出现的，信息社会基本是在工业社会之后出现的。但一个社会特别是越靠近今天的社会以及未来的社会，其内在的社会形态并非是单独唯一的，比如当今社会是信息社会，但同时又存在工业社会和农业社会的内涵，甚或还有游牧和渔猎的影子。

任何一种社会形态的生产结构主要包含两大要素，即生产技术和生产组织（它潜存于生产力和生产关系的要素里面）。在一定的生产技术下怎样组织生产，进而达到最大的生产功效，使生产者获取最大的生产效益和内心满足，这是任何社会从事生产的唯一重要目的。可见，在特定的生产技术下，怎样的生产组织确是至关重要的一个因素了。以农业社会为例，它的生产组织尽管非常复杂，细节多样，但就宏观而论，主要包括个体生产、互助生产、集体生产、国家生产这样一些重要模式。对于这些模式，我们既不能不加分析地肯定某种模式，也不能不加分析地否定某种模式。模式的臧否是要通过结果即让生产者获取最大的生产效益和内心满足为标准的。

共和国成立以后，中国开展了农业合作化运动，中国的农业生产在极短的几年之内就经历了个体生产、互助生产、集体生产等多种形式。共和国初期的农业合作化运动给我们留下了太多的历史记忆、历史影响和历史教训,而今天我们又该如何去看待和评价这段历史?正基于此,很多学者热衷从事中国农业合作化运动的研究工作,并取得了相当丰厚的研究成果,这些成果对中国改革开放时代建立市场经济体制、解决好"三农"问题、完善实行家庭联产承包责任制都具有重要的理论和现实意义。王俊斌博士的这部《县域视野下的农业合作化与乡村社会——以山西省保德县为中心》的专著正是在以往研究的基础上,以自己独特的视角、方法和眼光对中国农业合作化运动进行的新探索,有其独特的学术思考和学术贡献。这部专著的主要特点体现在如下几个方面:

其一,以基层的县域视角进行研究。作者是以山西省保德县为对象来研究中国农业合作化运动的。之所以研究保德县的农业合作化运动,作者认为一是针对国内以往偏于宏观而疏于基层的研究现状,因此以一个县为例,有助于深入探讨合作化的方方面面,能较为完整地体现合作化的历史进程;另外,保德县作为老根据地是抗日战争和解放战争时期中共晋绥根据地仅有的两个完整县之一,保德县互助合作运动开展较早,成绩显著,对此研究也具有典型意义。这个典型意义的普遍价值在于,自从 1949 年以来,全国的农业合作化运动是在中国共产党的统一部署下进行的,因此这一时段内,保德县农业合作化的进程与全国各地的步调基本一致,其间出现的问题也带有普遍性,正因为这样,研究保德县就超出了一县的地理范围,也就具备了普遍意义。

其二,内容丰富细致。本书不但对合作经济的渊源和中国的早期实践作了介绍,还对民间传统的互助合作形式以及抗日战争时期与解放战争时期的互助合作运动进行了叙述。在这个大背景的基础上,本书全面阐述了保德县在共和国成立初期从互助组到初级社再到高级社的历史发展进程,并深入分析了合作社的性质、分配、体制、干部极其存在的诸多问题,每个具体题目当中又都包含着及其丰富的历史事象,使全书不乏生动形象,把读者带入了似亲临其境的历史场景。更为值得一提的是,作者专设一章,讲述了保德县 20 世纪 50 年代合作化时期社会生活的变迁,这里包括了家庭、婚姻、生育和社会保障等生活的变革,让读者感受到了合作化运动是怎样影响到农民的日常生活的,这就有助于今天的读者对合作化运动全面而又深刻的认识和理解。

其三，研究的理论与方法。本书运用马克思主义经典理论关于农业合作的论述反思我国农业合作化的路径选择；运用生产关系和生产力相适应的理论来论证我国实行农业合作化的合理性；运用新制度经济学中的制度变迁理论来分析农业合作化过程中的国家制度供给；运用国家和社会的互助理论来探讨农业合作化对农村社会的整体影响。在研究方法上作者基本放弃以往合作化研究的宏观论述的模式，主要采取区域社会史的研究方法，并专心注重眼光向下的研究策略，综合运用历史学、经济学和社会学的诸多研究方法，尤其突出运用历史学的考证方法和社会学的田野调查方法来理清农业合作化在保德县的发展脉络。本书以保德县档案馆收藏的大量档案资料为基础，并以作者的访谈资料来补充档案资料，以期完整再现保德县农业合作化这段真实而又鲜活的历史。

其四，独到的认知和评介。作者通过对保德县农业合作化运动的深入研究，最后得出了一些重要的历史认知和评价，这些带有结论性的命题是作者的研究所得，是对历史的深层体悟。在本书的结语中不乏这方面的诸多阐述，例如"在研究中国农业合作化运动的过程中，我们首先要注意到的就是中共和毛泽东彻底改造中国社会的宏伟目标和带领广大人民群众向现代化迈进的雄心"；"在当时的历史条件下，中国实行合作化有其历史必然性"；"1950 年代中共领导的农业合作化，没有带领广大中国农民走上一条幸福的康庄大道"；"合作制在各国的实践（包括中国在内）证明：其仅是一种行之有效的发展经济的组织形式，与社会制度无关；不同社会制度的国家都可以用它来为发展生产服务"；"要想通过建立新型合作制度来达到实现农业现代化的目的，就必须同时实现农民的现代化"。这些带有结论性的认知和评价有助于我们对中国农业合作化问题的深入理解和思考。

俊斌博士研究这一课题，有其自身的基础和条件。俊斌是山西保德县人，对于生于斯长于斯的他，有对故乡的深厚感情和深切体验，这给他的研究带来了方便。攻读博士学位期间，他就作了一篇与此关系密切的博士学位论文，并做了大量的民间访谈，较好地掌握了史学实证和社会学田野调查的方法。博士毕业后他仍然在这个领域从事研究工作，并发表《农业合作化时期农民社会生活的变迁》、《口述史视野下的农业合作化运动》等十余篇学术论文。后来他又到复旦大学社会学专业从事博士后研究工作，这对他的学术成长意义重大，使他的学术视野和理论功力都有了一个大提高。他在历史学和社会学方面的深造和实践，有助于他日后在中国近现代社会史和社会文化史方面的研究和探索。

以往关于共和国初期农业合作化运动的研究的确产出了一大批优秀研究成果，但这个问题还可以进一步深入探索。当时在中国开展农业合作化运动，这个选择未必有错，问题是在极短的几年时间内，就从互助组走向初级社再走向高级社，步子有些过快，在建设过程中暴露的问题还来不及解决就忽略不计并轻易放过去了，结果是欲速则不达，导致前功尽弃。如果步子放稳一些，把出现的问题尽量妥善地解决并处理好，一步一个脚印，稳扎稳打，效果或许会好一些，我们还是犯了冒进的错误。社会大变革、大发展、大进步，最大的忌讳是冒进，即便是今天，我们在很多问题上仍然在犯这样类似的错误。从社会文化史的角度也可以深入研究农业合作化运动，比如当时国家主要领导人的内心世界，整个中央集体的思想状态以及各个不同阶层领导者的心理状态，更重要的还有神州大地黎民百姓的内心感受都是什么，领袖、各级官员、广大农民他们都是怎么想的、怎么说的、怎么做的？他们想的说的和做的是否统一？这一切又都体现了谁的意志，又都违背了谁的意志？目的到底是要做什么？这些问题也是研究农业合作化运动的一个视角。评价任何一场社会变革的伟大创举，要按着一定的标准去评价，而其中一个重要标准就是它给黎民百姓的生活带来了什么，是否改善和提高了黎民百姓的生活质量，我们今天评价共和国成立初期农业合作化运动仍然不能离开这个标准。

原载王俊斌著《县域视野下的农业合作化与乡村社会——以山西省保德县为中心》一书的序言，河北大学出版社 2014 年版

《清末民初中国人视域中的美国》序

　　站在中国立场的国际视野下的文化交流，从宏观上讲主要有四种形式，其一是中国直接向国外学习文化，采取拿来主义的态度，诸如以唐代高僧玄奘前往印度取经最为典型；其二是中国直接向国外输出文化，诸如以当代中国在外国建立了一大批孔子学院最为典型；其三是外国人直接到中国来学习中国文化，诸如以唐朝日本向中国派来的遣唐使最为典型；其四是外国人直接到中国输入他们的文化，诸如以明末清初西方传教士利玛窦等来中国布道最为典型。当然这四种大的形式下还各自包含着多种小形式。比如中国人学习西方文化，有玄奘取经式的直接方式，也有一种慢慢的感知方式，即通过观察和比较感受到了要学习对方的文化来为我所用，所以决定采取向对方学习的态度，这是一个从不自觉到自觉的过程。而这种向对方学习的形式在近代中国尤显突出，比如19世纪下半叶至五四新文化运动期间，中国的出国使节、文化精英、留学生等就是直接通过观察和体验一步步了解和认识了西方文化，并通过游记、日记和其他文本形式，把西方文化介绍到国内，并认为其中很多有价值的文化是需要国人来认同和学习的。那么国人在国外看到了什么文化，为什么会去注意这些文化，他们为什么会把西方文化与中国的自身命运联系在一起去思考，这些在今天看来就构成了学术问题，就要从学术的视点去探索和研讨，其中的价值和意义也就会显得更为深远。

　　我很高兴地阅读了周宇清博士的专著《清末民初中国人视域中的美国（1898—1929）——基于中国现代化视角的观察与思考》，这本书在某种程度上回答了我上述的一些探问。细细品读，我个人认为这本书的学术贡献主要体现在如下几个方面：

　　一是周著探讨了三十年间中国人眼中的美国印象，其中主要是从美国的政治、美国的教育、美国的社会、美国女性的地位、美国人的婚姻家庭生活等方面所进行的全面而又深刻的阐述。这种阐述的角度是新颖的，不但注意到美国与中国不同的政治制度、教育制度，还关注到美国女性的社会生活和美国民众的婚姻家庭生活。作者这样的探索基本符合当时国人眼中美国印象的实际状况，同时也反映了当时的国人在观察异域文化时，既注重国家层面的政治问题、教育问题，也注重民众日常生活的婚姻家庭问题。可见作为日常生活的"形而下"恰是人类最为基本的生活方式和生活内容，它作为人类生活的第一主题儿乎是人们关注异域文化的永恒对象，这正体现了人类共同追逐的美好未来不过就是人类最为基本的生活方式和生活内容而已。

二是周著从学理上诠释了现代化的历史进程中文化交流的一个普遍定律，即从一般的意义而言，当下强国的文化一定是当下弱国的学习榜样，国家强大，其文化就影响世界；国家贫弱，其文化就很难影响世界。我听有人说过这样的话：当今的中国还不能威胁世界，是因为中国没有影响世界的文化。我认为这句话恰恰说反了，是把因果关系颠倒了，正当的表述应该是这样：当今的中国之所以还没有影响世界的文化，是因为当今的中国还没有威胁世界。① 在近代中国，包括周著视野的三十年间，当时美国是强大的，中国是贫弱的，在这样一个既存的事实面前，中国人直面美国和中国的现实，并直面美国的文化，以学习美国的文化来服务于中国自身的进化和发展，使中国快速赶上世界新时代的步伐，进而完成中国现代化的时代旅程，这是当时国人的意志和心愿。正如周著所说："美国是发达的西方大国，它所呈现的面貌为当时贫穷落后的中国人所激赏，展示了现代化进程中的中国人对先进事物的认可和思想上的新境界，也为中国的现代化提供参照和借鉴。"

三是周著探讨了中国人视域中的美国印象是受多种因素的影响而形成的。作者从影响中国人看美国的政治因素、影响中国人看美国的心理因素、影响中国人看美国的社会文化因素等方面进行了探究，进而得出"中国人看美国，其实是客观事物在人们主观意识里的反映。人们对客观事物的反映是有选择性的。这种反映受时代条件、社会状况、认识者的文化背

① 仅就当今而言，不涉及未来。

景、知识结构、认知需求、认知能力以及身份、地位等等条件的制约和影响。因此，人们对客观事物的感知是不一样的，客观事物在人们意识里的反映都是一定社会历史条件下的产物"这样的结论。这个结论寓意深长，读者可以细细品味和咀嚼，可以发现文化交流中的多种意向和趋势。

在此我又想到了文化交流中的误读问题，这是一个很值得研讨的文化现象。误读是把双刃剑，一方面它失真，一方面它开启了新的想象，可以带来一种文化的创新。对于文化误读我们要辩证地看待，辩证地认识、理解和思考。文化误读是个大问题，在这里还不能展开来谈。

周宇清博士在首都师范大学攻读博士学位期间，学习刻苦，发奋努力，并学有所获。他的这本专著也是下了很大功夫的。他让我为其专著写个序，我在此说了这些似乎有好多跑题的话。是为序。

原载周宇清著《清末民初中国人视域中的美国（1898—1929）——基于中国现代化视角的观察与思考》一书的序言，天津人民出版社 2014 年版

附 录

社会文化史：史学研究的又一新路径

编者按　改革开放以来，我国的人文社会科学取得了长足发展，历史学亦不例外。在史学百花园中，新成果、新方法、新理论等层出不穷；文化史、社会史、口述史、社会文化史等高潮迭起，一派欣欣向荣之象。作为史学新兴学科的一支，国内社会文化史的发展已走过20年的风雨历程，虽然还未成长为参天大树，但在史学界搞得泥动水响、有声有色，亦是有目共睹。为了让更多的人了解国内社会文化史研究取得的进展，本刊特邀刘志琴、梁景和、李长莉等在这一领域辛勤开拓、颇有实绩的专家介绍有关情况，向读者朋友释疑解惑。

特邀嘉宾：

刘志琴（中国社科院近代史所研究员）

梁景和（首都师范大学历史学院教授）

李长莉（中国社科院近代史所研究员）

主持人：

危兆盖（本报记者）

一　在文化史、社会史的大潮中社会文化史破土而出

主持人：社会文化史是什么？它与通史、专史、文化史、社会史是什么关系？它是要开辟一个新的研究领域，还是要发展成一个新学科抑或只是增加一种解读历史的新方法？

梁景和：在国外，社会文化史更多地被称作新文化史，它是当代西方史学理论和历史编纂中一个最主要的史学流派。但在国内，我们习惯于用

"社会文化史"这一称谓。美国史学家林恩·亨特 1989 年在其主编的《新文化史》一书中首次举起"新文化史"的大旗，标志着新文化史的崛起。亨特指出，新文化史"探讨方向的焦点是人类的心智，把它看作是社会传统的贮藏地，是认同形成的地方，是以语言处理事实的地方。文化就驻在心智之中，而文化被定义为解释机制与价值系统的社会贮藏地。文化史研究者的任务就是往法律、文学、科学、艺术的底下挖掘，以寻找人们借以传达自己的价值和真理的密码、线索、暗示、手势、姿态。最重要的是，研究者开始明白，文化会使意义具体化，因为文化象征始终不断地在日常的社会接触中被重新塑造"。

我以为，社会文化史是研究社会生活与其内在观念形态之间相互关系的历史，是观察和诠释历史的一个重要视角和层面。平时一些常用的概念，诸如研究历史的新领域、新方法、新层面、新角度、新范式，甚至新学科等等，这些概念各自具有独特的意义，但有人却在含糊地使用着这些概念，甚至在这些概念相互取代之时，并未察觉已经错用。当我们在新领域、新层面、新角度、新范式的视阈下研究历史的时候，其不断成长、丰富、深入和成熟，都有发展为新学科的趋向。社会文化史可以补充通史和专史的内容，社会文化史与文化史、社会史具有交叉关系，亦可发展为并列关系。社会文化是客观存在，运用社会文化史的视角和层面会发现更为丰富多彩的历史现象和内容，因此开展社会文化史研究，具有推动史学发展的实际价值和意义。

李长莉：历史学是以实证为基础的综合性学科，面对的是丰富纷繁的以往人类社会现象及人们的所有活动，要予以认知，就需要一定的概括与分解。因此近代以来的历史学学科体系形成了综合性通史与分领域专史两条学术路径，这也成为迄今史学研究的基本范式。然而，随着人类面临日益复杂而多样的时代问题，要求历史提供的知识已不只是还原历史真相与判断是非，而要向历史现象的纵深处，多层面地探究其内在根源与演变机制。如此则只限于某一专史领域、单一视角的知识难以解答，而如果从跨学科、跨领域的交叉视角进行认知，则可弥补单一视角的某些缺陷。"社会文化史"二十年来的发展历程，就是这样一种以跨学科交叉视角研究历史的探索与尝试。

"社会文化史"在我国兴起于 20 世纪 80 年代末，针对当时相继兴起的文化史和社会史各有偏重、难以反映社会文化的一些纵深领域、留有诸多相互重合又模糊不清的空间等问题，开始有学者尝试打通社会史与文化史，探索将两者结合起来进行交叉研究，于是提出了"社会文化史"的新概念。我以为这并不是一种严格的学科范畴，而主要是指一种交叉学科的研究视角和研究方法。大致而言，即以文化理论分析历史上的社会现象或用社会学方法研究历史上的文化问题。它与通史和专史不是替代关系，而是予以补充，使历史学的血肉更为丰满鲜活。

刘志琴：48 年前一篇《〈急就篇〉研究》在学术界引起轰动。《急就篇》是汉代儿童的启蒙读物，引起轰动的是这篇论文所展现的汉代社会生活、宗族乡党、村邑闾里、社会风尚的形形色色，具体、翔实地再现了汉代人的衣食日用、物态人情、雅好时尚。周予同、黎澍等老一辈学者对此赞誉有加，中国科学院院长郭沫若感慨地说："这样的文章我也写不出！"

这是史学大家的自谦吗？不是，老一代学者并非没有学富五车的知识和才情，但在那个以阶级斗争为纲的年代，人们耳熟能详的是阶级压迫、农民起义、王朝盛衰，在众口一词的学术氛围中，突然冒出一个另类眼光，从社会和文化的视角，对二千年前的启蒙读物展开全新的解读，从一句"奴婢私隶枕床杠"，对照敦煌文本、居延汉简、宗族家谱，得出汉代奴婢不入户籍，而入财产籍，类似床杠等生活用具，这与古罗马把奴隶视为生产工是不同的社会结构。从去年出版的沈元遗著《汉书批注》来看，他写这篇文章时精读了《汉书》，文章中还运用音韵学、版本学、地理学等多种学科知识，进行综合考察，厚积薄发，尺幅千里，小问题做出大文章。

这样的研究对象和方法，为史学界敞开一个新视野，即社会文化史的视野。当时不可能由此提升到学科意义，新中国成立后社会学和文化学都被取消，由此相应的是社会史的研究缩小到有限的一隅，文化研究则被思想史取代，全国没有一个院校开设社会史和文化史的课程，更没有一个专业的研究机构。要说这篇文章在半个世纪以前踏入社会文化史的领域，那也只是个别的自发趋向，这一成果获得学术界的高度赞扬，不仅是作者令人信服的才识，也是史学研究迫切要求扩大眼界的期盼。

20 世纪 80 年代初，文化研究如狂飙突起，推动了社会学和社会史的复兴。文化史本是历史学和文化学交叉的综合性学科，它是在近代中国形成的新兴的学术领域，兼有与社会史共生、共荣的特点。它们各有专业的研究对象和知识系统，伴随现代学术的积累和开发，各门专业之间经常交叉，到一定程度发展出边缘学科乃是现代科学发展常有的现象。在法学与哲学之间兴起的法哲学，对法学是有革命意义的建构；从语言学与哲学交叉中产生的语言哲学，被认为是对思维和存在关系的突破性建树。尽管这些新兴学科还很稚嫩，有的也存在学术分歧，毫无疑义的是，它以跨学科的长处、焕然出新的见解，愈来愈得到学术界的重视。近年来在国外兴起大文化史的概念，国内有社会文化史的兴旺，国外有相似的学科出现，说明社会文化本身乃是人类社会共有的现象。它融通物质生活、社会习俗和精神气象，从上层和下层、观念与生活的互动中，揭示社会和文化的特质，这对历史悠久、积累深厚的中国文化传统来说，更具有本土特色和发展的优势。

二　社会文化史在理论上的开拓与创新

主持人：一个学科门类的产生离不开理论上的开拓与创新，在史学界已成某种声势的社会文化史，其理论依据及理论建树又是什么？

梁景和：社会文化史的理论与方法主要包括三个方面：一为传统的史学理论与方法，二为借鉴其他学科的理论与方法，三为创新的理论与方法。

李长莉：由于过去常用的一些比较单一和平面化的史学概念不足以准确地表达社会文化史研究对象的丰富意义，因而研究者越来越多地采用一些表达复合意义或新生意义的新概念作为分析工具。例如：公共空间、公共领域、建构、想象、社会记忆、话语、失语、合法性、正当性、权力、语境、场景、宏大叙事、个案、微观研究、深描、地方性知识—普遍性知识、大传统—小传统、民间社会等等。这些概念词语大多是从其他社会科学的方法库中借用，引入史学研究中的，它为社会文化史研究提供了有效的分析工具，因而在史学研究的队伍中，研究社会文化史的学者运用这些新概念最为广泛。这些概念的提出与运用，为社会文化史的研究提供了理论和方法上的支撑。

刘志琴：中国有丰富而深厚的历史文化资源，足以创生不同于西方文化的中国社会文化史理论。社会学家费孝通曾提出，中国基层社会本于礼治秩序，乡土中国是礼俗社会。"礼"在中国有礼制、礼治和礼教之称谓，礼制是王朝钦定的器物享用制度。历代王朝都以"会典"、"典章"、"律例"或"车服制"、"舆服制"等各式条文，管制人们的物质生活。礼在中国，实际上是日用消费品分配的准则和教化民众的规范。所以礼不仅是思想观念、道德准则，也是制度的实体，这样一种涵盖物质、精神和制度的概念，在西方古典哲学中从未出现过，因此找不到对应的词汇来翻译"礼"，这是中国古代思想史特有的理念形态。中国古代史中的"俗"，也与西方有别，西方民俗学在日本直译为"土俗学"，是指下层自然生成的习惯势力，而在中国略有不同，虽然俗在中国也指民间习俗，但自古以来就受到统治者的重视。最高统治者不仅要亲自过问风俗民情，还委派官吏考察民风，作为制定国策的重要参照。从商周的天子、诸侯，到明清的君主、士大夫，都把以礼化俗作为治理天下的大事，主导习俗的发展，致使礼中有俗，俗中有礼，两者的价值走向愈益趋同，致使礼俗之界难以划分。

在中国人心目中，大至天道运行，小如日用器物，深到修身养性，无不以教化为先。孔子的"移风易俗"，管子的"教训正俗"，荀子的"习俗移志"，吕不韦的"观其俗而知其政"等，各家各派都具有把国运盛衰、名教兴亡的审视点下移到社会生活考察的传统，有力地推动了伦理观念渗入生活方式、社会风尚和民间文化的各个领域。在中国，一部社会文化史实际上也是一部物化的社会思潮史，这是思想史和社会史不能取代的内容。如此厚重的生活方式和文化模式，在世界上独一无二，最能创生中国的社会文化史理论。当今中国社会文化史研究处于全球化的浪潮中，不能不受外来文化的启迪，但鉴于中国文化的特质，我以为研究者与其接受外来文化的影响，倒不如深入到本土资源中谋求新发现。因为充分认识中国文化模式的独特个性，就足以使这一领域活色生香，甚至改写中国思想史的风貌。这应是开展社会文化史研究的价值所在，我希望研究社会文化史的同行们在这方面大胆探索，定能有所贡献。

三 如何评估二十年来社会文化史研究的成绩？

主持人：国内社会文化史研究开展已二十年了，成绩何在？代表作又如何？

刘志琴：记得三十年前文化史刚刚复兴时，人们也有这一提问，周谷城的回答是："草鞋没样，边打边像。"今天已无人再对文化史研究提出这样的疑问了，我想社会文化史的前景也一样。一门学科从发生到成熟要有几代人的努力，所以即使今天还没有产生有影响的代表作，也不能轻易否定新探索对学科发展带来的新鲜活力。何况任何时代人们的认识都有它的局限性，也许今天看起来不起眼的作品经过几十数百年的历史沉淀，就经受住了历史的检验也说不定。

李长莉：二十余年来，越来越多的研究者运用社会文化史视角进行历史研究，论题和领域在不断扩展，研究论著逐年增多，"社会文化史"已经形成了一个以社会与文化交叉视角为特点，有较为集中的研究领域，稳步发展、不断深入开拓的史学分支领域，从研究路径和撰述形式上也形成了诸多趋向。

梁景和：二十年来，关于社会文化史的研究还很难说已经出现典范之作，但还是要承认取得了一些重要成果，发表了很多学术论文，也出版了一批学术专著，诸如刘志琴主编的三卷本《近代中国社会文化变迁录》、李长莉的《晚清上海社会的变迁——生活与伦理的近代化》和《中国人的生活方式：从传统到现代》、严昌洪的《20 世纪中国社会生活变迁史》、乐正的《近代上海人社会心态（1860 至 1910）》、忻平的《从上海发现历史——现代化进程中的上海人及其社会生活 1927—1937》、孙燕京的《晚清社会风尚研究》、王笛的《街头文化：成都公共空间、下层民众与地方政治（1870—1930）》、余华林的《女性的重塑——民国城市妇女婚姻问题研究》等，我自己也出过两本《近代中国陋俗文化嬗变研究》和《五四时期社会文化嬗变研究》。此外，杨念群、孙江等主编的"新史学"论丛，孙江、黄东兰、王笛等主编的"新社会史"论丛，也都有其独特的研究意旨。

四　他山之石：国外新文化史研究的现状

主持人：大家知道，改革开放以来，西方的史学理论与史学研究对国内史学界产生了很大影响，那么二十年来的社会文化史研究是否也受到这种影响？从你们了解的情况看，国外同行在这一领域的研究状况如何？

梁景和：国内的社会文化史基本上是从 20 世纪 80 年代末独立发展起来的，但在发展过程中也受到了国外新文化史的影响。20 世纪七八十年代兴起于法国和美国的西方新文化史研究是一场重大的史学理论运动，如今已成为西方史学理论和历史编撰中一个最主要的发展趋势和潮流。这股潮流取代了经济—社会史，是对旧的"新史学"的一种有意识的反动和发展，是一次"语言转向"或"文化转向"，是继 20 世纪 50 年代中叶西方史学"路标转换"后的又一次重要转折。这股热流 70 年代初传入意大利、英国，八九十年代开始波及德国、西班牙、匈牙利、荷兰、瑞典等欧洲国家。新文化史的称谓比较复杂，表现出多样性。英国学者彼得·伯克喜欢把新文化史称为社会文化史，他在 1997 年出版的《文化史的多样性》中，还有意把新文化史称作人类学史学。法国年鉴学派的第三、四代传人喜欢称新文化史为心态史，法国学者卡布瑞则称新文化史为后社会史，还有把新文化史称作新社会文化史和历史人类学的。新文化史的理论和方法主要来源于四个方面，即后现代主义的文化批评、文化人类学、英国马克思主义史学和法国年鉴学派史学。这四个方面直接影响了新文化史的历史编撰和叙事风格。

李长莉：新文化史的学者早先一般是研究社会史的，后来对社会史产生了疑问，并逐渐开始对社会史理论框架展开批判和修正。被奉为新文化史思想先驱的英国劳工史家汤普森 1963 年在其代表作《英国工人阶级的形成》中就体现了"向文化的转向"的趋势，他主动超越了社会史并把研究转向文化史方向。60 年代末，年鉴学派的代表人物勒高夫从社会—经济史转向社会—文化史，将研究领域由经济转向心态这一更为深层的结构。美国加利福尼亚大学教授海登·怀特于 1973 年出版了《元史学：19 世纪欧洲历史学的想象》，由于怀特强调情节和语言这些新的历史研究方法的运用，所以他被视为文化转向的"创始人"。新文化史这股潮流，还影响了其他领域的学者，克里福德·吉尔次、马歇尔·萨林斯、理查德·普莱斯等人类学家，爱德华·萨义德、斯蒂芬·格林布拉特等文学批评家也都卷入到新文化史运动之中。

刘志琴：国外新文化史研究的领域非常广泛，涉及的内容异常丰富。诸如爱情生活、婚姻家庭、夫妻生活、妇女儿童、性别性伦、喜怒哀乐、感官情绪、阅读书籍、身体发肤、衣食住行、生老病死、宗教巫术、时间空间、人口犯罪、上帝大众、自然命运等等。新文化史的著述可谓广泛繁盛，不胜枚举。诸如美国历史学家罗伯特·达恩顿的《启蒙运动的生意》和《屠猫记——法国文化史钩沉》、美国历史学家林恩·亨特的《法国大革命中的政治、文化和阶级》、美国历史学家娜塔莉·戴维斯的《马丹·盖赫返乡记》、法国历史学家勒华·拉杜里 1975 年出版的《蒙塔尤：1294—1324 年奥克西坦尼的一个山村》、法国历史学家阿兰·科尔班的《大地的钟声》和《污秽与芳香：气味与法国的社会想象》、英国历史学家彼得·伯克的《欧洲近代早期的大众文化》、英国历史学家西蒙·沙玛的《财富的窘境：黄金时代荷兰文明的一种解释》、意大利历史学家卡洛·金斯伯格的《夜间的战斗：16、17 世纪的巫术和农业崇拜》等等。此外，还有很多有趣味的新文化史著作。

五 社会文化史研究的特色何在？

主持人：社会文化史兴起二十年来，是否已形成自己的学科特色？表现在哪里？

李长莉：特色主要表现在两个方面：一是微观史与深度描述的趋向。在联系观点的观照下，就某一微观事象从多维联系中深入分析其各种因素的关联性、互动关系及多层意涵，以求见微知著，揭示此一事象所反映的社会文化丰富意涵。二是以记述叙事为主要表现形式的趋向。社会文化史研究的对象以人的活动为重心，因而要对人的活动进行具体、生动的描述，故主要采用叙事形式。文化分析的视角又要求意义的阐释，因而在叙事中有理论分析及意义阐释隐含或穿插其间，使得生动的叙事中有一定的意义内涵。这两个趋向使得社会文化史形成了一些学科优势，积聚了较强的生命力，有利于其进一步发展。

梁景和：社会文化史有自己的特色是没有疑问的，问题是它具体表现在哪些方面，恐怕就见仁见智了。我认为以下两点是很明显的：其一，社会文化史萌发的本土性特征。中国社会文化史是中国史学自身发展逻辑的产物，是中国文化史、社会史、社会文化史发展链条上的一环。改革开放的大势，催发了文化史的复兴；改革开放的深入，迎来了社会史的兴盛。文化史研究偏重于精神层面，即关注思想观念、社会意识等问题；社会史研究偏重于社会层面，即关注社会结构、社会生活等问题；而社会文化史研究则关注两者的共生共荣。很多文化观念问题反映在社会生活等社会问题的层面上，很多社会问题与文化观念问题又有着千丝万缕的联系，那么把两者结合起来进行研究的社会文化史就应运而生了。因此，中国社会文化史在20世纪80年代末的萌生就是中国史学自身发展逻辑的产物，很多研究者都是顺着文化史、社会史的研究而走向社会文化史领域的，体现了中国史学自身发展逻辑的本土性特征。其二，理论探索的自觉。中国学者先后撰文探讨了社会文化史的理论问题，90年代初就有很多学者积极参加了社会文化史的理论探讨，如对建立社会文化史学科的意义、社会文化史研究的对象和内容、社会文化史的研究方法等问题都在探讨之列。新世纪初，仍然有一批学者关注并参与了社会文化史的理论探索，分别就社会文化史研究是价值判断还是事实陈述，如何从社会日常生活中折射出观念的变化，社会文化史是一种独特的研究视角还是一门独立的交叉学科，社会文化史研究的重心在哪里，社会文化史研究能否起到改进思想史的作用，中国学者能否建立自己的解释系统，社会文化史研究的问题和方向何在等理论问题和一些实际问题进行了深入探索和研究。这些讨论虽然还只是一般学术观念的陈述和探讨，还不具备完整的理论体系，但这些自觉的理论思考所呈现出来的学术见解对打开社会文化史的视野和规范社会文化史的研究无疑意义重大。

六　社会文化史的发展前景

主持人：从学科发展的前景看，目前的社会文化史研究还存在哪些问题？能否预瞻社会文化史研究的近期趋向或远景目标？

李长莉：社会文化史是一门正在生成的学科，的确存在着一些缺陷和有待改进的问题。一是碎片化。在具体而微的研究取向中，一些论题过于细小琐碎，同时又缺乏多维联系观点及深层意义阐释，由此造成论题成为缺乏联系、意义微弱的零星碎片，因而矮化了史学研究的意义与价值。二是平面化。一些研究在采用具体描述的叙事形式时，只停留在平面化记述，而缺乏理论分析和深层意义的阐释，成为浅薄、表面化的单纯叙事，使史学研究失去了深度和灵魂。三是理论与内容"两张皮"现象。一些研究者在借鉴社会科学理论和概念工具时，对外来理论与本土经验的隔阂、不同学科之间的差异性缺乏足够的自觉与警惕，未能根据研究内容进行选择、改造、活用、伸展，使之融会贯通而生成自己的理论解释，而只是停留在简单地移植、套用，理论与内容相脱节，因而不能得出令人信服的结论。四是片面价值论。传统史学研究范式是价值一元论，只承认主流价值的合理性，不承认少数人或其他立场所持价值的相对合理性。社会文化史则眼睛向下，从多维度、多层面的视角，在主流价值之外注意其他价值的相对合理性，因而倾向于承认主流价值主导下的价值多元立场。从社会文化史的观点看，正是由于多元价值的存在，才导致了社会不同利益集团之间的矛盾与博弈，也因而保持着社会变革的内在张力。但是，也有一些研究者由此滑向"价值相对主义"或"去价值论"的立场，或认为一切价值意义均等，或认为无需作任何价值判断；有的则走向"片面价值论"，对一些只是代表少数边缘人群的边缘性、片面性的价值取向加以抬高或夸大，甚至用以替代主流价值，以偏概全。

刘志琴：展望社会文化史未来的发展，我以为会有以下一些研究趋势或进路：第一，时代课题将促进社会文化史研究领域的扩展、深化与多样化。当今中国社会转型面临"社会治理"与"文化重建"两大课题，正是社会文化史研究的中心问题，社会文化史研究应当为此提供更多的本土经验与历史启迪。这种时代课题的挑战与相关性，会促进社会文化史研究的扩展与深化，特别是与这两大课题相关的论题会受到更多学者的关注。同时，史料数据化与网络化将为社会文化史学者利用海量史料，特别是民间史料、图文史料等提供便利。社会文化史贴近时代、贴近民众、贴近社会、贴近生活的内容特点，生动叙事、多样化的表达方式，将使其成果更受知识大众欢迎。因而，社会文化史研究会有更大的发展空间。第二，社会文化史研究的目标，是基于本土经验建构社会文化发展的本土理论。社会文化史的研究重心在民间社会，关注民间社会与上层建筑的互动关系，由于立足于本土深厚的民间社会文化历史土壤之中，因而更有条件深入探索本土经验，建立适于研究本土社会文化的理论概念与学术谱系，以寻求本土历史的理论阐释，进而提出针对本土社会文化发展的一般理论，参与时代的知识进步与理论创新。第三，社会文化交叉视角与综合研究的趋向。社会文化史二十余年的研究实践表明，这种新的学科交叉视角使我们对所研究的问题能够从多层面、多维度审视，其研究成果使得我们对历史的认识推向了一些更纵深、更多面、更精细的领域，这一趋向还会进一步扩展。同时，研究者还会更加注重用总体性、联系性、多层面、网络化的观点进行研究，以避免"碎片化"的偏颇。

梁景和：我想谈一下与此相关的问题。第一，要建立社会文化史研究的学术重镇。有条件的学术单位或学术团体可以明确把社会文化史作为自己学术研究的主要领域和主攻方向，集中从事社会文化史的研究工作。第二，抓基本社会生活内容和独特社会生活内容的研究。社会生活的内容极其广泛，既包括基本的社会生活内容，也包括独特的社会生活内容，还包括更多地处于中间地带的社会生活内容。虽然这几类社会生活内容之间有着千丝万缕的联系，彼此不能截然分开，但各自的特点是显而易见的。基本的社会生活内容主要包括人类所共有的衣食住行、婚丧嫁娶、两性伦理、生老病死等基本的生活。这是维持生命和延续生命最基本的条件，也是最基本的生命历程，是任何时代、任何个人都很难回避的生活内容，所以我们说它是基本的社会生活内容。研究一个时代或一个时期，一个地域或一个群体的基本社会生活内容的变化，我们会理解和认识社会政治经济、思想观念、风土人情的缓慢或急速变迁，这有助于我们认识和理解那个时代和那段历史，并从中获得历史的启迪和生活的智慧。独特的社会生活内容主要指一个时期或一个地域，某些群体或一个群体独特的生活及其生活的变化。独特的社会生活内容是那个时代所独有的，而其他时代所没有的。研究这样的社会生活，无疑也能帮助我们认识和理解那个时代和那段历史，并从中获得历史的启迪和生活的智慧。所以我们强调在社会文化史研究中要注重研究基本社会生活内容和独特社会生活内容。第三，运用多学科的视角研究社会文化史。学科的划分是人为的，它有助于使知识更加系统和深化，但学科的划分不是目的，学科之间不应当存在彼此隔绝的壁垒。只要能够研究问题和解决问题，学科之间的互动和交融是必要的。研究社会文化史可以把多学科的研究成果视为史料，可以借鉴多学科的理论和方法，可以体悟历史学与多学科共同的思维方式和思考的共同问题，这是多学科对话的基础，我们将从这种互融的对话中深刻、全面的认识和理解社会文化问题。第四，注重改革开放时代以来的社会文化史研究。搞历史，一般有一种惯常想法，觉得研究的问题应当远一点，这样尘埃落定后，可以看得更清楚，这话有道理。搞政治史、经济史、外交史、军事史都有这样的问题，若档案不能解密，搞起来有困难。社会文化史稍有不同，它研究的是社会生活，是大众文化，是生活观念。这些问题存在于社会的各个领域各个方面，它的史料来源极为宽广。时间离得近，感受得真切，更易有自身的体悟、自身的把握。有些问题可以直接观察、调查和交流，这种直观的感受带来的感性认识是理性认识的基础，上升后的理性认识更科学、实际和靠近真实。改革开放三十年社会生活、社会观念的变迁比上下五千年任何一段时期都更快速更显著。研究改革开放时代的社会文化史将会浮现出更多社会与人生的真谛，故可为之。

主持人：谢谢各位。

原载《光明日报》2010 年 8 月 17 日

后　记

　　这本文集主要搜集了我 2006 年至 2015 年这十年间写的一部分文章，依旧分为"史论"、"论史"、"史评"三个部分。我在本书的序言中大致谈了自己这十年间所经历过的学业历程。我一直以为，历史研究只是在做一些探索工作，尽可能地做些还原历史本来面貌的工作，但是能在多大程度上接近历史和还原历史，既不能过分地自信，也不能过高地估计，其中能做到点滴的贡献就不错了。本书《共和国三十年的性教育》一文是与李巧玲共同撰写的；《大视野中的近代文化史研究》一文是与余华林共同撰写的。

2015 年 6 月 15 日